SEのための
金融実務
キーワード事典

一般社団法人 金融財政事情研究会 [編]

株式会社シーエーシー
室　勝 [編著]

一般社団法人 金融財政事情研究会

はしがき

　本書は、金融機関での業務に携わるシステムエンジニア（以下、SE）の方に向けて、預金・貸付・為替をはじめとする基本業務から、金融を取り巻く技術革新、法・制度改正の動向まで、幅広く網羅し、キーワード単位で詳説しています。

　決済システムの高度化、顧客管理の複雑化が進む現在、金融にかかわるSEには最新の技術への対応が求められますが、そのためには、金融実務の基礎知識と、銀行業務におけるシステムの仕組を正確に理解することが欠かせません。また、昨今のFinTechブームを受けて、金融は多くの人にとってより身近なサービスとなっていくことが見込まれます。金融機関にとっては、スマートフォン・タブレット端末の普及、ネットワーク技術の進化にともない、顧客に対して提供するサービスが多様化し、安全性はもとより、利便性のさらなる向上が求められます。

　ますます役割の重要性が増大し、業務範囲が広がる金融SEの方にとって役立つ事典を目指し、本書は以下の7つの章で構成しています。

　Ⅰ　預金業務
　Ⅱ　貸付業務
　Ⅲ　内国為替業務
　Ⅳ　外国為替業務
　Ⅴ　デリバティブ業務
　Ⅵ　業務共通・その他業務
　Ⅶ　最新キーワード解説

　第Ⅰ章～第Ⅵ章まで、預金・貸付・為替・デリバティブなど金融実務に欠かせない知識について、好評既刊『図解で学ぶSEのための銀行三大業務入門』（当会から刊行）の著者であり、SEとして勘定系システムの開発に長年携わってこられた株式会社シーエーシーの室勝氏に解説をお願いしました。

　さらに、第Ⅶ章では「最新キーワード解説」として、マイナンバー、保険業法などの法改正、NISA、確定拠出年金といった個人顧客向けの制度改

正、FinTechの概要や各種の新しいサービスなど、金融に携わる方であれば知っておきたい用語について、第一線で活躍されている金融実務家、法律家、シンクタンク研究員などの方々にご執筆いただきました。

　本書が、金融実務の基礎とそのシステムを学ぼうとするSEの方をはじめ、これからの金融に携わる多くの方の手引きとして活用されることを願っております。

　なお、本書の事項索引をウェブサイト「きんざいSTORE」で公開しております（https://store.kinzai.jp/public/item/book/B/130461/）。

2017年2月

　　　　　　　　　　　　一般社団法人　金融財政事情研究会

刊行にあたって

■本書第Ⅰ章～第Ⅵ章をお読みいただく際の注意事項
・章立ては、章、節、項（ただし、項は数字のみ）としています。
・本文中の付番は、1→(1)→①→(i)→(a)→1)→i)→a)としています。
・業務面、システム面ともに、過去の経験から一般的と思われる内容としましたが、銀行などによって、本書の内容と異なる場合があります。
・システム面は、基本的に勘定系オンライン（一部は勘定系バッチ）についてであり、実在するシステムではなく、仮想のシステムを想定して記述しています。
・取引の取消については、説明の複雑化を避けるため、言及していません。
・用語やその意味は、銀行などによって、本書の内容と異なる場合があります。
・章、節、項に挙げた用語は目次に挙げているため、原則、事項索引に収録していません。ただし、他の項などで記述されている場合には、この限りではありません。
・前記にかかわらず、頻出する用語はその記載ページを逐一、事項索引に挙げていない場合もあります。

■『図解で学ぶSEのための銀行三大業務入門』（以下、前著）との違い
・業務面は、前著とある程度は重複していますが、本書の多くの項に加筆しています。特に外国為替は、前著に比べて対象取引を大幅に増やし、SWIFTメッセージをフロー化しています。
・システム面は、前著では一部の項のみでしたが、本書では、ほぼすべての項で何らかの記述をしています。
・財務会計に関しては、前著では詳述しましたが、本書では重複を避け、言及していません。

本書の執筆にあたっては、以下の文献およびウェブサイトを参考にしました。

【参考文献】

銀行経理問題研究会編『銀行経理の実務（第9版）』（金融財政事情研究会、2016年）

三菱東京UFJ銀行市場企画部／金融市場部著『デリバティブ取引のすべて―変貌する市場への対応―』（金融財政事情研究会、2014年）

小木曽佳子著『でんさい実務Q&A』（金融財政事情研究会、2013年）

向井洋行・百瀬功編著、小山嘉昭監修『銀行の外為経理の実務』（金融財政事情研究会、1990年）

松本貞夫編集『改訂新版　内国為替実務Q＆A100』（近代セールス社、1998年）

村山豊・島川博邦・森川和幸著『新訂　外国為替基礎講座2―輸出取引―』（銀行研修社、1990年）

吉富啓祐・安田泰一・柏木孝夫著『新訂　外国為替基礎講座3―輸入取引―』（銀行研修社、1990年）

【参考ウェブサイト】

金融庁　http://www.fsa.go.jp/

日本銀行　http://www.boj.or.jp/

国税庁　http://www.nta.go.jp/

経済産業省　http://www.meti.go.jp/

財務省　http://www.mof.go.jp/

法務省　http://www.moj.go.jp/

総務省　http://www.soumu.go.jp/

厚生労働省　http://www.mhlw.go.jp/

預金保険機構　http://www.dic.go.jp/

独立行政法人日本貿易保険（NEXI）　http://nexi.go.jp/

独立行政法人日本貿易振興機構（JETRO）　http://www.jetro.go.jp/

独立行政法人住宅金融支援機構　http://www.jhf.go.jp/

株式会社日本政策金融公庫　https://www.jfc.go.jp/
一般社団法人全国信用保証協会連合会　http://www.zenshinhoren.or.jp/
一般社団法人全国銀行協会　http://www.zenginkyo.or.jp/
株式会社全銀電子債権ネットワーク（でんさいネット）　https://www.densai.net/
株式会社みずほ銀行　https://www.mizuhobank.co.jp/
株式会社三菱東京UFJ銀行　http://www.bk.mufg.jp/
株式会社三井住友銀行　http://www.smbc.co.jp/
日本ローン債権市場協会（JSLA）　https://www.jsla.org/
国際銀行間通信協会（SWIFT）　https://www.swift.com/
国際商業会議所（ICC）　http://www.iccwbo.org/
国際スワップデリバティブ協会（ISDA）　http://www.isda.org/
国際決済銀行（BIS）　https://www.bis.org/
CLS銀行（CLS Group）　https://www.cls-group.com/
米政府監査院（U.S. GAO）　http://www.gao.gov/
英国銀行協会（BBA）　https://www.bba.org.uk/

株式会社シーエーシー

室　　勝

【編著者紹介】（第Ⅰ章～第Ⅵ章執筆）

室　　勝（むろ　まさる）

　　株式会社シーエーシー
　　経営統括本部経営企画部IP推進チーム
　　統括キュレーター、シニア・システム・エンジニア
　　1962年東京都生まれ、1990年シーエーシー入社、勘定系システム経験21年

　　主な業務経歴　開発システム名称（担当工程、役割）
　　A銀行預金システム（詳細設計～総合テスト、業務SE）
　　B銀行外国為替システム（基本設計～総合テスト、業務SE）
　　C銀行外国証券システム（詳細設計～統合テスト、業務SE）
　　D銀行外国為替システム（詳細設計～統合テスト、業務SE）
　　E銀行外国為替システム（基本設計～総合テスト・保守、業務SE）
　　F銀行外国為替システム（保守、業務SE）
　　G銀行海外支店向け外国為替システム（基本設計～統合テスト、業務SE）
　　H銀行海外支店向け資金為替システム（保守、業務SE）
　　I銀行外国為替システム（保守、PM・業務SE）
　　J銀行外国為替システム（保守、PM・業務SE）
　　K銀行外国為替システム（要件定義～基本設計、業務SE）
　　L銀行海外支店向け外国為替システム（要件定義、業務SE）
　　M銀行海外支店向け外国為替システム（基本設計～詳細設計、業務SE）
　　N金融機関外国為替システム（詳細設計～統合テスト、業務SE）、ほか
　　　（注）　SE＝システム・エンジニア、PM＝プロジェクト・マネージャー

　　著書一覧
　　『図解で学ぶSEのための銀行三大業務入門』（金融財政事情研究会、2010年）
　　『リテールファイナンスのIT戦略―守りのITから攻めのITへ―』（共著、金融財
　　　政事情研究会、2013年）
　　『図解で学ぶSEのための銀行三大業務入門（第2版）』（金融財政事情研究会、
　　　2014年）

所属企業概要
株式会社シーエーシー
1966年日本最初の独立系ソフトウエア専門企業として設立。情報化戦略の立案、システムの構築・管理運用を主業務とし、近年は業務受託までの一貫したサービスを提供。東証一部上場の株式会社CAC Holdingsの子会社。
URL：http://www.cac.co.jp/

【第Ⅶ章「最新キーワード解説」執筆者紹介】(氏名(所属・肩書):担当項目)

(五十音順、所属は2017年2月時点)

伊藤　正晴(株式会社大和総研 経済環境調査部):ESG

大木　孝修(株式会社NTTデータ経営研究所 金融政策コンサルティングユニット):モバイル決済

大場　昭義(東京海上アセットマネジメント株式会社 取締役会長):フィデューシャリー・デューティー(受託者責任)

大橋　慶(株式会社NTTデータ経営研究所 金融政策コンサルティングユニット):ロボアドバイザー

金子　久(株式会社野村総合研究所 ITナビゲーション推進部):金融所得課税の一体化、NISA、確定拠出年金(DC)

桜井　駿(株式会社NTTデータ経営研究所 情報戦略コンサルティングユニットビジネスソリューションコンサルティンググループ):ブロックチェーン(仮想通貨)

椎名　康弘(株式会社NTTデータ経営研究所 金融政策コンサルティングユニット):PFM(資産管理)

鈴木健治郎(株式会社NTTデータ経営研究所 金融政策コンサルティングユニット):自動与信審査

鈴木　利光(株式会社大和総研 金融調査部制度調査課):自己資本比率規制(バーゼルⅢ)

高松　志直(片岡総合法律事務所 弁護士):マイナンバー法

田中　公義(株式会社NTTデータ経営研究所 金融政策コンサルティングユニット):サイバーセキュリティ

鶴渕　広美(監査法人):コーポレートガバナンス・コード、スチュワードシップ・コード

永井　利幸(片岡総合法律事務所 弁護士):個人情報保護法

錦野　裕宗(弁護士法人中央総合法律事務所 弁護士):保険業法

廣渡　鉄(廣渡法律事務所 弁護士):犯罪収益移転防止法

宮居　雅宣（株式会社野村総合研究所　金融ソリューション事業二部）：デビットカードの普及と展望、ペイジー（Pay-easy）

村井　洋平（株式会社ＮＴＴデータ経営研究所　金融コンサルティングユニット）：クラウドファンディング

安嶋　建（株式会社ＮＴＴデータ経営研究所　金融政策コンサルティングユニット）：FinTech

渡邉　恵衣（株式会社ＮＴＴデータ経営研究所　金融政策コンサルティングユニット）：サイバーセキュリティ

目　次

第Ⅰ章　預金業務

第1節　流動性預金……2
1　普通預金……2
2　普通預金の利息計算方法……10
3　CIF……16
4　当座預金……22
5　貯蓄預金……28
6　納税準備預金……30
7　別段預金……32

第2節　固定性預金……35
1　定期預金……35
2　定期預金の利息計算方法……44
3　大口定期預金、変動金利型定期預金、期日指定定期預金……54
4　通知預金……59
5　積立定期預金……64
6　財形預金……69
7　譲渡性預金……72
8　仕組預金……74

第3節　総合口座……85
1　総合口座の特徴……85
2　総合口座の貸越利息計算方法……90

第4節　預金共通……96
1　まとめ記帳……96
2　睡眠預金……102
3　通帳証書発行管理……109
4　預金保険制度……114

5　通帳記帳……………………………………………………119

第Ⅱ章　貸付業務

第1節　法人向け貸付……………………………………………126
　　1　手形割引……………………………………………………126
　　2　手形貸付……………………………………………………132
　　3　証書貸付……………………………………………………141
　　4　当座貸越……………………………………………………145
　　5　当座貸越の利息計算方法…………………………………151
　　6　特別当座貸越………………………………………………154
　　7　債務保証……………………………………………………157
　　8　信用保証協会保証…………………………………………163
　　9　代理貸付……………………………………………………166
　10　シンジケートローン………………………………………168
　11　コミットメントライン……………………………………183
　12　動産担保貸付（ABL）……………………………………186
　13　ノンリコースローン………………………………………189

第2節　個人向け貸付……………………………………………191
　　1　住宅ローン…………………………………………………191
　　2　リフォームローン…………………………………………194
　　3　カードローン………………………………………………195
　　4　教育ローン…………………………………………………198
　　5　その他のローン……………………………………………200

第3節　その他……………………………………………………202
　　1　顧客登録……………………………………………………202
　　2　与信管理……………………………………………………206
　　3　貸付方法……………………………………………………214
　　4　返済方法……………………………………………………216

目　次　*11*

第Ⅲ章 内国為替業務

- 第1節　全銀システム……………………………………………… 222
- 第2節　日銀ネット………………………………………………… 224
- 第3節　手形交換制度……………………………………………… 225
- 第4節　電子記録債権制度………………………………………… 227
  - 1　電子記録債権制度とは……………………………………… 227
  - 2　でんさいの発生（債務者請求方式）……………………… 232
  - 3　でんさいの発生（債権者請求方式）……………………… 233
  - 4　でんさいの譲渡……………………………………………… 235
  - 5　でんさいの割引……………………………………………… 237
- 第5節　送金為替…………………………………………………… 240
  - 1　送金為替とは………………………………………………… 240
  - 2　電信振込……………………………………………………… 241
  - 3　交換振込……………………………………………………… 243
  - 4　メール振込…………………………………………………… 244
  - 5　MTデータ伝送……………………………………………… 245
  - 6　普通送金……………………………………………………… 246
- 第6節　代金取立…………………………………………………… 248
  - 1　代金取立とは………………………………………………… 248
  - 2　集中取立……………………………………………………… 249
  - 3　期近集中取立………………………………………………… 251
  - 4　個別取立……………………………………………………… 252

第Ⅳ章 外国為替業務

- 第1節　輸　　出…………………………………………………… 256
  - 1　輸出信用状…………………………………………………… 256
  - 2　L/C付輸出手形買取………………………………………… 266
  - 3　L/C付輸出手形取立………………………………………… 283

4　L/Cなし輸出手形買取……………………………………………294
　　5　L/Cなし輸出手形取立……………………………………………308
　　6　クリーン手形・小切手買取………………………………………312
　　7　クリーン手形・小切手取立………………………………………319
　　8　フォーフェイティング……………………………………………321
　　9　インボイス・ディスカウント……………………………………325
　　10　輸出前貸……………………………………………………………332
　第2節　輸　　入………………………………………………………335
　　1　輸入信用状…………………………………………………………335
　　2　荷物引取保証（L/G）……………………………………………349
　　3　担保貨物貸渡（T/R）……………………………………………355
　　4　L/C付輸入手形（一覧払決済、本邦ユーザンス）……………360
　　5　L/C付輸入手形（外銀ユーザンス）……………………………376
　　6　LCなし輸入手形…………………………………………………389
　　7　運賃保険料ユーザンス……………………………………………405
　　8　スタンド・バイ・クレジット……………………………………409
　　9　リンバース…………………………………………………………414
　　10　輸入ハネ……………………………………………………………420
　第3節　送　　金………………………………………………………423
　　1　仕向送金（電信送金）……………………………………………423
　　2　仕向送金（郵便送金）……………………………………………437
　　3　仕向送金（送金小切手）…………………………………………437
　　4　仕向送金（マイナー通貨の送金）………………………………444
　　5　被仕向送金（電信送金）…………………………………………454
　　6　被仕向送金（郵便送金）…………………………………………461
　　7　被仕向送金（送金小切手）………………………………………462
　第4節　両　　替………………………………………………………466
　　1　旅行小切手…………………………………………………………466
　　2　外国通貨……………………………………………………………471
　第5節　外貨預金………………………………………………………481

1	外貨普通預金	481
2	外貨当座預金	491
3	外貨別段預金	498
4	外貨積立預金	500
5	外貨定期預金（一般型）	508
6	外貨定期預金（自動継続型）	518
7	為替特約付外貨定期預金	527
8	為替特約付円定期預金	539
9	外貨通知預金	550

第6節　外貨貸付 558

1	外貨手形貸付	558
2	外貨証書貸付	565
3	外貨債務保証	568
4	外貨当座貸越	575
5	外貨コミットメントライン	581

第7節　為替予約 583

1	為替予約（対顧アウトライト）	583
2	為替予約（対顧スワップ）	596
3	為替予約（対銀アウトライト）	604
4	為替予約（対銀スワップ）	608

第8節　資　　金 616

1	外貨資金（運用調達）	616
2	外国証券	625

第9節　利息手数料 642

1	利息手数料対顧受払	642
2	利息手数料対銀受払	647
3	未収未払利息手数料登録受払	651

第10節　そ の 他 660

1	顧客登録	660
2	与信管理	664

3	コルレス	675
4	預け預かり	681
5	公示相場登録	690
6	金利登録	700
7	優遇登録	704
8	持　　高	712
9	汎用記票	723

第11節　共通機能 728
1　本部入力・事務集中 728
2　手数料自動決定 741
3　金利自動決定 747
4　相場自動決定 752

第Ⅴ章　デリバティブ業務

第1節　金利デリバティブ 762
1　金利スワップ 762
2　金利オプション（キャップ） 780
3　金利オプション（フロア） 794
4　金利オプション（スワップション） 802

第2節　通貨デリバティブ 811
1　通貨スワップ 811
2　クーポンスワップ 822
3　通貨オプション 823
4　ノン・デリバラブル・フォワード（NDF） 842

第Ⅵ章　業務共通・その他業務

第1節　顧客管理 852
第2節　利息手数料管理 857

第3節　移　　管……………………………………………… 867
第4節　異例取引管理………………………………………… 885
第5節　マイナス金利………………………………………… 890
第6節　グローバルCMS……………………………………… 899
第7節　収益管理……………………………………………… 916

第Ⅶ章　最新キーワード解説

第1節　制　度　編…………………………………………… 925
◆自己資本比率規制（バーゼルⅢ）………………………… 925
◆金融所得課税の一体化……………………………………… 928
◆保険業法……………………………………………………… 930
◆個人情報保護法……………………………………………… 934
◆マイナンバー法……………………………………………… 937
◆犯罪収益移転防止法………………………………………… 940
◆NISA…………………………………………………………… 943
◆確定拠出年金（DC）………………………………………… 946
◆コーポレートガバナンス・コード………………………… 950
◆スチュワードシップ・コード……………………………… 954
◆ESG……………………………………………………………… 958
◆フィデューシャリー・デューティー（受託者責任）…… 960
第2節　技　術　編…………………………………………… 963
◆FInTech………………………………………………………… 963
◆PFM（資産管理）…………………………………………… 966
◆ブロックチェーン（仮想通貨）…………………………… 969
◆ロボアドバイザー…………………………………………… 972
◆クラウドファンディング…………………………………… 974
◆自動与信審査………………………………………………… 978
◆モバイル決済………………………………………………… 980
◆サイバーセキュリティ……………………………………… 985

◆デビットカードの普及と展望……………………………………989
◆ペイジー（Pay-easy）……………………………………………992

第 I 章

預金業務

第1節　流動性預金

1　普通預金

業務面

(1) 概　　要

　銀行と取引を始める場合、最初に普通預金口座を開設するのが一般的です。当座預金、貯蓄預金などと同じ流動性預金の1つです。預入期間に定めがなく、随時入出金ができ、口座引落や振込などの決済サービスが提供されています(*1)。預入している残高に応じて、利息が計算されて、年2回利息が入金（元加、付利、利息決算）されます。2018年からは普通預金に限らず預金口座へのマイナンバーの任意登録が予定されています。

　　(*1)　預金者の求めに応じ、随時出金が可能なため、当座預金などと並んで、要求払い預金ともいわれます。

(2) 流 動 性

　窓口やATM、テレフォン・バンキング（以下、テレバン）、インターネット・バンキング（以下、インバン）などによって、取引できる時間帯、カードや通帳など手続に必要なもの（図表Ⅰ－1参照）も異なりますが、随時入出金が可能です。

(3) 預入期間

　預入期間は決まっていません。通常は解約するまで預入が続きます(*2)。

　　(*2)　最後の異動から10年経過すると睡眠預金とされ、預入が終了しますが、預金者本人であることが証明されれば、10年以上経過していても銀行は払戻に応じます。なお、この睡眠預金を公的機関に移管して、公益性のある事業に活用されます（休眠預金活用法によります）。

(4) 取引金額

　1円以上で取引が可能です。ただし、口座の新規開設と解約では、0円で

図表Ⅰ-1　入出金取引などで必要とされるもの

場所など	出　金	入　金	振込・振替
窓口	通帳と届出印鑑と払戻請求書	通帳と入金票	振替：出金と入金に同じ 振込：振込依頼書、出金に同じ
ATM	キャッシュ・カードと暗証番号	キャッシュ・カードまたは通帳	振替：出金と入金に同じ 振込：振込依頼書、出金に同じ
テレバン、インバン			お客様番号とパスワードなど

も取引が可能です。

(5)　利息（利息決算）

　毎年2月／8月中旬前後の週末に直近6カ月の残高から利息を計算し、口座に入金（元金に利息を加算）します。これを利息決算、利息元加、付利などといいます。利息の加算はこのほか、口座を解約したときにも行われます。利息計算の詳細は、「第Ⅰ章第1節2　普通預金の利息計算方法」を参照してください。総合口座の普通預金で、かつ当座貸越が発生している場合には、口座から貸越利息を出金します。貸越利息計算の詳細は、「第Ⅰ章第3節2　総合口座の貸越利息計算方法」を参照してください。

(6)　利息（利息計算）

　利息積数をもとに半年分の利息を計算します。

(7)　利息（付利単位）

　付利単位未満は利息計算の対象外とするものです。付利単位が100円であれば、100円未満は切り捨てて、利息計算を行います。

(8)　利息（最低付利残高）

　最低付利残高未満の期間は利息計算の対象外とするものです。最低付利残高が1,000円であれば、残高が1,000円未満の期間の利息は計算しません。

(9)　利息（税金）

　預金利息に対し、2013年1月1日から2037年12月31日までの25年間、復興

特別所得税として、所得税率2.1％が追加的に課税されています。この結果、国税率が15.315％に変更されています。また2016年1月1日からの法人利子割廃止にともない、法人の預金利子税（地方税）は従来の5％から0％に変更されています。

⑽　対　象　者

　公的証明書などにより本人確認ができれば、個人法人問わず、普通預金口座を開設することができます。ただし、同一名義の口座は1口座に制限されることが多いようです(＊3)

> (＊3)　個人ではもともと保有していた口座のほかに相続によって口座を保有するケースなどで1人2口座が許容され、法人ではその必要性に応じて、許容されることが多いようです。反社会的勢力については新規の口座開設を認めず、すでに開設された口座であっても強制的に解約されています。また。個人のみ対象の総合口座も同一名義の口座は1口座に制限されています。

⑾　通　　　帳

　一般的に通帳が発行されます。普通預金のみの通帳（個人法人とも）と普通預金と定期預金をセットにした総合口座通帳（個人のみ）の2種類が通常あります。

　大量の入出金取引が恒常的に発生する口座（たとえば、大手企業の決済口座、通信販売などの代金振込口座、寄付金振込口座など）の場合、通帳は発行せず、入出金取引の明細は普通預金取引照合表（ステートメント）によって通知されます。こうした普通預金はステートメント口、照合表口、リーフ口などと呼ばれます。

　昨今ではネット専業銀行やインバンの普及にともなって、通帳が発行されず、入出金取引の明細をWEB上で確認する普通預金も増えてきています。

⑿　決済性普通預金

　預金保険では当座預金は決済用預金(＊4)として金額の上限なく全額が保護されますが、従来の普通預金は利息が付くため、これに該当しませんでした。しかし資金決済が目的の預金であることに代わりはなく保護される金額に上限があると、企業倒産などの著しい経済的不利益が預金者に生じることも想定され、2005年4月のペイオフ全面解禁に合わせて導入されました。

> (＊4)　決済用預金とは、①利息が付かない、②随時払戻が可能、③口座引落や振込

などの決済サービスが提供されている、の3条件を満たす預金です。

　従来の普通預金と異なり、金額の上限なく、全額が預金保険により保護される代わりに利息は付きません。普通預金（無利息型）、無利息型普通預金などとも呼ばれます。

システム面

　普通預金はどの銀行でももっとも口座数が多く、繁忙期には営業店端末、ATM（他行提携、コンビニエンスストア設置のATMなど含む）、テレバン、インバンなどのさまざまなチャネルを通して、トランザクションが一番集中する商品です。このため、システムの迅速かつ正確な処理が必要とされます。迅速性では送信キー押下後のレスポンスタイムは最長でも2秒程度とされます。

　処理効率やボトルネック抑止を考え、特定のファイルにアクセスが集中しないよう、普通預金のデータベース（以下、DB）は通常、店群管理されています。このほかにDBをメモリーに常駐させる、DBを正規化する、レコードを都度追加しないで済むよう、空のデータを事前に作成しておく、レコードサイズを必要最小限に抑える、随時DBの再編成を行うなど、処理効率を意識したさまざまな工夫を行っています。

(1) 取引遷移

　一般的な取引遷移は図表Ⅰ－2のとおりです。

図表Ⅰ－2　普通預金の取引遷移

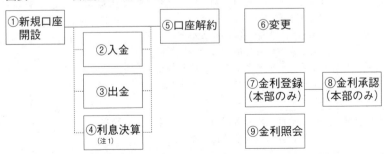

（注1）　センター自動処理のみです。
（注2）　普通預金金利は、金利ファイルに登録され、各取引により参照されます。

(2) 取引種類

普通預金には、図表Ⅰ-3に示す取引があります。

図表Ⅰ-3　普通預金の取引

取引名	概要	おもな経路など
新規口座開設	口座を新規に開設し、通帳やキャッシュ・カードを発行します。	営業店端末（CIFからのシステム内連動含む、インバンで受付あり）
入金	口座に現金などを入金、または振替、振込により入金します。	営業店端末（システム内連動含む）、ATM（システム内連動含む）、センター自動処理、テレバン（システム内連動含む）、インバン（システム内連動含む）
出金	口座から現金などを出金、または振替、振込により出金します。	同上
利息決算	毎年2月／8月に利息を計算し、利息を入金します。総合口座の当座貸越がある場合には、貸越利息も計算し、出金します。	センター自動処理
口座解約	解約日までの利息を計算し、利息を入金したうえで口座を解約します。睡眠預金と判定され、雑益編入による解約の場合は利息を計算せず、利息の入金も行わずに解約します。	営業店端末
変更	口座の基本的な項目（通帳発行区分や暗証番号など）や状態（キャッシュ・カードや通帳の紛失など）を変更します。具体的には通帳発行口座をステートメント方式に切り替える、キャッシュ・カードの紛失を登録するなどがあります。	営業店端末（一部、テレバン、インバンもあり）
金利登録	適用開始日以降の普通預金金利を変更する場合に金利を登録します。	本部端末
金利承認	登録された金利を再鑑後、承認し、	本部端末

	適用開始日以降、適用します。	
金利照会	現在適用されている金利や過去の金利の履歴などを照会します。	営業店端末、テレバン、インバン、本部端末

　新規口座開設で取引が始まり、入金／出金取引が行われて、預金者からの申し出などにより変更取引を行って、毎年2月／8月に利息決算が行われます。最終的に口座が不要となった場合には、おもに預金者の依頼により口座を解約します。

　市中金利の変動により普通預金金利を変更する場合には翌日以降の金利を登録し、登録内容に問題がない場合は金利承認を行います。この承認により翌日以降に新しい金利が適用されます。預金者などからの問い合わせに対しては金利を照会し、回答します。

(3) 取引ファイル

　普通預金の口座情報を管理する普通預金ファイルの論理的な構成について、記述します（図表Ⅰ－4参照）。

図表Ⅰ－4　普通預金ファイルの構成

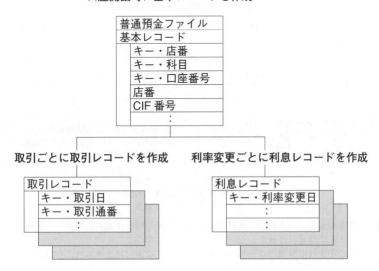

① 基本レコード

口座開設時にレコードが追加され、取引のたびに更新されます。キーは店番、科目、口座番号です。口座の基本的な属性項目を保持します。具体的には当日残高、前日残高、口座開設日、最終更新日、課税区分、通帳発行区分などがあります。口座番号とCIF番号を一致させる銀行もありますが、複数口座がある場合などは一致させることができないため、店番とCIF番号を基本レコードに持つことでCIFファイルと紐付けします。最新の利息積数は基本レコードに保有し、利率変更前の過去の利息積数は利息レコードに持ちます。

② 取引レコード

取引ごとに1件追加されます。キーは、取引日、取引通番です。取引の詳細な情報を保持します。具体的には取引日、起算日、取引金額、入払区分、記帳区分、摘要などがあります。

③ 利息レコード

残高の増減をともなう取引の際に取引日の属する利息決算期間内に普通預金の利率変更がある場合(*5)、その変更後、初めての取引で利率変更があった数だけ追加されます（図表Ⅰ－5参照）。キーは、利率変更日です。同じ利

図表Ⅰ－5 利率変更がある場合の利息レコードの追加要領

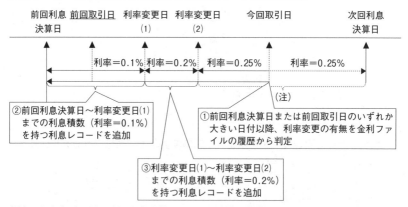

（注） 利率変更日(2)〜次回利息決算日までの全期間の利率は確定していないため、利息レコードは作成しません。
このまま利率変更がない場合、利息レコードは次回利息決算日に作成されます。

率が適用されている期間内の利息積数、利率、利息計算開始日、利息計算終了日などを保持します。

(*5) 普通預金の利率変更があるか否かは利率が登録されている普通預金金利ファイルの登録履歴を参照することで判定します。

最後に各レコードの追加更新要領について、図表Ⅰ-6に記述します。

図表Ⅰ-6　各レコードの追加更新要領

取　引	基本レコード	取引レコード	利息レコード
口座開設	1件追加	1件追加	―
入金	1件更新	1件追加	利率変更ありのとき、1～複数件追加
出金	1件更新	1件追加	利率変更ありのとき、1～複数件追加
利息決算	1件更新	1件追加(注1)	利率変更ありのとき、1～複数件追加 利率変更なしのとき、1件追加(注2)
変更	1件更新	―	―
口座解約	1件更新	2件追加(注3)	利率変更ありのとき、1～複数件追加

(注1)　利息を入金するため、取引レコード1件を追加します。
(注2)　直近の半期分の利息について、利息レコードを1件追加します。
(注3)　利息分の取引レコードは利息の金額に関係なく1件追加します。元金分の取引レコードも元金の金額に関係なく1件追加します。

2　普通預金の利息計算方法

業務面

(1) 概　要

　普通預金は毎年2月／8月の利息決算日に利息を支払います。利息の計算方法には、いくつかの方法がありますが、ここでは次回利息決算日までの予定利息を計算する方法について記述します。なお、利息決算は利息元加、付利ともいいます。

(2) 計算式

　利息の計算式そのものは後述する定期預金などと同じですが、普通預金は残高が随時増減するため、入出金の都度、利息計算（利息積数の計算）を行います。

　利息決算日または普通預金口座開設時、残高に次回利息決算日までの期間の日数を乗じ（これを利息積数といいます）、その後は入出金があるたびにその入出金の金額で利息積数を補正します。そして利息決算日には、この利息積数に年利率を乗じて年日数で割ることで利息を求めます。計算式は以下のとおりです。

$$\text{利息} = \underbrace{(\text{残高} \times \text{日数（片端）})}_{\text{利息積数}} \times \text{年利率}(\%) \div 100 \div 365$$

(3) 計算例1

　まず利率変更がない場合の計算例を示します（図表Ⅰ-7参照）。

　①の利息決算では次回8月の利息決算日までの利息積数を計算します。その後、②の入金により残高が増加するため、②～次回8月の利息決算日までの増加分（入金取引の取引金額）の利息積数を求めて加算します。次に③の出金で残高が減少するため、③～次回8月の利息決算日までの減少分（出金取引の取引金額）の利息積数を求めて減算します。その後、次回8月の利息決算日まで取引がないとすると、④の利息決算日にそれまでに累計された利息積数から当日までの利息を計算し、口座に入金します。同時に次回2月ま

図表Ⅰ-7　利息計算例1

取引日	①2017/2/17 前回利息 決算日	②2017/4/1	③2017/6/1	④2017/8/18 今回利息 決算日	⑤2018/2/16 次回利息 決算日

取引	利息決算	入金	出金	利息決算
取引前残高	199,901円	200,000円	250,000円	150,000円
取引金額	99円	50,000円	100,000円	79円
取引後残高	200,000円	250,000円	150,000円	150,079円
利息始期	2017/2/17	2017/4/1	2017/6/1	2017/8/18
利息終期	2017/8/18	2017/8/18	2017/8/18	2018/2/16
利息日数	182日（片端）	139日（片端）	78日（片端）	182日（片端）
利息積数	200,000円 ×182日	50,000円×139日	▲100,000円 ×78日	150,079円 ×182日
利率	0.1%	0.1%	0.1%	0.1%

利息積数

① 200,000円×182日
② 50,000円×139日
③ ▲100,000円×78日
④ 150,079円×182日（予定利息積数）

①の利息積数：200,000円×182日＝36,400,000円
②の利息積数：50,000円×139日＝6,950,000円
③の利息積数：▲100,000円×78日＝▲7,800,000円
①＋②＋③の利息積数＝35,550,000円
④の利息＝35,550,000円×0.1%÷100÷365＝97円（円未満切捨）

④の税引前利息：97円
国　税＝97円×15.315%÷100＝14円
（円未満切捨）
地方税＝97円×5%÷100＝4円
（円未満切捨）
税引後利息：79円

での予定利息（予定利息積数）を計算しておきます。

　このように取引の都度、予定利息（予定利息積数）をあらかじめ求めておけば、利息決算日に前回の利息決算日まで遡って利息を計算する必要がなく、利息計算の負荷を軽減することができます。予定利息（予定利息積数）を計算せず、利息決算日に前回の利息決算日まで遡って利息を計算する銀行もありますが、それは普通預金の口座数が少ない一部の銀行などに限られます。

(4) 計算例2

次に利率変更がある場合の計算例を示します（図表Ⅰ-8参照）。

図表Ⅰ-8　利息計算例2

取引日	①2017/2/17 前回利息 決算日	②2017/4/1	③2017/6/1	④2017/8/18 今回利息 決算日	⑤2018/2/16 次回利息 決算日
		利率＝0.1%	利率＝0.2%		
取引	利息決算	（取引なし、利率変更）	出金	利息決算	
取引前残高	199,901円	200,000円	200,000円	150,000円	
取引金額	99円	―	50,000円	123円	
取引後残高	200,000円	200,000円	150,000円	150,123円	
利息始期	2017/2/17	2017/4/1	2017/6/1	2017/8/18	
利息終期	2017/4/1	2017/8/18	2017/8/18	2018/2/16	
利息日数	43日（片端）	139日（片端）	78日（片端）	182日（片端）	
利息積数	200,000円×43日	200,000円×139日	▲50,000円×78日	150,123円×182日	
利率	0.1%	0.2%	0.2%	0.2%	

利息積数

① 200,000円×43日
利率＝0.1%

② 200,000円×139日
利率＝0.2%

③ ▲50,000円×78日
利率＝0.2%

④ 150,123円×182日（予定利息積数）
利率＝0.2%

①の利息積数：200,000円×43日＝8,600,000円
②の利息積数：200,000円×139日＝27,800,000円
③の利息積数：▲50,000円×78日＝▲3,900,000円
①の利息＝8,600,000円×0.1%÷100÷365＝23円（円未満切捨）
②＋③の利息積数＝23,900,000円
②＋③の利息＝23,900,000円×0.2%÷100÷365＝130円
（円未満切捨）

①＋②＋③の税引前利息：153円
国税＝153円×15.315%÷100＝23円
（円未満切捨）
地方税＝153円×5%÷100＝7円
（円未満切捨）
税引後利息：123円

図表Ⅰ-7の計算例とほぼ同じですが、4月1日に入金がなく利率変更のある点が異なります。4月1日に取引がないため、①〜②と②〜③で残高に

変わりはないものの、利率に変更があるため、利息積数は分けて計算しておく必要があります。

これまで見てきたように利息積数は残高が増減するたびに再計算されますが、残高が増減するだけでは分別管理する必要はありません。しかし、利率が変更されたときには残高の増減の有無に関係なく、利率の変更前後で利息積数を分けて別に管理しなくてはなりません。

システム面

ここでは普通預金ファイルの構成（「第Ⅰ章第1節1　普通預金」を参照）を前提に、前記の利息計算例がシステムでどう実現されるかを説明します。

基本レコードは取引ごとに更新され、取引レコードも取引ごとに追加されます。利息積数は基本レコードに保有され、取引の時点で過去（ただし、取引日が属する利息決算期内のみ）に利率変更があった場合に利息レコードとして追加され、履歴管理されます。また利率の変更がなくても、利息決算日には直近半期分の利息分の利息レコードが追加されます。

(1) 計算例1

前記の利息計算例1は利率の変更がないため、利息決算期内に利息レコードは追加されません（図表Ⅰ－9参照）。取引の都度、基本レコードに保有する利息積数を随時更新し、利息決算日にこれまで累計した利息積数から利息を計算し、口座に入金します。同時に今まで基本レコードに保有していた利息積数を利息レコードとして追加し、基本レコードの利息積数を次回利息決算日までの予定利息積数で更新します。

(2) 計算例2

前記の利息計算例2は取引日が属する利息決算期内に利率の変更（②）が1回あるため、利率変更後初めての取引（③）で、それまでの期間（①～②）の利息積数と変更前の利率で利息レコードを1件追加します（図表Ⅰ－10参照）。同時に基本レコードに保有する利息積数（②～）と利率を利率変更後のものに更新します。利息決算日にこれまで累計した利息積数（利息レコードと基本レコード）から利息を計算し、口座に入金します。同時に今まで基本レコードに保有していた利息積数を利息レコードとして追加し、基本レ

図表Ⅰ-9　利息計算例1

取引日			①2017/2/17 利息決算	②2017/4/1 入金	③2017/6/1 出金	④2017/8/18 利息決算
基本レコード	キー・店番		本店	本店	本店	本店
	キー・科目		普通預金	普通預金	普通預金	普通預金
	キー・口座番号		1234567	1234567	1234567	1234567
	現在残高		200,000円	250,000円	150,000円	150,079円
	利息始期		2017/2/17	2017/2/17	2017/2/17	2017/8/18
	利息終期		2017/8/18	2017/8/18	2017/8/18	2018/2/16
	利息積数		200,000円×182日	200,000円×182日+50,000円×139日	200,000円×182日+50,000円×139日-100,000円×78日※	150,079円×182日
	利率		0.1%	0.1%	0.1%	0.1%
	レコードの追加更新		更新	更新	更新	更新
取引レコード	キー・取引日		2017/2/17	2017/4/1	2017/6/1	2017/8/18
	キー・取引通番		0000001	0000005	0000002	0000001
	入払区分		入	入	出	入
	取引金額		99円	50,000円	100,000円	79円
	摘要		お利息	ATM	ATM	お利息
	：		—	—	—	—
	レコードの追加更新		追加	追加	追加	追加
利息レコード	キー・利率変更日		(省略)	—	—	2017/8/18
	利息始期			—	—	2017/2/17
	利息終期			—	—	2017/8/18
	利息積数			—	—	上記※参照
	利率			—	—	0.1%
	：			—	—	—
	レコードの追加更新		—	—	—	追加

コードの利息積数を次回利息決算日までの予定利息積数で更新します。なお、利率変更にともなう利息積数の更新は利率変更取引をトリガーにはせず、利率変更後に行われる初めての入出金など勘定異動のある取引で行われます。仮に利息決算期間中に1件も勘定異動がない場合は利息決算取引（利息金額＝ゼロの場合も含みます）で利息積数を更新します。

図表Ⅰ-10　利息計算例2

取引日		①2017/2/17 利息決算	②2017/4/1 利率変更	③2017/6/1 出金	④2017/8/18 利息決算
基本レコード	キー・店番	本店	－	本店	本店
	キー・科目	普通預金	－	普通預金	普通預金
	キー・口座番号	1234567	－	1234567	1234567
	現在残高	200,000円	－	150,000円	150,123円
	利息始期	2017/2/17	－	2017/4/1	2017/8/18
	利息終期	2017/8/18	－	2017/8/18	2018/2/16
	利息積数	200,000円×182日(注)	－	200,000円×139日－50,000円×78日※	150,123円×182日
	利率	0.1%	－	0.2%	0.2%
	レコードの追加更新	更新	－	更新	更新
取引レコード	キー・取引日	2017/2/17	－	2017/6/1	2017/8/18
	キー・取引通番	0000001	－	0000003	0000001
	入払区分	入	－	出	入
	取引金額	99円	－	50,000円	123円
	摘要	お利息	－	クレジットカード	お利息
	:	－	－	－	－
	レコードの追加更新	追加	－	追加	追加
利息レコード	キー・利率変更日	(省略)	－	2017/4/1	2017/8/18
	利息始期		－	2017/2/17	2017/4/1
	利息終期		－	2017/4/1	2017/8/18
	利息積数		－	200,000円×43日(注)	上記※参照
	利率		－	0.1%	0.2%
	:		－	－	－
	レコードの追加更新	－	－	追加	追加

(注)　2017/2/17時点では、利息日数では182日です。
　　　しかし、2017/4/1の利率変更により、43日に変わります。

3 CIF

業務面

(1) 概　要

　CIFとは、銀行の顧客の基本属性全般を管理する顧客マスタであり、Customer Information Fileの頭文字をとってCIFと呼ばれます。一部の銀行ではCustomer Management Fileといわれ、この場合はCMFと略されますが、実体は同じものです（以下、呼称をCIFに統一します）。このCIFファイルに登録された顧客でないと、ほとんどの銀行取引ができません(*1)。

> (*1) 振込や外国通貨の両替などの一部取引ではCIFに登録がなくても取引することが可能です。

(2) 開設など

① 開　設

　新たに銀行と取引を開始する場合、個人法人ともにまず普通預金口座を開設するのが一般的ですが、これに先立ってCIFへの登録を行います。CIFは店番、顧客番号、氏名または名称、郵便番号、住所または所在地、電話番号などの顧客の基本的な属性情報を記録・管理します。

(i) 本人確認

　犯罪収益移転防止法により、公的な証明書による本人確認が義務づけられています。公的な証明書とは個人では運転免許証、個人番号カード、パスポートなどを、法人では登記事項証明書、印鑑登録証明書などを指します。

(ii) 名寄せによる確認

　個人では氏名、住所、生年月日、性別などで、法人では法人名称、所在地、設立年月日などで名寄せを行い、同一顧客がいないかチェックします。同一顧客がいない場合はCIFを登録し、普通預金などの口座開設に進みます。同一顧客がいる場合には預金取引などですでに取引を行っているはずですので、CIFへの登録は不要です。

② 変　　更

　個人の場合、改姓、改名、住所、電話番号などの変更、法人の場合、法人名、所在地、代表者、代表電話番号などの変更などの事由によりCIFに登録されている情報を変更します。登録情報を変更する場合でも、変更事項が確認できる公的証明書が必要です。

③ 解　　約

　個人では相続、法人では合併による消滅など、銀行との取引をすべて解約する場合にはCIFを解約（閉鎖）します。当該顧客のすべての取引が終了していることが前提です。

(3) 各 業 務

　銀行の基本的な業務のうち、一部の顧客だけが行う貸付業務や外国為替業務などの場合、取引を開始する前に各業務への登録が必要です。おもな各業務への登録の要否は図表Ⅰ-11のとおりです。

図表Ⅰ-11　各業務への登録要否

業　務	要否	説　　明
預金	要	CIFへの登録があれば、取引が可能です。普通預金の口座開設などでCIFも開設されるため、別途業務への登録は通常、不要です。
貸付	要	貸付業務への登録が必要です。「第Ⅱ章第3節1　顧客登録」を参照してください。
内国為替	否	基本的に業務への登録がない一見客(注)でも取引が可能です。
外国為替	要	外国為替業務への登録が必要です。ただし、仕向送金、被仕向送金、旅行小切手、外国通貨などの取引は、業務への登録がない一見客(注)でも取引が可能です。「第Ⅳ章第10節1　顧客登録」を参照してください。

（注）　自行と取引がなく、今後も継続した取引が見込めない可能性が高い顧客を指します。一見客については、登録の手間や再利用の可能性の低さなどから、通常、CIFへの登録を行いません。

システム面

CIFの取引遷移、取引種類、ファイル構成などについて、以下に記述します。

(1) 取引遷移

一般的な取引遷移は図表Ⅰ-12のとおりです。

図表Ⅰ-12　CIFの取引遷移

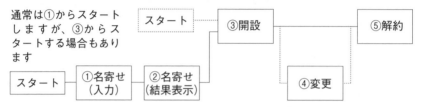

(2) 取引種類

CIFには、図表Ⅰ-13に示す取引があります。

CIF取引は、名寄せ（入力）取引または開設取引のいずれかから開始します。名称などを入力して、名寄せの結果が表示された後にCIFの登録に進むか（①からスタート）、名寄せを省略してCIFの登録から始めます（③からスタート）。後者の場合、同一名称を持つ顧客が存在した場合には、その旨の警告メッセージが帳票に印字されます。開設取引は、普通預金の新規口座開設も同時に入力できるようにしている銀行もあります。

変更取引では個人の場合、改姓、改名や住所、電話番号などの変更、法人の場合、法人名、所在地、代表者、代表電話番号などの変更を行います。

解約取引は当該顧客のすべての取引を終了（預金であれば解約、貸付であれば回収）した後で最後にCIFを解約するものです。システム的にはすべての取引が終了していないと解約できないように、チェックを行っています。解約された顧客は論理的に削除され、一定期間経過後に物理削除されます。

(3) 各種ファイル

① 名寄せファイル

顧客を名寄せするための基本情報を管理する、名寄せファイルの論理的な

図表Ⅰ-13 CIFの取引

取引名	概　要	おもな経路など
名寄せ（入力）	顧客の名称などを入力します。	営業店端末、本部端末
名寄せ（結果表示）	入力された名称などから同一または類似する顧客を一覧表示します。顧客を重複して登録しないようチェックするのに使用します。	営業店端末、本部端末
開設	顧客の基本的な属性情報を入力し、顧客を新規に登録します。普通預金の新規口座開設と同時にCIFの登録も行うことができる取引を用意している銀行もあります。	営業店端末、本部端末
変更	顧客の基本的な属性情報を変更します。住所や電話番号など変更が必要な項目を入力します。	営業店端末、本部端末
解約	当該顧客とのすべての取引を終了した後にCIFを解約（閉鎖）します。後述するCIFファイルの基本レコードのステータスを解約済にします。	営業店端末、本部端末

構成について記述します（図表Ⅰ-14参照）。

(i) 基本レコード

　開設取引で追加されます。キーはカナ名称（重複可）です。顧客を名寄せするための基本的な属性項目を保持します。具体的にはCIF番号、漢字名称、漢字住所、生年月日（個人の場合）、設立年月日（個人以外の場合）などがあります。

② **CIFファイル**

　顧客の基本情報を管理するCIFファイルの論理的な構成について、記述します（図表Ⅰ-14参照）。

(i) 基本レコード

　開設取引で追加されます。キーは店番、CIF番号[*2]です。顧客の基本的な属性項目を保持します。具体的には個人法人区分（個人、法人など）、居住

図表 I -14 CIFファイルなどの構成

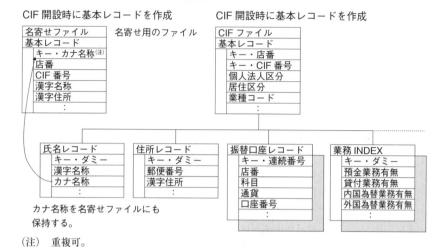

(注) 重複可。

区分（居住、非居住）、業種コード（農業、漁業、食品製造業、小売業、情報サービス業など多数）、生年月日（個人の場合）、設立年月日（個人以外の場合）、ステータス（活動中、解約済、移管済）などがあります。

　（*2）　システムが自動採番する7桁の番号です。取引先番号、顧客番号、依頼人番号などとも呼ばれます。

(ii)　氏名レコード

　開設取引で追加されます。個人では漢字氏名、カナ氏名などを、法人では正式漢字名称、正式カナ名称、漢字略称、カナ略称などを保有します。

(iii)　住所レコード

　開設取引で追加されます。郵便番号、漢字住所、住所コード、電話番号などを保有します。

(iv)　振替口座レコード

　おもに法人で取引時に入出金で使用する預金口座が、顧客から業務共通の口座として指定されている場合に追加します。キーは連続番号（1からの連番）とします。預金口座を特定するための店番、科目（当座、普通）、通貨、口座番号といった項目を保持します。このCIFファイルでは通貨も持つこと

で外貨の預金口座も管理する想定です。

(v) 業務INDEXレコード

後述する各業務への登録取引のうち、最初の取引で追加されます。預金業務、貸付業務、内国為替業務、外国為替業務といった各業務での取引有無を管理します。この業務INDEXレコードにより、当該顧客の業務有無が管理され、業務INDEXの業務有無がすべて無でなければ、CIFの解約はエラーとするチェックに使用します。

最後に各レコードの追加更新要領について、図表Ⅰ-15に記述します。

図表Ⅰ-15 各レコードの追加更新要領

取引	CIFファイルの各レコード					名寄せ
	基本	氏名	住所	振替口座	業務INDEX	基本レコード
名寄せ（入力）	―	―	―	―	―(注3)	―
名寄せ（表示）	―	―	―	―	―(注3)	―
開設	1件追加	1件追加	1件追加	―	―(注3)	1件追加
変更	1件更新(注1)	1件更新(注2)	1件更新(注2)	1件更新(注2)	―(注3)	1件更新(注2)
解約	1件更新	―(注4)	―(注4)	―(注4)	―(注3)	―

(注1) 変更の場合、基本レコードに管理する項目の更新がなくても基本レコードの最終更新日を更新します。
(注2) 各レコードで管理する項目の更新があったときのみ更新します。
(注3) CIF取引では追加しません。預金の口座開設や貸付業務の登録で追加します。
(注4) 解約の場合、基本レコードのステータスを「解約済」に更新し、それ以外のレコードは更新しません。

4　当座預金

業務面

(1) 概　　要

おもに法人向けの決済用の預金です。預入期間に定めがなく、随時入出金ができ、口座引落や振込などの決済サービスが提供されている(*1)のは普通預金と同じですが、利息は付きません。小切手や手形を振り出して資金決済できることから、普通預金と異なり本人確認だけではなく、銀行の所定の審査を受けなければ口座を開設することができません。

> (*1)　預金者の求めに応じ、随時出金が可能なため、普通預金などと並んで要求払い預金ともいわれます。

(2) 流 動 性

窓口やATM、テレフォン・バンキング（以下、テレバン）、インターネット・バンキング（以下、インバン）などによって、取引できる時間帯、カードや通帳など手続に必要なもの（図表Ⅰ－16参照）も普通預金と異なる部分もありますが、随時入出金が可能です。

図表Ⅰ－16　入出金取引などで必要とされるもの

場所など	出　金	入　金	振替・振込
窓口	届出印鑑・記名判を押捺した小切手	入金票、あれば入金帳	振替：出金と入金に同じ 振込：振込依頼書、出金に同じ
ATM	キャッシュ・カードと暗証番号	キャッシュ・カードまたは入金帳	振替：出金と入金に同じ 振込：振込依頼書、出金に同じ
テレバン、インバン			お客様番号とパスワードなど

(3) 預入期間

預入期間は決まっていません。通常は解約するまで預入が続きます。

(4) 取引金額

1円以上で取引が可能です。ただし、口座の新規開設と解約では、0円でも取引が可能です。

(5) 利　　息

臨時金利調整法により無利息であることが定められています。当座貸越契約があり、当座貸越が発生した場合には貸越利息を徴求します。貸越利率は、短期プライムレートにスプレッドを加えた変動金利で、スプレッドは預金者の信用力、取引振りなどによって決められます。貸越利息計算の考え方は、「第Ⅱ章第1節5　当座貸越の利息計算方法」「第Ⅰ章第3節2　総合口座の利息計算方法」を参照してください。

(6) 対　象　者

普通預金のような本人確認ではなく、商業登記簿謄本、印鑑登録証明書、過去の決算書、銀行との取引状況、預金者の信用情報などをもとに銀行が所定の審査を行います。審査の結果、一定以上の信用力があると判断された預金者に限り当座勘定取引契約を締結し、口座を開設します。

当座貸越を顧客が希望する場合も銀行が所定の審査を行い、顧客と当座貸越約定書を交わし、約定書に定めた一定金額までの当座預金の残高不足を銀行が貸付する当座貸越契約を締結します。

(7) 通　　帳

通帳は発行されません。入出金取引の明細はステートメント（当座預金取引照合表）によって通知されます。通知サイクルは日次、週次、旬次、月次などがあります。インバンの普及にともなって、入出金取引の明細をWEB上で確認できることが多いようです。

窓口やATMで入金するための入金帳は通帳ではなく、入金する手段であり、入金帳を使った取引以外は印字されません。

(8) 預金保険

決済用預金（*2）として金額の上限なく全額が保護されます

（*2）　決済用預金とは、①利息が付かない、②随時払戻が可能、③口座引落や振込

などの決済サービスが提供されている、の3条件を満たす預金です。

(9) 手形小切手

当座預金では小切手や手形を振り出すことで資金決済が可能ですが、小切手と手形には違いがあります。小切手は通常、振出当日か振出後数日で決済されるため、当座預金に小切手の振出金額以上の残高がないと振り出せません（そうでないと、残高不足で不渡りになりかねません）。他方、手形は振出時点で振出金額以上の残高が当座預金になくても振り出すことが可能です(*3)。

> (*3) これは手形が通常数か月先の支払期日における支払を約束するものであり、支払期日までの数か月の間、振出金額以上の残高を継続して維持することは合理的ではないためです。

手形と小切手には以上のような違いがあるため、当座預金の口座開設と同時に小切手は振り出せますが、手形の場合、資金の入出金予定を十分把握し残高管理することが必須であるため、より高い信用力のある預金者でないと振り出すことができません。つまり、当座預金を保有していても、信用力の違いによって小切手しか振出できない場合と小切手と手形の両方を振出できる場合があります。

システム面

当座預金は普通預金と比べて口座数は格段に少ないものの、おもに企業などの資金決済に使われるため、普通預金と同様にシステムの迅速かつ正確な処理が必要とされます。このため、普通預金と同様にさまざまなシステム的な工夫や考慮をしています。

(1) 取引遷移

一般的な取引遷移は図表Ⅰ-17のとおりです。

(2) 取引種類

当座預金には、図表Ⅰ-18に示す取引があります。

新規口座開設で取引が始まり、入金／出金取引が行われて、預金者からの申し出などにより変更取引を行います。当座貸越契約がある口座で実際に当座貸越が発生した場合には貸越利息を計算し、口座から出金します。最終的

図表Ⅰ-17　当座預金の取引遷移

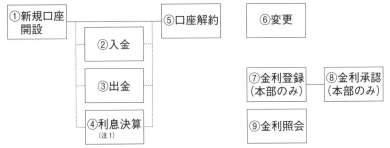

（注1）　センター自動処理のみです。
（注2）　当座預金貸越金利は、金利ファイルに登録され、各取引により参照されます。

図表Ⅰ-18　当座預金の取引

取引名	概　要	おもな経路など
新規口座開設	口座を新規に開設し、必要に応じ、キャッシュ・カードや入金帳を発行します。小切手帳と手形帳（手形振出を認める預金者のみ）を手交します。	営業店端末
入金	口座に現金などを入金、または振替、振込により入金します。	営業店端末（システム内連動含む）、ATM（システム内連動含む）、センター自動処理、テレバン（システム内連動含む）、インバン（システム内連動含む）
出金	口座から現金などを出金、または振替、振込により出金します。	同上
利息決算	当座預金は無利息の預金ですが、当座貸越が発生した場合には、毎年2月／8月に貸越利息を計算し、出金します。	センター自動処理
口座解約	口座を解約します。当座貸越がある場合は、貸越利息を預金者から徴求します。未使用の手形帳、小切手帳を回収します。	営業店端末
変更	口座の基本的な項目（ステートメントの通知サイクルや暗証番号など）や状態（キャッシュ・カードや印鑑の紛失など）を変更します。具体的にはステートメントの通知サイクルを月次から週次に切り替える、印鑑の紛失を登録するなどがあります。	営業店端末（一部、テレバン、インバンもあり）
金利登録	適用開始日以降の当座預金貸越金利を変更する場合に金利を登録します。	本部端末
金利承認	登録された金利を再鑑後、承認し、適用開始日以降、適用します。	本部端末
金利照会	現在適用されている金利や過去の金利の履歴などを照会します。	営業店端末、本部端末

に口座が不要となった場合には預金者の依頼により口座を解約します。

金利の変動により、当座預金貸越金利を変更する場合には翌日以降の金利を登録し、登録内容に問題がない場合は金利承認を行います。この承認により翌日以降に新しい金利が適用されます。預金者などからの問い合わせに対しては金利を照会し、回答します。

(3) 取引ファイル

当座預金の口座情報を管理する当座預金ファイルの論理的な構成について記述します（図表Ⅰ-19参照）。

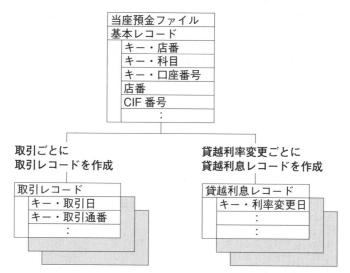

図表Ⅰ-19　当座預金ファイルの構成
口座開設時に基本レコードを作成

① 基本レコード

口座開設時にレコードが追加され、取引のたびに更新されます。キーは店番、科目、口座番号です。口座の基本的な属性項目を保持します。具体的には当日残高、前日残高、口座開設日、最終更新日、ステートメント通知サイクルなどがあります。

② 取引レコード

取引ごとに1件追加されます。キーは、取引日、取引通番です。取引の詳細な情報を保持します。具体的には取引日、起算日、取引金額、入払区分、摘要などがあります。

③ 貸越利息レコード

残高の増減をともなう取引の際に取引日の属する利息決算期間内に当座預金の貸越利率変更がある場合[*4]、その変更後、初めての取引で貸越利率変更があった数だけ追加されます[*5]。キーは、利率変更日です。同じ利率が適用されている期間内の貸越利息積数、貸越利率、利息計算開始日、利息計算終了日などを保持します。

> (*4) 当座預金の貸越利率変更があるか否かは利率が登録されている金利ファイルの登録履歴を参照することで判定します。
> (*5) 貸越利率変更がある場合の貸越利息レコードの追加要領は、「第Ⅰ章第1節1 普通預金」を参照してください。また、貸越利息計算の考え方は、総合口座でも基本的に変わりがありませんので、「第Ⅰ章第3節2 総合口座の利息計算方法」を参照してください。

最後に各レコードの追加更新要領について、図表Ⅰ-20に記述します。

図表Ⅰ-20 各レコードの追加更新要領

取引	基本レコード	取引レコード	貸越利息レコード
新規口座開設	1件追加	1件追加	―
入金	1件更新	1件追加	利率変更ありのとき、1～複数件追加
出金	1件更新	1件追加	利率変更ありのとき、1～複数件追加
利息決算	1件更新	1件追加(注1)	利率変更ありのとき、1～複数件追加 利率変更なしのとき、1件追加(注2)
口座解約	1件更新	2件追加(注3)	利率変更ありのとき、1～複数件追加
変更	1件更新	―	―

(注1) 貸越利息を出金するため、取引レコード1件を追加します。
(注2) 直近の半期分の貸越利息について、貸越利息レコードを1件追加します。
(注3) 貸越利息分の取引レコードは貸越利息の金額に関係なく1件追加します。元金分の取引レコードも元金の金額に関係なく1件追加します。

5 貯蓄預金

業務面

(1) 概　　要

　比較的新しい商品ですが、普通預金に準じています。普通預金とのおもな差異は以下のとおりです。

(2) 流 動 性

　随時入出金が可能ですが、公共料金やクレジット・カードなどの口座引落、給与や年金などの受取はできません。毎月指定日に一定の金額（定額）を普通預金との間で自動的に振り替えるサービスや、毎月指定日に一定の残高を超過した金額（不定額）を普通預金との間で自動的に振り替えるサービスもあります。

(3) 利　　率

　一定の金額の幅（金額階層(*1)）を複数設け、その幅ごとに適用する利率（金額階層別利率）を設定している銀行と、ある一定の金額を定め残高がその金額以上か否か(*2)で利率（金額別利率）を分けている銀行があります。商品の性格上、普通預金以上の利率が設定されます。

　　(*1)　たとえば、10万円未満、10万円以上〜30万円未満、30万円以上〜50万円未満、50万円以上〜100万円未満、100万円以上〜300万円未満、300万円以上〜1,000万円未満、1,000万円以上といった階層に分かれます。

　　(*2)　たとえば、10万円型（10万円未満と10万円以上）、30万円型（30万円未満と30万円以上）といった区別があります。

(4) 利息（利息決算）

　普通預金同様に毎年2月／8月中旬前後の週末に利息決算を行う銀行と、毎月中旬などに利息決算を行う銀行があります。解約の場合も利息決算を行い、利息を支払います。

(5) 対 象 者

　個人のみ対象です（本人確認済が前提）。

システム面

貯蓄預金は普通預金に比べて口座数もトランザクションも少ないですが、普通預金に準じています。普通預金との差異は以下のとおりです。

(1) 取引など

取引遷移（図表Ⅰ-21参照）、取引種類、取引ファイルなども普通預金に準じていますが、普通預金などとの取り違えを防ぐために専用の取引画面を用意しています。

図表Ⅰ-21　貯蓄預金の取引遷移

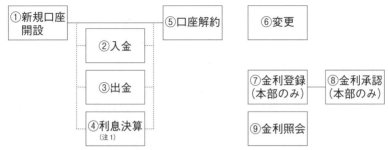

（注1）　センター自動処理のみです。
（注2）　貯蓄預金金利は、金利ファイルに登録され、各取引により参照されます。

(2) 流動性

必要に応じて、入出金取引などで振替先の口座の科目に貯蓄預金を指定できないようにチェックします。口座引落などで貯蓄預金を指定できないようにチェックするのは口座振替システム側のため、特段の対応は不要です。毎月の自動振替を利用する場合は、口座開設または変更取引から情報を入力します。普通預金との間の自動振替はセンター自動処理によって行います。

(3) 利率

普通預金とは異なり、一度に複数の金利を登録する必要があるため、貯蓄預金専用の金利を登録・承認・照会する取引があります。

(4) 利息（利息決算）

毎年2月／8月に利息決算を行う場合は普通預金と同じタイミングで利息

決算を行いますが、利息決算を毎月行う場合は普通預金とは別に月次の利息決算処理（センター自動処理）を追加しなければなりません。

(5) 対象者

口座開設取引で入力されたCIF番号でCIFファイルの基本レコードを読み、同レコードにある個人法人区分が個人であることをチェックします。

6 納税準備預金

業務面

(1) 概　要

納税資金を預けるための専用の預金ですが、普通預金に準じています。普通預金とのおもな差異は以下のとおりです。

(2) 流動性

随時入金ができますが、出金については後述する制約があります。公共料金の口座引落や給与の受取はできませんが、自動振替が可能な租税については口座引落も可能です。

(3) 利　率

普通預金以上の利率が設定されます。ただし、納税目的以外の目的で出金した場合[*1]、出金取引を行った日が属する利息決算期については普通預金利率が適用されます。

　　（*1）　納税貯蓄組合預金については、出金の合計金額が10万円を超えた場合です。

(4) 利息（税金）

非課税です。ただし、納税目的以外の目的で出金した場合、出金取引を行った日が属する利息決算期の利息は普通預金と同様に課税されます。

システム面

納税準備預金は普通預金に比べて口座数もトランザクションも非常に少ない商品ですが、普通預金に準じています。普通預金とのおもな差異は以下のとおりです。

(1) 取引など

取引遷移（図表Ⅰ-22参照）、取引種類、取引ファイルなども普通預金に準じていますが、普通預金などとの取り違えを防ぐために専用の取引画面を用意しています。

図表Ⅰ-22　納税準備預金の取引遷移

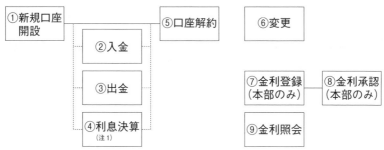

（注1）　センター自動処理のみです。
（注2）　納税準備預金金利は、金利ファイルに登録され、各取引により参照されます。

(2) 流動性

出金取引に納税目的か否かの区分を設け、入力必須とする必要があります。納税目的以外の出金があった口座については、納税準備預金ファイルの基本レコードに納税目的以外の出金日を記録し（＊2）、利率の適用や預金利子税の計算要否に使用します。また、納税目的以外での出金は例外的な取引とも考えられますので、異例取引としている銀行もあります。

　　（＊2）　納税貯蓄組合預金については納税目的以外の出金合計金額を記録し、合計金額が10万円を超えた場合にのみ納税目的以外の出金日を記録します。

必要に応じて入出金取引などで振替先の口座の科目に納税準備預金を指定できないようにチェックします。振替納税以外の口座引落などで納税準備預金を指定できないようにチェックするのは口座振替システム側のため、特段の対応は不要です。

(3) 利率

普通預金金利以上の金利を登録するため、納税準備預金専用の金利を登録・承認・照会する取引があります。また、納税準備預金ファイルの基本レ

コードにある納税目的以外の出金日(＊2)が当該利息決算期間中に属する場合、適用する利率をすべて普通預金利率に読み替える必要があります。

(4) 利息（税金）

納税準備預金ファイルの基本レコードにある納税目的以外の出金日(＊2)が当該利息決算期間中に属する場合、利息について税金を計算する必要があります。

(5) 利息（利息決算）

納税貯蓄組合預金の場合、利息決算処理時に納税準備預金ファイルの基本レコードにある納税目的以外の出金合計金額を一律クリアし、次回の利息決算に備えます。

7 別段預金

業務面

(1) 概　　要

銀行内部または特定の法人向けの預金です。用途などにより利息が付く（有利息）口座と利息が付かない（無利息）口座があること以外、普通預金に準じています。普通預金とのおもな差異は以下のとおりです。

(2) 流 動 性

随時入出金ができ、振込や振替も可能ですが、公共料金の口座引落や給与の受取はできません。

(3) 用　　途

① 銀行内部の用途

(ⅰ) 日銀鑑定（損券、偽札鑑定など）に出す際に、顧客から預かった現金を一時保管する場合

(ⅱ) ATMなどで現金の取り忘れがあり、持ち主が特定できない場合や、持ち主にすぐに返却できないときに一時保管する場合

(ⅲ) 振込などで口座が該当なし、または口座が解約されているなどの理由で口座に入金できないときに振込金額を一時保管する場合

② 特定の法人向け

(ⅰ) 株式の増資などのときに株式払込金を払い込んでもらう場合
(ⅱ) 災害時の地方公共団体向けの寄付金などを一時的に保管する場合
(ⅲ) 税金、国民健康保険料、交通違反時の反則金などの歳入金や公共料金を納付まで、一時保管する場合

(4) 利率・利息

銀行内部の用途の場合、無利息です。特定の法人向けの口座の場合、有利息の場合もありますが、当該法人との関係や過去の経緯にもより、適用されるのは普通預金利率です。

システム面

別段預金は普通預金に比べて口座数もトランザクションも非常に少ない商品ですが、普通預金に準じています。普通預金との差異は以下のとおりです。

(1) 取引など

取引遷移（図表Ⅰ-23参照）、取引種類、取引ファイルなども普通預金に準じていますが、普通預金などとの取り違えを防ぐために専用の取引画面を用意しています。

図表Ⅰ-23 別段預金の取引遷移

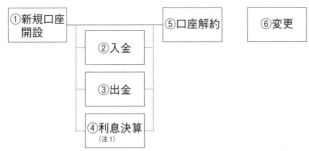

（注1） 有利息の口座については、センター自動処理のみです。
（注2） 金利は普通預金金利を参照します。

(2) 流 動 性

　口座開設取引に利息を付けるか否かの区分を設け、入力必須とする必要があります。この区分は別段預金の基本レコードに保有し、後続の処理で使用します。

　必要に応じて、入出金取引などで振替先の口座の科目に別段預金を指定できないようにチェックします。口座引落などで別段預金を指定できないようにチェックするのは口座振替システム側のため、特段の対応は不要です。

(3) 利率・利息など

　有利息の口座の場合、普通預金と同様に普通預金利率を適用し、利息積数、利息、預金利子税などを計算します。無利息口座の場合、利息計算も税金計算も行いません。

第2節 固定性預金

1 定期預金

業務面

(1) 概　要

　定期預金は銀行の資金運用商品のうち、もっとも一般的な商品で、通知預金、積立定期預金などと同じ固定性預金の1つです。ここではもっとも一般的なスーパー定期預金について記述します。

(2) 流動性

　窓口やATM、テレフォン・バンキング（以下、テレバン）、インターネット・バンキング（以下、インバン）などによって、取引できる時間帯、通帳や印鑑など手続に必要なもの（図表Ⅰ-24参照）も異なります。

図表Ⅰ-24　新規預入、解約取引などで必要とされるもの

場所など	新規預入	解約・一部解約・自動解約・自動継続
窓口	新規申込書兼入金票と印鑑、通帳発行済の場合は通帳	定期預金通帳・証書と届出印鑑と払戻請求書
ATM	定期預金通帳(注)	定期預金通帳（解約代わり金は普通預金などに入金）
テレバン、インバン	お客様番号とパスワード（普通預金などから振替）	お客様番号とパスワード（解約代わり金は普通預金などに入金）

（注）　通常は定期預金の口座が開設されていることが前提です。

　満期日までは解約できませんが、実際には顧客の必要に応じて満期日前で

も解約できます(中途解約、期日前解約)。個人かつ3年以上の預入期間で預入から1年以上経過している場合には預入金額の一部を1万円以上1円単位で解約できます。

(3) 預入期間

預入期間が決まっている定型方式と特定の日を満期日に指定できる期日指定方式の2種類があります。定型方式の場合、1カ月、3カ月、6カ月、1年～10年(1年単位)といった期間が用意されています。期日指定方式の場合、1カ月～10年の間で期日を指定します。定型方式の場合は自動継続が可能ですが、期日指定方式の場合には自動継続にすることはできません。自動継続には元利継続と元金継続の2種類があります。元利継続は満期日に元金と利息をまとめて新元金として再預入するもので、元金継続は元金を新元金として預入し利息はあらかじめ指定された普通預金などに入金します。

(4) 預入金額

スーパー定期預金は1円～300万円未満1円単位で、スーパー定期300は、300万円以上1円単位です。

(5) 利　　率

預入金額により、スーパー定期預金かスーパー定期300のいずれかの利率(*1)が満期日まで適用されます。ただし、中途解約の場合には満期日まで預入した場合に適用される利率より、預金者にとって不利な利率である中途解約利率(*2)または普通預金利率が適用されます。

　　(*1) スーパー定期預金の利率≦スーパー定期300の利率です。一部解約することで300万円以上の元金が300万円未満になった場合には預入日に遡り、スーパー定期預金の利率(300万円未満)が適用されます。

　　(*2) 預入から中途解約までの期間に応じた一定割合(10%～90%)を定期預金利率に乗じた利率です。

(6) 利息(利息計算)

基本的に元本が変動しない定期預金の利息計算は、元金(残高)が随時変動する普通預金の利息計算に比べて単純です。利息の計算は年利建で1年を365日とする日割り計算で行います。利息計算には単利型と複利型(預入期間が3年以上でかつ個人に限定)があります。それぞれの計算式は以下のとおりです。

① 単　利　型

　元利金＝元本（残高）×日数（片端）×（1＋（年利率％÷100））÷365（円未満切捨）

なお、預入期間が2年未満の場合は満期日に一括して利息を支払い、預入期間が2年以上の場合は預入日の1年ごとの応当日に中間利払により利息を支払います。

② 複　利　型

　元利金＝当初預入金額×（1＋（利率％÷100））^利息計算回数（円未満切捨、^：べき乗の意）

(7) 中間利払

　中間利払は預入期間が2年以上かつ単利型の場合に行われますが、1年ごとに預入時の約定利率の70％（小数点以下4位切捨）を中間利払利率として計算、支払います。残りの30％分の利息は満期日以降に一括して支払われるため、満期日以降から見れば、1年ごとに単利で100％の利息が支払われたのと変わりありません。

(8) 利息（付利単位）

　1円以上です。

(9) 利息（税金）

　預金利息に対し、2013年1月1日から2037年12月31日までの25年間、復興特別所得税として、所得税率2.1％が追加的に課税されています。この結果、国税率が15.315％に変更されています。また2016年1月1日からの法人利子割廃止にともない、法人の預金利子税（地方税）は従来の5％から0％に変更されています。

(10) 対　象　者

　預入期間が3年以上でかつ複利型のみ個人を対象とします。それ以外は個人法人を問いません。個人で自動継続の場合には総合口座の担保とすることも可能です。

(11) 通　　帳

　定期預金専用の通帳、普通預金通帳と定期預金通帳が組み合わされた総合口座通帳（複合通帳）、証書のいずれかが使用されます。昨今ではインバン

で預入した定期預金は通帳・証書の発行が省略されることもあります。

⑿ その他

付加できる特約などを個人法人の別や預入期間などによって整理すると、図表Ⅰ-25のとおりです。

図表Ⅰ-25 付加できる特約など

個人法人	預入期間 特約など	定型		期日指定方式	
		1カ月～2年	3年以上	1カ月～2年	3年以上
個人	自動継続	可	可	不可	不可
	単利	可	可	可	可
	複利	不可	可	不可	不可
	一部解約	不可	可	不可	不可
	総合口座担保	自動継続時可	自動継続時可	不可	不可
法人	自動継続	可	可	不可	不可
	単利	可	可	可	可
	複利	不可	不可	不可	不可
	一部解約	不可	不可	不可	不可
	総合口座担保	不可	不可	不可	不可

システム面

あらかじめ一定期間内での預入を前提にしている商品であり、口座あたりのトランザクションは少ないですが、全体の口座数は非常に多いため、システム面でのさまざまな考慮は普通預金などの流動性預金に準じます。

⑴ 取引遷移

一般的な取引遷移は図表Ⅰ-26のとおりです。

⑵ 取引種類

定期預金には、図表Ⅰ-27に示す取引があります。

新規預入取引には預金者が初めて定期預金を預入する際に定期預金口座を新たに作成する場合と、すでに定期預金口座を保有していて新たに定期預金

図表Ⅰ-26 定期預金の取引遷移

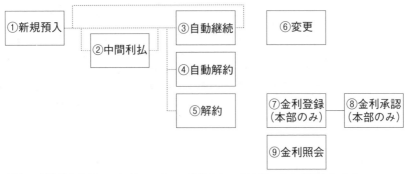

（注）　定期預金金利は、金利ファイルに登録され、各取引により参照されます。

を預入する場合に使用します。一般に定期預金の明細が複数あることが多く、明細の中には同一預入日、同一預入期間、同一預入金額のものもありえます。預入期間が3年以上でかつ複利型のとき、入力されたCIF番号でCIFファイルの基本レコードを読み、同レコードにある個人法人区分が個人であることをチェックします。

　自動継続取引は自動継続の登録のある定期預金について満期日に一旦解約し、同時に直前の定期預金と同じ預入期間で再預入します。

　自動解約取引は自動解約の登録のある定期預金について満期日に通常はセンター自動処理で解約（営業店端末からでも解約可能）し、元利金ともにあらかじめ指定されている普通預金口座などに入金します。

　解約取引は中途解約（期日前解約）、期後解約（期日後解約）、自動継続・自動解約でない定期預金の満期日の解約などで使用します。定期預金の解約方法については、図表Ⅰ-28のとおりです。

　中間利払取引は預入期間が2年以上の定期預金で1年ごとに直近1年分の利息を計算し、利息だけをあらかじめ指定されている普通預金口座などに入金します。

　変更取引はその口座全体にかかわる属性（印鑑・通帳の紛失・盗難など）を変更する場合と、口座に複数存在しうる定期預金の明細の属性（満期日に当該定期預金をどう処理するかを表わす区分、自動継続区分など）を変更する場合

図表Ⅰ-27　定期預金の取引

取引名	概　要	おもな経路など
新規預入	定期預金口座を新規に開設し、通帳または証書を発行します。定期預金口座が開設済の場合には定期預金明細を作成します。定期預金が複数の場合は各定期預金明細を分別管理します。預入金額が300万円未満か否かでスーパー定期かスーパー定期300のいずれかの金利を自動決定します。	営業店端末（自動継続時のシステム内連動含む）、センター自動処理（自動継続時）、ATM、テレバン、インバン
中間利払	預入期間が2年以上の定期預金について1年ごとに中間払利息を計算して利息支払を行います。	営業店端末、センター自動処理
自動継続	事前に自動継続の指定がある定期預金について満期日に解約と再預入を同時に行います。利息は自動継続前の元金と合算して新元金とする、または利息を普通預金などに入金することもできます。	営業店端末、センター自動処理、ATM、テレバン、インバン
自動解約	事前に自動解約の指定がある定期預金を満期日に自動的に解約し、元利金を普通預金などに入金します。	営業店端末、センター自動処理
解約	自動継続・自動解約でない定期預金について満期日またはそれ以外の日に解約（一部解約も含みます）します。	営業店端末、ATM、テレバン、インバン
変更	定期預金口座の基本的な状態（印鑑・通帳の紛失など）や定期預金明細の基本的な項目（自動継続・自動解約の要否など）を登録します。	営業店端末（一部、ATM、テレバン、インバンもあり）
金利登録	適用開始日以降のスーパー定期とスーパー定期300の金利を登録します。	本部端末
金利承認	登録された金利を再鑑後、承認し、適用開始日以降、適用します。	本部端末
金利照会	現在適用されている金利や過去の金利の履歴などを照会します。	営業店端末、ATM、テレバン、インバン、本部端末

図表Ⅰ-28 定期預金の解約方法

種　類	期日前解約	満期日解約	期日後解約
自動継続定期預金	自動継続区分を自動継続または自動解約から、特約なしに変更し、解約取引で解約	自動継続区分を自動継続から、自動解約に変更し、解約取引で解約	通常は該当なし（満期日に必ず自動継続されるため）
上記以外の定期預金	解約取引で解約	解約取引で解約	解約取引で解約

に使用します。

　市中金利の変動により定期預金金利を変更する場合には翌日以降の金利を登録し、登録内容に問題がない場合は金利承認を行います。この承認により翌日以降に新しい金利が適用されます。預金者などからの問い合わせにより金利を照会します。

(3)　取引ファイル

　定期預金の口座情報を管理する定期預金ファイルの論理的な構成について記述します（図表Ⅰ-29参照）。

　①　基本レコード

　口座開設時にレコードが追加され、取引のたびに更新されます。キーは店番、科目、口座番号です。口座の基本的な属性項目を保持します。具体的には店番、CIF番号、明細レコードを管理する明細番号カウンタ、印鑑紛失、通帳紛失、課税区分、通帳発行区分、口座開設日、最終更新日などの項目があり、店番とCIF番号も基本レコードに持つことでCIFファイルと紐付けします。

　②　明細レコード

　新規預入ごとに1件追加されます。キーは明細番号で複数の明細がある場合、明細を特定するためのユニークな番号で口座単位に自動採番されます（システム的には自動継続の再預入分の明細も明細番号を新たに採番しますが、預入当初の明細番号を当初明細番号として次の明細に引き継いで通帳などに印字することで預金者の利便性を向上させています）。特定の明細についての取引の詳

図表Ⅰ-29 定期預金ファイルの構成

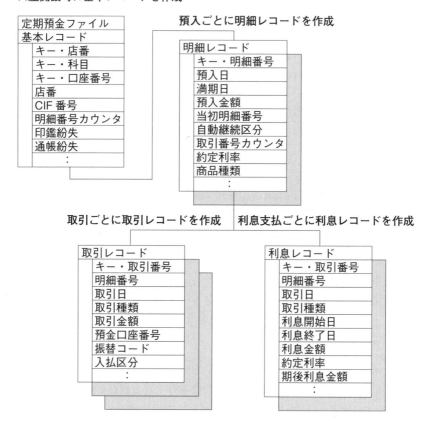

細な情報を保持します。具体的には預入日、満期日、預入金額、当初明細番号、自動継続区分（自動継続、自動解約、特約なし）、取引レコードを管理する取引番号カウンタ、約定利率、商品種類（スーパー定期、スーパー定期300、大口定期など）などがあります。

③ 取引レコード

新規預入（自動継続の再預入分含む）、解約（自動継続の解約分、自動解約含む）、中間利払などの勘定異動をともなう取引ごとに1件追加されます。キーは取引番号で明細単位に自動採番されます。特定の取引についての詳

な情報を保持します。具体的には明細番号、取引日、取引種類（新規預入、解約、中間利払など）、取引金額、預金口座番号、振替コード（現金、振替など）、入払区分などがあります。

④ **利息レコード**

中間利払や解約などの利息の支払をともなう取引ごとに1件追加されます。キーは取引レコード同様に取引番号です。1つの明細について元金と利息の支払が同時にある場合、取引レコードと利息レコードの取引番号は同一です。特定の利息支払についての詳細な情報を保有します。具体的には明細番号、取引日、取引種類（解約、中間利払など）、利息開始日、利息終了日、利息金額、約定利率、期後利息金額、期後利率などがあります。

各レコードの追加更新要領について、図表Ⅰ-30に記述します。

図表Ⅰ-30 各レコードの追加更新要領

取引	基本レコード	明細レコード	取引レコード	利息レコード
新規預入	1件追加	1件追加	1件追加（預入分）	—
自動継続	1件更新	1件更新	2件追加（解約分、預入分）	1件追加（解約分）
自動解約	1件更新	1件更新	1件追加（解約分）	1件追加（解約分）
解約	1件更新	1件更新	1件追加（解約分）	1件追加（解約分）
中間利払	1件更新	1件更新	1件追加（中間利払分）	1件追加（中間利払分）
変更	1件更新(注)	1件更新(注)	1件更新(注)	—

（注） 変更する項目により、更新するレコードは異なります。

2 定期預金の利息計算方法

業務面

(1) 概　　要

　毎年2月と8月に一斉に利息決算を行う普通預金と異なり、満期日が特定日に集中せず、また基本的に残高の増減がない定期預金の場合は取引の都度、利息積数を計算するのではなく、満期日など利息支払があるときに利息を計算します。

(2) 計 算 式

　基本的に元本が変動しない定期預金の利息計算は、元金（残高）が随時変動する普通預金の利息計算に比べて単純です。利息の計算は年利建で1年を365日とする日割り計算で行います。利息計算には単利型と複利型（預入期間が3年以上かつ個人に限定）があります。それぞれの計算式は以下のとおりです。

　① 単 利 型

　　元利金＝元本（残高）×日数（片端）×(1＋(年利率%÷100))÷365（円未満切捨）

　なお、預入期間が2年未満の場合は満期日に一括して利息を支払い、預入期間が2年以上の場合は預入日の1年ごとの応当日に中間利払により利息を支払います。

　② 複 利 型

　　元利金＝当初預入金額×(1＋(利率%÷100))^利息計算回数（円未満切捨、^：べき乗の意）

(3) 計 算 例

　解約・継続の仕方や預入期間により、バリエーションがあります。図表Ⅰ-31に具体的な計算例を示します。なお、元本金額＝100万円、1年の定期預金利率（年利）＝1％、6カ月の定期預金利率（年利）＝0.5％、預金者＝個人、普通預金利率（年利）＝0.1％とします。

図表Ⅰ-31　利息計算例1

```
        2015    2015        2016            2017      2017        2018
        7/31    8/28        7/31            7/31      9/28        7/31
         ▲      ▲            ▲               ▲         ▲           ▲
        預入日   中途         中間利払日1      満期日     満期後       満期日
               解約日        (1年後          中間利払日2 解約日       (3年後
明細                         応当日)         (2年後                  応当日)
番号                                         応当日)
00001    [(ⅰ)]
00002           [     (ⅱ)           ][    (ⅲ)    ][  (ⅳ)  ]
00003           [            (ⅴ)              ][     (ⅵ)   ][  (ⅶ)  ]
00004           [                                                (ⅷ)          ]
```

① 預入後28日で中途解約するケースです。普通預金利率が適用されます。

預入日から中途解約日（図表Ⅰ-31の(ⅰ)）の利息は以下のとおりです。

日数＝2015/7/31〜2015/8/28までの28日（片端、以下同様）

税引前利息＝100万円×0.1％×28日÷365日

　　　　　＝76円（円未満切捨、以下同様）

税金＝14円（国税＝76円×15.315％＝11円、地方税＝76円×5％＝3円）

税引後利息＝76円－14円＝62円

② 2年の定期預金で中間利払があり満期日に解約も継続もせず、2カ月近く経ってから解約するケースです。満期日までは定期預金利率が適用されますが、満期後は普通預金利率が適用されます。利息計算は単利で行います。

預入日から中間利払日（図表Ⅰ-31の(ⅱ)）の利息は以下のとおりです。この利息は指定された普通預金口座に入金されるものとします。

税引前利息＝100万円×1％×70％＝7,000円

税金＝1,422円

　（国税＝7,000円×15.315％＝1,072円、地方税＝7,000円×5％＝350円）

税引後利息＝7,000円－1,422円＝5,578円

中間利払日から満期日（図表Ⅰ-31の(ⅲ)）の利息は以下のとおりです。この利息は指定された普通預金口座に入金されるものとします。

税引前利息＝100万円×1％＋100万円×1％×30％＝13,000円

　　税金＝2,640円

　　　（国税＝13,000円×15.315％＝1,990円、地方税＝13,000円×5％＝650円）

　　税引後利息＝13,000円－2,640円＝10,360円

　　満期日から満期後解約日（図表Ⅰ－31の(iv)）の利息（期後利息、満期後利息）は以下のとおりです。

　　日数＝2017/7/31〜2017/9/28までの59日（片端、以下同様）

　　税引前利息＝1,000,000円×0.1％×59日÷365日＝161円

　　税金＝32円

　　　（国税＝161円×15.315％＝24円、地方税＝161円×5％＝8円）

　　税引後利息＝161円－32円＝129円

③　3年の定期預金で中間利払があり満期日に解約するケースです。利息計算は単利で行います。

　　預入日から中間利払日1（図表Ⅰ－31の(v)）と中間利払日1から中間利払日2（図表Ⅰ－31の(vi)）の利息はいずれも以下のとおりです。これらの利息は指定された普通預金口座に2回入金されるものとします。

　　税引前利息＝100万円×1％×70％＝7,000円

　　税金＝1,422円

　　　（国税＝7,000円×15.315％＝1,072円、地方税＝7,000円×5％＝350円）

　　税引後利息＝7,000円－1,422円＝5,578円

　　中間利払日2から解約日（図表Ⅰ－31の(vii)）の利息は以下のとおりです。

　　税引前利息＝100万円×1％＋100万円×1％×30％＋100万円×1％
　　　　　　×30％＝16,000円

　　税金＝3,250円

　　　（国税＝16,000円×15.315％＝2,450円、地方税＝16,000円×5％＝800円）

　　税引後利息＝16,000円－3,250円＝12,750円

④　3年の定期預金で中間利払がなく、利息計算を複利で行うケースです。

　　預入日から解約日（図表Ⅰ－31の(viii)）の利息は以下のとおりです。

　　税引前利息＝100万円×$(1+(1％÷2))^6$－100万円＝30,377円

　　税金＝6,170円

（国税＝30,377円×15.315％＝4,652円、地方税＝30,377円×5％＝1,518円）

税引後利息＝30,377円－6,170円＝24,207円

システム面

　ここでは、定期預金ファイルの構成（「第Ⅰ章第2節1　定期預金」を参照）を前提に前記の利息計算例を説明します。

　基本レコードは取引ごとに更新され、預入取引ごとに明細レコードが追加されます。取引レコードは取引ごとに追加され、利息支払のある解約取引と中間利払取引で利息レコードが追加されます。なお、利息レコードが保有していると想定する項目は、スペースの関係から計算例によって挙げる項目を一部変えています。

(1)　**利息計算例**（図表Ⅰ－31の明細番号＝00001）

　ここでは最初は預金者が定期預金口座を保有していないものとし、預入日には新規預入取引により、図表Ⅰ－32に示すレコードを追加します。基本レコード単位に明細レコードを管理する基本レコードの明細番号カウンタを1加算し、キー項目、最終更新日などもセットして定期預金の口座情報を管理する基本レコードを追加します。次に明細レコード単位に取引レコードを管理する明細レコードの取引番号カウンタを1加算し、預入日、満期日などもセットして定期預金の預入明細を管理する明細レコードを追加します。さらに取引日、取引金額などをセットして定期預金の取引を管理する取引レコードを追加します。

　中途解約日には解約取引により、以下のレコードを追加更新します。まず基本レコードの最終更新日を更新します。次に明細レコード単位に取引レコードを管理する明細レコードの取引番号カウンタを1加算し、明細レコードを更新します。さらに取引種類に解約、取引金額に預金者に支払う税引後元利合計などをセットし、定期預金の取引を管理する取引レコードを追加します。利息の支払があるため、利息開始日に預入日、利息終了日に中途解約日、利率に普通預金利率、利息金額に税引前利息金額などをセットし利息レコードも追加します。

図表Ⅰ-32　利息計算例1

	取引日	①2015/7/31 預入日	②2015/8/28 中途解約日
基本レコード	キー・店番	本店	本店
	キー・科目	定期預金	定期預金
	キー・口座番号	6789012	6789012
	最終更新日	2015/7/31	2015/8/28
	明細番号カウンタ	00001	00001
	:	―	―
	レコードの追加更新	追加	更新
明細レコード	キー・明細番号	00001	00001
	預入日	2015/7/31	2015/7/31
	満期日	2016/7/31	2016/7/31
	預入金額	1,000,000円	1,000,000円
	自動継続区分	自動継続	非継続
	取引番号カウンタ	00001	00002
	:	―	―
	レコードの追加更新	追加	更新
取引レコード	キー・取引番号	00001	00002
	明細番号	00001	00001
	取引日	2015/7/31	2015/8/28
	取引金額	1,000,000円	1,000,062円
	取引種類	新規預入	解約
	:	―	―
	レコードの追加更新	追加	追加
利息レコード	キー・取引番号	―	00002
	明細番号	―	00001
	取引日	―	2015/8/28
	利息開始日	―	2015/7/31
	利息終了日	―	2015/8/28
	利率	―	0.1%
	利息金額	―	76円
	:	―	―
	レコードの追加更新	―	追加

(2) **利息計算例2**（図表Ⅰ－31の明細番号＝00002）

　預入日には新規預入取引により、図表Ⅰ－33に示すレコードを追加更新します。すでに定期預金の口座が開設されており、基本レコードは存在しているため、基本レコード単位に明細レコードを管理する基本レコードの明細番号カウンタを1加算し、最終更新日などもセットして定期預金の口座情報を管理する基本レコードを更新します。次に明細レコード単位に取引レコードを管理する明細レコードの取引番号カウンタを1加算し、預入日、満期日などもセットして定期預金の預入明細を管理する明細レコードを追加します。さらに取引日や取引金額をセットして定期預金の取引を管理する取引レコードを追加します。

　中間利払日には中間利払取引により、以下のレコードを追加更新します。まず基本レコードの最終更新日を更新します。次に明細レコード単位に取引レコードを管理する明細レコードの取引番号カウンタを1加算し、明細レコードを更新します。さらに取引種類に中間利払、取引金額に預金者に支払う税引後元利合計などをセットし、定期預金の取引を管理する取引レコードを追加します。利息の支払があるため、利息開始日に預入日、利息終了日に中間利払日、利率に定期預金（約定）利率、利息金額に税引前利息金額などをセットし利息レコードも追加します。

　解約日には解約取引により、以下のレコードを追加更新します。まず基本レコードの最終更新日を更新します。次に明細レコード単位に取引レコードを管理する明細レコードの取引番号カウンタを1加算し、明細レコードを更新します。さらに取引種類に解約、取引金額に預金者に支払う期後利息を含む税引後元利合計などをセットし、定期預金の取引を管理する取引レコードを追加します。利息の支払があるため、利息開始日に前回の中間利払日、利息終了日に満期日、利率に定期預金（約定）利率、利息金額に税引前利息金額、期後利息開始日に満期日、期後利息終了日に解約日、期後利率に普通預金利率、期後利息金額に期後税引前利息金額などをそれぞれセットし利息レコードも追加します。

(3) **利息計算例3**（図表Ⅰ－31の明細番号＝00003）

　預入取引と2回の中間利払取引によるレコードの追加更新については、

図表Ⅰ-33　利息計算例2

	取引日	①2015/7/31 預入日	②2016/7/31 中間利払日	③2017/9/28 解約日
基本レコード	キー・店番	本店	本店	本店
	キー・科目	定期預金	定期預金	定期預金
	キー・口座番号	6789012	6789012	6789012
	最終更新日	2015/7/31	2016/7/31	2017/9/28
	明細番号カウンタ	00002	00002	00002
	：	―	―	―
	レコードの追加更新	更新	更新	更新
明細レコード	キー・明細番号	00002	00002	00002
	預入日	2015/7/31	2015/7/31	2015/7/31
	満期日	2017/7/31	2017/7/31	2017/7/31
	預入金額	1,000,000円	1,000,000円	1,000,000円
	自動継続区分	非継続	非継続	非継続
	取引番号カウンタ	00001	00002	00003
	：	―	―	―
	レコードの追加更新	追加	更新	更新
取引レコード	キー・取引番号	00001	00002	00003
	明細番号	00002	00002	00002
	取引日	2015/7/31	2016/7/31	2017/9/28
	取引金額	1,000,000円	5,587円	1,010,489円
	取引種類	新規預入	中間利払	解約
	：	―	―	―
	レコードの追加更新	追加	追加	追加
利息レコード	キー・取引番号	―	00002	00003
	明細番号	―	00002	00002
	取引日	―	2016/7/31	2017/9/28
	利息開始日	―	2015/7/31	2016/7/31
	利息終了日	―	2016/7/31	2017/7/31
	利率	―	0.7%	1.3%
	利息金額	―	7,000円	13,000円
	期後利息開始日	―	―	2017/7/31
	期後利息終了日	―	―	2017/9/28
	期後利率	―	―	0.1%
	期後利息金額	―	―	161円
	レコードの追加更新	―	追加	追加

セットする値は違うものの、レコードの追加更新方法や項目の編集方法は利息計算例 2 と同じであるため、記述は省略します。解約取引によるレコードの追加更新についても、セットする値は違うものの、レコードの追加更新方法や項目の編集方法は利息計算例 2 と同じであるため、記述は省略します。ただし、利息レコードの追加利率と追加利息金額は中間利払時に約定利率の70％しか支払われなかったため、支払われていない約定利率の30％分の利率と税引前利息額をセットする点が異なります。いずれの場合も図表Ⅰ-34を参照してください。

(4) **利息計算例 4**（図表Ⅰ-31の明細番号＝00004）

　預入取引の追加更新については、セットする値は違うものの、レコードの追加更新方法や項目の編集方法は利息計算例 2 と同じであるため、記述は省略します。解約取引によるレコードの追加更新についても、セットする値は違うものの、レコードの追加更新方法や項目の編集方法は利息計算例 2 と同じであるため、記述は省略します。ただし、利息レコードの複利サインをセットする点が異なります。いずれの場合も図表Ⅰ-35を参照してください。

図表Ⅰ-34　利息計算例3

	取引日	①2015/7/31 預入日	②2016/7/31 中間利払日	③2017/7/31 中間利払日	④2018/7/31 解約日
基本レコード	キー・店番	本店	本店	本店	本店
	キー・科目	定期預金	定期預金	定期預金	定期預金
	キー・口座番号	6789012	6789012	6789012	6789012
	最終更新日	2015/7/31	2016/7/31	2017/7/31	2018/7/31
	明細番号カウンタ	00003	00003	00003	00003
	：	—	—	—	—
	レコードの追加更新	更新	更新	更新	更新
明細レコード	キー・明細番号	00003	00003	00003	00003
	預入日	2015/7/31	2015/7/31	2015/7/31	2015/7/31
	満期日	2018/7/31	2018/7/31	2018/7/31	2018/7/31
	預入金額	1,000,000円	1,000,000円	1,000,000円	1,000,000円
	自動継続区分	非継続	非継続	非継続	非継続
	取引番号カウンタ	00001	00002	00003	00004
	：	—	—	—	—
	レコードの追加更新	追加	更新	更新	更新
取引レコード	キー・取引番号	00001	00002	00003	00004
	明細番号	00003	00003	00003	00003
	取引日	2015/7/31	2016/7/31	2017/7/31	2018/7/31
	取引金額	1,000,000円	5,578円	5,578円	1,012,750円
	取引種類	新規預入	中間利払	中間利払	解約
	：	—	—	—	—
	レコードの追加更新	追加	追加	追加	追加
利息レコード	キー・取引番号	—	00002	00003	00004
	明細番号	—	00003	00003	00003
	取引日	—	2016/7/31	2017/7/31	2018/7/31
	利息開始日	—	2015/7/31	2016/7/31	2017/7/31
	利息終了日	—	2016/7/31	2017/7/31	2018/7/31
	利率	—	0.7%	0.7%	1.0%
	利息金額	—	7,000円	7,000円	10,000円
	追加利率	—	—	—	0.3%
	追加利息金額	—	—	—	3,000円×2
	レコードの追加更新	—	追加	追加	追加

図表Ⅰ-35　利息計算例4

	取引日	①2015/7/31 預入日	②2018/7/31 解約日
基本レコード	キー・店番	本店	本店
	キー・科目	定期預金	定期預金
	キー・口座番号	6789012	6789012
	最終更新日	2015/7/31	2018/7/31
	明細番号カウンタ	00004	00004
	:	—	—
	レコードの追加更新	更新	更新
明細レコード	キー・明細番号	00004	00004
	預入日	2015/7/31	2015/7/31
	満期日	2018/7/31	2018/7/31
	預入金額	1,000,000円	1,000,000円
	自動継続区分	自動継続	非継続
	取引番号カウンタ	00001	00002
	:	—	—
	レコードの追加更新	追加	更新
取引レコード	キー・取引番号	00001	00002
	明細番号	00004	00004
	取引日	2015/7/31	2018/7/31
	取引金額	1,000,000円	1,024,207円
	取引種類	新規預入	解約
	:	—	—
	レコードの追加更新	追加	追加
利息レコード	キー・取引番号	—	00004
	明細番号	—	00004
	取引日	—	2018/7/31
	利息開始日	—	2015/7/31
	利息終了日	—	2018/7/31
	利率	—	0.5%（半年利）
	利息金額	—	30,377円
	複利サイン	—	複利
	:	—	—
	レコードの追加更新	—	追加

3 大口定期預金、変動金利型定期預金、期日指定定期預金

■ 大口定期預金

業務面

(1) 概　　要

　大口資金を対象としているため、スーパー定期以上の金利が設定される定期預金ですが、スーパー定期に準じています。スーパー定期とのおもな差異は以下のとおりです。

(2) 最低預入金額

　1,000万円以上です。

(3) 利　　率

　期間別にスーパー定期以上の金利が設定される、大口定期預金専用の定期預金金利が適用されます。

システム面

　取引遷移、取引種類などはスーパー定期に準じます。スーパー定期との差異は以下のとおりです。

(1) 取引など

　取引遷移（図表Ⅰ-36参照）、取引種類、取引ファイルなどもスーパー定期に準じていますが、スーパー定期預金などとの取り違えを防ぐために専用の取引画面を用意しています。スーパー定期以上の金利を適用するため、専用の金利を登録・承認・照会する取引があります。

(2) 最低預入金額

　新規預入時に預入金額が最低預入金額以上かチェックします。

(3) 利　　率

　新規預入時に現在適用中の大口定期預金専用の定期預金金利を自動決定し、定期預金ファイルの明細レコードに保有する約定利率にセットします。

図表Ⅰ-36　大口定期預金の取引遷移

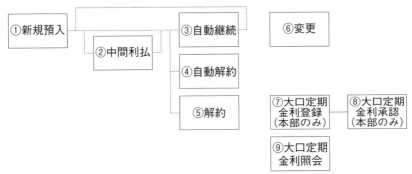

（注）　大口定期預金金利は、金利ファイルに登録され、各取引により参照されます。

定期預金の種類は定期預金ファイルの明細レコードにある商品種類で判定します。

■ 変動金利型定期預金

業 務 面

(1) 概　　要

スーパー定期などの固定金利型定期預金以上の金利が適用され、6カ月ごとに金利が変動する定期預金ですが、スーパー定期に準じています。スーパー定期などとのおもな差異は以下のとおりです。

(2) 利　　率

金額に応じて、スーパー定期（預入金額＝300万円未満）、スーパー定期300（預入金額＝300万円以上、1,000万円未満）、大口定期預金（預入金額＝1,000万円以上）の各金利に一定のスプレッドを加算した金利が適用されます。スプレッドが加算されているため、固定金利型定期預金よりも預金者にとって有利な商品です。

(3) 預入期間など

2年／3年、定型／期日指定型、単利型／複利型（個人のみ）のそれぞれ選択が可能です。

(4) 対象者

新規預入取引で複利型を選択した場合には、入力されたCIF番号でCIFファイルの基本レコードを読み、同レコードにある個人法人区分が個人であることをチェックします。

システム面

取引遷移、取引種類などはスーパー定期に準じます。スーパー定期との差異は以下のとおりです。

(1) 取引など

取引遷移（図表Ⅰ-37参照）、取引種類、取引ファイルなどもスーパー定期に準じていますが、スーパー定期預金などとの取り違えを防ぐために専用の取引画面を用意しています。6カ月ごとに金利を見直すため、逐一、金利を登録する取引もありますが、センター自動処理により前営業日までに登録された金利を取引ごとに登録する機能もあります。スーパー定期などとは異なり、金額階層別にスプレッドを登録する必要があるため、変動金利型定期預金専用のスプレッドを登録・承認・照会する取引があります。

図表Ⅰ-37 変動金利型定期預金の取引遷移

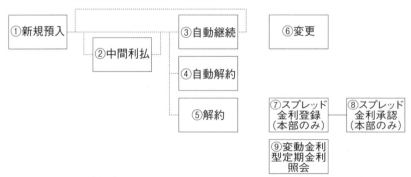

（注） 変動金利型定期預金金利は、金利ファイルに登録され、各取引により参照されます。

(2) 利率

新規預入時に預入金額に応じて、現在適用中のスーパー定期などの金利を

参照し、変動定期預金専用のスプレッドを加算し、適用金利を自動決定します。自動決定した金利を定期預金ファイルの明細レコードに保有する約定利率にセットし、内数としてスプレッドもセットします。定期預金の種類は定期預金ファイルの明細レコードにある商品種類で判定します。

■ 期日指定定期預金

業務面

(1) 概　　要

　1993年6月の定期預金の金利自由化以前に誕生した商品です。金利自由化以降は各銀行が自由に金利を設定しています。

(2) 利　　率

　期日指定定期預金専用の金利が適用されますが、スーパー定期との違いはほとんどありません。預入日を指定した場合には預入日に決められた期間別の利率で解約が可能で、中途解約の扱いとはされません。

(3) 預入期間

　1年～3年。1年間の据置期間経過後は預入時に指定した預入期間の範囲で満期日を指定し解約することが可能です（ただし、事前に銀行に申し出が必要）。満期日を指定しない場合には、預入日の3年後応当日が満期日にされます。

(4) 預入金額

　1明細あたり1円～300万円です。

(5) 利息など

　1年ごとの複利計算です。

(6) 対　象　者

　個人のみ対象です。

システム面

　取引遷移、取引種類などはスーパー定期に準じます。スーパー定期との差異は以下のとおりです。

(1) 取引など

 取引遷移（図表Ⅰ-38参照）、取引種類、取引ファイルなどもスーパー定期に準じていますが、スーパー定期預金などとの取り違えを防ぐために専用の取引画面を用意しています。期日指定定期預金専用の金利を適用するため、専用の金利を登録・承認・照会する取引があります。また据置期間経過後、預金者から満期日の申し出がある場合に事後に満期日を登録する取引も用意されています。

図表Ⅰ-38　期日指定定期預金の取引遷移

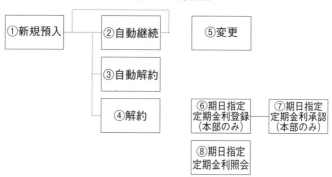

（注）　期日指定定期預金金利は、金利ファイルに登録され、各取引により参照されます。

(2) 利　率

 新規預入時に現在適用中の期日指定定期預金専用の定期預金金利を自動決定し、定期預金ファイルの明細レコードに保有する約定利率にセットします。定期預金の種類は、定期預金ファイルの明細レコードにある商品種類で判定します。

(3) 対 象 者

 新規預入取引で入力されたCIF番号でCIFファイルの基本レコードを読み、同レコードにある個人法人区分が個人であることをチェックします。

4　通知預金

業務面

(1) 概　要

　通知預金は預入期間が１週間以上～１カ月未満の短期の資産運用商品です。解約の２日前までに銀行に解約する旨、通知する必要があるとされていますが、実際には通知を行わなくても解約できるのが一般的です。７日間の据置期間があり、２日前の解約予告が必要であることから、固定性預金に分類される場合があり、ここでも固定性預金に分類しています。しかし実際にはすぐに解約が可能で預入期間に定めがないことから、流動性預金に分類されることも多いようです。

(2) 流 動 性

　窓口やATM、テレフォン・バンキング（以下、テレバン）、インターネット・バンキング（以下、インバン）などによって、取引できる時間帯、通帳や印鑑など手続に必要なもの（図表Ⅰ-39参照）も異なります。

図表Ⅰ-39　新規預入、解約取引などで必要とされるもの

場所など	新規預入	解　約
窓口	新規申込書兼入金票と印鑑、通帳発行済の場合は通帳	通知預金通帳・証書と届出印鑑と払戻請求書
ATM	通知預金通帳(注)	
テレバン、インバン	お客様番号とパスワード（普通預金などから振替）	

（注）　通常は通知預金の口座が開設されていることが前提です。

(3) 預入期間

　通常、預入期間は１週間以上～１カ月未満です。定期預金のように満期日がないため１カ月を超えて預入を続けることも可能ですが、定期預金の最低

預入期間が1カ月であり、定期預金金利が通知預金金利よりも高く設定されている場合には定期預金に預入する方が有利です。

(4) **預入金額**

5万円以上、1万円単位です。

(5) **利　率**

通知預金専用の金利が適用されます。ただし据置期間中に解約する場合には普通預金利率が適用されます。

(6) **利息（利息計算）**

利息の計算は年利建で1年を365日とする日割り計算で行います。単利計算のみです。

(7) **利息（付利単位）**

1万円以上です。

(8) **利息（税金）**

預金利息に対し、2013年1月1日から2037年12月31日までの25年間、復興特別所得税として、所得税率2.1%が追加的に課税されています。この結果、国税率が15.315%に変更されています。また2016年1月1日からの法人利子割廃止にともない、法人の預金利子税（地方税）は従来の5%から0%に変更されています。

(9) **対 象 者**

個人法人を問いません。

システム面

預入期間が定期預金に比べ1カ月未満と短いため、法人の短期資金の運用に利用されることが多いようです。定期預金に比べて口座数は少ないですが、システム面でのさまざまな考慮は定期預金に準じます。

(1) **取引遷移**

一般的な取引遷移は図表Ⅰ-40のとおりです。

(2) **取引種類**

通知預金には、図表Ⅰ-41に示す取引があります。

図表Ⅰ-40　通知預金の取引遷移

（注）通知預金金利は、金利ファイルに登録され、各取引により参照されます。

図表Ⅰ-41　通知預金の取引

取引名	概　　要	おもな経路など
新規預入	通知預金口座を新規に開設し、通帳または証書を発行します。通知預金口座が開設済の場合には通知預金明細を作成します。通知預金が複数の場合は各通知預金明細を分別管理します。	営業店端末、ATM、テレバン、インバン
解約	据置期間経過後または経過前に解約します。	営業店端末、ATM、テレバン、インバン
変更	通知預金口座の基本的な項目（印鑑・通帳の紛失など）を登録します。	営業店端末（一部、テレバン、インバンもあり）
金利登録	通知預金の金利を登録します。	本部端末
金利承認	登録された金利を再鑑後、承認し、適用開始日以降、適用します。	本部端末
金利照会	現在適用されている金利や過去の金利の履歴などを照会します。	営業店端末、テレバン、インバン、本部端末

　新規預入取引には預金者が初めて通知預金を預入する際に通知預金口座を新たに作成する場合と、すでに通知預金口座を保有していて新たに通知預金

を預入する場合に使用します。通知預金の明細が複数ある場合、明細の中には同一預入日、同一預入期間、同一預入金額のものもありえます。

解約取引は据置期間中または据置期間経過後の解約で使用します。据置期間中は普通預金金利が、据置期間経過後は通知預金金利が適用されます。

変更取引はその口座全体にかかわる属性（印鑑・通帳の紛失・盗難など）を変更する場合に使用します。

市中金利の変動により通知預金金利を変更する場合には翌日以降の金利を登録し、登録内容に問題がない場合は金利承認を行います。この承認により翌日以降に新しい金利が適用されます。預金者などからの問い合わせにより金利を照会します。

(3) 取引ファイル

通知預金の口座情報を管理する、通知預金ファイルの論理的な構成について記述します（図表Ⅰ-42参照）。

① 基本レコード

口座開設時にレコードが追加され、取引のたびに更新されます。キーは店番、科目、口座番号です。口座の基本的な属性項目を保持します。具体的には店番、CIF番号、明細レコードを管理する明細番号カウンタ、印鑑紛失、通帳証書紛失、課税区分、通帳発行区分、口座開設日、最終更新日などの項目があり、店番とCIF番号も基本レコードに持つことでCIFファイルと紐付けします。

② 明細レコード

新規預入ごとに1件追加されます。キーは明細番号で複数の明細がある場合、明細を特定するためのユニークな番号が口座単位に自動採番されます。特定の明細についての取引の詳細な情報を保持します。具体的には預入日、据置期間満了日、解約日、預入金額、取引レコードを管理する取引番号カウンタ、約定利率などがあります。

③ 取引レコード

新規預入、解約の各取引で1件追加されます。キーは取引番号で明細単位に自動採番されます。特定の取引についての詳細な情報を保持します。具体的には明細番号、取引日、取引種類（新規預入、解約）、取引金額、預金口座

図表Ⅰ-42　通知預金ファイルの構成

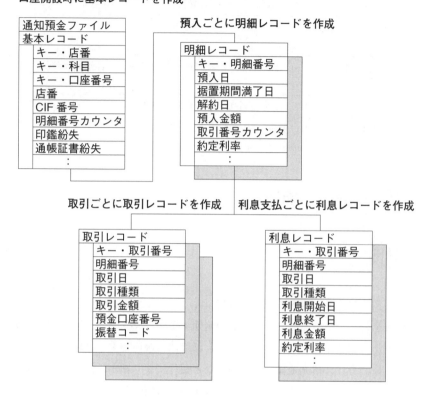

番号、振替コード（現金、振替など）などがあります。

④ **利息レコード**

　解約取引で1件追加されます。キーは取引レコード同様に取引番号です。解約時の取引レコードと利息レコードの取引番号は同一番号です。解約時の利息支払についての詳細な情報を保有します。具体的には明細番号、取引日、取引種類（解約）、利息開始日、利息終了日、利息金額、約定利率などがあります。

　最後に各レコードの追加更新要領について、図表Ⅰ-43に記述します。

図表Ⅰ-43　各レコードの追加更新要領

取　引	基本レコード	明細レコード	取引レコード	利息レコード
新規預入	1件追加	1件追加	1件追加（預入分）	―
解約	1件更新	1件更新	1件追加（解約分）	1件追加（解約分）
変更	1件更新(注)	1件更新(注)	1件更新(注)	―

(注)　変更する項目により、更新するレコードは異なります。

5　積立定期預金

業務面

(1)　概　　要

　定期預金に定時に定額を積立（都度預入）することにより、中長期的な資産形成を行うための商品です。複数の定期預金から成り立つ一種の複合商品で、個々の定期預金は通常の定期預金とほぼ同じ扱いです。対象である定期預金、積立方法、積立金額、積立期間など銀行により細かい差異の多い商品です。ここでは積立定期預金の独自部分を中心に説明します。

(2)　流動性

　定期預金とほぼ同じですが、ATMなどからの預入は随時の預入に限られ、通常、解約は窓口に限定されますが、テレフォン・バンキング（以下、テレバン）、インターネット・バンキング（以下、インバン）から取引することも可能です（図表Ⅰ-44参照）。

(3)　対象の定期預金と預入期間

　スーパー定期、スーパー定期300、期日指定定期預金のいずれかが対象です。預入期間はそれぞれ6カ月、1年、2年、3年などがあります。

(4)　積立方法

　定時定額積立、超過額積立、随時積立の3種類があります。

図表Ⅰ-44　新規預入、解約取引などで必要とされるもの

場所など	新規預入	解　　約
窓口	新規申込書兼入金票と印鑑	積立定期預金通帳・証書と届出印鑑と払戻請求書
ATM	積立定期預金通帳(注1) (注2)	
テレバン、インバン	お客様番号とパスワード (普通預金などから振替) (注1)	

（注1）　通常は積立定期預金の口座が開設されていることが前提です。
（注2）　定時の積立ではなく、随時の積立の場合です。

　定時定額積立は毎月一定日に一定金額を普通預金などの引落口座から自動的に積み立てる方式（たとえば、毎月25日に1万円を積立など）です。銀行によっては、年2回、指定した月に積立金額の増額が可能な場合もあります。
　超過額積立は毎月一定日に引落口座の残高が一定金額を超えているとき、一定の範囲の金額を引落口座から自動的に積み立てる方式（たとえば、毎月25日に引落口座の残高が10万円超のとき、超過分から1万円～3万円の範囲で100円単位の積立など）です。
　随時積立は資金の余裕のあるときなどに任意の金額を随時積み立てる方式です。

(5)　**積立期間**

　一般型と満期指定型の2種類があります。
　一般型は期間を定めずに積み立てる方式で、積立定期預金を解約するまで預入されます。
　満期指定型は未来の日付（5年、10年など）を設定し、その満期に向けて積み立て、満期が来たときに解約されます。いずれの場合も預入されている個々の定期預金を自動継続とするのが一般的です。

(6)　**利　　率**

　定期預金同様、預入（自動継続）時の期間別の定期預金金利が適用されます。中途解約の場合も定期預金に準じます。

(7) 対 象 者

個人のみに限定している銀行もあります。

(8) 特　　約

特約なし、利息受取型、まとめ再預入型などいくつかのバリエーションがあります。

特約なしは個々の定期預金の各満期日に自動的に継続され、解約されるまで預入され続けるものです。利息受取型は個々の定期預金の各満期日に自動的に解約され、利息が普通預金口座などへ入金されるものです。まとめ再預入型は以下で説明します。

積立定期預金は毎月積み立てる商品のため、長年預入を続けていると定期預金の明細が増加します。預金者にとっては、通帳に記帳される明細が増えると管理が煩雑です。銀行にとっても、解約時に1本1本の定期預金を解約する必要があることから、特約（まとめ再預入）が提供されている銀行もあります。

1本にまとめるサイクルは、6カ月、1年、2年、3年のように複数用意され、1本にまとめた定期預金の預入期間も6カ月、1年、2年、3年、5年など、複数の期間が用意されています（図表Ⅰ-45参照）。毎年9月に直近1年間に預入された12本の定期預金（1年の定期預金〜1カ月の定期預金）の

図表Ⅰ-45　まとめ再預入の例

	2017/9	2017/10	2017/11	・・・	2018/7	2018/8	2018/9	・・・	2019/8	2019/9	・・・
1カ月目	1年						元利金を 1年定期で 自動継続			元利金を 1年定期で 自動継続	・・・
2カ月目		11カ月									
3カ月目			10カ月								
：				9カ月〜3カ月							
11カ月目					2カ月						
12カ月目						1カ月					
13カ月目							1年			元利金を 1年定期で 自動継続	・・・
：								11カ月〜2カ月			
24カ月目									1カ月		
25カ月目										1年	・・・

▲まとめ再預入　　▲まとめ再預入

各元利合計を1本にまとめて、1年の定期預金で再預入し（以降、1年ごとの自動継続）、これを繰り返します。

システム面

積立定期預金は定期預金を組み合わせた商品ですので、システム面でのさまざまな考慮は定期預金に準じます。

(1) 取引遷移

自動継続、金利登録・承認・照会などの取引は定期預金で用意されていますので、積立定期預金専用に用意されている取引についてのみ記述します。一般的な取引遷移は図表Ⅰ-46のとおりです。

図表Ⅰ-46　積立定期預金の取引遷移

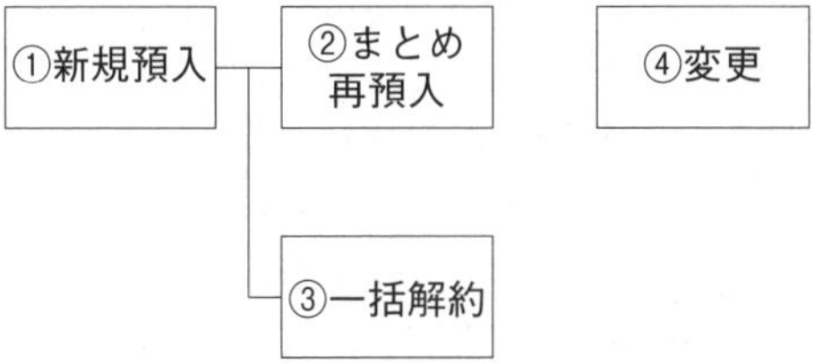

①新規預入 → ②まとめ再預入　④変更
　　　　　　↓
　　　　　③一括解約

(2) 取引種類

積立定期預金には、図表Ⅰ-47に示す取引があります。

新規預入取引には預金者が初めて積立定期預金を預入する際に積立定期預金口座を新たに作成する場合と、すでに積立定期預金口座を保有していて新たに積立定期預金を預入する場合に使用します。

変更取引はその口座全体にかかわる属性（印鑑・通帳の紛失・盗難など）を変更する場合と、積立定期預金固有の情報（引落口座、引落日、引落サイクル（毎月、隔月、年4回など）、引落金額、増額月、増額金額など）を登録・変更する場合に使用します。

まとめ再預入はまとめ再預入の対象である定期預金明細を一旦すべて解約し、それらの元利合計金額を合計した金額で1つの定期預金を預入します。通常は再預入日にセンター自動処理で行われます。

図表Ⅰ-47　通知預金の取引

取引名	概要	おもな経路など
新規預入	積立定期預金口座を新規に開設し、通帳または証書を発行します。積立定期預金口座が開設済の場合には定期預金明細を作成します。定期預金が複数の場合は各定期預金明細を分別管理します。	営業店端末、センター自動処理(注)、ATM、テレバン、インバン
まとめ再預入	まとめ再預入の特約が付いた積立定期預金について再預入日に対象の定期預金明細をすべて解約し、それらを見合いに1つにまとめた定期預金を作成し、預入します。	営業店端末、センター自動処理
一括解約	積立定期預金を一部または全額解約する場合、定期預金明細が多数の場合、明細番号などを指定して、該当する定期預金明細を1取引ですべて解約します。	営業店端末
変更	積立定期預金口座の基本的な状態（印鑑・通帳の紛失など）、引落に関する積立定期預金固有の項目（引落口座、引落日、引落金額など）を登録・変更します。	営業店端末（一部、テレバン、インバンもあり）

(注)　一定サイクルで自動的に積立する場合です。

　一括解約取引は解約する定期預金明細が多数の場合に通常の解約取引では1つ1つ解約せざるをえず、事務上の観点などから1取引で複数の定期預金明細を解約できるようにしたものです。

(3)　取引ファイル

　積立定期預金の口座情報を管理する積立定期預金ファイルの論理的な構成は定期預金と同じですので、ここでは省略します。

① 基本レコード

　定期預金と基本的に同じですが、積立定期預金固有の情報（引落口座、引落日、引落金額など）を保持する点が異なります。

② 上記以外のレコード

定期預金と基本的に同じですので、詳細は省略します。

最後に各レコードの追加更新要領について、図表Ⅰ-48に記述します。

図表Ⅰ-48 各レコードの追加更新要領

取　引	基本レコード	明細レコード	取引レコード	利息レコード
新規預入	1件追加	1件追加	1件追加（預入分）	－
まとめ再預入	1件更新	複数件更新（解約分） 1件追加（預入分）	複数件追加（解約分） 1件追加（預入分）	複数件追加（解約分）
一括解約	1件更新	複数件更新（解約分）	複数件追加（解約分）	複数件追加（解約分）
変更	1件更新(注)	1件更新(注)	1件更新(注)	－

（注）　変更する項目により、更新するレコードは異なります。

6　財形預金

業　務　面

(1)　概　　要

　勤労者の財産の形成や住宅取得を促進するために設けられた、勤労者財産形成貯蓄制度(*1)に基づく預金です。スーパー定期、期日指定定期預金などの定期預金が財形預金の対象ですが、銀行により定期預金の種類や期間は異なることがあります。財形預金には一般財産形成預金、財産形成住宅預金、財産形成年金預金の3つがあります。以下ではそれぞれの特徴について説明します。

　　（*1）　普通銀行のほか、信託銀行、証券会社、生命保険会社、損害保険会社などの各種金融機関で利用が可能です。

申込や積立額の変更、払戻などはすべて企業（事業主）を通して行うため、金融機関の対応が完了するまで、一定の時間が掛かります。

(2) 一般財産形成預金（一般財形）

勤労者の財産形成を促進するための預金です。預入する資金は給与天引であるため、企業（事業主）と金融機関との間で財形預金についての契約が必要であり、勤労者が金融機関を自由に選ぶことはできません。

積み立てる資金の使用目的は特に制限はなく、一部分のみの払戻も可能です。複数の金融機関と契約することができます。かつては一般財産形成預金も非課税枠550万円の対象でしたが、現在は対象外とされており、給与天引であることを除けば、実質的に積立定期預金と変わりがありません。

(3) 財産形成住宅預金（住宅財形）

財産形成住宅預金は住宅の取得・増改築のための預金です。企業と金融機関との間で契約が必要なのは一般財産形成預金と同様ですが、対象者は満55歳未満の勤労者であり、1つの金融機関としか契約できない（1人1契約）という制限があります。財産形成年金預金と合わせて元本550万円まで利息が非課税とされる非課税枠が利用できます。

550万円の非課税枠を利用するための要件（住宅取得の場合、預金者本人が居住する住居で床面積が50平米以上）があり、それを満たさない払戻の場合、全額払戻とされ、通常の預金利息と同様に課税されます（過去5年まで遡及して課税されます）。また、非課税枠の適用を受けるには住民票、土地建物の登記簿謄本が必要です。金利動向によってはこれらの取得にかかる手数料が利息の非課税分を上回ることもあります。また、550万円の非課税枠を超過すると超過分ではなく、すべての利息に課税されます。

(4) 財産形成年金預金（年金財形）

財産形成年金預金は退職後の資金を満60歳の誕生日以降、5年以上20年以内に分割して受け取ることができるもので、公的年金を補完する一種の個人年金商品といえます。対象者、契約の制限、非課税枠、目的以外の払戻と課税などの各種の制限は財産形成住宅預金と同じです。

各財形預金の特徴をまとめると、図表Ⅰ-49のとおりです。

図表Ⅰ-49 各財形預金の特徴

種　類	積立目的	課　税	限度額	目的外払戻	対象者
一般財形	特になし	課税	なし	一部または全額払戻	勤労者（年齢制限なし）
住宅財形	住宅取得・増改築	目的内は非課税	年金財形と合わせて550万円以内	全額払戻	55歳未満の勤労者
年金財形	個人年金	目的内は非課税	住宅財形と合わせて550万円以内	全額払戻	55歳未満の勤労者

システム面

取引遷移、取引種類などは積立定期預金に準じるため、省略します。

(1) 取引など

財産形成住宅預金と財産形成年金預金で目的外の払戻があった場合や非課税枠550万円を超過した場合、過去5年に遡ってすべての利息についての税金を計算し、処理する機能が解約取引に必要です。

個人で行う積立定期預金の場合、本人名義の普通預金口座などから積み立てる資金を出金して、定期預金を預入します。これに対して財形預金は加入者から給与天引した資金をまとめて企業の普通預金口座などに入金し、その資金を見合いに各財形預金への預入を行います。

各種取引の申込は企業（事業主）を通して行われ、個々の払戻、毎月の積立などをリアルタイムで行う必然性が低いため、財形預金の取扱は、おもにバッチ処理で行われてきました。昨今ではオンライン主体にシステムを再構築している銀行も出てきています。

7 譲渡性預金

> 業務面

(1) 概　　要

　銀行の預金は預金約款に譲渡・質入禁止と明記されており譲渡できませんが、譲渡性預金（NCD：Negotiable Certificate of Deposit）は譲渡を前提とした例外的な預金です。単にCD（Certificate of Deposit）ともいわれます。個人向けの一般的な商品ではなく、企業などの大口預金者向けの商品です。このため、利率は市場実勢金利をもとに個別に決定され、満期日以前には市場で売買することができます。譲渡可能な点を除けば、定期預金に類似していますが、自動継続の取扱はなく満期日以降の利息も付きません。また複利計算もされません。

(2) 流　動　性

　中途解約はできませんが、第三者に譲渡（市場で売買）することができます。満期日以降に払戻が可能です。

(3) 預入金額と預入単位

　1,000万円以上、1円単位です。

(4) 利　　率

　預入時の市場実勢金利をもとに個別に決定されます。

(5) 預入期間

　預入日の翌営業日から預入日の5年応当日の間で満期日を指定できます。

(6) 利　　息

　利息の計算は年利建で1年を365日とする日割り計算で行います。単利計算のみです。利息の支払については定期預金と同じです。預入期間が2年未満のとき、満期日に元金と利息を一括して支払います。預入期間が2年以上のとき、預入日の1年ごとの応当日に中間利払利息を支払い、満期日にも利息を支払います。

(7) 付利単位

1円単位です。

(8) 利息（税金）

定期預金と同じですが、満期日に譲渡性預金を保有している預金者（最終預金者）の税法上の区分によって、税金の取扱が異なります。最終預金者が個人または課税法人の場合、預入日から満期日までの利息が課税対象です。これに対して最終預金者が地方公共団体をはじめとする非課税法人の場合、預入日から満期日までの利息が非課税です。金融機関が最終預金者の場合、預入日または譲渡を受けた日から満期日の利息が源泉徴収不適用とされますが、譲渡までの期間の預金者が個人または課税法人の場合、当該期間の利息は課税扱いとされます。

(9) 対象者

個人法人を問いませんが、商品の特性上、おもに法人向けの預金です。

(10) 預金保険

ほかの預金と異なり、対象外です。

(11) その他（有価証券）

金融商品取引法では外国法人発行の譲渡性預金のみ有価証券とされます。ただし、会計基準上は国内法人発行の譲渡性預金も有価証券とされます。

(12) その他（譲渡）

譲渡は指名債権譲渡方式（*1）により行われます。

（*1） 指名債権譲渡方式とは譲渡人と譲受人との契約のみで効力が生じ、確定日付を付した譲渡通知書により、譲渡人から譲渡性預金の発行銀行への通知で第三者への対抗要件を備えるとされるものです（民法第467条）。

システム面

譲渡性預金は有価証券のように売買もできますが、ここでは譲渡性預金を発行した銀行が預金として取り扱う場合に限定します。取引遷移、取引種類などは定期預金に準じるため、省略します。

(1) 取引など

譲渡があった場合、譲渡通知書により譲渡日と譲渡された預金者などの情

報を記録します。この情報から最終預金者の税区分を決定し、満期日以前の預金者が課税法人かつ最終預金者が非課税法人の場合などに既徴収分の税金を課税法人に支払います。

8 仕組預金

業務面

(1) 概　要

定期預金は銀行が取り扱う資金運用商品のうち、もっとも一般的な商品です。適用される金利は市場実勢を随時反映しますが、定期預金の中には、一般的なスーパー定期預金などの金利を大きく上回るものがあります。これは仕組預金といわれるもので、おもにネット専業銀行が取り扱っています。仕組預金にはおもに図表Ⅰ－50のような種類があります。

図表Ⅰ－50　仕組預金の種類

特約の種類	預金の種類	内　容	説明箇所
満期特約型	満期特約付定期預金	コーラブルオプションと定期預金を組み合わせた商品です。	本項で説明します。
為替特約型	為替特約付円定期預金	通貨オプションと定期預金を組み合わせた商品です。	「第Ⅳ章第5節8 為替特約付円定期預金」で説明します。
	為替特約付外貨定期預金	通貨オプションと外貨定期預金を組み合わせた商品です。	「第Ⅳ章第5節7 為替特約付外貨定期預金」で説明します。

いずれの預金も、実現した場合には預金者の不利となる条件をも受け入れることで、通常よりも高金利が適用されます。反面、中途解約は原則認められず、認められた場合でも元本割れする可能性が高い商品です。以下では満

期特約付定期預金について説明します。

満期特約付定期預金は、預入日から最長満期日の間に銀行が任意に満期日を繰り上げることができる特約が付されています。通常は1年ごとに満期を繰り上げるか否かを判断します。判断する機会が1回のみであれば、コーラブル（Callable）預金、複数回であれば、マルチコーラブル（Multi-callable）預金とも呼ばれ、後者の方が一般的です。

満期日を繰り上げる時期が金利の上昇局面で、当該預金利率が市場金利よりも割安になった場合には、銀行は満期日を繰り上げません。逆に金利の低下局面で、当該預金利率が市場金利よりも割高になった場合には、銀行は満期日を繰り上げるという商品です。

(2) 流動性

満期日まで解約できません。ただし、やむをえない事情であると銀行が判断した場合には中途解約もできますが、その場合は当初の高い利率ではなく、中途解約日当日の普通預金利率が適用され、さらに違約金（損害金）（*1）が請求されます。このため、元本割れする可能性が高い商品です。

> （*1） デリバティブであるコーラブルオプションを内包している預金のため、中途解約によるデリバティブ取引の再構築コスト（同一条件の取引を市場で再度行う場合のコスト）や、円貨資金の再調達コスト（中途解約により流出した円預金の再調達コスト）などが違約金として請求されます。違約金は市場の動向により変動しますが、元本の最大数％が違約金とされます。なお、デリバティブを内包しない預金では通常、違約金が請求されることはありません。

窓口やテレフォン・バンキング（以下、テレバン）、インターネット・バンキング（以下、インバン）などによって、取引できる時間帯、手続に必要なもの（図表Ⅰ-51参照）も異なります。

(3) 預入期間

市場金利の動向により預入期間が変わります。最短1年または最短3年、かつ最長10年が一般的です。預入を継続するかを毎年、預入応当日（預入のn年後応当日、n＝1～最長年数-1）の2営業日前に銀行が判断し、銀行に有利であれば預入が継続され、不利であれば2営業日後の預入応当日に解約されます。2営業日よりも前に判断する銀行もあります。

図表Ⅰ-51　新規預入・解約取引で必要とされるもの

場所など	新規預入	解　約
窓口	新規申込書兼入金票、印鑑	満期日解約のとき、センター自動処理（判定結果により、普通預金などへ振替）されるため、解約手続不要
		中途解約のとき証書、届出印鑑、払戻請求書
ATM		
テレバン、インバン	お客様番号とパスワード（普通預金などから振替）	満期日解約のとき、センター自動処理（判定結果により、普通預金などへ振替）されるため、解約手続不要。中途解約は窓口のみの取扱

(4)　**預入金額**

　銀行や申込方法（窓口、インバンなど）によって異なります。たとえば、インバンでは10万円以上、1円単位、窓口では100万円以上、1円単位などです。

(5)　**利　　率**

　通常の定期預金よりも高い利率が適用されます。預入期間中、利率が一定の商品と、預入が継続されるたびに利率が徐々に高く設定されてゆく商品の2種類があります。後者については、1年ごとに高く設定される場合と複数年ごとに高く設定される場合があります。

(6)　**利息（利息計算）**

　利息の計算は年利建で1年を365日とする日割り計算で行います。単利計算のみです。

(7)　**利　　払**

　預入応当日に解約されない場合、利払を行います。利息は預入時に指定された普通預金などに入金されます。

(8) 利息（付利単位）

　1円単位です。

(9) 利息（税金）

　定期預金と同様です。

(10) 対 象 者

　定期預金と同様です。個人に限定している銀行もあります。

(11) 通帳証書

　通帳や証書の発行を省略し、預入後に取引報告書を送付する、インバンで取引の確認を可能とするなどで代替しているのが一般的です。

(12) 振替特約

　預入の継続が銀行に不利と判断された場合、預入応当日に預入時に指定した普通預金などに元利金を入金する自動解約の特約が付きます。同様に特約により、預入応当日に解約されない場合の利息や、預入期間が最長まで延長された場合の元利金も預入時に指定した普通預金などに入金されます。

(13) 募集型と個別型

　募集型と個別型の２種類があります。募集型は、比較的小口の金額で預入できますが、通常１週間程度の募集期間が決まっている場合には、募集期間内にしか預入できません。また、一定金額以上の応募がない場合や市場状況によっては、募集が中止されることもあります。個別型は、募集期間がなく、随時預入できますが、一般に広く告知されていない場合もあり、一定以上の大口の金額でないと預入できません。市場状況によっては預入できないのは募集型と同様です。

(14) 預金保険

　仕組預金の一種ですが、外貨預金ではないため、預金保険の対象です。

(15) 特定預金等

　仕組預金はデリバティブを内包する複雑な仕組を有する商品です。このため、金融商品取引法と同等の販売・勧誘ルールが適用される特定預金等（銀行法施行規則第14条の11の4）に指定されています。

(16) 具 体 例

　預入が継続されて利息のみ支払われるか、解約と判定されて元利金が支払

図表Ⅰ-52　満期特約付定期預金の具体例

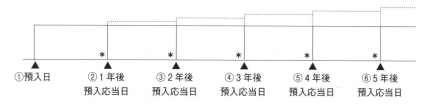

マルチコーラブルのケース
・実線部分は、預入継続でも利率が一定の場合の利息額
・破線部分は、預入継続で利率が高く設定される場合の利息額

①預入日　②1年後預入応当日　③2年後預入応当日　④3年後預入応当日　⑤4年後預入応当日　⑥5年後預入応当日

各預入応当日の2営業日前（上記の＊）に以下の判定を行う
・預金利率＜基準金利のとき、預入を継続（利息支払のみ）
・預金利率≧基準金利のとき、2営業日後に解約（元利金支払）

われるかは、預入応当日（預入のn年後応当日、n＝1～最長年数－1）の2営業日前に、基準金利（預入応当日の2営業日の市場金利を基準とした金利）と各預金明細に持つ利率を比較することで判定されます（図表Ⅰ-52参照）。

具体的には、預金利率＜基準金利のとき、預入を継続（利息支払のみ）し、預金利率≧基準金利のとき、2営業日後に解約（元利金支払）します。

ネット専業銀行を中心に一部の銀行で満期特約付定期預金と同等の商品を取り扱っていますが、名称は銀行によって異なります。用語も銀行によって異なるため、注意が必要です。

システム面

取引遷移、取引種類、取引ファイルのいずれも、定期預金と類似している部分もありますが、満期特約付定期預金固有の部分もあるため、以下に記述します。

(1) 取引遷移

一般的な取引遷移は図表Ⅰ-53のとおりです。

(2) 取引種類

満期特約付定期預金には、図表Ⅰ-54に示す取引があります。なお以下では、預入期間中の利率は一定とします。

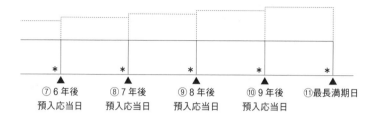

⑦6年後
預入応当日 ⑧7年後
預入応当日 ⑨8年後
預入応当日 ⑩9年後
預入応当日 ⑪最長満期日

図表Ⅰ-53 満期特約付定期預金の取引遷移

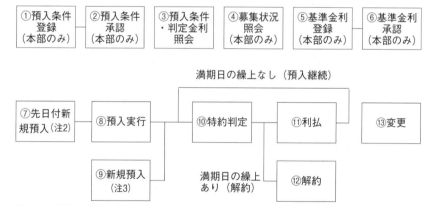

（注1） 預入条件は、金利ファイルに登録され、各取引により参照されます。
（注2） 募集型。
（注3） 個別型。

第2節　固定性預金　79

図表Ⅰ-54　満期特約付円定期預金の取引

取引名	概　　要	おもな経路など
預入条件登録	・募集型の預入条件を登録します。 ・具体的には、預入予定日、最長満期日、利率などを入力します。	本部端末
預入条件承認	・登録された預入条件を再鑑後、承認し、募集期間に適用します。	本部端末
預入条件／判定金利照会	・登録、承認されている預入条件を照会します。 ・登録、承認されている基準金利（預入応当日の2営業日の市場金利を基準とした金利）を照会します。	営業店端末、本部端末
募集状況照会	・集計された募集型の預入予定金額を照会します。 ・募集状況の把握に使用します。	本部端末
基準金利登録	・預入応当日（預入のn年後応当日）の2営業日前に判定基準である基準金利（預入応当日の2営業日の市場金利を基準とした金利）を登録します。	本部端末
基準金利承認	・登録された基準金利（預入応当日の2営業日の市場金利を基準とした金利）を再鑑後、承認し、特約判定に使用します。	本部端末
先日付新規預入	・募集型に使用し、先日付の預入日に先立って入力します。 ・入力された商品種類から登録済の預入条件を自動決定し、預入明細を作成します。この時点では預入されません。 ・預入する資金を出金する預金口座（普通預金口座など）を入力します。	営業店端末
預入実行	・先日付で登録された募集型の預入明細を預入日に預入します。 ・あらかじめ指定された預金口座から自動出金し、新規預入します。	営業店端末、センター自動処理
新規預入	・個別型に使用し、預入明細を作成します。	営業店端末

	・預入日、最長満期日、利率などを個別に入力します。	
特約判定	・募集型、個別型とも、基準金利（預入応当日の2営業日の市場金利を基準とした金利）と各預金明細に持つ利率を比較し、預入応当日に元利金を支払うか（解約）、利息のみを支払うか（預入継続）を自動決定します。	センター自動処理
利払	・前述の特約判定の結果が預入継続の場合に、利息を支払います。 ・利息は、預入時にあらかじめ指定された普通預金などに自動入金します。	営業店端末、センター自動処理
解約	・前述の特約判定の結果が解約の場合、または最長の満期日に解約します。 ・元利金ともに、預入時にあらかじめ指定された普通預金などに自動入金します。 ・中途解約の場合でも使用します。中途解約の場合、違約金（損害金）を徴求します。	営業店端末、センター自動処理
変更	・満期特約付定期預金口座の基本的な項目（印鑑・証書の紛失など）を登録します。	営業店端末

　預入条件登録は、募集型の預入条件を登録します。預入条件承認は登録された預入条件をチェックし、登録内容に問題がなければ承認します。預入条件／基準金利照会は預金者などからの問い合わせにより、募集型の預入条件を照会します。募集状況照会は本部が募集状況を把握するために使用されます（預入予定金額が募集目標金額に満たない場合、預入が中止されることもあります）。

　先日付新規預入取引は、募集型の募集期間中に先日付で預入取引を行い、預入明細を作成します。預入条件は登録・承認済の条件が自動決定されます。預入は先日付での入力時ではなく、預入日に行われます。預入実行は、募集型の募集期間中に先日付で入力された預金明細を通常はセンター自動処理で実行し、預入します。新規預入は、個別型の取引入力に使用されます。預入条件を個別に入力し、預入明細を作成して預入します。

特約判定に先立って、基準金利登録で基準金利（預入応当日の2営業日の市場金利を基準とした金利）を登録します。基準金利承認は登録された基準金利をチェックし、登録内容に問題がなければ承認します。預入条件／基準金利照会では基準金利を照会します。

特約判定は、預入応当日の2営業日に基準金利（預入応当日の2営業日の市場金利を基準とした金利）と各預金明細の利率を比較し、預入を継続するか解約するかを決定します。通常はセンター自動処理で実行します。

利払は、特約判定の結果が預入継続の場合、預金口座に利息を入金します。通常はセンター自動処理で実行します。解約は、特約判定の結果が解約の場合、預金口座に解約代わり金（元利金）を入金します。通常はセンター自動処理で実行します。

変更は、定期預金口座の基本的な項目（印鑑・証書の紛失など）を登録・変更します。

(3) 取引ファイル

満期特約付円定期預金の口座情報を管理する定期預金ファイルの論理的な構成について記述します（図表Ⅰ-55参照）。

① 基本レコード

先日付新規預入または新規預入の各取引で、かつ円定期預金口座がない場合にレコードが1件追加され、取引のたびに更新されます。キーは店番、科目、口座番号です。口座の基本的な項目を保持します。具体的には店番、CIF番号、明細レコードを管理する明細番号カウンタ、印鑑紛失、通帳紛失、通帳発行区分、口座開設日、最終更新日などの項目があり、店番とCIF番号も基本レコードに持つことでCIFファイルと紐付けします。

② 明細レコード

先日付新規預入または新規預入の各取引で1件追加されます。キーは明細番号で複数の明細がある場合、明細を特定するためのユニークな番号が口座単位に自動採番されます。特定の明細についての取引の詳細な情報を保持します。具体的には定期預金種類（スーパー定期、スーパー定期300、大口定期預金、為替特約付円定期預金、満期特約付円定期預金など）、預入日、満期日、預入金額、取引レコードを管理する取引番号カウンタ、約定利率などがありま

図表Ⅰ-55 満期特約付円定期預金ファイルの構成

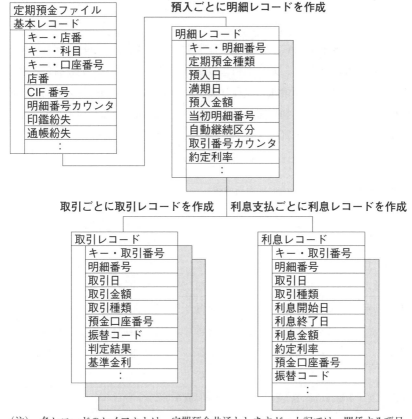

(注) 各レコードのレイアウトは、定期預金共通としますが、上記では、関係する項目をおもに記述しています。

す。

③ 取引レコード

先日付新規預入、預入実行、新規預入、特約判定、利払、解約の各取引で1件追加されます。キーは取引番号で明細単位に自動採番されます。入力された項目や一部項目の取引前後の情報を保持します。具体的には明細番号、取引日、取引金額、取引種類（先日付新規預入、預入実行、新規預入、特約判

定、利払、解約)、預金口座番号、振替コード(振替、現金)、判定結果(預入継続、解約)、基準金利などがあります。一部項目は取引後の最新情報を基本レコードでも管理します。

④ **利息レコード**

利払または解約ごとに1件追加されます。キーは取引レコード同様に取引番号です。解約の場合、元金と利息の取引番号は同一番号です。特定の利息支払についての詳細な情報を保有します。具体的には明細番号、取引日、取引種類(利払、解約)、利息開始日、利息終了日、利息金額、約定利率、預金口座番号、振替コード(振替、現金)などがあります。

最後に各レコードの追加更新要領について、図表Ⅰ-56に記述します。

図表Ⅰ-56 各レコードの追加更新要領

取 引	基本レコード	明細レコード	取引レコード	利息レコード
先日付新規預入	1件追加	1件追加	1件追加	―
預入実行	1件更新	1件更新	1件追加	―
新規預入	1件追加	1件追加	1件追加	―
特約判定	1件更新	1件更新	1件追加	―
利払	1件更新	1件更新	1件追加	1件追加
解約	1件更新	1件更新	1件追加	1件追加
変更	1件更新(注)	1件更新(注)	1件更新(注)	―

(注) 変更する項目により、更新するレコードは異なります。

第3節 総合口座

1 総合口座の特徴

業務面

(1) 概　要

　総合口座とは普通預金と定期預金(*1)を1つにまとめたもので、普通預金と各種定期預金（スーパー定期、期日指定定期など）の預入が可能です。1冊の通帳に普通預金と各種定期預金の両方が記帳される複合通帳が使用されます。以下ではおもに定期預金との組み合わせについて記述します。

> (*1) 普通預金とセットにされる商品は定期預金のほかに貯蓄預金、積立定期預金、国債などがあります。ただし貯蓄預金は後述の総合口座当座貸越の担保にはできません。

　総合口座は急に資金が不足した場合でも利率が高い定期預金を取り崩すことなく、通常の貸付よりも低い利率で総合口座当座貸越（貸越）ができる個人限定の定型商品です。貸越を利用するには総合口座に自動継続の定期預金があることが必須です。普通預金の残高を上回る出金がある場合、総合口座に預入されている自動継続の定期預金を担保として、不足金額を自動的に貸し付けます。

　総合口座は定期預金が担保であるため、普通預金の総合口座当座貸越が可能になること以外は個々の普通預金と定期預金と変わりありません。したがって、ここでは総合口座の特徴について説明します。

(2) 口座開設

　普通預金口座と定期預金口座の両方の開設が行われていないと総合口座は開設できません。普通預金口座と定期預金口座を同時に開設し、総合口座とすることもできますし、一方が開設済で後日もう一方を開設して総合口座と

することもできます。

(3) 担　保

　貸越は総合口座に預入されている定期預金口座を担保にして行われます。当該定期預金口座に担保である旨の設定を行います。

(4) **貸越限度額**

　定期預金が担保の場合、貸越の限度額は担保の90％または200万円のいずれか小さい方が適用されます。

(5) **貸越利率**

　貸越利率は一律、担保の定期預金利率に0.5％を加えたものです。担保の定期預金を預入し続ければ、定期預金の利息は貸越の有無に関係なく計算され支払われるので、預金者の実質的な金利負担は0.5％だけです。

(6) **複数定期預金がある場合の貸越と返済**

　担保となる複数の定期預金があり、その定期預金の間で利率が異なる場合、貸越は利率の低い方から行われ返済は利率の高い方から行われます。貸越は普通預金口座への入金により自動的に返済されます。

(7) **定期預金利息**

　貸越の有無に関係なく、定期預金の利息は計算されます。

(8) **貸越利息**

　貸越がある（普通預金の残高がマイナスの）場合、貸越利息は普通預金で預金利息を求める預金利息積数と同じ考え方で貸越利息積数として管理され、預金の利息決算と同じタイミング（2月、8月）で計算されて、総合口座の普通預金から出金されます。

　担保である定期預金をすべて解約する（定期預金残高をゼロにする）場合、または総合口座そのものを解約する場合、貸越利息を徴求します。貸越元金がある（普通預金の残高がマイナスの）場合には貸越元金も徴求します。

(9) 通　帳

　1冊の通帳に普通預金と定期預金の両方が記帳される複合通帳が使用されます。

(10) 対　象　者

　個人のみが対象です（本人確認が前提）。通常は1個人につき1口座しか保

有できません。

システム面

総合口座とは普通預金と定期預金を1つにまとめた複合商品で、個々の普通預金と定期預金と大半が変わりがないため、ここでは総合口座としての特徴について説明します。

(1) 取引遷移

一般的な総合口座の取引遷移は図表Ⅰ-57のとおりです。前述のとおり、総合口座の開設には普通預金と定期預金の口座開設が行われていることが前提です。普通預金と定期預金を同時に口座開設し、総合口座の開設まで1取引で行えるように対応している銀行もあります。

(2) 取引種類

総合口座には、図表Ⅰ-58に示す取引があります。

図表Ⅰ-57　総合口座の取引遷移

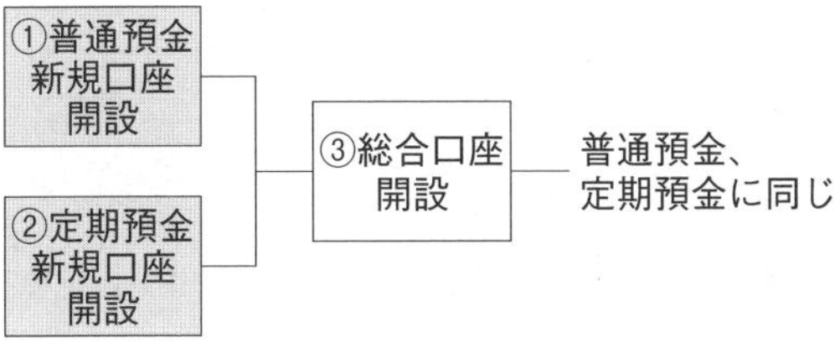

①普通預金新規口座開設 ＋ ②定期預金新規口座開設 → ③総合口座開設　普通預金、定期預金に同じ

図表Ⅰ-58　普通預金の取引

取引名	概　要	おもな経路など
総合口座開設	普通預金と定期預金の口座名義人が同一であることをチェックします。普通預金側に定期預金の口座番号を登録し、定期預金の残高に応じた貸越限度額をセットします。定期預金側に普通預金の口座番号を登録し、当該定期預金に総合口座の担保であることを登録します。この担保の登録により定期預金の解約をエラーとします。	営業店端末

(3) 取引ファイル

総合口座の口座情報を管理するのは普通預金ファイルです。ここではその論理的な構成について記述します（図表Ⅰ-59参照）。

図表Ⅰ-59　普通預金ファイル（総合口座関係）の構成

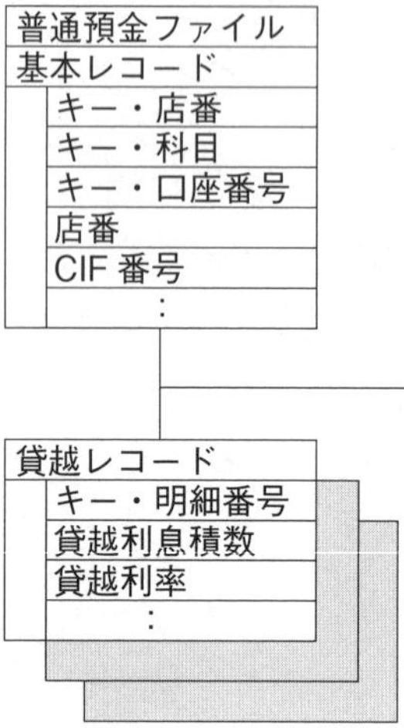

```
普通預金ファイル
基本レコード
  キー・店番
  キー・科目
  キー・口座番号
  店番
  CIF番号
  :

貸越レコード              取引レコード           利息レコード
  キー・明細番号             キー・取引日            キー・利率変更日
  貸越利息積数               キー・取引通番          :
  貸越利率                  :
  :
```

① **基本レコード**

取引のたびに更新されます。キーは店番、科目、口座番号です。口座の基本的な属性項目を保持します。

② **貸越レコード**

キーは、明細番号です(*2)。貸越が発生（取引前残高がプラスでかつ取引後残高がマイナス）する際には、貸越残高をカバーする定期預金の数だけ追加します。貸越が継続（取引前残高がマイナスでかつ取引後残高がマイナス）している場合には、貸越残高が変動する範囲をカバーする定期預金の数だけ追加更新します。その後、貸越が終了（取引前残高がマイナスでかつ取引後残高がプラス）する場合には、貸越残高をカバーする定期預金の数だけ更新します。

(*2) 同一の定期預金明細であっても自動継続の前後で金利が変わり、結果として貸付利率も変わることもありますが、システム的には自動継続ごとに明細番号

を自動採番(預金者には自動継続後も変わらない当初の明細番号を使用します)することで異なる貸付利率を管理します。

　貸付が発生した場合、定期預金明細から当座貸越限度額(定期預金残高の90％)、貸付利率(定期預金利率＋0.5％)などを取得します。

　最後に貸越レコードの追加更新要領について、図表Ⅰ－60に記述します。取引レコード、利息レコードは貸越がない場合と同じであるため、省略します。

図表Ⅰ－60　貸越レコードの追加更新要領

取引	基本レコード	貸越レコード
口座開設	1件追加	―
入金	1件更新	貸越が終了(取引前残高がマイナスでかつ取引後残高がプラス)する場合には貸越残高をカバーする定期預金の数だけ更新します。 貸越が継続(取引前残高がマイナスでかつ取引後残高がマイナス)する場合には貸越残高が変動する範囲をカバーする定期預金の数だけ更新します。
出金	1件更新	貸越が発生(取引前残高がプラスでかつ取引後残高がマイナス)するときには貸越残高をカバーする定期預金の数だけ追加します。 貸越が継続(取引前残高がマイナスでかつ取引後残高がマイナス)する場合には貸越残高が変動する範囲をカバーする定期預金の数だけ追加更新します。
利息決算	1件更新	預金利息＞貸付利息のときは入金に同じで預金利息＜貸付利息のときは出金に同じです。預金利息＝貸付利息のとき、貸付レコードの貸付利息積数は更新しません。
変更	1件更新	―
口座解約	1件更新	出金、利息決算に同じです。

2 総合口座の貸越利息計算方法

業務面

(1) 概　要

　総合口座で貸越が発生した場合、普通預金と同じ毎年2月／8月の利息決算日に貸越利息を引き落とします。ここでは普通預金の利息計算方法と同様に次回利息決算日までの予定貸越利息を計算する方法について記述します。

(2) 計　算　式

　貸越利息の計算式そのものは普通預金の預金利息の計算と同じです。貸越発生時に貸越残高に次回利息決算日までの期間の日数を乗じ（これを貸越利息積数といいます）、その後は入出金があるたびにその入出金の金額で貸越利息積数を補正します。そして利息決算日には、この貸越利息積数に年利率を乗じて年日数で割ることで利息を求めます。計算式は以下のとおりです。

$$貸越利息 = \underbrace{(貸越残高 \times 日数(両端))}_{貸越利息積数} \times 年利率(\%) \div 100 \div 365$$

(3) 計　算　例

　貸越利息の計算方法は図表Ⅰ－61のとおりです。なお普通預金利率＝0.1％、担保の(A)定期預金は残高10万円（定期預金利率＝2％）、同じく(B)定期預金も残高10万円（定期預金利率＝3％）とし、貸越利息の計算は付利単位＝1円で行っています。

① 残高≧ゼロのため、以下の預金利息積数が計算されます。

　5,000円×178日（8/23～次回利息決算日2/17までの日数（片端））

　……①の預金利息積数

② 出金があり、残高＜ゼロと貸越が発生し、以下の預金利息積数と貸越利息積数が計算されます。

　▲5,000円×175日（8/26～次回利息決算日2/17までの日数（片端））

　……②の預金利息積数

　▲75,000円×176日（8/26～次回利息決算日2/17までの日数（両端））

……②の貸越利息積数

貸越利率は、利率の低い定期(A)の利率2.5%（＝2％＋0.5%）が適用されます。

なお預金の日数計算は片端ですが、貸越（貸付）の場合、日数は両端で行います。

③ さらに出金され、残高＜ゼロであるため、以下の貸越利息積数が計算されます。

▲15,000円×169日（9/1〜次回利息決算日2/17までの日数（両端始期不算入））＝③(A)の貸越利息積数

▲55,000円×169日（9/1〜次回利息決算日2/17までの日数（両端始期不算入））＝③(B)の貸越利息積数

利率の低い定期(A)の貸越利率2.5%（＝2％＋0.5%）が元本10万円の90％＝90,000円まで適用され、残りの55,000円は利率の高い定期(B)の貸越利率3.5%（＝3％＋0.5%）が適用されます。

なお、この期間の日数計算は両端で行いますが、始期（9/1）は数えません。これはもし数えてしまうと、②の両端でも9/1を数えており、二重に計算してしまうからです。

④ 10万円の入金があったものの、残高＜ゼロのままであり、貸越が減った部分について以下の貸越利息積数が計算されます。

55,000円×155日（9/15〜次回利息決算日2/17までの日数（両端始期不算入））＝④(A)の貸越利息積数

45,000円×155日（9/15〜次回利息決算日2/17までの日数（両端始期不算入））＝④(B)の貸越利息積数

なお、10万円の入金があったため、利率の高い定期(B)の貸越利率（3.5％）が適用されている部分がすべて返済されています。

⑤ 入金があり、残高≧ゼロと貸越が終了し、貸越が減った部分について以下の貸越利息積数が計算されます。同時に以下の預金利息積数が計算されます。

45,000円×124日（10/16〜次回利息決算日2/17までの日数（両端始期不算入））＝⑤の貸越利息積数

図表Ⅰ-61　利息計算例

取引日	① 2017/8/23	② 2017/8/26	③ 2017/9/1	④ 2017/9/15	⑤ 2017/10/16	⑥ 2018/2/17 次回利息決算日
取引	入金	出金	出金	入金	入金	
取引前残高	0円	5,000円	▲75,000円	▲145,000円	▲45,000円	
取引金額	5,000円	80,000円	70,000円	100,000円	110,000円	
取引後残高	5,000円	▲75,000円	▲145,000円	▲45,000円	65,000円	
預金利息積数	5,000円×178日	5,000円×178日－5,000円×175日	－	－	5,000円×178日－5,000円×175日＋65,000円×124日	
預金利率	0.1%	0.1%	0.1%	0.1%	0.1%	
貸越利息積数(A)	－	▲75,000円×176日	▲75,000円×176日＋▲15,000円×169日	▲75,000円×176日＋▲15,000円×169日＋45,000円×155日	▲75,000円×176日＋▲15,000円×169日＋45,000円×155日＋45,000円×124日	
貸越利率(A)	－	2.5%	2.5%	2.5%	2.5%	
貸越利息積数(B)	－	－	▲55,000円×169日	▲55,000円×169日＋55,000円×155日	▲55,000円×169日＋55,000円×155日	
貸越利率(B)	－	－	3.5%	3.5%	3.5%	
預金利息積数（詳細は省略）	5,000円×3日(0.1%)				65,000円×124日(0.1%)	
貸越利息積数		担保の定期預金(A)でカバーされる範囲(90,000円) ▲75,000円×176日(2.5%)	▲15,000円×169日(2.5%)	45,000円×155日(2.5%)	45,000円×124日(2.5%)	
		担保の定期預金(B)でカバーされる範囲(90,000円)	▲55,000円×169日(3.5%)	55,000円×155日(3.5%)		

貸越利息積数(A)から求めた貸越利息
　＝（▲75,000円×176日＋▲15,000円×169日＋45,000円×155日＋45,000円×124日）
　　×2.5%÷100÷365

$$= (\blacktriangle 13{,}200{,}000 + \blacktriangle 2{,}535{,}000 + 6{,}975{,}000 + 5{,}580{,}000) \times 2.5\% \div 100 \div 365$$
$$= 3{,}180{,}000 \times 2.5\% \div 100 \div 365 = 217 円（円未満切捨）$$

貸越利息積数(B)から求めた貸越利息
$$= (\blacktriangle 55{,}000 円 \times 169 日 + 55{,}000 円 \times 155 日) \times 3.5\% \div 100 \div 365$$
$$= (\blacktriangle 9{,}295{,}000 + 8{,}525{,}000) \times 3.5\% \div 100 \div 365$$
$$= 770{,}000 \times 3.5\% \div 100 \div 365 = 73 円（円未満切捨）$$

65,000円×124日（10/16～次回利息決算日2/17までの日数（片端））
＝⑤の預金利息積数

このように金利の異なる複数の定期預金により貸越がカバーされている場合、定期預金ファイルの明細レコードのキーである明細番号によって貸越利息積数を分別管理します。また貸付が継続していて、担保である定期預金の金利が自動継続の前後で変わった場合でも同様に明細番号(*1)によって貸越利息積数を分別管理します。

(*1) 明細番号は、新規預入または自動継続ごとに自動採番します（預金者には自動継続後も変わらない当初の明細番号を使用します）。

システム面

ここでは普通預金ファイルの構成（「第Ⅰ章第1節1　普通預金」を参照）を前提に、前記の利息計算例がシステムでどう実現されるかを説明します。

金利の異なる複数の定期預金により貸越がカバーされている場合、貸越利息積数は分別管理が必要であるため、基本レコードではなく、キーが定期預金の明細番号(*2)である貸越レコードで管理します。

(*2) 同一の定期預金明細であっても自動継続の前後で金利が変わり、結果として貸付利率も変わることもありますが、システム的には自動継続ごとに明細番号を自動採番（預金者には自動継続後も変わらない当初の明細番号を使用します）することで異なる貸付利率を管理します。

(1) 計　算　例

前記の計算例をシステム的に表現すると図表Ⅰ-62のとおりです。まず②で担保である定期預金(A)の限度額の範囲内で貸越が発生します。これにより定期預金(A)に対応する貸越レコード(A)が追加され、貸越に応じた貸越利息積数が計算、セットされます。次に③で貸越がなされ定期預金(A)の限度額を超えたため、定期預金(B)の限度額の範囲内でも貸越が発生します。これで定期

図表Ⅰ-62　利息計算例

	取引日	①2017/8/23	②2017/8/26	③2017/9/1	④2017/9/15	⑤2017/10/16
基本レコード	キー・店番	本店	本店	本店	本店	本店
	キー・科目	普通預金	普通預金	普通預金	普通預金	普通預金
	キー・口座番号	1234567	1234567	1234567	1234567	1234567
	取引後残高	5,000円	▲75,000円	▲145,000円	▲45,000円	65,000円
	定期預金口座番号	6789012	6789012	6789012	6789012	6789012
	当座貸越限度額	180,000円	180,000円	180,000円	180,000円	180,000円
	:	—	—	—	—	—
	レコードの追加更新	更新	更新	更新	更新	更新
貸越レコード(A)	キー・明細番号	—	00001	00001	00001	00001
	貸越利息積数	—	▲75,000円×176日	▲75,000円×176日＋▲15,000円×169日	▲75,000円×176日＋▲15,000円×169日＋45,000円×155日	▲75,000円×176日＋▲15,000円×169日＋45,000円×155日＋45,000円×124日
	貸越利率	—	2.5%	2.5%	2.5%	2.5%
	当座貸越限度額	—	90,000円	90,000円	90,000円	90,000円
	:	—	—	—	—	—
	レコードの追加更新	—	追加	更新	更新	更新
貸越レコード(B)	キー・明細番号	—	—	00002	00002	00002
	貸越利息積数	—	—	▲55,000円×169日	▲55,000円×169日＋55,000円×155日	▲55,000円×169日＋55,000円×155日
	貸越利率	—	—	3.5%	3.5%	3.5%
	当座貸越限度額	—	—	90,000円	90,000円	90,000円
	:	—	—	—	—	—
	:	—	—	—	—	—
	レコードの追加更新	—	—	追加	更新	—
取引レコード		(省略)	(省略)	(省略)	(省略)	(省略)
利息レコード		(省略)	(省略)	(省略)	(省略)	(省略)

預金(B)に対応する貸越レコード(B)が追加され、貸越に応じた貸越利息積数が計算、セットされます。④では定期預金(B)の限度額部分がすべて返済されて、貸越レコード(B)の貸越利息積数が補正されます。定期預金(A)の限度額部分も一部返済されているため、貸越レコード(A)の貸越利息積数も補正されます。最後に⑤で定期預金(A)の限度額部分もすべて返済されるため、貸越レコード(A)の貸越利息積数はさらに補正されます。

第 4 節　預金共通

1　まとめ記帳

業務面

(1) 概　要

　まとめ記帳（顧客向けには「おまとめ記帳」）とは、通帳発行の口座に未記帳の（通帳に記帳されていない）入出金取引が一定数以上ある場合、複数の入金取引を1件の入金取引に、複数の出金取引を1件の出金取引にまとめて合算し、通帳に記帳するものです（図表Ⅰ-63参照）。未記帳分合算記帳、合計記帳などとも呼ばれます。以下では円の預金について述べていますが、外貨預金についても同様です。

(2) 入出金取引と記帳の関係

　入出金取引では、取引と同時に通帳を記帳する場合と通帳は記帳しない場合があります。ATMでの出金取引を例にして説明すると、通常、カードと暗証番号だけで出金取引が可能ですが、銀行やATMによっては通帳も出金取引と同時に通帳記帳を行うこともできます。出金取引と同時に通帳記帳を行えば、出金取引が未記帳になることはありませんが、通帳記帳をしなければ、その出金取引は未記帳とされます。

　またセンター自動処理で行われる公共料金、クレジット・カード、保険料、税金などの引落は取引と同時に通帳を記帳することができないため、すべて未記帳とされます。

(3) まとめ記帳

　まとめ記帳があるのは通常、通帳発行されている普通預金だけで、まとめ記帳を行うか否かは未記帳の取引件数などによって決められます。

　具体的には以下のとおりです。たとえば、1月月末営業日（まとめ記帳基

図表Ⅰ-63 まとめ記帳のイメージ

【まとめ合算前】

取引日	取引内容	お支払金額	お預り金額	差引残高
29-01-07	入金	—	100,000	100,000
29-01-08	出金	20,000	—	80,000
:	:	:	:	:
29-01-10	出金	5,000	—	75,000
29-01-10	入金	—	6,000	81,000
29-01-10	出金	75,000	—	6,000

入金取引＝60件
出金取引＝50件

通帳に記載されないが銀行に依頼することで別途、通知される

まとめて合算

【まとめ合算後】

取引日	取引内容	お支払金額	お預り金額	差引残高
29-02-18	おまとめ	—	506,000	506,000
29-02-18	おまとめ	500,000	—	6,000

入金取引＝60件を1件に合算
出金取引＝50件を1件に合算

通帳に記載される

準日）時点で、未記帳取引が100件以上の口座（普通預金かつ通帳発行で活動中の口座）をまとめ記帳対象とします。翌2月の第3土曜日にまとめ記帳の対象とされた口座について、まとめ記帳を実施して、個々の入出金取引をまとめ記帳の合算分に置き換えます。このまとめ記帳の実施までにATMなどで記帳すれば、まとめ記帳基準日時点でまとめ記帳の対象とされていても、個々の入出金取引が記帳されます（図表Ⅰ-64参照）。

まとめ記帳基準日、まとめ記帳実施日のほか、実施サイクル、未記帳取引の件数などは銀行によって違いますが、実施日は繁忙日を避けて月中に行います。また普通預金の口座数、銀行の規模、システム容量などによって頻度に違いがあります。なお、銀行合併によるシステム統合前は、まとめ記帳の条件が両行で違うことや一方の銀行の通帳を他方の銀行のATMで記帳できないことなどを理由として、システム統合後も一定期間、無条件にまとめ記帳を行わないことがあります。

図表Ⅰ-64 まとめ記帳の対象と対象外

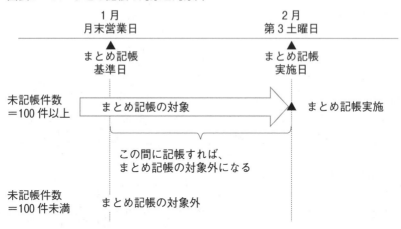

(4) まとめ記帳明細

入出金取引をまとめて合算した場合、いつにいくら、どういう内容の入出金があったのか、通帳上はわからなくなります。そこで合算前の個々の入出金取引をすべて記載した取引明細書を一律に作成し、顧客宛に郵送していましたが、昨今では顧客から求めがあった場合にのみ無料で取引明細書を作成・通知している銀行が多いようです。

システム面

最初にまとめ記帳の前提を例示し、記帳関連のファイル項目について説明します。その後それらの項目について、まとめ記帳の条件を示して、最後にまとめ記帳の処理内容を記述します。

(1) 前　提

まとめ記帳の前提を以下のとおりとします。

① 未記帳件数＝100件以上
② まとめ記帳基準日＝1月、4月、7月、10月の月末営業日の終了時
③ まとめ記帳実施日＝2月、5月、8月、11月の第3土曜日の夜間
④ まとめ記帳サイクル＝3カ月

(2) ファイル項目など

ここでは、普通預金ファイルの構成（「第Ⅰ章第1節1　普通預金」を参照）を前提にまとめ記帳を説明します。口座の基本的な属性を持つ基本レコードと、勘定取引ごとに作成される取引レコードに、図表Ⅰ-65に示す項目を持つものとします。

図表Ⅰ-65　普通預金ファイルの各レコード

レコード	項目	説明
基本レコード	キー・科目	預金の科目（普通預金、当座預金など）
	口座区分	口座の使用状況（活動中、解約済、口座開設取消済、移管済など）
	通帳発行区分	通帳発行の有無（有、無）
	未記帳件数	未記帳取引の合計件数
	最終記帳日	最後に記帳を行ったオンライン日付
取引レコード	取引日	入金、出金取引を行ったオンライン日付
	入払区分	入金、出金の区分（入金、出金）
	取引金額	入金金額、または出金金額
	記帳区分	当該取引レコードが記帳されたか否かの区分（記帳未済、記帳済、まとめ記帳済）

(3)　まとめ記帳の条件

この未記帳の取引が100件以上ある口座が、まとめ記帳実施日の時点で最終記帳日＜まとめ記帳基準日のとき、まとめ記帳の対象と判定され、まとめ記帳の処理が行われます。図表Ⅰ-66に、まとめ記帳の条件を例示します。

ただし、まとめ記帳実施日（ここでは、2月の第3土曜日の夜間）までに記帳すれば、未記帳件数＝0件、かつ最終記帳日＞直近のまとめ記帳基準日（ここでは、1月の月末営業日）となり、まとめ記帳処理で対象外と判定されて、まとめ記帳は行われません。

(4)　まとめ記帳処理

まとめ記帳の対象と判定された場合、未記帳の入出金取引のうち、入金取

図表Ⅰ-66　まとめ記帳の条件

項　目	条　件
科目	＝普通預金、かつ
口座区分	＝活動中、かつ
通帳発行	＝発行、かつ
未記帳件数	≧100件、かつ
最終記帳日	＜直近のまとめ記帳基準日のとき たとえば、まとめ記帳実施日（2月の第3土曜日）での処理時、最終記帳日＜直近のまとめ記帳基準日である1月の月末営業日

引すべての取引金額を合計して、入金合計の取引レコードを1件追加し、同時に出金取引すべての取引金額を合計し、出金合計の取引レコードを1件追加します（もちろん、入金／出金のいずれか一方しかない場合もあります）。さらに通帳記帳時に個々の未記帳の入出金取引が記帳されないように、該当する各取引レコードの記帳区分を「まとめ記帳済」に更新します（図表Ⅰ-67参照）。ここで単純に「記帳済」としないのは後日、顧客からまとめ記帳分の明細について別途出力依頼があった場合に、通常の記帳による「記帳済」と区別を容易にするためです。

図表Ⅰ-67　まとめ記帳の処理例

未記帳の取引レコード	処　理
入金取引分	まとめ記帳の入金合計の取引レコードを1件新規作成 ・取引日＝まとめ記帳実施日 ・取引金額＝入金取引すべての取引金額の合計 ・記帳区分＝記帳未済（0）
出金取引分	まとめ記帳の出金合計の取引レコードを1件新規作成 ・取引日＝まとめ記帳実施日 ・取引金額＝出金取引すべての取引金額の合計 ・記帳区分＝記帳未済（0）
すべての取引分	各取引レコードを更新 ・記帳区分＝まとめ記帳済（2）

まとめ記帳処理では対象1口座あたり、100件以上の取引レコードの更新と最大2件の取引レコードの追加があります。これを夜間オンラインのセンター自動処理で追加更新するか、アンロードした普通預金ファイルにバッチで追加更新し、その後ロードすることなどによって実現しますが、オンラインで処理する場合にはパフォーマンスが劣化しないように特に注意する必要があります。

通常、記帳済となった取引レコードはまず論理削除され、一定期間経過後にオンラインDBから物理削除されます。まとめ記帳対象とされた個々の取引レコードも、まとめ記帳処理で論理削除され、一定期間経過後にオンラインDBから物理削除されるため、その時点で、まとめ記帳の明細を出力することもできなくなります。ただし、犯罪捜査や税務調査のため、昨今では取引の詳細は永久保存に準じる扱いとしている銀行が多いようです。

(5) まとめ記帳の明細出力

まとめ記帳処理が行われると、前述のとおり、まとめ記帳が行われる個々の入出金取引は通帳に記帳されず、まとめ記帳後の入金合計と出金合計が各1件ずつ記帳されるだけです。この場合、いつ、どのような入出金取引があったのか通帳からはわからないため、顧客がその明細内容を問い合わせることがあります。このとき、当該口座から、まとめ記帳された取引レコードを特定し、まとめ記帳明細表として出力します（図表Ⅰ-68参照）。

具体的には、まとめ記帳された口座情報（店番、科目、口座番号）などをオンライン画面から入力することで「まとめ記帳済」として処理された取引レコードを特定し、それらのデータをバッチで加工、編集、印刷して、顧客宛に郵送します。まとめ記帳に限らず、昨今では銀行内のシステムではデータの作成（たとえば、CSVファイルなど）まで行い、印刷、封入、郵便局への持込などは印刷会社に委託していることが多いようです。

図表Ⅰ-68 まとめ記帳明細表の出力

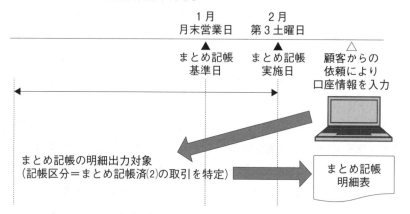

2 睡眠預金

業務面

(1) 概　要

　睡眠預金は、睡眠口座、休眠預金、休眠口座などともいわれます（以下、睡眠預金）。長期間、入出金などの取引が行われず、かつ預金者に連絡ができない場合、消滅時効を根拠（図表Ⅰ-69参照）に睡眠預金と判断されて利益に計上されます。ただし利益とされた後でも真正な預金者（預金者本人または預金者の相続人など）から申し出があれば、預金の払戻が可能です。以下では円の預金について述べていますが、外貨預金についても同様です。なお、今後は休眠預金活用法により、公益性のある事業に活用されます。

　睡眠預金とされる例には預金者が届出住所から転居したにもかかわらず、住所変更の届けを行わなかった場合や預金者が預金の存在を遺族に知らせることなく死亡した場合などが考えられます。

(2) 判定要件

　睡眠預金か否かを判定する要件についてまとめると、図表Ⅰ-70のとおりです。

図表Ⅰ-69　金融機関による時効の差異

金融機関	時効までの期間	時効の根拠法	金融機関設立などの根拠法
銀行	5年	商法第522条	銀行法
信用金庫	10年	民法第167条	信用金庫法
信用組合	10年	民法第167条	中小企業等協同組合法 協同組合による金融事業に関する法律
旧郵便局	20年2カ月	旧郵便貯金法第29条	旧郵便貯金法など

図表Ⅰ-70　睡眠預金の判定要件

預金種類	起算日	経過期間	残高	預金者宛通知（注3）	預金者確認	判定
自動継続預金（注1）	自動継続停止後の満期日	10年	1万円以上	要	完了	睡眠口座としない
					不能	睡眠口座とする
				不要	なし	
			1万円未満	―	―	
上記以外	最終取引日（注2）		1万円以上	要	完了	睡眠口座としない
					不能	睡眠口座とする
				不要	なし	
			1万円未満	―	―	

（注1）　自動継続定期預金のことです。自動継続定期預金は継続の手続をとることなく、自動的に継続される商品であり、自動継続されている限りは睡眠預金と判定することはできません。
（注2）　自動継続でない定期預金の場合は初回満期日が起算日とされます。
（注3）　預金者に通知（たとえば、定期預金の満期のお知らせなど）を送付するか否かの区分です。何らかの事情（預金の存在を同居の家族に知られたくないときなど）がある場合に通知を不要とします。

(3)　睡眠預金の払戻など

　過去に睡眠預金と判定された口座について、預金者が解約または継続使用を求めた場合の手続は図表Ⅰ-71のとおりです。

図表Ⅰ-71　睡眠預金口座の解約と継続使用時の手続

解約する場合の手続	継続使用する場合の手続
・口座の特定 ・真正な預金者であることの確認 ・印鑑届徴求（印鑑紛失の場合） ・通帳紛失届徴求（通帳紛失の場合） ・新規口座開設（別の口座番号採番） ・解約日当日までの利息の入金 ・口座解約 ・代わり金の支払（現金など） ・キャッシュ・カードの回収 ・新旧通帳へ解約済表示、手交	・口座の特定 ・真正な預金者であることの確認 ・印鑑届徴求（印鑑紛失の場合） ・通帳紛失届徴求（通帳紛失の場合） ・新規口座開設（別の口座番号採番） ・前期預金決算日までの過去利息の入金 ・キャッシュ・カードの暗証番号登録 ・キャッシュ・カードの発行（後日送付） ・口座振替依頼書の徴求（口座振替の場合） ・旧通帳へ繰越済表示、手交 ・新通帳の発行、手交

　預金者から払戻請求を受けた場合、持参された通帳やキャッシュ・カードなどから口座番号を把握します。前述の睡眠預金として雑益編入された口座の一覧から該当する口座番号を探して、口座の有無、名義、残高などを特定し、公的証明書などにより真正な預金者（預金者本人または預金者の相続人など）であることを確認します。

　預金者が口座の解約を求めた場合は新たに口座を開設し、元本に当日までの利息も含めて払い戻します。睡眠口座と判定された際の口座番号は他の預金者の口座として使用されていることが多いため、新しい口座番号が使用されますが、すぐに解約するため、口座番号の違いが問題になることはありません。

　預金者が口座を引き続き使用する場合も基本的に同じですが、利息は前回利息決算日までの利息を付利します（前回利息決算日から当日までの利息は次回利息決算日に付利します）。また新しい口座番号が割り当てられるため、新しい印鑑票に届出印鑑を徴求し、通帳を手交します。キャッシュ・カードは通常の新規口座開設と同様に発行、預金者に送付します。公共料金やカード代金の口座引落を行う場合には新しい口座番号を記入した口座振替依頼書を

徴求します。

> システム面

(1) 概　要

　睡眠預金のシステム処理概要は、睡眠預金の抽出と通知書の作成、睡眠預金の確定、口座解約と雑益編入、睡眠預金の一覧作成と利息計算に分かれます。

(2) ファイル項目

　ここでは、各預金ファイルの構成（「第Ⅰ章第1節1　普通預金」などを参照）を前提に説明します（図表Ⅰ-72参照）。

図表Ⅰ-72　各預金ファイルのレコード

レコード	項　目	説　明
基本レコード	最終取引日	普通預金などで睡眠預金の判定を行う際の起算日です。
	預金者確認日	預金者の届出住所に通知を送り、返送されなかった（預金者の所在が確認できた）日付です。
	睡眠預金フラグ	睡眠預金か否かを表わすフラグです（ON、OFF）。
	自動継続区分	自動継続の有無を表わす区分です（自動継続、自動解約、非自動継続）。
	満期日	自動継続定期預金以外の定期預金で睡眠預金の判定を行う際の起算日です。

(3) 処理概要

　① 睡眠預金の抽出と通知書の作成

　年次のバッチ処理で預金口座のうち、睡眠預金になりうる口座を抽出し対象と判定された各口座について預金者の届出住所宛に通知書を作成します。対象判定や通知作成の要否については図表Ⅰ-73のとおりです。

図表Ⅰ-73　睡眠預金の対象と通知作成

預金種類(注1)	経過期間の起算日	経過期間	残高(注2)	預金者宛通知(注3)	睡眠預金対象	通知作成要否	No.
自動継続定期預金（自動継続中）	―	―	―		対象外	否	1
自動継続定期預金（上記以外）	自動継続停止後の満期日、または預金者確認日(注4)のいずれか大きい方	10年以上	1万円以上	要	対象	要	2
				不要	対象	否	3
			1万円未満	―	対象	否	4
		10年未満	―	―	対象外	否	5
自動継続でない定期預金	満期日、または預金者確認日(注4)のいずれか大きい方	10年以上	1万円以上	要	対象	要	6
				不要	対象	否	7
			1万円未満	―	対象	否	8
		10年未満	―	―	対象外	否	9
定期預金以外の預金(注5)(注6)	最終取引日、または預金者確認日(注4)のいずれか大きい方	10年以上	1万円以上	要	対象	要	10
				不要	対象	否	11
			1万円未満	―	対象	否	12
		10年未満	―	―	対象外	否	13

(注1) 定期預金にはスーパー定期、変動金利型定期預金、大口定期預金、期日指定定期預金、積立定期預金などを含みます。

(注2) 外貨預金の場合、処理日の前営業日（処理日が月初第1営業日の場合、前月末営業日）の最終TTBを外貨残高に掛けて求めた円貨の残高を判定に使用します。1万円未満にはゼロ円も含みます。

(注3) 預金者に通知（たとえば、定期預金の満期のお知らせなど）を送付するか否かの区分です。何らかの事情（預金の存在を同居の家族に知られたくないときなど）がある場合に通知を不要とします。

(注4) 過去に睡眠預金と判定されたものの、預金者宛通知などにより預金者の確認がとれていた場合、満期日または最終取引日ではなく、預金者の確認がとれた日付（預金者確認日）から起算して、10年以上か否か判断します。過去に一度も睡眠預金か否かの判定がなされていない場合や残高が1万円未満で通知が作成されない場合には、満期日または最終取引日から起算します。

(注5) 普通預金を指します。おもに法人の資金決済に使用される当座預金や法人の短期の資金運用に使われる通知預金はその商品の性格上、睡眠預金になることがまずないうえに、いずれも普通預金に比べて口座数がかなり少ないため、睡眠預金としてはシステム処理の対象とされていないことが多いようです。積立預金は定期預金に準じます。

(注6) 総合口座で自動継続定期預金（自動継続中）の預入があるものの、普通預金は10年以上取引がない場合には、普通預金、定期預金ともに睡眠口座の対象とします。

② 睡眠預金の確定

通知書を送付した口座のうち、通知書が返却されなかった口座については預金者を確認できたことをシステムに登録し、各預金ファイルの預金者確認日を更新します。

通知書を送付した口座（図表Ⅰ-73のNo.2、6、10）のうち、宛先不明などで返却され、預金者の確認ができない口座、または預金者宛通知が不要とされているために預金者の確認ができない口座（図表Ⅰ-73のNo.3、7、11）について、各預金ファイルの睡眠預金フラグを対象に更新します。また10年以上経過し、かつ残高が1万円未満の口座（図表Ⅰ-73のNo.4、8、12）についても、各預金ファイルの睡眠預金フラグを対象に更新します。なお、担保設定、差押設定、入出金禁止設定などがある口座については、そのまま睡眠預金とするのではなく、設定の事由について精査する必要があることに注意が必要です。

③ 口座解約と雑益編入

各預金ファイルの睡眠預金フラグが対象である口座についてはセンター自動処理で口座を解約し、預金を雑益（利益）に振り替えます。これを雑益編入、雑益組入、雑益繰入などといいます（以下、雑益編入）。

通常、口座を解約すると預金利息が発生しますが、雑益編入時には預金利息を発生させません(*1)。これは払戻請求があった場合、当該口座が雑益編入されない状態で預金利息を計算する必要(*2)があるからです。仮に雑益編入時に解約利息を発生させると本来は発生しない利息を発生させてしまい、雑益編入がなかった場合の利息と雑益編入時の利息による残高の増加分だけ利息が異なってしまいます。

（*1） 預金利息の決算は行わず、残高をゼロにして、口座を解約済にします。
（*2） 雑益編入は預金者の依頼によるものではないためです。

④ 睡眠預金の一覧作成と利息計算

睡眠預金とされた口座は雑益編入から一定期間後にオンラインから削除されるため、真正な預金者からの払戻請求があった場合、口座の有無、科目、口座番号、口座名義などをすぐに確認することができなくなります。また当該口座を払戻（解約）する場合の利息も計算されていません。そこでたとえ

ば日次バッチなどで利息を計算し続ける必要があります。普通預金は預金決算日に利息を計算し口座に入金（付利、元加）します。自動継続の定期預金は過去の自動継続をすべて行って利息を計算し、自動継続以外の定期預金は満期日以降の利息を普通預金の利率を用いて計算します。この利息額も前述の一覧に表示し、いつ発生するかわからない雑益編入口座の払戻が実際に発生した場合に使用します。

(4) スケジュール例

雑益編入までのスケジュールの例を図表Ⅰ-74に示します。

図表Ⅰ-74　雑益編入までのスケジュール例

1月月初		2月中旬	3月中旬	3月末
▲	▲	▲	▲	▲
①睡眠預金対象口座の抽出 ②対象口座の顧客へ通知発送	③通知の返送 ④返送の有無を入力	⑤普通預金決算	⑥一覧作成 ⑦口座解約処理 ⑧雑益編入処理	⑨本決算

1月月初に睡眠預金の対象口座を抽出します（図表Ⅰ-74①）。抽出された預金について、残高1万円以上、かつ通知が不要でない顧客に預金の確認のための通知を郵送します（図表Ⅰ-74②）。通知は預金者の届出住所へ送られますが、転居先不明などで返送される場合があります（図表Ⅰ-74③）。通知が返送された口座については睡眠口座と判定します（図表Ⅰ-74④）。一定期間が経過しても返送がなかった（預金者の確認ができた）口座については睡眠口座と判定しません（図表Ⅰ-74④）。

2月中旬に普通預金決算が行われ、上記で睡眠預金と判定された口座についても、利息を付利（元加）します（図表Ⅰ-74⑤）。3月中旬に睡眠口座と判定された口座（残高1万円未満の口座も含みます）の一覧を作成し（図表Ⅰ-74⑥）、対象口座を解約して（図表Ⅰ-74⑦）、雑益編入を行います（図表Ⅰ-74⑧）。その後、3月末に本決算が行われますが、睡眠預金は雑益処理済のため、2月の預金決算日～3月末までの預金利息を未払費用へ振り替える処理は必要ありません（図表Ⅰ-74⑨）。

3　通帳証書発行管理

業　務　面

(1) 概　　要

　普通預金や定期預金などの新規口座開設で通帳・証書発行時には、当然のことながら未使用の通帳・証書が使用されます。未使用の通帳・証書は偽造などに悪用されることで深刻な信用問題になりかねないことから、重要物（現物、重要書類などともいいます）として冊数・枚数が管理されます。なお営業・渉外担当などが顧客から一時的に預かった通帳・証書は別途管理されますが、通帳証書発行管理の対象ではありません。以下では円の預金について述べていますが、外貨預金についても同様です。

(2) 対　　象

　通帳が用意されているのは流動性預金、固定性預金で証書は固定性預金のみ用意されているのが一般的ですが、これらの通帳・証書類を対象とします。対象の詳細は図表Ⅰ-75のとおりです。

(3) 管　　理

　通帳・証書発行の新規口座開設時などに使用した冊数・枚数を、取引により管理します。なお通帳の単位は冊数、証書の単位は枚数としています。管理の詳細は図表Ⅰ-76のとおりです。

　新規口座開設は通帳・証書のいずれかを発行する場合に冊数・枚数を減算します。通帳発行は普通預金などで通帳不発行口座を通帳発行口座に切り替える場合や、普通預金専用の通帳を総合口座通帳に切り替える場合に使われる取引で冊数を減算します。通帳繰越では通帳が満行の（印字可能なページ・行がなくなった）場合や、満行でなくても汚損などによって通帳が使用できなくなった場合などに使われる取引で冊数を減算します。通帳再発行は通帳の紛失盗難などにより通帳を再発行する場合に使われる取引で冊数を減算します。

　自動継続は、定期預金の自動継続の場合に使われる取引で冊数・枚数を減

図表Ⅰ-75 管理対象

通帳／証書	預金科目(注1)	備　考
通帳	普通預金	普通預金専用の通帳
	貯蓄預金	
	別段預金	
	納税準備預金	
	通知預金	
	積立定期預金	
	定期預金(注2)	定期預金専用の通帳
	総合口座（普通預金＋定期預金など(注3)）	キャラクター付の通帳(注4)、通常の通帳
証書	通知預金	
	積立定期預金	
	定期預金(注2)	
	譲渡性預金	本店営業部など一部営業店のみ
入金帳	当座預金(注5)	

(注1) 財形預金は通常、通帳発行せずに財形預金の事務集中部門で財形預金契約の証を発行するため、対象としていません。
(注2) 定期預金にはスーパー定期、スーパー定期300、期日指定定期預金、大口定期預金などを含みます。
(注3) ほかに貯蓄預金、積立定期預金、国債（保護預り）などと普通預金の組み合わせがあります。
(注4) キャラクター付の通帳は総合口座以外にも用意されているところがあります。
(注5) 当座預金入金帳は入金取引専用であり、取引のすべてが記入されるわけではないため、ここでは通帳と区別しています。

算します。証書再発行は、証書の紛失盗難などにより証書を再発行する場合に使われる取引で枚数を減算します。入金帳発行は、新規口座開設後に入金帳を発行する場合に使われる取引で冊数を減算します。

システム面

通帳・証書の冊数・枚数の管理は新規口座開設、自動継続などの取引で行

図表Ⅰ-76　通帳・証書の管理内容

取　引	対象の預金科目	通帳・証書の管理方法
新規口座開設	普通預金、貯蓄預金、通知預金、定期預金など	通帳発行口座は通帳冊数を1減算し、証書発行口座は証書枚数を1減算します。
通帳発行	同上	通帳冊数を1減算します。
通帳繰越	同上	通帳冊数を1減算します。
通帳再発行	同上	通帳冊数を1減算します。
自動継続	定期預金	通帳発行口座は通帳冊数を1減算し、証書発行口座は証書枚数を1減算します。
証書再発行	通知預金、定期預金など	証書枚数を1減算します。
入金帳発行	当座預金	入金帳冊数を1減算します。

われることが大半ですが、一部、通帳・証書発行固有の取引もあります。また通帳・証書の冊数・枚数を店ごと、通帳・証書の種類ごとに管理するためのファイルがあります。

(1)　**取引遷移**

　前記のとおり、預金取引で通帳・証書の冊数・枚数の管理が行われますが、通帳・証書受入などの固有の取引もあります（図表Ⅰ-77参照）。

(2)　**取引種類**

　通帳・証書管理の固有の取引には、図表Ⅰ-78に示す取引があります。

(3)　**取引ファイル**

　営業店ごとに通帳・証書を管理する通帳・証書発行管理ファイルの論理的な構成について記述します（図表Ⅰ-79参照）。通帳・証書は多くの種類があるので、その種類ごとに通帳・証書の冊数・枚数を管理します。

　① **基本レコード**

　店単位のレコードです。キーは店番、通帳・証書種類です。初期状態では基本レコードはありませんが、当該営業店で初めて通帳・証書の冊数・枚数を数える取引（通常は通帳・証書受入取引）で基本レコードが追加され、以降

図表Ⅰ-77　通帳・証書管理の取引遷移

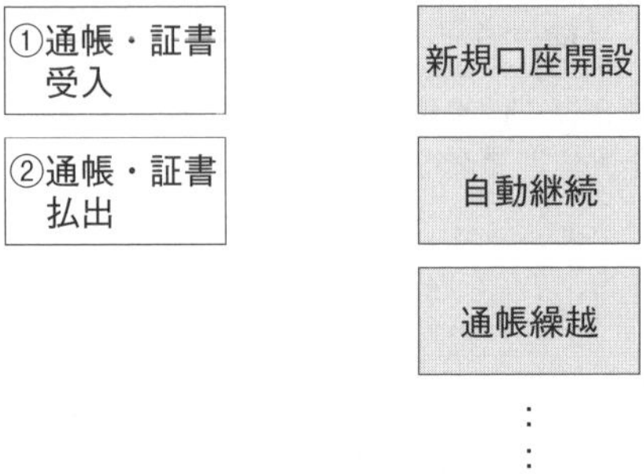

```
①通帳・証書     新規口座開設
  受入

②通帳・証書     自動継続
  払出
                通帳繰越
                   ⋮
```

図表Ⅰ-78　通帳・証書管理の取引

取引名	概　要
通帳・証書受入	通帳・証書の在庫が少なくなり、本部などから通帳・証書を取り寄せて受け入れるなどの場合に取引を行い、入力される通帳・証書種類の冊数・枚数を加算します。銀行内部の取引であるため、営業店端末でしか取引できません。
通帳・証書払出	通帳・証書の在庫を他店などに受け渡すなどの場合に取引を行い、入力される通帳・証書種類の冊数・枚数を減算します。銀行内部の取引であるため、営業店端末でしか取引できません。
新規口座開設など	預金取引の中で通帳・証書の冊数・枚数を1減算します。

は更新されます。以降、通帳・証書の種類が増えた場合には新しい明細レコードが追加されます。

　データに最終更新日を持ち、当日最初の取引（最終更新日＜オンライン日付）でまず冊数・枚数をクリアします。これは通帳・証書種類ごとの冊数・枚数の管理が営業日ごとであり、過去の数値を累積する必要がないからです。通帳・証書受入と通帳・証書払出の取引では入力される通帳・証書種類ごとの冊数・枚数を加減算し、それ以外の対象取引（新規口座開設、自動継続などの預金取引）では通帳・証書種類ごとの冊数・枚数を1減算します。

　最後に各レコードの追加更新要領について、図表Ⅰ-80に記述します。

図表Ⅰ-79 通帳・証書発行管理ファイルの構成

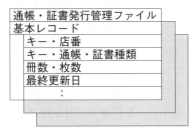

図表Ⅰ-80 各レコードの追加更新要領

取引	基本レコード	備考
新規口座開設などの預金取引	1件更新	通常、通帳・証書受入取引により、レコードが追加済のため、更新しかありません。
通帳・証書受入	レコードがない場合、1件追加 レコードがある場合、1件更新	初回取引時のみ、レコードがないため、追加します。
通帳・証書払出	1件更新	通常、通帳・証書受入取引により、レコードが追加済のため、更新しかありません。

4　預金保険制度

業務面

(1) **概　要**

　預金保険制度は銀行をはじめとする金融機関が万が一預金等の払戻ができなくなった場合などに預金者等を保護し、資金決済の確保を図ることにより信用秩序を維持する制度です。

　預金保険制度は1971年の預金保険法によって創設され、これにともない設立された預金保険機構が制度の運営を担っています。この制度では預金者が金融機関に預金を預入すると、預金者、金融機関、預金保険機構の三者の間に自動的に保険関係が成立します。

　預金保険発動の事由としては、①預金等の払戻の停止（第一種保険事故）と②営業免許の取消、破産手続開始の決定または解散の決議（第二種保険事故）の2つがあります。また預金保護の仕組には、①預金者に対し預金保険金を直接支払う方法（保険金支払方式）と②健全な金融機関（救済金融機関）が破綻した金融機関を合併や事業譲渡などで引き継ぎ、そのために必要なコスト等を救済金融機関に資金援助する方法（資金援助方式）の2つがあります（図表Ⅰ-81参照）。どちらの方式でも預金等が保護される範囲は同じですが、保険金支払方式では破綻金融機関が清算されるのに対し、資金援助方式では破綻金融機関の金融機能を救済金融機関に移管し維持します。金融審議会の答申では金融機能を維持し、破綻に伴う混乱を最小限に留めることができる資金援助方式を優先させるとの方針が示されています。

(2) **対象金融機関**

　対象は日本国内に本店のある（*1）銀行、信用金庫、信用協同組合、労働金庫、信用金庫連合会、全国信用協同組合連合会、労働金庫連合会、商工組合中央金庫です。

　　（*1）　対象金融機関であっても、その在外支店は預金保険の対象外です。また外国金融機関の在日支店も本店が日本国内にないため、対象外です。反面、外国金

図表Ⅰ-81　預金保険制度の枠組

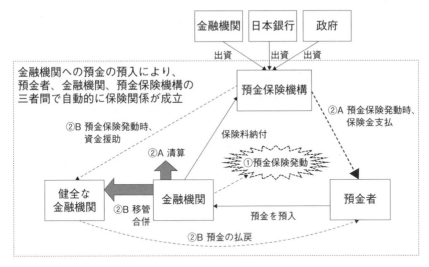

融機関であっても日本国内に本店があれば（外国金融機関の日本法人）預金保険の対象です。

(3) 付保預金

預金保険ですべての預金が保護されるわけではありません。預金のうち保護される預金等を付保預金といい、金額の上限なく全額保護されるものと一定金額まで保護されるものがあります（図表Ⅰ-82参照）。

(4) 保険料

預金保護に使われる資金の主たる原資である預金保険料は、保護対象である決済用預金と一般預金等の2つに分け、それぞれ前年度の預金等の平均残高に預金保険機構が定める預金保険料率を乗じて預金保険料を算出し、納付します。

(5) 名寄せ

一般預金等の保護範囲は、1預金者あたり1,000万円までとその利息とされていますが、預金者が複数の支店、複数の預金種類を保有しているような場合、その預金者の保有する預金残高を合計し把握する必要があります。これを名寄せといい、具体的には預金者の氏名（名称）、生年月日（設立年月

図表Ⅰ-82　預金保険対象／対象外商品

対象／対象外	預金分類	具体例	保護の範囲
対象 (付保預金)	決済用預金(注1)	当座預金、決済用預金である普通預金	金額の上限なく全額保護
	一般預金等	決済用預金でない普通預金、貯蓄預金、納税準備預金、別段預金、通知預金、定期預金、定期積金・掛金(注2)、元本補填契約のある金銭信託（ビッグ等の貸付信託を含む）、金融債（保護預り専用商品に限る）などと以上の商品を使った財形貯蓄など	1預金者あたり、元本1,000万円(注3)までとその利息等(注4)
対象外 (付保預金以外)	対象外預金等	外貨預金(注5)、譲渡性預金、オフショア預金、日本銀行からの預金（国庫金を除く）、金融機関からの預金（確定拠出年金の積立金の運用部分を除く）、元本補填契約のない金銭信託（ヒット等）、金融債（募集債及び保護預り契約が終了したもの）、預金保険機構からの預金、無記名預金(注7)、他人・架空名義預金、導入預金(注8)など	保護対象外(注6)

(注1)　決済用預金とは①利息が付かない、②随時払戻が可能、③口座引落や振込などの決済サービスが提供されている、の3条件を満たす預金です。

(注2)　おもに信用金庫、信用組合などで取り扱われる積立定期預金などに近い商品です。

(注3)　金融機関の合併や営業譲渡の場合、その後1年間に限って保護の範囲は、1預金者あたり1,000万円×合併等にかかわった金融機関の数とされます。

(注4)　1,000万円超の部分は破綻金融機関の財産状況に応じ一部減額されて支払われることがあります。

(注5)　外貨預金の一部として扱われることが多い非居住者円預金は預金保険の保護対象です。

(注6)　保護対象外の預金であっても、破綻金融機関の財産状況に応じ一部減額されて支払われることがあります。

(注7)　戦後、タンス預金などを銀行へ預入させようと、預金者の住所、氏名は届出不要とし（届出は印鑑のみ）、預金利息には低率の源泉課税を課す預金でしたが、昭和63年（1988年）3月末をもって新規受入が停止されました。

(注8)　特定の第三者に貸付を行うことを条件に預入される預金でしたが、現在では「預金等に係る不当契約の取締に関する法律」により禁止されています。

日)、住所(所在地)などが一致する場合に同一の預金者と判断し預金残高を合算します。これらの情報が不十分・不正確であると、同一預金者を別名義として判断してしまう場合もあるため、各金融機関とも情報の整備に努めています。

同一の預金者か否かの判断を例示すると以下のとおりです。個人の預金者は1個人を1預金者とするため、親子や夫婦であってもそれぞれを1預金者とします。個人事業主も1預金者とされ、事業用の預金とそれ以外の預金は合算されます。法人の場合、1法人1預金者とされ、事業所ごとの預金などはすべて合算されます。

システム面

(1) 概　要

保険事故発生時に預金保険機構に引き渡すデータを作成します。作成するデータは名寄せ用CIF、CIF、預金、総合・当貸担保預金、債務、債務担保預金、特定決済債務の7種類があります。これらのデータは付保預金についての保険金の支払や付保預金の払戻を円滑に行うために使用されます。

(2) 処理フロー

ここでは預金についての預金データを作成するフローと処理概要について記述します。データ作成はアンロード後の各預金ファイルを使用し、バッチの随時処理で行います。有利息の預金について預金利息を計算し、預金保険機構に引き渡す預金データを作成します(図表Ⅰ-83参照)。以下では普通預金と定期預金を例に挙げていますが、それ以外の預金も同様です。

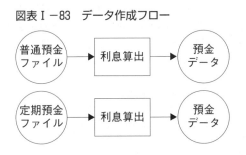

図表Ⅰ-83　データ作成フロー

(3) 処理概要

ここでは、各預金ファイル(「第Ⅰ章第1節1　普通預金」などを参照)の構成を前提に説明します。

① **利息計算**

保険事故発生日(以下、データ基準日)までの利息を計算します(図表Ⅰ-84参照)。

図表Ⅰ-84　預金ごとの利息計算

預金の種類	利息計算方法(注1)	利率
普通預金	前回預金利息決算日(注2)～データ基準日までの未払利息	普通預金利率
決済性普通預金	―	―
貯蓄預金	前回預金利息決算日(注2)～データ基準日までの未払利息	貯蓄預金利率
納税準備預金	前回預金利息決算日(注2)～データ基準日までの未払利息	納税準備預金利率
別段預金(有利息口座)	前回預金利息決算日(注2)～データ基準日までの未払利息	普通預金利率に準じる
別段預金(無利息口座)	―	―
通知預金	預入日～データ基準日までの未払利息	各通知預金の約定利率
定期預金(注3)	預入日(注4)～データ基準日までの未払利息	各定期預金の約定利率
非自動継続かつ満期日以降も解約されていない定期預金	満期日までは預入日(注4)～データ基準日までの未払利息。満期日以降は、満期日～データ基準日までの未払利息。	満期日までは各定期預金の約定利率。満期日以降は一律、普通預金利率。

(注1)　利息計算の日数はいずれも片端です。
(注2)　前回利息決算日<口座開設日の場合、口座開設日です。
(注3)　スーパー定期預金、大口定期預金、期日指定定期預金などを含みます。
(注4)　自動継続の定期預金の場合、直近の自動継続日です。中間利払がある場合は直近の中間利払日です。

(4) その他

外貨預金などは預金保険の保護対象外ですが、保護対象外の預金についても預金データを作成し預金保険機構に引き渡します。

5 通帳記帳

業務面

(1) 概　　要

通帳記帳には未記帳の（通帳に記帳されていない）取引を記帳する通帳記帳のほかに、通帳に印字するページがなくなった場合に通帳を繰越する通帳繰越、通帳の紛失・盗難にともなう通帳再発行などがあります。以下では円の預金について述べていますが、外貨預金についても同様です。

(2) 対　　象

通帳記帳は、通帳が発行されている預金口座が対象です。対象の詳細は図表Ⅰ-85のとおりです。

(3) 種　　類

各預金科目とも通帳記帳の種類は図表Ⅰ-86のとおりです。

システム面

最初に通帳記帳取引の取引遷移を示し、記帳関連のファイル項目について説明した後、それらの項目を使った通帳記帳の取引処理について説明します。なお、以下では普通預金を例に挙げて記述しますが、ほかの預金科目でも基本的に同じです。

(1) 取引遷移

一般的な取引遷移は図表Ⅰ-87のとおりです。なお通帳が持つ磁気ストライプ（MS：Magnetic Stripe、以下、MS）が読み取れなくなった場合にMSを正しく修正するMS修正取引、印字装置の行送りの不具合などで記帳の印字が重なって読めなくなった場合に使われるオフライン記帳取引は、営業店端末固有の機能であるため、ここでの記述は省略します。

図表Ⅰ-85　記帳対象

条　件	預金科目(注1)	備　考
通帳発行口座	普通預金	普通預金専用の通帳
	貯蓄預金	
	別段預金	
	納税準備預金	
	通知預金	
	積立定期預金	
	定期預金(注2)	定期預金専用の通帳
	総合口座（普通預金＋定期預金など(注3)）	キャラクター付の通帳(注4)、通常の通帳

（注1）　当座預金には通帳に似た入金帳がありますが、入金のための手段として使われ、入金帳を使った取引のみ記帳されるので、ここでは対象外としています。
（注2）　定期預金にはスーパー定期、スーパー定期300、期日指定定期預金、大口定期預金などを含みます。
（注3）　ほかに貯蓄預金、積立定期預金、国債（保護預り）などと普通預金の組み合わせがあります。
（注4）　キャラクター付の通帳は総合口座以外にも用意されているところがあります。

(2)　ファイル項目など

　ここでは、普通預金ファイルの構成（「第Ⅰ章第1節1　普通預金」を参照）を前提に通帳記帳を説明します。口座の基本的な属性を持つ基本レコードと、勘定取引ごとに作成される取引レコードに以下の項目を持つものとします（図表Ⅰ-88参照）。

(3)　取引の処理

　通帳記帳の取引は図表Ⅰ-89のように処理されます。

(4)　レコードの更新

　最後に普通預金ファイルの各レコードの追加更新要領について、図表Ⅰ-90に記述します。

(5)　通帳レイアウト

　普通預金の通帳レイアウトには2種類あります。いずれの種類でも通帳を見開きにした状態での1ページあたり、24行分の印字可能ですが、1種類は

図表Ⅰ-86　通帳記帳の種類

種類	内容
繰越	通帳が満行（印字可能なページ・行がなくなった）の場合や汚損などによって通帳が使用できなくなった場合に通帳を新たに発行します。古い通帳は繰越により無効とします。
発行	通帳不発行の口座を通帳発行の口座に変更することにより、通帳を新たに発行します。発行の場合、古い通帳はありません。
再発行	通帳の紛失・盗難などにより、通帳を新たに発行します。古い通帳は再発行により無効とします。
切替	通常の通帳をキャラクター付の通帳に切り替える（またはその逆）など、通帳の種類を変更します。切替前の通帳は繰越により無効とし、別の種類の通帳を新たに発行します。
記帳（後日記帳）	未記帳の取引を通帳に記帳（印字）します。

図表Ⅰ-87　通帳記帳の取引遷移

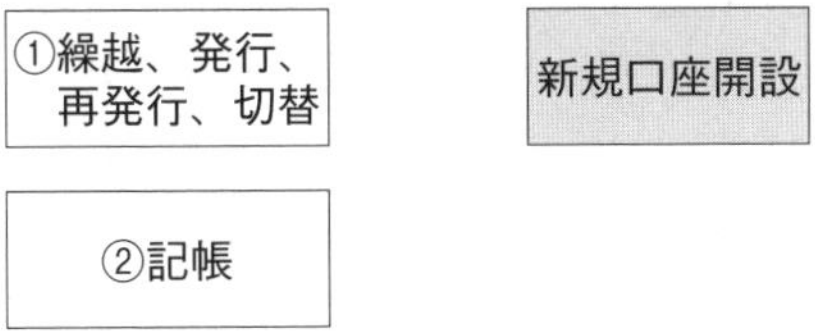

①繰越、発行、再発行、切替　　新規口座開設

②記帳

単純に24行すべてに取引の印字が可能です。もう1種類は直前のページの最終行に印字されている差引残高（取引後残高）を1行目にも印字します。この場合、取引を印字できるのは2～24行の23行分です。これら2種類を1つの銀行で使い分けていることはありませんが、場合によっては注意が必要なことがあります。

図表Ⅰ-88 普通預金ファイルの各レコード

レコード	項目	説明
基本レコード	キー・店番(注)	営業店の店番
	キー・科目(注)	預金の科目（普通預金、定期預金など）
	キー・口座番号(注)	預金の口座番号
	通帳紛失	通帳紛失の有無（有、無）
	通帳盗難	通帳盗難の有無（有、無）
	通帳発行区分	通帳発行の有無（有、無）
	通帳種類(注)	普通預金通帳、定期預金通帳、総合口座通帳（キャラクターあり／なし）など
	通帳番号(注)	現在使用中の通帳の番号
	最終通帳記帳残高(注)	現在使用中の通帳で記帳済の最終行の残高
	記帳ページ番号(注)	現在使用中の通帳で記帳済の最終ページ数
	記帳行番号(注)	現在使用中の通帳で記帳済の最終行数
	未記帳件数	未記帳取引（取引レコードの記帳区分＝記帳未済）の合計件数
取引レコード	取引日	入金、出金取引を行ったオンライン日付
	入払区分	入金、出金の区分（入金、出金）
	取引金額	入金金額、または出金金額
	摘要	入金、または出金の取引の詳細（電気、ガス、電話、水道、クレジット、ATM、振込入金、振替入金、利息入金など）
	記帳区分	当該取引レコードが記帳されたか否かの区分（記帳未済、記帳済など）

（注） 通帳が持つMSにも書き込まれる情報です。

図表Ⅰ-89 通帳記帳の取引

取　引	処　理
繰越（繰越、発行、再発行、切替）	① 通帳のMSをATM(注)、営業店端末、通帳記帳専用機（以下、端末）などに読み取らせ、店、科目、口座番号などの情報を自動的に入力することで当該口座の普通預金ファイルの基本レコードを特定します。 ② 基本レコードの通帳発行区分が無のとき、エラーとします。 ③ 基本レコードの通帳紛失、通帳盗難のいずれかまたは両方が有のとき、エラーとします。 ④ 読み込んだ繰越前通帳のMSが未使用の通帳（通帳種類以外は初期値）のとき、エラーとします。 ⑤ 読み込んだ繰越前通帳のMSと基本レコードの両方に保持する各項目（キー・店番、キー・科目、キー・口座番号、通帳種類、通帳番号、最終通帳記帳残高、記帳ページ番号、記帳行番号）がすべて一致していなければ、エラーとします。 ⑥ 読み込んだ新通帳のMSが未使用の通帳（通帳種類以外は初期値）以外のとき、エラーとします。 ⑦ 通帳番号を1加算します。 ⑧ 新通帳の表紙（店番、店名、口座番号、口座名義など）を印字し、続いて、通帳の裏表紙（店番、店名、店電話番号、口座番号、口座名義など）を印字します。 ⑨ 新通帳のMSと基本レコードの両方に保持する各項目（通帳種類、通帳番号、最終通帳記帳残高、記帳ページ番号、記帳行番号）をともに更新します。
発行（繰越、発行、再発行、切替）	①～③は前記の繰越①～③に同じです。 ④は前記の繰越⑥に同じです。 ⑤ 基本レコードの通帳番号（加算前）が初期値以外は、エラーとします。 ⑥～⑧は前記の繰越⑦～⑨に同じです。
再発行（繰越、発行、再発行、切替）	① 通常は通帳がないため、通帳のMSから普通預金口座を特定できないため、キャッシュ・カードや照会などから口座番号を特定し、手入力します。 ②～③は前記の繰越②～③に同じです。 ④～⑦は前記の繰越⑥～⑨に同じです。
切替（繰越、発行、再発行、切替）	①～⑥は前記の繰越①～⑥に同じです。 ⑦ 読み込んだ新通帳のMSの通帳種類と基本レコード

	の通帳種類が一致している場合、エラーとします。 ⑧〜⑩は前記の繰越⑦〜⑨に同じです。
記帳（後日記帳）	①〜③は前記の繰越①〜③に同じです。 ④　読み込んだ通帳のMSが未使用の通帳（通帳種類以外は初期値）のとき、エラーとします。 ⑤は前記の繰越⑤に同じです。 ⑥　未記帳取引がなければ（基本レコードの未記帳件数＝ゼロ）、エラーとします。 ⑦　未記帳取引があれば（基本レコードの未記帳件数＞ゼロ）、未記帳取引（取引レコードの記帳区分＝記帳未済）を記帳し、当該取引を記帳済（取引レコードの記帳区分＝記帳済）に更新します。 ⑧　MSと基本レコードの両方に保持する各項目（最終通帳記帳残高、記帳ページ番号、記帳行番号）をともに更新します。 ⑨　取引の印字中に通帳が満行（印字可能なページ・行がない状態）になった場合、繰越を促すメッセージを出力します。

（注）　通常、発行・再発行・切替はATMでは取引できません。繰越はATMでも取引可能な場合があります。

図表Ⅰ-90　各レコードの追加更新要領

取引	基本レコード	取引レコード
繰越（繰越、発行、再発行、切替）	1件更新	—
発行（繰越、発行、再発行、切替）	1件更新	—
再発行（繰越、発行、再発行、切替）	1件更新	—
切替（繰越、発行、再発行、切替）	1件更新	—
記帳（後日記帳）	1件更新	通帳記帳（記帳区分＝記帳未済を記帳済に更新）した数分を更新

第 II 章

貸付業務

第1節　法人向け貸付

1　手形割引

業務面

(1) 概　要

　後述の手形貸付と同様に、一般法人などをおもな対象とする貸付です。顧客が商品代金などの対価として取引先から受領する商業手形は、そのままでは手形期日(*1)まで、支払われることはありません。資金繰りのうえで、手形期日まで待てない場合、顧客はその手形に裏書し、銀行へ譲渡（裏書譲渡）します。銀行は手形割引日〜手形期日までの利息（割引料）を差し引いたうえで、貸付資金を顧客に支払います。

　　（*1）　手形の振出日から3カ月後であることが一般的です。

　商業手形には、①約束手形、②為替手形、③銀行引受手形がありますが、①の約束手形以外はほとんど流通しておらず、商業手形といえば一般に約束手形を指します。

(2) 業務フロー

　手形割引の取引の流れは、図表Ⅱ－1のとおりです。

(3) 資金使途

　約束手形の手形期日は通常、3カ月後であることが一般的で、短期の運転資金などに使われます。

(4) 貸付金額

　手形割引時に手形期日までの利息（割引料）を手形の額面金額から差し引き、顧客の預金口座に入金します。

(5) 貸付期間

　銀行が手形を買い取る（割り引く）ため、手形貸付や証書貸付のような返

図表Ⅱ－1　手形割引の業務フロー

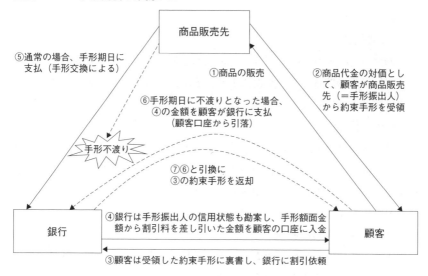

済期日はありません。ただし、手形が期日に支払われなかった（不渡りとされた）場合、銀行は裏書をした顧客に支払を求めること（銀行取引約定書による(*2)）ができるため、この場合、顧客は貸付金額を銀行に支払う（手形の買戻）義務を負います。

　　(*2)　手形法第43条の遡求を根拠とします。遡求については後述します。

(6) **貸付（割引）利率**

　銀行の定める短期プライムレートを基準とし、これにスプレッドを加えたものを適用します。顧客の信用状態だけではなく、手形の振出人の信用状態もスプレッドに影響することがあります。なお、手形貸付で述べたとおり、利息制限法によって、利率の上限は決められています。

(7) **貸付利息**

　原則、前取で、計算式は手形貸付などと同じです。

　　貸付利息＝貸付金額×年利率×日数（両端）(*3)÷365

　　(*3)　両端（りょうは）とは日数を数えるときに、その期間の始期も数える方法（始期を数えないのは、片端（かたは））。

(8) **貸付方法**

一括貸付です。

(9) **返済方法**

手形が不渡りとされない限り、貸付金額を銀行に返済する必要はありません。銀行は手形期日に手形交換により、振出人から手形金額を受領することで貸付資金を回収します。

(10) **担保・保証**

手形が不渡りとされるか否かは手形割引を受ける顧客ではなく手形の振出人次第であり、振出人は自行の顧客でないことが多々あります。振出人の信用状態を調査するとはいえ、相対的にリスクは高いため、多くの場合は預金などの担保を求められます。

(11) **手形の裏書譲渡と遡求**

図表Ⅱ-1の②では商品販売先=手形振出人としていますが、商品販売先がほかの取引先から受領した手形（商品販売先≠手形振出人）を使うこともあります。ただし、実務上は商品販売先=手形振出人であることが大半です。

手形は有価証券の一種であり、裏書譲渡することにより、事業者間で支払手段として使うことができます。ただし、裏書譲渡した手形が不渡りとされた場合、手形法第43条に定める遡求により裏書人が支払の義務を負います。

遡求には手形所持人の直前の裏書人から順に遡求する場合と、順序に関係なく支払能力が高い裏書人に遡求する場合があります。たとえば、図表Ⅱ-2に示すような裏書譲渡が行われていたとします。

図表Ⅱ-2　手形の裏書譲渡と遡求

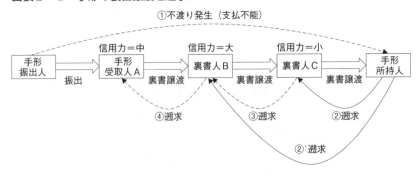

手形振出人⇒手形受取人A⇒（裏書譲渡）⇒裏書人B⇒（裏書譲渡）⇒裏書人C⇒（裏書譲渡）⇒手形所持人

この状況で不渡りがあった場合、手形所持人→裏書人C→裏書人B→手形受取人A（図表Ⅱ－2の②→③→④）と順番に遡求して支払を求め、支払がされた時点で遡求が止まる場合と、裏書人Bにのみ（図表Ⅱ－2の②´）支払を遡求する場合、つまり裏書人Bの支払能力がもっとも高く、それ以外の裏書人は支払能力が相対的に低いと認識されているケースがあります。

システム面

(1) 取引遷移

一般的な取引遷移は図表Ⅱ－3のとおりです。

図表Ⅱ－3　手形割引の取引遷移

(2) 取引種類

手形割引には、図表Ⅱ－4に示す取引があります。

手形割引を実行する場合、実行取引を入力し、手形額面から割引料を差し引いた金額を顧客の預金口座に入金します。手形期日に手形振出人から手形交換所を経由し、資金を回収した（資金は日銀ネット決済など）場合に、資金回収取引を入力します（通常は、センター自動処理）。不渡り連絡があった場合、当該手形の資金回収取引を取消し、顧客に連絡のうえ、買戻取引を入力し、顧客から資金を回収します。変更取引はその取引にかかわる項目を変更する場合などに使用します。

(3) 取引ファイル

手形割引の取引情報を管理する貸付ファイルの論理的な構成について記述します（図表Ⅱ－5参照）。

図表Ⅱ-4　手形割引の取引

取引名	概　　要	おもな経路など
実行	・顧客が持つ約束手形を割引し、手形額面から割引料を差し引いた金額を顧客の預金口座に入金します。 ・手形割引を管理する取引番号（顧客＋科目内一連番号）を採番します。 ・手形金額、貸付（割引）利率、手形期日、担保区分、使途区分、スプレッドなどを入力します。 ・手形金額を手形割引の与信残高に加算します。	営業店端末
資金回収	・手形は手形期日を含む支払呈示期間内に持ち出されていることが前提です。 ・手形期日に取引番号を入力し、手形振出人からの資金を回収します。 ・手形金額を手形割引の与信残高から減算します。	営業店端末、センター自動処理
買戻	・割引した手形が不渡りとされ、顧客が手形の買戻を行う場合に使用します。手形割引とは逆に顧客が資金を支払います。 ・手形金額を手形割引の与信残高から減算します。	営業店端末
変更	・取引番号を入力し、使途区分、担保区分などを変更します。	営業店端末

① **基本レコード**

実行時にレコードが追加され、取引のたびに更新されます。キーは、店番、CIF番号、科目（手形割引、手形貸付、証書貸付など）、取引番号（CIF番号＋科目内での一連番号）です。手形割引の基本的な項目を保持します。具体的には手形金額、割引利率、割引日、手形期日、スプレッド、担保区分、使途区分、金利区分、最終更新日などがあります。

② **取引レコード**

取引ごとに1件追加されます。キーは、取引日、取引通番です。入力された項目や一部項目の取引前後の情報を保持します。具体的には取引日、取引種類（実行、資金回収、買戻など）、取引金額、預金口座番号、振替コード、利息種類（割引利息）、利息金額などがあります。一部項目は取引後の最新

図表Ⅱ－5　貸付ファイルの構成

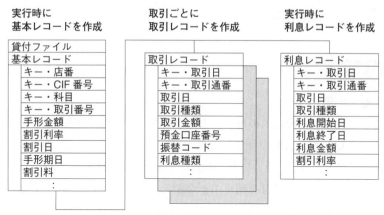

（注）　各レコードのレイアウトは、貸付共通としますが、上記では、関係する項目をおもに記述しています。

情報を基本レコードでも管理します。

③　利息レコード

　実行取引で1件追加されます。キーは取引レコード同様に取引日、取引通番です。手形割引の取引レコードと利息レコードの取引通番は同一番号です。割引料（割引利息）の受取についての詳細な情報を保有します。具体的には取引日、取引種類（実行、資金回収、買戻など）、利息開始日、利息終了日、利息金額、割引利率などがあります。

　最後に各レコードの追加更新要領について、図表Ⅱ－6に記述します。

図表Ⅱ－6　各レコードの追加更新要領

取　　引	基本レコード	取引レコード	利息レコード
実行	1件追加	1件追加	1件追加
資金回収	1件更新	1件追加	―
買戻	1件更新	1件追加	―
変更	1件更新(注)	1件更新(注)	1件更新(注)

（注）　変更する項目により、更新するレコードは異なります。

2　手形貸付

業務面

(1) 概　要

　手形貸付は、一般法人のほか、個人事業主(*1)、地方公共団体、特殊法人、組合などを、おもな対象とします(*2)。手形貸付（手貸と略されます）は、商品名というよりも、一種の貸付の形態（あるいは総称）を表しています。銀行を受取人、貸付金額を手形金額とした約束手形（銀行の制定用紙）を銀行が顧客から借用証として差入を受けることで貸付を行うものです。手形法により、手形要件（手形を法的に有効にするための記載事項）が決まっています。証書貸付と同様、金銭消費貸借契約(*3)です。

　　(*1)　法人を設立するほどではない事業を行っている個人、商店街にあるような個人商店などが該当します。
　　(*2)　手形貸付は短期の貸付であるため、個人向けの貸付ではあまり使用されません。
　　(*3)　借りたものを消費することを前提に、借りたものと同じものを同じ数量返すことを約束して、金銭を借りる契約（民法第587条）です。

　貸付は手形貸付に限らず、契約次第の部分が多く、預金商品ほど定型化・規格化されていませんが、一般的と思われる内容を以下に記述します。

(2) 業務フロー

　取引の流れは、図表Ⅱ-7のとおりです。ただし、貸付申込から稟議・決裁までは省略しています。

　貸付金額＝100万円、貸付利率＝年利率5％、貸付実行日＝2016/8/17、手形書換日＝2016/11/17、返済期日＝2017/2/17、返済方法は一括返済とします。

　手形貸付の貸付利息は、以下の式で算出されます。

　　貸付利息＝貸付金額(*4)×年利率×日数（両端）(*5)÷365(*6)

　　(*4)　100円未満の端数は切り捨てて、貸付利息の計算をする銀行もあります。
　　(*5)　両端（りょうは）とは日数を数えるときに、その期間の始期も数える方法

図表Ⅱ-7　手形貸付の業務フロー

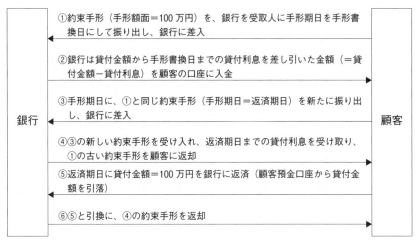

- (始期を数えないのは、片端（かたは））。たとえば、2016/8/17～2016/11/17の日数は、両端では、93日（片端では、92日）です。貸付利息の計算は両端が一般的です。
- (＊6)　1年を365日とする日割り計算です。1年の日数は閏年であっても、365日とします。

②貸付金額＝100万円、貸付利率＝年利率5％、貸付実行日＝2016/8/17、返済期日＝2016/11/17の貸付利息は、以下のように算出されます。

　1,000,000円×0.05×93日（2016/8/17～2016/11/17までの日数（両端））÷365日＝12,739円（円未満切捨）

④貸付金額＝100万円、貸付利率＝年利率5％、貸付実行日＝2016/11/17、返済期日＝2017/2/17の貸付利息は、以下のとおりです。

　1,000,000円×0.05×92日（2016/11/17～2017/2/17までの日数（両端、始期不算入））÷365日＝12,602円（円未満切捨）

なお、④の日数計算は両端で行いますが、始期（11/17）は数えません。これは、②でも11/17を数えており、もし④でも11/17を数えてしまうと、日数を二重に数えてしまうからです。二重に数えてしまう場合の利息を「おどり利息」といいますが、詳細は後述します。

(3) 手形書換とおどり利息

手形貸付は通常、1年以内の短期貸付に使われますが、実務上は、貸付期間3カ月で手形貸付を実行し、3カ月後の手形期日に手形貸付を返済するものの、同日同額(*7)で手形貸付を実行することが多いようです。

(*7) 実際には、利息前取であるため、貸付金額から利息金額が引かれた金額が貸付されます。

返済と同時に実行が行われるため、顧客にとっては貸付が継続しているのと実質的に変わりがありません。返済と実行が同時に行われるのに合わせて、返済する手形貸付の手形を顧客に返却し、実行する貸付の返済期日を手形期日とする手形を顧客が新たに差入します。このような新旧手形の返却・差入を「手形の書換（書替）」といいます（図表Ⅱ－8参照）。

なお、手形の書換は無条件に行われるわけではなく、顧客の業績、財務状況などを審査したうえで行われ、審査の結果、次回の返済期日に貸付金額の完済を求められる場合や、手形書換時に貸付金額が減額されることもあります。

図表Ⅱ－8　手形書換とおどり利息

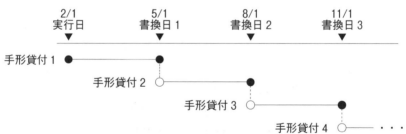

(注)　●－●の期間の利息日数は両端で計算します。
　　　○－●の期間の利息日数は両端・始期不算入（実質的に片端）で計算します。

上述の手形書換のように貸付の返済と実行が同日に行われる場合に注意しなければならないのは、利息の計算です。返済が行われる手形貸付の利息日数には、返済日が含まれているため、新たに実行される手形貸付の利息日数には、書換日（実行日）を含みません。これに対して、利息日数に返済日と書換日（実行日）の両方を数えて計算した利息を一般に「おどり利息」とい

いますが、1973年9月に全国銀行協会（全銀協）により廃止されています。

(4) **資金使途**

手形貸付の貸付期間は、通常1年以内とされるため、使途も短期の資金需要に限定されます。具体的な使途としては、商品の仕入資金などの運転資金や決算時の納税資金、給与や賞与資金などが挙げられます。なお、使途以外の目的に使用することはできません。手形書換を行うことで貸付を継続する場合の使途は常時、資金を必要とする運転資金であることが多いようです。

(5) **貸付金額**

上下限とも明確な線引きはありませんが、おもに法人向け貸付であることから、下限は数百万円程度、上限は貸付条件、過去の貸出実績、顧客の信用状態などによります。なお、システム的には上下限ともチェックしないのが一般的です。通常、貸付実行時に返済期日までの貸付利息を貸付金額（手形額面）から差し引いて、顧客の預金口座に入金します。

(6) **貸付期間**

通常、1年以内です。1年を超える貸付は証書貸付によります。システムでは期間のチェックも行わないのが一般的です。3カ月を超える貸付では、前述のとおり、3カ月ごとに手形を書き換えることが多いようです。

(7) **貸付利率**

銀行の定める短期プライムレート（最優遇貸出金利）を基準とし、これにスプレッド（鞘）を加えたものを適用します。貸付条件、顧客の信用状態、市場動向などによって、スプレッドは変わります。手形の書換（通常、3カ月ごと）のタイミングで貸付利率を見直すこともあります。なお、利息制限法により利率の上限（たとえば元本100万円以上の場合、15％）が決められています。

(8) **貸付利息**

通常、前取です。貸付利息は、前述のとおり、以下の式で算出されます。

貸付利息＝貸付金額×年利率×日数（両端）(*8) ÷365

（*8）通常、両端ですが、実質的に片端の場合もあります。詳細は、前述のおどり利息を参照してください。

(9) **貸付方法**

一括貸付のほか、限度貸付や極度貸付もあります。別項の貸付方法も参照してください。

(10) **返済方法**

一括返済、分割返済（元利均等返済、元金均等返済）がありますが、貸付期間が短いため、一括返済が一般的です。返済期日前に繰上返済をする場合、銀行の承諾が必要です。繰上返済により、銀行は繰上返済時から当初の返済期日までの資金運用益を失うので、市場の金利動向（例：貸付利率＞繰上返済時の貸付利率）などによっては、違約金（損害金）などペナルティの支払を求めることもあります。別項の返済方法も参照してください。

(11) **担保・保証**

貸付条件、顧客の信用状態などにより、預金、債券、土地などの担保や代表者、保証会社の保証を求めることがあります。一般に担保や保証の裏付がある貸付の方が、無担保・無保証の貸付より貸付条件は顧客にとって有利とされます。これは万が一の場合、担保や保証がある方が貸付金の回収が容易なためです。

(12) **その他**

① **商業手形担保貸付**

なお、商品代金などの決済方法として、顧客が取引先から受領した商業手形（商手）を担保として、別途、顧客が銀行に約束手形を差し入れることで貸付を受ける場合を商業手形担保貸付といいます。商業手形は振出日から支払期日までの期間が一般に数カ月以内であることから、一種の手形貸付ともいえます。

システム面

(1) **取引遷移**

一般的な取引遷移は図表Ⅱ-9のとおりです。

(2) **取引種類**

手形貸付には、図表Ⅱ-10に示す取引があります。

翌営業日以降に手形貸付を実行する場合、実行予定登録取引を入力し、そ

図表Ⅱ-9 手形貸付の取引遷移

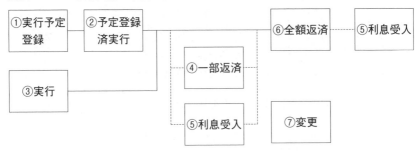

の後、実行予定日に予定登録済実行取引を行って、手形貸付を実行します。当日に手形貸付を実行する場合、実行取引を使用します。一部返済取引は一部返済日などに元本の一部のみ返済する場合や元本の一部を返済し、同時に利息も受入する場合に使用し、利息受入取引は利息受入日に利息のみを受入する場合に使用します。全額返済取引は最終返済日などに貸付金額を全額返済する場合に使用します。変更取引はその取引にかかわる項目を変更する場合などに使用します。

(3) 取引ファイル

手形貸付の取引情報を管理する貸付ファイルの論理的な構成について記述します（図表Ⅱ-11参照）。

① 基本レコード

実行予定登録、実行時にレコードが追加され、取引のたびに更新されます。キーは、店番、CIF番号、科目（手形貸付、証書貸付、手形割引など）、取引番号（CIF番号＋科目内での一連番号）です。手形貸付の基本的な項目を保持します。具体的には実行金額、約定利率、実行日、実行予定日、最終返済日、スプレッド、担保区分、使途区分、金利区分、最終更新日などがあります。

② 取引レコード

取引ごとに1件追加されます。キーは、取引日、取引通番です。入力された項目や一部項目の取引前後の情報を保持します。具体的には取引日、取引種類（実行、一部返済、利息受入、全額返済など）、取引金額、預金口座番号、

図表Ⅱ-10　手形貸付の取引

取引名	概　要	おもな経路など
実行予定登録	・翌営業日以降の先日付で実行を入力します。この取引では実行は行われず、実行の予定が登録されているだけで、実行は実行予定日に行われます。 ・手形貸付を管理する取引番号（顧客＋科目内一連番号）を採番します。 ・実行予定日、実行金額（貸付金額）、担保区分、使途区分、金利区分（固定金利、変動金利）、利率、スプレッド、最終返済日、返済スケジュール（元本返済日、元本返済サイクル、利息受入日、利息受入サイクルなど）などを入力します。	営業店端末
予定登録済実行	・取引番号を入力し、先日付で入力済の取引を特定し、実行予定日に手形貸付を実行します。 ・利息前取の場合、元本から利息を差し引く（実収）か、利息は別途受入（未収）とします。 ・貸付金額を手形貸付の与信残高に加算します。	営業店端末
実行	・先日付ではなく、当日に手形貸付を実行する場合に使用します。 ・手形貸付を管理する取引番号（顧客＋科目内一連番号）を採番します。 ・実行金額、担保区分、使途区分、金利区分（固定金利、変動金利）、利率、スプレッド、最終返済日、返済スケジュール（元本返済日、元本返済サイクル、利息受入日、利息受入サイクルなど）などを入力します。 ・利息前取の場合、元本から利息を差し引く（実収）か、利息は別途受入（未収）とします。 ・貸付金額を手形貸付の与信残高に加算します。	営業店端末
一部返済	・通常、一部返済日に貸付金額を一部返済する場合に使用します。延滞の場合にも使用します。 ・元本のみ一部返済し、利息は別途受入（未収）とする場合や元本を一部返済し、同時に利息も受入（実収）とする場合などがあります。 ・取引を特定する取引番号、一部返済金額、延滞時利率（一部返済日に延滞したときのみ）などを入力します。	営業店端末、センター自動処理

	・一部返済金額を手形貸付の与信残高から減算します。	
利息受入	・通常、利息受入日に利息のみを受け入れる場合や一部返済などで利息別途受入（未収）に使用します。延滞利息の場合にも使用します。 ・取引を特定する取引番号などを入力します。	営業店端末、センター自動処理
全額返済	・通常、最終返済日に貸付金額を全額返済（一部返済ありの場合、残額をすべて返済する場合も含みます）する場合に使用します。延滞の場合にも使用します。 ・元本のみ全額返済し、利息は別途受入（未収）する場合や元本を全額返済し、同時に利息も受入（実収）とする場合などがあります。 ・取引を特定する取引番号、返済金額、延滞時利率（最終返済日に延滞したときのみ）などを入力します。 ・返済金額を手形貸付の与信残高から減算します。	営業店端末、センター自動処理
変更	・取引を特定する取引番号を入力し、使途区分、担保区分、返済スケジュールなどを変更します。	営業店端末

図表Ⅱ-11 貸付ファイルの構成

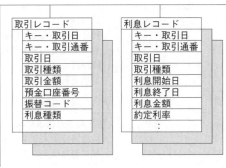

（注）各レコードのレイアウトは、貸付共通としますが、上記では、関係する項目をおもに記述しています。

振替コード、利息種類（約定利息、延滞利息など）、利息金額などがあります。一部項目は取引後の最新情報を基本レコードでも管理します。

③ **利息レコード**

予定登録済実行（利息前取）、実行（利息前取）、一部返済（利息受入あり）、利息受入、全額返済（利息受入あり）の各取引で1件追加されます。キーは取引レコード同様に取引日、取引通番です。1取引で元本と利息が同時にある場合、取引レコードと利息レコードの取引通番は同一番号です。特定の利息の支払についての詳細な情報を保有します。具体的には取引日、取引種類（実行、一部返済、利息受入など）、利息開始日、利息終了日、利息金額、約定利率、延滞利息金額、延滞利率などがあります。

④ **返済予定レコード**

実行予定登録、実行時にレコードが追加され、変更取引で更新されます。キーは、取引日、取引通番です。入力された返済スケジュールの情報を保持します。具体的には、元本返済日、元本金額、元本返済サイクル、利息受入日、利息金額、利息受入サイクルなどがあります。

最後に各レコードの追加更新要領について、図表Ⅱ-12に記述します。

図表Ⅱ-12　各レコードの追加更新要領

取引	基本レコード	取引レコード	利息レコード	返済予定レコード
実行予定登録	1件追加	1件追加	―	1件追加
予定登録済実行	1件更新	1件追加	［前取時］ ・利息同時受入＝1件追加 ・利息別途受入＝1件追加(注1) ［後取時］ ・追加更新なし	―
実行	1件追加	1件追加	予定登録済実行に同じ	1件追加
一部返済	1件更新	1件追加	［前取時または後取時］ ・利息同時受入＝1件追加 ・利息別途受入＝1件追加(注1)	―
利息受入	1件更新	1件追加	［前取時または後取時］	―

			・未収の利息受入＝1件更新 ・利息の実収＝1件追加	
全額返済	1件更新	1件追加	[前取時] ・追加更新なし [後取時] ・利息同時受入＝1件追加 ・利息別途受入＝1件追加(注1)	―
変更	1件更新(注2)	1件更新(注2)	1件更新(注2)	1件更新(注2)

(注1) 当該取引で1件追加し、後続の利息受入で未収の利息を実収することで、1件更新します。
(注2) 変更する項目により、更新するレコードは異なります。

3 証書貸付

業務面

(1) 概　　要

　証書貸付（証貸と略されます）は、商品名というよりも一種の貸付の形態（あるいは総称）を表しており、貸付金額や返済期日、返済方法、貸付利率などの貸付内容・条件を記入した借用証書（金銭消費貸借契約(*1)証書）を銀行が顧客から差入を受けることで貸付を行うものです。なお、証書は銀行所定のものが用意されています。貸付期間が1年を超えるため、法人などだけではなく、住宅ローンなどの個人の貸付にも使用されます。

　　(*1) 借りたものを消費することを前提に、借りたものと同じものを同じ数量返すことを約束して、金銭を借りる契約（民法第587条）です。

　貸付は証書貸付に限らず、契約次第の部分が多く、預金商品ほど定型化・規格化されていませんが、一般的と思われる内容を以下に記述します。

(2) 業務フロー

　取引の流れは、図表Ⅱ-13のとおりです。ただし、貸付申込から稟議・決裁までは省略しています。

貸付金額＝2,400万円、貸付利率＝年利率7％、貸付実行日＝2016/8/17、最終返済期日＝2018/8/17、返済方法は元金均等返済（毎月100万円ずつ返済、利息後取）とします。

図表Ⅱ－13　証書貸付の業務フロー

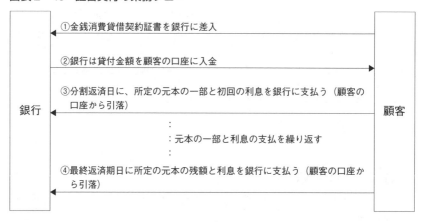

　証書貸付の貸付利息は、以下の式で算出されます。

　　貸付利息＝貸付金額（*2）×年利率×日数（両端）（*3）÷365（*4）

- （*2）　100円未満の端数は切り捨てて、貸付利息の計算をする銀行もあります。
- （*3）　両端（りょうは）とは日数を数えるときに、その期間の始期も数える方法（始期を数えないのは、片端（かたは））。たとえば、初回利息の利息期間である2016/8/17～2016/9/17の日数は、両端では、32日（片端では、31日）です。貸付利息の計算は両端が一般的です。ただし、初回以外の利息期間は両端始期不算入で計算します。より具体的には初回以外の分割返済日の貸付利息は今回の分割返済日は含まず、その翌日から日数を算出します。
- （*4）　1年を365日とする日割り計算です。1年の日数は閏年であっても、365日とします。

　②貸付金額＝2,400万円、貸付利率＝年利率7％、貸付実行日＝2016/8/17、返済期日＝2016/9/17の貸付利息は、以下のように算出されます。

　　24,000,000円×0.07×32日（2016/8/17～2016/9/17までの日数（両端））
　　　÷365日＝147,287円（円未満切捨）

　④貸付金額＝100万円、貸付利率＝年利率7％、貸付実行日＝2018/7/17、

最終返済期日＝2018/8/17の貸付利息は、以下のとおりです。

1,000,000円×0.07×31日（2018/7/17～2018/8/17までの日数（両端始期不算入））÷365日＝5,945円（円未満切捨）

なお、④の日数計算は両端で行いますが、利息期間の始期（7/17）は数えません。これは、直前の利息期間でも7/17を数えており、もし④でも7/17を数えてしまうと、日数を二重に数えてしまうからです。これは手形貸付で言及した、おどり利息（「第Ⅱ章第1節2　手形貸付」を参照）での考え方と同じです。2つの連続する利息期間において、直前の利息期間の最終日＝今回の利息期間の始期の場合には、日数を二重に数えることはしません。

(3) 書換とおどり利息

証書貸付では、手形貸付における手形書換のように証書を書き換えることは、あまりありません。ただし、書き換える場合には、手形貸付と同様に金銭消費貸借契約証書を差し替えます。書換により、貸付契約が実質的に継続される場合の利息は手形貸付と同様、利息期間の日数を二重に数えることはしません（「第Ⅱ章第1節2　手形貸付」を参照）。

(4) 資金使途

証書貸付の貸付期間は通常1年超とされるため、長期の資金需要に限定されます。具体的には、設備投資資金、長期運転資金などがあり、手形貸付同様に使途以外の目的に使用することはできません。

(5) 貸付金額

上下限とも明確な線引きはありませんが、下限は数百万円程度、上限は貸付条件、過去の貸出実績、顧客の信用状態などによります。なお、システム的には上下限ともチェックしないのが一般的です。

(6) 貸付期間

通常、1年超10年以内です。長期であればあるほど貸倒リスクが高まるので、実際には5年程度までです。ただし、システムでは期間のチェックは行わないのが一般的です。

(7) 貸付利率

銀行の定める長期プライムレート（最優遇貸出金利）を基準とし、これにスプレッドを加えたものを適用します。貸付条件、顧客の信用状態、市場動

向などによってスプレッドが変わります。また利息制限法により、利率の上限（手形貸付と同様）が決められています。

(8) 貸付利息

前取か後取かは商品によります。計算式は手形貸付と同じです。

貸付利息＝貸付金額×年利率×日数（両端）(＊5)÷365

  （＊5） 通常、両端ですが、実質的に片端の場合もあります。詳細は、「第Ⅱ章第1節2 手形貸付」も参照してください。

(9) 貸付方法

証書貸付一契約ごとに金銭消費貸借契約証書を差し入れる形態のため、一括貸付に限られ、限度貸付、極度貸付は通常はありません。「第Ⅱ章第3節3 貸付方法」も参照してください。

(10) 返済方法

一括返済、分割返済（元利均等返済、元金均等返済）があります。ただし、貸付期間が1年超の長期貸付であり、返済期日に一括返済とするとリスクが高いため、分割返済（法人などの場合はおもに元金均等返済、個人の場合はおもに元利均等返済）とし、元金の一部と利息を部分的に返済するのが一般的です。繰上返済の場合、銀行の承諾が必要であること、違約金の支払が求められることがあることなどは手形貸付と同じです。ただし、住宅ローンなど個人向けの貸付については、この限りでないことが大半です。「第Ⅱ章第3節4 返済方法」も参照してください。

(11) 担保・保証

貸付期間が1年超の長期貸付であり、貸倒リスクが高いため、預金、債券、土地などの担保や代表者の保証、連帯保証人、保証会社の保証などを求めるのが一般的です。

システム面

取引遷移、取引種類、取引ファイルのいずれも、基本的に手形貸付と同様です。「第Ⅱ章第1節2 手形貸付」を参照してください。

4　当座貸越

業務面

(1) 概　要

　手形貸付と同様に、一般法人などをおもな対象とする貸付です。当座貸越とは、あらかじめ定めた金額まで、当座預金の残高不足分を顧客に貸付するものです。顧客と銀行が当座貸越約定書を交わし、約定書に定めた一定金額までの当座預金の残高不足を銀行が立て替える契約を締結します。手形貸付などと異なり、貸付実行日を決めて貸付を行うわけではなく、顧客が振り出した手形の支払請求などにより、当座預金の残高が不足した場合に貸付が自動的に行われます。なお、ここでは当座預金の当座貸越について述べていますが、それ以外にも普通預金と定期預金などを組み合わせた総合口座の当座貸越や個人向けローンの1つであるカードローンなどを含めることもあります。また、貸越専用の特別当座貸越もあり、これと区別して本項の当座貸越を一般当座貸越（当貸、一般当貸）と呼ぶこともあります。

(2) 資金使途

　通常、短期の運転資金などに使われます。

(3) 貸付金額

　当座貸越限度額があらかじめ設定され、その範囲内であれば、当座預金の残高不足分を銀行が貸付（立替）します。当座貸越限度額を超えて、手形小切手を振り出した状態のことを「過振」（かぶり）といいます。この場合、当座貸越限度額を超過した金額は支払われないのが普通ですが、信用力にまったく問題がない顧客の場合、銀行が一時的に（当日中のみ）立て替えること(*1)もあります。なお、コミットメントラインと異なり、当座貸越の場合には銀行は貸付（貸越）をする義務は負いません。

　　（*1）　日中一時O/D（Over Draft）などといわれます。当日中の顧客が資金を当座預金に入金することで銀行の資金立替は解消されます。

(4) 貸付期間

通常、1年～2年程度ですが、顧客の信用状態や業績などに変化がなければ、そのまま更新されます。顧客の財務状況などによっては更新が認められない、あるいは当座貸越限度額が減額されることもあります。

(5) 貸付利率

貸越利率は、銀行の定める短期プライムレートにスプレッドを加えた変動金利で、スプレッドは預金者の信用力、取引振りなどによって決められます。貸越利率は変動金利であるため、普通預金利率などのように随時見直されます。

(6) 貸越利息（貸付利息）

手形貸付のように期間や金額があらかじめ確定しているわけではないため、後取で、総合口座当座貸越の貸越利息積数と同じ考え方で算出します。貸付利率は前記の利率が使用されます。貸越利息の計算と受入は、2月、8月の普通預金の利息決算日と同じタイミング、あるいは毎月半ばの特定日などに行う銀行が多いようです。貸越利息計算の考え方は、「第Ⅱ章第1節5 当座貸越の利息計算方法」「第Ⅰ章第3節2　総合口座の貸越利息計算方法」を参照してください。

(7) 貸付方法

あらかじめ設定された当座貸越限度額まで貸付が行われるので、極度貸付の一種といえます。当座貸越限度額は、顧客の信用状態や取引振りなどにより異なります。

(8) 返済方法

随時返済により、貸越金額の一部または全額を返済します。総合口座当座貸越と同様、預金口座に入金することで返済されます。

(9) 担保・保証

多くの場合、預金や保証などの担保を求められます。

システム面

(1) 取引遷移

一般的な取引遷移は図表Ⅱ－14のとおりです。当座貸越は当座預金の残高

が不足する場合に、自動的に行われるため、当座預金の取引遷移の中で記述します。「第Ⅰ章第1節4　当座預金」も参照してください。

図表Ⅱ-14　当座貸越の取引遷移

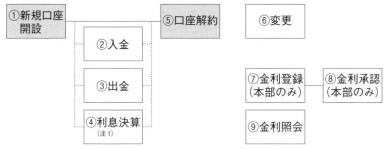

（注1）　センター自動処理のみです。
（注2）　当座貸越金利は、金利ファイルに登録され、各取引により参照されます。

(2) 取引種類

当座預金を含む当座貸越には、図表Ⅱ-15に示す取引があります。

新規口座開設で取引が始まります。預金者からの当座貸越（または日中一時貸越）の申込により、審査のうえ、問題なければ、変更取引を行い、当座貸越枠（または日中一時貸越枠）を設定します。当座貸越が発生している場合、入金取引で貸越金額の一部または全額が返済されます。出金取引が行われて、出金後の残高がマイナスになる場合、当座貸越が発生します。当座貸越が発生した場合には利息決算取引で貸越利息を計算し、口座から出金します。最終的に口座が不要となった場合には預金者の依頼により口座を解約します。

金利の変動により、当座貸越金利を変更する場合には翌日以降の金利を登録し、登録内容に問題がない場合は金利承認を行います。この承認により翌日以降に新しい金利が適用されます。預金者などからの問い合わせに対しては金利を照会し、回答します。

(3) 取引ファイル

当座貸越の取引情報を管理するのは、貸付ファイルではなく、当座預金ファイルです。当座預金の口座情報を管理する当座預金ファイルの論理的な

図表Ⅱ-15　当座貸越の取引

取引名	概　要	おもな経路など
新規口座開設	・「第Ⅰ章第1節4　当座預金」を参照してください。	営業店端末
入金（返済）	・当座貸越が発生している場合、口座に現金などを入金、または振替、振込などにより、入金することで貸越金額の一部または全額を返済します。 ・入金金額のうち、返済に充当される金額を当座貸越の与信残高から減算します。	営業店端末（システム内連動含む）、ATM（システム内連動含む）、センター自動処理、テレバン(注)（システム内連動含む）、インバン(注)（システム内連動含む）
出金（貸越）	・出金取引後の残高がマイナスになる場合、当座貸越により自動的に不足する資金を貸付します。 ・出金金額のうち、貸付される貸越金額を当座貸越の与信残高に加算します。	同上
利息決算	・利息決算期間内に当座貸越が発生した場合に、毎月または毎年2月／8月などに貸越利息を計算し、出金します。 ・出金金額のうち、貸付される貸越金額を当座貸越の与信残高に加算します。	センター自動処理
口座解約	・「第Ⅰ章第1節4　当座預金」を参照してください。	営業店端末
変更	・口座の基本的な項目（ステートメントの通知サイクルや暗証番号など）や状態（キャッシュ・カードや印鑑の紛失など）を変更します。 ・当座貸越可否、当座貸越限度額、承認期限などを入力し当座貸越枠を設定します（営業店端末のみ）。 ・日中一時貸越可否、日中一時貸越限度額、承認期限などを入力し日中一時貸越枠を設定します（営業店端末のみ）。	営業店端末（一部、テレバン(注)、インバン(注)もあり）
金利登録	・適用開始日以降の当座貸越金利を変更する場合に金利を登録します。	本部端末
金利承認	・登録された金利を再鑑後、承認し、適用開始日以降、適用します。	本部端末
金利照会	・現在適用されている金利や過去の金利の履歴などを照会します。	営業店端末、本部端末

（注）　テレバン＝テレフォン・バンキング、インバン＝インターネット・バンキング。

構成について記述します（図表Ⅱ-16参照）。

① **基本レコード**

口座開設時にレコードが追加され、取引のたびに更新されます。キーは店番、科目、口座番号です。口座の基本的な属性項目を保持します。具体的には当日残高、前日残高、口座開設日、最終更新日、ステートメント通知サイクルなどがあります。

② **取引レコード**

取引ごとに1件追加されます。キーは、取引日、取引通番です。取引の詳細な情報を保持します。具体的には取引日、起算日、取引金額、入払区分、摘要などがあります。

③ **貸越利息レコード**

残高の増減をともなう取引の際に取引日の属する利息決算期間内に当座貸越利率変更がある場合[*2]、その変更後、初めての取引で当座貸越利率変更があった数だけ追加されます[*3]。キーは、利率変更日です。同じ利率が適用されている期間内の貸越利息積数、貸越利率、利息計算開始日、利息計算終了日などを保持します。

[*2] 当座貸越利率変更があるか否かは利率が登録されている金利ファイルの登録履歴を参照することで判定します。

[*3] 当座貸越利率変更がある場合の貸越利息レコードの追加要領は、普通預金を参照してください。また、貸越利息計算の考え方は、総合口座でも基本的に変わりがありませんので、「第Ⅰ章第3節2　総合口座の貸越利息計算方法」を参照してください。

最後に各レコードの追加更新要領について、図表Ⅱ-17に記述します。

図表Ⅱ-16 当座預金ファイルの構成

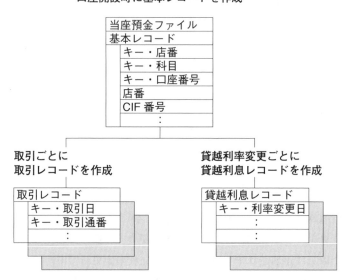

図表Ⅱ-17 各レコードの追加更新要領

取 引	基本レコード	取引レコード	貸越利息レコード
口座開設	1件追加	1件追加	―
入金	1件更新	1件追加	利率変更ありのとき、1件～複数件追加
出金	1件更新	1件追加	利率変更ありのとき、1件～複数件追加
利息決算	1件更新	1件追加(注1)	利率変更ありのとき、1件～複数件追加 利率変更なしのとき、1件追加(注2)
口座解約	1件更新	2件追加(注3)	利率変更ありのとき、1件～複数件追加
変更	1件更新	―	―

(注1) 貸越利息を出金するため、取引レコード1件を追加します。
(注2) 直近の半期分の貸越利息について、貸越利息レコードを1件追加します。
(注3) 貸越利息分の取引レコードは貸越利息の金額に関係なく1件追加します。元本分の取引レコードも元本の金額に関係なく1件追加します。

5　当座貸越の利息計算方法

業務面

(1) 概　要

　当座預金で貸越が発生した場合、通常、普通預金と同じ毎年2月／8月の利息決算日（または毎月半ばくらい）に貸越利息を引き落とします。ここでは当座預金の利息計算方法と同様に次回利息決算日までの予定貸越利息を計算する方法について記述します。

(2) 計算式

　貸越利息の計算式そのものは普通預金の預金利息の計算などと同じです。貸越発生時に貸越残高に次回利息決算日までの期間の日数を乗じ（これを貸越利息積数といいます）、その後は入出金があるたびにその入出金の金額で貸越利息積数を補正します。そして利息決算日には、この貸越利息積数に年利率を乗じて年日数で割ることで利息を求めます。計算式は以下のとおりです。

$$貸越利息 = \frac{(貸越残高 \times 日数（両端）)}{貸越利息積数} \times 年利率（\%）\div 100 \div 365$$

(3) 計算例

　貸越利息の計算方法は図表Ⅱ-18のとおりです。なお当座貸越利率＝2.5％とし、貸越利息の計算は付利単位＝1円で行っています。
① 　残高≧ゼロのため、貸越利息積数は計算されません。当座預金には預金利息が付かないため、預金利息積数はありません（以下同じ）。
② 　出金があり、残高＜ゼロと貸越が発生し、以下の貸越利息積数が計算されます。
　　　▲75,000円×176日（8/26～次回利息決算日2/17までの日数（両端））……②の貸越利息積数
　なお、預金の日数計算は片端ですが、貸越（貸付）の場合、日数は両端で行います。

図表Ⅱ-18　利息計算例

取引日　　　　　①2017/8/23　　　　　②2017/8/26

取引	入金	出金
取引前残高	0円	5,000円
取引金額	5,000円	80,000円
取引後残高	5,000円	▲75,000円
貸越利息積数	－	▲75,000円×176日
貸越利率	－	2.5%
預金利息積数＝なし		
貸越利息積数		

貸越利息積数から求めた貸越利息
　＝（▲75,000円×176日＋▲70,000円×169日＋100,000円×155日＋45,000円×124日）
　　×2.5%÷100÷365
　＝（▲13,200,000＋▲11,830,000＋15,500,000＋5,580,000）×2.5%÷100÷365
　＝▲3,950,000×2.5%÷100÷365＝270円（円未満切捨）

③　さらに出金され、残高＜ゼロであるため、以下の貸越利息積数が計算されます。

　　　▲70,000円×169日（9/1～次回利息決算日2/17までの日数（両端、始期不算入））＝③の貸越利息積数

　なお、この期間の日数計算は両端で行いますが、始期（9/1）は数えません。これはもし数えてしまうと、②の両端でも9/1を数えており、二重に計算してしまうからです。

④　10万円の入金があったものの、残高＜ゼロのままであり、貸越が減った部分について以下の貸越利息積数が計算されます。

③2017/9/1　　　　④2017/9/15　　　　⑤2017/10/16　　　　⑥2018/2/17
　　　　　　　　　　　　　　　　　　　　　　　　　　　　次回利息
　　　　　　　　　　　　　　　　　　　　　　　　　　　　決算日

▲　　　　　　　　▲　　　　　　　　▲　　　　　　　　▲

出金	入金	入金
▲75,000円	▲145,000円	▲45,000円
70,000円	100,000円	110,000円
▲145,000円	▲45,000円	65,000円
▲75,000円×176日＋ ▲70,000円×169日	▲75,000円×176日＋ ▲70,000円×169日＋ 100,000円×155日	▲75,000円×176日＋ ▲70,000円×169日＋ 100,000円×155日＋ 45,000円×124日
2.5%	2.5%	2.5%

▲75,000円×176日　　　　　　　　　　　　　　　45,000円×124日
(2.5%)　　　　　　　　　　　　　　　　　　　　(2.5%)

▲70,000円×169日　　100,000円×155日
(2.5%)　　　　　　　(2.5%)

　　100,000円×155日（9/15～次回利息決算日2/17までの日数（両端、始期不算入））＝④の貸越利息積数

⑤　入金があり、残高≧ゼロと貸越が終了し、貸越が減った部分について以下の貸越利息積数が計算されます。当座預金には預金利息が付かないため、預金利息積数は計算されません。

　　45,000円×124日（10/16～次回利息決算日2/17までの日数（両端、始期不算入））＝⑤の貸越利息積数

図表Ⅱ-19　利息計算例

取引日		①2017/8/23	②2017/8/26
基本レコード	キー・店番	本店	本店
	キー・科目	当座預金	当座預金
	キー・口座番号	0123456	0123456
	取引後残高	5,000円	▲75,000円
	当座貸越限度額	1,000,000円	1,000,000円
	貸越利息積数	―	▲75,000円×176日
	貸越利率	―	2.5%
	：	―	―
レコードの追加更新		―	更新
取引レコード		(省略)	(省略)
貸越利息レコード		(省略)	(省略)

システム面

　ここでは当座預金ファイルの構成（「第Ⅰ章第1節4　当座預金」を参照）を前提に、前記の利息計算例がシステムでどう実現されるかを説明します。

(1) 計 算 例

　前記の計算例をシステム的に表現すると図表Ⅱ-19のとおりです。

6　特別当座貸越

業 務 面

(1) 概　　要

　手形貸付と同様に、一般法人などを対象とする貸付です。特別当座貸越（特別当貸）は、後述する制約を除けば、当座預金をベースにした当座貸越（以下、一般当座貸越）と大きな差異はありません。近年、印紙税節約などの

③2017/9/1	④2017/9/15	⑤2017/10/16
本店	本店	本店
当座預金	当座預金	当座預金
0123456	0123456	0123456
▲145,000円	▲45,000円	65,000円
1,000,000円	1,000,000円	1,000,000円
▲75,000円×176日 ＋▲70,000円×169日	▲75,000円×176日 ＋▲70,000円×169日 ＋100,000円×155日	▲75,000円×176日 ＋▲70,000円×169日 ＋100,000円×155日 ＋45,000円×124日
2.5%	2.5%	2.5%
—	—	—
更新	更新	更新
（省略）	（省略）	（省略）
（省略）	（省略）	（省略）

観点から、営業店の法人向け貸付は手形貸付などから特別当座貸付へシフトしつつあります。特別当座貸越は専用当座貸付（専用当貸）などとも呼ばれます。

以下では、一般当座貸越との差異を中心に記述します（図表Ⅱ−20参照）。差異以外については、「第Ⅱ章第1節4　当座貸越」「第Ⅱ章第1節5　当座貸越の利息計算方法」を参照してください。

(2) 手形小切手

手形小切手は振り出すことができません。したがって、手形帳、小切手帳は手交されません。小切手がないため、当座貸越は普通預金のように払戻請求書に記入捺印することで行います。手形帳、小切手帳がないため、それらの交付手数料は必要ありません。また、約束手形（手形貸付の場合）や金銭消費貸借契約証書（証書貸付の場合）に貼付が必要な印紙の代金を節約することができます。

(3) 振替振込

公共料金、クレジットカードなどの口座振替、振込などの受取口座などに

図表Ⅱ-20　一般当座貸越と特別当座貸越の差異

項　目	特別当座貸越	一般当座貸越（当座預金）
手形小切手	・振出不可	・小切手のみ振出可、顧客の信用力に応じて、手形の振出も可
振替振込	・口座振替は不可。振込受取口座指定も不可	・口座振替が可能。振込受取口座指定も可能
残高	・ゼロ（貸越残高なし）またはマイナス（貸越残高あり）のみ可	・プラス（預金残高あり、貸越なし）、ゼロ（預金残高なし、貸越残高なし）、マイナス（預金残高なし、貸越残高あり）のいずれもあります。
その他	・テレフォン・バンキング（以下、テレバン）、インターネット・バンキング（以下、インバン）で取扱不可の銀行もあり	・通常、テレバン、インバンで取扱可

は指定できません。

(4)　残　　高

　残高がプラスになる取引（貸越金額を超える金額を入金する取引）はできません。貸越がある場合の入金（返済）取引では、貸越金額（絶対値）≧入金金額でなくてはなりません。

(5)　そ の 他

　銀行によっては、テレバン、インバンでの取扱ができないこともあります。

システム面

　随時貸付、随時返済が可能であり、口座管理、貸越残高管理、貸越利息計算などが必要であるため、システム的には、当座貸越可能な当座預金に前述の業務的な制約を付加したかたちで使用されます。このため、当座貸越を含む当座預金と大きな違いはありません。「第Ⅰ章第1節4　当座預金」「第Ⅱ章第1節4　当座貸越」「第Ⅱ章第1節5　当座貸越の利息計算方法」など

を参照してください。

7 債務保証

> 業務面

(1) 概　要

　手形貸付と同様に、一般法人などをおもな対象とします。債務保証は、第三者に対する顧客の債務について、銀行が支払を保証するものです。つまり第三者（商品の仕入先など）に対し、現在または将来の顧客の債務を銀行が保証します。顧客からの依頼により、銀行と支払承諾約定書を交わすことで行われます。

　手形貸付などと異なり、顧客に対して資金の貸付を行うわけではなく、万が一顧客が債務を履行できない場合に、銀行が顧客に代わって第三者に債務を履行（代位弁済）するものです。通常は顧客から保証料を徴求するだけで、銀行に負担はありませんが、万が一の場合には支払義務が生じる（偶発債務）ものです。

(2) 業務フロー

　債務保証の取引の流れは、図表Ⅱ－21のとおりです。

(3) 保証の種類

　ここでは触れませんが、外国為替業務の信用状も債務保証に該当します。

　① 代金支払保証

　顧客に商品代金の債務（買掛金など）があり、商品仕入先に担保の差入を求められた場合に、銀行が代金の支払を保証します。

　② 税金延納保証

　相続税などを金銭で一括して支払うことができず、税務署に分割払を申請する際、銀行が税金の支払を保証します。

　③ 公共工事履行保証

　公共工事の請負などで、公共工事の発注者に保証金を納付する代わりに、銀行が工事履行を保証します。

図表Ⅱ-21 債務保証の業務フロー

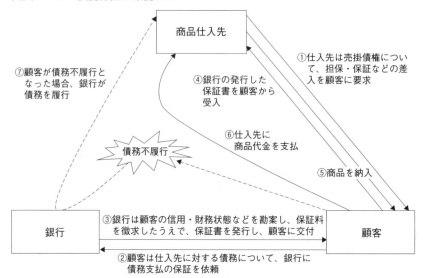

(4) **保証金額**

保証の種類にもよりますが、数百万円～数十億円程度です。

(5) **保証期間**

保証の種類にもよりますが、数カ月以上、数年程度です。

(6) **保証料率**

保証の種類・期間や、顧客の財務・信用状況により変動します。

(7) **保 証 料**

手形貸付などと同様に年利建の料率で、1年を365日とする日割り計算を行い、保証料を求めます。具体的な計算式は以下のとおりです。

　　保証料＝貸付金額×債務保証料率（％）÷100×保証日数（両端(＊1)(＊2)）
　　　÷365

　　（＊1）　保証実行日＝5/1、保証期日＝6/1の場合、保証実行日、保証期日とも数えて、保証日数を32日とする方法です。
　　（＊2）　保証内容によっては、月割りとすることもあります。保証実行日＝5/1、保証期日＝6/1の場合、保証月数を2カ月とし、年の月数を12カ月として保証料を計算します。

(8) **保証料受入**

通常、前取ですが、後取の場合もあります。保証期間が長い場合には、たとえば3カ月、6カ月ごとにその期間の保証料を前取で徴求します。

(9) **担保・保証**

通常、預金、債券、土地などの担保、保証などを求められます。

(10) **貸付方法、返済方法**

資金を貸付しないため、貸付方法も返済方法もありません。保証料については前述のとおり、一定のサイクルで徴求します。

システム面

銀行法では債務保証は固有業務ではなく、付随業務とされていますが、各種貸付と同様に与信行為として扱われ、同じ貸付システムで処理されるのが一般的です。

(1) **取引遷移**

一般的な取引遷移は図表Ⅱ-22のとおりです。

図表Ⅱ-22 債務保証の取引遷移

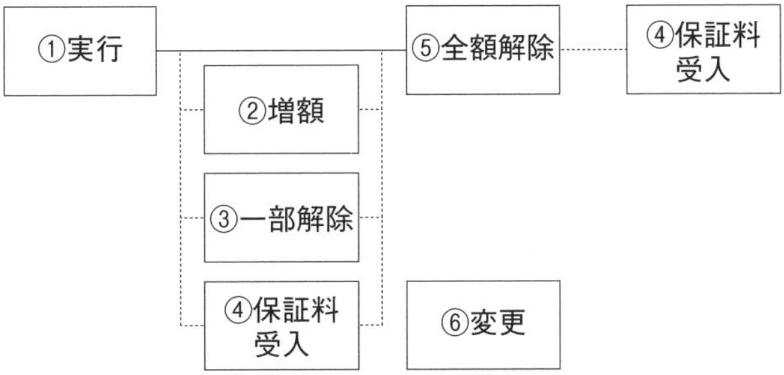

①実行 → ②増額／③一部解除／④保証料受入
①実行 → ⑤全額解除 → ④保証料受入
⑥変更

(2) **取引種類**

債務保証には、図表Ⅱ-23に示す取引があります。

債務保証を実行する場合、実行取引を使用し、保証金額を増額する場合、増額取引を使用します。一部解除取引は一部解除日に元本の一部のみ解除する場合に使用し、保証料受入取引は保証料受入日などに保証料を受入する場

図表Ⅱ-23 債務保証の取引

取引名	概要	おもな経路など
実行(注)	・債務保証を管理する取引番号（顧客＋科目内一連番号）を採番します。 ・保証料は別途受入とします。 ・保証実行日、保証金額、担保区分、保証区分、保証料率、保証期日などを入力します。 ・一定サイクルで保証金額を解除する場合には、解除スケジュール（元本解除日、元本解除サイクル、保証料受入日、保証料受入サイクルなど）を入力します。 ・保証金額を債務保証の与信残高に加算します。	営業店端末
増額	・保証金額を増額する場合に使用します。 ・保証料は別途受入とします。 ・取引を特定する取引番号、増額金額などを入力します。 ・増額金額を債務保証の与信残高に加算します。	営業店端末
一部解除	・保証金額の一部を減額する場合に使用します。 ・保証料は別途受入とします。 ・取引を特定する取引番号、一部解除金額などを入力します。 ・一部解除金額を債務保証の与信残高から減算します。	営業店端末
保証料受入	・通常、保証料受入日に保証料を受け入れる場合に使用します。 ・取引を特定する取引番号などを入力します。	営業店端末
全額解除	・通常、保証期日に保証金額を全額解除（一部解除ありの場合、残額をすべて解除する場合も含みます）する場合に使用します。 ・保証料は別途受入とします。 ・取引を特定する取引番号、解除金額などを入力します。 ・解除金額を債務保証の与信残高から減算します。	営業店端末
変更	・取引を特定する取引番号を入力し、使途区分、担保区分、保証スケジュールなどを変更します。	営業店端末

(注) 手形貸付、証書貸付などと異なり、先日付で実行予定を登録する取引は用意していません。これは手形貸付、証書貸付の取引数に比べて、債務保証の取引数が少なく、先日付の取引を用意するほどではないからです。

合に使用します。全額解除取引は保証期日などに保証金額を全額解除する場合に使用します。変更取引はその取引にかかわる項目を変更する場合などに使用します。

(3) 取引ファイル

債務保証の取引情報を管理する貸付ファイルの論理的な構成について記述します（図表Ⅱ-24参照）。

図表Ⅱ-24　貸付ファイルの構成

（注）　各レコードのレイアウトは、貸付共通としますが、上記では、関係する項目をおもに記述しています。

① 基本レコード

実行時にレコードが追加され、取引のたびに更新されます。キーは、店番、CIF番号、科目（債務保証、手形貸付、証書貸付、手形割引など）、取引番号（CIF番号＋科目内での一連番号）です。債務保証の基本的な項目を保持します。具体的には店番、CIF番号、保証金額、保証料率、実行日、保証期日、担保区分、使途区分、最終更新日などがあります。

② 取引レコード

取引ごとに1件追加されます。キーは、取引日、取引通番です。入力された項目や一部項目の取引前後の情報を保持します。具体的には取引日、取引種類（実行、増額、一部解除、保証料受入、全額解除など）、取引金額、預金口座番号、振替コード、振替金額、保証料種類（約定保証料など）などがあり

ます。一部項目は取引後の最新情報を基本レコードでも管理します。

③ 保証料レコード

実行、増額、一部解除、保証料受入、全額解除の各取引で1件追加されます。キーは取引レコード同様に取引日、取引通番です。1取引で元本と保証料が同時にある場合、取引レコードと保証料レコードの取引通番は同一番号です。特定の保証料の受入についての詳細な情報を保有します。具体的には取引日、取引種類（実行、一部解除、保証料受入など）、保証料開始日、保証料終了日、保証料金額、保証料率、保証料受入区分（未収、実収済）などがあります。

④ 解除予定レコード

実行時にレコードが追加され、変更取引で更新されます。キーは、ダミー・キーです。入力された解除スケジュールの情報を保持します。具体的には、元本解除日、元本解除金額、元本解除サイクル（一括、毎月、隔月など）、保証料受入日、保証料金額、保証料受入サイクル（一括、毎月、隔月など）などがあります。

最後に、各レコードの追加更新要領については、図表Ⅱ-25のとおりです。

図表Ⅱ－25　各レコードの追加更新要領

取　引	基本レコード	取引レコード	保証料レコード	解除予定レコード
実行	1件追加	1件追加	［前取時］ ・1件追加 ［後取時］ ・追加更新なし	1件追加
増額	1件更新	1件追加	［前取時または後取時］ ・1件追加(注1)	―
一部解除	1件更新	1件追加	［前取時または後取時］ ・1件追加(注1)	―
保証料受入	1件更新	1件追加	［前取時または後取時］ ・未収の保証料受入＝1件更新 ・保証料の実収＝1件追加	―
全額解除	1件更新	1件追加	［前取時］ ・追加更新なし ［後取時］ ・1件追加	―
変更	1件更新 (注2)	1件更新 (注2)	1件更新(注2)	1件更新 (注2)

(注1)　当該取引で1件追加し、後続の保証料受入で未収の保証料を実収することで、1件更新します。
(注2)　変更する項目により、更新するレコードは異なります。

8　信用保証協会保証

業　務　面

(1)　概　要

　一般法人などの事業者が銀行などの金融機関から事業資金を調達するときに、信用保証協会(*1)の提供する「信用保証制度」を利用することで、資金

のスムーズな調達が可能とされています。

> （＊1）　信用保証協会とは、信用保証協会法に基づき、中小企業者の金融円滑化のために設立された公的機関（一般社団法人）です。現在、信用保証協会は、各都道府県を単位として47法人、市を単位として5法人（横浜、川崎、名古屋、岐阜、大阪）、全国で52の法人があります。信用保証協会には、都道府県、市町村などの地方公共団体、民間金融機関、政府系金融機関などが出資（出捐）しています。

　信用保証制度とは信用保証協会が顧客の債務の支払を、銀行など金融機関に対して保証するもので、信用力が弱いなどの理由により、単独では銀行など金融機関から貸付を受けられない中小企業・小規模事業者の信用力を補完し、貸付を受けやすくする保証制度です。

　銀行など金融機関の貸付には、顧客が信用保証協会の保証を受けることを前提とした商品が数多くあります。なお、2007年10月から責任共有制度が導入され、一部を除き、保証割合が100％から80％に引き下げられています。

(2)　業務フロー

　信用保証協会保証の取引の流れは、図表Ⅱ－26のとおりです。

図表Ⅱ－26　信用保証協会保証の業務フロー

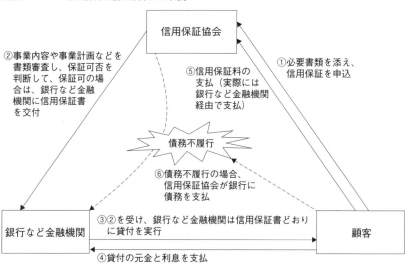

(3) 保証対象

保証の対象は、以下の3つの基準を充足している必要があります。

① 規　　模

業種別に従業員数と資本金の基準が定められており、どちらかの基準を満たしていなければなりません。ソフトウエア業・情報処理サービス業であれば、資本金は3億円以下、従業員は300人以下でなくてはなりません。

② 業　　種

商工業のほとんどが対象ですが、農林水産業や金融業などの一部の業種は対象外とされています。

③ 区域・業歴

申込を行う信用保証協会が管轄する都道府県または市で事業実態があることが条件です。保証制度によっては業歴が必要な場合もあります。

(4) 保証料率

保証料率は、保証の種類にもよりますが、通常、0.45％〜2.2％です。保証料は、貸付金額、保証料率、保証期間、分割係数（分割返済時のみ）によって決まり、原則、貸付の実行時に貸付を受ける銀行など金融機関に支払います。保証料を受け取った銀行など金融機関は保証料を保証協会に別途送金します。

(5) 保証内容

個別の保証については、信用保証協会と銀行など金融機関がその内容、条件について、その都度、信用保証書を取り交わします。信用保証書どおりの貸付を行わずに顧客の債務不履行が発生した場合、信用保証協会は免責とされ、代位弁済は行われません。

(6) 顧客のメリット

信用力が弱く、単独では銀行など金融機関から貸付を受けられない場合でも、信用保証協会の保証が得られれば、銀行など金融機関からの貸付が受けやすくなります。

(7) 銀行など金融機関のメリット

顧客が債務不履行の場合、信用保証協会が銀行など金融機関に債務を支払う（代位弁済）ので、銀行など金融機関の貸倒リスクは限定的です。ただ

し、信用保証協会の保証があるから貸し付ける、といった安易な貸付態度ではなく、銀行など金融機関自身の貸付と同等の取扱を行うべきものとされています。

システム面

貸付の実行時に信用保証協会へ支払う保証料が上乗せされること、保証料を別途、信用保証協会へ送金すること、顧客に債務不履行が生じた場合に信用保証協会が代位弁済を行うこと、与信管理は信用保証協会保証分とそれ以外に分けて管理されることなどを除けば、証書貸付や当座貸越などといった通常の貸付と変わりがありません。「第Ⅱ章第1節3　証書貸付」「第Ⅱ章第1節4　当座貸越」などを参照してください。

9　代理貸付

業務面

(1) 概　　要

政府系金融機関などによる貸付で、代理店である銀行などの金融機関を通して、一般法人などに貸付を行います。おもな政府系金融機関として、株式会社日本政策金融公庫、独立行政法人福祉医療機構、独立行政法人中小企業基盤整備機構があり、このうち、日本政策金融公庫の貸付には、中小企業事業、農林水産事業、国民生活事業の3つの種類があります。ここでは日本政策金融公庫の中小企業事業向け代理貸付を例に、その内容を説明します。

(2) 業務フロー

代理貸付の取引の流れは、図表Ⅱ-27のとおりです。

(3) 代理貸付と直接貸付

政府系金融機関からの貸付は、代理店である銀行など金融機関に申し込む代理貸付と、政府系金融機関に直接申し込む直接貸付があります。政府系金融機関は全国に支店がありますが、各県に1店舗程度であるため、銀行などの金融機関を代理店としてそれらの支店網を活用しています。貸付の種類に

図表Ⅱ-27 代理貸付の業務フロー

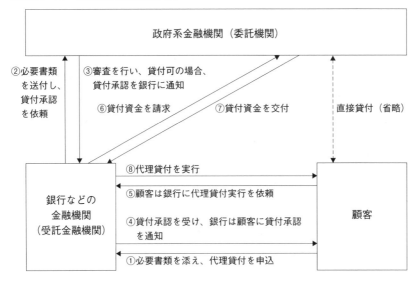

よっては代理貸付できないものもあり、また貸付の種類ごとに代理貸付できる限度額も決まっています。以降の説明では代理貸付について述べ、銀行などの金融機関を経由しない直接貸付には言及しないこととします。

(4) 顧客のメリット

① 利率

銀行などの民間金融機関より低利率（長期プライムレート以下）で長期資金を原則、固定金利で貸付を受けることができ、顧客にとっては資金計画を立てやすいというメリットもあります。また、近年では低利率の成功払い型も用意されています。

② 利息

銀行の貸付の多くが利息前取であるのに対し、政府系金融機関の貸付は利息後取のため、資金繰りに余裕ができます。

③ 借入事務負担の軽減

顧客自身が政府系金融機関に直接申し込むよりも、銀行窓口で代理貸付を利用することにより、貸付手続などの借入のための事務負担を軽減すること

もできます。

(5) 銀行など金融機関のメリット

　銀行など金融機関自体の貸付ではないため、貸倒リスクがありません。顧客に対する貸付限度を超えているなどの理由で銀行など金融機関自体が貸付できない場合でも、代理貸付により顧客の資金ニーズに応えることができます。さらに政府系金融機関から取扱事務手数料を得ることもできます。ただし、信用保証協会の保証と同様、代理貸付だからといった安易な態度ではなく、銀行など金融機関自身の貸付と同等の取扱を行うべきものとされています。

システム面

　代理貸付の申込にともない、代理事務があること、貸付の原資は政府系金融機関から受領し、貸付を実行すること、返済された元本や受け取った利息を政府系金融機関に受け渡すことなどを除けば、証書貸付などといった通常の貸付と変わりがありません。「第Ⅱ章第1節3　証書貸付」などを参照してください。

10　シンジケートローン

業務面

(1) 概　要

　社債発行などと並んで、多額の資金を調達する手段の1つであり、近年、日本でも急速に広まり、定着している貸付方法です。幹事行の取りまとめにより、顧客に対して複数の金融機関がシンジケート団を組成・協調して実行する貸付をシンジケートローン（Syndicated Loan）といいます。複数の金融機関が参加しますが、1つの契約書に基づいて、同一の条件での貸付が個別に実行されます。貸付（組成）金額は資金使途、規模にもよりますが、一般に数億円程度〜数千億円程度です。企業買収のための資金調達など、案件によっては1兆円を超えることもあります。

貸付種類は、コミットメントラインの場合は当座貸越、それ以外の場合は証書貸付（タームローン：Term Loan）です。貸付期間は当座貸越の場合は通常1年で、証書貸付の場合は1年超〜5年程度、貸付利率は変動金利、固定金利のいずれかです。当座貸越の場合、短期プライムレートにスプレッドを加えた利率など、証書貸付の場合は、長期プライムレートにスプレッドを加えた利率などを参考に、顧客の信用力や格付などを勘案し、利率が決定されます。

(2) 業務フロー

シンジケートローンの取引の流れは、図表Ⅱ-28のとおりです。

図表Ⅱ-28　シンジケートローンの業務フロー

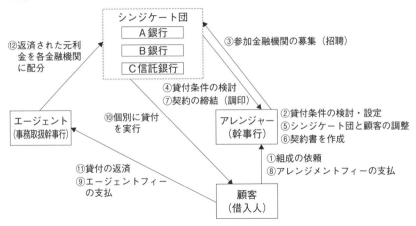

シンジケートローン（シ・ローンと略されます）は協調融資ともいい、複数の金融機関が1つの契約書にしたがって、貸付を行うものです。貸付を受ける顧客を「借入人」、貸付をする銀行などの金融機関（以下、金融機関）を「貸付人（Participant）」、その貸付人の集団を「シンジケート団」（シ・団と略されます）と呼びます。

シンジケートローンの契約を取りまとめる金融機関をアレンジャー（Arranger：幹事行）、契約後の貸付・管理事務などを取りまとめる金融機関をエージェント（Agent：事務取扱幹事行）といいます。エージェントは通常、

返済された元利金を各金融機関に配分・通知すると同時に担保がある場合は、その管理も行います。多くの場合、契約を取りまとめたアレンジャーが契約後にエージェントを務めます。また、アレンジャーは顧客のメインバンクであることが多いため、貸付人としてもシンジケート団に参加するのが一般的です。

① 顧客（借入人）は、アレンジャーを決め、シンジケート団の組成を依頼（Mandate）します。
② アレンジャーは、顧客と貸付条件・内容などを検討、交渉、設定し、顧客から組成依頼書（Mandate Letter）を受領します。
③ アレンジャーは、貸付条件・内容などを呈示して、参加する金融機関を募集（招聘）します。
④ 各金融機関は、アレンジャーの呈示する貸付条件などを検討します。
⑤ アレンジャーは各金融機関と借入人の間に立ち、貸付条件などを調整します。
⑥ 契約書を作成し、各金融機関に呈示します。契約書は日本ローン債権市場協会（JSLA：Japan Syndication and Loan-trading Association）により標準化された契約書の雛型をもとに作成します。
⑦ 参加を表明した各金融機関は呈示された契約書に調印します。
⑧ 顧客は、アレンジャーにアレンジメントフィーを支払います。
⑨ 顧客は、エージェントにエージェントフィーを支払います。
⑩ 各金融機関は、個別に貸付を実行し、シンジケートローン専用に開設された口座に貸付資金を振り込みます。
⑪ 顧客は、シンジケートローンの契約にしたがって、シンジケートローン専用に開設された口座に元利金を総額で返済します（通常の貸付の返済と異なり、金融機関ごとに元利金を返済する必要はありません）。
⑫ エージェントは、顧客から返済された元利金を各金融機関に配分します。

(3) アレンジャーとエージェント

アレンジャーは、1行である場合と複数行である場合があります。複数行の場合、リードアレンジャー（Lead Arranger：主幹事行）とジョイントアレ

ンジャー（Joint Arranger：共同主幹事行）、コ・アレンジャー（Co-Arranger：副幹事行）に分かれることがあります。

　エージェントも1行である場合と複数行である場合があります。複数行の場合、各金融機関が役割を分担し、役割別に、次の3つの種類に分類されます。ファシリティエージェント（Facility Agent）は、資金の受払について参加金融機関へ通知を行い、契約条項に定められた業務を遂行します。ペイイングエージェント（Paying Agent）は、ファシリティエージェントの資金の受払についての通知に基づいて、実際の資金の受払を行います。セキュリティエージェント（Security Agent）は、有担保の場合に担保を管理します。

　アレンジャー、エージェント以外のシンジケートローンに参加している金融機関は、メンバー（Member）と呼ばれます。

(4) **貸付種類**

　シンジケートローンには、おもに3つの貸付種類があります（図表Ⅱ-29参照）。

図表Ⅱ-29　シンジケートローンの貸付方法

貸付種類	内　容
タームローン	証書貸付（タームローン）により、資金を一括貸付または分割貸付する貸付方法（契約）です。返済方法は一括返済か分割返済です。
実行可能期間付タームローン	証書貸付（タームローン）により、あらかじめ設定された極度枠（貸付枠、限度額）、一定期間（実行可能期間）内に分割貸付することを約束（コミット）する貸付方法（契約）です。コミットメント期間付タームローンなどとも呼ばれます。返済方法は一括返済か分割返済です。
コミットメントライン	あらかじめ設定された極度枠（貸付枠）、貸付期間（通常は1年）内に一定の要件を満たすことを条件に随時貸付することを約束（コミット）する貸付方法（契約）です。特定融資枠契約などとも呼ばれます。返済方法は随時返済か一括返済です。詳細は「第Ⅱ章第1節11　コミットメントライン」を参照してください。

⑸　確約の有無による分類

　顧客(借入人)と合意した貸付(組成)金額を募集する方法によって、シンジケートローンは以下の2種類に分類されます。

①　アンダーライティング(Underwriting)方式

　一定金額の貸付を顧客に確約する方式です。このため、後述のベストエフォート方式に比べて、顧客にとってはメリットが大きい反面、手数料が相対的に高くなります。参加金融機関からの各貸付金額が予想よりも少額であった場合、アレンジャーが残額を貸付しなければならず、相対的にリスクが高い方式です。アンダーライト方式などともいいます。

②　ベストエフォート(Best Effort)方式

　一定金額の貸付を顧客に確約しない方式です。このため、アンダーライティング方式に比べて、顧客にとってはリスクが大きい反面、手数料が相対的に安くなります。参加金融機関からの各貸付金額が予想よりも少額であっても、アレンジャーが残額を貸付する必要はなく、相対的にリスクが低い方式です。

⑹　参加金融機関による分類

　シンジケートローンへ参加する金融機関が顧客(借入人)とすでに取引があるか否かで、シンジケートローンは以下の2種類に分類されます。

①　クラブシンジケーション(Club Syndication)方式

　顧客と取引がある金融機関のみが参加する方式です。このため、ジェネラルシンジケーション方式に比べて、組成依頼から契約書の調印、貸付の実行までに時間が掛かりません。通常、1カ月～2カ月の期間が必要とされます。ジェネラルシンジケーション方式に比べて、参加金融機関の募集前から貸付金額の予想がしやすい方式です。クラブ方式などともいいます。

②　ジェネラルシンジケーション(General Syndication)方式

　顧客と取引がない金融機関も参加する方式です。このため、クラブシンジケーション方式に比べて、組成依頼から契約書の調印、貸付の実行までに時間が掛かります。通常、2カ月～3カ月の期間が必要とされます。新規に取引を開始する金融機関も参加するため、市場実勢をより反映した貸付条件で貸付される可能性が相対的に高い方式です。クラブシンジケーション方式に

比べて、貸付金額が予想よりも少額になりやすい方式です。ジェネラル方式などともいいます。

(7) コベナンツ

シンジケートローンでは、複数の金融機関が参加するため、バイラテラル（Bilateral：相対）契約では必須とされる銀行取引約定書(*1)を適用しません(*2)。シンジケートローンでは、個別に契約が定められ、顧客と参加金融機関との間で締結されます。

> (*1) 貸付取引を始めるにあたり共通的な条件などを規定する基本的な約定書です。具体的には適用取引、利息や損害金、担保、期限の利益の喪失などについて定めています。
> (*2) 参加金融機関の公平性を確保する観点から、シンジケートローンの貸付条件は一律に規定されます。かりに、アレンジャーなど特定の銀行が個別に制定した銀行取引約定書を適用すると、各参加金融機関に対して公平性を損なうため原則適用しません。

この契約の中に記載される特約条項（契約条項、制限条項）をコベナンツ（Covenants）といい、シンジケートローンの契約期間中に顧客が遵守すべき事項を明示するものです。コベナンツの例を図表Ⅱ-30に示します。これらは一律なものではなく、顧客と参加金融機関とが協議して定めます。万が一、コベナンツに抵触すると、期日前での一括返済（期限の利益の喪失）を求められることもあります。

図表Ⅱ-30　コベナンツの例

コベナンツ	内容
報告・情報提供義務条項	役員の交代など重要情報を随時報告する、あるいは決算書などを定期的に提供する義務を負うものです。
資産譲渡制限条項（アセットディスポーザル条項）	顧客の価値を一定以上減じることが想定される重要な資産をほかの企業などに譲渡することを制限するものです。
担保制限条項（ネガティブプレッジ条項）	担保の債権順位確保のため、シンジケートローン期間中に他の債務（貸付のほか、社債なども含む）への担保の提供には参加金融機関の承諾が必要とするものです。

財務制限条項	利益を一定以上に維持する、配当金を一定以下に制限するなどといった数値を一定以上または以下にし、財務の健全性を維持する義務を負うものです。	
格付維持条項	指定された格付機関の格付を一定以上に維持する義務を負うものです。	
事業維持条項	現在行われている事業内容を維持する義務を負うものです。	
財政維持条項	自己資本比率や有利子負債比率などを一定以上または以下にし、財政状態の健全性を維持する義務を負うものです。	

(8) 各種手数料

シンジケートローンでは、相対契約の貸付で発生する手数料以外の手数料もあります。シンジケートローンで発生する、おもな手数料は図表Ⅱ-31のとおりです。これら手数料のほか、契約のチェックのための弁護士費用、契約書に貼付する印紙税なども発生します。

図表Ⅱ-31　シンジケートローンの各種手数料

手数料	貸付種類	内容
アレンジメントフィー	共通	シンジケートローンの顧客から申込または顧客からの提案から、顧客との折衝、参加金融機関の招聘・交渉、契約条件の取りまとめ、契約調印までの取扱・事務手数料です。
エージェントフィー	共通	参加金融機関からの貸付資金の受領、貸付実行、元利金と手数料の参加金融機関への配分、担保管理、各種通知など契約終了までの事務・取扱手数料です。
コミットメントフィー	実行可能期間付タームローン	実行可能期間の未使用極度枠（貸付枠）に対する取扱手数料です。
ファシリティーフィー	コミットメントライン	極度枠（貸付枠）全体に対する取扱手数料です。
コミットメントフィー	コミットメントライン	未使用極度枠（貸付枠）に対する取扱手数料です。

⑼　顧客のメリット

　個別の銀行など金融機関からの貸付や社債の発行と並ぶ資金調達手段で、顧客にとって資金調達手段の多様化が図れます。また利率などの貸付条件や返済方法も、社債の発行より自由な条件設定が可能で、同一の条件で複数の参加金融機関から多額の資金を円滑に調達することができます。

　貸付条件などの交渉相手は、契約締結前はアレンジャー（幹事行）のみで、契約締結後はエージェントのみです（多くの場合、アレンジャーがエージェントも務めます）。このため個別の金融機関と交渉するよりも借入のための事務負担が軽いというメリットもあります。また、金融機関同士の競争の結果、個別銀行からの資金調達よりも、低金利で資金調達できる可能性が高いとされています。

⑽　銀行のメリット

　顧客に多額の貸付を実行しないため、銀行にとってはリスクの分散ができます。またエージェントに担保管理や返済元利金の配分が集約されるため、ほかの金融機関は事務負担が軽減されることにより収益率が向上します。一方、アレンジャーは、リスク資産である貸付そのものを増加させることなく、より少額の貸付残高で収益をあげることができます。

⑾　そ の 他

　①　クロスボーダーシンジケートローン

　海外の顧客に本邦の金融機関がシンジケート団を組成して、貸付を行う（日本の資金市場から資金調達して海外の顧客に貸付を行う）ケースや、本邦の金融機関だけではなく海外の金融機関もシンジケート団に参加して、貸付を行う（日本の資金市場だけではなく、海外の資金市場からも資金調達して顧客に貸付を行う）ケースもあります。

　②　マルチカレンシー（多通貨選択）条項

　契約によっては、円以外の通貨による貸付を可能とするマルチカレンシー（Multi-Currency）条項が付加される場合もあります。貸付される通貨はドル、ユーロなど主要国通貨が中心です。この条項は変動金利に限って適用されます。これは異なる通貨の間では通常、金利も異なるのが当然であり、通貨の変更にともなう貸付利率の変動を考慮したものです。

③ マルチボロアー条項

契約によっては、顧客である資金の借り手が複数設定されるマルチボロアー（Multi-Borrower）条項が付加される場合もあります。これは親会社などが自身と子会社の資金を一括して調達、管理する場合などに利用されます。前述のマルチカレンシー条項も付加し、自身と海外子会社の資金調達を一括管理することもあります。自身と海外子会社の資金をコミットメントラインで調達する場合には、これをグローバルコミットメントラインと呼ぶこともあります。

システム面

(1) 取引遷移

一般的な取引遷移は図表Ⅱ-32のとおりです。ここでは、おもに証書貸付（タームローン）の一括貸付を例に説明します。シンジケートローンの組成依頼から契約の締結（調印）までの一連の流れは省略します。実行可能期間付タームローンは、複数の証書貸付を一定期間内に実行するもので、個々の実行だけを見れば、証書貸付と同じと考えられるため、以下の説明で代替します。コミットメントラインについての説明は、相対契約での「第Ⅱ章第1節11　コミットメントライン」「第Ⅱ章第1節6　特別当座貸越」「第Ⅱ章第1節4　当座貸越」を参照してください。

(2) 取引種類

シンジケートローンには、図表Ⅱ-33に示す取引があります。

図表Ⅱ-32 シンジケートローンの取引遷移

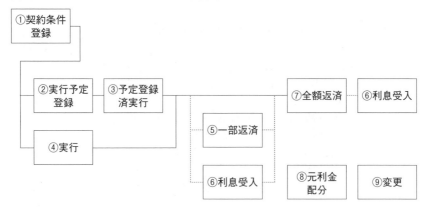

図表Ⅱ-33 シンジケートローンの取引

取引名	概　要	おもな経路など
契約条件登録	・シンジケートローンの契約内容を登録します。 ・シンジケートローンを管理する契約番号（顧客＋科目内一連番号）を採番します。 ・役割区分（エージェント、エージェント以外）、貸付種類（タームローン、コミットメントラインなど）、当初契約日、契約終了日、貸付対象通貨、契約金額（貸付合計金額）、マルチカレンシー条項有無、換算相場（マルチカレンシー条項有のとき）、各種手数料、顧客の返済口座情報、各参加金融機関の貸付シェア・金額、各参加金融機関の決済口座などを入力します。	営業店端末、本部端末
実行予定登録	・翌営業日以降の先日付で実行を入力します。この取引では実行は行われず、実行の予定が登録されているだけで、実行は実行予定日に行われます。 ・証書貸付（シンジケートローン）を管理する取引番号（顧客＋科目内一連番号）を採番します。 ・実行予定日、実行金額（貸付金額）、担保区分、使途区分、金利区分（固定金利、変動金利）、利率、スプレッド、最終返済日、返済スケジュール（元本返済日、元本返済サイクル、利息受入日、利息受入サイクルなど）などを入力します。	営業店端末、本部端末

	・貸付金額、利息、各種手数料とも自行分の金額とします。	
予定登録済実行	・各参加金融機関からの貸付資金を受領した後に貸付を実行します。 ・取引番号を入力し、先日付で入力済の取引を特定し、実行予定日にシンジケートローンを実行します。 ・利息前取の場合、元本から利息を差し引く（実収）か、利息は別途受入（未収）とします。 ・貸付金額（自行分）をシンジケートローンの与信残高に加算します。	営業店端末、本部端末
実行	・各参加金融機関からの貸付資金を受領した後に実行します。 ・先日付ではなく、当日に貸付を実行する場合に使用します。 ・証書貸付（シンジケートローン）を管理する取引番号（顧客＋科目内一連番号）を採番します。 ・実行金額、担保区分、使途区分、金利区分（固定金利、変動金利）、利率、スプレッド、最終返済日、返済スケジュール（元本返済日、元本返済サイクル、利息受入日、利息受入サイクルなど）などを入力します。 ・貸付金額、利息、各種手数料とも自行分の金額とします。 ・利息前取の場合、元本から利息を差し引く（実収）か、利息は別途受入（未収）とします。 ・貸付金額（自行分）をシンジケートローンの与信残高に加算します。	営業店端末、本部端末
一部返済	・通常、一部返済日に貸付金額を一部返済する場合に使用します。延滞の場合にも使用します。 ・元本のみ一部返済し、利息は別途受入（未収）とする場合や元本を一部返済し、同時に利息も受入（実収）とする場合などがあります。 ・取引を特定する取引番号、一部返済金額、延滞時利率（一部返済日に延滞したときのみ）などを入力します。 ・一部返済金額、利息とも自行分の金額とします。	営業店端末、本部端末

	・一部返済金額（自行分）をシンジケートローンの与信残高から減算します。	
利息受入	・通常、利息受入日に利息のみを受け入れる場合や一部返済などで利息別途受入（未収）に使用します。延滞利息の場合にも使用します。 ・利息は自行分の金額とします。 ・取引を特定する取引番号などを入力します。	営業店端末、本部端末
全額返済	・通常、最終返済日に貸付金額を全額返済（一部返済ありの場合、残額をすべて返済する場合も含む）する場合に使用します。延滞の場合にも使用します。 ・元本のみ全額返済し、利息は別途受入（未収）する場合や元本を全額返済し、同時に利息も受入（実収）とする場合などがあります。 ・取引を特定する取引番号、返済金額、延滞時利率（最終返済日に延滞したときのみ）などを入力します。 ・返済金額、利息とも自行分の金額とします。 ・返済金額（自行分）をシンジケートローンの与信残高から減算します。	営業店端末、本部端末
元利金配分	・自行がエージェントの場合、顧客から受領した各種手数料、返済された元利金を参加金融機関ごとのシェアに応じて、配分（各参加金融機関の口座に振込）します。 ・参加金融機関ごとに取引を特定する取引番号、返済金額、利息、各種手数料などを入力します。	営業店端末、本部端末
変更	・取引を特定する取引番号を入力し、使途区分、担保区分、返済スケジュールなどを変更します。	営業店端末、本部端末

(3) 取引ファイル

シンジケートローンの取引情報を管理する貸付ファイルの論理的な構成について記述します（図表Ⅱ－34参照）。

① 契約レコード

契約条件登録時にレコードが追加され、取引のたびに更新されます。キーは、店番、CIF番号、科目（シンジケートローン・証書貸付、シンジケートローン・当座貸越など）、契約番号（CIF番号＋科目内での一連番号）です。シンジ

図表Ⅱ-34　貸付ファイルの構成

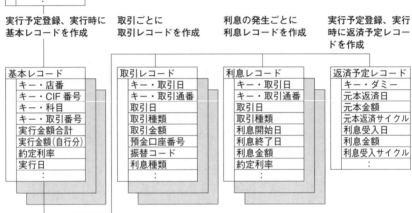

(注1) 各レコードのレイアウトは、貸付共通としますが、上記では、関係する項目をおもに記述しています。
(注2) タームローンの一括貸付以外では、複数回実行が行われるため、基本レコードも複数作成されます。

ケートローンの基本的な項目を保持します。具体的には役割区分（エージェント、エージェント以外）、貸付種類（タームローン、コミットメントラインなど）、当初契約日、契約終了日、貸付対象通貨、契約金額（貸付合計金額）、マルチカレンシー条項有無、換算相場（マルチカレンシー条項有のとき）、各種手数料、顧客の返済口座情報、各参加金融機関の貸付シェア・金額、各参加金融機関の決済口座、最終更新日などがあります。

② 基本レコード

実行予定登録、実行時にレコードが追加され、取引のたびに更新されま

す。キーは、店番、CIF番号、科目（シンジケートローン・証書貸付、シンジケートローン・当座貸越など）、取引番号（CIF番号＋科目内での一連番号）です。貸付の基本的な項目を保持します。具体的には実行金額、約定利率、実行日、実行予定日、最終返済日、スプレッド、担保区分、使途区分、金利区分、最終更新日などがあります。

③ **取引レコード**

取引ごとに1件追加されます。キーは、取引日、取引通番です。入力された項目や一部項目の取引前後の情報を保持します。具体的には取引日、取引種類（実行、一部返済、利息受入、全額返済など）、取引金額、預金口座番号、振替コード、利息種類（約定利息、延滞利息など）、利息金額などがあります。一部項目は取引後の最新情報を基本レコードでも管理します。

④ **利息レコード**

予定登録済実行（利息前取）、実行（利息前取）、一部返済（利息受入あり）、利息受入、全額返済（利息受入あり）の各取引で1件追加されます。キーは取引レコード同様に取引日、取引通番です。1取引で元本と利息が同時にある場合、取引レコードと利息レコードの取引通番は同一番号です。特定の利息の支払についての詳細な情報を保有します。具体的には取引日、取引種類（実行、一部返済、利息受入など）、利息開始日、利息終了日、利息金額、約定利率、延滞利息金額、延滞利率などがあります。

⑤ **返済予定レコード**

実行予定登録、実行時にレコードが追加され、変更取引で更新されます。キーは、取引日、取引通番です。入力された返済スケジュールの情報を保持します。具体的には、元本返済日、元本金額、元本返済サイクル、利息受入日、利息金額、利息受入サイクルなどがあります。

最後に各レコードの追加更新要領について、図表Ⅱ−35に記述します。

図表Ⅱ-35 各レコードの追加更新要領

取引	契約レコード	基本レコード	取引レコード	利息レコード	返済予定レコード
契約条件登録	1件追加	—	—	—	—
実行予定登録	1件更新	1件追加	1件追加	—	1件追加
予定登録済実行	1件更新	1件更新	1件追加	[前取時] ・利息同時受入＝1件追加 ・利息別途受入＝1件追加(注1) [後取時] ・追加更新なし	—
実行	1件更新	1件追加	1件追加	予定登録済実行に同じ	1件追加
一部返済	1件更新	1件更新	1件追加	[前取時または後取時] ・利息同時受入＝1件追加 ・利息別途受入＝1件追加(注1)	—
利息受入	1件更新	1件更新	1件追加	[前取時または後取時] ・未収の利息受入＝1件更新 ・利息の実収＝1件追加	—
全額返済	1件更新	1件更新	1件追加	[前取時] ・追加更新なし [後取時] ・利息同時受入＝1件追加 ・利息別途受入＝1件追加(注1)	—
変更	1件更新	1件更新(注2)	1件更新(注2)	1件更新(注2)	1件更新(注2)

(注1) 当該取引で1件追加し、後続の利息受入で未収の利息を実収することで、1件更新します。
(注2) 変更する項目により、更新するレコードは異なります。

11　コミットメントライン

業務面

(1) 概　　要

　通常の貸付は、申込から実行までに一定の時間が掛かります。これに対して、コミットメントライン（Commitment Line）は、通常の貸付では対応できない緊急の資金需要などに備える商品です。特定融資枠契約ともいいます。欧米では古くからある貸付方法ですが、日本では1998年に初めてコミットメントライン契約が締結され、以降、急速に広まっています。

　銀行と顧客の間で一定の期間、貸付限度額までの極度枠を設定する契約を結び、顧客は契約の範囲内で貸付を受ける権利を得て、銀行は契約の範囲内で貸付を実行する義務を負うものです。銀行と顧客が個別に契約するバイラテラル（Bilateral：相対）方式、シンジケーション（Syndication：協調融資）方式の2種類があります。コミットメントラインの契約期間は通常1年ですが、顧客の財務状況などに問題がなければ、そのまま更新されます。ここでは、特記のない限り、相対方式のコミットメントラインについて記述します。シンジケーション方式については、「第Ⅱ章第1節10　シンジケートローン」を参照してください。

(2) 業務フロー

　コミットメントラインの取引の流れは、図表Ⅱ－36のとおりです。ここでは、相対方式について説明します。

(3) 当座貸越などとの差異

　コミットメントラインは、基本的には特別当座貸越（当座貸越）と同じですが、以下の点が大きく異なります。

① 通常の当座貸越では銀行は貸付（貸越）をする義務は負いませんが、コミットメントラインは、貸付をコミット（約束）するものであり、資金市場の閉鎖や天災などの異常事態(*1)を除き、銀行は貸付をする義務を負います。

図表Ⅱ-36 コミットメントラインの業務フロー

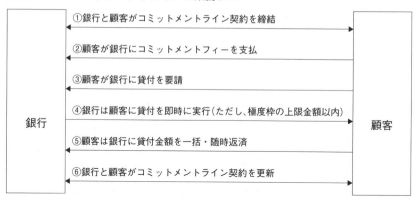

  (＊1) 不可抗力条項（フォースマジュール：Force Majeure）として、以下の4つの事由が定められています。
    ・天災、戦争などの発生
    ・停電、通信障害、決済システム障害などの発生
    ・東京などのインターバンク市場において、市場の閉鎖など、資金取引が行えない事態の発生
    ・その他銀行の責めによらない事由の発生

② 設定に際して、コミットメントフィーを銀行に支払う必要があります。このコミットメントフィーは、実際に貸付（貸越）が行われたか否かに関係なく発生します。

③ 特定融資枠契約に関する法律、第2条に定める適用対象条件を満たす企業(＊2)であることが条件です。

  (＊2) 具体的には、以下のいずれかの条件を満たす企業が該当します。
    ・会社法上の大会社（資本金5億円以上、または負債総額200億円以上の株式会社）
    ・資本金3億円超の株式会社
    ・純資産額10億円超の株式会社
    ・金融商品取引法の規定による監査証明を受けなければならない株式会社など

④ 多くの場合、顧客の財務状態が一定の水準であることを条件とする特約（財務制限条項、財務状態維持条項など）の付帯を求められます。これらの特約については、「第Ⅱ章第1節10　シンジケートローン」の「コベナンツ」を参照してください。

⑷ 種　類

コミットメントラインには、図表Ⅱ-37に示す2種類があります。

図表Ⅱ-37　コミットメントラインの種類

種　類	内　容
スタンドバイライン	不測の事態が生じ、緊急に資金が必要とされた場合にのみ使用を想定しているものです。狭義のコミットメントラインはこちらを指します。
リボルビングライン	通常の資金が必要とされた場合に使用を想定しているものです。リボルビング・クレジット・ファシリティともいわれます。広義のコミットメントラインはこちらを指します。

⑸　各種手数料

コミットメントラインで発生する、おもな手数料は図表Ⅱ-38のとおりです。

図表Ⅱ-38　コミットメントラインの手数料

手数料	内　容
ファシリティーフィー	極度枠（貸付枠）全体に対する取扱手数料です。
コミットメントフィー	未使用極度枠（貸付枠）に対する取扱手数料です。

⑹　出資法、利息制限法との兼ね合い

出資法、利息制限法では利率の上限を定めていますが、コミットメントラインでは、実際に貸付を受けなくてもコミットメントフィーは発生します。このため、コミットメントフィーを貸付利息と考えると出資法、利息制限法に違反するとの見方が、かつては一般的であり、コミットメントライン普及の障害でした。しかし、1999年の「特定融資枠契約に関する法律」の施行により、コミットメントフィーについては出資法、利息制限法の「みなし利息」とはしないこととされ、それ以降、コミットメントライン契約が広まってきています。

(7) 顧客のメリット

証書貸付、当座貸越などといった既存の貸付と並ぶ資金調達手段で、顧客にとって資金調達手段の多様化、資金の安定確保が図れます。不測の事態による緊急時でも資金を調達することが可能です。また、コミットメントライン契約の締結により、メインバンクとの関係の維持強化を図ることが期待できます。

(8) 銀行のメリット

当座貸越などでは、貸越時に貸越利息が発生するだけで、手数料は基本的に発生しません。コミットメントラインでは貸越の有無に関係なく、ファシリティーフィーが発生し、仮に貸越がなくても、コミットメントフィーが発生します。一般にコミットメントラインは、ほかの貸付に比べて極度額が大きく、手数料もそれに比例して高くなるため、重要な収益源とされます。

(9) その他

① マルチカレンシー（多通貨選択）条項

銀行によっては、円以外の通貨による貸付を可能とするマルチカレンシー（Multi-Currency）条項を付加できる場合もあります。貸付される通貨はドル、ユーロなど主要国通貨が中心です。シンジケートローンでも取り扱われることもあります。

システム面

システム的には、特別当座貸越、当座貸越と大きな差異はありません。「第Ⅱ章第1節6　特別当座貸越」「第Ⅱ章第1節4　当座貸越」などを参照してください。

12　動産担保貸付（ABL）

業務面

(1) 概要

動産担保貸付（ABL：Asset Based Lending）とは動産・債権を担保とした

貸付で、担保の評価や保全方法に特徴があり、貸付の種類としては当座貸越や証書貸付があります。動産担保融資、あるいは流動資産一体担保型融資などとも呼ばれます。

債権譲渡登記制度（1998年10月施行）、動産譲渡登記制度（2005年10月施行）といった制度の整備により、伝統的な担保である預金、不動産などの担保および保証などによらない貸付手法として、広まりつつあります。在庫や設備などの動産の所有権は担保として銀行に移転するものの、動産自体は顧客が占有したままなので、従来どおり、生産活動などの事業を継続することができます。不動産や預金などを保有していない新興企業や中小企業でも、資金調達が可能です。

銀行にとっても、不動産や保証への過度の依存を是正し、従来、これらの担保がとれないため貸付できなかった企業を新規顧客にすることにより、新興企業や中小企業向けの貸付を強化することもできます。

(2) 業務フロー

動産担保貸付の取引の流れは、図表Ⅱ-39のとおりです。

図表Ⅱ-39　動産担保貸付の業務フロー

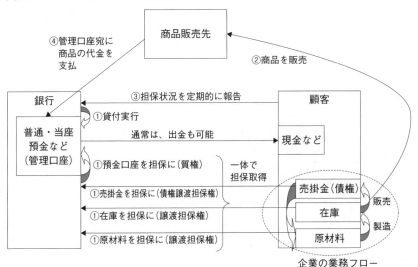

ここでは、製造業を営む企業に、在庫などを担保とした動産担保貸付を行う例を挙げます。事業のフロー（仕入→製造→販売）に着目して、各段階の動産について、一体で担保権や質権を設定することで貸付に対する担保とし、万が一、債務不履行の場合、担保を処分することで貸付資金の回収を図るものです。
・原材料……動産譲渡登記により譲渡担保権(*1)を設定する。
・在庫……動産譲渡登記により譲渡担保権(*1)を設定する。
・売掛金……債権譲渡登記により、債権譲渡担保権(*1)を設定する。
・預金口座……債権譲渡登記により、質権(*2)を設定する。
　　（*1）　動産・債権の所有権を債権者に譲渡して貸付を受け、貸付を返済したときには、動産・債権の所有権が債務者に戻りますが、期日までに返済できないときには、動産・債権の所有権は債権者に帰属することが確定します。
　　（*2）　債権者が目的物である質物を占有し、債務者が期日までに貸付を返済しなければ、債務者は質物の所有権を失います。

　動産には、さまざまなものがあります。動産譲渡登記第1号（2005年9月）とされる動産担保貸付では昆布と煮干などの在庫が担保とされました。その他の案件でも豚、肉牛、醤油、焼酎、日本酒、古本、DVDなど、さまざまなものが担保とされています。
　銀行は不動産の評価は得意としているものの、動産の担保評価の経験がなく、対象である動産も多岐にわたるという問題があります。このため、動産鑑定を行うNPO法人やリース会社、問屋などの時価評価に長けた法人などと銀行が提携することも多いようです。
　また、在庫などの担保の管理を顧客任せにしてしまうのは、担保の保全上、不安が残るため、担保管理を第三者である物流会社などが請け負うスキームも登場しています。

システム面

　本項は貸付にあたっての担保設定・管理の手法であり、貸付の実行、回収に直接かかわるものではありません。したがって、システム面についての説明は省略します。

13　ノンリコースローン

業　務　面

(1) 概　　要

特定の事業を対象に貸付を行い、返済は対象事業からの収益に限定されるものです。債務不履行時に担保価値が下落しているなどの理由により、貸付金額が全額回収できなくても、顧客は不足分の返済義務を負いません。

(2) 業務フロー

ノンリコースローンの取引の流れは、図表Ⅱ－40のとおりです。

図表Ⅱ－40　ノンリコースローンの業務フロー

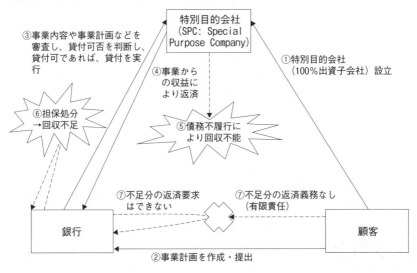

債務不履行時に担保を処分しても貸付元利金の全額を回収できない場合、不足分は顧客の債務として残り、返済する義務を負うのが旧来のリコースローン（Recourse Loan：遡及型貸付）です。

これに対して、ノンリコースローン（Non-Recourse Loan：非遡及型貸付、

責任財産限定型貸付）は、担保の処分などで貸付元利金の全額を回収できなくても、不足分について顧客は返済する必要がない貸付です。銀行にとってはリスクが高いため、リコースローンよりも割高な貸付利率が適用されます。多くは不動産向けの貸付に活用されていますが、航空機、船舶などの動産についても活用されている事例があります。商業用不動産のノンリコースローンは、貸付元利金を原資とした商業不動産担保証券（CMBS）(*1)として、貸付債権が流動化されていることが大半です。

(*1) CMBS：Commercial Mortgage Backed Security。資産担保証券（ABS：Asset Backed Security）の一種です。

(3) その他

アメリカでは、ノンリコースローンが主流(*2)ですが、従来の日本における貸付は、例外なくリコースローンでした。昨今では、一部の銀行などでノンリコースローンを取り扱っているものの、一般的とはいえず、「ノンリコース」と付かない限り、すべてリコースローンです。

(*2) アメリカのローンは、すべてノンリコースローンであるといわれることもありますが、債務不履行時に担保を処分し回収不足が生じても、借り手に不足金を請求することを禁止する法律（Anti-deficiency Law）が定められている州では、ノンリコースローンしかありません。しかし、そうした法律がない州では、ノンリコースローンか否かは契約によるため、すべてとまではいえないようです。

なお、外国為替業務のフォーフェイティング（L/C付期限付輸出手形を買戻請求権なしで買取）、インボイス・ディスカウント（一部、輸出債権を買戻請求権なしで買取）もノンリコースの貸付です。詳細はそれぞれの項目を参照してください。

システム面

貸付利率は相対的に高いものが設定されること、債務不履行時に貸付元利金の全額または一部を顧客に請求できないことなどを除けば、手形貸付や証書貸付などといった通常の貸付と変わりがありません。「第Ⅱ章第1節2　手形貸付」「第Ⅱ章第1節3　証書貸付」などを参照してください。

第 2 節　個人向け貸付

1　住宅ローン

業務面

(1) 概　要

　個人向けの主力商品の1つであり、個人の細かなニーズに応えるため、さまざまなバリエーションが用意されています。貸付の種類でいえば、証書貸付の一種です。

　法人などの事業者向け貸付に比べて、個人向けの貸付は1件ごとの金額は小さいものの、貸倒れや延滞のリスクが少なく、安全かつ優良な貸付とされています。このため、各銀行とも貸付を増やそうと、いろいろな商品や特約を開発しているだけではなく、貸付利率の引下げ競争も激化しています。

　なお、銀行などの金融機関と住宅金融支援機構の提携により提供されている「フラット35」については、銀行などの金融機関と顧客の間においては、①最長35年の超長期であること、②利率が全期間固定金利であること以外は銀行などの住宅ローンとさほど変わらないため、記述は省略します。

(2) 対 象 者

　以下のような条件をすべて満たす個人であることが貸付の条件です。一定の条件を満たせば、親子や夫婦でも共同で貸付を受けることができます。

　① 年　齢

　貸付時の年齢が満20歳以上、満71歳未満で、完済時に満81歳未満であること。

　② 収　入

　安定した収入（勤続年数や年収が一定以上）があること。

③ 保　　険

団体信用生命保険に加入できること。

④ 保　　証

保証会社の保証が受けられること。

(3) **資金使途**

　貸付を受ける本人が居住する土地建物の取得、住宅建築用の土地の取得、住宅の新築・改築・増築、住宅取得に関連する費用が対象です。住宅の新規取得が主力ですが、他行住宅ローンの借換用ローンや住宅の買替用ローンもあります。

(4) **貸付金額**

　貸付最低額、貸付最高額、貸付単位額とも、銀行によって一定の差異があります。一例を挙げると、100万円以上、1億円以内、100万円単位です。

(5) **貸付期間**

　通常、1年以上、35年以内です。

(6) **貸付利率**

　銀行の定める長期プライムレートを基準とし、これにスプレッドを加えたものを適用します。銀行間の顧客獲得競争が激化しているため、優遇利率の適用が常態化しています。

　利率の種類は大別して、変動金利型(*1)、固定金利型(*2)の2つがあり、適用期間終了などのタイミングで、ほかの種類に切り換える(*3)ことが可能です。また、一部を変動金利型、残りを固定金利型に指定できる銀行もあります。

　　(*1)　通常、年2回利率の見直しがありますが、急激な利率の上昇に備え、変動幅の上限があらかじめ定められている変動金利型もあります。
　　(*2)　利率が固定される期間は、1年、2年、3年、5年、7年、10年、15年、20年、貸付完済までの全期間など、さまざまなバリエーションがあります。
　　(*3)　通常、変動金利型から固定金利型への変更に限られます。

(7) **貸付利息**

　後取です。

(8) **貸付方法**

　一括貸付です。

⑼　返済方法

　返済金額が一定である元利均等返済が大半を占めますが、元金均等返済を用意している銀行もあります。ボーナス支給月に合わせて年2回、返済金額を増額することも一般的です。返済途中に事前予告なしで、一部繰上返済や残額を全額繰上返済することも可能です。この場合、事務手数料などがかかることもありますが、インターネット・バンキングで一部繰上返済を行う場合には免除されるのが一般的です。

⑽　担保・保証

　通常、取得した土地建物に銀行が第一順位の抵当権を設定し、さらに保証会社（銀行の子会社など、以下同じ）の保証が必要です。保証会社の保証により、通常、保証人は不要とされます。

　ほかに貸付を受けた個人が死亡した場合などに備え、団体信用生命保険（通常、保険料は銀行負担）に加入することも必要です。建物によっては長期火災保険を付けて、保険金請求権に質権を設定することもあります。

⑾　保証料

　銀行の指定する保証会社に保証料を支払います。住宅ローン貸付時に最終返済日までの保証料を一括して前払する場合と、貸付利率に保証料を上乗せする場合があります。保証料を一括して前払した場合で、繰上返済をしたときは、その分の保証料が返還されます。

⑿　その他

　三大疾病などの場合に返済不要とされる疾病保障特約、自然災害の被害を受けた場合に返済が免除される特約、無所得時に返済を保障する特約などが付帯するものもあります。なお、団体信用生命保険以外の保険料は顧客負担が一般的です。

システム面

　法人向けの証書貸付などといった通常の貸付と基本的な部分は変わりがありません。「第Ⅱ章第1節3　証書貸付」などを参照してください。

2　リフォームローン

業務面

(1) 概　　要

　使途が住宅のリフォームに限定されたローンです。貸付の種類でいえば、証書貸付の一種です。

(2) 対 象 者

　以下のような条件をすべて満たす個人であることが貸付の条件です。

　① 年　　齢

　　一般的に貸付時の年齢が満20歳以上、満66歳未満で、完済時に満71歳未満であること。

　② 収　　入

　　安定した収入（勤続年数や年収が一定以上）があること。

　③ 保　　証

　　保証会社の保証が受けられること。

(3) 資金使途

　貸付を受ける本人、または家族が居住する住宅の増改築、改装、補修が対象です。借換用のローンもあります。

(4) 貸付金額

　一般的に貸付最低額、貸付最高額、貸付単位額とも、銀行によって一定の差異があります。一例を挙げると、10万円以上、500万円以内、1万円単位です。

(5) 貸付期間

　一般的に、1年以上、15年以内です。

(6) 貸付利率

　銀行の定める長期プライムレートを基準とし、これにスプレッドを加えたものを適用します。利率のタイプは、変動金利型、固定金利型の2つがありますが、住宅ローンと違い、当初選んだ利率のタイプを事後には変更できな

い銀行が多いようです。

(7) 貸付利息

後取です。

(8) 貸付方法

一括貸付です。

(9) 返済方法

住宅ローンに準じますが、多くの銀行は元利均等返済のみです。

(10) 担保・保証

通常、保証会社の保証が必要です。この保証があるため、担保は不要とされます。

(11) 保証料

銀行の指定する保証会社に保証料を支払います。貸付利率に上乗せされるのが一般的です。

システム面

住宅ローンと同様、法人向けの証書貸付などといった通常の貸付と基本的に変わりがありません。「第Ⅱ章第1節3　証書貸付」などを参照してください。

3　カードローン

業務面

(1) 概要

原則、使途が限定されないローンです。貸付の種類でいえば、当座貸越の一種です。個人向けの商品であり、貸付金額は大きくありませんが、ほかの商品に比べて高利率であることなどから、各行とも力を入れている商品です。契約書による申込もできますが、昨今ではインターネット・バンキング（以下、インバン）やATMのみで契約できるよう、申込の利便性を向上させている銀行も多くあります。

(2) 対象者

以下のような条件を満たす個人であることが貸付の条件です。

① 年　　齢

契約時の年齢が満20歳以上、満66歳未満であること。

② 収　　入

安定した収入（勤続年数や年収が一定以上）があること。

③ 保　　証

保証会社の保証が受けられること。

(3) 契　　約

① 契約書

窓口などで申し込むか、必要書類と契約書などを郵送し申し込みます。銀行が所定の審査を行い、問題なければ貸付可能とします。

② インバン

インバンでカードローンに申し込みます。契約書への記入、捺印などは不要です。銀行が所定の審査を行い、問題なければ貸付可能とします。

③ ATM

事前に銀行が所定の審査を行い、契約可能と判断した顧客について、ATMでの取引後などに契約を促し、顧客が応じた場合に貸付可能とするものです。

(4) 資金使途

使途は自由です。ただし、事業性資金には使用できません（*1）。

　　（*1）　たとえば、会社の経営者が個人のカードローンで借りた資金を会社の運転資金などに使用することはできません。

(5) 貸付極度金額

一般に、20万円、30万円、50万円、100万円、200万円、300万円、400万円、500万円といった貸越極度金額が設定されたカードローンが用意されています。たとえば、貸越極度金額が50万円のカードローンでは、顧客は50万円まで自由に借入することができます。

(6) 貸付期間

原則1年～5年ごとに自動更新されます。ただし、顧客の信用状況によっ

ては、更新が認められなかったり、貸付極度金額が減額されたりすることもあります。

(7) **貸付利率**

銀行の定める短期プライムレートを基準とし、これにスプレッドを加えたものが適用されます。変動金利であり、随時、適用利率は見直されます。また、貸越極度金額が少ないほど、適用される利率は高く設定されます。

(8) **貸付利息**

手形貸付のように期間や金額があらかじめ確定しているわけではないため、後取で、総合口座当座貸越の貸越利息積数と同じ考え方で算出します。貸越利息の計算と受入は、毎月特定日などに行う銀行が多いようです。貸越利息計算の考え方は、「第Ⅱ章第1節5　当座貸越の利息計算方法」「第Ⅰ章第3節2　総合口座の貸越利息計算方法」を参照してください。

(9) **貸付方法**

あらかじめ設定された当座貸越限度額まで貸付が行われるので、極度貸付の一種といえます。

(10) **返済方法（返済方式）**

おもな返済方法（返済方式）には、以下の2つがあります。

① **残高スライド方式**

毎月一定日の貸付残高に応じた金額を返済する元利均等返済方式です。たとえば、毎月月末日の貸付残高が20万円以下＝1万円、20万円超50万円以下＝2万円、50万円超100万円以下＝4万円などと決められています。随時返済・随時貸付により、貸付残高が常に変動する商品であり、返済額を覚えやすくするなどの理由により金額を一定とする方式をとっています。

残高スライド方式には、毎月一定日にあらかじめ指定しておいた預金口座から自動引落する方式と、毎月一定日までにカードローン専用口座に返済金額を入金する方式があります。

② **ATMなどで随時返済する方式**

余裕資金ができたときにATMなどで随時返済するものです。

(11) **担保・保証**

通常、保証会社の保証が必要です。この保証があるため、担保は不要とさ

れます。銀行によっては、有担保のカードローンを用意しているところもあります。有担保の場合、無担保に比べて貸越極度金額は相対的に大きく、貸付利率も優遇されます。

⑿　保　証　料

　銀行の指定する保証会社に保証料を支払います。貸付金額が随時増減するため、保証料を一括して前払する方式ではなく、利率に上乗せされるのが一般的です。

システム面

　法人向けの特別当座貸越と基本的に変わりがありません。「第Ⅱ章第1節6　特別当座貸越」を参照してください。

4　教育ローン

業　務　面

⑴　概　　　要

　教育関連資金に限定されるローンです。貸付の種類でいえば、証書貸付、または当座貸越の一種です。

⑵　対　象　者

　以下のような条件をすべて満たす個人であることが貸付の条件です。

　①　年　　　齢

　教育を受ける人の両親または本人で、貸付時の年齢が満20歳以上、満66歳未満。完済時に満71歳未満であること。

　②　収　　　入

　安定した収入（勤続年数や年収が一定以上）があること。

　③　保　　　証

　保証会社の保証が受けられること。

　④　団　　　信

　銀行によっては、団体信用生命保険（団信）に加入できることを条件にす

るところもあります。

(3) **資金使途**

高校、予備校、大学、専門学校などの授業料、入学金、受験料、受験にともなう宿泊費などの教育関連資金が対象です。

(4) **貸付金額**

貸付最低額、貸付最高額、貸付単位額とも、銀行によって一定の差異があります。一例を挙げると、10万円以上、300万円以内、1万円単位です。

(5) **貸付期間**

通常、1年以上、10年以内、1カ月単位です。

(6) **貸付利率**

銀行の定める長期プライムレートを基準とし、これにスプレッドを加えたものを適用します。利率のタイプは、変動金利型(＊1)、固定金利型(＊2)の2つを用意している銀行もありますが、住宅ローンと異なり、多くの銀行では当初選んだ利率のタイプを事後には変更できません。また変動金利型のみという銀行もあります。

(＊1) 通常、年2回利率の見直しがあります。
(＊2) 利率が固定される期間は、貸付完済までの全期間のみなど、バリエーションが少なくなります。

(7) **貸付利息**

後取です。

(8) **貸付方法**

証書貸付型は一括貸付です。当座貸越型は就学期間中に適用され、その期間中は随時貸付とされる商品もあります。

(9) **返済方法**

証書貸付型は元利均等返済(＊3)で、ボーナス支給月などに合わせて年2回、返済金額の増額を併用することができます。当座貸越型は就学期間中の随時返済が可能で、卒業後は証書貸付に切り換えられ、元利均等返済が適用されます。

(＊3) 就学期間中は元金据置が可能な場合もあります。

(10) 担保・保証

通常、保証会社の保証が必要です。この保証があるため、担保は不要とされます。

(11) 保　証　料

銀行の指定する保証会社に保証料を支払います。貸付利率に上乗せされるのが一般的です。

システム面

法人向けの証書貸付、当座貸越などといった通常の貸付と基本的に変わりがありません。「第Ⅱ章第1節3　証書貸付」「第Ⅱ章第1節4　当座貸越」などを参照してください。

5　その他のローン

業務面

(1) 概　　要

個人向けローンの商品には、そのほかにもいろいろな種類があり、商品内容も名称も銀行により、細かな違いがあります。ただし、住宅ローンやリフォームローンなどと大きな違いはないため、概要のみを記述します。

① 　アパートローン

アパート、マンションなど賃貸住宅の建築・取得、増改築、改装などのための資金を貸し付けます。遊休土地の有効活用、相続税対策、不動産投資などに利用されます。

② 　多目的ローン

結婚、旅行、引越、レジャー、育児、医療、冠婚葬祭などの資金を貸し付けます。

③ 　ショッピングローン

家具、家電製品などの耐久消費財を購入する資金を貸し付けます。

④　墓苑ローン

墓石、墓地、仏壇の購入、葬儀費用などの資金を貸し付けます。

⑤　介護ローン

福祉車両、介護ベッドなどの介護関連機器を購入する資金を貸し付けます。

⑥　エコカーローン

ハイブリッドカー、電気自動車などを購入する資金を貸し付けます。

⑦　自動車ローン

乗用車などの購入資金と付帯する費用の資金を貸し付けます。

システム面

法人向けの証書貸付などといった通常の貸付と基本的に変わりがありません。「第Ⅱ章第1節3　証書貸付」などを参照してください。

第 3 節　その他

1　顧客登録

業務面

(1) 概　要

　銀行の基本的な業務のうち、一部の顧客だけが行う貸付業務や外国為替業務などの場合、取引を開始する前に各業務への登録が必要です。おもな各業務への登録の要否は図表Ⅱ-41のとおりです。貸付業務の場合、取引を開始する前に貸付業務の顧客としての登録が基本的に必要です。

図表Ⅱ-41　各業務への登録要否

業務	要否	説　明
預金	要	CIFへの登録があれば、取引が可能です。普通預金の口座開設などでCIFも開設されるため、別途業務への登録は通常、不要です。
貸付	要	貸付業務への登録が必要です。
内国為替	否	基本的に業務への登録がない一見客(注)でも取引が可能です。
外国為替	要	外国為替業務への登録が必要です。ただし、仕向送金、被仕向送金、旅行小切手、外国通貨などの一部の取引は、業務への登録がない一見客(注)でも取引が可能です。

（注）　自行と取引がなく、今後も継続した取引が見込めない可能性が高い顧客を指します。一見客については、登録の手間や再利用の可能性の低さなどから、CIFへの登録を行いません。

> システム面

　CIFファイルそのものではありませんが、CIFファイルへ顧客が登録されていることを前提とし、貸付業務の大半の取引の取引可否を制御するものに業務ファイル（業務マスタ）があります。ここでは貸付業務の顧客登録の取引遷移、取引種類、ファイル構成などについて、記述します。

(1) 取引遷移

　一般的な取引遷移は図表Ⅱ-42のとおりです。

図表Ⅱ-42　顧客登録の取引遷移

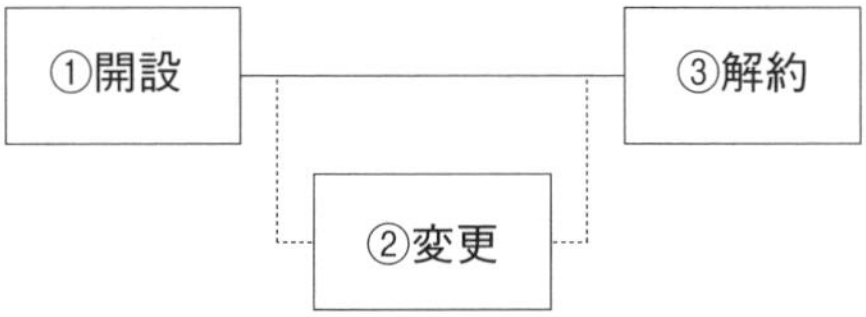

```
①開設 ─────── ③解約
  │
  │
 ②変更
```

(2) 取引種類

　顧客登録には、図表Ⅱ-43に示す取引があります。

　開設取引は、貸付業務固有の顧客情報を入力し、貸付業務ファイルに登録します。変更取引では業務固有の顧客情報の変更を行います。解約取引は顧客の貸付業務のすべての取引を終了（手形貸付などの回収）した後で最後に業務を解約するものです。システム的には貸付業務のすべての取引が終了していないと解約できないようにチェックを行っています。解約された顧客は貸付業務から論理的に削除され、一定期間経過後に物理削除されます。

(3) 貸付業務ファイル

　顧客の業務基本情報を管理する貸付業務ファイルの論理的な構成について記述します（図表Ⅱ-44参照）。

　① 基本レコード

　開設取引で追加されます。キーは店番、CIF番号です。顧客の貸付業務に関する基本情報を保持します。具体的な項目は、主力区分（メイン、準メイン、その他など）、所管（法人営業部、審査部、営業店など）、債務者区分（正常

図表Ⅱ-43　顧客登録の取引

取引名	概　要	おもな経路など
開設	・顧客の貸付業務に関する基本情報を入力し、顧客を貸付業務に新規登録します。主力区分、所管、債務者区分、貸付取引開始日などを入力します。 ・入力された顧客を貸付業務ファイルに登録します。 ・CIFファイルの業務INDEXレコードの貸付業務の業務有無を有に更新します。	営業店端末、本部端末
変更	・顧客の貸付業務に関する基本情報を変更します。	営業店端末、本部端末
解約	・顧客との貸付業務のすべての取引を終了した後に業務を解約（閉鎖）します。 ・後述する貸付業務ファイルの基本レコードのステータスを解約済にします。 ・CIFファイルの業務INDEXレコードの貸付業務の業務有無を無に更新します。	営業店端末、本部端末

図表Ⅱ-44　貸付業務ファイルの構成

貸付業務開設時に基本レコードを作成

先、要注意先（要管理先）、要注意先（要管理先以外）など）、ステータス（活動中、解約済、移管済）などがあります。この基本レコードがないと、貸付業務の取引を行うことはできません（住宅ローンの試算照会など一部取引を除きます）。

② **振替口座レコード**

おもに法人で取引時に入出金で使用する預金口座が顧客から業務ごとに指定されている場合に追加します。キーは連続番号（1からの連番）とします。預金口座を特定するための店番、科目（当座、普通）、口座番号といった項目を保持します。

③ **取引INDEXレコード**

取引開始時（手形貸付、証書貸付などの実行取引）に、1件追加されます（ステータス＝「取引中」）。取引終了時（手形貸付、証書貸付などの回収取引）に、当該レコードを更新します（ステータス＝「取引終了」）。キーは店番、科目、取引番号です。データとして、ステータス（活動中、解約済、移管済）、取引日、取引金額などを保持します。この取引INDEXレコードにより、当該顧客の取引すべての状況が管理され、取引INDEXがすべて取引終了でなければ、CIFの解約はエラーとするチェックに使用します。

最後に各レコードの追加更新要領について、図表Ⅱ-45に記述します。

図表Ⅱ-45　各レコードの追加更新要領

取引	貸付業務ファイルの各レコード		
	基本	振替口座	取引INDEX
開設	1件追加	―	―(注3)
変更	1件更新(注1)	1件更新(注2)	―(注3)
解約	1件更新	―(注4)	―(注3)

（注1）　変更の場合、基本レコードに管理する項目の更新がなくても基本レコードの最終更新日を更新します。
（注2）　各レコードで管理する項目の更新があったときのみ更新します。
（注3）　顧客登録の取引では追加しません。手形貸付の実行取引などで追加します。
（注4）　解約の場合、基本レコードのステータスを「解約済」に更新し、それ以外のレコードは更新しません。

2　与信管理

業務面

(1) 概　要

顧客単位に貸付種類別、稟議種類別に与信残高（貸付残高）などの与信情報を管理します。以下では、貸付業務における貸付の概要について述べ、その後、与信管理について記述します。

(2) 貸付種類

図表Ⅱ－46に貸付の種類を示します。

図表Ⅱ－46　貸付の種類

資金移動の有無	貸付種類	
資金移動をともなう貸付	手形割引	
	貸付金	手形貸付
		証書貸付
		当座貸越など
	信用保証協会保証	
	代理貸付	
資金移動をともなわない貸付	債務保証	

①　手形割引

商品代金などの対価として受領した手形を、資金繰りの関係で手形期日の前に、顧客が銀行に裏書譲渡し、資金化（現金化）するものです。銀行は手形割引日〜手形期日までの利息（割引料）を差し引いたうえで、貸付資金を顧客に支払います。銀行は手形期日に手形の振出人からの支払を貸付資金の返済に充当します。万が一、手形が不渡りとされた場合には、顧客は手形を買い戻すことで、貸し付けられた資金を銀行に返済する義務があります。

② **手形貸付**

顧客から借用書として約束手形の差入を受けることにより、資金の貸付を行います。1年以内の短期資金の貸付に用いられます。資金の使途は限定されます。おもに事業者向けの貸付に使われています。

③ **証書貸付**

顧客から証書（金銭消費貸借契約証書）の差入を受けることにより、資金の貸付を行います。1年超の長期資金の貸付に用いられます。手形貸付と同様、資金の使途は限定されます。事業者向けの貸付だけではなく、住宅ローンなど、個人向けの貸付にも幅広く使われています。

④ **当座貸越など**

当座預金の残高がマイナスになっても、あらかじめ定められた当座貸越限度額以内であれば、当座預金からの出金を可能とするものです。事業者向けの貸付には当座貸越のほか、特別当座貸越、コミットメントラインなどがあります。個人向けの貸付では、総合口座当座貸越、カードローンが代表的です。

⑤ **信用保証協会保証**

信用力が弱いなどの理由により、単独では銀行など金融機関から貸付を受けられない中小企業・小規模事業者などの債務の支払を信用保証協会が銀行など金融機関に対して保証することで、貸付を容易にします。顧客が債務不履行の場合には、信用保証協会が銀行など金融機関に債務を支払う（代位弁済）ので、銀行など金融機関の貸倒リスクなどは限定的です。

⑥ **代理貸付**

政府系金融機関などによる貸付で、代理店である銀行などの金融機関を通して貸付を行います。銀行など金融機関自体の貸付ではないため、貸倒リスクなどがありません。自身の貸付限度を超えているなどの理由で銀行など金融機関自体が貸付できない場合でも、代理貸付により顧客の資金ニーズに応えることができます。

⑦ **債務保証**

債務保証は、第三者に対して顧客に債務履行能力があることを銀行が保証するものです。資金を貸し付けることはなく、銀行は顧客から保証料を徴求

するだけですが、万が一、顧客が債務不履行に陥った場合には、代わりに銀行が債務を履行する義務が生じます。

(3) **稟議種類**

貸付を実行するにあたっては、事前に当該貸付についての稟議の決裁を受ける必要があります。決裁を受ける稟議種類は図表Ⅱ-47のとおりです。この稟議種類は貸付残高などの与信情報を管理するための項目でもあります。

図表Ⅱ-47　稟議種類

貸付金額	稟議種類	決裁者	貸付方法
一定金額超	個別稟議	本部審査部門	一括貸付、限度貸付
	極度稟議	同上	極度貸付
一定金額以下	店内稟議(注)	支店長	一括貸付、限度貸付、極度貸付

(注) 本部の審査部門ではなく、貸付を実行する支店の支店長の決裁で貸付を実行できるものです。店長稟議、裁量内稟議、裁量内などと呼ばれます。貸付種類、貸付を実行する顧客などに応じて決裁できる上限金額が決まっています。この支店長が決裁できる上限金額は営業店の規模、格などによっても大小があります。たとえば、住宅地などの小規模店舗の上限金額は小さく、中心地などにある大規模店舗の上限金額は大きく設定されています。上限金額を超えた場合には、本部審査部門の決裁が必要です。

(4) **与信情報の管理**

顧客単位に貸付種類別、稟議種類別に与信残高（貸付残高）などの与信情報を管理しています（図表Ⅱ-48参照）。

> **システム面**

与信管理には、極度貸付の極度枠を登録する極度登録、与信残高などの管理が必要な与信取引のたびに与信金額（貸付金額）を加減算する残高更新、貸付種類別・稟議種類別の残高を照会する残高照会などといった機能があります。

(1) **取引遷移**

一般的な取引遷移は図表Ⅱ-49のとおりです。

(2) **取引種類**

与信管理には、図表Ⅱ-50に示す取引があります。

図表Ⅱ-48　与信情報の管理例

貸付種類	稟議種類(注1)	与信残高(注2)
手形割引	個別稟議	個別稟議残高（信用保証協会保証残高）
	極度稟議	極度稟議残高（信用保証協会保証残高）
	店内稟議	店内稟議残高（信用保証協会保証残高）
手形貸付(注3)	個別稟議	個別稟議残高（信用保証協会保証残高、輸出前貸残高、輸入ハネ残高）
	極度稟議	極度稟議残高（信用保証協会保証残高、輸出前貸残高、輸入ハネ残高）
	店内稟議	店内稟議残高（信用保証協会保証残高、輸出前貸残高、輸入ハネ残高）
証書貸付	個別稟議	個別稟議残高（信用保証協会保証残高）
	店内稟議	店内稟議残高（信用保証協会保証残高）
当座貸越(注3)	極度稟議	極度稟議残高（信用保証協会保証残高、輸出前貸残高、輸入ハネ残高）
特別当座貸越	極度稟議	極度稟議残高（信用保証協会保証残高）
コミットメントライン	極度稟議	極度稟議残高
信用保証協会保証(注4)	個別稟議	個別稟議残高
	極度稟議	極度稟議残高
	店内稟議	店内稟議残高
代理貸付	個別稟議	個別稟議残高
	極度稟議	極度稟議残高
	店内稟議	店内稟議残高
債務保証	個別稟議	個別稟議残高（信用保証協会保証残高）
	店内稟議	店内稟議残高（信用保証協会保証残高）

(注1)　証書貸付や債務保証には極度稟議がないなど、貸付種類によっては、極度稟議がない銀行もあります。名称も極度貸付は極度内、極度扱いなど、個別稟議は、個別内、個別扱いなどと銀行によって違いがありますが、基本的な考えはほぼ同じです。
(注2)　括弧内の残高は内数として残高管理する残高です。
(注3)　外国為替業務の輸出入取引にかかわる輸出前貸、輸入ハネ分の残高も内数として管理します。
(注4)　稟議種類別の合計金額を管理すると同時に、手形貸付、証書貸付などの貸付種類別に、信用保証協会保証分の残高も内数として残高管理します。

図表Ⅱ-49　与信管理の取引遷移

① 各取引 → ② 極度登録 → ③ 与信残高照会 → ④ 与信予定照会

図表Ⅱ-50　与信管理の取引

取引名	概　要	おもな経路など
各取引	・各与信取引で入力される稟議種類（個別稟議、極度稟議、店内稟議）によって、稟議種類ごとに分別管理される与信残高を更新します。詳細は後述します。 ・稟議種類に極度稟議を入力した取引で、与信残高が増加する場合には、取引に応じた極度種類の極度が登録されているか、増加後の金額が極度額を超過しないか、極度の有効期限は期限内かなどのチェックを行い、与信残高を加算します。 ・稟議種類に極度稟議を入力した取引で、残高が減少する場合には、極度貸付の与信残高を減算します。 ・稟議種類に極度稟議以外を入力した取引では、与信残高が増減する場合には、当該与信残高を加減算します。 ・各取引の遷移は、後述する各取引の取引遷移を参照してください。	営業店端末、本部端末など
極度登録	・極度種類（手形割引、手形貸付、当座貸越、特別当座貸越、コミットメントラインなど）別に、貸付の上限金額である極度額、極度の有効期限などを顧客単位に登録します。 ・極度が不要になった顧客については、極度を削除します。	営業店端末
与信残高照会	顧客単位に、貸付種類、稟議種類ごとに管理されている現在の与信残高を、登録されている極度情報とともに表示します。	営業店端末、本部端末
与信予定照会	未来日付を指定し、取引ごとに管理されている指定日付時点での与信予定残高を、登録されている極度情報などとともに表示します(注)。	営業店端末、本部端末

(注)　与信予定照会の例は図表Ⅱ-51のとおりです。

(3) 貸付業務ファイル

　顧客の与信残高などの与信管理情報は、貸付業務ファイルの配下にあるレコードで管理されます。貸付業務ファイルの論理的な構成について記述します（図表Ⅱ－52参照）。

　① **基本レコード**

　貸付業務の顧客登録の開設取引で追加されます。詳細は「第Ⅱ章第3節1　顧客登録」を参照してください。

　② **与信管理レコード**

　各与信管理レコードとも、与信管理レコードが存在しない場合に同レコードを追加します。キーは業務（手形割引、手形貸付、証書貸付、当座貸越、債務保証など）とします。それぞれ、極度額、有効期限、稟議種類別の残高である個別稟議残高、極度稟議残高、店内稟議残高、マル保貸付残高（信用保証協会保証の貸付残高）などの項目を保持します。

　最後に各レコードの追加更新要領について、図表Ⅱ－53に記述します。

(4) 取引ごとの与信残高の更新

　各与信取引で入力される稟議種類（個別稟議、極度稟議、店内稟議）にしたがって、稟議種類ごとに分別管理されている与信残高を増減します。詳細は図表Ⅱ－54のとおりです。

図表Ⅱ-51　与信予定照会の例

```
              本日
              4/24 5/1      6/1      7/1      8/1
               ▼  ▼       ▼       ▼       ▼
①手形貸付
  貸付金額＝100万円            ┌─①手形貸付──────────┐
  実行日＝5/1（先日付）
  期日＝8/1
②手形貸付
  貸付金額＝200万円     ┌─②手形貸付─────────────────┐
  実行日＝3/1
  期日＝10/1
③手形貸付
  貸付金額＝500万円     ┌─③手形貸付────────┐
  実行日＝3/1
  期日＝7/1
```

・4/24 に、4/30を指定して、与信予定照会を行うと、
　与信予定残高＝②200万円＋③500万円＝700万円
・4/24 に、5/2を指定して、与信予定照会を行うと、
　与信予定残高＝①100万円＋②200万円＋③500万円＝800万円
・4/24 に、7/2を指定して、与信予定照会を行うと、
　与信予定残高＝①100万円＋②200万円＝300万円
・4/24 に、8/2を指定して、与信予定照会を行うと、
　与信予定残高＝②200万円＝200万円

図表Ⅱ-52　貸付業務ファイルの構成

貸付業務開設時に基本レコードを作成

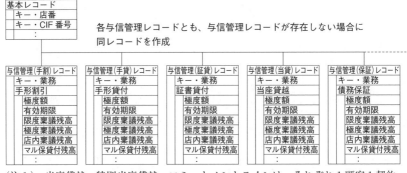

（注1）　当座貸越、特別当座貸越、コミットメントラインは、それぞれ1顧客1契約の想定です。
（注2）　マル保貸付とは、信用保証協会保証付貸付のことです。

図表Ⅱ-53　各レコードの追加更新要領

取引	貸付業務ファイルの各レコード	
	基本	与信管理
各取引	1件更新	1件追加、または1件更新(注)
極度登録	1件更新	1件追加、または1件更新(注)

(注) 与信管理レコードは存在しない場合に追加し、存在する場合には更新します。

図表Ⅱ-54　取引ごとの与信残高の更新

貸付種類	取引種類	増減（与信内容）
手形割引	実行	増加（割引手形）
	資金回収、買戻	減少（割引手形）
手形貸付	予定登録済実行、実行	増加（手形貸付）
	一部返済、全額返済	減少（手形貸付）
証書貸付	予定登録済実行、実行	増加（証書貸付）
	一部返済、全額返済	減少（証書貸付）
当座貸越、特別当座貸越、コミットメントライン	貸越（出金）	増加（当座貸越など）
	返済（入金）	減少（当座貸越など）
債務保証	実行、増額	増加（債務保証）
	一部解除、全額解除	減少（債務保証）

(注) 住宅ローン、カードローンなどの個人向け商品、信用保証協会保証付貸付、代理貸付などはすべてそれぞれの貸付種類によります。

3 貸付方法

業務面

(1) **貸付方法の種類**

貸付をどのように行う（実行する）か、その方法は図表Ⅱ-55のように分類されます。

図表Ⅱ-55 貸付方法の種類

貸付方法		内容	貸付の例
一括貸付		貸付金額を一括して、貸し付けるものです。	手形割引、手形貸付など
随時貸付		貸付金額を顧客の資金ニーズにより、随時貸し付けるものです。	当座貸越など
分割貸付		貸付金額（総額）を分割して、貸し付けるものです。	―
	限度貸付	一定の契約期間内に一定金額（限度額・限度枠）を、任意の金額、任意のタイミングで貸し付けるものです。返済していても、貸付金額が限度額に達すれば、それ以上の貸付は行われません。	複数の手形貸付、複数の証書貸付など
	極度貸付	一定の契約期間内に一定金額（極度額・極度枠）を上限とし、任意の金額、任意のタイミングで貸し付けるものです。返済すると、その分の金額は再び貸付が可能とされます。	複数の手形割引、複数の手形貸付など

① **一括貸付**

法人、個人を問わず、一括して資金を貸付することが多くあります。

② **随時貸付**

法人の場合、当座貸越、特別当座貸越、コミットメントラインなどがあり、個人の場合、カードローンや総合口座当座貸越が代表的です。

③ 限度貸付

個人では基本的にありません。法人のなかでも信用力があり、貸付頻度の高い顧客に使用されます。

④ 極度貸付

個人では基本的にありません。法人の中でも信用力があり、貸付頻度の高い顧客に使用されます。

(2) 限度貸付と極度貸付

限度貸付と極度貸付の一番の違いは、返済された金額を再度、貸付に使うことができるか否かです（図表Ⅱ-56参照）。

図表Ⅱ-56　限度貸付と極度貸付

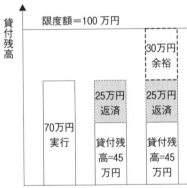

[限度貸付]

25万円返済しても、その25万円は再度貸付に回されず、残り30万円しか貸付できない。

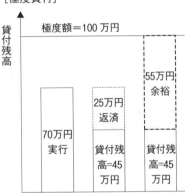

[極度貸付]

25万円返済すると、その25万円が再度貸付に回され、残り55万円を貸付することができる。

　限度貸付では、返済した金額を再度貸付に充当することはできず、返済の有無、金額に関係なく、貸付できる金額は限度額（上記例では、100万円）までに制限されます。限度貸付の代表的な例としては、複数の手形割引取引、複数の手形貸付取引などを1つの限度貸付で管理する場合などがあります。

　これに対して、極度貸付では、返済した金額を再度貸付に充当することができるため、極度額から貸付残高を引いた金額を貸付することができます。

返済がある場合、貸付できる累計金額は極度額（上記例では、100万円）を超えます。極度貸付の代表的な例としては、複数の手形割引取引、複数の手形貸付取引などを1つの極度貸付（極度枠）で管理する場合や当座貸越などがあります。

(3) **貸付方法と稟議**

　貸付申込の頻度が低い（顧客の資金需要が少ない）、過去の貸付実績が少ない、あるいは信用力が一定以下などの場合、貸付契約（案件）についての稟議は契約ごとに行うのが一般的です。このような稟議を通常「個別稟議」と呼びます。

　貸付を実行するには、貸付申込から稟議・決裁といった各種手続が必要で、相応の時間が掛かります。しかし恒常的に貸付の需要がある顧客の場合、貸付一契約ごとに都度実施するのは事務負担が大きく、また資金提供が機動的に行えないといった難点があります。そこで過去に貸付実績が一定以上あり、信用力のある顧客の場合は、一定期間内に一定金額を任意の金額、任意のタイミングで貸し付けることが可能な限度貸付や極度貸付を行います。そのための稟議を、それぞれ、限度稟議、極度稟議と呼びます。

◉ システム面

　貸付方法は、貸付を実行する場合の資金の貸付方法であり、手形貸付、証書貸付、当座貸越などといった貸付取引そのものではないため、「第Ⅱ章第3節2　与信管理」、各取引などを参照してください。

4 | 返済方法

◉ 業務面

(1) **返済方法の種類**

　貸付をどのように返済するか、その方法は図表Ⅱ－57のように分類されます。

図表Ⅱ-57　返済方法の種類

返済方法		内　容	貸付の例
一括返済		資金を一括して、返済するもの。利息は元本と期日に一括して支払う場合と、利息のみ毎月支払う場合がある。	手形割引、手形貸付、証書貸付など
随時返済		返済の時期の指定がなく、返済資金ができたときに自由に返済するもの。	当座貸越など
分割返済		貸付金額（総額）を分割して、返済するもの。	—
	元利均等返済	元金と利息の返済合計額を一定金額（均等）にして、毎回返済するもの。	おもに個人向け証書貸付（住宅ローン）など
	元金均等返済	元金の返済を一定金額（均等）とし、返済額に応じた利息を加えて、毎回返済するもの。	おもに法人向け証書貸付など
繰上返済		返済期日前に返済するもの。貸付金額の一部を返済する場合と、貸付金額の全額を返済する場合がある。	おもに個人向け証書貸付（住宅ローン）など

① **一括返済**

法人向け貸付に多い返済方法です。個人向けでは一般的ではありません。

② **随時返済**

カードローンや当座貸越、総合口座の貸越などで余裕資金ができたときに随時返済する方法です。

③ **元利均等返済**

個人向け貸付（住宅ローン、自動車ローンなど）は、返済金額が一定でわかりやすく、返済計画を立てやすいことから、大半がこの返済方法です。

④ **元金均等返済**

法人向け貸付に多い返済方法です。個人向けでは一般的ではありません。

⑤ **繰上返済（期日前返済）**

個人向け貸付で一般的です。ただし、事務手数料などがかかる場合があります。法人向け貸付では一般的ではありません。事務手数料のほか、違約金

(損害金)などを徴求されることもあります。

(2) 元利均等返済

元利均等返済は、分割返済での返済方法の1つとして一般的です。住宅ローンをはじめ、各種の個人向けローンで利用されています。図表Ⅱ-58に例示します。条件は、貸付元金＝100万円、返済期間(回数)＝5カ月(5回)、年利率＝3%(月利率＝0.25%)とします。

図表Ⅱ-58 元利均等返済の例

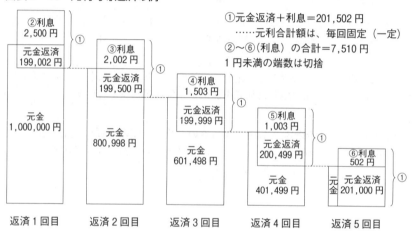

元利均等返済は毎回の返済金額(元金＋利息)が一定(固定)であることが最大の特徴です。元金返済部分と利息部分の金額は各回それぞれ変動していますが、その合計である①の元利合計額は各回とも変わりません。毎月の返済額を計算する式は以下のとおりです。

毎月の元利返済額＝元金×(年利÷12)
　　　　　　　　÷[1－｛1＋(年利÷12)｝^(－返済回数)] ……(A)
（「^」は、べき乗の意）

毎月の利息額　　＝元金×(年利÷12) ……(B)

毎月の元金返済額＝(A)－(B)

なお、後述する元金均等返済と比べて、元利均等返済には以下のようなメリットとデメリットがあります。

- メリット……毎回の返済金額が一定であるため、わかりやすく、返済計画が立てやすくなります。
- デメリット……返済当初は利息部分が大きい（元金返済部分は小さい）が、返済が進むにつれて、元金返済部分が大きくなります。したがって元金均等返済に比べて、支払う利息が多くなり、その結果、返済総額が多くなります。

(3) 元金均等返済

元金均等返済は分割返済での返済方法の１つとして、おもに法人向けの貸付で利用されています。前述の元利均等返済と条件は同一にして、図表Ⅱ－59に例示します。条件は、貸付元金＝100万円、返済期間（回数）＝５カ月（５回）、年利率＝３％（月利率＝0.25％）とします。

図表Ⅱ－59　元金均等返済の例

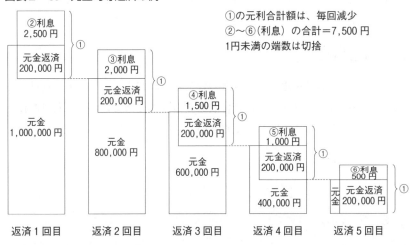

①の元利合計額は、毎回減少
②～⑥（利息）の合計＝7,500円
1円未満の端数は切捨

元金均等返済は毎回の返済金額のうち、元金返済額が一定（固定）であることが最大の特徴です。元金返済額は一定ですが、利息が徐々に減っているため、その合計である①の元利合計額も減っています。毎月の返済額の計算式は以下のとおりです。

　　毎月の元本返済額＝元本÷返済回数……（A）

毎月の利息額　　　＝元本×（年利÷12）……（B）
毎月の元利返済額＝（A）＋（B）

なお、前述の元利均等返済と比べて、元金均等返済には以下のようなメリットとデメリットがあります。

・メリット……毎回の元金が固定されており、元金部分の減少が元利均等返済に比べて早くなります。このため、支払利息も少なくなり、返済総額も少なくなります。
・デメリット……返済当初は元金返済部分も利息部分も大きいため、当初の負担が重くなります。

前述の例で元利均等返済と元金均等返済の利息額を比べると、元利均等返済＝7,510円に対して、元金均等返済＝7,500円と差異があります。この例では金額が小さく、期間も短いため、大きな差は出ていませんが、かりに3,000万円を30年、年利3％で比較した場合、元金均等返済では、約200万円の利息を節約できます。

システム面

返済方法は、貸付を返済する場合の資金の返済方法であり、手形貸付、証書貸付、当座貸越などといった貸付取引そのものではないため、取引遷移や取引種類は、それらを参照してください。

第Ⅲ章

内国為替業務

第1節 全銀システム

　全銀システムは、正式には「全国銀行データ通信システム」といいます。2010年10月から一般社団法人全国銀行資金決済ネットワークが運営しています。銀行（ゆうちょ銀行、外国銀行を含む）、信用金庫、信用組合、系統金融機関（農業協同組合、漁業協同組合など）といった、ほぼすべての民間金融機関と日本銀行が参加しています（2016年12月末時点で、1,296金融機関、3万1,564店舗）。処理能力は1日あたり2,000万件とされています。図表Ⅲ－1に全銀システムと日銀ネットについて、図示します。

図表Ⅲ－1　全銀システムと日銀ネット

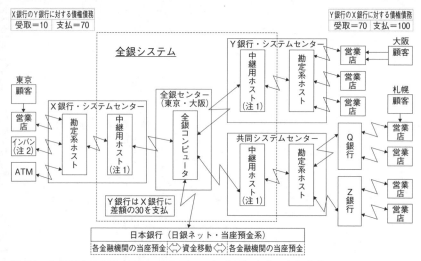

（注1）　中継用ホストは、リレーコンピュータ（RC）ともいわれます。
（注2）　インバン＝インターネット・バンキング。

　全銀システムは全国の金融機関をオンラインで結び、顧客からの振込を振込先の口座に即日（＊1）入金し、かつ金融機関同士の決済も即日行うシステム

です。

（＊1）　9時～15時までに振込の場合、15時以降は翌営業日の扱いですが、2018年後半に73の銀行で平日は原則24時間、他行宛振込が可能となる予定です。

　1973年に登場したシステムで、参加している金融機関の中には古い端末やプログラムを使い続けているところもあるため、古くからの制約（半角カナ、半角英数、一部半角記号のみ(＊2)）も残存しています。

（＊2）　半角カナのうち、「ッ」「ャ」「ュ」「ョ」「ヲ」「・」は使えません。半角記号のうち、「¥」「,」「.」「(」「)」「-」「/」のみ使えます。

　2011年11月より、第6次システムが稼働しています。第6次システムでは、SOA（Service-Oriented Architecture）、XML（ISO20022）、TCP/IP・IP-VPNが採用され、1億円以上の大口取引の即時グロス決済化なども実現されています。

　全銀システムの処理内容と稼働時間帯は以下のとおりです。
① 他行宛の振込依頼を受付し、即日処理し、振込先口座に入金します。
　　処理可能時間帯は、月末営業日＝7：30～16：30、月末営業日以外の営業日＝8：30～15：30。
　　2018年後半からは73の銀行で平日は原則24時間可能となる予定です。
　　窓口での受付分（15時まで）は、人が手で処理する時間が必要であるため、長めに設定されています。
② 相手の金融機関に対する債権債務の金額を累計し、日銀に通知します。
　　通知時間は、月末営業日＝16：50頃、月末営業日以外の営業日＝15：50頃。
③ 各金融機関同士の債権債務累計の差額を日銀の当座預金で決済します。
　　決済時間は、月末営業日＝17：15頃、月末営業日以外の営業日＝16：15頃。

　顧客の口座間の決済は即時に行われますが、金融機関同士の決済は債権債務の差額で決済しています。決済リスク回避のため、仕向超過額（債務－債権）は仕向超過限度額（各金融機関が全国銀行資金決済ネットワークに差し入れた担保と保証の合計額）を超えることはできません。

第 2 節　日銀ネット

　日銀ネットは正式には「日本銀行金融ネットワークシステム」といい、民間の金融機関と日銀の間を繋ぎ、民間の金融機関が日銀に預けている当座預金を使って、おもに全銀システム、手形交換、および外国為替取引に起因する債権債務(*1)についての資金決済をオンラインで処理するネットワークシステムです。日銀ネットと全銀システムについては、前節の図表Ⅲ－1を参照してください。

　　(*1)　外国為替取引の債権債務を国内の金融機関同士が日本円で決済（外為円決済）する場合に使用します。

　当座預金を使うところから、当座預金系に分類されます。なお、日銀ネットには当座預金系のほか、国債にかかわる国債系もあります。
　2015年10月にISO20022、XML電文などに対応し、最新かつ汎用性が高い情報処理技術を採用することにより、決済の安全性・効率性を向上させた新日銀ネットが全面稼働しています。2016年2月15日からは夜間の稼働時間がさらに延長（19時→21時）されています。

第 3 節　手形交換制度

　手形交換制度とは、銀行などの金融機関が手形・小切手を交換し、資金を決済する制度をいいます（図表Ⅲ－2参照）。

図表Ⅲ－2　手形交換制度の概要

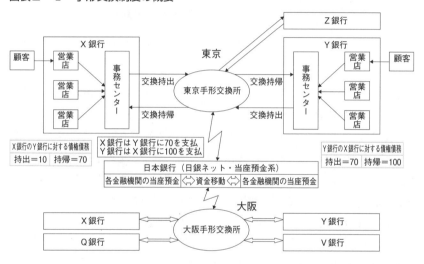

　手形・小切手は通常、振出人（約束手形、小切手の場合）が支払をすることによって、はじめて資金化（現金化）されます。資金化のためには、手形・小切手を振出人に呈示する必要がありますが、債権者と債務者がごく狭い地域に都合よく存在することはほとんどなく、全国規模で資金決済が行われている現代においては企業や個人が個別に手形・小切手を呈示し、決済するのは不可能です。

　これは銀行などの金融機関にとっても同じです。手形・小切手の呈示と決済を個別に行うのではなく、決まった場所・時刻に金融機関が集まり、自身以外が支払場所である手形・小切手を当該金融機関に渡し（*1）、かつ自身が

支払場所である手形・小切手を受け取る(*2)のが、手形交換所です。

　(*1)　手形持出、あるいは交換持出といいます。
　(*2)　手形持帰、あるいは交換持帰といいます。

　なお、資金の決済は、かつては銀行間の債権債務の差額（手形交換尻、交換尻）で決済（時点ネット決済）していました。しかし現在では、システミックリスク(*3)を回避するために、毎営業日12：30から１件ごとに即時グロス決済（RTGS：Real-Time Gross Settlement）(*4)を行っています。

　(*3)　債務を負う銀行が支払不能に陥ると、債権を受け取り、それを別の債務の支払に充当しようとしていた銀行も連鎖的に支払不能に陥るというリスクをいいます。一時点で受取と支払の差額のみ決済する、時点ネット決済により発生する可能性があります。
　(*4)　取引の都度、１件ずつ個別に決済を行う方法で、2001年から日銀での決済方法に採用されています。

　手形交換所は全国に184箇所あり（2016年12月末現在、全国銀行協会HPより）、１つの都道府県に１つ（東京、横浜など）の場合もあれば、複数（北海道、鹿児島など）ある場合もあります。通常は各都道府県の銀行協会の所在地と同じ場所にありますが、小規模な交換所の場合、その地域で有力な金融機関の支店内にあることもあります。参加している金融機関は、普通銀行のほか、信託銀行、信用金庫、信用組合、外国銀行などです。

　手形・小切手にはどこの手形交換所で交換されるかを示す支払場所（手形・小切手券面上に記載されている銀行・支店により決まります）が印刷されており、東京の手形交換所で交換される手形・小切手は「東京交換」、横浜の手形交換所で交換される手形・小切手は「横浜交換」、あるいは「浜手」（はまて）などと呼ばれます。手形交換所で交換されるのは、手形・小切手が大半ですが、株式の配当金領収書や利付国債の利札なども交換されます。

　なお、手形には印紙税がかかるほか、保管や輸送の手間がかかるため、近年は無手形による支払が主流になり、利用が減っています。手形の、全国における１日の平均交換高は、ピークの1990年には19兆4,000億円でしたが、2016年11月には１兆5,980億円強と、12分の１以下に減少しています。

第4節　電子記録債権制度

1　電子記録債権制度とは

電子記録債権とは

　金銭債権（民法第402条、金銭の支払を目的とする債権）には、指名債権（売掛債権など）や手形などがあり、これらは譲渡や割引により、企業などの資金調達手段として使われています。しかし、指名債権には、債権の存在や帰属を確認する手間・コストや二重譲渡のリスクがあり、手形にも作成・保管のコストや紛失・盗難のリスクがあります。

　企業のIT化が進展する中、これらの問題点を克服し、取引の安全性・流動性を確保することで、事業者の資金調達の円滑化などを図るべく、金銭債権の電子化が構想されました。これを受け、電子記録債権法（2008年12月施行）に基づいて創設されたのが電子記録債権制度です。

　電子記録債権は、単に手形や指名債権（売掛債権など）を電子化したものではなく、前述の問題点を克服した新しい金銭債権です。2014年2月からは日銀の資金供給の担保にされています。ここでは、従来の手形との対比において、電子記録債権の特徴を記述します（図表Ⅲ-3参照）。

(1)　**手形のデメリット**

　手形は紙媒体であるため、さまざまな制約があります。手形の振出側は手形用紙を保管・管理、手形を振出（作成）して、手形の受取人（債権者）に送付し、手形期日（支払期日）までに手形の額面金額を決済口座に用意するといった行為が必要です。一方、手形の受取側は（手形を割引・裏書譲渡しない場合）、受け取った手形を保管・管理し、手形期日を含めた3日間の呈示期間内に呈示する必要があります。また実際に手形の取立を行う銀行にとっても、各支店から手形を集め、手形を保管・管理し、手形交換所で手形を交

図表Ⅲ-3　手形と電子記録債権の比較

コスト・リスクなど	手　形	電子記録債権
作成・送付	紙媒体を作成・送付	電子データの送受信などにより発生
保管・管理	紙媒体で保管・管理	電子データで保管
紛失・盗難リスク	あり。紛失・盗難時の手続負担大	なし。電子債権記録機関の記録原簿による管理
譲渡	裏書譲渡による譲渡	電子データの送受信などにより発生
分割	不可	可。電子データの送受信などにより発生
印紙税	課税	非課税
期日管理・取立手続	要。呈示期間内に呈示要	不要。支払期日に自動的に入金

換して、決済口座から資金を引き落とす必要があります。引落ができない場合には不渡りである旨、取立銀行に連絡しなければなりません。

(2)　**電子記録債権のメリット**

　これに対して、電子記録債権は電子データであるため、手形のような問題はないか、あってもごく小さいものです。たとえば、作成・送付は電子データの送受信などにより発生し、保管・管理も電子データで行われ、さらに印紙税は非課税のため、手間もコストも軽微です。後述する電子債権記録機関の記録原簿によって管理されますので、紛失・盗難のリスクもありません。受取側からしても、支払期日に自動的に資金が入金されるため、期日管理や取立手続も必要ありません。もちろん、電子記録債権は手形の持つ利点も併せ持っているため、譲渡や割引も可能であり、従来の手形では不可能な分割（必要な金額分のみ分割して、譲渡・割引すること）もできます。また銀行にとっても、ほぼすべてが電子データで管理できるため、事務コストが大幅に軽減されます。

　このように電子記録債権は手形や指名債権にはないメリットを多く持って

いますが、従来の手形や指名債権の利用を妨げるものではなく、どちらを利用するかは当事者の選択に委ねられます。

電子債権記録機関と提供するシステム

電子債権記録機関は、電子記録債権についての電子的な記録原簿を備え、発生や譲渡といった電子記録を行い、利用者の請求に基づいて、電子記録や債権内容の開示を行う、いわば電子記録債権の登記所ともいうべき存在です。

したがって、公的な性格を強く持ち、電子記録債権制度の中核的な役割を果たすことから、公正性・中立性が求められます。このため、主務大臣（法務大臣および内閣総理大臣（実際は金融庁長官に委任））の指定が必要です。指定を受けた電子債権記録機関は現在5社（2016年11月末現在、金融庁HPより）ありますが、この中でも全国銀行協会が設立した全銀電子債権ネットワークが代表的です。

ここでは、電子記録債権の利用のために全銀電子債権ネットワークが提供している電子記録債権システムである「でんさいネット」（2013年2月18日よりサービス開始）について説明します。

(1) でんさいネットの特徴

でんさいネットの特徴は、図表Ⅲ－4のとおり、3点あります。

図表Ⅲ－4　でんさいネットの特徴

特　徴	内　容
①手形的利用	・手形の振出、裏書譲渡、割引などに相当する利用が可能。
②全銀行参加型	・全国約1,300の金融機関が参加。 ・既存の銀行間決済システムによる確実な資金決済を提供。
③間接アクセス方式	・取引金融機関を経由して、アクセス。 ・書面、インターネット・バンキングなどでの利用が可能。 ・金融機関の創意工夫により、利用者のニーズに合った金融サービスを提供することが可能。

① **手形的利用**

以前から幅広く利用されてきた振出、裏書譲渡、割引といった手形の利用方法を採用しています。また支払期日に電子記録債権が支払われないこと（支払不能(*1)）が、6カ月以内に2回以上あった場合には、取引停止処分(*2)が科されます。

(*1) 手形交換所の不渡りに相当します。なお、不渡りと支払不能は別々の制度ですので、両者は別々にカウントされます。
(*2) 2年間、債務者としてのでんさいネットの利用、ならびに参加金融機関との間の貸付取引を禁止するものです。手形交換所の銀行取引停止処分に相当するものですが、両者は独立しており、支払不能と不渡り各1回だけでは何の処分も受けませんし、一方で取引停止処分を受けたからといって、もう一方でも自動的に取引停止処分を受けることはありません。

② **全銀行参加型**

手形交換制度と同様に、普通銀行のほか、信託銀行、信用金庫、信用組合、外国銀行など、全国約1,300の金融機関が参加(*3)しているので、現在利用している金融機関で利用することが可能です。また既存の銀行間決済システム（全銀システム、日銀ネット）を使用しているため、確実な資金決済が保証されています。

(*3) 各金融機関は、でんさいネットとの業務委託契約に基づいて、業務を受託し、各種サービスを提供します。

③ **間接アクセス方式**

各金融機関が提供しているインターネット・バンキング、ファーム・バンキングなどを経由して(*4)、でんさいネットに間接的にアクセスする方式を採用しています。このため、現在利用している金融機関をそのまま利用できます。また、金融機関の創意工夫により、各金融機関利用者のニーズに合った金融サービスを提供することも可能です。

(*4) 店頭で書面を提出することにより、利用することも可能です。ただし、書面での場合、利用手数料などがインターネット・バンキングなどに比べて、割高に設定されています。

(2) **でんさいネットの利用要件と申込**

このでんさいネットを利用するには、まず一定の要件を満たすことが必要

図表Ⅲ-5　でんさいネットの利用要件

利用要件	内　容
属性要件	・法人、個人事業主、国・地方公共団体のいずれかであること。 ・本邦居住者であること。 ・反社会的勢力に属さないなど、利用者としての適合性に問題ないこと。
経済的要件	・金融機関に決済口座（当座預金、決済性普通預金など）を開設していること。 ・（債務者として利用する場合、）金融機関による審査を経ていること。
利用資格要件	・（債務者として利用する場合、）でんさいネットによる「債務者利用停止措置」中でないこと。 ・破産、廃業などしていないこと。

図表Ⅲ-6　でんさいネット利用申込フロー

です。各要件は、図表Ⅲ-5のとおりです。

　これらの要件を満たしている場合、現在利用している金融機関に利用申込書（*5）を提出し、一定の審査（利用要件の審査）、利用契約締結などを経て、利用が可能になります（図表Ⅲ-6参照）。なお、利用者番号は、1利用者につき、1つの利用者番号が付番（採番）されます。複数の金融機関で、でんさいネットを使用する場合でも利用者が同じであれば、同じ利用者番号を使用します。

　　（*5）　ほかに商業登記簿謄本、印鑑登録証明書、決済口座の届印などが必要な場合があります。

①　顧客は取引銀行に、でんさいネットの利用申込書などを提出し、利用を

申請します。
② 　銀行は申込のあった顧客について利用要件を満たしているかなどを審査し問題がなければ、銀行は利用契約を当該顧客と締結します。
③ 　でんさいネットに利用者登録を依頼します。
④ 　依頼を受けた、でんさいネットは利用者の情報登録などを行って利用者番号を付番します。
⑤ 　でんさいネットから銀行に対して登録完了の通知を行います。
⑥ 　でんさいネットからの連絡を受けた銀行は当該顧客について通知された利用者番号などを登録します。
⑦ 　銀行は当該顧客に利用承認通知を通知し、その後、でんさいの利用が開始されます。

(3) でんさいネットオンライン提供時間

　でんさいネットのオンライン提供時間には、コアタイムが設けられており、金融機関営業日の9時～15時であれば、どの金融機関でも利用が可能です。でんさいネットのオンライン提供時間そのものは7時～24時ですが、金融機関により、この範囲内で利用可能時間帯が設定されています。

2　でんさいの発生（債務者請求方式）

　でんさいネットでは、電子記録債権についての各種取引が可能ですが、ここでは、でんさいの発生（債務者請求方式）について説明します。

　でんさいを発生させる（手形の振出に相当します）場合、債務者が決済口座情報などにより、債権者を特定し、取引金融機関を経由して、発生記録請求を行います。この結果、でんさいネットの記録原簿に「発生記録」が記録されることで、でんさいが発生します（図表Ⅲ-7参照）。でんさいの発生は、この方法（債務者請求方式）によるのが基本です。

　万が一、発生記録に間違い（支払金額や支払期日の相違）がある場合、通知日を含めて、5営業日以内であれば、債務者単独で取消を行うことができます。5営業日を超えた場合、すべての利害関係者（ここでは債権者）の承諾が必要です。

図表Ⅲ-7　でんさいの発生（債務者請求方式）の概要

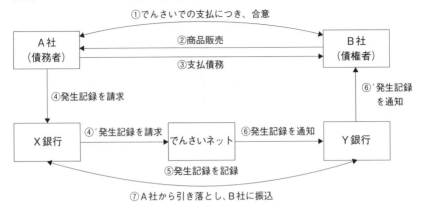

① でんさいを使った支払についてA社（債務者）とB社（債権者）の間で合意します。
② B社はA社に商品を販売します。
③ この商品販売の結果、A社はB社に対して債務（支払債務）を負います。
④〜④′ 債務者であるA社はX銀行のインターネット・バンキング経由で、でんさいに支払金額、支払期日などを入力し、発生記録を請求します。これは手形の振出に相当します。
⑤ 発生記録の請求を受けた、でんさいネットは記録原簿に発生記録を記録します。
⑥〜⑥′ でんさいネットはY銀行に発生記録を通知します。B社はY銀行のインターネット・バンキング経由で発生記録の通知を受けます。
⑦ 支払期日にX銀行にあるA社の口座から支払金額を引き落とし、Y銀行にあるB社の口座に入金します。

3　でんさいの発生（債権者請求方式）

でんさいネットでは、電子記録債権についての各種取引が可能ですが、ここでは、でんさいの発生（債権者請求方式）について説明します。

でんさいを発生させる方法は、前節の債務者請求方式が基本ですが、利用者のニーズに応えるため、債権者請求方式も用意しています(*1)。でんさいを発生させる（手形の振出に相当します）場合、債権者が決済口座情報などにより、債務者を特定し、取引金融機関を経由して、発生記録請求を行います。でんさいネットは、この請求に基づき、債権者の請求内容を債務者に通知します。この通知を受け取った債務者は請求内容に間違いなどがないか確認し、問題なければ、通知日を含めて、5営業日以内に承諾をします(*2)。この承諾により発生記録が成立することで、でんさいが発生します（図表Ⅲ－8参照）。

　　（*1）　この方式は金融機関によっては、取扱していない場合もあります。
　　（*2）　問題がある場合は、5営業日以内に否認(*3)します。
　　（*3）　5営業日以内に否認した場合、または回答しなかった場合、でんさいは発生しません。

図表Ⅲ－8　でんさいの発生（債権者請求方式）の概要

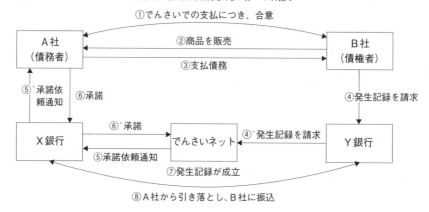

① でんさいを使った支払についてA社（債務者）とB社（債権者）の間で合意します。
② B社はA社に商品を販売します。
③ この商品販売の結果、A社はB社に対して債務（支払債務）を負います。
④〜④′ 債権者であるB社はY銀行のインターネット・バンキング経由で、でんさいに支払金額、支払期日などを入力し、発生記録を請求します。

⑤~⑤′ 発生記録の請求を受けた、でんさいネットはX銀行のインターネット・バンキング経由でA社に対して発生記録の承諾を求めます。
⑥~⑥′ A社はX銀行のインターネット・バンキング経由で発生記録を承諾します。
⑦ A社の承諾を受けて、でんさいネットは記録原簿に発生記録の成立を記録します。
⑧ 支払期日にX銀行にあるA社の口座から支払金額を引き落とし、Y銀行にあるB社の口座に入金します。

4 でんさいの譲渡

　でんさいネットでは、電子記録債権についての各種取引が可能ですが、ここでは、でんさいの譲渡について説明します。
　でんさいを保有している債権者は、そのでんさいを譲渡することで自身の債権者に対する支払に充当することができます。でんさいを譲渡する（手形の裏書譲渡に相当します）場合、譲渡人（債務者）は決済口座情報などにより、譲受人（譲渡人に対する債権者、譲渡先）を特定し、取引金融機関を経由して、譲渡記録請求を行います。この結果、でんさいネットの記録原簿に「譲渡記録」が記録されることで、でんさいが譲渡されます（図表Ⅲ-9参照。ここでは分割譲渡の例を示しています）。なお、でんさいの譲渡に際しては、原則、保証記録も合わせて記録されます。これは手形の担保裏書(*1)と同等の効果を確保するためです。
　手形を裏書譲渡した者は、万が一、振出人の倒産などにより、手形が不渡りになったときは、譲渡した相手方（被裏書人）および、それ以降の手形所持人に対して手形金額を支払う義務を負うことをいいます。

　　(*1)　手形を裏書譲渡した者は、万が一、振出人の倒産などにより、手形が不渡りになったときは、譲渡した相手方（被裏書人）および、それ以降の手形所持人に対して手形金額を支払う義務を負うことをいいます。

① でんさいを使った支払についてA社（債務者）、B社（債権者、譲渡人）、C社（譲受人）の間で合意します。

図表Ⅲ-9　でんさいの譲渡の概要

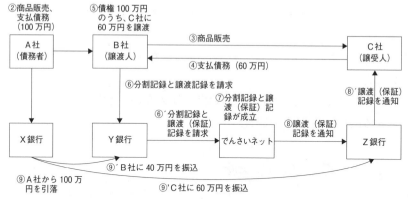

(注)　A社とB社、B社とC社の間の、でんさいの発生は省略。

② B社はA社に商品を販売し、その結果、A社はB社に対して100万円の債務（支払債務）を負います。ここでは、でんさいの発生部分については省略します。
③ C社はB社に商品を販売します。
④ その結果、B社はC社に対して60万円の債務（支払債務）を負います。ここでも、でんさいの発生部分については省略します。
⑤ B社はA社のでんさい100万円のうち、60万円をC社に分割譲渡します。
⑥〜⑥′　譲渡人であるB社はY銀行のインターネット・バンキング経由で分割金額（60万円）などを入力し、分割記録を請求します(*2)。同時に譲受人の情報などを入力し、譲渡記録を請求します。この譲渡記録には原則、保証記録（手形の裏書に相当）が随伴します。

　　(*2)　分割の結果、もともとのでんさいは親債権とされ、債権金額は100万円から60万円に変更されます。分割後の債権は子債権とされ、債権金額は60万円です。親債権と子債権はお互いの記録番号を持ち合うことで紐付けがなされます。

⑦ 分割記録と譲渡（保証）記録の請求を受けた、でんさいネットは記録原簿に分割記録と譲渡（保証）記録を記録します。
⑧〜⑧′　でんさいネットはZ銀行に譲渡（保証）記録を通知します。C社は

Z銀行からインターネット・バンキング経由で譲渡（保証）記録の通知を受けます。

⑨～⑨′ 支払期日にX銀行にあるA社の口座から支払金額である100万円を引き落とし、Y銀行にあるB社の口座に40万円を入金し、Z銀行にあるC社の口座に60万円を入金します。

5 でんさいの割引

でんさいネットでは、電子記録債権についての各種取引が可能ですが、ここでは、でんさいの割引について説明します。

でんさいを保有している債権者は、そのでんさいを取引銀行に（手形）割引の依頼をすることで、電子記録債権の早期の資金回収が可能です。でんさいの割引では、でんさいの譲渡を利用します（図表Ⅲ-10参照。ここでは分割

図表Ⅲ-10 でんさいの割引の概要

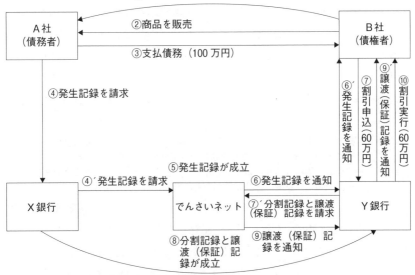

⑪A社から100万円を引き落とし、B社に40万円を振込、Y銀行に60万円を振込（貸付を回収）

割引の例を示しています）。前節の譲渡では、でんさいは譲渡人から譲受人に譲渡されますが、割引の場合、図表Ⅲ－10の例ではB社からY銀行に譲渡されます。なお、でんさいの割引は、でんさいの担保利用と同様に、金融機関によっては、取り扱っていない場合もあります。

① でんさいを使った支払についてA社（債務者）とB社（債権者）の間で合意します。
② B社はA社に商品を販売します。
③ この商品販売の結果、A社はB社に対して100万円の債務（支払債務）を負います。
④〜④′ 債務者であるA社はX銀行のインターネット・バンキング経由で、でんさいに支払金額、支払期日などを入力し、発生記録を請求します。これは手形の振出に相当します。
⑤ 発生記録の請求を受けた、でんさいネットは記録原簿に発生記録を記録します。
⑥〜⑥′ でんさいネットはY銀行に発生記録を通知します。B社はY銀行のインターネット・バンキング経由で発生記録の通知を受けます。
⑦〜⑦′ 発生記録の通知を受けたB社はY銀行のインターネット・バンキング経由で分割金額（60万円）などを入力し、分割記録(*1)とY銀行への譲渡記録(*2)を請求することで、でんさい100万円のうち、60万円の割引（貸付）を申し込みます。割引の申込を受けたY銀行は所定の審査を行い、割引の実行を決定し、でんさいネットに分割記録と譲渡記録を請求します。

　　（*1） 分割の結果、もともとのでんさいは親債権とされ、債権金額は100万円から60万円に変更されます。分割後の債権は子債権とされ、債権金額は60万円です。親債権と子債権はお互いの記録番号を持ち合うことで紐付けがなされます。
　　（*2） 譲渡記録には原則、保証記録（手形の裏書に相当）が随伴します。

⑧ 分割記録と譲渡（保証）記録の請求を受けたでんさいネットは、記録原簿に分割記録と譲渡（保証）記録を記録します。
⑨〜⑨′ でんさいネットはY銀行に譲渡（保証）記録を通知します。B社はY銀行のインターネット・バンキング経由で譲渡（保証）記録の通知を受けます。

⑩　譲渡（保証）記録の通知を受けてY銀行は割引を実行し、B社の口座に60万円を入金し、割引料を出金します。

⑪　支払期日にX銀行にあるA社の口座から支払金額である100万円を引き落とし、Y銀行にあるB社の口座に40万円を入金し、Y銀行に60万円を振込します（この60万円はY銀行の割引（貸付）の回収に当たります）。

第5節 送金為替

1 送金為替とは

　送金為替（並為替、順為替）とは債務者が債権者に資金を送金することをいいます（図表Ⅲ-11参照）。

図表Ⅲ-11　送金為替の概要

① 商取引などにより、A社はB社に債務を負います（B社はA社に債権を持ちます）。
② A社は、X銀行東京支店にあるA社の口座から出金し、それをY銀行大阪支店にあるB社の口座に送金するように、X銀行東京支店に依頼します。
③ A社からの依頼を受けたX銀行東京支店は、Y銀行大阪支店宛に同銀行同支店にあるB社の口座に入金するように依頼します。
④ X銀行東京支店から依頼を受けたY銀行大阪支店は、B社の口座に入金します。
⑤～⑦　X銀行は日銀にある当座預金により、Y銀行に資金を支払います。

A社は振込依頼人、B社は受取人、X銀行は仕向（しむけ）銀行・支払銀行、Y銀行は被仕向（ひしむけ）銀行・受取銀行などといわれます。送金為替は全銀システム、手形交換制度、日銀ネットといった決済システムによって処理されています。

　送金為替の具体的な商品・サービスには、電信振込、交換振込、メール振込、MTデータ転送、普通送金などがあります。

2　電信振込

　もっとも一般的な振込方法であり、通常は即時、振込先口座に入金されます。もっとも速く、かつ、もっとも確実な送金方法で、窓口からのほか、ATMやインターネット・バンキングなどから振込されます（図表Ⅲ-12参照）。

　電信振込（テレ為替）は銀行窓口が開いている時間帯（9時〜15時）であれば、他行宛(*1)であっても、当日中に振込先口座に入金されるもっとも速い振込方法です。

　ATMやインターネット・バンキング、モバイル・バンキングなどからも手続が可能ですが、窓口から依頼する場合は、銀行所定の振込依頼書を使用します。

(*1)　ほかの銀行宛で当日中に振込先口座に入金されるのは、9時〜15時(*2)です。15時までとされるのは、銀行間の資金決済の1日の締切時限が通常、15時半であるためです。なお、同じ銀行宛（当行宛）で、当日中に振込先口座に入金されるのは、9時〜16時(*2)の間です。同じ銀行宛の場合、銀行間の資金決済の締切時刻はないものの、勘定の締切時刻があります。ATMやインターネット・バンキングなどからの振込もほぼ同じです。

(*2)　銀行により、一定の差があります。他行宛の場合、2018年後半に約8割の銀行で平日18時まで他行宛振込が可能となる予定です。

　電信振込の場合は口座に直接入金されますが、その時点では被仕向銀行は振込金額の資金を受領しておらず、単に受取人口座の残高が振込金額分、増加（銀行にとって、負債の増加）しているだけです。振込金額の資金は、振込日と同日中に日銀ネットを使って、仕向銀行から被仕向銀行に送られます（実際にはほかの債権債務との差額決済が行われます）。

なお、被仕向銀行に資金は行っているものの、口座がない、解約済などの理由で入金すべき口座がない場合には、被仕向銀行に受領済の資金を返却してもらう必要がかつてはありました。この被仕向銀行から仕向銀行への資金の返却を組戻（くみもどし）といい、仕向銀行からの連絡を受け、送金依頼人が組戻の依頼を仕向銀行の窓口で行います。この場合、振込時の振込手数料以外に組戻手数料が別途かかります。現在では、一部の金融機関や夜間の一定の時間帯を除いて、他行の口座であっても口座の有無、口座名義などを事前に確認できるため、組み戻されることはほとんどありません。

　振込手数料は、被仕向銀行が仕向銀行と同じか否か（当行宛、他行宛）、振込金額、振込の種類（電信か文書か）、資金の種類（現金か預金か）、チャネル（窓口、ATM、テレフォン・バンキング、インターネット・バンキング、FB（ファーム・バンキング）、モバイル・バンキング）などにより、無料〜864円の間でいくつかの金額が設定されています。また多くの銀行では、顧客の取引状況（給与振込・公共料金引落の有無、定期預金・借入の有無や残高など）により、手数料を割引・無料としています。

図表Ⅲ－12　電信振込の概要

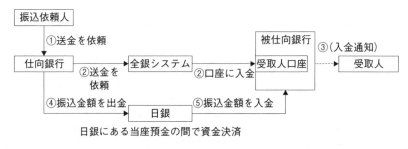

① 　顧客（振込依頼人）は銀行（仕向銀行）に電信振込を依頼します。なお、電信振込は銀行窓口のほか、ATM、テレフォン・バンキング、インターネット・バンキング、携帯電話、スマートフォンなどから行うことができます。銀行営業日の9時〜15時まではほぼリアルタイムで被仕向銀行にある受取人口座に入金されます。それ以外の場合には、翌営業日の9時までに受取人口座に入金されます。

② 電信振込では振込電文が全銀システムを経由して被仕向銀行に送られて、受取人口座への入金処理が行われます。
③ 口座入金後、契約状況によっては受取人に入金通知が送られることもあります。
④⑤ 全銀システムでは資金決済できないため、日銀ネットで仕向銀行の当座預金から振込金額を出金し、被仕向銀行の当座預金に入金することで資金決済を行います。

3 交換振込

交換振込とは文書振込の一種です。仕向・被仕向銀行が同一の手形交換所に属している場合に、文書（振込票）を手形交換により交換して振込先の口座に入金するものです（図表Ⅲ－13参照）。振込日から振込先の口座に入金されるまでに要する期間は、3日程度です。

手形交換を通して振込票を交換するので、仕向銀行・被仕向銀行とも同一の手形交換所に属している必要があります。

銀行所定の振込依頼書を使う通常の振込と、企業など所定の振込票を使用する振込の2種類があります。

後者には、国民年金保険料、自動車税、固定資産税、都市計画税などの国庫金、公金、電気、ガス、水道、NHKなどの公共料金などがあります。一般企業でも、所定の振込票がある場合もあります。

文書による振込のため、銀行では窓口のみの取扱で、取扱時間は基本的に9時〜15時です。最近では待ち時間が少なく24時間利用できるコンビニエンスストアでの振込が主流です。また、一部の銀行などには振込票をスキャナで読み取って振込処理するATMもあります。

振込金額の資金は、日銀ネットを使って、仕向銀行から被仕向銀行に送られます（実際にはほかの債権債務との差額決済が行われます）。

① 顧客（振込依頼人）は銀行（仕向銀行）に文書振込を依頼します。なお、文書振込（交換振込）は通常、銀行窓口のみの取扱です。
② 依頼を受けた振込票は手形交換所に持ち出されます（交換持出）。

図表Ⅲ-13　交換振込の概要

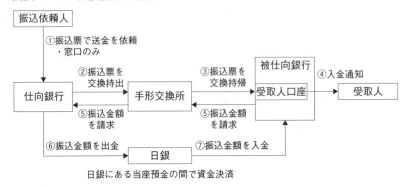

③ 振込票を持ち帰った（交換持帰）被仕向銀行は受取人口座に入金処理を行います。
④ 口座入金後、契約状況によっては受取人に入金通知が送られることもあります。
⑤ 被仕向銀行は交換所経由で仕向銀行に振込金額を請求します。
⑥⑦ 日銀ネットで仕向銀行の当座預金から振込金額を出金し、被仕向銀行の当座預金に入金することで資金決済を行います。

4 メール振込

　仕向・被仕向銀行が同一の手形交換所に属しない、遠隔地間での文書振込です（図表Ⅲ-14参照）。文書（振込票）を郵送し、振込先の口座に入金します。振込日から振込先の口座に入金されるまでの期間は、3日～1週間程度とされます。
　手形交換は同一の手形交換所に属している必要がありますが、仕向銀行・被仕向銀行が離れている場合には手形交換所による手形交換は使えないため、郵送によって振込票を送付し、振込先の口座に入金します。この点を除けば、前述の交換振込と取引の流れは基本的に同じです。
① 顧客（振込依頼人）は銀行（仕向銀行）に文書振込を依頼します。なお、文書振込（メール振込）は通常、銀行窓口のみの取扱です。

図表Ⅲ-14 メール振込の概要

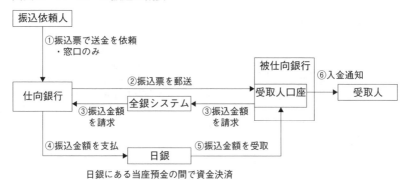

② 依頼を受けた仕向銀行は振込票を被仕向銀行に郵送します。
③ 被仕向銀行は全銀システム経由で仕向銀行に振込金額を請求します。
④⑤ 日銀ネットで仕向銀行の当座預金から振込金額を出金し、被仕向銀行の当座預金に入金することで資金決済を行います。
⑥ 振込票を受け取った被仕向銀行は受取人口座に入金処理を行い、受取人に入金通知が送られます。

5　MTデータ伝送

　給与・賞与などの先日付の振込に使用されます（図表Ⅲ-15参照）。大量の振込に適しています。
　MT（磁気テープ）データ伝送には、文書振込、先日付振込、給与振込、賞与振込、株式配当金振込などがあり、身近なところでは給与、賞与、年金などの振込に利用されています。
　電信振込のように1件ごとの入力ではなく、1レコード1振込のデータ形式でファイル単位に伝送するため、大量の振込に適しています。なお、データは指定されたレイアウトとする必要があります。
　顧客から銀行へのデータ伝送は、MTのほか、FD（フロッピー・ディスク）、FB（ファーム・バンキング）、インターネット・バンキング（法人向け）などでも行われます。

図表Ⅲ-15　MTデータ伝送の概要

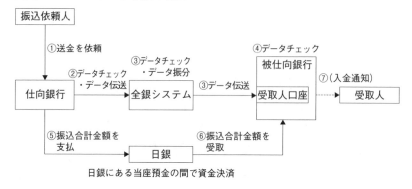

① 振込依頼人（おもに給与振込などを行う法人）は取引銀行である仕向銀行に送金を依頼します。
② 仕向銀行は、自身のシステムで受領したデータファイルについて所定の形式チェックなどを行った後、全銀システムにデータ伝送します。
③ 全銀システムは、受信したデータファイルについて所定の形式チェックなどを行い、被仕向銀行ごとに振分してデータ伝送します。
④ 被仕向銀行は、受信したデータファイルについて所定の形式チェックなどを行い、振込日に振込先口座に入金（システム自動処理）します。
⑤⑥ 全銀システムでは資金決済できないため、日銀ネットで仕向銀行の当座預金から振込金額を出金し、被仕向銀行の当座預金に入金することで資金決済を行います。
⑦ 口座入金後、契約状況によっては受取人に入金通知が送られることもあります。

6　普通送金

資金の受取人が預金口座を持っていないなどの理由で振込ができない、あるいは送金手段がほかにない場合に利用される方法です（図表Ⅲ-16参照）。ただし、送金小切手という紙媒体を使用するため、紛失・盗難などのリスクがあります。かつては送金依頼人に制限はありませんでしたが、現在は地方

公共団体に限定されています。

図表Ⅲ-16　普通送金の概要

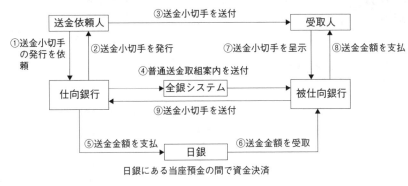

① 送金依頼人（地方公共団体）は仕向銀行に送金小切手の発行を依頼します。
② 依頼を受けた仕向銀行は送金小切手を発行し、送金依頼人に渡します。
③ 送金小切手を受領した送金依頼人は受取人に宛て送金小切手を送付します。
④ 仕向銀行は普通送金取組案内を被仕向銀行に送付します。
⑤⑥ 日銀ネットで仕向銀行の当座預金から振込金額を出金し、被仕向銀行の当座預金に入金することで資金決済を行います。
⑦ 受取人は被仕向銀行に送金小切手を呈示します。
⑧ 送金小切手を呈示された被仕向銀行は送金小切手をチェックし、送金金額を受取人に支払います。
⑨ 被仕向銀行は送金小切手を仕向銀行に送付します。

第 6 節　代金取立

1　代金取立とは

　代金取立（逆為替、取立為替）とは、債権者が債務者から受け取った手形・小切手などを銀行に委託し、債権を回収することをいいます（図表Ⅲ－17参照）。

　電信振込などの一般的な送金為替では、債権の対価は有価証券というかたちをとっていませんが、代金取立では債権の対価が手形・小切手という有価証券として存在する点が異なります。また送金為替では、資金がA社からB社に向かうだけであるのに対して、代金取立では手形・小切手がA社からB社に向かい（③〜⑤）、反面、資金はB社からA社に向かう（⑥〜⑪）という点も異なります。

図表Ⅲ－17　代金取立の概要

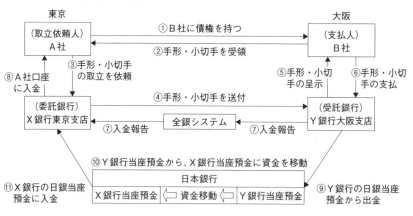

① 　商取引などにより、A社はB社に債権を持ちます（B社はA社に債務を負います）。

② A社は債権の対価として、手形・小切手をB社から受領します。
③ B社が振り出した、A社が受取人の手形・小切手を、X銀行東京支店に呈示し、取立を依頼します。
④ A社からの依頼を受けたX銀行東京支店は、Y銀行大阪支店に手形・小切手を送付します。なお、X銀行とY銀行がともに東京、大阪のいずれか一方のみにある場合、手形交換所を経由します。
⑤ X銀行東京支店から手形・小切手の取立を依頼されたY銀行大阪支店は、B社に手形・小切手を呈示します。
⑥ 手形・小切手の呈示を受けたB社は、Y銀行大阪支店にあるB社の口座から資金を支払います。
⑦ Y銀行大阪支店は、B社から取立資金が支払われた旨の入金報告を全銀システムにより、X銀行東京支店に通知します。
⑧ Y銀行大阪支店からの入金報告を受けたX銀行東京支店は、A社の口座に入金します。
⑨～⑪ B社からの資金を受け取ったY銀行は、日銀にある当座預金により、X銀行に資金を支払います。

A社は取立依頼人、B社は支払人、X銀行は委託銀行・取立銀行、Y銀行は受託銀行・支払銀行などといわれます。代金取立も後述する全銀システム、手形交換制度、日銀ネットといった決済システムによって処理されています。

代金取立の具体的な商品・サービスには、集中取立、期近集中取立、個別取立などがあります。

2 集中取立

委託銀行と受託銀行の間で、同一支払期日の手形をまとめて授受・決済する方法です（図表Ⅲ－18参照）。

一括して授受する手形(*1)は、支払期日（手形期日）の8営業日前～1カ月前の手形について、同一の支払期日のものをまとめたものです。小切手は対象外です。

(＊1) 振出日から3カ月後を支払期日とすることが多い手形の呈示期間(＊2)は、支払期日の翌々日までです（支払期日を含めて3日間。この3日間のうちに銀行の休業日があった場合は、その日数だけ延長されます）。このように呈示期間が限定されている手形取引ですが、集中取立により事前に銀行に取立を委託できれば、顧客の管理事務の省力化に繋がります。

(＊2) 集中取立の対象外である小切手の呈示期間は、振出日から10日目までです（振出日を含めて11日間。最終日が銀行の休業日に当たった場合には翌営業日まで延長されます）。

なお、各支店が個別に手形を管理し、受託銀行に取立を依頼していては非効率なため、集中手形センターを置き、事務処理を集中させ、事務の省力化を図っています。手形の授受は手形交換所を介さず、委託銀行と受託銀行の間で直接行われます。

一括して授受した手形の合計金額を、支払期日に受託銀行が委託銀行へ支払い、万が一、不渡りが発生した場合には不渡り分の金額のみ委託銀行に返還請求を行います。これにより後述する個別取立のように1件ごとに、取立資金が支払われた旨の入金報告を行う必要がないため、事務の省力化に繋がっています。

図表Ⅲ－18　集中取立の概要

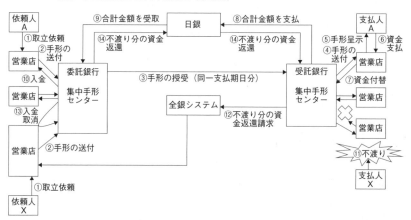

① 依頼人は委託銀行の営業店に手形の取立を依頼します。
② 取立依頼を受けた委託銀行の営業店は集中手形センターに手形を送付し

ます。
③　委託銀行の集中手形センターは同一支払期日分の手形を受託銀行の集中手形センターとの間で授受します。
④　手形を受け取った受託銀行の集中手形センターは営業店に手形を送付します。
⑤⑥　手形を受け取った受託銀行の営業店は手形を支払人に呈示し、支払人の口座から資金を出金します。
⑦　支払人から受領した資金を受託銀行内で付替（振替）します。
⑧⑨　日銀ネットで受託銀行の当座預金から同一支払期日分の合計金額を出金し、委託銀行の当座預金に入金することで資金決済を行います。
⑩　受託銀行から資金を受領した委託銀行の営業店は依頼人の口座に入金します。

以降は不渡りが発生した場合です。
⑪　受託銀行の営業店にある支払人の口座残高が不足しているなどの理由で不渡りが発生します。
⑫　同一支払期日分の合計金額は委託銀行に支払済であるため、不渡り分の手形金額を資金返還請求します。
⑬　受託銀行から不渡りの連絡を受けた委託銀行の営業店は依頼人の口座への入金を取り消します。
⑭　日銀ネットで委託銀行の当座預金から不渡り分の合計金額を出金し、受託銀行の当座預金に入金することで不渡り分の資金返還を行います。

なお、営業店での事務は一部または全部を集中手形センターが代行することが一般的です。

3　期近集中取立

　期近（きぢか）集中取立は、期近手形集中取立、期近集手ともいい、小切手や期日まで日数の余裕がない手形を集中取立と同じ方式で取立するものです。
　集中取立との違いは、委託銀行と受託銀行の間であらかじめ協定を締結し

ておく必要があることです。なお手形などの授受は、支払期日の前営業日に行い、手形交換所でも行うことが可能です。

また、集中取立では対象外とされる小切手も取り扱うことができます。

4 個別取立

　集中手形センターを介さず、委託銀行の支店と受託銀行の支店の間で、直接、手形・小切手を授受・決済するものです（図表Ⅲ－19参照）。小切手や、期日まで日数の余裕がない手形・小切手が対象です。

　個別取立は集中取立、期近集中取立と異なり、集中手形センターを介さずに委託銀行と受託銀行の双方の支店が手形・小切手1件ずつについて、直接やり取りする方法です。

　支払人から資金の支払があった場合、受託店が委託店に取立資金が支払われた旨の入金報告を行います。

　個別取立は、集中取立、期近集中取立に比べて支店の事務負担が大きく、事務の省力化の観点から好ましくありません。このため個別取立を使うのは、集中取立、期近集中取立では対応できないなど例外的なケースに限られます。

図表Ⅲ－19　個別取立の概要

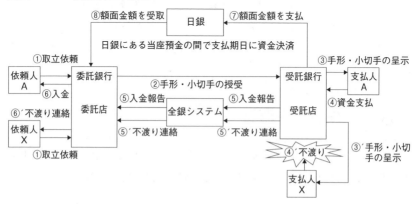

① 依頼人は委託銀行に手形・小切手の取立を依頼します。
② 取立依頼を受けた委託銀行の委託店は手形・小切手を受託銀行の受託店との間で授受します。
③④ 手形を受け取った受託銀行の受託店は手形を支払人に呈示し、支払人の口座から資金を出金します。
⑤ さらに受託銀行の受託店は全銀システム経由で委託銀行の委託店宛に入金報告を送ります。
⑥ 受託銀行から入金報告を受領した委託銀行の委託店は依頼人の口座に入金します。
⑦⑧ 日銀ネットで受託銀行の当座預金から手形・小切手の額面金額を出金し、委託銀行の当座預金に入金することで資金決済を行います。

以降は不渡りが発生した場合です。

③´④´ 受託銀行の営業店にある支払人の口座残高が不足しているなどの理由で不渡りが発生します。
⑤´ 受託銀行の受託店は全銀システム経由で委託銀行の委託店宛に不渡り連絡を送ります。
⑥´ 受託銀行から不渡りの連絡を受けた委託銀行の委託店は依頼人へ不渡りの連絡を行います。

第 IV 章

外国為替業務

第 1 節　輸　　出

1　輸出信用状

業　務　面

(1)　概　　要

　輸出者にとって取引相手である輸入者の信用力、支払能力などを調査することは非常に困難です。そこで輸出者とその取引銀行に対して、輸入者の支払能力などに問題がないことを輸入者の取引銀行が保証するために発行するのが信用状（L/C、Letter of Credit、Documentary Letter of Credit）です。万が一、輸入者が債務不履行に陥った場合には輸入者に代わって信用状を発行した銀行が輸出代金を支払う義務を負います。信用状には取引の条件が記載されます。この信用状を輸出地側から見る場合、輸出信用状（輸出L/C）といいます（輸入地側から見る場合には、輸入信用状（輸入L/C）といいます。両者は同じもので輸出地側から見るか、輸入地側から見るかによって、呼称が異なるだけです）。

(2)　業務フロー

　信用状が発行され、輸出者に交付されるまでの業務のフローは図表Ⅳ－1のとおりです。以降のフローについては、「第Ⅳ章第1節2　L/C付輸出手形買取」「第Ⅳ章第1節3　L/C付輸出手形取立」を参照してください。なお、業務フローの図表とその説明は「第Ⅳ章第2節1　輸入信用状」と同一の内容です。

① 輸出者と輸入者の間で商品などに関する売買契約が締結されます。この契約では取引の条件・内容が定められており、信用状による取引を行うこと、および信用状の条件（商品名、数量、金額、納期、支払期日、取引条件、船積条件、保険条件、決済条件、必要書類とその通数など）も定められていま

図表Ⅳ－1　信用状の業務フロー

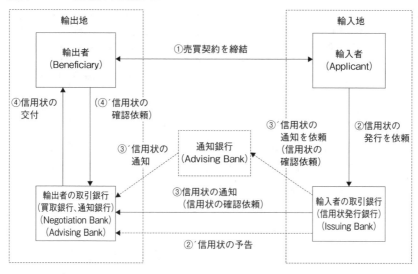

　　す。
② 　輸入者は自身の取引銀行に信用状の発行を依頼します。信用状は、輸入者が債務不履行の場合には信用状の発行銀行（Issuing Bank）が輸出代金を支払う義務を負う（輸入者に対する与信行為）ことから、発行銀行は輸入者の財務状況・信用力などを審査したうえで、信用状を発行します。
②´　信用状を郵送する場合で、その概要を前もって輸出者に通知したいときには、その概要をSWIFT電文により通知します。これを信用状の予備通知、予告、プレアド（Preliminary Advice）、プレアドバイス（Pre-Advice）などといいます。これは信用状の原本ではないため、原本（Mail Confirmation またはSWIFT電文）の到着を待って信用状に基づく取引が開始されます。
③ 　発行銀行と輸出者の取引銀行の間にコルレス契約（*1）がある場合、信用状を直接、輸出者の取引銀行に通知（郵送、または電信）します。発行銀行が輸出者の取引銀行に信用状の確認（オープン・コンファーム：Open Confirm）を求める場合、ここで確認の依頼（信用状にその旨の記述があります）も行われます。これに応じることで輸出者の取引銀行が確認銀行と

されます。

> （*1） コルレス契約（Correspondent Arrangement、Correspondent Agreement）は銀行同士が個別に結ぶ為替業務（信用状、送金為替、代金取立など）に関する契約です（詳細は、「第Ⅳ章第10節3　コルレス」を参照してください）。信用状を輸出者に直接送付することもありますが、銀行間の通知のほうが迅速・確実です（銀行間の通知は、SWIFT電文により行われるのが一般的であるためです）。

③′ コルレス契約がない場合、輸出者の取引銀行と発行銀行の双方とコルレス契約がある銀行を経由して信用状を通知します（発行銀行が信用状の確認を依頼する場合、通知銀行に依頼することが一般的です）。この銀行を通知銀行（Advising Bank）といいます（輸出者の取引銀行≠通知銀行）。信用状発行後に信用状を使って取引する金額や信用状の有効期限の変更（信用状の条件変更、アメンド：Amend、Amendment）も同じ経路で通知されます。これは通知銀行を経由せず、直接、発行銀行から輸出者の取引銀行（＝通知銀行）に通知される場合でも同じです。

④ 信用状の通知を受けた輸出者の取引銀行は輸出者に信用状を交付(*2)します。

> （*2） 郵送されてきた信用状原本（信用状発行銀行の制定用紙に印字されています）、または印字したSWIFT電文（印字したものにカバーレターを付けたもの）を交付します。いずれの場合も通知銀行により、その真正性が確認されています。また信用状の原本は輸出者に交付せず、輸出者の取引銀行が保管することもあります。

④′ 輸出者が発行銀行の信用力などに不安を感じ、輸出者の取引銀行に信用状の確認（サイレント・コンファーム：Silent Confirm）を依頼する場合、ここで行われます。

(3) **統一規則**

国や地域により法律や商慣習などが異なるため、国際商業会議所（ICC：International Chamber of Commerce）によって国際的に統一された規則が定められています。信用状取引に関しては「荷為替信用状に関する統一規則および慣例」（The Uniform Customs and Practice for Documentary Credits - ICC Publication No. 600、UCP600）、通称、信用状統一規則が制定されており、各国の銀行が発行する信用状と信用状に基づいて振り出された手形は、この規

則にしたがって発行・決済されます。

(4) **種　　類**

信用状にはいくつかの種類がありますが、ここでは確認信用状と無確認信用状について記述します。それ以外の信用状の種類は「第Ⅳ章第2節1　輸入信用状」を参照してください。

① **確認信用状と無確認信用状**

信用状発行銀行の信用力や知名度が国際的でない、あるいはカントリー・リスクなどがある場合、信用状発行銀行が国際的な一流銀行に信用状の確認を依頼し、信用補完を行うことがあります（オープン・コンファーム）。これを確認信用状（Confirmed L/C）といいます。万が一、信用状発行銀行が支払不能に陥った場合、確認銀行は支払義務を負います。これに対し、確認がない信用状を無確認信用状（Unconfirmed L/C）といいます。

また、信用状発行銀行の信用力に何らかの不安が輸出者にある場合、輸出者が確認銀行に信用状の確認を依頼することがあります。これをサイレント・コンファームといい、信用状発行銀行あるいは通知銀行とは関係なく、輸出者と確認銀行との間で契約されます。万が一、信用状発行銀行が支払不能に陥った場合、確認銀行は支払義務を負います。

オープン・コンファーム、サイレント・コンファームのいずれの場合も、確認という行為は確認銀行の信用状発行銀行に対する保証であり、銀行間の与信行為に当たるため、信用状発行銀行とコルレス契約を締結済でなくてはなりません。確認信用状は通常、リストリクト信用状（確認信用状に基づいて振り出された為替手形の買取は自行に限定する）とされます。また、信用状の条件と輸出者から呈示された船積書類、為替手形との間の不一致（瑕疵、ディスクレ：Discrepancy）による支払拒絶のリスクは担保されません。

(5) **決済方法**

信用状には、銀行間の資金の決済方法についても記載されます。詳細は「第Ⅳ章第2節1　輸入信用状」を参照してください。

システム面

(1) 取引遷移

一般的な取引遷移は図表Ⅳ－2のとおりです。

図表Ⅳ－2　輸出信用状の取引遷移

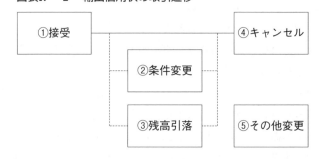

(2) 取引種類

輸出信用状には、図表Ⅳ－3に示す取引があります。

また、業務フローとシステムフローを合わせて記述すると、図表Ⅳ－4－1、Ⅳ－4－2のとおりです。

(3) 取引ファイル

輸出信用状の取引情報を管理する輸出取引ファイルの論理的な構成について記述します（図表Ⅳ－5参照）。

① 基本レコード

信用状の接受時にレコードが追加され、取引のたびに更新されます。キーは取引種類、連続番号、店番(*3)です。信用状の基本的な属性項目を保持します。具体的には店番、CIF番号、通貨／残高金額、発行日、有効期限、最終更新日、信用状発行銀行などがあります。

> (*3) 取引種類は取引記号、取引形態などともいわれ、3桁程度の英字または数字で外為取引の種類（輸出信用状、L/C付輸出手形、L/Cなし輸出手形、輸入信用状、L/C付輸入手形、L/Cなし輸入手形、仕向送金、被仕向送金など）を表わします。連続番号は7桁程度の数字（7桁目はチェック・デジット）で1からの連番とされます。店番は輸出信用状を使用する輸出者の取引店です。取引種類、連続番号、店番の3つを合わせて、Our Reference Number、Our Ref.

図表Ⅳ－3　輸出信用状の取引

取引名	概　　要	おもな経路など
接受	・到着（Arrival）ともいいます。 ・通知された信用状について、おもな信用状条件（通貨／金額、有効期限、種類、受益者名、手形期間、船積条件など）を入力します。より詳細な信用状条件は、フロントシステムで管理するのが一般的です。 ・自行で当該信用状を管理する取引番号（後述するOur Reference Number、Our Ref. No.、以下同じ）を採番します。 ・確認信用状の場合、信用状金額を信用状発行銀行の確認信用状の与信残高に加算します。ここではドルベースで与信管理するものとします（以下同じ）。	本部端末（SWIFT端末、SWIFTを取り扱うフロントシステムなどを経由し、入力されることもあります）
条件変更	・アメンド（Amend、Amendment）ともいいます。 ・信用状条件の変更が通知された場合に、取引を特定する取引番号（Our Ref. No.）、変更内容（金額の増額減額、有効期限の延長短縮など）を入力します。 ・確認信用状の場合、増額では増額金額を信用状発行銀行の確認信用状の与信残高に加算します。減額では減額金額を信用状発行銀行の確認信用状の与信残高から減算します。	同上
残高引落	・買取銀行が自行に限定されているリストリクト信用状(注1)などを複数使用して、1つの手形を買い取る場合（L/C Combine、Combined L/C）に、各信用状の残高を使用する金額分だけ個別に減算します(注2)。 ・取引番号（Our Ref. No.）、引落金額などを入力します。 ・確認信用状の場合、引落金額を信用状発行銀行の確認信用状の与信残高から減算します。	本部端末、営業店端末（システム内連動含む）

キャンセル	・バランス・キャンセル（Balance Cancel）ともいいます。 ・取引を特定する取引番号（Our Ref. No.）を入力します。 ・有効期限経過前の信用状については残高をそれ以上使用しないことを輸出者に確認できた場合に残高をゼロにして、当該信用状を取引終了にします。 ・有効期限経過後の信用状については有効期限から1カ月以上経過した場合に残高をゼロにして、当該信用状を取引終了にします。 ・確認信用状の場合、キャンセル金額を信用状発行銀行の確認信用状の与信残高から減算します。	本部端末、センター自動処理
その他変更	・取引を特定する取引番号（Our Ref. No.）を入力します。 ・前記の条件変更取引以外の変更、たとえば、信用状発行銀行の照会番号（Their Reference Number、Their Ref. No.）の変更、前記のキャンセル取引の停止、当該信用状の取引停止などを行います。	本部端末

（注1） 信用状の確認は信用状発行銀行に対する与信行為であるため、厳密に残高管理を行う必要があります。リストリクト信用状も自行以外は買取できないため、残高管理が可能です。自行以外でも買取可能な信用状は自行で残高管理を行っても、他行で使用された金額を把握できないため、管理する意味はあまりありません。

（注2） 具体的な考え方、対応方法は「第Ⅳ章第2節1　輸入信用状」を参照してください。

No.といい、行内で当該取引を特定・管理するための番号であり、取引遷移の後続取引で取引を特定するための入力項目として使用されます。輸出者や他行からの問い合わせにも使用されます。なお、Our Ref. No.を全店の一連番号とする銀行もあり、その場合はOur Ref. No.に店番は含まれません。

② **取引レコード**

取引ごとに1件追加されます。キーは、取引日、取引通番です。入力された項目や一部項目の取引前後の情報を保持します。具体的には取引前残高、取引後残高、取引前有効期限、取引後有効期限などがあります。一部項目は

図表Ⅳ-4-1　業務フローとシステムの関係

（注1）　SWIFTメッセージの内容は以下のとおりです。紙ベースの信用状も上図に準じます。
　　　MT700、MT701：Issue of a Documentary Credit
　　　MT705：Pre-Advice of a Documentary Credit
　　　MT730：Acknowledgement
（注2）　リンバース方式での補償銀行へのメッセージは、ここでは省略します。「第Ⅳ章第2節1　輸入信用状」「第Ⅳ章第2節9　リンバース」を参照してください。

図表Ⅳ－4－2　業務フローとシステムの関係

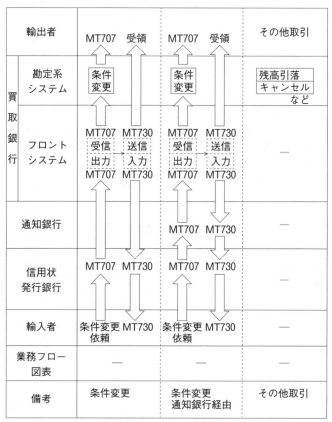

(注1) SWIFTメッセージの内容は以下のとおりです。紙ベースの信用状も上図に準じます。
　　　MT707：Amendment to a Documentary Credit
　　　MT730：Acknowledgement
(注2) リンバース方式での補償銀行へのメッセージは、ここでは省略します。「第Ⅳ章第2節1　輸入信用状」「第Ⅳ章第2節9　リンバース」を参照してください。

取引後の最新情報を基本レコードでも管理します。

最後に各レコードの追加更新要領について、図表Ⅳ－6に記述します。

SWIFT電文を受信・管理するパッケージなどから、信用状の情報を勘定系に取り込んで管理する場合には、これらを管理するレコードも必要です。

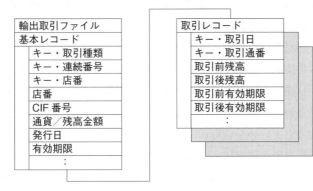

図表Ⅳ－5　輸出取引ファイルの構成

接受時に基本レコードを作成　　取引ごとに取引レコードを作成

図表Ⅳ－6　各レコードの追加更新要領

取　引	基本レコード	取引レコード
接受	1件追加	1件追加
条件変更	1件更新	1件追加
残高引落	1件更新	1件追加
キャンセル	1件更新	1件追加
その他変更	1件更新(注)	1件更新(注)

(注)　変更する項目により、更新するレコードは異なります。

2　L/C付輸出手形買取

業務面

(1) 概　要

　信用状発行銀行または通知銀行から通知された信用状（輸出信用状）に記載された信用状条件に一致する荷為替手形（為替手形に船積書類を添付したもの、輸出手形）を輸出者の取引銀行（買取銀行）が買い取ることで、輸出者に輸出代金を支払います。荷為替手形を買い取った輸出者の取引銀行は、輸入地の信用状発行銀行経由で輸入者から支払を受けます。信用状に基づいて行われる荷為替手形の取引を信用状付取引（With L/C）、L/C付取引、L/Cベースの取引などといい、信用状に基づいて振り出された為替手形の買取をL/C付輸出手形買取、信用状付輸出手形買取などといいます。

　輸出者の資金受領（輸出代金の回収）の観点で見ると、L/C付輸出手形には、以下のバリエーションがあります（図表Ⅳ-7参照）。買戻請求権なしの期限付手形買取は、「第Ⅳ章第1節8　フォーフェイティング」を参照してください。

図表Ⅳ-7　L/C付輸出手形のバリエーション

取　引	為替手形の種類	輸出者の資金受領	説明箇所
買取（再割）	一覧払手形	手形買取により資金を受領します。	本項で説明します。
	期限付手形		
取立	一覧払手形	一覧後に輸入者が支払った資金を受領します。	「第Ⅳ章第1節3　L/C付輸出手形取立」で説明します。
	期限付手形	手形期日に輸入者が支払った資金を受領します。	

(2) 業務フロー

　信用状条件を満たす荷為替手形が買取銀行により買い取られ、輸出代金が

輸出者に支払われます。その後、荷為替手形は輸入地に送られ、買取銀行は輸入者の輸入代金を信用状発行銀行経由で受領します（図表Ⅳ-8参照）。

以下は、輸出信用状の業務フローと同一の内容を繰り返し記述しています。

① 輸出者と輸入者の間で商品などに関する売買契約が締結されます。この契約では取引の条件・内容が定められており、信用状による取引を行うこと、および信用状の条件（商品名、数量、金額、納期、支払期日、取引条件、船積条件、保険条件、決済条件、必要書類とその通数など）も定められています。

② 輸入者は自身の取引銀行に信用状の発行を依頼します。信用状は、輸入者が債務不履行の場合には信用状の発行銀行（Issuing Bank）が輸出代金を支払う義務を負う（輸入者に対する与信行為）ことから、発行銀行は輸入者の財務状況・信用力などを審査したうえで、信用状を発行します。

②′ 信用状を郵送する場合で、その概要を前もって輸出者に通知したい場合には、その概要をSWIFT電文により通知します。これを信用状の予備通知、予告、プレアドバイス（Preliminary Advice）、プレアド（Pre-Advice）などといいます。これは信用状の原本ではないため、原本（Mail ConfirmationまたはSWIFT電文）の到着を待って信用状に基づく取引が開始されます。

③ 発行銀行と輸出者の取引銀行の間にコルレス契約(*1)がある場合、信用状を直接、輸出者の取引銀行に通知（送付）します。発行銀行が輸出者の取引銀行に信用状の確認（オープン・コンファーム）を求める場合、ここで確認の依頼（信用状にその旨の記述があります）も行われます。これに応じることで輸出者の取引銀行が確認銀行とされます。

　　（*1）　コルレス契約（Correspondent Arrangement、Correspondent Agreement）は銀行同士が個別に結ぶ為替業務（信用状、送金為替、代金取立など）に関する契約です（詳細は「第Ⅳ章第10節3　コルレス」を参照してください）。信用状を輸出者に直接送付することもありますが、銀行間の通知の方が迅速・確実です（銀行間の通知は、SWIFT電文により行われるのが一般的であるためです）。

③′ コルレス契約がない場合、輸出者の取引銀行と発行銀行の双方とコルレ

図表Ⅳ-8　L/C付輸出手形買取の業務フロー

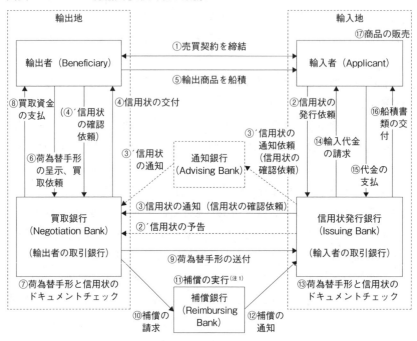

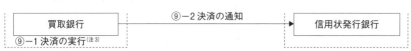

（注1）　ここでは、補償銀行に買取銀行と信用状発行銀行の双方の決済口座があり、信用状発行銀行の決済口座から出金し、買取銀行の決済口座に入金することで、銀行間の決済を行います（リンバース方式）。
（注2）　ここでは、決済銀行に買取銀行と信用状発行銀行の双方の決済口座があり、信用状発行銀行の決済口座から出金し、買取銀行の決済口座に入金することで、銀行間の決済を行います（送金方式）。
（注3）　ここでは、買取銀行に信用状発行銀行の決済口座があり、信用状発行銀行の決済口座から出金することで、銀行間の決済を行います（即時Debit方式）。

ス契約がある銀行を経由して信用状を通知します（発行銀行が信用状の確認を依頼する場合、通知銀行に依頼することが一般的です）。この銀行を通知銀行（Advising Bank）といいます（輸出者の取引銀行≠通知銀行）。信用状発行後に信用状を使って取引する金額や信用状の有効期限の変更（信用状の条件変更、アメンド：Amend、Amendment）も同じ経路で通知されます。これは通知銀行を経由せず、直接、発行銀行から輸出者の取引銀行（＝通知銀行）に通知される場合でも同じです。

④　信用状の通知を受けた輸出者の取引銀行は輸出者に信用状を交付(*2)します。

> （*2）　郵送されてきた信用状原本（信用状発行銀行の制定用紙に印字されています）、または印字したSWIFT電文（印字したものにカバーレターを付けたもの）を交付します。いずれの場合も通知銀行により、その真正性が確認されています。また信用状の原本は輸出者に交付せず、輸出者の取引銀行が保管することもあります。

④´　輸出者が発行銀行の信用力などに不安を感じ、輸出者の取引銀行に信用状の確認（サイレント・コンファーム）を依頼する場合、ここで行われます。

以降はL/C付輸出手形買取固有の業務フローです。

⑤　信用状を受領した輸出者は、輸出する商品を梱包・船積し、船会社から船荷証券の交付を受けます。

⑥　輸出者は信用状に定められている必要書類（船荷証券、保険証券、商業送り状など）を必要通数揃え、振出人を輸出者、名宛人を信用状発行銀行とした為替手形（Bill of Exchange）を振り出し、それらを信用状とともに買取銀行に呈示して買取を依頼します。信用状は輸出者か買取銀行のいずれかが保管しています。

⑦　買取銀行は信用状の条件と輸出者から呈示された船積書類、為替手形との間に不一致（瑕疵、ディスクレ：Discrepancy）がないか、ドキュメントチェック（Document Check）を行います。不一致がある場合、輸入者に支払を拒絶されるリスクがあるため、書類の差替などの対応(*3)を行います。

> （*3）　ディスクレについては、図表Ⅳ－9のいずれかの対応を行います。

fig表Ⅳ-9　ディスクレの対応

概　要	詳　細
書類の差替	書類を差し替えます。書類によっては、差替に時間が掛かることもあります。
取立取引への変更	買取取引から取立取引へ変更します。取立取引の場合、輸出代金の回収までに時間が掛かるため、輸出者にとっては不利な対応です。
条件変更	信用状の条件を変更します（信用状条件変更：Amendment）。ただし、輸出者にとって不利な条件変更(注1)の場合、輸出者、買取銀行、輸入者、信用状発行銀行などの関係者の同意が必要であり、時間も掛かります。
ケーブル・ネゴ	信用状発行銀行経由、ディスクレ付の買取を行う旨、輸入者の了解をとっておきます（ケーブル・ネゴ：Cable Negotiation）。
保証状の差入	軽微な瑕疵の場合、輸入地に照会せず、万が一、輸入者が支払を拒絶した場合には、輸出者が買戻に応じる旨のL/G（保証状、補償状：Letter of Guarantee）の差入(注2)を受けたうえで、荷為替手形を買い取ります（L/Gネゴ：L/G Negotiation）。

（注1）　信用状金額の減額、有効期限の短縮、信用状の取消など。
（注2）　外国向為替手形取引約定書では不渡り時の買戻が規定されているので、L/Gは本来必要ありませんが、慣習的に輸出者への確認の意味で差入を行います。

⑧　不一致がなければ買取を行い、手形金額を輸出者の預金口座に入金します(*4)。なお、手形金額が外貨で輸出者が円貨での受領を希望する場合、買取日の公示相場(*5)で円貨に換算します。輸入者により支払が拒絶された場合には、輸出者は手形を買い戻す（口座に入金された資金を支払う）義務を負います。なお、支払を拒絶された場合でも、輸出者が買戻の義務を負わない買取もあります。これをフォーフェイティング（Forfaiting）といい、信用状付の期限付手形（後述）が取引の対象とされます。

　　（*4）　買取銀行が輸入者から代金を受領できるのは、図表Ⅳ-8では⑪（リンバース方式）、または⑮-2（送金方式）です。この間、買取銀行が輸出代金を立替払する与信行為であり、立替利息や手形期日までの利息を輸出者から徴求します。金利（利息）を相場に織り込んだものを金利織込相場、金利込相場などといい、

At Sight Buying、Usance Buyingが該当します。なお、即時Debit方式では資金の立替は発生せず、利息も発生しません。

(＊5) 一覧払手形（後述）はL/C付一覧払手形買相場：At Sight Buying、期限付手形（後述）はL/C付期限付手形買相場：Usance Buyingを適用します。

⑨ 買い取った荷為替手形は本部へ送付されます。本部は信用状条件にしたがって、補償方法（求償方法、決済方法）などを決定し、荷為替手形を再度チェックし、発行銀行に送付します。送付中の紛失などのリスク対策として、同じ内容の荷為替手形を2通に分けて別便で送付するのが一般的です。発行銀行に買取通知を送付する場合もあります。

買取銀行と発行銀行の間の資金決済には、大別すると以下の3つの方法があります。以下ではそれぞれの資金決済方法について記述しています（即時Debit方式：⑨－1～⑨－2、リンバース方式：⑩～⑫、送金方式：⑮－1～⑮－3）。

以下の⑨－1～⑨－2は、即時Debit方式（「第Ⅳ章第2節1　輸入信用状」を参照）の場合の業務フローです。

⑨－1　買取銀行は自行にある発行銀行の決済口座から手形金額を出金することで資金決済を行います。

⑨－2　買取銀行は資金決済後、発行銀行に決済の通知を送付します。

以下の⑩～⑫は、リンバース方式（「第Ⅳ章第2節1　輸入信用状」「第Ⅳ章第2節9　リンバース」を参照）の場合の業務フローです。

⑩　一覧払手形のとき、買取銀行は信用状に記載されている補償銀行に対して、手形金額の補償（求償、支払）を請求します。期限付手形のとき、買取銀行は信用状発行銀行からの引受通知を受領後に補償を請求します。

⑪　一覧払手形のとき、買取銀行から補償請求を受けた補償銀行は、発行銀行の決済口座から出金し、買取銀行の決済口座に入金することで両者の資金決済を行い、その旨、買取銀行に通知します。期限付手形のとき、補償銀行は、手形期日に発行銀行の決済口座から出金し、買取銀行の決済口座に入金することで両者の資金決済を行い、その旨、買取銀行に通知します。

⑫　補償銀行は発行銀行に対して、買取銀行からの補償請求に基づき手形金額を発行銀行の決済口座から出金し、決済したことを発行銀行に通知しま

す。
⑬ 買取銀行から送付された荷為替手形を受領した発行銀行は、信用状条件と一致しているかチェックします。
⑭ 発行銀行は、輸入者に荷為替手形の到着を通知し、一覧払手形のときは輸入代金の支払、期限付手形のときは手形引受を求めます。
⑮ 一覧払手形のとき、輸入者は自己資金（預金口座など）や銀行からの借入資金などにより輸入代金を支払います。期限付手形のとき、輸入者は手形の引受を行い、手形期日に輸入代金を支払います。

以下の⑮－1〜⑮－3は、送金方式（「第Ⅳ章第2節1　輸入信用状」を参照）の場合の業務フローです。

⑮－1　輸入者から輸入代金の支払を受けた発行銀行は、決済銀行に対して、発行銀行の決済口座から出金し、買取銀行の決済口座に入金するよう依頼します。
⑮－2　依頼を受けた決済銀行は、発行銀行と買取銀行との間で資金決済を行います。
⑮－3　決済銀行は、決済により買取銀行の決済口座に入金されたことを買取銀行に通知します。
⑯ 一覧払手形のときは輸入代金の支払、期限付手形のときは手形引受と引き換えに、発行銀行は船積書類を輸入者に引き渡します。
⑰ 船積書類の引渡を受けた輸入者は、船会社に船荷証券を呈示して輸入貨物を引き取り、販売します。

(3) **手形の再割**

図表Ⅳ－8では、買取銀行は輸出者から手形を買い取って、代わり金を支払っていますが、この場合には輸入者が代金支払を行うまでは通常、資金を受領できません。しかし、買取銀行の資金調達などの関係で他行（おもに在日外国銀行）に買取を依頼（再割引、再割といいます）し、輸出者に支払った資金を早期に回収することもあります（図表Ⅳ－10参照）。

ここでは、図表Ⅳ－8との相違点のみ説明します。
①〜⑧　図表Ⅳ－8の①〜⑧に同じであるため、記述を省略します。
⑨　買取銀行は在日他行（おもに在日外銀）に荷為替手形などを送付し、買

図表Ⅳ-10 L/C付輸出手形買取・再割の業務フロー（一部）

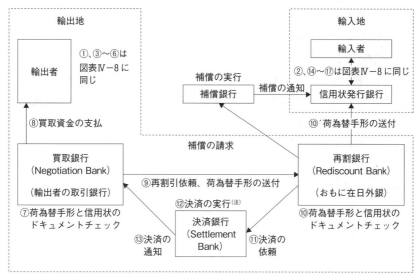

（注）　ここでは、決済銀行に買取銀行と再割引銀行の双方の決済口座があり、再割引銀行の決済口座から出金し、買取銀行の決済口座に入金することで、銀行間の決済を行います。
　　　　在日外銀から円貨で資金を受領する場合には、外為円決済（決済銀行は日本銀行）を通して、決済します。

取（再割引）を依頼します。買取銀行には再割銀行から再割手数料などが請求されるため、輸出者から徴収します。

⑩　再割銀行は受領した荷為替手形と信用状条件とが一致しているかチェックし、問題がないことを確認して、再割引します。

⑩´再割銀行は荷為替手形を発行銀行に送付します。なお、再割銀行と発行銀行との資金決済は、図表Ⅳ-8の買取銀行が再割銀行に置き換わるかたちで行われます。

⑪　再割銀行は決済銀行に買取銀行との決済を依頼します。

⑫　依頼を受けた決済銀行は、買取銀行と再割銀行との間で資金決済を行います。

⑬　決済銀行は、決済により買取銀行の決済口座に入金されたことを買取銀行に通知します。

⑭〜⑰　図表Ⅳ－8の⑭〜⑰に同じです。
(4) 統一規則
「第Ⅳ章第1節1　輸出信用状」を参照してください。
(5) 為替手形
　L/C付輸出手形買取では、輸出者が振り出した為替手形を銀行が買い取りますが、この為替手形には2つの種類があります。いずれの場合も輸出者にとっては手形買取により、輸出代金をすぐに回収することができます。
　① 一覧払手形
　一覧払（At Sight）手形は、手形が輸入者に呈示された場合、速やかに支払わなければなりません。一覧払手形以外の手形は、期限付手形と総称されます。一覧払（At Sight）は後述する手形期間（Tenor）の1つで、手形の呈示（一覧）後、遅滞なく（*6）輸入者が支払うべき手形期間を指します。

　　（*6）　信用状統一規則（UCP：The Uniform Customs and Practice for Documentary Credits）では、書類到着の翌日から起算して5営業日以内を猶予の限度としています。

　手形金額が外貨で輸出者が円貨での受領を希望する場合、公示相場は、L/C付一覧払手形買相場（At Sight Buying）が適用されます。
　② 期限付手形
　期限付（Usance）手形は、手形が輸入者に呈示された後、手形の支払期日（満期）までの期間、支払が猶予されます。この手形の支払猶予期間を手形期間（Tenor）（*7）といいます。

　　（*7）　おもな手形期間には以下の種類があります（図表Ⅳ－11参照）。

　手形金額が外貨で輸出者が円貨での受領を希望する場合、公示相場は、L/C付期限付手形買相場（Usance Buying）が適用されます。この相場には手形期日までの日数により、30日、60日、90日、120日、150日、180日の6種類があります。
(6) 適用相場と利息
　外貨を円貨に換算する相場は一覧払手形の場合、L/C付一覧払手形買相場（At Sight Buying）を適用し、期限付手形の場合、L/C付期限付手形買相場（Usance Buying）を適用します。これらの相場はいずれも金利（利息）を相

図表Ⅳ-11 おもな手形期間

手形期間	説　明
一覧後定期払 （XX days sight）	手形の呈示と手形の引受後、XX日後を支払期日とする手形期間。輸入者の手形引受後に支払期日が確定します。たとえば、120days sightで、輸入者の手形引受が2017/11/10の場合、その翌日から起算して、2018/03/10が手形の支払期日です。
日付後定期払 （XX days after YYMMDD）	特定の日付YYMMDDからXX日後を支払期日とする手形期間。特定の日付から起算する場合と、特定の日付の翌日から起算する場合があります。
確定日払 （YYMMDD）	特定の日付YYMMDDを支払期日とする手形期間です。
その他 （Other Tenor）	支払期日を決める際に基準とする日付が一覧払（At Sight）でも、特定の日付（YYMMDD）でもなく、特定の条件・日付で支払期日を求める手形期間。たとえば、商品到着後XX日後（XX days after arrival of goods）、船積後XX日後（XX days after B/L date）などの手形期間があります。

場に織り込んだものです。相場に電信買相場（Telegraphic Transfer Buying）を適用し、通常の貸付などと同様に利息はすべて年利建利率で計算する場合など、いくつかのバリエーションがあります（図表Ⅳ-12参照）。

(7) **利息の負担**

メール期間、ユーザンス期間の利息は、輸出者がすべて負担するケースのほか、輸入者がすべて負担するケース、輸出者と輸入者が利息を分けて負担するケースもあります（図表Ⅳ-13参照）。

(8) **L/Cの有無とメリット・デメリット**

「第Ⅳ章第1節4　L/Cなし輸出手形買取」を参照してください。

(9) **輸出手形保険**

「第Ⅳ章第1節4　L/Cなし輸出手形買取」を参照してください。

(10) **その他**

① **一部買取と一部取立**

輸出者の輸出手形買取の与信枠に余裕がない場合、一部を買取とし、一部を取立とすることがあります。この場合には手形金額＞買取金額であり、買

図表Ⅳ-12 適用相場と利息

①一覧払手形の場合

```
            メール期間＝L/C付一覧払手形買相場（At Sight Buying）を適用
  買取日 ●────────────────────● メール期間終期
```

※メール期間終期後の利息がある場合、以下の②のユーザンス期間に同じ。

②期限付手形で、メール期間は金利を相場に織り込み、ユーザンス期間は年利建利息とする場合

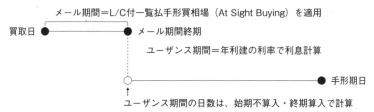

③期限付手形で、全期間の金利を相場に織り込む場合

```
            全期間＝L/C付期限付手形買相場（Usance Buying）を適用
  買取日 ●────────────────────────────────● 手形期日
```

※手形期日までの日数は、30日、60日、90日、120日、150日、180日の6種類。

④期限付手形で、全期間の金利を相場に織り込まず、年利建利息とする場合

```
            買取時に、電信買相場（Telegraphic Transfer Buying）を適用し、
            全期間の利息は、年利建の利率で利息計算
  買取日 ●────────────────────────────────● 手形期日
```

(注) いずれの場合も●-●の期間の日数は両端で計算し、メール期間の日数は、USDの場合、12日。買取日＝10/1で、USDの場合、メール期間終期は、10/12。

図表Ⅳ-13 利息の負担

図表Ⅳ-12の項番	メール期間の利息	ユーザンス期間の利息
①	輸出者	通常はありませんが、決済遅延の場合は、輸出者または輸入者（おもに輸入者）
②	全期間、輸出者	
	輸出者	輸入者
③	全期間、輸出者	
④	全期間、輸出者	
	全期間、輸入者	

取時には買取金額が輸出者の口座に入金され、取立分は輸入者の支払後に輸出者の口座に入金されます。

② 委任状付買取

自行の顧客でない第三者が自行の顧客に委任して、手形の買取と買取代わり金の受領を行うものです。具体的には、以下のような場合があります。

(i) 輸出者である顧客が自身の名義を出したくないため、船積書類などは第三者名義で作成し、第三者からの委任を顧客自身が受けるかたちで買取を依頼する場合
(ii) 輸出者の信用力に問題があるため、買取を信用力のある第三者に委任する場合
(iii) 商権確保のために商社などが買取を第三者に委任する場合

③ マルチカレンシー条項

マルチカレンシー条項のある信用状の場合、信用状の通貨と異なる通貨で為替手形が振り出される場合があります。

システム面

(1) 取引遷移

一般的な取引遷移は図表Ⅳ-14のとおりです。

図表Ⅳ-14　L/C付輸出手形買取の取引遷移

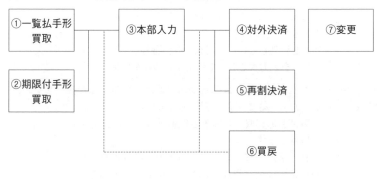

(2) 取引種類

　L/C付輸出手形買取には、図表Ⅳ-15に示す取引があります。

　また、業務フローとシステムフローを合わせて記述すると、図表Ⅳ-16-1、Ⅳ-16-2のとおりです。

(3) 取引ファイル

　L/C付輸出手形買取の取引情報を管理する輸出取引ファイルの論理的な構成について記述します（図表Ⅳ-17参照）。

図表Ⅳ-15　L/C付輸出手形買取の取引

取引名	概　要	おもな経路など
一覧払手形買取	・一覧払手形買取を管理する取引番号（後述するOur Reference Number、Our Ref. No.、以下同じ）を採番します。 ・輸出者である顧客の管理番号、商品コード、仕向地、各種手数料などを入力します。 ・外貨の手形を買い取って、円貨を支払う場合の対顧適用相場は公示相場であるL/C付一覧払手形買相場（At Sight Buying）が適用されます。 ・代わり金は輸出者の指定する預金口座などに入金します。 ・手形（買取）金額をL/C付輸出手形の与信残高に加算します。ここでは円貨ベースで与信管理するものとします（以下同じ）。 ・残高を管理している信用状の取引番号（ただし、1本のみ）を入力することで信用状の残高を引落します。	営業店端末
期限付手形買取	・一覧払手形買取とは手形期間や適用される相場が異なるため、ここでは取引画面を分けています。 ・期限付手形買取を管理する取引番号（Our Ref. No.）を採番します。 ・外貨の手形を買い取って、円貨を支払う場合の対顧適用相場は公示相場であるL/C付期限付手形買相場（Usance Buying）または電信買相場（TTB：Telegraphic Transfer Buying）が適用されます。	営業店端末

	・上記以外は、基本的に一覧払手形買取に同じです。	
本部入力	・買取2次入力、本部追加入力などとも呼ばれます。 ・取引を特定する取引番号（Our Ref. No.）を入力します。 ・対外決済方法（銀行間の決済口座による決済、外為円決済による決済など）、決済口座の決定などを行い、入力します。再割引するか否かは買取時に決定されます。	本部端末
対外決済	・取引を特定する取引番号（Our Ref. No.）を入力します。 ・再割引による決済以外のとき、決定済の対外決済方法によって、他行と対外決済（資金受領）を行います。 ・手形（買取）金額をL/C付輸出手形の与信残高から減算します。	本部端末
再割決済	・取引を特定する取引番号（Our Ref. No.）を入力します。 ・再割引による決済のとき、他行と対外決済（資金受領）を行います。 ・手形（買取）金額をL/C付輸出手形の与信残高から減算します。	本部端末
買戻	・取引を特定する取引番号（Our Ref. No.）を入力します。 ・輸入者が代金の支払を拒絶したなどの理由により、輸出者が手形の買戻を行う場合に使用します。手形買取とは逆に輸出者が資金を支払います。 ・手形（買取）金額をL/C付輸出手形の与信残高から減算します。 ・外貨の手形の買戻を円貨により行う場合の対顧適用相場は公示相場である電信売相場（TTS：Telegraphic Transfer Selling）が適用されます。戻し利息がある場合には、電信買相場（TTB：Telegraphic Transfer Buying）が適用されます。	営業店端末
変更	・取引を特定する取引番号（Our Ref. No.）を入力し、輸出者である顧客の管理番号、商品コード、L/G付買取の有無などを変更します。	営業店端末、本部端末

図表Ⅳ-16-1　業務フローとシステムの関係

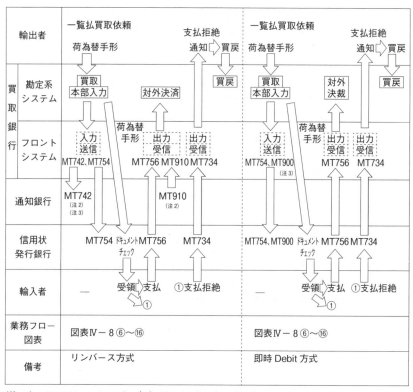

（注1）　SWIFTメッセージの内容は以下のとおりです。紙ベースの場合も上図に準じます。
　　　　MT734：Advice of Refusal
　　　　MT742：Reimbursement Claim
　　　　MT754：Advice of Reimbursement or Payment
　　　　MT756：Advice of Payment/Acceptance/Negotiation
　　　　MT900：Confirmation of Debit
　　　　MT910：Confirmation of Credit
（注2）　補償銀行は、MT742を受領し、銀行間の資金振替後、MT756またはMT910を買取銀行に送付します。
（注3）　発行銀行のドキュメントチェックの結果によっては、最終的に支払が拒絶される場合もあります。発行銀行からのMT756をもって、支払が確定します。

図表Ⅳ-16-2　業務フローとシステムの関係

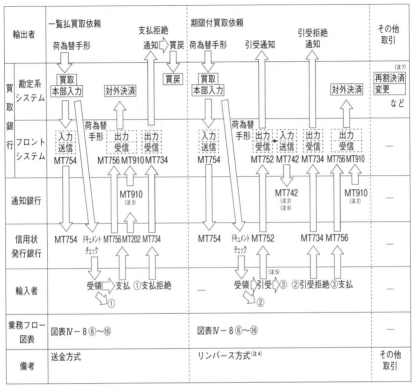

- （注1） SWIFTメッセージの内容は以下のとおりです。紙ベースの場合も上図に準じます。
  - MT202：General Financial Institution Transfer
  - MT734：Advice of Refusal
  - MT742：Reimbursement Claim
  - MT752：Authorisation to Pay, Accept or Negotiation
  - MT754：Advice of Reimbursement or Payment
  - MT756：Advice of Payment/Acceptance/Negotiation
  - MT910：Confirmation of Credit
- （注2） 補償銀行は、MT742を受領し、銀行間の資金振替後、MT756またはMT910を買取銀行に送付します。
- （注3） 送金方式のとき、補償銀行ではなく、発行銀行と買取銀行の決済口座を持つ決済銀行です。
- （注4） 即時Debit方式、送金方式は、引受部分を除き、一覧払手形買取に準じるため、省略します。
- （注5） 引受後に支払拒絶が行われることは通常ありません。
- （注6） 期限付手形でリンバース方式のとき、引受後にMT742が処理され、手形期日に支払が行われます。
- （注7） 再割決済は、リンバース方式以外の対外決済に準じるため、省略します。

図表Ⅳ-17　輸出取引ファイルの構成

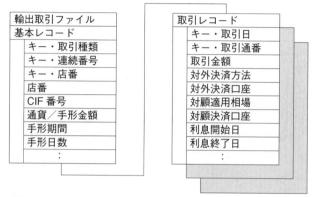

(注)　各レコードのレイアウトは、輸出手形買取・取立共通とします。

① 基本レコード

L/C付輸出手形買取時にレコードが追加され、取引のたびに更新されます。キーは取引種類、連続番号、店番（*8）です。輸出手形の基本的な項目を保持します。具体的には店番、CIF番号、通貨／手形金額、手形期間（Tenor）、手形日数、手形期日、信用状取引番号、最終更新日などがあります。

(*8)　Our Reference Number、Our Ref. No.といわれます。詳細については「第Ⅳ章第1節1　輸出信用状」を参照してください。

② 取引レコード

取引ごとに1件追加されます。キーは、取引日、取引通番です。入力された項目や一部項目の取引前後の情報を保持します。具体的には取引金額、対外決済方法、対外決済口座、対顧適用相場、対顧決済口座（預金口座）、利息開始日、利息終了日などがあります。一部項目は取引後の最新情報を基本レコードでも管理します。

最後に各レコードの追加更新要領について、図表Ⅳ-18に記述します。

図表Ⅳ-18　各レコードの追加更新要領

取　引	基本レコード	取引レコード
一覧払手形買取	1件追加	1件追加
期限付手形買取	1件追加	1件追加
本部入力	1件更新	1件追加
対外決済	1件更新	1件追加
再割決済	1件更新	1件追加
買戻	1件更新	1件追加
変更	1件更新(注)	1件更新(注)

(注)　変更する項目により、更新するレコードは異なります。

3　L/C付輸出手形取立

業務面

(1)　概　要

信用状（輸出信用状）に記載された信用状条件に一致する荷為替手形（為替手形に船積書類を添付したもの、輸出手形）を輸出者の取引銀行（仕向銀行）が取り立てます。荷為替手形の送付を受けた輸入者の取引銀行（輸入地の信用状発行銀行、取立銀行）は船積書類と引き換えに輸入者から支払を受け、決済銀行経由で輸出者に輸出代金を支払います。L/C付輸出手形取立、信用状付輸出手形取立ともいわれます。

L/C付輸出手形のバリエーションは、「第Ⅳ章第1節2　L/C付輸出手形買取」を参照してください。

(2)　業務フロー

信用状条件を満たす荷為替手形が仕向銀行により輸入地に送付されます。輸入者の取引銀行である信用状発行銀行（取立銀行）は輸入者から輸入代金を受け取り、決済銀行経由で仕向銀行に支払います（図表Ⅳ-19参照）。

以下は、輸出信用状の業務フローと同一の内容を繰り返し記述していま

図表Ⅳ-19　L/C付輸出手形取立の業務フロー

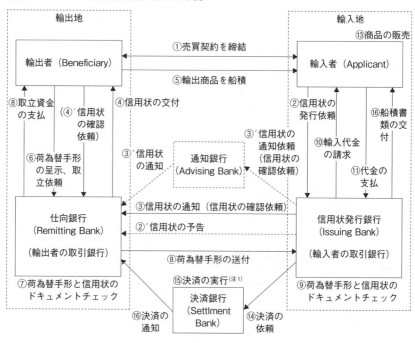

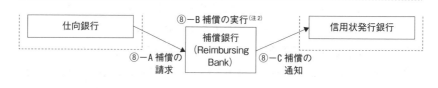

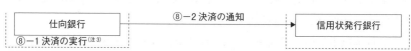

(注1)　ここでは、決済銀行に仕向銀行と信用状発行銀行の双方の決済口座があり、信用状発行銀行の決済口座から出金し、買取銀行の決済口座に入金することで、銀行間の決済を行います（送金方式）。

(注2)　ここでは、補償銀行に仕向銀行と信用状発行銀行の双方の決済口座があり、信用状発行銀行の決済口座から出金し、仕向銀行の決済口座に入金することで、銀行間の決済を行います（リンバース方式）。

(注3)　ここでは、仕向銀行に信用状発行銀行の決済口座があり、信用状発行銀行の決済口座から出金することで、銀行間の決済を行います（即時Debit方式）。

す。
① 輸出者と輸入者の間で商品などに関する売買契約が締結されます。この契約では取引の条件・内容が定められており、信用状による取引を行うこと、および信用状の条件（商品名、数量、金額、納期、支払期日、取引条件、船積条件、保険条件、決済条件、必要書類とその通数など）も定められています。
② 輸入者は自身の取引銀行に信用状の発行を依頼します。信用状は、輸入者が債務不履行の場合には信用状の発行銀行（Issuing Bank）が輸出代金を支払う義務を負う（輸入者に対する与信行為）ことから、発行銀行は輸入者の財務状況・信用力などを審査したうえで、信用状を発行します。
②′ 信用状を郵送する場合で、その概要を前もって輸出者に通知したい場合には、その概要をSWIFT電文により通知します。これを信用状の予備通知、予告、プレアド（Preliminary Advice）、プレアドバイス（Pre-Advice）などといいます。これは信用状の原本ではないため、原本（Mail ConfirmationまたはSWIFT電文）の到着を待って信用状に基づく取引が開始されます。
③ 発行銀行と輸出者の取引銀行の間にコルレス契約（*1）がある場合、信用状を直接、輸出者の取引銀行に通知（送付）します。発行銀行が輸出者の取引銀行に信用状の確認（オープン・コンファーム）を求める場合、ここで確認の依頼（信用状にその旨の記述があります）も行われます。これに応じることで輸出者の取引銀行が確認銀行とされます。

> (*1) コルレス契約（Correspondent Arrangement、Correspondent Agreement）は銀行同士が個別に結ぶ為替業務（信用状、送金為替、代金取立など）に関する契約です（詳細は、「第Ⅳ章第10節 3 コルレス」を参照してください）。信用状を輸出者に直接送付することもありますが、銀行間の通知の方が迅速・確実です（銀行間の通知は、SWIFT電文により行われるのが一般的であるためです）。

③′ コルレス契約がない場合、輸出者の取引銀行と発行銀行の双方とコルレス契約がある銀行を経由して信用状を通知します（発行銀行が信用状の確認を依頼する場合、通知銀行に依頼することが一般的です）。この銀行を通知銀行（Advising Bank）といいます（輸出者の取引銀行≠通知銀行）。信用状

発行後に信用状を使って取引する金額や信用状の有効期限の変更（信用状の条件変更、アメンド：Amend、Amendment）も同じ経路で通知されます。これは通知銀行を経由せず、直接、発行銀行から輸出者の取引銀行（＝通知銀行）に通知される場合でも同じです。

④　信用状の通知を受けた輸出者の取引銀行は輸出者に信用状を交付(*2)します。

> （*2）　郵送されてきた信用状原本（信用状発行銀行の制定用紙に印字されています）、または印字したSWIFT電文（印字したものにカバーレターを付けたもの）を交付します。いずれの場合も通知銀行により、その真正性が確認されています。また信用状の原本は輸出者に交付せず、輸出者の取引銀行が保管することもあります。

④´　輸出者が発行銀行の信用力などに不安を感じ、輸出者の取引銀行に信用状の確認（サイレント・コンファーム）を依頼する場合、ここで行われます。

以降はL/C付輸出手形取立固有の業務フローです。

⑤　信用状を受領した輸出者は、輸出する商品を梱包・船積し、船会社から船荷証券の交付を受けます。

⑥　輸出者は信用状に定められている必要書類（船荷証券、保険証券、商業送り状など）を必要通数揃え、振出人を輸出者、名宛人を信用状発行銀行とした為替手形（Bill of Exchange）を振り出し、それらを信用状とともに仕向銀行に呈示して取立を依頼します。信用状は輸出者か仕向銀行のいずれかが保管しています。

⑦　仕向銀行は信用状の条件と輸出者から呈示された船積書類、為替手形との間に不一致（瑕疵、ディスクレ：Discrepancy）がないか、ドキュメントチェック（Document Check）を行います。不一致がある場合、輸入者に支払を拒絶されるリスクがあるため、書類の差替などの対応(*3)を行います。

> （*3）　「第Ⅳ章第1節2　L/C付輸出手形買取」の業務フローの説明を参照してください。

⑧　取立を依頼された荷為替手形は本部へ送付されます。本部は信用状条件にしたがって、荷為替手形を再度チェックし、発行銀行に送付します。送

付中の紛失などのリスク対策として、同じ内容の荷為替手形を2通に分けて別便で送付するのが一般的です。

　仕向銀行と発行銀行の間の資金決済には、大別すると以下の3つの方法があります。以下ではそれぞれの資金決済方法について記述しています（即時Debit方式：⑧-1～⑧-2、リンバース方式：⑧-A～⑧-C、送金方式：⑭～⑯）。輸出手形についての資金決済は、L/C付輸出手形買取でもL/C付輸出手形取立でも基本的に同じです。買取とするか取立とするかは輸出地側の判断であり、銀行間の決済は信用状に記載されている決済方法によるためです。

　以下の⑧-1～⑧-2は、即時Debit方式（「第Ⅳ章第2節1　輸入信用状」を参照）の場合の業務フローです。

⑧-1　仕向銀行は自行にある発行銀行の決済口座から手形金額を出金することで資金決済を行います。

⑧-2　仕向銀行は資金決済後、発行銀行に決済の通知を送付します。

　以下の⑧-A～⑧-Cは、リンバース方式（「第Ⅳ章第2節1　輸入信用状」「第Ⅳ章第2節9　リンバース」を参照）の場合の業務フローです。

⑧-A　一覧払手形のとき、仕向銀行は信用状に記載されている補償銀行に対して、手形金額の補償（求償、支払）を請求します。期限付手形のとき、仕向銀行は信用状発行銀行からの引受通知を受領後に補償を請求します。

⑧-B　一覧払手形のとき、仕向銀行から補償請求を受けた補償銀行は、発行銀行の決済口座から出金し、仕向銀行の決済口座に入金することで両者の資金決済を行い、その旨、仕向銀行に通知します。期限付手形のとき、補償銀行は、手形期日に発行銀行の決済口座から出金し、仕向銀行の決済口座に入金することで両者の資金決済を行い、その旨、仕向銀行に通知します。

⑧-C　補償銀行は発行銀行に対して、仕向銀行からの補償請求に基づき手形金額を発行銀行の決済口座から出金し、決済したことを発行銀行に通知します。

⑨　仕向銀行から送付された荷為替手形を受領した発行銀行は、信用状条件と一致しているかチェックします。

⑩ 発行銀行は、輸入者に荷為替手形の到着を通知し、輸入代金の支払を請求します。
⑪ 輸入代金の支払請求を受けた輸入者は、自己資金（預金口座など）や銀行からの借入資金などにより輸入代金を支払います。手形金額を分割して支払う（一部支払）場合もあります。
⑫ 輸入代金の支払と引き換えに、発行銀行は船積書類を輸入者に引き渡します。
⑬ 船積書類の引渡を受けた輸入者は、船会社に船荷証券を呈示して輸入貨物を引き取り、販売します。

以下の⑭～⑯は、送金方式（「第Ⅳ章第2節1　輸入信用状」を参照）の場合の業務フローです。

⑭ 輸入者から輸入代金の支払を受けた発行銀行は、決済銀行に対して、発行銀行の決済口座から出金し、仕向銀行の決済口座に入金するよう依頼します。
⑮ 依頼を受けた決済銀行は、発行銀行と仕向銀行との間で資金決済を行います。
⑯ 決済銀行は、決済により仕向銀行の決済口座に入金されたことを仕向銀行に通知します。
⑰ 決済銀行から通知を受けた仕向銀行は、受領した決済資金を輸出者の預金口座に入金します。なお、手形金額が外貨で輸出者が円貨での受領を希望する場合、入金日の公示相場である電信買相場（TTB：Telegraphic Transfer Buying）で円貨に換算します。⑮で受領した資金をここで輸出者へ支払うため、仕向銀行に資金の立替は発生せず、与信行為とされません。

図表Ⅳ-19の銀行間の資金決済方法は、送金方式（「第Ⅳ章第1節2　L/C付輸出手形買取」「第Ⅳ章第2節1　輸入信用状」を参照）としていますが、即時Debit方式（「第Ⅳ章第1節2　L/C付輸出手形買取」「第Ⅳ章第2節1　輸入信用状」を参照）、リンバース方式（「第Ⅳ章第1節2　L/C付輸出手形買取」「第Ⅳ章第2節1　輸入信用状」「第Ⅳ章第2節9　リンバース」を参照）のほか、後述する取次方式の場合もあります。

(3) 統一規則

「第Ⅳ章第1節1　輸出信用状」を参照してください。

(4) 為替手形

「第Ⅳ章第1節2　L/C付輸出手形買取」を参照してください。

(5) 取立とする理由

信用状を発行した取引では、通常は輸出手形の買取によって輸出代金を早期に回収するなどの意図があるはずですが、以下の理由などにより買取とせずに取立とする場合があります。

① ディスクレがある場合

信用状条件と船積書類、為替手形との間に不一致（瑕疵、ディスクレ：Discrepancy）がある場合、不一致の内容によっては買取ではなく取立で対応します。

② 与信枠がないなどの場合

輸出手形買取を行うほどの信用力が輸出者にない（輸入者に支払拒絶などされた場合に手形を買い戻すだけの資金力が輸出者にない）と取引銀行が判断した場合、買取ではなく取立で対応します。それ以外にも輸出者の輸出手形買取の与信枠に余裕がないなどの場合、買取ではなく取立で対応します。

③ リストリクト信用状に基づいた輸出手形の場合

他行リストリクトの信用状に基づいた輸出手形の買取は他行以外が買い取っても、信用状発行銀行に支払を拒絶されます。そこで買取が指定されている他行に輸出手形の買取を求めて（取立）、輸出代金を回収します。取次方式、プロセス扱などといわれます。

(6) 取次方式（プロセス扱）

前述の取次方式の業務フローについて、図表Ⅳ-20で説明します。

ここでは、図表Ⅳ-19との相違点のみ説明します。

①～⑤　図表Ⅳ-19の①～⑤に同じであるため、記述を省略します。

⑥　輸出者は荷為替手形を仕向銀行に荷為替手形を呈示し、取立の依頼をします。

⑦　仕向銀行は受領した荷為替手形と信用状条件とが一致しているかチェックし、問題がないことを確認します。

図表Ⅳ-20　L/C付輸出手形取立（取次方式）の業務フロー

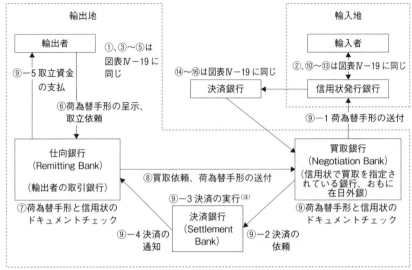

（注）　ここでは、補償銀行には仕向銀行と買取銀行の双方の決済口座があり、仕向銀行の決済口座から出金し、買取銀行の決済口座に入金することで、銀行間の決済を行います。
　　　在日外銀から円貨で資金を受領する場合には、外為円決済（決済銀行は日本銀行）を通して、決済します。

⑧　仕向銀行は信用状で買取が指定されている買取銀行（在日他行、おもに在日外銀）に荷為替手形を送付し、買取を依頼します。

⑨　買取銀行は受領した荷為替手形と信用状条件とが一致しているかチェックし、問題がないことを確認して、信用状発行銀行に荷為替手形を送付します。

⑨－1　買取銀行は信用状発行銀行に荷為替手形を送付します。

⑨－2　買取銀行は決済銀行に仕向銀行との決済を依頼します。

⑨－3　依頼を受けた決済銀行は、仕向銀行と買取銀行との間で資金決済を行います。

⑨－4　決済銀行は、決済により仕向銀行の決済口座に入金されたことを仕向銀行に通知します。

⑩～⑬　図表Ⅳ-19の⑩～⑬に同じです。

⑭〜⑯　図表Ⅳ-19の⑫〜⑭に同じです。

(7)　その他

　輸出手形の買取と取立では資金決済のタイミングが異なります。買取では顧客である輸出者との資金決済（対顧決済）は取引遷移の先頭で行われ、輸入代金の受領（対外決済）は取引遷移の最後で行われます。これに対して、取立では輸入代金の受領（対外決済）先に行われ、その後に輸出者との資金決済（対顧決済）が行われます。

　前記では、取立は一律、与信行為ではないとしましたが、信用状発行銀行からの支払を待たずに輸出者に資金を支払う場合(*4)、事後に信用状発行銀行が支払を拒絶することもあるため、実質的に与信行為とされます。

(*4)　即時Debit方式（「第Ⅳ章第1節2　L/C付輸出手形買取」「第Ⅳ章第2節1　輸入信用状」を参照）、リンバース方式（「第Ⅳ章第1節2　L/C付輸出手形買取」「第Ⅳ章第2節1　輸入信用状」「第Ⅳ章第2節9　リンバース」を参照）、前述の取次方式が該当します。

システム面

(1)　取引遷移

　一般的な取引遷移は図表Ⅳ-21のとおりです。

図表Ⅳ-21　L/C付輸出手形取立の取引遷移

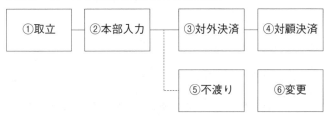

(2)　取引種類

　L/C付輸出手形取立には、図表Ⅳ-22に示す取引があります。

(3)　取引ファイル

　L/C付輸出手形取立の取引情報を管理する輸出取引ファイルの論理的な構成について記述します（図表Ⅳ-23参照）。

図表Ⅳ－22　L/C付輸出手形取立の取引

取引名	概　要	おもな経路など
取立	・取立を管理する取引番号（Our Reference Number、Our Ref. No.、以下同じ）を採番します。 ・輸出者である顧客の管理番号、手形期間、商品コード、仕向地、各種手数料などを入力します。 ・残高を管理している信用状の取引番号（ただし、1本のみ）を入力することで信用状の残高を引落します。	営業店端末
本部入力	・取立2次入力、本部追加入力などとも呼ばれます。 ・取引を特定する取引番号（Our Ref. No.）を入力します。 ・対外決済方法（銀行間の決済口座による決済、外為円決済による決済など）、決済口座の決定などを行い、入力します。	本部端末
対外決済	・取引を特定する取引番号（Our Ref. No.）を入力します。 ・決定済の対外決済方法によって、他行と対外決済（資金受領）を行います。何度かに分けて、手形金額の一部だけ決済される（一部決済）こともあります。	本部端末
対顧決済	・取引を特定する取引番号（Our Ref. No.）を入力します。 ・外貨の手形を円貨で支払う場合の対顧適用相場は公示相場である電信買相場（TTB：Telegraphic Transfer Buying）が適用されます。 ・代わり金は輸出者の指定する預金口座などに入金します。	営業店端末
不渡り	・取引を特定する取引番号（Our Ref. No.）を入力します。 ・輸入者が代金の支払を拒絶したなどの理由により、手形が不渡りとされた場合に使用します。 ・買取銀行が資金を立て替える手形買取とは異なり、輸出代金は輸出者に支払われていないため、輸出者が手形を買い戻す必要はありません。	営業店端末
変更	・取引を特定する取引番号（Our Ref. No.）を入力し、輸出者である顧客の管理番号、商品コードなどを変更します。	営業店端末

図表Ⅳ-23 輸出取引ファイルの構成

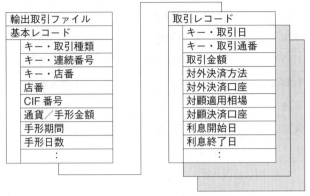

(注) 各レコードのレイアウトは、輸出手形買取・取立共通とします。

① 基本レコード

L/C付輸出手形取立時にレコードが追加され、取引のたびに更新されます。キーは取引種類、連続番号、店番(*5)です。輸出手形の基本的な項目を保持します。具体的には店番、CIF番号、通貨／手形金額、手形期間（Tenor）、手形日数、手形期日、信用状取引番号、最終更新日などがあります。

(*5) Our Reference Number、Our Ref. No.といわれます。詳細については「第Ⅳ章第1節1　輸入信用状」を参照してください。

② 取引レコード

取引ごとに1件追加されます。キーは、取引日、取引通番です。入力された項目や一部項目の取引前後の情報を保持します。具体的には取引金額、対外決済方法、対外決済口座、対顧適用相場、対顧決済口座（預金口座）、利息開始日、利息終了日などがあります。一部項目は取引後の最新情報を基本レコードでも管理します。

最後に各レコードの追加更新要領について、図表Ⅳ-24に記述します。

図表Ⅳ-24 各レコードの追加更新要領

取　引	基本レコード	取引レコード
取立	1件追加	1件追加
本部入力	1件更新	1件追加
対外決済	1件更新	1件追加
対顧決済	1件更新	1件追加
不渡り	1件更新	1件追加
変更	1件更新(注)	1件更新(注)

(注)　変更する項目により、更新するレコードは異なります。

4 L/Cなし輸出手形買取

業　務　面

(1) 概　　要

　信用状ではなく売買契約に基づいた荷為替手形（為替手形に船積書類を添付したもの、輸出手形）を輸出者の取引銀行（買取銀行）が買い取ることで、輸出者に輸出代金を支払います。荷為替手形を買い取った輸出者の取引銀行は、輸入地の取立銀行経由で輸入者から支払を受けます。信用状に基づかない荷為替手形の取引を信用状なし取引（Without L/C）、L/Cなし取引、B/C（Bill for Collection）ベースの取引などといい、信用状に基づいて振り出された為替手形の買取をL/Cなし輸出手形買取、信用状なし輸出手形買取などといいます。

　輸出者の資金受領（輸出代金の回収）の観点で見ると、L/Cなし輸出手形には、図表Ⅳ-25に示すバリエーションがあります。L/Cなし期限付手形も買戻請求権なしで買取する場合があります。詳細は、「第Ⅳ章第1節8　フォーフェイティング」を参照してください。

(2) 業務フロー

　売買契約に基づいた荷為替手形が買取銀行により買い取られ、輸出代金が

輸出者に支払われます。その後、荷為替手形は輸入地に送られ、買取銀行は輸入者の輸入代金を取立銀行経由で受領します（図表Ⅳ-26参照）。

図表Ⅳ-25　L/Cなし輸出手形のバリエーション

取　引	為替手形の種類	輸出者の資金受領	説明箇所
買取（再割）	一覧払手形	手形買取により資金を受領します。	本項で説明します。
	期限付手形		
取立	一覧払手形	一覧後に輸入者が支払った資金を受領します。	「第Ⅳ章第1節5 L/Cなし輸出手形取立」で説明します。
	期限付手形	手形期日に輸入者が支払った資金を受領します。	

図表Ⅳ-26　L/Cなし輸出手形買取の業務フロー

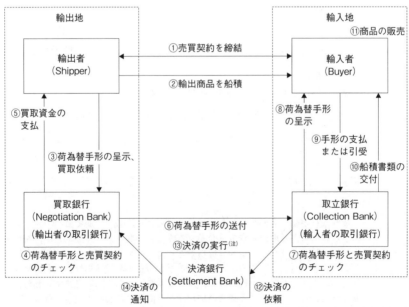

（注）　ここでは、決済銀行に買取銀行と取立銀行の双方の決済口座があり、取立銀行の決済口座から出金し、買取銀行の決済口座に入金することで、銀行間の決済を行います。

① 輸出者と輸入者の間で商品などに関する売買契約が締結されます。この契約では取引の条件・内容（商品名、数量、金額、納期、支払期日、取引条件、船積条件、保険条件、支払条件など）などが定められています。

② 輸出者は、輸出する商品を梱包・船積し、船会社から船荷証券の交付を受けます。

③ 輸出者は、売買契約に定められている必要書類（船荷証券、保険証券、商業送り状など）を必要通数揃え(*1)、振出人を輸出者、名宛人を輸入者とした為替手形（Bill of Exchange）を振り出し(*2)、それらを買取銀行に呈示して買取を依頼します。

  (*1) 必要書類とその通数を定めた信用状がないため、売買契約から輸出者の判断でドキュメントを作成します。

  (*2) D/P条件またはD/A条件の一覧払手形または期限付手形を振り出します。詳細は後述します。

④ 買取銀行は輸出者から呈示された船積書類、為替手形と売買契約との間の不一致の有無についてチェックを行います。なお、不一致がある場合、輸入者に支払や引受を拒絶されるリスクがあるため、書類の差替などの対応(*3)を行います。

  (*3) 対応内容は基本的にL/C付輸出手形買取と同じです。

⑤ 不一致がなければ買取を行い、手形金額を輸出者の預金口座に入金します(*4)。なお、手形金額が外貨で輸出者が円貨での受領を希望する場合、買取日の公示相場(*5)で円貨に換算します。輸入者により支払が拒絶された場合には、輸出者は手形を買い戻す（口座に入金された資金を支払う）義務を負います。

  (*4) 買取銀行が輸入者から代金を受領できるのは、図表Ⅳ－26では⑬です。一覧払手形の場合、買取から資金を受領するまでの期間（メール期間）中、買取銀行が輸出代金の立替をする与信行為であり、メール立替利息を輸出者から徴求します。金利（利息）を相場に織り込んだものを金利織込相場、金利込相場などといいます。期限付手形の場合、メール期間後から手形期日までの利息は相場に織り込むのではなく、通常の貸付などと同様に年利建の利息を計算し、徴求します。

  (*5) D/P条件、D/A条件ともにL/Cなし一覧払手形買相場（D/P D/A Buying）を使用しますが、L/C付一覧払手形買相場（At Sight Buying）を使用する銀行もあります。両者の差はL/Cなしのリスク料（USDの場合、30銭）のみです。

⑥ 買い取った荷為替手形は本部へ送付されます。本部は売買契約、他行とのコルレス契約(＊6)などにしたがって、決済方法などを決定し、荷為替手形を再度チェックし、取立銀行に送付します。送付中の紛失などのリスク対策として、同じ内容の荷為替手形を2通に分けて別便で送付するのが一般的です。

> (＊6) コルレス契約（Correspondent Arrangement、Correspondent Agreement）は銀行同士が個別に結ぶ為替業務（信用状、送金為替、代金取立など）に関する契約です（詳細は、「第Ⅳ章第10節3　コルレス」を参照してください）。

⑦ 買取銀行から送付された荷為替手形を受領した取立銀行は、売買契約と一致しているかチェックします。
⑧ 取立銀行は、輸入者に荷為替手形の到着を通知、呈示します。
⑨⑩ D/P条件のとき、輸入代金の支払(＊7)と引き換えに船積書類を輸入者に引き渡します。D/A条件のときは、輸入代金の支払を確約し、手形の引受(＊8)をすることと引き換えに船積書類を輸入者に引き渡します。

> (＊7) 自己資金（預金口座など）や銀行からの借入資金などにより、輸入代金を支払います。手形金額を分割して支払う（一部支払）場合もあります。
> (＊8) 輸入者が手形引受を行ったことは買取銀行に通知されます。なお、手形の引受（為替手形への引受署名）は支払を確約するものですが、手形期日に輸入代金が必ず支払われるとは限りません。手形の引受は手形金額全額が基本ですが、手形金額の一部だけ引受することもあります。また輸入者が手形を全額引受した後、手形期日までの間に手形金額を分割して支払う（一部支払）場合もあります。

⑪ 船積書類の引渡を受けた輸入者は、船会社に船荷証券を呈示して輸入貨物を引き取り、販売します。

以降、D/P条件のときは、船積書類の引渡直後の輸入代金の支払を、D/A条件のときは、手形期日での輸入代金の支払をトリガにして、決済が行われます。

⑫ 輸入者から輸入代金を受領した取立銀行は、決済銀行に買取銀行との決済を依頼します。
⑬ 依頼を受けた決済銀行は、買取銀行と取立銀行との間で資金決済を行います。
⑭ 決済銀行は、決済により買取銀行の決済口座に入金されたことを買取銀

行に通知します。

(3) **統一規則**

　国や地域により法律や商慣習などが異なるため、国際商業会議所（ICC：International Chamber of Commerce）によって国際的に統一された規則が定められています。信用状なしの取引に関しては「取立統一規則」（The Uniform Rules for Collections - ICC Publication No. 522、URC 522）が制定されており、各国で振り出された信用状なしの手形は、通常、この規則にしたがって決済されます。

(4) **手形の再割**

　図表Ⅳ-26では、買取銀行は輸出者から手形を買い取って、代わり金を支払っていますが、この場合には輸入者が代金支払を行うまでは通常、資金を受領できません。しかし、買取銀行の資金調達などの関係で他行（おもに在日外国銀行）に買取を依頼（再割引、再割といいます）し、輸出者に支払った資金を早期に回収することもあります（図表Ⅳ-27参照）。

　ここでは、図表Ⅳ-26との相違点のみ説明します。

①〜⑤　図表Ⅳ-26の①〜⑤に同じであるため、記述を省略します。

⑥　買取銀行は在日他行（おもに在日外銀）に荷為替手形などを送付し、買取（再割引）を依頼します。買取銀行には再割銀行から再割手数料などが請求されるため、輸出者から徴収します。

⑦　再割銀行は受領した荷為替手形と売買契約とが一致しているかチェックし、問題がないことを確認して、再割引します。

⑦-1　再割銀行は荷為替手形を取立銀行に送付します。

⑦-2　再割銀行は決済銀行に買取銀行との決済を依頼します。

⑦-3　依頼を受けた決済銀行は、買取銀行と再割銀行との間で資金決済を行います。

⑦-4　決済銀行は、決済により買取銀行の決済口座に入金されたことを買取銀行に通知します。

⑧〜⑪　図表Ⅳ-26の⑧〜⑪に同じです。

⑫〜⑭　図表Ⅳ-26の⑫〜⑭に同じです。ただし、再割銀行と取立銀行との資金決済は、図表Ⅳ-26の買取銀行が再割銀行に置き換わるかたちで行わ

図表Ⅳ-27 L/Cなし輸出手形買取・再割の業務フロー（一部）

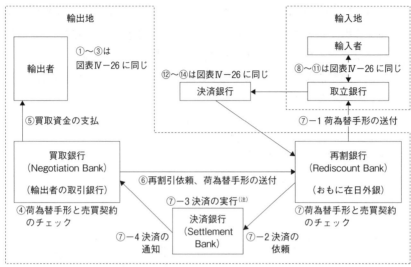

（注）ここでは、決済銀行に買取銀行と再割引銀行の双方の決済口座があり、再割引銀行の決済口座から出金し、買取銀行の決済口座に入金することで、銀行間の決済を行います。
　　　在日外銀から円貨で資金を受領する場合には、外為円決済を通して、決済します。

れます。

(5) **為替手形**

　L/Cなし輸出手形買取でも、輸出者が振り出した為替手形を銀行が買い取ります。この為替手形には一覧払手形と期限付手形の2つの手形種類がありますが、その詳細については、「第Ⅳ章第1節2　L/C付輸出手形買取」を参照してください。また、信用状発行銀行の支払保証がないため、輸出者からみれば輸出貨物の代金回収リスクがあります。このため、貨物を引き取るために必要な船荷証券などの船積書類を輸入者に引き渡す際の条件が付きます。この引渡条件には、以下の2種類があります。

(i) 支払渡（D/P：Document against Payment）：輸入者が貨物代金の支払と引き換えに、取立銀行が船積書類を引き渡します。輸出者にとっては代金を早く回収できる有利な条件ですが、輸入者にとっては代金を先に支払う必要があるため、不利な条件です。

(ii) 引受渡（D/A：Document against Acceptance）：輸入者が為替手形に引受署名（支払の確約）することと引き換えに、取立銀行が船積書類を引き渡します。引受署名により輸入者に支払義務が生じますが、確実に支払われる保証はありません。手形期日までは支払が猶予されるため、輸入者にとっては有利な条件ですが、輸出代金の回収が手形期日まで伸びるため、輸出者には不利な条件です。

手形種類と引渡条件の組み合わせは図表Ⅳ-28のとおりです。

図表Ⅳ-28　手形種類と引渡条件

手形種類	引渡条件	説　明
一覧払手形	支払渡（D/P）条件	一般的な組み合わせです。手形の呈示後、支払により船積書類を引渡します。
一覧払手形	引受渡（D/A）条件	手形の呈示後、即時に支払うべき一覧払手形であるにもかかわらず、手形の引受により船積書類を引渡するというありえない組み合わせです。
期限付手形	支払渡（D/P）条件	通常はない組み合わせです。貨物より荷為替手形が早く到着する場合に貨物の到着前に支払をすることを避けるために期限付手形とD/P条件を組み合わせることがあります。
期限付手形	引受渡（D/A）条件	一般的な組み合わせです。手形の呈示後、引受により船積書類を引渡し、支払は手形期日に行います。

(6)　**適用相場と利息**

　外貨を円貨に換算する相場は、メール期間中については一覧払手形、期限付手形ともに、金利（利息）を相場に織り込み、L/Cなしのリスクを加味したL/Cなし一覧払手形買相場（D/P D/A Buying）を適用します。期限付手形のユーザンス期間の利息については、相場に金利を織り込まず、通常の貸付のように年利建利率で利息計算を行います（図表Ⅳ-29参照）。なお、期限付手形でユーザンス期間が長い場合には、ユーザンス期間の一定時点までの利息を輸出者から徴求することもあります。

図表Ⅳ-29 適用相場と利息

①一覧払手形の場合

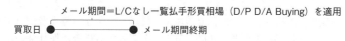

※メール期間終期後の利息がある場合、以下の②のユーザンス期間に同じ。

②期限付手形の場合

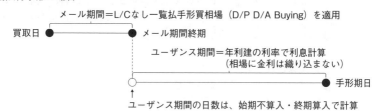

(注) いずれの場合も●―●の期間の日数は両端で計算。メール日数は、USDの場合、12日。買取日＝10/1で、USDの場合、メール期間終期は、10/12。

(7) 利息の負担

メール期間、ユーザンス期間の利息は、輸出者がすべて負担するケースのほか、輸出者と輸入者が利息を分けて負担するケースもあります（図表Ⅳ-30参照）。

図表Ⅳ-30 利息の負担

図表Ⅳ-29の項番	メール期間の利息	ユーザンス期間の利息
①	輸出者	通常はありませんが、決済遅延の場合は、輸出者または輸入者（おもに輸入者）
②	全期間、輸出者	
	輸出者	輸入者

(8) L/Cの有無とメリット・デメリット

L/C付輸出手形取引とL/Cなし輸出手形取引のメリット、デメリットは図表Ⅳ-31のとおりです。

図表Ⅳ-31　L/C付取引とL/Cなし取引の比較

取引	メリット	デメリット
L/C付取引	・輸出者にとって、手形買取の場合、信用状条件を満たせば、輸出代金が支払われるため、回収できないリスクは低いとされます。 ・輸出者にとって、L/Cなし取引より有利な買取相場で外貨が円貨に換算されます。 ・輸入者にとって、発行銀行の信用状の発行により、輸入者の信用力を補完できます。	・信用力の少ない輸入者が信用状を開設する場合、保証金の差入を求められることがあります。 ・信用状発行手数料、電信料など輸入者のコスト負担が大きいとされます。
L/Cなし取引	・輸入者が保証金の差入を求められることはありません（場合により、担保を求められることはあります）。 ・信用状発行手数料などは不要であり、輸入者のコスト負担は小さいとされます。	・輸出者にとって、手形買取の場合、支払拒絶などによって不渡りとされ、輸出代金が回収できないリスクが高いとされます。 ・輸出者にとって、L/C付取引より不利な買取相場で外貨が円貨に換算されます。 ・輸入者にとって、信用状がないため、輸入者の信用力が懸念される場合があります。

(9)　輸出手形保険

　輸入者の債務不履行だけではなく、戦争、内乱、テロ、為替規制、輸入規制などのカントリーリスクにより、輸出代金が回収できなくなる危険性があります。こうした理由で銀行が買い取った荷為替手形（輸出手形）が支払われない場合に、銀行の損失を補填する輸出手形保険制度があります。

　この保険制度は戦後、荷為替手形の買取を銀行に促すために、輸出振興策の1つとして旧・通産省（現・経済産業省）が運営していました。現在は独立行政法人日本貿易保険（NEXI）（2017年に株式会社化予定）が保険者として運営を行っており、被保険者は銀行です（輸出者は関係しません）。また、かつては信用状なしの場合に対象が限定されていましたが、現在では信用状の

有無に関係なく輸出手形の買取が対象です。

システム面

(1) 取引遷移

一般的な取引遷移は図表Ⅳ-32のとおりです。

図表Ⅳ-32　L/Cなし輸出手形買取の取引遷移

(2) 取引種類

L/Cなし輸出手形買取には、図表Ⅳ-33に示す取引があります。

また、業務フローとシステムフローを合わせて記述すると、図表Ⅳ-34-1、Ⅳ-34-2のとおりです。

(3) 取引ファイル

L/Cなし輸出手形買取の取引情報を管理する輸出取引ファイルの論理的な構成については、L/C付輸出手形買取とほとんど差がないため、「第Ⅳ章第1節2　L/C付輸出手形買取」を参照してください。

各レコードの追加更新要領について、図表Ⅳ-35に記述します。

図表Ⅳ-33　L/Cなし輸出手形買取の取引

取引名	概　　要	おもな経路など
一覧払手形買取	・一覧払手形買取を管理する取引番号（Our Reference Number、Our Ref. No.、以下同じ）を採番します。 ・輸出者である顧客の管理番号、商品コード、仕向地、各種手数料などを入力します。 ・外貨の手形を買い取って、円貨を支払う場合の対顧適用相場は公示相場であるL/Cなし一覧払手形買相場（D/P D/A Buying）が適用されます。 ・代わり金は輸出者の指定する預金口座などに入金します。 ・手形（買取）金額をL/Cなし輸出手形の与信残高に加算します。ここでは円貨ベースで与信管理するものとします（以下同じ）。	営業店端末
期限付手形買取	・一覧払手形買取とは手形期間や適用される相場が異なるため、ここでは取引画面を分けています。 ・期限付手形買取を管理する取引番号（Our Ref. No.）を採番します。 ・上記以外は、基本的に一覧払手形買取に同じです。	営業店端末
本部入力	・買取2次入力、本部追加入力などとも呼ばれます。 ・取引を特定する取引番号（Our Ref. No.）を入力します。 ・対外決済方法（銀行間の決済口座による決済、外為円決済による決済など）、決済口座の決定などを行い、入力します。再割引するか否かは買取時に決定されます。	本部端末
利息受入	・取引を特定する取引番号（Our Ref. No.）を入力します。 ・期限付手形のユーザンス期間における任意の時点までの利息（中間利息）を受け入れる際に使用します。	営業店端末
対外決済	・取引を特定する取引番号（Our Ref. No.）を入力します。	本部端末

	・再割引による対外決済以外のとき、決定済の決済方法によって、他行と対外決済（資金受領）を行います。 ・手形（買取）金額をL/Cなし輸出手形の与信残高から減算します。	
再割決済	・取引を特定する取引番号（Our Ref. No.）を入力します。 ・再割引による決済のとき、他行と対外決済（資金受領）を行います。 ・手形（買取）金額をL/Cなし輸出手形の与信残高から減算します。	本部端末
買戻	・取引を特定する取引番号（Our Ref. No.）を入力します。 ・輸入者が代金の支払を拒絶したなどの理由により、輸出者が手形の買戻を行う場合に使用します。手形買取とは逆に輸出者が資金を支払います。 ・外貨の手形の買戻を円貨により行う場合の対顧適用相場は公示相場である電信売相場（TTS：Telegraphic Transfer Selling）が適用されます。戻し利息がある場合には、電信買相場（TTB：Telegraphic Transfer Buying）が適用されます。 ・手形（買取）金額をL/Cなし輸出手形の与信残高から減算します。	営業店端末
変更	・取引を特定する取引番号（Our Ref. No.）を入力し、輸出者である顧客の管理番号、商品コード、輸入国コードなどを変更します。	営業店端末、本部端末

図表Ⅳ-34-1　業務フローとシステムの関係

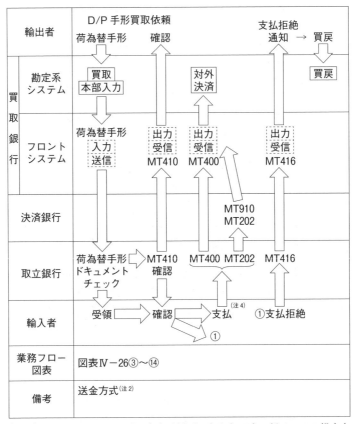

(注1) SWIFTメッセージの内容は以下のとおりです。紙ベースの場合も上図に準じます。
　　　MT202：General Financial Institution Transfer
　　　MT400：Advice of Payment
　　　MT410：Acknowledgement
　　　MT416：Advice of Non-Payment/Non-Acceptance
　　　MT910：Confirmation of Credit
(注2) L/Cなし輸出手形買取の銀行間の決済（対外決済）には、リンバース方式はありません。基本的に送金方式で行われます。
(注3) 再割決済は、上図の対外決済に準じるため、省略します。
(注4) 支払・引受と引き換えに輸入者は取立銀行から船積書類を受領します。

図表Ⅳ-34-2　業務フローとシステムの関係

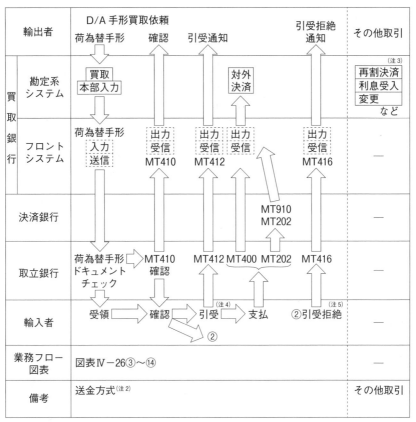

（注1）　SWIFTメッセージの内容は以下のとおりです。紙ベースの場合も上図に準じます。
　　　　MT202：General Financial Institution Transfer
　　　　MT400：Advice of Payment
　　　　MT410：Acknowledgement
　　　　MT412：Advice of Acceptance
　　　　MT416：Advice of Non-Payment/Non-Acceptance
　　　　MT910：Confirmation of Credit
（注2）　L/Cなし輸出手形買取の銀行間の決済（対外決済）には、リンバース方式はありません。基本的に送金方式で行われます。
（注3）　再割決済は、上図の対外決済に準じるため、省略します。
（注4）　支払・引受と引き換えに輸入者は取立銀行から船積書類を受領します。
（注5）　引受後に引受拒絶が行われることは通常ありません。

図表Ⅳ-35　各レコードの追加更新要領

取　引	基本レコード	取引レコード
一覧払手形買取	1件追加	1件追加
期限付手形買取	1件追加	1件追加
本部入力	1件更新	1件追加
利息受入	1件更新	1件追加
対外決済	1件更新	1件追加
再割決済	1件更新	1件追加
買戻	1件更新	1件追加
変更	1件更新(注)	1件更新(注)

（注）　変更する項目により、更新するレコードは異なります。

5　L/Cなし輸出手形取立

業務面

(1)　概　　要

　信用状ではなく売買契約に基づいた荷為替手形（為替手形に船積書類を添付したもの、輸出手形）を輸出者の取引銀行（仕向銀行）が取り立てます。荷為替手形の送付を受けた輸入者の取引銀行（取立銀行）は船積書類と引き換えに輸入者から支払を受け、決済銀行経由で輸出者に輸出代金を支払います。L/Cなし輸出手形取立、信用状なし輸出手形取立ともいわれます。

　L/Cなし輸出手形のバリエーションは、「第Ⅳ章第1節4　L/Cなし輸出手形買取」を参照してください。

(2)　業務フロー

　売買契約に基づいた荷為替手形が仕向銀行により輸入地に送付されます。輸入者の取引銀行である取立銀行は輸入者から輸入代金を受け取り、決済銀行経由で仕向銀行に支払います（図表Ⅳ-36参照）。

図表Ⅳ-36　L/Cなし輸出手形取立の業務フロー

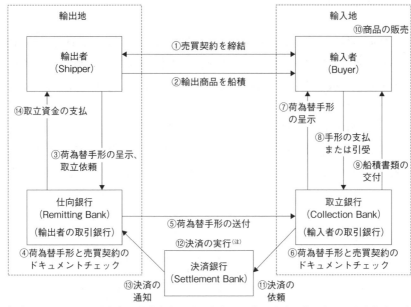

（注）　ここでは、決済銀行に仕向銀行と取立銀行の双方の決済口座があり、取立銀行の決済口座から出金し、仕向銀行の決済口座に入金することで、銀行間の決済を行います。

① 輸出者と輸入者の間で商品などに関する売買契約が締結されます。この契約では取引の条件・内容（商品名、数量、金額、納期、支払期日、取引条件、船積条件、保険条件、支払条件など）などが定められています。
② 輸出者は、輸出する商品を梱包・船積し、船会社から船荷証券の交付を受けます。
③ 輸出者は、売買契約に定められている必要書類（船荷証券、保険証券、商業送り状など）を必要通数揃え(*1)、振出人を輸出者、名宛人を輸入者とした為替手形（Bill of Exchange）を振り出し(*2)、それらを仕向銀行に呈示して取立を依頼します。

　　(*1)　必要書類とその通数を定めた信用状がないため、売買契約から輸出者の判断でドキュメントを作成します。

(＊2) D/P条件またはD/A条件の一覧払手形または期限付手形を振り出します。D/P条件、D/A条件については、「第Ⅳ章第1節4　L/Cなし輸出手形買取」を参照してください。

④　仕向銀行は輸出者から呈示された船積書類、為替手形と売買契約との間の不一致の有無についてチェックを行います。なお、不一致がある場合、輸入者に支払や引受を拒絶されるリスクがあるため、書類の差替などの対応(＊3)を行います。

(＊3) 対応内容は基本的にL/C付輸出手形買取と同じです。

⑤　取立を依頼された荷為替手形は本部へ送付されます。本部は売買契約、他行とのコルレス契約(＊4)などにしたがって、決済方法などを決定し、荷為替手形を再度チェックし、取立銀行に送付します。送付中の紛失などのリスク対策として、同じ内容の荷為替手形を2通に分けて別便で送付するのが一般的です。

(＊4) コルレス契約（Correspondent Arrangement、Correspondent Agreement）は銀行同士が個別に結ぶ為替業務（信用状、送金為替、代金取立など）に関する契約です（詳細は、「第Ⅳ章第10節3　コルレス」を参照してください）。

⑥　仕向銀行から送付された荷為替手形を受領した取立銀行は、売買契約と一致しているかチェックします。

⑦　取立銀行は、輸入者に荷為替手形の到着を通知、呈示します。

⑧⑨　D/P条件のとき、輸入代金の支払(＊5)と引き換えに船積書類を輸入者に引き渡します。D/A条件のときは、輸入代金の支払を確約し、手形の引受(＊6)をすることと引換に船積書類を輸入者に引き渡します。

(＊5) 自己資金（預金口座など）や銀行からの借入資金などにより、輸入代金を支払います。手形金額を分割して支払う（一部支払）場合もあります。

(＊6) 輸入者が手形引受を行ったことは仕向銀行に通知されます。なお、手形の引受（為替手形への引受署名）は支払を確約するものですが、手形期日に輸入代金が必ず支払われるとは限りません。手形の引受は手形金額全額が基本ですが、手形金額の一部だけ引受することもあります。また輸入者が手形を全額引受した後、手形期日までの間に手形金額を分割して支払う（一部支払）場合もあります。

⑩　船積書類の引渡を受けた輸入者は、船会社に船荷証券を呈示して輸入貨物を引き取り、販売します。

以降、D/P条件のときは、船積書類の引渡直後の輸入代金の支払を、D/A条件のときは、手形期日での輸入代金の支払をトリガにして、決済が行われます。

⑪　輸入者から輸入代金を受領した取立銀行は、決済銀行に仕向銀行との決済を依頼します。
⑫　依頼を受けた決済銀行は、仕向銀行と取立銀行との間で資金決済を行います。
⑬　決済銀行は、決済により仕向銀行の決済口座に入金されたことを仕向銀行に通知します。
⑭　決済銀行から通知を受けた仕向銀行は、受領した決済資金を輸出者の預金口座に入金します。なお、手形金額が外貨で輸出者が円貨での受領を希望する場合、入金日の公示相場である電信買相場（TTB：Telegraphic Transfer Buying）で円貨に換算します。⑫で受領した資金をここで輸出者へ支払うため、仕向銀行に資金の立替は発生せず、与信行為とされません。

(3)　**統一規則**
　「第Ⅳ章第1節4　L/Cなし輸出手形買取」を参照してください。

(4)　**為替手形**
　「第Ⅳ章第1節4　L/Cなし輸出手形買取」を参照してください。

(5)　**取立とする理由**
　「第Ⅳ章第1節3　L/C付輸出手形取立」を参照してください。

システム面

　信用状がないこと以外は取引遷移、取引種類、取引ファイルともL/C付輸出手形取立と大きな差異はありません。「第Ⅳ章第1節3　L/C付輸出手形取立」を参照してください。

6 クリーン手形・小切手買取

> 業務面

(1) 概　要

　クリーン手形・小切手（Clean Bill、Clean Check）とは、荷為替手形でない、つまり船積書類が付いていない手形・小切手を指します。代理店手数料、商品などの運賃、保険料、付加価値税の還付などの支払に使用されます。このクリーン手形・小切手には、いくつかの種類がありますが、詳細は後述します。

　クリーン手形・小切手を輸出者の取引銀行（買取銀行）が買い取ることで、輸出者に輸出代金を支払います。クリーン手形・小切手を買い取った輸出者の取引銀行は、輸入地の取立銀行経由で輸入者から支払を受けます。

　外国企業や個人が支払人の場合、輸出地側でサインなどの真正性が確認できないことやその支払能力が懸念されること、鑑定の結果、偽造されたものと判断され、受け取った資金の返還請求を受けることも多いことなどから、クリーン手形・小切手の買取が行われることは、あまりありません。クリーン手形・小切手を買い取るのは、資金を輸出者に支払った後に資金の返還請求を受けても、問題なく応じられる信用力の高い顧客などに限られます。

　輸出者の資金受領（輸出代金の回収）の観点で見ると、クリーン手形・小切手には、図表Ⅳ-37に示すバリエーションがあります。

(2) 業務フロー

　売買契約に基づいたクリーン手形・小切手が買取銀行により買い取られ、輸出代金が輸出者に支払われます。その後、クリーン手形・小切手は輸入地に送られ、買取銀行は輸入者の輸入代金を取立銀行経由で受領します（図表Ⅳ-38参照）。

① 輸出者と輸入者の間で商品などに関する売買契約が締結されます。
② 輸出者は、輸出する商品を輸入者に送ります。
③ 商品を受け取った輸入者は受取人を輸出者とした手形・小切手を振り出

図表Ⅳ-37　クリーン手形・小切手のバリエーション

取引	手形・小切手	輸出者の資金受領	説明箇所
買取	小切手	手形・小切手買取により資金を受領します。	本項で説明します。
	一覧払手形、期限付手形		
取立	小切手、一覧払手形	一覧後に輸入者が支払った資金を受領します。	「第Ⅳ章第1節7　クリーン手形・小切手取立」で説明します。
	期限付手形	手形期日に輸入者が支払った資金を受領します。	

図表Ⅳ-38　クリーン手形・小切手買取の業務フロー

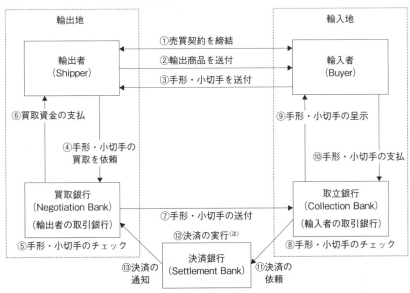

（注）　ここでは、決済銀行に買取銀行と取立銀行の双方の決済口座があり、取立銀行の決済口座から出金し、買取銀行の決済口座に入金することで、銀行間の決済を行います。

し、輸出者に送付します。
④ 手形・小切手を受領した輸出者は買取銀行に呈示して買取を依頼します。
⑤ 買取銀行は買取を依頼された手形・小切手について、手形・小切手要件（*1）を満たしているかどうかや偽装・変造などの形式的なチェックを行います。買取は資金の支払後に、万が一資金の返還を求められても問題がない輸出者であることが前提です。

> （*1） 振出日、振出地、振出人の署名などの要件があります。振出日から6カ月経過後に手形・小切手を呈示した場合、真正なものであっても、支払を拒絶されることがあります（後述するトレジャリー・チェックは振出日から1年経過すると、無効とされます）。

⑥ 買取銀行は問題がなければ、買取を行い、手形・小切手金額を輸出者の預金口座に入金します（*2）。なお、手形・小切手金額が外貨で輸出者が円貨での受領を希望する場合、買取日の公示相場で円貨に換算します。輸入者により支払が拒絶された場合には、輸出者は手形・小切手を買い戻す（口座に入金された資金を支払う）義務を負います。

> （*2） 買取銀行が輸入者から代金を受領できるのは、図表Ⅳ-38では⑫です。買取から資金を受領するまでの期間（メール期間）中、買取銀行が輸出代金の立替をする与信行為であり、メール立替利息を輸出者から徴求します。金利（利息）を相場に織り込んだものを金利織込相場、金利込相場などといい、L/C付一覧払手形買相場（At Sight Buying）、L/Cなし一覧払手形買相場（D/P D/A Buying）が該当します。金利を織り込まない電信買相場（TTB：Telegraphic Transfer Buying）を使用し、利息は通常の貸付などと同様に年利建で計算し、徴求する場合もあります。

⑦ 買い取った手形・小切手は本部へ送付されます。本部は再度形式的なチェックを行い、他行とのコルレス契約（*3）などにしたがって、決済方法などを決定し、取立銀行に送付します。

> （*3） コルレス契約（Correspondent Arrangement、Correspondent Agreement）は銀行同士が個別に結ぶ為替業務（信用状、送金為替、代金取立など）に関する契約です（詳細は、「第Ⅳ章第10節3　コルレス」を参照してください）。

⑧ 買取銀行から送付された手形・小切手を受領した取立銀行は、その真正性や手形・小切手要件を満たしているかどうかチェックします。
⑨ 取立銀行は、輸入者に手形・小切手の到着を通知、呈示します。

⑩　手形・小切手の呈示を受けた輸入者は輸入代金を支払います。
⑪　輸入者から輸入代金を受領した取立銀行は、決済銀行に買取銀行との決済を依頼します。
⑫　依頼を受けた決済銀行は、買取銀行と取立銀行との間で資金決済を行います。
⑬　決済銀行は、決済により買取銀行の決済口座に入金されたことを買取銀行に通知します。

(3)　統一規則

「第Ⅳ章第1節4　L/Cなし輸出手形買取」を参照してください。

(4)　手形・小切手の種類

クリーン手形・小切手には、図表Ⅳ-39に示す種類のものがあります。

図表Ⅳ-39　クリーン手形・小切手の分類

種類	詳細	説明
小切手	銀行振出小切手（Banker's Check）	受取人が輸出者、外国銀行が振出人・支払人である小切手です。自行とコルレス契約を締結している銀行に限られます。
	一般小切手（Check、Personal Check）	受取人が輸出者、外国企業や個人が振出人・支払人である小切手です。
	政府小切手（Treasury Check）	受取人が輸出者、外国政府が振出人・支払人である小切手（通常は米国財務省が発行した小切手を指します）です。
	マネー・オーダー（Money Order）	受取人が輸出者、外国の大手銀行などが振出人・支払人である小切手です。
手形	約束手形（Promissory Note）	振出人・支払人が輸入者、受取人が輸出者である約束手形です。
	為替手形（Bill of Exchange）	振出人が輸出者、支払人が輸入者である為替手形です。船積書類が添付されないことから、荷落為替ともいわれます。

(5) 適用相場と利息

　外貨を円貨に換算する相場は、メール期間中については、L/C付一覧払手形買相場（At Sight Buying）、またはL/Cなし一覧払手形買相場（D/P D/A Buying）を適用します。メール期間経過後の利息は、通常の貸付のように年利建利率で利息計算を行います（図表Ⅳ－40参照）。なお、電信買相場（TTB：Telegraphic Transfer Buying）を適用し、利息はすべて年利建利率で計算する場合もあります。

図表Ⅳ－40　適用相場と利息

①L/C付一覧払手形買相場（At Sight Buying）、またはL/Cなし一覧払手形買相場（D/P D/A Buying）を適用する場合

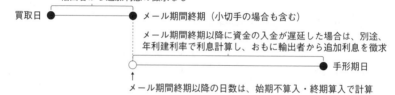

②電信買相場（Telegraphic Transfer Buying）を適用する場合

（注）　いずれも、利息は通常、すべて輸出者負担。
　　　　いずれの場合も●─●の日数は両端で計算。メール日数は、USDの場合、12日。買取日＝10/1で、USDの場合、メール期間終期は、10/12。

システム面

(1) 取引遷移

　一般的な取引遷移は図表Ⅳ－41のとおりです。

(2) 取引種類

　クリーン手形・小切手買取には、図表Ⅳ－42に示す取引があります。

図表Ⅳ-41　クリーン手形・小切手買取の取引遷移

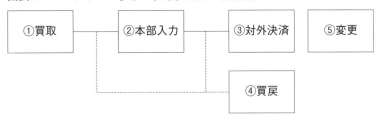

図表Ⅳ-42　クリーン手形・小切手買取の取引

取引名	概　　要	おもな経路など
買取	・クリーン手形・小切手買取を管理する取引番号（Our Reference Number、Our Ref. No.、以下同じ）を採番します。 ・輸出者である顧客の管理番号、手形期間、商品コード、仕向地、各種手数料などを入力します。 ・外貨の手形を買い取って、円貨を支払う場合の対顧適用相場は公示相場であるL/C付一覧払手形買相場（At Sight Buying）、またはL/Cなし一覧払手形買相場（D/P D/A Buying）が適用されます。 ・手形小切手（買取）金額をクリーン手形・小切手の与信残高に加算します。ここでは円貨ベースで与信管理するものとします（以下同じ）。 ・代わり金は輸出者の指定する預金口座などに入金します。	営業店端末
本部入力	・買取2次入力、本部追加入力などとも呼ばれます。 ・対外決済方法（銀行間の決済口座による決済、外為円決済による決済など）、決済口座の決定などを行い、入力します。	本部端末
対外決済	・決定済の決済方法によって、他行と対外決済（資金受領）を行います。 ・手形小切手（買取）金額をクリーン手形・小切手の与信残高から減算します。	本部端末

買戻	・輸入者が代金の支払を拒絶したなどの理由により、輸出者が手形・小切手の買戻を行う場合に使用します。手形買取とは逆に輸出者が資金を支払います。 ・手形小切手（買取）金額をクリーン手形・小切手の与信残高から減算します。 ・外貨の手形の買戻を円貨により行う場合の対顧適用相場は公示相場である電信売相場（TTS：Telegraphic Transfer Selling）が適用されます。戻し利息がある場合には、電信買相場（TTB：Telegraphic Transfer Buying）が適用されます。	営業店端末
変更	・手形・小切手買取時に入力する、輸出者である顧客の管理番号などを事後に変更する場合に使用します。	営業店端末、本部端末

(3) 取引ファイル

　クリーン手形・小切手買取の取引情報を管理する輸出取引ファイルの論理的な構成については、L/Cなし輸出手形買取とほとんど差がないため、「第Ⅳ章第1節4　L/Cなし輸出手形買取」を参照してください。

　各レコードの追加更新要領について、図表Ⅳ-43に記述します。

　　図表Ⅳ-43　各レコードの追加更新要領

取　引	基本レコード	取引レコード
買取	1件追加	1件追加
本部入力	1件更新	1件追加
対外決済	1件更新	1件追加
買戻	1件更新	1件追加
変更	1件更新(注)	1件更新(注)

（注）　変更する項目により、更新するレコードは異なります。

7　クリーン手形・小切手取立

業　務　面

(1)　概　　要

　クリーン手形・小切手（Clean Bill、Clean Check）とは、荷為替手形でない、つまり船積書類が付いていない手形・小切手を指します。このクリーン手形・小切手を輸出者の取引銀行（仕向銀行）が取り立てます。クリーン手形・小切手の送付を受けた輸入者の取引銀行（取立銀行）は輸入者から支払を受け、決済銀行経由で輸出者に輸出代金を支払います。クリーン手形・小切手買取で述べたように、買取にはさまざまなリスクがありますが、取立にはありません。

　クリーン手形・小切手のバリエーションは、「第Ⅳ章第1節6　クリーン手形・小切手買取」を参照してください。

(2)　業務フロー

　クリーン手形・小切手が仕向銀行により輸入地に送付されます。輸入者の取引銀行である取立銀行は輸入者から輸入代金を受け取り、決済銀行経由で仕向銀行に支払います（図表Ⅳ-44参照）。

① 　輸出者と輸入者の間で商品などに関する売買契約が締結されます。
② 　輸出者は、輸出する商品を輸入者に送ります。
③ 　商品を受け取った輸入者は受取人を輸出者とした手形・小切手を振り出し、輸出者に送付します。
④ 　手形・小切手を受領した輸出者は仕向銀行に呈示して取立を依頼します。
⑤ 　仕向銀行は取立を依頼された手形・小切手について、手形・小切手要件（＊1）を満たしているかどうかや偽装・変造などの形式的なチェックを行います。

　　（＊1）「第Ⅳ章第1節6　クリーン手形・小切手買取」を参照してください。

⑥ 　取立を依頼された手形・小切手は本部へ送付されます。本部は再度形式

図表Ⅳ-44 クリーン手形・小切手取立の業務フロー

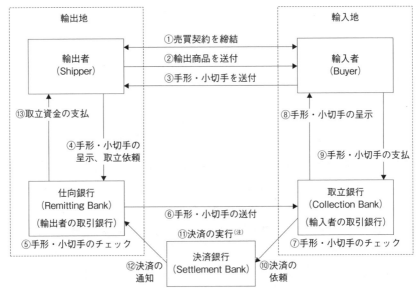

(注) ここでは、決済銀行に仕向銀行と取立銀行の双方の決済口座があり、取立銀行の決済口座から出金し、仕向銀行の決済口座に入金することで、銀行間の決済を行います。

的なチェックを行い、他行とのコルレス契約(*2)などにしたがって、決済方法などを決定し、取立銀行に送付します。

> (*2) コルレス契約（Correspondent Arrangement、Correspondent Agreement）は銀行同士が個別に結ぶ為替業務（信用状、送金為替、代金取立など）に関する契約です（詳細は、「第Ⅳ章第10節3　コルレス」を参照してください）。

⑦　仕向銀行から送付された手形・小切手を受領した取立銀行は、その真正性や手形・小切手要件を満たしているかどうかチェックします。

⑧　取立銀行は、輸入者に手形・小切手の到着を通知、呈示します。

⑨　手形・小切手の呈示を受けた輸入者は輸入代金を支払います。

⑩　輸入者から輸入代金を受領した取立銀行は、決済銀行に仕向銀行との決済を依頼します。

⑪　依頼を受けた決済銀行は、仕向銀行と取立銀行との間で資金決済を行い

ます。
⑫　決済銀行は、決済により仕向銀行の決済口座に入金されたことを仕向銀行に通知します。
⑬　決済銀行から通知を受けた仕向銀行は、受領した決済資金を輸出者の預金口座に入金します。なお、手形金額が外貨で輸出者が円貨での受領を希望する場合、入金日の公示相場である電信買相場（TTB：Telegraphic Transfer Buying）で円貨に換算します。⑪で受領した資金をここで輸出者へ支払うため、仕向銀行に資金の立替は発生せず、与信行為とされません。

(3)　統一規則
　「第Ⅳ章第1節4　L/Cなし輸出手形買取」を参照してください。
(4)　手形・小切手の種類
　「第Ⅳ章第1節6　クリーン手形・小切手買取」を参照してください。

システム面

　取引遷移、取引種類、取引ファイルともL/Cなし輸出手形取立と大きな差異はありません。「第Ⅳ章第1節5　L/Cなし輸出手形取立」を参照してください。

8　フォーフェイティング

業務面

(1)　概　　要
　輸入者の手形の引受を条件として、買取銀行が輸出者からL/C付期限付輸出手形を買戻請求権なし（Without Recourse、またはNon-Recourse）で買取を行うのが、フォーフェイティング（Forfaiting）です。
(2)　業務フロー
　通常、買取銀行は輸出者から呈示された時点でL/C付期限付輸出手形を買い取ります。フォーフェイティングでは期限付輸出手形と船積書類を呈示さ

れた時点では買取を行わず、輸入者の手形引受を受けて、期限付手形に記載されている輸出債権を輸出者が買取銀行に譲渡し、その代わり金を受け取ります（図表Ⅳ－45参照）。

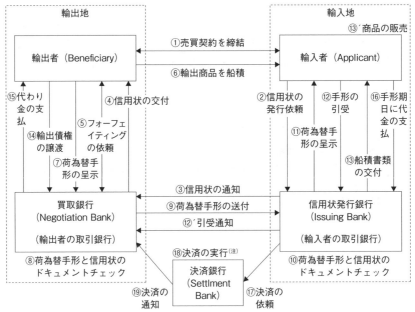

図表Ⅳ－45　フォーフェイティングの業務フロー

（注）　ここでは、決済銀行に買取銀行と信用状発行銀行の双方の決済口座があり、信用状発行銀行の決済口座から出金し、買取銀行の決済口座に入金することで、銀行間の決済を行います。

①～④　L/C付輸出手形買取の①～④と同じであるため、記述は省略します。

⑤　輸出者は買取銀行にフォーフェイティング（*1）の依頼を行います。

　　（*1）　フォーフェイティングの対象は、L/C付期限付輸出手形、かつディスクレ（瑕疵：Discrepancy）がなく、かつ他行買取指定がない（他行リストリクト信用状に基づかない）、かつ輸入者が引受済の期限付手形です。

⑥　信用状を受領した輸出者は、輸出する商品を梱包・船積し、船会社から船荷証券の交付を受けます。

⑦　輸出者は信用状に定められている必要書類（船荷証券、保険証券、商業送り状など）を必要通数揃え、振出人を輸出者、名宛人を信用状発行銀行とした為替手形（Bill of Exchange）を振り出し、それらを信用状とともに買取銀行に呈示します。信用状は輸出者か買取銀行のいずれかが保管しています。

⑧　買取銀行は信用状の条件と輸出者から呈示された船積書類、為替手形との間に不一致（ディスクレ）がないか、ドキュメントチェック（Document Check）を行います。不一致がある場合、輸入者に支払を拒絶されるリスクがあるため、書類の差替などの対応(*2)を行います。なお、この時点では買取は行われないため、⑮で輸出者に代わり金を支払うまでは、手形の取立と同じです。

　　（*2）　対応内容は基本的にL/C付輸出手形買取と同じです。

⑨　荷為替手形は本部へ送付されます。本部は信用状条件にしたがって、資金決済方法などを決定し、荷為替手形を再度チェックし、発行銀行に送付します。送付中の紛失などのリスク対策として、同じ内容の荷為替手形を2通に分けて別便で送付するのが一般的です。

⑩　買取銀行から送付された荷為替手形を受領した発行銀行は、信用状条件と一致しているかチェックします。

⑪　チェックでディスクレがないことを確認した信用状発行銀行は、輸入者に荷為替手形を呈示します。

⑫　荷為替手形の提示を受けた輸入者は、期限付手形に引受署名をすることで手形の引受（手形期日に支払を確約）を行います。

⑫´　信用状発行銀行は買取銀行に引受通知を送付します。

⑬　手形の引受を受けて、信用状発行銀行は船積書類を輸入者に引き渡します。

⑬´　船積書類の引渡を受けた輸入者は、船会社に船荷証券を呈示して輸入貨物を引き取り、販売します。

⑭　信用状発行銀行からの引受通知を受けて、買取銀行は輸出者から、輸出債権譲渡通知書（Letter of Assignment）を徴求することで、期限付手形に記載された輸出債権の譲渡を受けます。

⑮　買取銀行は輸出債権の譲渡を受け、手形金額（債権金額）を輸出者の預金口座に入金します。手形金額が外貨で輸出者が円貨での受領を希望する場合、買取（譲渡）日の公示相場（TTB：Telegraphic Transfer Buying）で円貨に換算します。手形期日までの利息(*3)は別途、輸出者から徴求します。

　　(*3)　手形金額（債権金額）×利率（割引利率(*4)）×（買取日から手形期日までの日数（両端）＋グレース日数(*5)）÷360または365(*6)。
　　(*4)　手形が不渡りとされた場合でも、輸出者に買戻の義務はない（Without Recourse）ことから、通常のL/C付期限付輸出手形に適用されるよりも高い利率が適用されます。
　　(*5)　信用状発行銀行の資金決済が遅延することを、あらかじめ見込んだ日数で、通常は、3日～7日程度です。
　　(*6)　通貨によります。日本円＝365日、ドル＝360日、ユーロ＝360日、ポンド＝365日などとされています。

⑯　期限付手形の手形期日に輸入者は、輸入代金を信用状発行銀行に支払います。ここで輸入者が支払拒絶を行うなどして、手形が不渡りとされた場合でも、買取銀行はL/C付期限付輸出手形を買戻請求権なし（Without Recourse）で買い取っているため、輸出者に買戻を請求することはできません。

⑰　輸入者から輸入代金の支払を受けた信用状発行銀行は、決済銀行に対して、発行銀行の決済口座から出金し、買取銀行の決済口座に入金するよう依頼します。

⑱　依頼を受けた決済銀行は、発行銀行と買取銀行との間で資金決済を行います。

⑲　決済銀行は、決済により買取銀行の決済口座に入金されたことを買取銀行に通知します。

(3)　**統一規則**

「第Ⅳ章第1節1　輸出信用状」を参照してください。

(4)　**通常の買取との比較**

フォーフェイティングと通常のL/C付期限付輸出手形買取を比較すると、輸出者に以下のようなメリットがあるとされます。

①　輸出債権（期限付手形）の買戻義務を負わないため、債権のオフバラン

ス化が可能です。
② 輸入者、信用状発行銀行などの信用リスク、輸入国のカントリー・リスクなどを回避できます。
③ 通常のL/C付輸出手形買取の与信枠とは別枠を利用することが可能です。
④ 買戻義務を負わないため、不渡りとされても、輸入者との代金回収交渉、訴訟などといった輸出代金の回収負担は発生しません。

(5) その他
① ドキュメンタリー・リスク・テイク（Documentary Risk Take）
ドキュメンタリー・リスク・テイクは、信用状発行銀行からの引受通知が到着する（図表Ⅳ－45⑫´）前に、買戻請求権なしに買取を行うものです。
② **L/Cなし期限付輸出手形**
L/Cなし期限付手形（引受渡、D/A条件）についても、フォーフェイティングの対象とされる場合があります。

システム面

フォーフェイティングであることを示す区分などを輸出取引ファイルの基本レコードに保有すること、買取から輸出者から債権譲渡を受ける前までは輸出者が与信先で、譲渡後は発行銀行（輸入者）が与信先に切り替わること、買戻がないことなど以外は、L/C付輸出手形買取の期限付手形と差異はありません。「第Ⅳ章第1節2　L/C付輸出手形買取」を参照してください。

9　インボイス・ディスカウント

業務面

(1) 概　要
輸入者からの送金により支払われる輸出債権（輸出代金）を輸出者から買い取るのが、インボイス・ディスカウント（Invoice Discount）です。オープン・アカウント（Open Account）とも呼ばれます。買取には買戻請求権あり

(With Recourse、またはRecourse）と買戻請求権なし（Without Recourse、またはNon-Recourse）の2種類があります。

(2) **業務フロー**

荷為替手形の買取では、為替手形と船積書類は原本を取り扱います。しかし、インボイス・ディスカウントでは輸入者から輸出者への送金による決済のため、為替手形は存在せず、また船積書類も輸出者から輸入者に直接送付されます。このため、買取銀行は船積書類などの写しを買い取り、代わり金を輸出者に支払います。その後、支払期日に輸入者から送金される代金の支払によって、買取銀行は資金を回収します（図表Ⅳ-46参照）。

図表Ⅳ-46 インボイス・ディスカウントの業務フロー

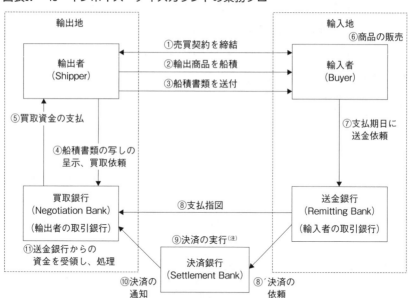

（注） ここでは、決済銀行に買取銀行と送金銀行の双方の決済口座があり、送金銀行の決済口座から出金し、買取銀行の決済口座に入金することで、銀行間の決済を行います。

① 輸出者と輸入者の間で商品などに関する売買契約が締結されます。この契約では取引の条件・内容（商品名、数量、金額、納期、支払期日、取引条件、船積条件、保険条件、支払条件など）などが定められています。

② 輸出者は、輸出する商品を梱包・船積し、船会社から船荷証券の交付を受けます。
③ 輸出者は、売買契約に定められている必要書類（船荷証券、保険証券、商業送り状など）を必要通数揃え、それらを輸入者に直接送付（買取銀行や送金銀行などは経由しません）します。
④ 輸出者は、船積書類の写しを買取銀行に呈示し、インボイス・ディスカウントの依頼を行います。
⑤ 買取銀行は、船積書類について、形式的なチェックのみ行い、問題がなければ、船積書類の写しを買い取って、輸出債権（輸出代金）の金額を輸出者の預金口座に入金します。債権金額が外貨で輸出者が円貨での受領を希望する場合、買取日の公示相場（TTB：Telegraphic Transfer Buying）で円貨に換算します。支払期日までの利息は相場に織り込まず、通常の貸付などと同様に年利建利息(*1)を計算し、徴求します。

(*1) 買戻請求権なしの取引に適用される利率は、輸出者に買戻義務がない分、買戻請求権ありの取引に適用される利率より高く設定されます。

　買戻請求権ありでも買戻請求権なしでも、買取によって輸出代金の債権者は輸出者から買取銀行に変わりますが、債務者は輸入者のままです。万が一、輸入者が代金の支払を行わなかった場合には、買戻請求権ありでは、買戻によって輸出代金の債権者は買取銀行から輸出者に戻りますが、買戻請求権なしの買取では、買取銀行に買戻請求権がないため、債権者は買取銀行、債務者は輸入者のままで変わりがありません。

　また、買戻請求権ありの場合、輸入者が支払を行わなかったときには輸出者が買戻（買取銀行から入金された輸出代金を返還）を行うことが取引約定書に定められており、輸出者が与信先とされますが、買戻請求権なしの場合、買戻の義務がない輸出者は与信先とされず、債務者である輸入者(*2)が与信先とされます。

(*2) 輸入者は、債務者の意味でオブリガー（Obliger）といわれることもあります。

⑥ 船積書類の送付を受けた輸入者は、船会社に船荷証券を呈示して輸入貨物を引き取り、販売します。

⑦　支払期日に輸入者は、送金銀行に輸入代金を輸出者宛または買取銀行宛に送金するように依頼します(*3)。輸出者宛に送金する場合を代理回収（代理受領）といい、買取銀行宛に送金する場合を直接回収（直接受領）といいます。

　　(*3)　輸出代金の支払をどの口座に送金するかは、売買契約に明記されます。

⑧　輸入者から依頼を受けた送金銀行は、買取銀行に支払指図を送ります。

⑧′　同時に送金銀行は、決済銀行に決済の依頼を行います。

⑨　決済の依頼を受けた決済銀行は、送金銀行と買取銀行との間で資金決済を行います。

⑩　決済銀行は、決済により買取銀行の決済口座に入金されたことを買取銀行に通知します。

⑪　買取銀行は、送金銀行から受領した資金を処理します。資金の受取人が買取銀行自身である直接回収の場合は、決済口座への入金により当該取引を終了させます。資金の受取人が輸出者である代理回収の場合は、輸出者の預金口座(*4)への入金により当該取引を終了させます。

　　(*4)　輸出者はインボイス・ディスカウント専用の預金口座を開設しなければなりません。送金された資金はあくまで買取銀行が受け取るべきもので、輸出者は買取銀行の代理で資金を受け取るに過ぎません。送金された資金を輸出者が通常使用している口座に入金してしまうと、輸出者が別の目的に資金を流用するリスクがあるため、輸出者名義の専用口座に入金します。その後、その資金を特約により口座から出金することで買取銀行は資金を回収します。

(3)　インボイス・ディスカウントのメリット

インボイス・ディスカウントでは、輸出者に以下のようなメリットがあります。

①　輸入者からの送金を待たずに、船積書類の買取によって輸出代金を回収できるため、資金負担を軽減することができます。

②　荷為替手形だけではなく、送金による輸出債権を資金化できるため、資金調達手段を多様化できます。

③　外貨建の輸出債権で先行きが円高基調のとき、支払期日を待たずに買取日に円転できるため、円高リスクを回避できます。

> システム面

　取引遷移、取引種類、取引ファイルなどは、L/C なし輸出手形買取と類似していますが、一定の差異もあるため、以下に記述します。

(1) 取引遷移

　一般的な取引遷移は図表Ⅳ-47のとおりです。

図表Ⅳ-47　インボイス・ディスカウントの取引遷移

(2) 取引種類

　インボイス・ディスカウントには、図表Ⅳ-48に示す取引があります。送金銀行から受領した資金を輸出者名義の専用口座に入金する部分については、「第Ⅳ章第3節5～7　被仕向送金」を参照してください。

(3) 取引ファイル

　インボイス・ディスカウントの取引情報を管理する輸出取引ファイルの論理的な構成について記述します（図表Ⅳ-49参照）。

① 基本レコード

　買取時にレコードが追加され、取引のたびに更新されます。キーは取引種類、連続番号、店番（*5）です。輸出債権の基本的な項目を保持します。具体的には店番、CIF番号、通貨／債権金額、支払期日、回収区分（直接回収、代理回収）、買戻請求権有無、適用利率、金利区分、最終更新日などがあります。

（*5）Our Reference Number、Our Ref. No.といわれます。詳細については「第Ⅳ章第1節1　輸出信用状」を参照してください。

図表Ⅳ-48 インボイス・ディスカウントの取引

取引名	概　要	おもな経路など
買取	・買取を管理する取引番号（Our Reference Number、Our Ref. No.、以下同じ）を採番します。 ・輸出者である顧客の管理番号、支払期日、商品コード、仕向地、各種手数料などを入力します。 ・外貨建債権の買取を円貨により行う場合の対顧適用相場は公示相場である電信買相場（TTB：Telegraphic Transfer Buying）が適用されます。 ・直接回収か代理回収か、買戻請求権ありか買戻請求権なしかは買取時に入力されます。 ・買取（債権）金額をインボイス・ディスカウントの与信残高に加算します。買戻請求権ありの場合、与信先は輸出者であり、買戻請求権なしの場合、与信先は輸入者とされます。ここでは円貨ベースで与信管理するものとします（以下同じ）。	営業店端末
本部入力	・買取2次入力、本部追加入力などとも呼ばれます。 ・取引を特定する取引番号（Our Ref. No.）を入力します。 ・対外決済方法（銀行間の決済口座による決済、外為円決済など）、決済口座の決定などを行い、入力します。	本部端末
利息受入	・取引を特定する取引番号（Our Ref. No.）を入力します。 ・買取日から支払期日までの任意の時点までの利息（中間利息）を受け入れる際に使用します。	営業店端末
対外決済	・取引を特定する取引番号（Our Ref. No.）を入力します。 ・決定済の対外決済方法によって、他行と対外決済（資金受領）を行います。何度かに分けて、債権金額の一部だけ決済される（一部決済）こともあります。 ・買取（債権）金額をインボイス・ディスカウントの与信残高から減算します。	本部端末

買戻	・取引を特定する取引番号（Our Ref. No.）を入力します。 ・買戻請求権ありの場合に限り、輸入者が代金の支払を拒絶したなどの理由により、輸出者が債権の買戻を行う場合に使用します。買取とは逆に輸出者が資金を支払います。 ・買取（債権）金額をインボイス・ディスカウントの与信残高から減算します。 ・外貨建債権の買戻を円貨により行う場合の対顧適用相場は公示相場である電信売相場（TTS：Telegraphic Transfer Selling）が適用されます。戻し利息がある場合には、電信買相場（TTB：Telegraphic Transfer Buying）が適用されます。	営業店端末
変更	・取引を特定する取引番号（Our Ref. No.）を入力し、輸出者である顧客の管理番号、商品コードなどを変更します。	営業店端末、本部端末

図表Ⅳ-49 輸出取引ファイルの構成

買取時に基本レコードを作成

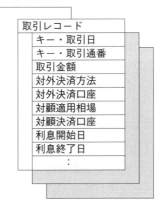
取引ごとに取引レコードを作成

② **取引レコード**

取引ごとに1件追加されます。キーは、取引日、取引通番です。入力された項目や一部項目の取引前後の情報を保持します。具体的には取引金額、対外決済方法、対外決済口座、対顧適用相場、対顧決済口座（預金口座）などがあります。一部項目は取引後の最新情報を基本レコードでも管理します。

最後に各レコードの追加更新要領について、図表Ⅳ-50に記述します。

図表Ⅳ-50　各レコードの追加更新要領

取　引	基本レコード	取引レコード
買取	1件追加	1件追加
本部入力	1件更新	1件追加
利息受入	1件更新	1件追加
対外決済	1件更新	1件追加
買戻	1件更新	1件追加
変更	1件更新(注)	1件更新(注)

（注）　変更する項目により、更新するレコードは異なります。

10　輸出前貸

● 業　務　面

(1) **概　　要**

信用状の有無に関係なく、輸出手形の買取では商品の船積後に輸出者に資金が貸付されます。しかし、船積前に、商品の生産のための原材料、半製品などの仕入で資金が必要な場合があります。こうした船積前の資金需要は、図表Ⅳ-51に記載の輸出金融によって充足されます。

図表Ⅳ-51　輸出金融の種類と内容

種　類	内　容
つなぎ融資（黒貿手）	・売買契約締結前、見込生産の段階で実行される貸付です。ただし、通常の貸付との区別は明確ではありません。
輸出前貸（輸出当座貸越）	・エクスポート・アカウント（Export Account）、オーバー・ドラフト（Over Draft）とも呼ばれます。 ・売買契約締結後（かつ信用状取引の場合は、信用状到着後）、船積前までに実行される貸付です。 ・売買契約金額（信用状取引の場合は、信用状の差入を条件に信用状金額）の8割～9割を貸越限度額とする当座貸越契約を輸出者と締結し、限度額までの小切手の振出を認めます。 ・船積後に振り出された輸出手形を買い取った際にその代わり金によって当座貸越の返済が行われます。 ・資金調達の多様化により、昨今ではあまり利用されなくなっています。
輸出前貸（輸出前貸関係準商業手形）	・売買契約締結後（かつ信用状取引の場合は、信用状到着後）、船積前までに実行される貸付です。 ・売買契約金額（信用状取引の場合は、信用状の差入を条件に信用状金額）の8割～9割を上限に手形貸付を実行します。 ・船積後に振り出された輸出手形を買い取った際にその代わり金によって手形貸付の返済が行われます。

　そのほか、プラントや船舶の輸出などについては、日本政策金融公庫や国際協力機構などによる制度金融を利用できる場合もありますが、ここでは割愛します。

(2)　**局面ごとの輸出金融**

　輸出金融には、前記のつなぎ融資、輸出前貸のほか、L/C付／L/Cなし一覧払手形買取、L/C付／L/Cなし期限付手形買取などがあります。これらは、見込生産、売買契約、貨物船積などの各局面に応じて行われます。その内容は図表Ⅳ-52のとおりです。

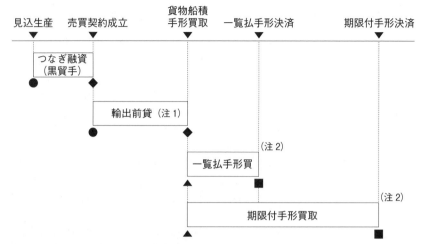

図表Ⅳ-52 局面ごとの輸出金融

●：輸出者に資金を貸付　　▲：手形買取により、輸出者に資金を貸付
◆：輸出者から資金を回収　■：輸入者の資金決済により、資金を回収

（注1）　輸出前貸（輸出当座貸越）または輸出前貸（輸出前貸関係準商業手形）のいずれかです。
（注2）　輸入者が手形（資金）決済することで、輸出者が手形を買戻するリスクがなくなります。

システム面

通常の貸付取引である手形貸付や当座貸越などで行われるため(*1)、それらを参照してください。

（*1）　資金使途が輸出前貸などとされる以外は、通常の貸付取引と大差ありません。

第2節 輸　　入

1　輸入信用状

業務面

(1)　概　　要

　輸出者にとって取引相手である輸入者の信用力、支払能力などを調査することは非常に困難です。そこで輸出者とその取引銀行に対して、輸入者の支払能力などに問題がないことを輸入者の取引銀行が保証するために発行するのが信用状（L/C、Letter of Credit、Documentary Letter of Credit）です。万が一、輸入者が債務不履行に陥った場合には輸入者に代わって信用状を発行した銀行が輸出代金を支払う義務を負います。信用状には取引の条件が記載されます。この信用状を輸入地側から見る場合、輸入信用状（輸入L/C）といいます（輸出地側から見る場合には、輸出信用状（輸出L/C）といいます。両者は同じもので輸入地側から見るか、輸出地側から見るかによって、呼称が異なるだけです）。

(2)　業務フロー

　信用状が発行され、輸出者に交付されるまでの業務のフローは図表Ⅳ-53のとおりです。手形側のフローについては、「第Ⅳ章第2節4　L/C付輸入手形（一覧払決済、本邦ユーザンス）」および「第Ⅳ章第2節5　L/C付輸入手形（外銀ユーザンス）」を参照してください。なお、当業務フローの図表とその説明は輸出信用状と同一の内容です。

① 　輸出者と輸入者の間で商品などに関する売買契約が締結されます。この契約では取引の条件・内容が定められており、信用状による取引を行うこと、および信用状の条件（商品名、数量、金額、納期、支払期日、取引条件、船積条件、保険条件、決済条件、必要書類とその通数など）も定められていま

図表Ⅳ-53 信用状の業務フロー

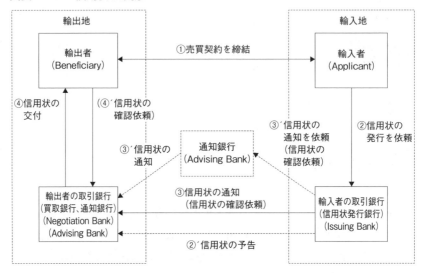

　　す。
② 　輸入者は自身の取引銀行に信用状の発行を依頼します。信用状は、輸入者が債務不履行の場合には信用状の発行銀行（Issuing Bank）が輸出代金を支払う義務を負う（輸入者に対する与信行為）ことから、発行銀行は輸入者の財務状況・信用力などを審査したうえで、信用状を発行します。
②′ 信用状を郵送する場合で、その概要を前もって輸出者に通知したい場合には、その概要をSWIFT電文により通知します。これを信用状の予備通知、予告、プレアド（Preliminary Advice）、プレアドバイス（Pre-Advice）などといいます。これは信用状の原本ではないため、原本（Mail Confirmation またはSWIFT電文）の到着を待って信用状に基づく取引が開始されます。
③ 　発行銀行と輸出者の取引銀行の間にコルレス契約（*1）がある場合、信用状を直接、輸出者の取引銀行に通知（郵送、または電信）します。発行銀行が輸出者の取引銀行に信用状の確認（オープン・コンファーム）を求める場合、ここで確認の依頼（信用状にその旨の記述があります）も行われます。これに応じることで輸出者の取引銀行が確認銀行とされます。

(*1) コルレス契約（Correspondent Arrangement、Correspondent Agreement）は銀行同士が個別に結ぶ為替業務（信用状、送金為替、代金取立など）に関する契約です（詳細は、「第Ⅳ章第10節3　コルレス」を参照してください）。信用状を輸出者に直接送付することもありますが、銀行間の通知の方が迅速・確実です（銀行間の通知は、SWIFT電文により行われるのが一般的であるためです）。

③′ コルレス契約がない場合、輸出者の取引銀行と発行銀行の双方とコルレス契約がある銀行を経由して信用状を通知します（発行銀行が信用状の確認を依頼する場合、通知銀行に依頼することが一般的です）。この銀行を通知銀行（Advising Bank）といいます（輸出者の取引銀行≠通知銀行）。信用状発行後に信用状を使って取引する金額や信用状の有効期限の変更（信用状の条件変更、アメンド：Amend、Amendment）も同じ経路で通知されます。これは通知銀行を経由せず、直接、発行銀行から輸出者の取引銀行（＝通知銀行）に通知される場合でも同じです。

④ 信用状の通知を受けた輸出者の取引銀行は輸出者に信用状を交付(*2)します。

(*2) 郵送されてきた信用状原本（信用状発行銀行の制定用紙に印字されています）、または印字したSWIFT電文（印字したものにカバーレターを付けたもの）を交付します。いずれの場合も通知銀行により、その真正性が確認されています。また信用状の原本は輸出者に交付せず、輸出者の取引銀行が保管することもあります。

④′ 輸出者が発行銀行の信用力などに不安を感じ、輸出者の取引銀行に信用状の確認（サイレント・コンファーム）を依頼する場合、ここで行われます。

(3) 統一規則

「第Ⅳ章第1節1　輸出信用状」を参照してください。

(4) 種　　類

信用状にはいくつかの種類があります。おもな種類について以下に記述します。

① 確認信用状と無確認信用状

「第Ⅳ章第1節1　輸出信用状」を参照してください。

② 取消可能信用状と取消不能信用状

　取消不能信用状（Irrevocable L/C）は輸出者（受益者）、買取銀行、信用状発行銀行、輸入者など、関係者全員の同意がなければ取り消すことのできない信用状です。これに対し、取消可能信用状（Revocable L/C）は信用状発行銀行、輸出者（受益者）など、関係者全員の同意がなくても取り消すことができる信用状です。取消不能か否かについて特に記載がない場合は、取消不能信用状と解釈されます。関係者全員の同意がなくても取消できると、ほかの関係者に多大な不利益が生じることから、通常は取消不能信用状が使用されます。

③ オープン信用状とリストリクト信用状

　オープン信用状（Open L/C）は当該信用状に基づく荷為替手形を買い取る銀行を限定しない信用状です。これに対してリストリクト信用状（Restricted L/C）は、当該信用状に基づく荷為替手形を買い取る銀行を特定の銀行に限定している信用状です。リストリクト信用状に基づく荷為替手形は当該信用状で限定されている銀行以外は買い取ることができません。限定されている銀行以外が買い取っても、そのことを理由に支払を拒絶されます。

④ 荷為替信用状とクリーン信用状

　荷為替信用状（Documentary L/C）は、荷為替手形の添付を条件とする信用状です。原材料、半製品、完成品などの商品代金の支払を保証します。これに対してクリーン信用状（Clean L/C）は荷為替手形の添付を条件としない信用状で、担保となる船積書類がないため、無担保信用状とも呼ばれ、代理店手数料、運賃・保険料、借入保証などの商品代金以外の支払を保証します。

⑤ 譲渡可能信用状

　譲渡可能信用状（Transferable L/C）は第三者（海外支店、海外子会社、代理店など）に譲渡することができます。譲渡は信用状に記載されている金額の全額、または一部について行うことができます。譲渡は信用状に譲渡可能（Transferable）と明記されている場合に限られます。

⑥ 回転信用状

　回転信用状（Revolving L/C）は一定期間内に一定のサイクル、同じ条件で

同じ輸出者と取引する場合に使用されます。輸入者にとっては取引の都度、信用状の発行依頼をする、あるいは金額の不足を条件変更で増額するといった事務負担や銀行に支払う手数料を軽減することができます。

⑦　TTリンバース許容信用状

為替手形の買取銀行（Negotiation Bank）が補償銀行（Reimbursement Bank）に補償請求（Reimbursement Claim）をSWIFT電文で送ることで、資金の支払を求めることを許容している信用状です。輸入者にとっては、船積書類が信用状発行銀行により、チェックされる前に輸出者に代金が支払われてしまうというデメリットがあります。TTリンバースについて特に記載がない場合は、TTリンバースが許容されると解釈されます。TTリンバース許容については、「第Ⅳ章第2節9　リンバース」を参照してください。

⑧　揚地払条件信用状

輸入貨物が荷揚地に到着後、重量などを検査したうえで支払金額を決定するという条件が付いた信用状です。たとえば、鉄鉱石といった原材料などの輸入で使用されます。輸出者が輸出金額の90％程度の金額で振り出した為替手形を輸入者が決済した後に、輸入者が輸入貨物の検査を受けて残りの金額を確定し、決済します。

⑨　レッド・クローズ付信用状

レッド・クローズ付信用状（Red Clause L/C）は、輸入者の依頼により信用状発行銀行が買取銀行に対して、輸出者へ製造資金などを一定条件で前貸することを認め、万が一、輸出者が債務不履行に陥った場合には、信用状発行銀行が支払う義務を負うものです。前貸の限度額や期日を信用状に赤字で記載していたことから、この名称が付いています。

⑩　協調による信用状

ジョイント信用状とも呼ばれます。複数の銀行が協調して、信用状を発行する場合、各行が個別に信用状を発行して、輸出者に通知すると、事務などが煩雑です。そこで幹事行が代表して、各行の保証金額を合計した金額で信用状を1つ発行し、輸出者に通知します。幹事行以外の参加行は、幹事行に宛て自行の保証金額分の信用状を発行し、保証（裏保証）します。

⑪ 後日払信用状（後日支払信用状）

後日払信用状（Deferred Payment Credit）は、輸出者による為替手形の振出を求めない信用状です。欧州では期限付手形の引受に高額の印紙税が課されるため、これを回避するためのもので手形がない代わりに、信用状条件に支払期日が定められています。買取銀行は発行銀行へ為替手形を除く船積書類を送付します。発行銀行は受領した船積書類と信用状条件が一致することをチェックし、受領通知に支払期日を記載し、買取銀行に送付します。

(5) 決済方式

信用状には、銀行間の資金決済方式についても記載されます。おもな決済方式は図表Ⅳ-54のとおりです。

前述の資金決済方式について、資金決済方式と書類送付方法などについて、図示すると、図表Ⅳ-55のとおりです。

(6) その他

① マルチカレンシー条項

マルチカレンシー条項のある信用状の場合、信用状の通貨と異なる通貨で為替手形が振り出される場合があります。

システム面

(1) 取引遷移

一般的な取引遷移は図表Ⅳ-56のとおりです。

(2) 取引種類

輸入信用状には、図表Ⅳ-57に示す取引があります。

また、業務フローとシステムフローを合わせて記述すると、図表Ⅳ-60-1、Ⅳ-60-2のとおりです。

(3) 取引ファイル

輸入信用状の取引情報を管理する輸入取引ファイルの論理的な構成について記述します（図表Ⅳ-61参照）。

① 基本レコード

信用状の発行時にレコードが追加され、取引のたびに更新されます。キーは取引種類、連続番号、店番(*3)です。信用状の基本的な項目を保持しま

図表Ⅳ-54　資金決済方式

資金決済方式	概　要
ドキュメンタリー・リンバース方式（Documentary Reimbursement方式）	・買取銀行は船積書類とともに為替手形も補償銀行に送付します。 ・後述のクリーン・リンバース方式に比べて、補償銀行を経由し、ドキュメントチェックが行われる分、発行銀行への書類到着までに時間が掛かります。 ・ドキュメントチェック後に買取銀行への支払が行われるため、発行銀行への書類到着後にディスクレが発覚するリスクは比較的小さい方式です。 ・補償銀行がドキュメントチェックを行う分、手数料が相対的に高額です。
クリーン・リンバース方式（Clean Reimbursement方式）	・買取銀行は船積書類を発行銀行に送付するとともに為替手形のみ補償銀行に送付し、呈示します。 ・前述のドキュメンタリー・リンバース方式に比べて、補償銀行を経由しない分、発行銀行への書類到着までに時間が掛かりません。 ・補償銀行でのドキュメントチェックが行われないため、発行銀行への書類到着後にディスクレが発覚するリスクが相対的に高い方式です。 ・補償銀行がドキュメントチェックを行わない分、手数料が相対的に割安です。
即時Debit方式（即時引落方式）	・買取銀行は船積書類と為替手形を発行銀行に送付します。 ・買取銀行は自行（在外支店も含みます）にある発行銀行の決済口座から出金（Debit）することで資金決済します。 ・買取銀行のドキュメントチェックのみであるため、発行銀行への書類到着後にディスクレが発覚するリスクが相対的に高い方式です。
送金方式（レミッタンス方式）	・買取銀行は船積書類と為替手形を発行銀行に送付します。 ・発行銀行はドキュメントチェックし、ディスクレがないことを確認してから、買取銀行に資金を支払います。 ・このため、資金の支払後にディスクレが発覚するリスクはありません。

図表Ⅳ-55　資金決済方式と書類送付方法

［ドキュメンタリー・リンバース方式］

（信用状発行銀行の決済口座から買取銀行の決済口座へ資金振替）

［クリーン・リンバース方式］

（信用状発行銀行の決済口座から買取銀行の決済口座へ資金振替）

［即時 Debit 方式］

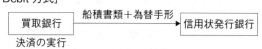

（買取銀行にある信用状発行銀行の決済口座から出金）

［送金方式］

（信用状発行銀行の決済口座から買取銀行の決済口座へ資金振替）

(注)　ドキュメンタリー・リンバース方式、クリーン・リンバース方式ともに補償銀行宛に補償手形（Reimbursement Draft）が求められることもあります。

図表Ⅳ－56　輸入信用状の取引遷移

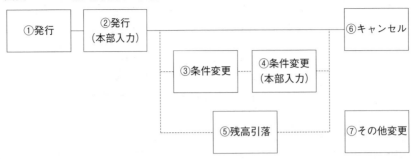

図表Ⅳ－57　輸入信用状の取引

取引名	概　　要	おもな経路など
発行	・開設ともいいます。 ・おもな信用状条件（通貨／金額、有効期限、種類、受益者名、手形期間など）、発行手数料、ユーザンスの有無などを入力し登録します。より詳細な信用状条件は、フロントシステムで入力するのが一般的です。 ・輸入信用状を管理する取引番号（後述するOur Reference Number、Our Ref. No.、以下同じ）を採番します。 ・信用状の発行金額を輸入信用状の与信残高に加算します。ここでは円貨ベースで与信管理するものとします（以下同じ）。	営業店端末（インターネット・バンキングで発行の受付を行うことができる銀行もあります）
発行（本部入力）	・発行（2次入力）、発行（本部追加入力）などとも呼ばれます。 ・取引を特定する取引番号（Our Ref. No.）を入力します。 ・通知銀行、決済銀行、補償銀行、通知方法（SWIFTか郵送か）などを入力します。	本部端末
条件変更	・アメンド（Amend、Amendment）ともいいます。 ・取引を特定する取引番号（Our Ref. No.）を入力します。 ・信用状条件の変更が通知された場合に、その変	営業店端末（インターネット・バンキングで発行の受付を行う

	更内容（金額の増額減額、有効期限の延長短縮など）を入力し登録します。詳細な信用状条件は、フロントシステムで入力することが一般的です。 ・信用状の増額の場合、増額金額を輸入信用状の与信残高に加算します。信用状の減額の場合、減額金額を輸入信用状の与信残高から減算します。 ・ノミナル扱(注1)の条件変更でも使用します。	ことができる銀行もあります）
条件変更 （本部入力）	・条件変更（2次入力）、条件変更（本部追加入力）などとも呼ばれます。 ・取引を特定する取引番号（Our Ref. No.）を入力します。 ・通知方法（SWIFTか郵送か）などを入力します。	本部端末
残高引落	・信用状を複数使用して、1つの手形を決済する場合（L/C Combine、Combined L/C）に、各信用状の残高を使用する金額分だけ個別に減算します(注2)。 ・取引番号（Our Ref. No.）、引落金額などを入力します。 ・引落金額を輸入信用状の与信残高から減算します。	営業店端末（システム内連動含む）
キャンセル	・バランス・キャンセル（Balance Cancel）ともいいます。 ・取引を特定する取引番号（Our Ref. No.）を入力します。 ・有効期限経過前の信用状については残高をそれ以上使用しないことを輸入者に確認できた場合に残高をゼロにして、当該信用状を取引終了にします。 ・キャンセル金額を輸入信用状の与信残高から減算します。 ・有効期限経過後の信用状については有効期限から1カ月以上経過した場合に残高をゼロにして、当該信用状を取引終了にします。	営業店端末、センター自動処理

その他変更	・取引を特定する取引番号（Our Ref. No.）を入力します。 ・前記の条件変更取引以外の変更、たとえば、輸入者である顧客の管理番号の変更、ユーザンスの有無、前記のキャンセル取引の停止、当該信用状の取引停止などを行います。	営業店端末

（注1） ノミナル（Nominal）扱の条件変更とは、信用状の残高を超えて為替手形が買い取られた（Overdrawn）、または信用状の有効期限後に為替手形が買い取られた（Overdue）場合で、かつ輸入者がそのディスクレに応じた場合に、増額はノミナル・インクリース（Nominal Increase）、または期限延長はノミナル・エクステンション（Nominal Extension）を行うものです。条件変更が輸入者と発行銀行だけで処理され、輸出地側には条件変更は通知されないため、ノミナル扱といわれます。

（注2） 複数の信用状を取り扱う場合の上限値を仮に10本とすると、11本以上の場合にはシステムは対応できなくなります（図表Ⅳ-58参照）。これに対して上限値を十分に大きくすると、万が一、上限値に近い信用状を扱う場合に、当該トランザクションの処理が重たくなり、レスポンスを悪化させることやシステム的な上限値近くに（レコードの更新数、トランザクションあたりの連動回数など）達することも想定できます。そこで、この例では信用状付輸入書類到着取引と信用状残高引落取引を別々に処理する（図表Ⅳ-59参照）ことで、前述の問題を解消するようにしている銀行もあります。後者の場合、信用状付輸入書類到着取引のみ取引を成立させ、信用状残高引落取引は使用する信用状の数分行わなければならないため、それらをもらさないように信用状付輸入書類到着取引の取引番号（Our Ref. No.）通貨コード、金額などを店別に別途管理する必要があります。

す。具体的には店番、CIF番号、通貨／残高金額、発行日、有効期限、通知銀行、決済銀行、最終更新日などがあります。

（*3） Our Reference Number、Our Ref. No.といわれます。詳細については「第Ⅳ章第1節1　輸出信用状」を参照してください。

② 取引レコード

取引ごとに1件追加されます。キーは、取引日、取引通番です。入力された項目や一部項目の取引前後の情報を保持します。具体的には取引前残高、取引後残高、取引前有効期限、取引後有効期限などがあります。一部項目は取引後の最新情報を基本レコードでも管理します。

最後に各レコードの追加更新要領について、図表Ⅳ-62に記述します。

図表Ⅳ－58　個別の残高引落取引画面なしの場合
　　　　　　（取り扱う信用状の数に上限を設ける場合）

[個別の残高引落取引画面なしの場合]

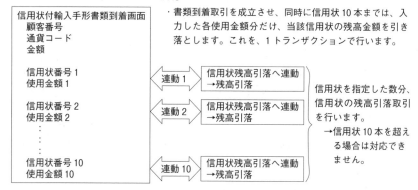

・書類到着取引を成立させ、同時に信用状10本までは、入力した各使用金額分だけ、当該信用状の残高金額を引き落とします。これを、1トランザクションで行います。

信用状を指定した数分、信用状の残高引落取引を行います。
→信用状10本を超える場合は対応できません。

図表Ⅳ－59　個別の残高引落取引画面ありの場合
　　　　　　（取り扱う信用状の数に上限を設けない場合）

[個別の残高引落取引画面ありの場合]

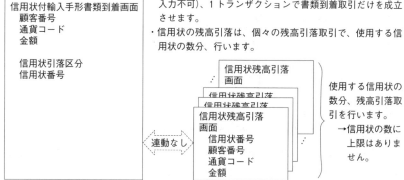

・信用状番号を入力し、信用状引落区分に「自動」を入力した場合は、図表Ⅳ－58に同じです（入力できる信用状は、1本のみです）。
・信用状引落区分に「個別」を入力した場合（信用状番号は入力不可）、1トランザクションで書類到着取引だけを成立させます。
・信用状の残高引落は、個々の残高引落取引で、使用する信用状の数分、行います。

使用する信用状の数分、残高引落取引を行います。
→信用状の数に上限はありません。

（注）　信用状引落区分に「個別」を入力した場合、1トランザクションで書類到着取引のみ成立させるため、信用状の残高引落がもれないように、書類到着取引の取引番号（Our Ref. No.）と通貨コード、金額などを店別に別途管理する必要があります。

図表Ⅳ-60-1　業務フローとシステムフロー

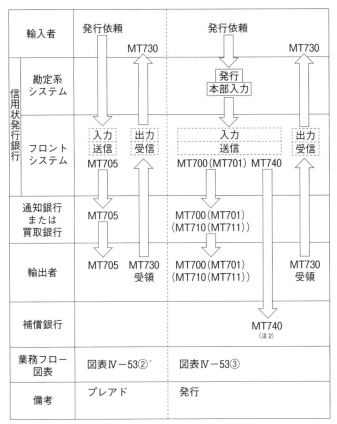

(注1) SWIFTメッセージの内容は以下のとおりです。紙ベースの信用状、補償授権書なども上図に準じます。
　　　MT700、MT701：Issue of a Documentary Credit
　　　MT705：Pre-Advice of a Documentary Credit
　　　MT710、MT711：Advice of a Third Bank's or a Non-Bank's Documentary Credit
　　　MT730：Acknowledgement
　　　MT740：Authorisation to Reimburse
(注2) リンバース方式のときのみです。リンバース方式での補償銀行へのメッセージは、「第Ⅳ章第2節9　リンバース」も参照してください。

図表Ⅳ-60-2　業務フローとシステムフロー

(注1)　SWIFTメッセージの内容は以下のとおりです。紙ベースの信用状、補償授権書なども上図に準じます。
　　　MT707：Amendment to a Documentary Credit
　　　MT730：Acknowledgement
　　　MT747：Amendment to an Authorisation to Reimburse
(注2)　リンバース方式のときのみです。リンバース方式での補償銀行へのメッセージは、「第Ⅳ章第2節9　リンバース」も参照してください。

図表Ⅳ-61 輸入取引ファイルの構成

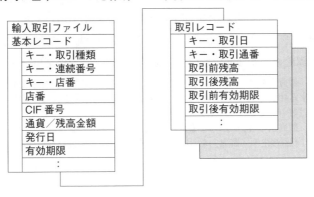

図表Ⅳ-62 各レコードの追加更新要領

取　引	基本レコード	取引レコード
発行	1件追加	1件追加
発行（本部入力）	1件更新	1件追加
条件変更	1件更新	1件追加
条件変更（本部入力）	1件更新	1件追加
残高引落	1件更新	1件追加
キャンセル	1件更新	1件追加
その他変更	1件更新(注)	1件更新(注)

(注) 変更する項目により、更新するレコードは異なります。

2　荷物引取保証（L/G）

業務面

(1) 概　要

　アジアなどからの輸入の場合、輸送船の高速化により、船荷証券(*1)を含

む船積書類よりも貨物（商品）が早く到着することがあり、商品によっては、ただちに貨物を引き取りたいこともあります。このような場合に船荷証券の代わりに輸入者と取引銀行が船会社に保証状（L/G：Letter of Guarantee）(*2)を差し入れることによって、貨物を引き取ることができます。船荷証券の到着後、船会社に船荷証券を提出することで保証は解除されます。

（*1） 船荷証券（B/L：Bill of Lading）とは輸出地で船積した商品を輸入地に輸送する船会社が発行する有価証券で商品の引取請求権を保証するものです。船積書類の中でもっとも重要な書類の1つです。

（*2） 補償状ともいいます。輸出のL/G Negotiationの保証状（「第Ⅳ章第1節2 L/C付輸出手形買取」を参照）とは異なり、輸入者に対する与信行為です。

(2) 業務フロー

輸入した商品が輸入地に到着済で、その商品を引き取るために必要な船荷証券が未着の場合に、輸入者が取引銀行に依頼し、発行された保証状を船会社に差し入れることで、船会社から商品の引取を可能とするものです（図表Ⅳ-63参照）。

① 輸出地からの商品が輸入地に到着したものの、商品の引取のために必要な船荷証券（荷為替手形の中に含まれます）が未着であることで、商品の引取が遅れた場合、輸入者、輸入者の取引銀行、船会社のそれぞれに図表Ⅳ-64に示すようなデメリットが発生します。

② 輸入者は取引銀行に、荷物引取保証を申し込みます。取引銀行は船積を証明するインボイスや船荷証券の写し、差入証を徴求します。

③ 取引銀行は所定の審査のうえ、保証を実行し、荷物引取保証状（L/G：Letter of Guarantee）(*3)に署名などを行い、輸入者に交付します。これによって、当該輸入取引での銀行の担保である商品(*4)を輸入者に貸し渡します。

（*3） 船会社ごとに書式が異なります。

（*4） 輸入者から代金の支払を受けるまで、商品は取引銀行の担保とされます。輸入者は取引銀行から貸し渡された商品を船会社から引き取って、販売します。

なお、銀行が署名することによって、銀行と輸入者が連帯（連帯保証）して船会社に対し、損害賠償責任(*5)を負います。輸入信用状と同じく、万が一の場合には銀行が支払の義務を負う保証の一種ですが、未着の船荷

図表Ⅳ-63　荷物引取保証の業務フロー

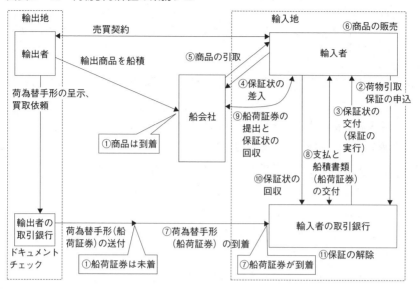

図表Ⅳ-64　商品引取遅延によるデメリット

主体	デメリット
輸入者	・市場価格が下落し、その価格で販売した場合、予想外の損失が発生します。 ・商品納入販売先への納入が遅れます。 ・商品によっては、品質が低下します。 ・船会社が商品を倉庫などに保管する費用を請求されることがあります。
輸入者の取引銀行	・商品を引き取って、すぐに販売できないことにより、輸入者の資金繰りが悪化することがあります。
船会社	・商品を運んできた輸送船の運航計画に支障が出ることがあります。

証券が到着するまでの期間がごく短い保証です。

> （*5）　たとえば、船会社が船荷証券なしで商品を引き渡した後に、第三者から船荷証券が呈示され、商品の引渡を請求された場合に第三者に対して損害賠償の責任を負います。

④　輸入者は受領した荷物引取保証状（以下、保証状）を船会社に提出します。
⑤　輸入者は保証状と引き換えに商品を引き取ります。
⑥　輸入者は引き取った商品を販売します。
⑦　船荷証券を含む荷為替手形が取引銀行に到着します。
⑧　輸入者は一覧払手形のときは輸入代金の支払、期限付手形のときは手形の引受により、船積書類を受領します。
⑨　輸入者は船積書類のうち、船荷証券を船会社に提出し、④で提出した保証状を回収します。
⑩　輸入者は回収した保証状を取引銀行に提出します。
⑪　取引銀行は提出された保証状をもって、保証を解除します。

(3) **信用状付と信用状なし**

　信用状付（L/Cベース）のL/Gは荷為替手形が輸入者の取引銀行である発行銀行に送られ、手形金額の上限が信用状により定まっており、信用状付のL/Gは広く行われています。これに対して、信用状なしのL/Gは荷為替手形が輸入者の取引銀行に送られてくる保証がなく、手形金額や手形条件なども不明(*6)であるため、信用状なし（B/Cベース）のL/Gは原則として取り扱わない銀行もあります。

> （*6）　信用状の金額は発行銀行の同意がない限り、増額できません。これに対し、信用状なしの取引の場合、輸出入者の間で締結される売買契約は、取引銀行の同意がなくても増額することができます。売買契約の金額を超える船荷証券についてのL/Gを求められるリスクなどもあるため、取扱には慎重を要します。

　また、信用状付、信用状なしともに、L/Gを行った後に荷為替手形が到着し、信用状付の場合は信用状と、信用状なしの場合は売買契約と不一致であることを理由に、支払拒絶または引受拒絶を行うことはできません。

システム面

(1) 取引遷移

一般的な取引遷移は図表Ⅳ-65のとおりです。

図表Ⅳ-65　荷物引取保証の取引遷移

(2) 取引種類

荷物引取保証には、図表Ⅳ-66に示す取引があります。

(3) 取引ファイル

荷物引取保証の取引情報を管理する輸入取引ファイルの論理的な構成について記述します（図表Ⅳ-67参照）。

① 基本レコード

荷物引取保証実行時にレコードが追加され、取引のたびに更新されます。キーは取引種類、連続番号、店番（*7）です。荷物引取保証の基本的な項目を保持します。具体的には店番、CIF番号、通貨／実行金額、実行日、解除日、保証料率、最終更新日などがあります。

（*7）Our Reference Number、Our Ref. No.といわれます。詳細については「第Ⅳ章第1節1　輸出信用状」を参照してください。

② 取引レコード

取引ごとに1件追加されます。キーは、取引日、取引通番です。入力された項目や一部項目の取引前後の情報を保持します。具体的には取引金額、船荷証券番号、顧客管理番号、保証料率、保証料金額などがあります。一部項目は取引後の最新情報を基本レコードでも管理します。

最後に各レコードの追加更新要領について、図表Ⅳ-68に記述します。

図表Ⅳ-66 荷物引取保証の取引

取引名	概　要	おもな経路など
実行	・荷物引取保証を管理する取引番号（Our Reference Number、Our Ref. No.、以下同じ）を採番します。 ・保証を実行します。 ・保証金額を荷物引取保証の与信残高に加算します。ここでは円貨ベースで与信管理するものとします（以下同じ）。	営業店端末
解除	・取引を特定する取引番号（Our Ref. No.）を入力します。 ・保証を解除します。 ・保証金額を荷物引取保証の与信残高から減算します。 ・保証料を徴求します。	営業店端末
変更	・取引を特定する取引番号（Our Ref. No.）を入力し、輸入者である顧客の管理番号、船荷証券の番号などを変更します。	営業店端末

図表Ⅳ-67　輸入取引ファイルの構成

実行時に基本レコードを作成　　取引ごとに取引レコードを作成

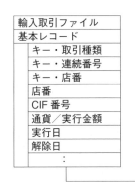

図表Ⅳ-68　各レコードの追加更新要領

取　引	基本レコード	取引レコード
実行	1件追加	1件追加
解除	1件更新	1件追加
変更	1件更新(注)	1件更新(注)

（注）　変更する項目により、更新するレコードは異なります。

3　担保貨物貸渡（T/R）

業務面

(1) 概　要

　商品（輸入貨物）は輸入者が代金支払または手形引受を行わない限り、輸入者が販売することはできません。しかし、輸入者が商品の販売ができないと、債務の履行に支障をきたすことがあります。そこで輸入者に商品を貸渡し、通関・入庫・販売により、輸入代金の回収を行わせた方が、銀行にも輸入者にも有益です。そこで輸入者から輸入担保貨物保管証（T/R：Trust Receipt）という約定書と約束手形の差入を受け、荷物貸渡（T/R：Trust Receipt）(*1)を行うことで、銀行が商品を輸入者に貸渡します。

　　（*1）　約定書の名称が荷物貸渡という行為そのものも意味しています。つまりT/Rにより、輸入者は銀行の代理人として商品を販売するといえます。

(2) T/Rの有無

　信用状付（L/Cベース）の取引では、商品は信用状発行という与信行為についての担保(*2)であるため、輸入者が輸入代金を支払う（為替手形を決済する）までは、商品は銀行の所有物とされます。

　　（*2）　信用状を発行した発行銀行には、輸入者が債務不履行の場合、輸入者に代わって、支払を行う義務があります。このため、輸入者が輸入代金を支払うまでは、銀行は商品をその担保とします。

　たとえば、一覧払手形を輸入者の自己資金ではなく、本邦ユーザンス

「「第Ⅳ章第2節4　L/C付輸入手形（一覧払決済、本邦ユーザンス）」などを参照）などといった輸入ユーザンス（銀行からの借入）によって決済する場合には、担保である商品を輸入者に貸渡（T/R）し、商品を販売、代金を回収させて、銀行は資金を回収します。

　信用状なし（B/Cベース）の取引では、代金支払（D/P条件）または手形引受（D/A条件）を行わない限り、商品は輸出者または買取銀行（仕向銀行）の所有物とされます。輸入者が代金支払または手形引受を行えば、商品の販売ができますが、輸入ユーザンスによって輸入代金を支払う（為替手形を決済する）場合、輸入ユーザンスの担保として、輸入者の取引銀行（取立銀行）は輸入者に商品を貸渡（T/R）します。

　これらをまとめると、図表Ⅳ－69のとおりです。

図表Ⅳ－69　T/Rの有無

取引	手形種類	決済資金	T/Rの有無／輸入者の決済タイミング
信用状付	一覧払手形	輸入者の自己資金	なし／一覧後
		上記以外（本邦ユーザンスなど）	あり／ユーザンス期日
	期限付手形	輸入者の自己資金	あり／手形期日
		上記以外（本邦ユーザンスなど）	あり／輸入物資引取資金貸付（ハネ返り）の期日(注)
信用状なし	一覧払手形	輸入者の自己資金	なし／一覧後
		上記以外（本邦ユーザンスなど）	あり／ユーザンス期日
	期限付手形	輸入者の自己資金	なし／手形期日
		上記以外（本邦ユーザンスなど）	あり／輸入物資引取資金貸付（ハネ返り）の期日(注)

(注)　「第Ⅳ章第2節10　輸入ハネ」を参照してください。

(3)　T/Rの種類

　T/Rには通常、3つの種類があります（図表Ⅳ－70参照）。

図表Ⅳ-70　T/Rの種類

名　称	概　要
甲号T/R	荷為替手形、商品とも到着済、かつ輸入代金が未決済の状態で、輸入者に商品を貸渡し、その荷揚、通関、入庫、販売までを認めるものです。輸入者には販売によって輸入代金の回収が可能であることから、有利な方式です。反面、銀行にはリスクが高いため、信用力が高く、資金繰りなどに問題がない輸入者にのみ認める方式です。
乙号T/R	荷為替手形、商品とも到着済、かつ輸入代金が未決済の状態で、輸入者に商品を貸渡し、その荷揚、通関、入庫までを認めるものです。販売は銀行に通知し、その指示に従わなければならない方式です。相対的に銀行のリスクは低いものの、輸入者にとっては不利な方式であり、甲号T/Rでは対応できない輸入者に認める方式です。使われることはほとんどないようです。
丙号T/R	甲号T/R、乙号T/Rと異なり、荷為替手形が未着、かつ航空貨物が到着済、かつ輸入代金は未決済の状態で、輸入者に商品を貸渡し、その荷揚、通関、入庫、販売までを認めるものです。航空貨物を対象とするため、Airway T/Rともいわれます。詳細は後述します。

　甲号T/R、乙号T/Rは、本邦ユーザンスなどの輸入ユーザンスと一体であるため、L/C付輸入手形、L/Cなし輸入手形の中で記述することとし、以下では丙号T/Rについて述べることとします。

(4)　業務フロー

　輸入した商品が輸入地に到着済で、その商品を引き取るために必要な航空貨物運送状（Airway Bill）が未着の場合に、輸入者が取引銀行に依頼し、銀行が署名した貨物引渡指図書（Release Order）を航空会社に呈示することで、航空会社から商品の引取を可能とするものです（図表Ⅳ-71参照）。

① 通常は商品の引取のために必要な航空貨物運送状(*3)が未着の状態で、輸出地からの商品が輸入地に到着します。

　　（*3）　荷為替手形の中に含まれます。船荷証券と異なり、航空貨物運送状がなくても、正当な荷受人(*4)であることが確認できれば、航空会社は荷物を引き渡します。

　　（*4）　信用状付の場合、商品は発行銀行の担保であり、担保を保全するため、航空貨物運送状に記載される荷受人（Consignee）を発行銀行自身とします。

図表Ⅳ-71 丙号T/Rの業務フロー

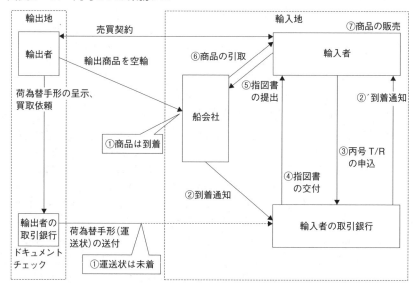

② 航空会社は、輸入者の取引銀行に到着通知書（Notice of Arrival）を送付し、商品の到着を通知します。

②′ 到着通知を受けた輸入者の取引銀行は、輸入者に商品の到着と荷為替手形の未着を通知します。

③ 通知を受けた輸入者は、輸入者の取引銀行に丙号T/Rの申込を行います。輸入者の取引銀行は、輸入者から、輸入担保貨物保管証（T/R：Trust Receipt）、約束手形、確認用のインボイスなどを徴求します。

④ 信用状付の場合、自身の発行した信用状に基づくものであることなどを確認し、所定の審査のうえ、貸渡を実行し、貨物引渡指図書（Release Order）に署名などを行い、輸入者に交付します。これによって、商品(*5)を輸入者に貸し渡します。

  (*5) 信用状付の場合、輸入者から代金の支払を受けるまで、商品は取引銀行の担保とされます。輸入者は発行銀行から貸し渡された商品を航空会社から引き取って、販売します。

⑤ 輸入者は、受領した貨物引渡指図書を航空会社に提出します。

⑥　航空会社は、商品を輸入者に引き渡します。
⑦　輸入者は、引き取った商品を販売します。

(5) 信用状付と信用状なし

　信用状付の丙号T/Rは、発行銀行が担保して所有している商品を輸入者に貸し渡し、商品を販売、代金を回収させるもので、信用状付の丙号T/Rは広く行われています。

　これに対して、信用状なしの丙号T/Rの場合、商品は、輸入者の取引銀行（取立銀行）の担保でも所有物でもなく、輸出者または買取銀行（仕向銀行）の所有物です。これを輸入者に貸渡することは、所有権の侵害に当たるため、丙号T/Rを行うことについて、輸出地側の了解を得なくてはなりません。また、荷為替手形が未着のため、手形金額も手形条件も不明で、輸入者の取引銀行に荷為替手形が到着するかもわかりません。丙号T/Rの実行後に、万が一、輸入者が支払または引受を行わなかった場合、輸入者の取引銀行は輸出者または買取銀行（仕向銀行）に対して、損害賠償する責任を負うというリスクもあります。こうしたリスクなどのため、信用状なし（B/Cベース）の丙号T/Rは原則として取り扱わない銀行もあります。

　また、信用状付、信用状なしともに、丙号T/Rを行った後に荷為替手形が到着し、信用状付の場合は信用状と、信用状なしの場合は売買契約と不一致（瑕疵、ディスクレ：Discrepancy）があるという理由で、支払拒絶または引受拒絶を行えないことに注意が必要です。

システム面

　取引遷移、取引種類、取引ファイルとも、丙号T/Rが保証ではなく、商品の貸渡であることを除けば、荷物引取保証（L/G）と大きな差異はありません。「第Ⅳ章第2節2　荷物引取保証（L/G）」を参照してください。

4　L/C付輸入手形
（一覧払決済、本邦ユーザンス）

業　務　面

(1) 概　　要

　信用状に基づいて行われる荷為替手形の取引を、信用状付取引（With L/C）、L/C付取引、L/Cベースの取引などといい、輸入者が信用状に基づいて振り出された為替手形の呈示を受け、自己資金、または信用状発行銀行が輸入者に貸し付けた資金で、輸出者に輸入代金を支払うものです。

　輸出者への決済資金と輸入者の資金の観点で見ると、L/C付輸入手形には、図表Ⅳ-72に示すようなバリエーションがありますが、ここでは、以下に述べる理由から、一覧払手形で、かつ輸出者への決済資金が輸入者の自己資金または本邦ユーザンスの場合を中心に記述します。

(2) 業務フロー

　輸入者が自己資金で輸入代金を支払う（信用状に基づいた為替手形を決済する）、または信用状発行銀行が輸入者に資金を貸し付けることで、輸入代金を支払う取引です（図表Ⅳ-73参照）。前者を、一覧払決済（At Sight決済、A/S決済）、後者を本邦ユーザンス（決済）などと呼びます。

　以下は、輸入信用状の業務フローと同一の内容を繰り返し記述しています。

① 　輸出者と輸入者の間で商品などに関する売買契約が締結されます。この契約では取引の条件・内容が定められており、信用状による取引を行うこと、および信用状の条件（商品名、数量、金額、納期、支払期日、取引条件、船積条件、保険条件、決済条件、必要書類とその通数など）も定められています。

② 　輸入者は自身の取引銀行に信用状の発行を依頼します。信用状は、輸入者が債務不履行の場合には信用状の発行銀行（Issuing Bank）が輸出代金を支払う義務を負う（輸入者に対する与信行為）ことから、発行銀行は輸入者の財務状況・信用力などを審査したうえで、信用状を発行します。

図表Ⅳ-72　L/C付輸入手形のバリエーション

手形種類	輸出者への決済資金	輸入者の決済資金	説明箇所
一覧払手形	輸入者の自己資金	一覧後、自己資金により、輸出者に代金を支払います。	本項で説明します。
	本邦ユーザンス	一覧後、本邦ユーザンス(注1)により、輸出者に代金を支払い、本邦ユーザンス期日に本邦ユーザンスを決済します。	本項で説明します。
	外銀ユーザンス（リファイナンス方式）	一覧後、リファイナンスにより、輸出者に代金を支払い、リファイナンス手形の期日に決済します。	「第Ⅳ章第2節5 L/C付輸入手形（外銀ユーザンス）」で説明します。
期限付手形	輸入者の自己資金	手形期日に、輸入者は自己資金により、輸出者に代金を支払います(注2)。	本項で説明します。
	外銀ユーザンス（アクセプタンス方式）	手形呈示後、アクセプタンスにより、輸出者に代金を支払い、期限付手形の期日に決済します。	「第Ⅳ章第2節5 L/C付輸入手形（外銀ユーザンス）」で説明します。
	輸入物資引取資金貸付（ハネ返り）	手形期日に、輸入物資引取資金貸付（ハネ返り）(注3)により、輸出者に代金を支払い、輸入物資引取資金貸付（ハネ返り）の期日に決済します。	「第Ⅳ章第2節10 輸入ハネ」で説明します。

(注1)　発行銀行が輸入者に資金（おもに外貨資金）を貸し付けるものです。本邦ローン、邦銀ユーザンス、為銀ユーザンスなどといいます（以下、本邦ユーザンス）。手形が外貨建で、かつ手形の通貨と異なる通貨で輸入者に貸付する場合、これを異種通貨ユーザンスといい、貸し付ける通貨が違う以外、大きな差異はありません。
(注2)　手形期日まで代金の支払を輸出者が猶予（輸出地側で手形買取の場合、輸出者が資金の立替利息を負担）している場合もないとはいえませんが、ここでは一覧払手形での記述で代替します。
(注3)　手形が外貨建でも、円貨を貸付し、手形の通貨に換算して輸出者へ代金を支払います。詳細は「第Ⅳ章第2節10　輸入ハネ」を参照してください。なお、一覧払手形で輸出者への決済資金を本邦ユーザンスにより貸し付ける場合もないとはいえませんが、ここでは期限付手形での記述で代替します。

図表Ⅳ-73　L/C付輸入手形（一覧払決済、本邦ユーザンス）の業務フロー

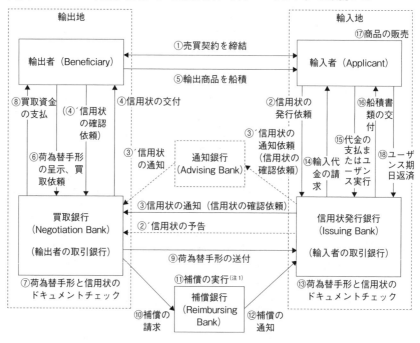

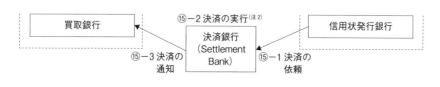

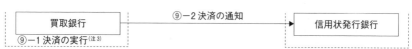

（注1）　ここでは、補償銀行に買取銀行と信用状発行銀行の双方の決済口座があり、信用状発行銀行の決済口座から出金し、買取銀行の決済口座に入金することで、銀行間の決済を行います（リンバース方式）。

（注2）　ここでは、決済銀行に買取銀行と信用状発行銀行の双方の決済口座があり、信用状発行銀行の決済口座から出金し、買取銀行の決済口座に入金することで、銀行間の決済を行います（送金方式）。

（注3）　ここでは、買取銀行に信用状発行銀行の決済口座があり、信用状発行銀行の決済口座から出金することで、銀行間の決済を行います（即時Debit方式）。

②′ 信用状を郵送する場合で、その概要を前もって輸出者に通知したい場合には、その概要をSWIFT電文により通知します。これを信用状の予備通知、予告、プレアド（Preliminary Advice）、プレアドバイス（Pre-Advice）などといいます。これは信用状の原本ではないため、原本（Mail Confirmation またはSWIFT電文）の到着を待って信用状に基づく取引が開始されます。
③ 発行銀行と輸出者の取引銀行の間にコルレス契約（*1）がある場合、信用状を直接、輸出者の取引銀行に通知（送付）します。発行銀行が輸出者の取引銀行に信用状の確認（オープン・コンファーム）を求める場合、ここで確認の依頼（信用状にその旨の記述があります）も行われます。これに応じることで輸出者の取引銀行が確認銀行とされます。

> （*1） コルレス契約（Correspondent Arrangement、Correspondent Agreement）は銀行同士が個別に結ぶ為替業務（信用状、送金為替、代金取立など）に関する契約です（詳細は、「第Ⅳ章第10節3　コルレス」を参照してください）。信用状を輸出者に直接送付することもありますが、銀行間の通知の方が迅速・確実です（銀行間の通知は、SWIFT電文により行われるのが一般的であるためです）。

③′ コルレス契約がない場合、輸出者の取引銀行と発行銀行の双方とコルレス契約がある銀行を経由して信用状を通知します（発行銀行が信用状の確認を依頼する場合、通知銀行に依頼することが一般的です）。この銀行を通知銀行（Advising Bank）といいます（輸出者の取引銀行≠通知銀行）。信用状発行後に信用状を使って取引する金額や信用状の有効期限の変更（信用状の条件変更、Amend、Amendment）も同じ経路で通知されます。これは通知銀行を経由せず、直接、発行銀行から輸出者の取引銀行（＝通知銀行）に通知される場合でも同じです。
④ 信用状の通知を受けた輸出者の取引銀行は輸出者に信用状を交付（*2）します。

> （*2） 郵送されてきた信用状原本（信用状発行銀行の制定用紙に印字されています）、または印字したSWIFT電文（印字したものにカバーレターを付けたもの）を交付します。いずれの場合も通知銀行により、その真正性が確認されています。また信用状の原本は輸出者に交付せず、輸出者の取引銀行が保管することもあります。

④′ 輸出者が発行銀行の信用力などに不安を感じ、輸出者の取引銀行に信用状の確認（サイレント・コンファーム）を依頼する場合、ここで行われます。

以降はL/C付輸入手形（一覧払決済、本邦ユーザンス）固有の業務フローです。輸出地側では手形買取ではなく、手形取立の場合もありますが、ここでは基本的に手形買取を中心に記述します。

⑤ 信用状を受領した輸出者は、輸出する商品を梱包・船積し、船会社から船荷証券の交付を受けます。

⑥ 輸出者は信用状に定められている必要書類（船荷証券、保険証券、商業送り状など）を必要通数揃え、振出人を輸出者、名宛人を信用状発行銀行とした為替手形（Bill of Exchange）を振り出し、それらを信用状とともに買取銀行に呈示して買取を依頼します。信用状は輸出者か買取銀行のいずれかが保管しています。

⑦ 買取銀行は信用状の条件と輸出者から呈示された船積書類、為替手形との間に不一致（瑕疵、ディスクレ：Discrepancy）がないか、ドキュメントチェック（Document Check）を行います。不一致がある場合、輸入者に支払を拒絶されるリスクがあるため、書類の差替などの対応(*3)を行います。

　　（*3）ディスクレへの対応内容については、「第Ⅳ章第1節2　L/C付輸出手形買取」を参照してください。

⑧ 不一致がなければ買取を行い、手形金額を輸出者の預金口座に入金します。

⑨ 買い取った荷為替手形は本部へ送付されます。本部は信用状条件にしたがって、補償方法（求償方法、決済方法）などを決定し、荷為替手形を再度チェックし、発行銀行に送付します。送付中の紛失などのリスク対策として、同じ内容の荷為替手形を2通に分けて別便で送付するのが一般的です。発行銀行に買取通知を送付する場合もあります。

買取銀行と発行銀行の間の資金決済には、大別すると以下の3つの方法があります。以下ではそれぞれの資金決済方法について記述しています（即時Debit方式：⑨-1～⑨-2、リンバース方式：⑩～⑫、送金方式：⑮-1～

⑮-3)。

　以下の⑨-1～⑨-2は、即時Debit方式（「第Ⅳ章第2節1　輸入信用状」を参照）の場合の業務フローです。

⑨-1　買取銀行は自行にある決済口座から手形金額を出金することで資金決済を行います。

⑨-2　買取銀行は資金決済後、発行銀行に決済の通知を送付します。

　以下の⑩～⑫は、リンバース方式（「第Ⅳ章第2節1　輸入信用状」「第Ⅳ章第2節9　リンバース」を参照）の場合の業務フローです。

⑩　一覧払手形のとき、買取銀行は信用状に記載されている補償銀行に対して、手形金額の補償（求償、支払）を請求します。期限付手形のとき、買取銀行は信用状発行銀行からの引受通知を受領後に補償を請求します。

⑪　一覧払手形のとき、買取銀行から補償請求を受けた補償銀行は、発行銀行の決済口座から出金し、買取銀行の決済口座に入金することで両者の資金決済を行い、その旨、買取銀行に通知します。期限付手形のとき、補償銀行は、手形期日に発行銀行の決済口座から出金し、買取銀行の決済口座に入金することで両者の資金決済を行い、その旨、買取銀行に通知します。

⑫　補償銀行は発行銀行に対して、買取銀行からの補償請求に基づき手形金額を発行銀行の決済口座から出金し、決済したことを発行銀行に通知します。

⑬　買取銀行から送付された荷為替手形を受領した発行銀行は、信用状条件と一致しているかチェックします。

⑭　発行銀行は、輸入者に荷為替手形の到着を通知し、一覧払手形のときは輸入代金の支払、期限付手形のときは手形の引受を求めます。

⑮　一覧払手形のとき、輸入者は自己資金（預金口座など）や発行銀行からの借入により、輸出者に代金を支払います(*4)。期限付手形のとき、輸入者は手形の引受を行い、手形期日に自己資金（預金口座など）や発行銀行からの借入により、輸出者に代金を支払います。輸入者が自己資金で支払う場合、商品を引渡します。発行銀行からの借入の場合、輸入担保貨物保管証（T/R：Trust Receipt）（「第Ⅳ章第2節3　担保貨物貸渡（T/R）」を参

照）と約束手形の差入を輸入者から受け、発行銀行は資金（おもに外貨資金）を貸付します。そして発行銀行が輸入者に発行銀行の所有物であり担保でもある商品を貸渡し、代金を回収させて、最終的に発行銀行は貸付した資金を回収します。

- （*4） 輸入者が自己資金で支払う場合で、金額が外貨で輸入者が円貨での支払を希望する場合、決済日の公示相場（*5）で円貨に換算します。
- （*5） メール利息があり、相場に織り込む場合は、一覧払輸入手形決済相場（Acceptance Rate）を適用します。メール利息がない場合、または年利建利率で計算された外貨のメール利息を円貨で支払う場合、または買取銀行または取立銀行から請求されている外貨の手数料を円貨で支払う場合は、電信売相場（TTS：Telegraphic Transfer Selling）を適用します。

以下の⑮－1～⑮－3は、送金方式（「第Ⅳ章第2節1　輸入信用状」を参照）の場合の業務フローです。

⑮－1　輸入者から輸入代金の支払（または本邦ユーザンスによる支払）を受けた発行銀行は、決済銀行に対して、発行銀行の決済口座から出金し、買取銀行の決済口座に入金するよう依頼します。

⑮－2　依頼を受けた決済銀行は、発行銀行と買取銀行との間で資金決済を行います。

⑮－3　決済銀行は、決済により買取銀行の決済口座に入金されたことを買取銀行に通知します。

⑯　一覧払手形のときは輸入代金の支払、期限付手形のときは手形引受と引き換えに、発行銀行は船積書類を輸入者に引き渡します。

⑰　船積書類の引渡を受けた輸入者は、船会社に船荷証券を呈示して輸入貨物を引き取り、販売します。

⑱　本邦ユーザンスの期日に輸入者は発行銀行へ資金を返済します。

(3)　**統一規則**

「第Ⅳ章第1節1　輸出信用状」を参照してください。

(4)　**為替手形**

「第Ⅳ章第1節2　L/C付輸出手形買取」を参照してください。

(5)　**荷為替手形とその他の通知**

図表Ⅳ－73では、荷為替手形（為替手形と船積書類）が到着して、輸入地

側の決済取引が始まります。しかし、荷為替手形が未着の状態で、その他の通知などが到着することがあります。ここでは、おもなケースについて記述します（図表Ⅳ-74参照）。

(6) 支払拒絶と引受拒絶

荷為替手形の到着後、ディスクレが見つかったものの、輸入者の応否が確認できないなどの場合には、到着の翌日から起算して5営業日以内に買取銀行に対して、支払拒絶または引受拒絶（不渡通知）を一旦行います。その後、輸入者の応諾の確認がとれた場合（このケースがほとんどです）、買取銀行に対して、資金支払を行います。このように支払拒絶または引受拒絶は例外的なことではありません。

(7) 適用相場と利息

外貨を円貨に換算する相場は、一覧払手形で相場に金利を織り込む場合、メール期間には、一覧払輸入手形決済相場（Acceptance Rate）を適用します（図表Ⅳ-75-1、Ⅳ-75-2参照）。相場に金利を織り込まない立替利息、本邦ユーザンス利息は、通常の貸付などと同様に利息はすべて年利建利率で計算します（図表Ⅳ-75-1、Ⅳ-75-2参照）。

(8) L/Cの有無とメリット・デメリット

「第Ⅳ章第1節4　L/Cなし輸出手形買取」を参照してください。

システム面

(1) 取引遷移

一般的な取引遷移は図表Ⅳ-76のとおりです。

(2) 取引種類

L/C付輸入手形（一覧払決済、本邦ユーザンス）には、図表Ⅳ-77に示す取引があります。

また、業務フローとシステムフローを合わせて記述すると、図表Ⅳ-78-1、Ⅳ-78-2のとおりです。

(3) 取引ファイル

L/C付輸入手形（一覧払決済、本邦ユーザンス）の取引情報を管理する輸入取引ファイルの論理的な構成について記述します（図表Ⅳ-79参照）。

図表Ⅳ-74　荷為替手形より先に到着する通知など

到　着	対　応
TT Reimbursement Claim（「第Ⅳ章第2節9　リンバース」を参照）	・TTリンバースを許容する信用状の場合、輸出地の買取銀行または取立銀行はSWIFT電文のMT742で補償請求（Reimbursement Claim）を発行銀行に送付します。 ・発行銀行はその後、到着した荷為替手形が信用状条件と一致しているかチェックします。 ・一致していない場合、支払を拒絶し、補償銀行に対して、輸出地の買取銀行または取立銀行に支払った資金の返還請求を行います。
ディスクレ通知	・輸出地の買取銀行または取立銀行は荷為替手形と信用状条件に不一致（ディスクレ）を見つけた場合、ディスクレ通知（Advice of Discrepancy）を発行銀行に送付します。 ・通常、ディスクレ通知はSWIFT電文のMT750で送付されます。 ・ディスクレを応諾するか否かを輸入者に問い合わせ、その回答を買取銀行または取立銀行に通知します。応諾にはSWIFT電文のMT752、拒絶にはSWIFT電文のMT796などが使われます。 ・その後、荷為替手形が送られてきます。発行銀行は到着した荷為替手形が信用状条件と一致しているかあらためてチェックします。 ・ディスクレ通知は輸出地側では、ケーブル・ネゴ（Cable Negotiation）といわれます。
借記通知	・輸出地の買取銀行または取立銀行との資金決済方法が即時Debit方式、リンバース方式（特にクリーン・リンバース方式）の場合などに、借記通知（Debit Advice）が送られてくることがあります。 ・現物である荷為替手形が郵送されるのに対して、SWIFT電文のMT900は、ほぼ即時に送付されるため、借記通知が先に到着するのは例外的なことではありません。 ・借記通知に記載されている借記日（Debit Date）は、輸入者が資金を支払う前に発行銀行の決済口座から資金が出金された日付です。

	・つまり、発行銀行が資金を立替しているため、その期間の利息を輸入者から徴求しますが、借記日はその利息などを計算する際の始期とされます。
商品（輸入貨物）	・船便の場合は、「第Ⅳ章第2節2　荷物引取保証（L/G）」を参照してください。 ・航空便の場合は、「第Ⅳ章第2節3　担保貨物貸渡（T/R）」の丙号T/Rを参照してください。

図表Ⅳ－75－1　適用相場と利息（メール利息と立替利息）

①預かり（通常は円貨）で決済するとき

　発行銀行である自行にある預かりによる決済のため、輸入者の資金負担はなく、したがって、輸入者の利息負担もない

②決済方式＝送金方式のとき

　輸入者の自己資金、または本邦ユーザンスによって、決済されるため、輸入者の資金負担はなく、したがって、輸入者の利息負担もない

③決済方式＝即時Debit方式、またはリンバース方式のとき

　(i)在日他行の預けで決済する（メール利息がない）とき

　　(a)借記日＜一覧払決済日のとき

　　　　　　　立替期間＝年利建の利率で立替利息を計算
　　　　　　　　　（相場に金利は織り込まない）
　　　借記日●────────●一覧払決済日

　　(b)上記以外のとき

　　　立替利息なし

　(ii)在外の預けで決済する（メール利息がある）とき

　　(a)借記日のメール日数後の翌日＜一覧払決済日のとき

　　　　　メール期間＝一覧払輸入手形決済相場（Acceptance Rate）を適用
　　　買取日●──────────●メール期間終期
　　　　　　　　　　　　　　　立替期間＝年利建の利率で立替利息を計算
　　　　　　　　　　　　　　　　　（相場に金利は織り込まない）
　　　　　　　　　　　　　　○──────────────●一覧払決済日
　　　　　　　　　　　　　　↑
　　　　　　　　　　立替期間の日数は、始期不算入・終期算入で計算

　　(b)上記以外のとき

　　　　　メール期間＝一覧払輸入手形決済相場（Acceptance Rate）を適用
　　　借記日●──────────●一覧払決済日

（注1）　いずれも、一覧払手形の場合で、利息はすべて輸入者負担です。
（注2）　いずれの場合も●－●の期間の日数は両端で計算し、メール期間の日数は、USDの場合、12日。買取日＝10/1で、USDの場合、メール期間終期は、10/12。
（注3）　預け、預かりについては、「第Ⅳ章第10節4　預け預かり」を参照してください。

図表Ⅳ-75-2　適用相場と利息（ユーザンス利息）

①預かり（通常は円貨）で決済するとき

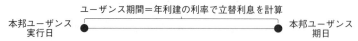

②預けで決済するとき

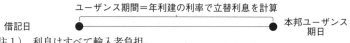

(注1)　利息はすべて輸入者負担。
(注2)　いずれの場合も●-●の期間の日数は両端で計算。
(注3)　預け、預かりについては、「第Ⅳ章第10節4　預け預かり」を参照してください。

図表Ⅳ-76　L/C付輸入手形（一覧払決済、本邦ユーザンス）の取引遷移

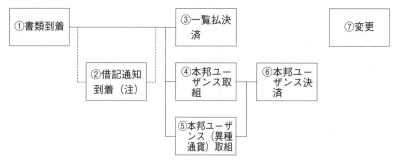

(注)　即時Debit方式、リンバース方式のときのみ。本邦ユーザンス実行（④⑤）の後でも取引可。

①　基本レコード

L/C付輸入手形（一覧払決済、本邦ユーザンス）の書類到着時にレコードが追加され、取引のたびに更新されます。キーは取引種類、連続番号、店番（*6）です。L/C付輸入手形の基本的な項目を保持します。具体的には店番、CIF番号、手形金額、借記日、書類到着日、対外決済日、対顧決済日、ディスクレ有無、立替金利、最終更新日などがあります。

　　（*6）　Our Reference Number、Our Ref. No.といわれます。詳細については「第Ⅳ章第1節1　輸出信用状」を参照してください。

図表Ⅳ-77 L/C付輸入手形（一覧払決済、本邦ユーザンス）の取引

取引名	概　要	おもな経路など
書類到着	・書類接受ともいいます。 ・L/C付輸入手形を管理する取引番号（Our Reference Number、Our Ref. No.、以下同じ）を採番します。 ・使用する自行の信用状番号を入力し、信用状の残高を引落します。 ・到着した書類から、手形金額、買取銀行または取立銀行から請求された各種手数料、買取銀行または取立銀行の管理番号、ディスクレの有無、借記日などを入力します。	本部端末
借記通知到着	・借記通知接受ともいいます。 ・取引を特定する取引番号（Our Ref. No.）、借記通知（Debit Advice）から借記日（Debit Date）、利息に適用する金利などを入力します。 ・借記日は前述のとおり、年利建利息の利息計算の始期とされます。 ・一覧払決済が後述する対外決済と対顧決済に分かれている場合、対顧決済を行う前であれば、取引可能です。また本邦ユーザンスの場合、本邦ユーザンス決済を行う前であれば、取引可能です。	本部端末
一覧払決済	・対外対顧同時決済ともいいます。 ・取引を特定する取引番号（Our Ref. No.）を入力します。 ・輸入者の預金口座から手形金額を引落します。買取銀行または取立銀行から請求された各種手数料も徴求します（対顧決済）。 ・同時に決済銀行または補償銀行にある発行銀行の決済口座に入金することで、買取銀行または取立銀行に支払金額（輸入代金に買取銀行または取立銀行から請求された各種手数料を加えた金額）を支払います（対外決済）。 ・外貨建の手形金額を円貨で決済する場合、対顧適用相場はメール利息を相場に織り込んだ公示相場	営業店端末

	・である一覧払輸入手形決済相場（Acceptance Rate）を適用します。 ・外貨建の年利建利息または各種手数料を円貨で決済する場合、対顧適用相場は公示相場である電信売相場（TTS：Telegraphic Transfer Selling）を適用します。 ・手形金額を輸入信用状の与信残高から減算します。ここでは円貨ベースで与信管理するものとします（以下同じ）。 ・書類到着の翌日から起算して5営業日以内という猶予期間があるため、対外決済と対顧決済を別オペレーション（対外決済→対顧決済の順）としている銀行もあります。	
本邦ユーザンス取組	・取引を特定する取引番号（Our Ref. No.）、本邦ユーザンス通貨、金額、本邦ユーザンス期日、本邦ユーザンス金利、輸入者である顧客の管理番号などを入力します。 ・輸入者に貸付した資金を見合いに、その資金を決済銀行または補償銀行にある発行銀行の決済口座に充当することで、買取銀行または取立銀行に手形金額などを支払います（対外決済）。 ・本邦ユーザンス（手形）金額を輸入信用状の与信残高から減算し、本邦ユーザンスの与信残高に加算します。 ・本邦ユーザンス期日が未定の状態で本邦ユーザンス取組を可能としている銀行もあります。	営業店端末
本邦ユーザンス（異種通貨）取組	・以下を除けば、基本的に本邦ユーザンス取組と同じです。 ・手形金額の通貨とは異なる通貨を輸入者に貸付します。輸入者が異なる通貨の資金を持っていて、その資金を本邦ユーザンスの返済資金に充当する、あるいは手形金額の通貨や円貨よりも異なる通貨の方が相場、金利の点で有利な場合に利用されます。	営業店端末
本邦ユーザンス決済	・取引を特定する取引番号（Our Ref. No.）、本邦ユーザンス通貨、金額、延滞の場合は延滞金利な	営業店端末

	どを入力します。 ・外貨建の本邦ユーザンス金額を円貨で回収する場合、対顧適用相場は本邦ユーザンス金額、本邦ユーザンス利息ともに公示相場である電信売相場（TTS：Telegraphic Transfer Selling）が適用されます。 ・期日前決済で戻し利息がある場合、戻し利息には電信買相場（TTB：Telegraphic Transfer Buying）が適用されます。 ・本邦ユーザンス期日に輸入者の預金口座などから本邦ユーザンス金額、本邦ユーザンス利息を引落します。 ・本邦ユーザンス金額を本邦ユーザンスの与信残高から減算します。	
変更	・取引を特定する取引番号（Our Ref. No.）を入力し、決済方式、決済口座の口座番号、支払拒絶の有無、商品、原産地、輸入者である顧客の管理番号などを変更します。	営業店端末

② 取引レコード

取引ごとに1件追加されます。キーは、取引日、取引通番です。入力された項目や一部項目の取引前後の情報を保持します。具体的には取引金額、対外決済方法、対外決済口座、対顧適用相場、対顧決済口座、各種手数料、本邦ユーザンス金利、本邦ユーザンス期日などがあります。一部項目は取引後の最新情報を基本レコードでも管理します。

最後に各レコードの追加更新要領について、図表Ⅳ-80に記述します。

図表Ⅳ−78−1　業務フローとシステムフロー

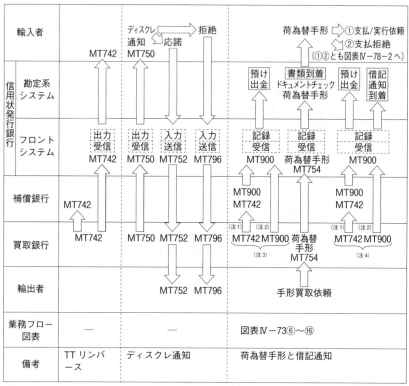

(注1)　SWIFTメッセージの内容は以下のとおりです。紙ベースの補償請求、各種通知なども上図に準じます。

　　　　MT742：Reimbursement Claim　　　MT796：Answers
　　　　MT750：Advice of Discrepancy　　　MT900：Confirmation of Debit
　　　　MT752：Authorisation to Pay, Accept or Negotiation
　　　　MT754：Advice of Reimbursement or Payment

(注2)　リンバース方式の場合です。

(注3)　荷為替手形に先行して、借記通知（Debit Advice）が到着した場合です。借記通知の内容は、荷為替手形の到着時に入力します。

(注4)　荷為替手形の到着後に、借記通知（Debit Advice）が到着した場合です。

図表Ⅳ−78−2　業務フローとシステムフロー

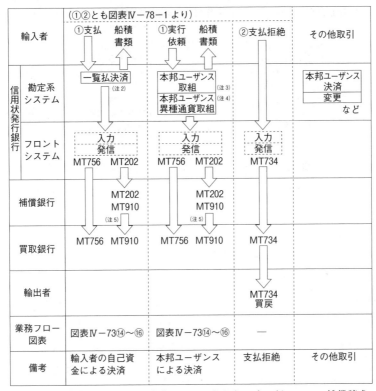

(注1) SWIFTメッセージの内容は以下のとおりです。紙ベースの補償請求、各種通知なども上図に準じます。
　　　MT202：General Financial Institution Transfer
　　　MT734：Advice of Refusal
　　　MT756：Advice of Payment/Acceptance/Negotiation
　　　MT910：Confirmation of Credit
(注2) 対顧決済と対外決済を同時に行います。
(注3) 本邦ユーザンス取組、または本邦ユーザンス（異種通貨）取組時に、対外決済を行います。
(注4) 本邦ユーザンス取組と本邦ユーザンス（異種通貨）取組は、どちらか一方を行います。
(注5) 送金方式の場合です。この場合は補償銀行ではなく、決済銀行です。

図表Ⅳ－79　輸入取引ファイルの構成

書類到着時に基本レコードを作成　　取引ごとに取引レコードを作成

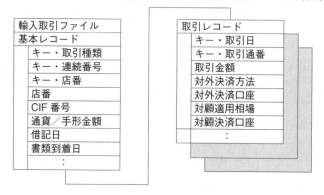

図表Ⅳ－80　各レコードの追加更新要領

取　引	基本レコード	取引レコード
書類到着	1件追加	1件追加
借記通知到着	1件更新	1件追加
一覧払決済	1件更新	1件追加
本邦ユーザンス取組	1件更新	1件追加
本邦ユーザンス（異種通貨）取組	1件更新	1件追加
本邦ユーザンス決済	1件更新	1件追加
変更	1件更新(注)	1件更新(注)

（注）　変更する項目により、更新するレコードは異なります。

5　L/C付輸入手形（外銀ユーザンス）

業務面

(1)　概　　要

信用状に基づいて行われる荷為替手形の取引を、信用状付取引（With L/

C)、L/C付取引、L/Cベースの取引などといい、輸入者が信用状に基づいて振り出された為替手形の呈示を受け、コルレス先（*1）である外銀（外国銀行）または輸入者の取引銀行の在外支店が調達した資金により、輸出者に輸入代金を支払うものです。輸入者は手形期日に立替された資金を返済します。

(*1) コルレス契約（Correspondent Arrangement、Correspondent Agreement）は銀行同士が個別に結ぶ替業務（信用状、送金為替、代金取立など）に関する契約です（詳細は、「第Ⅳ章第10節3　コルレス」を参照してください）。

L/C付輸入手形のバリエーションは、「第Ⅳ章第2節4　L/C付輸入手形（一覧払決済、本邦ユーザンス）」を参照してください。ここでは、外銀ユーザンスについて記述します。外銀ユーザンスには、アクセプタンス方式とリファイナンス方式があります。

(2) 業務フロー（アクセプタンス方式）

輸出者が振り出した期限付手形を外銀（引受・支払銀行、または決済銀行）の割引により決済し、期限付手形の手形期日に輸入者からの支払により決済して、輸入者の代金支払を外銀が猶予（外銀ユーザンス）するのが、アクセプタンス方式です（図表Ⅳ-81参照）。外銀引受とも呼びます。

アクセプタンス方式を利用するには、信用状発行銀行が海外の引受・支払銀行に決済口座を持っており、同時に引受・支払銀行からアクセプタンスについての与信枠（信用供与枠：Credit Facility）を供与されている必要があります。

以下は、輸入信用状の業務フローのうち、通知銀行経由の信用状通知、信用状の予告、信用状の確認を省略しし、一部、アクセプタンス方式固有の記述を追加しています。省略部分については、「第Ⅳ章第2節4　L/C付輸入手形（一覧払決済、本邦ユーザンス）」を参照してください。

① 輸出者と輸入者の間で商品などに関する売買契約が締結されます。この契約では取引の条件・内容が定められており、信用状による取引を行うこと、および信用状の条件（商品名、数量、金額、納期、支払期日、取引条件、船積条件、保険条件、決済条件、必要書類とその通数など）も定められています。

② 輸入者は自身の取引銀行に信用状の発行を依頼します。信用状は、輸入

図表Ⅳ-81　L/C付輸入手形（アクセプタンス方式）の業務フロー

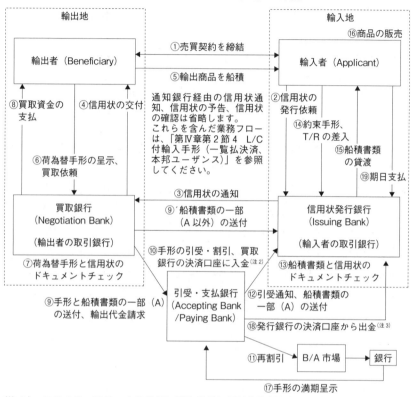

（注1）　ここでは、引受・支払銀行に買取銀行と信用状発行銀行の双方の決済口座があるものとします。
（注2）　引受・支払銀行は手形の引受・割引後、資金を買取銀行の決済口座に入金します。
（注3）　引受・支払銀行は、信用状発行銀行の決済口座から出金します。

者が債務不履行の場合には信用状の発行銀行（Issuing Bank）が輸出代金を支払う義務を負う（輸入者に対する与信行為）ことから、発行銀行は輸入者の財務状況・信用力などを審査したうえで、信用状を発行します。アクセプタンス方式の場合、支払人に在ニューヨークのコルレス銀行（＝引受・支払銀行）を指定します。

③　発行銀行は信用状を輸出者の取引銀行に通知（送付）します。

④ 信用状の通知を受けた輸出者の取引銀行は輸出者に信用状を交付(*2)します。

> (*2) 郵送されてきた信用状原本(信用状発行銀行の制定用紙に印字されています)、または印字したSWIFT電文(印字したものにカバーレターを付けたもの)を交付します。いずれの場合も通知銀行により、その真正性が確認されています。また信用状の原本は輸出者に交付せず、輸出者の取引銀行が保管することもあります。

以降はL/C付輸入手形(アクセプタンス方式)固有の業務フローです。

⑤ 信用状を受領した輸出者は、輸出する商品を梱包・船積し、船会社から船荷証券の交付を受けます。

⑥ 輸出者は信用状に定められている必要書類(船荷証券、保険証券、商業送り状など)を必要通数揃え、振出人を輸出者、名宛人(支払人)を信用状発行銀行とした期限付の為替手形(Bill of Exchange)を振り出し、それらを信用状とともに買取銀行に呈示して買取を依頼します。信用状は輸出者か買取銀行のいずれかが保管しています。

⑦ 買取銀行は信用状の条件と輸出者から呈示された船積書類、為替手形との間に不一致(瑕疵、ディスクレ:Discrepancy)がないか、ドキュメントチェック(Document Check)を行います。不一致がある場合、輸入者に支払を拒絶されるリスクがあるため、書類の差替などの対応(*3)を行います。

> (*3) ディスクレへの対応内容については、「第Ⅳ章第1節2 L/C付輸出手形買取」を参照してください。

⑧ 不一致がなければ買取を行い、手形金額を輸出者の預金口座に入金します。期限付手形の手形期日までのユーザンス期間の利息は通常、輸入者負担であるため、手形買取の換算相場は、ユーザンス利息を織り込んだL/C付期限付手形買相場(Usance Buying)ではなく、L/C付一覧払手形買相場(At Sight Buying)が適用されます。

⑨ 買取銀行は、買い取った為替手形と船積書類の一部(A)を引受・支払銀行に送付し、輸出代金の請求を行います。

⑨′ 同時に買取銀行は、船積書類の一部(A以外)を引受・支払銀行に送付し、輸出代金の請求を行います。船積書類は⑨と⑨′の異なった経路で送

付されますが、これを分送といいます。
⑩　引受・支払銀行は、受け取った期限付手形に引受署名し（引受・支払銀行に支払義務が発生）、割引したうえで代わり金を買取銀行の決済口座に入金します。
⑪　引受・支払銀行は、引受・割引した為替手形（*4）を銀行引受手形市場（B/A市場）で再割引（ほかの金融機関が買取）し、資金化します。ただし、引受・支払銀行が手形の期日まで保有することもあります。

　　（*4）　引受銀行により引受署名がされた手形は銀行引受手形（Banker's Acceptance Bill）といわれ、輸入者の引受のみの手形よりも有利な金利で割引されます。

⑫　引受・支払銀行は、発行銀行に対して期限付手形の引受を行った旨の引受通知（Acceptance Advice）と⑨の船積書類の一部（A）を送付し、同時に引受日から期限付手形の期日までの利息、その他手数料を発行銀行に請求します。
⑬　買取銀行から送付された船積書類の一部（A以外）と引受・支払銀行から送付された船積書類の一部（A）を受領した発行銀行は、信用状条件と一致しているか、ドキュメントチェックを行います。
⑭　輸入者は、発行銀行に輸入担保貨物保管証（T/R）を差し入れ、⑥の期限付手形と同じ金額・支払期日の約束手形を発行銀行に差し入れて、船積書類を受け取ります。発行銀行は⑫の利息・手数料を輸入者から徴求します。
⑮　輸入者からT/Rの差入を受けた発行銀行は、輸入者に船積書類を貸し渡します。
⑯　輸入者は船荷証券を船会社に呈示し、商品を引き取った後、通関手続、関税の納付などの必要な手続を済ませ、事前に手配しておいた倉庫に商品を入庫します。その後、商品を販売し、輸入代金を回収します。
⑰　引受・支払銀行は、⑪の銀行引受手形（＝⑥の期限付手形）を買い取った金融機関から手形期日に支払呈示を受けるので、資金を支払います。
⑱　引受・支払銀行は発行銀行の決済口座から出金します。
⑲　輸入者は、⑭の約束手形の期日（⑥の期限付手形の手形期日と同日です）に預金口座から発行銀行に輸入代金を支払います。なお、手形金額が外貨

で、輸入者が円貨での輸入代金の支払を希望する場合、支払日の公示相場である電信売相場（TTS：Telegraphic Transfer Selling）を適用し、換算します。

(3) 業務フロー（リファイナンス方式）

リファイナンス方式には、ロンドン・リファイナンス方式とニューヨーク・リファイナンス方式がありますが、ここでは、ニューヨーク・リファイナンス方式について説明します。ニューヨーク・リファイナンス方式の場合、支払人に発行銀行自身のNew York支店または在New Yorkのコルレス銀行を指定します。

信用状発行銀行New York支店が振り出したリファイナンス手形をコルレス銀行New York支店が引受・割引することで得た資金により、輸出者が振り出した一覧払手形（名宛人＝信用状発行銀行New York支店）を決済します。外銀ユーザンスの期日に輸入者からの支払により、コルレス銀行が呈示するリファイナンス手形を決済することで、一覧払手形についての輸入者の支払いをユーザンス期日（＝リファイナンス手形の期日）まで猶予（外銀ユーザンス）するのが、リファイナンス方式です（図表Ⅳ-82参照）。

リファイナンス方式を利用するには、信用状発行銀行本店が信用状発行銀行New York支店に決済口座（海外本支店間の決済口座）を、信用状発行銀行New York支店がリファイナンス手形を割り引くコルレス銀行に決済口座をそれぞれ持っており、同時にコルレス銀行から引受・割引についての与信枠（信用供与枠：Credit Facility）を供与されている必要があります。

①～④　前記のアクセプタンス方式を参照してください。なお、信用状に基づいて振り出される一覧払手形の名宛人（支払人）は信用状発行銀行New York支店とされます。

以降はL/C付輸入手形（リファイナンス方式）固有の業務フローです。

⑤　信用状を受領した輸出者は、輸出する商品を梱包・船積し、船会社から船荷証券の交付を受けます。

⑥　輸出者は信用状に定められている必要書類（船荷証券、保険証券、商業送り状など）を必要通数揃え、振出人を輸出者、名宛人を信用状発行銀行New York支店とした一覧払の為替手形（Bill of Exchange）を振り出し、

図表Ⅳ-82 L/C付輸入手形（リファイナンス方式）の業務フロー

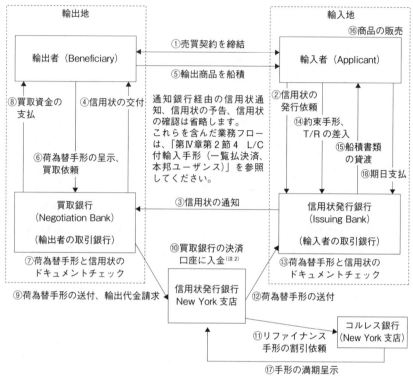

（注1） ここでは、信用状発行銀行New York支店に買取銀行と信用状発行銀行本店の双方の決済口座があるものとします。
（注2） 信用状発行銀行New York支店は、信用状発行銀行本店の決済口座を出金し、買取銀行の決済口座に入金します。

それらを信用状とともに買取銀行に呈示して買取を依頼します。信用状は輸出者か買取銀行のいずれかが保管しています。

⑦ 買取銀行は信用状の条件と輸出者から呈示された船積書類、為替手形との間に不一致（瑕疵、ディスクレ：Discrepancy）がないか、ドキュメントチェック（Document Check）を行います。不一致がある場合、輸入者に支払を拒絶されるリスクがあるため、書類の差替などの対応(*5)を行います。

　　（*5）　ディスクレへの対応内容については、「第Ⅳ章第1節2　L/C付輸出手形買

取」を参照してください。

⑧ 不一致がなければ買取を行い、手形金額を輸出者の預金口座に入金します。一覧払手形の買取の換算相場は、L/C付一覧払手形買相場（At Sight Buying）が適用されます。

⑨ 買取銀行は、買い取った荷為替手形を信用状発行銀行New York支店に送付し、輸出代金の請求を行います。

⑩ 信用状発行銀行New York支店は、ドキュメントチェックし、問題がなければ、本店の決済口座を出金し、買取銀行の決済口座に入金します。

⑪ 信用状発行銀行New York支店は、別途、コルレス銀行を支払人とするリファイナンス手形を振出し、コルレス銀行に引受・割引を依頼し、資金調達を行います。

⑫ 信用状発行銀行New York支店は本店に荷為替手形、リファイナンスの通知を送付するとともに利息（割引料）、手数料を請求します。

⑬ 信用状発行銀行本店はNew York支店から送付された荷為替手形が信用状条件と一致しているか、ドキュメントチェックを行います。

⑭ 輸入者は、発行銀行本店に輸入担保貨物保管証（T/R）を差し入れ、⑪のリファイナンス手形と同じ金額・支払期日の約束手形を発行銀行に差し入れて、船積書類を受け取ります。発行銀行本店は⑫の利息・手数料を輸入者から徴求します。

⑮ 輸入者からT/Rの差入を受けた発行銀行は、輸入者に船積書類を貸し渡します。

⑯ 輸入者は船荷証券を船会社に呈示し、商品を引き取った後、通関手続、関税の納付などの必要な手続を済ませ、事前に手配しておいた倉庫に商品を入庫します。その後、商品を販売し、輸入代金を回収します。

⑰ 信用状発行銀行New York支店は、⑪のリファイナンス手形を割り引いたコルレス銀行からその手形期日に支払呈示を受けるので、資金を支払います。

⑱ 輸入者は、⑭の約束手形の期日（⑪のリファイナンス手形の手形期日と同日です）に預金口座から発行銀行に輸入代金を支払います。なお、手形金額が外貨で、輸入者が円貨での輸入代金の支払を希望する場合、支払日の

公示相場である電信売相場（TTS：Telegraphic Transfer Selling）を適用し、換算します。

(4) **統一規則**

「第Ⅳ章第1節1　輸出信用状」を参照してください。

(5) **為替手形**

「第Ⅳ章第1節2　L/C付輸出手形買取」を参照してください。

(6) **適用相場と利息**

外貨を円貨に換算する相場は、アクセプタンス方式（期限付手形）、リファイナンス方式（一覧払手形）ともに、電信売相場（TTS：Telegraphic Transfer Selling）を適用します。アクセプタンス方式の外銀引受（割引）日から外銀ユーザンス手形（＝期限付手形の期日）までの利息、リファイナンス方式のリファイナンス手形割引日からリファイナンス手形期日までの利息、外銀ユーザンス後の本邦ユーザンス利息は、通常の貸付などと同様に利息はすべて年利建利率で計算します（図表Ⅳ-83参照）。

図表Ⅳ-83　適用相場と利息

①外銀ユーザンス（アクセプタンス方式）の利息

```
                ユーザンス期間＝年利建の利率で立替利息を計算
外銀引受日      ●────────────────────●      外銀ユーザンス
 （割引日）                                          期日
```

②外銀ユーザンス（リファイナンス方式）の利息

```
                ユーザンス期間＝年利建の利率で立替利息を計算
リファイナンス   ●────────────────────●   リファイナンス
 手形割引日                                          手形期日
```

③本邦ユーザンスの利息（常に輸入者負担）

```
                ユーザンス期間＝年利建の利率で立替利息を計算
本邦ユーザンス   ●────────────────────●   本邦ユーザンス
  実行日                                              期日
```

（注1）　利息はすべて輸入者負担の場合。
（注2）　いずれの場合も●-●の期間の日数は両端で計算。

> システム面

(1) 取引遷移

一般的な取引遷移は図表Ⅳ-84のとおりです。

図表Ⅳ-84　L/C付輸入手形（外銀ユーザンス）の取引遷移

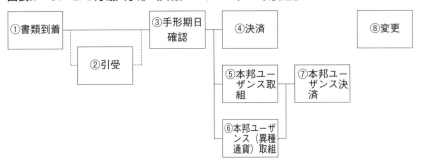

(2) 取引種類

L/C付輸入手形（外銀ユーザンス）には、図表Ⅳ-85に示す取引があります。

(3) 取引ファイル

L/C付輸入手形（外銀ユーザンス）の取引情報を管理する輸入取引ファイルの論理的な構成について記述します（図表Ⅳ-86参照）。

① 基本レコード

L/C付輸入手形（外銀ユーザンス）の書類到着時にレコードが追加され、取引のたびに更新されます。キーは取引種類、連続番号、店番(*6)です。L/C付輸入手形の基本的な項目を保持します。具体的には店番、CIF番号、通貨／手形金額、書類到着日、外銀引受日、外銀ユーザンス期日、外銀ユーザンス金利、ディスクレ有無、最終更新日などがあります。

(*6) Our Reference Number、Our Ref. No.といわれます。詳細については「第Ⅳ章第1節1　輸出信用状」を参照してください。

図表Ⅳ-85　L/C付輸入手形（外銀ユーザンス）の取引

取引名	概　要	おもな経路など
書類到着	・書類接受ともいいます。 ・L/C付輸入手形を管理する取引番号（Our Reference Number、Our Ref. No.、以下同じ）を採番します。 ・使用する自行の信用状番号を入力し、信用状の残高を引落します。 ・到着した書類と引受通知（Acceptance Advice）から、通貨／手形金額、引受・割引の有無、引受・割引があり、利息が輸入者負担の場合の割引料（利息）、各種手数料、外銀ユーザンス金利、ディスクレの有無、引受・割引日、外銀ユーザンス期日などを入力します。 ・手形金額を輸入信用状の与信残高から減算し、外銀ユーザンスの与信残高に加算します。ここでは円貨ベースで与信管理するものとします（以下同じ）。	本部端末
引受	・書類到着の取引入力後に引受通知（Acceptance Advice）が到着した場合に使用します。 ・取引を特定する取引番号（Our Ref. No.）、引受通知から利息が輸入者負担の場合の割引料（利息）、各種手数料、外銀ユーザンス金利、ディスクレの有無、引受・割引日、外銀ユーザンス期日などを入力します。	本部端末
手形期日確認	・取引を特定する取引番号（Our Ref. No.）を入力します。 ・輸入者に外銀ユーザンス期日（手形期日）の確認を行い、外銀ユーザンスの利息を確定します。	営業店端末
決済	・取引を特定する取引番号（Our Ref. No.）を入力します。 ・輸入者の預金口座から手形金額を引落します。引受・割引時の各種手数料も徴求します。 ・同時に引受・支払銀行（アクセプタンス方式）の	営業店端末

	・決済口座、または発行銀行のNew York支店（リファイナンス方式）の決済口座に入金することで、手形金額などを支払います。 ・外貨建の手形金額を円貨で決済する場合、対顧適用相場は年利建利息または各種手数料とともに公示相場である電信売相場（TTS：Telegraphic Transfer Selling）を適用します。 ・手形金額を外銀ユーザンスの与信残高から減算します。	
本邦ユーザンス取組	・取引を特定する取引番号（Our Ref. No.）、本邦ユーザンス通貨、金額、本邦ユーザンス期日、本邦ユーザンス金利、輸入者である顧客の管理番号などを入力します。 ・輸入者に貸付した資金を見合いに、その資金を引受・支払銀行または発行銀行のNew York支店の決済口座に充当することで、買取銀行または取立銀行に手形金額などを支払います。 ・本邦ユーザンス（手形）金額を外銀ユーザンスの与信残高から減算し、本邦ユーザンスの与信残高に加算します。	営業店端末
本邦ユーザンス（異種通貨）取組	・以下を除けば、基本的に本邦ユーザンス取組と同じです。 ・手形金額の通貨とは異なる通貨を輸入者に貸付します。輸入者が異なる通貨の資金を持っていて、その資金を本邦ユーザンスの返済資金に充当する、あるいは手形金額の通貨や円貨よりも異なる通貨の方が相場、金利などの点で有利な場合に利用されます。	営業店端末
本邦ユーザンス決済	・取引を特定する取引番号（Our Ref. No.）本邦ユーザンス通貨、金額、延滞の場合は延滞金利などを入力します。 ・外貨建の本邦ユーザンス金額を円貨で回収する場合、対顧適用相場は本邦ユーザンス金額、本邦ユーザンス利息ともに公示相場である電信売相場（TTS：Telegraphic Transfer Selling）が適用されます。	営業店端末

	・期日前決済で戻し利息がある場合、戻し利息には電信買相場（TTB：Telegraphic Transfer Buying）が適用されます。 ・本邦ユーザンス期日に輸入者の預金口座などから本邦ユーザンス金額、本邦ユーザンス利息を引落します。 ・本邦ユーザンス金額を本邦ユーザンスの与信残高から減算します。	
変更	・取引を特定する取引番号（Our Ref. No.）を入力し、決済方式、決済口座の口座番号、支払拒絶の有無、商品、原産地、輸入者である顧客の管理番号などを変更します。	営業店端末

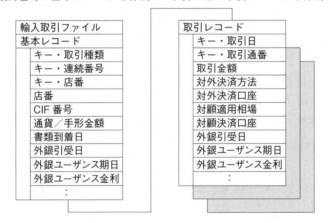

図表Ⅳ-86　輸入取引ファイルの構成

② 取引レコード

取引ごとに1件追加されます。キーは、取引日、取引通番です。入力された項目や一部項目の取引前後の情報を保持します。具体的には取引金額、対外決済方法、対外決済口座、対顧適用相場、対顧決済口座、外銀引受日、外銀ユーザンス期日、外銀ユーザンス金利、本邦ユーザンス実行日、本邦ユーザンス期日、本邦ユーザンス金利、各種手数料などがあります。一部項目は

取引後の最新情報を基本レコードでも管理します。

最後に各レコードの追加更新要領について、図表Ⅳ-87に記述します。

図表Ⅳ-87　各レコードの追加更新要領

取　引	基本レコード	取引レコード
書類到着	1件追加	1件追加
引受	1件更新	1件追加
手形期日確認	1件更新	1件追加
決済	1件更新	1件追加
本邦ユーザンス取組	1件更新	1件追加
本邦ユーザンス（異種通貨）取組	1件更新	1件追加
本邦ユーザンス決済	1件更新	1件追加
変更	1件更新(注)	1件更新(注)

（注）　変更する項目により、更新するレコードは異なります。

6　LCなし輸入手形

業　務　面

(1)　概　　要

　信用状に基づかない荷為替手形の取引を、信用状なし取引（Without L/C）、L/Cなし取引、B/C（Bill for Collection）ベースの取引などといいます。この信用状なし取引は信用状発行銀行の支払保証がないため、輸出者から見れば輸出貨物の代金回収の保証がありません。このため、輸出者には不利である反面、信用状の発行手数料を銀行に支払う必要がなく、経費を節約できます。

　輸出者への決済資金と輸入者の資金の観点で見ると、L/Cなし輸入手形には、図表Ⅳ-88のようなバリエーションがあります。

図表Ⅳ-88　L/Cなし輸入手形のバリエーション

手形種類	輸出者への決済資金	輸入者の決済資金	説明箇所
一覧払手形	輸入者の自己資金	一覧後、自己資金により、輸出者に代金を支払います。	本項で説明します。
	本邦ユーザンス	一覧後、本邦ユーザンス（注1）により、輸出者に代金を支払い、ユーザンス期日に本邦ユーザンスを決済します。	本項で説明します。
期限付手形	輸入者の自己資金	手形期日に、輸入者は自己資金により、輸出者に代金を支払います。輸出者の取引銀行が手形を買い取っている場合、B/Cディスカウント（B/C Discount）（注2）といい、手形を取り立てている場合、シッパーズ・ユーザンス（Shipper's Usance）といいます（注3）。	本項で説明します。
	輸入物資引取資金貸付（ハネ返り）	手形期日に、輸入物資引取資金貸付（ハネ返り）（注4）により、輸出者に代金を支払い、輸入物資引取資金貸付（ハネ返り）の期日に決済します。	「第Ⅳ章第2節10　輸入ハネ」で説明します。

（注1）　輸入者の取引銀行が輸入者に資金（おもに外貨資金）を貸し付けるものです。本邦ローン、邦銀ユーザンス、為銀ユーザンスなどといいます（以下、本邦ユーザンス）。手形が外貨建で、かつ手形の通貨と異なる通貨で輸入者に貸付する場合、これを異種通貨ユーザンスといい、貸し付ける通貨が違う以外、大きな差異はありません。なお、期限付手形で手形期日に輸出者への決済資金を本邦ユーザンスにより貸し付ける場合もないとはいえませんが、ここでは一覧払手形での記述で代替します。

（注2）　輸出者の取引銀行が手形の買取（割引：Discount）を行っているため、B/Cディスカウントといわれます。B/Cユーザンスともいわれます。なお、B/Cは、取立（Bill for Collection）の略です。

（注3）　B/Cディスカウントとシッパーズ・ユーザンスの違いは、輸出地側に由来するものであり、基本的に輸入地側に大きな違いはありません。

（注4）　手形が外貨建でも、円貨を貸付し、手形の通貨に換算して輸出者へ代金を支払います。詳細は「第Ⅳ章第2節10　輸入ハネ」を参照してください。なお、一覧払手形で輸出者への決済資金を本邦ユーザンスにより貸し付ける場合もないとはいえませんが、ここでは期限付手形での記述で代替します。

(2) 業務フロー（一覧払）

　輸入者が自己資金で一覧払手形を決済することで輸入代金を支払う、または取立銀行（輸入者の取引銀行）から貸し付けられた資金により一覧払手形を決済することで輸入代金を支払う取引です（図表Ⅳ-89参照）。後述するB/Cディスカウントとシッパーズ・ユーザンスのように、輸出地側で仕向銀行（輸出者の取引銀行）が手形を買取している場合と取立している場合がありますが、ここでは輸出地では買取しているものとして、記述します。輸出地での取立については、後述の「(4) 業務フロー（シッパーズ・ユーザンス）」を参照してください。

図表Ⅳ-89　L/Cなし輸入手形（一覧払）の業務フロー

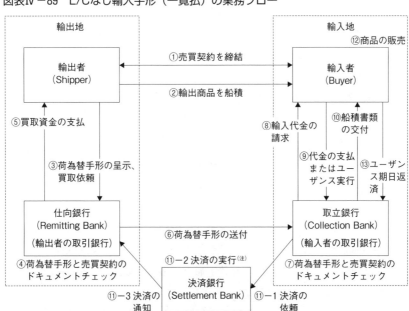

（注）　ここでは、決済銀行に仕向銀行と取立銀行の双方の決済口座があり、取立銀行の決済口座から出金し、仕向銀行の決済口座に入金することで、銀行間の決済を行います。

① 輸出者と輸入者の間で商品などに関する売買契約が締結されます。この契約では取引の条件・内容（商品名、数量、金額、納期、支払期日、取引条

件、船積条件、保険条件、支払条件など）などが定められています。
② 輸出者は、輸出する商品を梱包・船積し、船会社から船荷証券の交付を受けます。
③ 輸出者は、売買契約に定められている必要書類（船荷証券、保険証券、商業送り状など）を必要通数揃え(＊1)、振出人を輸出者、名宛人を輸入者とした為替手形（Bill of Exchange）を振り出し(＊2)、それらを仕向銀行に呈示して取立を依頼します。

  （＊1）必要書類とその通数を定めた信用状がないため、売買契約から輸出者の判断でドキュメントを作成します。
  （＊2）通常はD/P条件の一覧払手形を振り出します。D/P条件については、「第Ⅳ章第1節4　L/Cなし輸出手形買取」を参照してください。

④ 仕向銀行は輸出者から買取呈示された船積書類、為替手形と売買契約との間の不一致の有無についてチェックを行います。なお、不一致がある場合、輸入者に支払や引受を拒絶されるリスクがあるため、書類の差替などの対応(＊3)を行います。

  （＊3）対応内容は基本的にL/C付輸出手形買取と同じです。

⑤ 不一致がなければ買取を行い、手形金額を輸出者の預金口座に入金します。
⑥ 買い取った荷為替手形は本部へ送付されます。本部は売買契約、他行とのコルレス契約（詳細は、「第Ⅳ章第10節3　コルレス」を参照してください）などにしたがって、決済方法などを決定し、荷為替手形を再度チェックし、取立銀行に送付します。送付中の紛失などのリスク対策として、同じ内容の荷為替手形を2通に分けて別便で送付するのが一般的です。
⑦ 仕向銀行から送付された荷為替手形を受領した取立銀行は、売買契約と一致しているかチェックします。
⑧ 取立銀行は、輸入者に荷為替手形の到着を通知し、輸入代金の支払を求めます。
⑨⑩ 輸入者は自己資金（預金口座など）や取立銀行からの借入により、輸入代金を支払い(＊4)、取立銀行は支払と引き換えに船積書類を輸入者に引き渡します。取立銀行からの借入の場合、輸入担保貨物保管証（T/R：Trust Receipt）（「第Ⅳ章第2節3　担保貨物貸渡（T/R）」を参照）と約束手

形の差入を輸入者から受け、取立銀行は資金を貸付します。その後、輸出者または仕向銀行の所有物であり、取立銀行の担保でもある商品を輸入者に貸渡し、代金を回収させて、最終的に取立銀行は輸入者から貸付した資金を回収します。

 （*4） 外貨建の手形金額を自己資金（円貨）で支払う場合、または仕向銀行から請求された外貨の手数料を円貨で支払う場合、公示相場である電信売相場（TTS：Telegraphic Transfer Selling）を適用し、円貨に換算します。

⑪－1 輸入者から輸入代金の支払（または本邦ユーザンスによる支払）を受けた取立銀行は、決済銀行に仕向銀行との決済を依頼します。

⑪－2 依頼を受けた決済銀行は、仕向銀行と取立銀行との間で資金決済を行います。

⑪－3 決済銀行は、決済により仕向銀行の決済口座に入金されたことを仕向銀行に通知します。

⑫ 船積書類の引渡を受けた輸入者は、船会社に船荷証券を呈示して輸入貨物を引き取り、販売します。

⑬ 本邦ユーザンス期日に輸入者は取立銀行へ資金を返済します。外貨建の本邦ユーザンス金額を円貨で回収する場合、対顧適用相場は本邦ユーザンス金額、本邦ユーザンス利息ともに公示相場である電信売相場（TTS：Telegraphic Transfer Selling）が適用されます。

(3) 業務フロー（B/Cディスカウント）

 B/Cディスカウントは、輸入者が自己資金で期限付手形を決済することで輸入代金を支払う取引です（図表Ⅳ－90参照）。後述する「(4)　業務フロー（シッパーズ・ユーザンス）」と基本的に同じですが、仕向銀行（輸出者の取引銀行）が期限付手形を取立ではなく、買取している点が異なります。

① 輸出者と輸入者の間で商品などに関する売買契約が締結されます。この契約では取引の条件・内容（商品名、数量、金額、納期、支払期日、取引条件、船積条件、保険条件、支払条件など）などが定められています。

② 輸出者は、輸出する商品を梱包・船積し、船会社から船荷証券の交付を受けます。

③ 輸出者は、売買契約に定められている必要書類（船荷証券、保険証券、

図表Ⅳ-90　L/Cなし輸入手形（B/Cディスカウント）の業務フロー

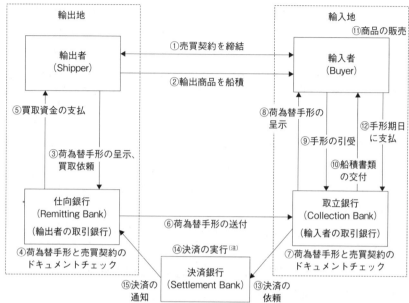

（注）　ここでは、決済銀行に仕向銀行と取立銀行の双方の決済口座があり、取立銀行の決済口座から出金し、仕向銀行の決済口座に入金することで、銀行間の決済を行います。

商業送り状など）を必要通数揃え（*5）、振出人を輸出者、名宛人を輸入者とした期限付の為替手形（Bill of Exchange）を振り出し（*6）、それらを仕向銀行に呈示して取立を依頼します。

　（*5）　本項の「(2)　業務フロー（一覧払）」に同じです。
　（*6）　D/A条件の期限付手形を振り出します。D/A条件については、「第Ⅳ章第1節4　L/Cなし輸出手形買取」を参照してください。

④　仕向銀行は輸出者から買取呈示された船積書類、為替手形と売買契約との間の不一致の有無についてチェックを行います。なお、不一致がある場合、輸入者に支払や引受を拒絶されるリスクがあるため、書類の差替などの対応（*7）を行います。

　（*7）　対応内容は基本的に「第Ⅳ章第1節2　L/C付輸出手形買取」と同じです。

⑤　不一致がなければ買取を行い、手形金額を輸出者の預金口座に入金しま

す。

⑥　買い取った荷為替手形は本部へ送付されます。本部は売買契約、他行とのコルレス契約などにしたがって、決済方法などを決定し、荷為替手形を再度チェックし、取立銀行に送付します。送付中の紛失などのリスク対策として、同じ内容の荷為替手形を2通に分けて別便で送付するのが一般的です。

⑦　仕向銀行から送付された荷為替手形を受領した取立銀行は、売買契約と一致しているかチェックします。

⑧　取立銀行は、輸入者に荷為替手形の到着を通知、呈示します。

⑨⑩　呈示された手形は、D/A条件の期限付手形であるため、輸入代金の支払を確約し、手形の引受(*8)をすることと引き換えに船積書類を輸入者に引き渡します。

　　（*8）　輸入者が手形引受を行ったことは仕向銀行に通知されます。なお、手形の引受（D/A条件の手形への引受署名）は支払を確約するものですが、手形期日に輸入代金が必ず支払われるとは限りません。手形の引受は手形金額全額が基本ですが、輸入代金の減額の場合、手形金額の一部だけ引受することもあります。この場合には、船積書類を輸入者に引渡せずに、減額後のD/A条件の手形の到着後にあらためて輸入者に手形の引受を依頼し、減額後の全額引受と引き換えに船積書類を輸入者に引き渡します。

⑪　船積書類の引渡を受けた輸入者は、船会社に船荷証券を呈示して輸入貨物を引き取り、販売します。

⑫⑬　手形期日に輸入者から輸入代金を受領(*9)した取立銀行は、決済銀行に仕向銀行との決済を依頼します。

　　（*9）　外貨建の手形金額を輸入者が自己資金（円貨）で支払う場合、または仕向銀行から請求されたユーザンス利息(*10)を円貨で支払う場合、または仕向銀行から請求されている外貨の手数料を円貨で支払う場合は、決済日の公示相場の電信売相場（TTS：Telegraphic Transfer Selling）で円貨に換算します。
　　（*10）　B/Cディスカウントでは、ユーザンス利息は通常、輸出者負担であるため、輸入者に請求されることはありません。

⑭　依頼を受けた決済銀行は、仕向銀行と取立銀行との間で資金決済を行います。

⑮　決済銀行は、決済により仕向銀行の決済口座に入金されたことを仕向銀

行に通知します。

(4) 業務フロー（シッパーズ・ユーザンス）

　シッパーズ・ユーザンスは、輸入者が自己資金で期限付手形を決済することで輸入代金を支払う取引です（図表Ⅳ－91参照）。前述のB/Cディスカウントと基本的に同じですが、仕向銀行（輸出者の取引銀行）が期限付手形を買取ではなく、取立している点が異なります。

図表Ⅳ－91　L/Cなし輸入手形（シッパーズ・ユーザンス）の業務フロー

```
                輸出地                                        輸入地
                                                         ⑩商品の販売
        ┌──────────────┐   ①売買契約を締結    ┌──────────────┐
        │   輸出者     │◄──────────────────►│   輸入者     │
        │  (Shipper)   │                      │   (Buyer)    │
        │              │   ②輸出商品を船積    │              │
        └──────────────┘──────────────────────└──────────────┘
           ▲        │                          ▲  │   ▲
    ⑮取立資金の支払  │                 ⑦荷為替手形の  │   ⑪手形期日
                    │                    呈示      │    に支払
                    │                 ⑧手形の引受  │
            ③荷為替手形の呈示、                    ▼
               取立依頼                       ⑨船積書類
                    │                          の交付
                    ▼                             │
        ┌──────────────┐                      ┌──────────────┐
        │   仕向銀行   │                      │   取立銀行   │
        │(Remitting Bank)│ ⑤荷為替手形の送付 │(Collection Bank)│
        │(輸出者の取引銀行)│──────────────────►│(輸入者の取引銀行)│
        └──────────────┘                      └──────────────┘
         ④荷為替手形と売買契約の              ⑥荷為替手形と売買契約の
            ドキュメントチェック                 ドキュメントチェック
                      ▲   ⑬決済の実行(注)    │
                      │   ┌──────────────┐  │
                 ⑭決済の │   決済銀行   │ ⑫決済の
                   通知   │(Settlement Bank)│ 依頼
                          └──────────────┘
```

(注)　ここでは、決済銀行に仕向銀行と取立銀行の双方の決済口座があり、取立銀行の決済口座から出金し、仕向銀行の決済口座に入金することで、銀行間の決済を行います。

① 　輸出者と輸入者の間で商品などに関する売買契約が締結されます。この契約では取引の条件・内容（商品名、数量、金額、納期、支払期日、取引条件、船積条件、保険条件、支払条件など）などが定められています。

② 　輸出者は、輸出する商品を梱包・船積し、船会社から船荷証券の交付を受けます。

③ 　輸出者は、売買契約に定められている必要書類（船荷証券、保険証券、

商業送り状など）を必要通数揃え（*11）、振出人を輸出者、名宛人を輸入者とした期限付の為替手形（Bill of Exchange）を振り出し（*12）、それらを仕向銀行に呈示して取立を依頼します。

 （*11）　本項の「(2)　業務フロー（一覧払）」に同じです。
 （*12）　本項の「(3)　業務フロー（B/Cディスカウント）」に同じです。

④　仕向銀行は輸出者から取立呈示された船積書類、為替手形と売買契約との間の不一致の有無についてチェックを行います。なお、不一致がある場合、輸入者に支払や引受を拒絶されるリスクがあるため、書類の差替などの対応（*13）を行います。

 （*13）　対応内容は基本的に「第Ⅳ章第1節2　L/C付輸出手形買取」と同じです。

⑤　取立を依頼された荷為替手形は本部へ送付されます。本部は売買契約、他行とのコルレス契約などにしたがって、決済方法などを決定し、荷為替手形を再度チェックし、取立銀行に送付します。送付中の紛失などのリスク対策として、同じ内容の荷為替手形を2通に分けて別便で送付するのが一般的です。

⑥　仕向銀行から送付された荷為替手形を受領した取立銀行は、売買契約と一致しているかチェックします。

⑦　取立銀行は、輸入者に荷為替手形の到着を通知、呈示します。

⑧⑨　呈示された手形は、D/A条件の期限付手形であるため、輸入代金の支払を確約し、手形の引受（*14）をすることと引き換えに船積書類を輸入者に引き渡します。

 （*14）　本項の「(3)　業務フロー（B/Cディスカウント）」に同じです。

⑩　船積書類の引渡を受けた輸入者は、船会社に船荷証券を呈示して輸入貨物を引き取り、販売します。

⑪⑫　手形期日に輸入者から輸入代金を受領（*15）した取立銀行は、決済銀行に仕向銀行との決済を依頼します。

 （*15）　本項の「(3)　業務フロー（B/Cディスカウント）」に同じです。ただし、シッパーズ・ユーザンスでは、ユーザンス利息は通常、輸入者負担です。

⑬　依頼を受けた決済銀行は、仕向銀行と取立銀行との間で資金決済を行います。

⑭ 決済銀行は、決済により仕向銀行の決済口座に入金されたことを仕向銀行に通知します。

⑮ 決済銀行から通知を受けた仕向銀行は、受領した決済資金を輸出者の預金口座に入金します。

(5) **統一規則**

「第Ⅳ章第1節4　L/Cなし輸出手形買取」を参照してください。

(6) **為替手形**

「第Ⅳ章第1節4　L/Cなし輸出手形買取」を参照してください。

(7) **適用相場と利息**

　手形金額には、金利を相場に織り込んだ金利織込相場ではなく、電信売相場（TTS：Telegraphic Transfer Selling）を適用します。メール期間利息は、輸出者負担のため、輸入地では発生しません。期限付手形のユーザンス期間の利息については、相場に金利を織り込まず、通常の貸付のように年利建利率で利息計算を行います（図表Ⅳ-92参照）。ただし、ユーザンス利息は海外の仕向銀行の指示にしたがいます。

図表Ⅳ-92　適用相場と利息

①一覧払手形の場合
　(ⅰ)メール期間利息は輸出者負担のため、なし

②期限付手形（B/Cユーザンス、シッパーズ・ユーザンス）の場合
　(ⅰ)メール期間利息は輸出者負担のため、なし
　(ⅱ)ユーザンス利息が輸出者負担のとき、なし
　(ⅲ)ユーザンス利息が輸入者負担のとき、以下のとおり

```
                    ユーザンス利息＝年利建の利率で利息計算
利息始期　　　●━━━━━━━━━━━━━━━━━━━●　利息終期
```

　※ユーザンス利息を計算する際の利息始期、利息終期、金利、利息日数、年日数、計算式などは、輸出地（海外）の買取銀行または取立銀行の指示によるため、上記では、利息始期、利息終期という汎用的な記述としています。
　※日本が輸出地の場合、利息始期はメール期間終期、利息終期は手形期日とされます。

②本邦ユーザンスのとき

```
                  ユーザンス期間＝年利建の利率で立替利息を計算
本邦ユーザンス　●━━━━━━━━━━━━━━━━━━━●　本邦ユーザンス
  実行日                                              期日
```

（注）　いずれの場合も●-●の期間の日数は両端で計算。

システム面

(1) 取引遷移

一般的な取引遷移は図表Ⅳ-93のとおりです。

図表Ⅳ-93　L/Cなし輸入手形の取引遷移

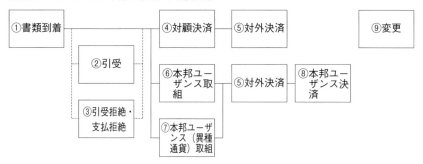

(2) 取引種類

L/Cなし輸入手形には、図表Ⅳ-94に示す取引があります。

また、業務フローとシステムフローを合わせて記述すると、図表Ⅳ-95-1、Ⅳ-95-2のとおりです。

(3) 取引ファイル

L/Cなし輸入手形の取引情報を管理する輸入取引ファイルの論理的な構成について記述します（図表Ⅳ-96参照）。

① 基本レコード

L/Cなし輸入手形の書類到着時にレコードが追加され、取引のたびに更新されます。キーは取引種類、連続番号、店番(*16)です。L/Cなし輸入手形の基本的な項目を保持します。具体的には店番、CIF番号、通貨／手形金額、手形種類、手形期間、手形期日、書類到着日、引受日、本邦ユーザンス期日、本邦ユーザンス金利、支払拒絶の有無、引受拒絶の有無、最終更新日などがあります。

(*16)　Our Reference Number、Our Ref. No.といわれます。詳細については「第Ⅳ章第1節　輸出信用状」を参照してください。

図表Ⅳ-94　L/Cなし輸入手形の取引

取引名	概　要	おもな経路など
書類到着	・書類受受ともいいます。 ・L/Cなし輸入手形を管理する取引番号（Our Reference Number、Our Ref. No.、以下同じ）を採番します。 ・到着した書類から、通貨／手形金額、手形種類、手形期間、手形期日、仕向銀行から請求されたユーザンス利息、各種手数料などを入力します。	本部端末
引受	・D/A条件の手形で輸入者が手形の引受を行った場合に、取引を特定する取引番号（Our Ref. No.）、手形期日、輸入者である顧客の管理番号などを入力します。 ・先払のユーザンス利息が仕向銀行から請求されている場合、輸入者から徴求します。	営業店端末
引受拒絶・支払拒絶	・D/P条件の手形で輸入者が手形の支払を拒絶、またはD/A条件の手形で輸入者が手形の引受を拒絶する場合に、取引を特定する取引番号（Our Ref. No.）、電信料などの各種手数料を入力します。	営業店端末
対顧決済	・取引を特定する取引番号（Our Ref. No.）を入力します。 ・輸入者の預金口座から手形金額を引落します。 ・後払のユーザンス利息が仕向銀行から請求されている場合、輸入者から徴求します。 ・外貨建の手形金額を円貨で決済する場合、対顧適用相場は各種手数料とともに公示相場である電信売相場（TTS：Telegraphic Transfer Selling）を適用します。	営業店端末
対外決済	・取引を特定する取引番号（Our Ref. No.）を入力します。 ・対顧決済で輸入者の口座から引落した資金を見合いに、または本邦ユーザンス取組または本邦ユーザンス（異種通貨）取組で輸入者に貸付した資金を見合いに、決済銀行にある取立銀行の決済口座に入金することで、仕向銀行に手形金額などを支払います。	本部端末
本邦ユーザンス取組	・取引を特定する取引番号（Our Ref. No.）、本邦ユーザンス通貨、金額、本邦ユーザンス期日、本邦ユーザンス金利、輸入者である顧客の管理番号	営業店端末

	などを入力します。 ・輸入者に貸付した資金を見合いに、その資金を決済銀行にある取立銀行の決済口座からの決済に充当することで、仕向銀行に手形金額などを支払います。 ・本邦ユーザンス（手形）金額を本邦ユーザンスの与信残高に加算します。ここでは円貨ベースで与信管理するものとします（以下同じ）。	
本邦ユーザンス（異種通貨）取組	・以下を除けば、基本的に本邦ユーザンス取組と同じです。 ・手形金額の通貨とは異なる通貨を輸入者に貸付します。輸入者が異なる通貨の資金を持っていて、その資金を本邦ユーザンスの返済資金に充当する、あるいは手形金額の通貨や円貨よりも異なる通貨の方が相場、金利などの点で有利な場合に利用されます。	営業店端末
本邦ユーザンス決済	・取引を特定する取引番号（Our Ref. No.）、本邦ユーザンス通貨、金額、延滞の場合は延滞金利などを入力します。 ・外貨建の本邦ユーザンス金額を円貨で回収する場合、対顧適用相場は本邦ユーザンス金額、本邦ユーザンス利息ともに公示相場である電信売相場（TTS：Telegraphic Transfer Selling）が適用されます。 ・期日前決済で戻し利息がある場合、戻し利息には電信買相場（TTB：Telegraphic Transfer Buying）が適用されます。 ・本邦ユーザンス期日に輸入者の預金口座などから本邦ユーザンス金額、本邦ユーザンス利息を引落します。 ・本邦ユーザンス金額を本邦ユーザンスの与信残高から減算します。	営業店端末
変更	・取引を特定する取引番号（Our Ref. No.）を入力し、決済方式、決済口座の口座番号、支払拒絶・引受拒絶の有無、商品、原産地、輸入者である顧客の管理番号などを変更します。	営業店端末

図表IV-95-1　業務フローとシステムフロー

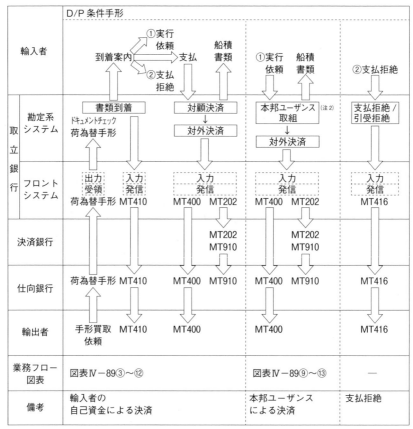

(注1) SWIFTメッセージの内容は以下のとおりです。紙ベースの場合も上図に準じます。
- MT202：General Financial Institution Transfer
- MT400：Advice of Payment
- MT410：Acknowledgement
- MT412：Advice of Acceptance
- MT416：Advice of Non-Payment/Non-Acceptance
- MT910：Confirmation of Credit

(注2) 本邦ユーザンス（異種通貨）取組も含みます。

図表Ⅳ-95-2　業務フローとシステムフロー

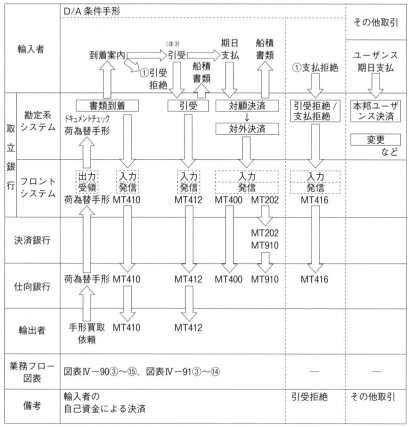

（注1） SWIFTメッセージの内容は以下のとおりです。紙ベースの場合も上図に準じます。
　　　MT202：General Financial Institution Transfer
　　　MT400：Advice of Payment
　　　MT410：Acknowledgement
　　　MT412：Advice of Acceptance
　　　MT416：Advice of Non-Payment/Non-Acceptance
　　　MT910：Confirmation of Credit
（注2） 本邦ユーザンス（異種通貨）取組も含みます。
（注3） 引受後に支払拒絶が行われることは通常ありません。

図表Ⅳ-96　輸入取引ファイルの構成

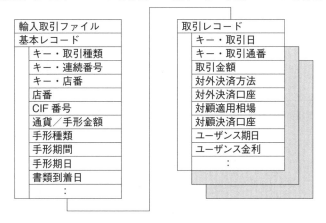

② 取引レコード

取引ごとに1件追加されます。キーは、取引日、取引通番です。入力された項目や一部項目の取引前後の情報を保持します。具体的には取引金額、対

図表Ⅳ-97　各レコードの追加更新要領

取　引	基本レコード	取引レコード
書類到着	1件追加	1件追加
引受	1件更新	1件追加
引受拒絶・支払拒絶	1件更新	1件追加
対顧決済	1件更新	1件追加
対外決済	1件更新	1件追加
本邦ユーザンス取組	1件更新	1件追加
本邦ユーザンス（異種通貨）取組	1件更新	1件追加
本邦ユーザンス決済	1件更新	1件追加
変更	1件更新(注)	1件更新(注)

（注）　変更する項目により、更新するレコードは異なります。

外決済方法、対外決済口座、対顧適用相場、対顧決済口座、ユーザンス実行日、ユーザンス期日、ユーザンス金利、引受日、各種手数料などがあります。一部項目は取引後の最新情報を基本レコードでも管理します。

最後に各レコードの追加更新要領について、図表Ⅳ-97に記述します。

7 運賃保険料ユーザンス

業務面

(1) 概　要

運賃、保険、リスクなどの負担に関する取引条件（建値）(*1)でいえば、たとえば、F.O.B.（本船渡：Free on Board）の場合、輸出者の負担は指定の船積港で指定の船側に貨物を持ち込むまでであるため、運賃と保険料は輸入者が負担する必要があります。このような場合に輸入者へ輸入貨物の運賃・保険料の支払資金を貸し付けるのが、運賃保険料ユーザンス（Freight Usance）です。

(*1) 取引条件については、国際商業会議所（ICC：International Chamber of Commerce）がインコタームズ（Incoterms）という規則を定めています。

(2) 業務フロー

運賃保険料ユーザンスでは、輸入者から約束手形の差入を受け、ユーザンスを実行して、船会社・保険会社の口座に振り込む（国内送金＝内国為替業務の電信振込）か、仕向送金（国外送金＝外国為替業務の電信送金）を行います（図表Ⅳ-98参照）。

① 船会社から運賃請求書、損害保険会社から保険料の請求書が輸入者に送付されます。

② 輸入者は受領した請求書、申込書、約束手形などとともに輸入者の取引銀行へ運賃保険料ユーザンスの申込を行います。

③ 申込を受けた輸入者の取引銀行は徴求した請求書からその支払の根拠を確認し、同時に輸入者の財務状況、信用力などを審査します。

④ 問題がなければ、運賃保険料ユーザンスを実行し、船会社と保険会社に

図表Ⅳ-98　運賃保険料ユーザンスの業務フロー

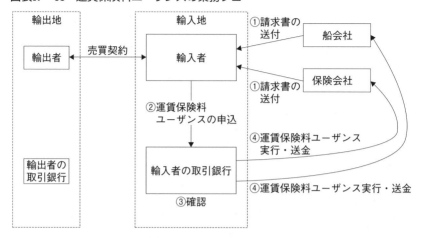

請求金額を送金します。通常の貸付の場合、貸し付けた資金は顧客の口座に入金しますが、運賃保険料ユーザンスの場合、貸し付ける資金の使途が明確であるため、船会社と保険会社へ直接送金します。輸入者は輸入貨物を販売するなどして、資金を回収し、貸付を返済します。

システム面

(1) 取引遷移

一般的な取引遷移は図表Ⅳ-99のとおりです。

図表Ⅳ-99　運賃保険料ユーザンスの取引遷移

(2) 取引種類

運賃保険料ユーザンスには、図表Ⅳ-100に示す取引があります。運賃保険料ユーザンスで実行される資金は船会社・保険会社へ送金されますが、送

図表Ⅳ-100　運賃保険料ユーザンスの取引

取引名	概　要	おもな経路など
実行	・運賃保険料ユーザンスを管理する取引番号（後述するOur Reference Number、Our Ref. No.、以下同じ）を採番します。 ・ユーザンス通貨、金額、ユーザンス金利、輸入者である顧客の管理番号などを入力します。 ・ユーザンス期日が確定している場合、期日までのユーザンス利息を計算して、輸入者から別途徴求します。 ・実行されたユーザンス金額は、船会社・保険会社への送金資金とされます。 ・ユーザンス金額を運賃保険料ユーザンスの与信残高に加算します。ここでは円貨ベースで与信管理するものとします（以下同じ）。	営業店端末
期日確定	・ユーザンス期日未確定で運賃保険料ユーザンスを実行後、ユーザンス期日が確定した場合に使用します。 ・取引を特定する取引番号（Our Ref. No.）を入力します。 ・ここでユーザンス期日が確定するため、期日までのユーザンス利息を計算して、輸入者から別途徴求します。	営業店端末
対顧決済	・取引を特定する取引番号（Our Ref. No.）、ユーザンス通貨、ユーザンス金額、延滞の場合は延滞金利などを入力します。 ・外貨建のユーザンス金額を円貨で回収する場合、対顧適用相場はユーザンス金額、ユーザンス利息ともに公示相場である電信売相場（TTS：Telegraphic Transfer Selling）が適用されます。 ・期日前決済で戻し利息がある場合、戻し利息には電信買相場（TTB：Telegraphic Transfer Buying）が適用されます。 ・ユーザンス期日に輸入者の預金口座などからユーザンス金額、ユーザンス利息を引落します。	営業店端末

	・ユーザンス金額を運賃保険料ユーザンスの与信残高から減算します。	
変更	・取引を特定する取引番号（Our Ref. No.）を入力し、輸入者である顧客の管理番号などを変更します。	営業店端末

金部分については、「第Ⅳ章第3節1　仕向送金（電信送金）」などを参照してください。

(3) 取引ファイル

　運賃保険料ユーザンスの取引情報を管理する輸入取引ファイルの論理的な構成について記述します（図表Ⅳ－101参照）。

図表Ⅳ－101　輸入取引ファイルの構成

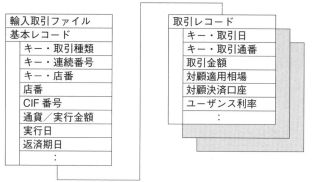

①　基本レコード

　運賃保険料ユーザンス実行時にレコードが追加され、取引のたびに更新されます。キーは取引種類、連続番号、店番(*2)です。運賃保険料ユーザンスの基本的な項目を保持します。具体的には店番、CIF番号、通貨／実行金額、実行日、返済期日、ユーザンス利率、最終更新日などがあります。

　（*2）Our Reference Number、Our Ref. No.といわれます。詳細については「第Ⅳ章第1節1　輸出信用状」を参照してください。

② **取引レコード**

取引ごとに1件追加されます。キーは、取引日、取引通番です。入力された項目や一部項目の取引前後の情報を保持します。具体的には取引金額、対顧適用相場、対顧決済口座（預金口座）、ユーザンス利率などがあります。一部項目は取引後の最新情報を基本レコードでも管理します。

最後に各レコードの追加更新要領について、図表Ⅳ－102に記述します。

図表Ⅳ－102　各レコードの追加更新要領

取　引	基本レコード	取引レコード
実行	1件追加	1件追加
期日確定	1件更新	1件追加
対顧決済	1件更新	1件追加
変更	1件更新(注)	1件更新(注)

(注)　変更する項目により、更新するレコードは異なります。

8　スタンド・バイ・クレジット

業務面

(1) 概　要

スタンド・バイ・クレジット（Stand-by Credit、Stand-by Letter of Credit）は、債務不履行などに対し支払確約を行う信用状です。たとえば、親会社の依頼により、その海外子会社などが現地の銀行から貸付を受ける（現地借入保証）場合などに発行します。信用状と同様に、債務不履行時には発行銀行が支払義務を負う与信行為（偶発債務）に当たります。クリーン信用状（Clean Letter of Credit）ともいわれます。

現地の銀行から貸付を受けるための保証という点では単なる債務保証であり、輸入と無関係に見えますが、現地で貸付を受け、原材料を仕入れることなどに使うことから、日本側から見て輸入業務に分類されています。

(2) 業務フロー

親会社（輸入者）は海外子会社（輸出者）を持っており、輸出地で子会社が生産した商品を輸入地である日本に輸入し、販売します。子会社は仕入や賃金支払のための運転資金を必要としますが、信用力などの点から子会社単独では現地の銀行からの借入が難しい場合に使用されるのが、スタンド・バイ・クレジットです（図表Ⅳ－103参照）。

図表Ⅳ－103　スタンド・バイ・クレジットの業務フロー

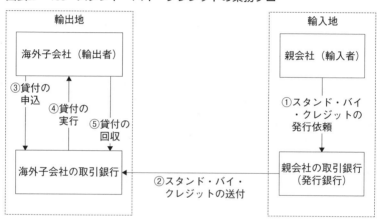

① 輸出者である海外子会社の信用力を補完するため、輸入者である親会社が自身の取引銀行に、スタンド・バイ・クレジットの発行を依頼します。
② 依頼を受けた輸入者の取引銀行は、審査のうえ、スタンド・バイ・クレジットを発行し、現地の銀行（輸出者である海外子会社の取引銀行、スタンド・バイ・クレジットの受益者）に送付します。
③ 海外子会社は自身の取引銀行に貸付を申し込みます。
④ スタンド・バイ・クレジットを送付された現地の銀行は、海外子会社の貸付申込を受けて、審査のうえ、貸付を実行します。
⑤ 海外子会社は返済期日に貸付を返済します。万が一、海外子会社が債務不履行に陥った場合、現地の銀行はスタンド・バイ・クレジットの発行銀行に債務の履行を請求します。請求が信用状条件を満たしていれば、発行

銀行は海外子会社に代わって、債務を履行します。その後、発行銀行は親会社に履行した債務を請求し、支払を受けます。

(3) 統一規則

信用状と同様に国際商業会議所（ICC：International Chamber of Commerce）によって国際的に統一された規則が定められています。「国際スタンドバイ規則」（International Standby Practices - ICC Publication No.590、ISP98）に準拠するか、「荷為替信用状に関する統一規則および慣例」（The Uniform Customs and Practice for Documentary Credits - ICC Publication No. 600、UCP600）または「請求払保証に関する統一規則」（The ICC Uniform Rules for Demand Guarantees - ICC Publication No.758、URDG 758）に準拠して、発行することができます。

(4) 保証理由（発行理由）

前述の現地借入保証のほかに、入札保証、前受金返還保証、契約履行保証などの理由で発行されます。取引内容などによっては、スタンド・バイ・クレジットとL/Cなし輸出手形と組み合わせて、利用されることもあります。

システム面

(1) 取引遷移

一般的な取引遷移は図表Ⅳ-104のとおりです。

図表Ⅳ-104　スタンド・バイ・クレジットの取引遷移

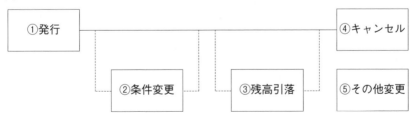

(2) 取引種類

スタンド・バイ・クレジットには、図表Ⅳ-105に示す取引があります。以下では、現地借入保証を例に記述しています。

図表Ⅳ-105　スタンド・バイ・クレジットの取引

取引名	概　　要	おもな経路など
発行	・開設ともいいます。 ・スタンド・バイ・クレジットを管理する取引番号（後述するOur Reference Number、Our Ref. No.、以下同じ）を採番します。 ・輸入者である顧客の管理番号、保証金額、有効期限、発行手数料、保証理由（発行理由）などを入力します。 ・発行金額をスタンド・バイ・クレジットの与信残高に加算します。ここでは円貨ベースで与信管理するものとします（以下同じ）。	営業店端末
条件変更	・アメンド（Amend、Amendment）ともいいます。 ・取引を特定する取引番号（Our Ref. No.）、信用状条件の変更（保証金額の増額減額、有効期限の延長短縮など）を入力します。	営業店端末
残高引落	・海外子会社が債務不履行などに陥り、発行銀行が海外子会社に代わって、債務を履行（貸付を返済）した場合に残高を引落します。 ・取引を特定する取引番号（Our Ref. No.）を入力します。 ・海外子会社が債務を履行（貸付を返済）した場合には保証金額を減らすことはしないため(注)、当取引は使用しません。 ・引落金額をスタンド・バイ・クレジットの与信残高から減算します。	営業店端末
キャンセル	・バランス・キャンセル（Balance Cancel）ともいいます。 ・取引を特定する取引番号（Our Ref. No.）を入力します。 ・有効期限経過前の信用状については残高をそれ以上使用しないことを輸入者である親会社に確認できた場合に残高をゼロにして、当該信用状を取引終了にします。	営業店端末、センター自動処理

	・キャンセル金額をスタンド・バイ・クレジットの与信残高から減算します。 ・有効期限経過後の信用状については有効期限から1カ月以上経過した場合に残高をゼロにして、当該信用状を取引終了にします。	
その他変更	・取引を特定する取引番号（Our Ref. No.）を入力し、輸入者である顧客の管理番号などを変更します。	営業店端末

（注）貸付の極度枠と同じ考えです。

(3) 取引ファイル

スタンド・バイ・クレジットの取引情報を管理する輸入取引ファイルの論理的な構成について記述します（図表Ⅳ-106参照）。

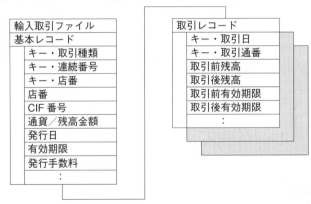

図表Ⅳ-106 輸入取引ファイルの構成

① 基本レコード

スタンド・バイ・クレジット発行時にレコードが追加され、取引のたびに更新されます。キーは取引種類、連続番号、店番(*1)です。スタンド・バイ・クレジットの基本的な項目を保持します。具体的には店番、CIF番号、残高金額、発行日、有効期限、発行手数料、保証理由、最終更新日などがあ

(＊1) Our Reference Number、Our Ref. No.といわれます。詳細については「第Ⅳ章第1節1　輸出信用状」を参照してください。

② **取引レコード**

取引ごとに1件追加されます。キーは、取引日、取引通番です。入力された項目や一部項目の取引前後の情報を保持します。具体的には取引前残高、取引後残高、取引前有効期限、取引後有効期限などがあります。一部項目は取引後の最新情報を基本レコードでも管理します。

最後に各レコードの追加更新要領について、図表Ⅳ－107に記述します。

図表Ⅳ－107　各レコードの追加更新要領

取　引	基本レコード	取引レコード
発行	1件追加	1件追加
条件変更	1件更新	1件追加
残高引落	1件更新	1件追加
キャンセル	1件更新	1件追加
その他変更	1件更新(注)	1件更新(注)

（注）　変更する項目により、更新するレコードは異なります。

9　リンバース

▣ 業　務　面

(1)　概　　要

輸入信用状にかかわる資金の決済は、信用状発行銀行と買取銀行の間でいずれか一方がもう一方に預けている銀行間の決済口座によって行われることもありますが、両者ともに決済口座がない場合もあります。このような場合、信用状発行銀行が第三者である補償銀行（求償銀行）に信用状に関する資金決済を委託します。

(2) 業務フロー

　ここでは、自行が補償銀行である場合のリンバース(またはリインバース)について、記述します(図表Ⅳ-108参照)。補償銀行は信用状発行銀行と買取銀行の双方とコルレス契約(*1)を締結しており、同時に信用状発行銀行と買取銀行はともに補償銀行に決済口座を保有しているものとします。

>　(*1)　コルレス契約(Correspondent Arrangement、Correspondent Agreement)は銀行同士が個別に結ぶ為替業務(信用状、送金為替、代金取立など)に関する契約です。詳細は、「第Ⅳ章第10節3　コルレス」を参照してください。

図表Ⅳ-108　リンバースの業務フロー

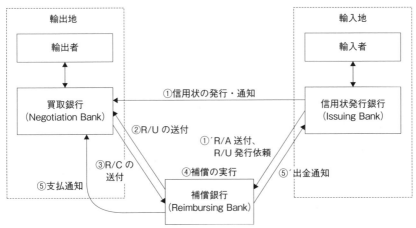

(注)　ここでは、補償銀行には買取銀行と信用状発行銀行の双方の決済口座があり、信用状発行銀行の決済口座から出金し、買取銀行の決済口座に入金することで、銀行間の決済を行います。

　以下での通知などは、SWIFT電文によって行われることが一般的ですが、一部の国や地域によっては、紙の現物を送付する場合もあります。

① 　信用状発行銀行は、信用状を発行し、買取銀行に通知します。

①´　信用状発行銀行は同時に補償授権書(R/A：Reimbursement Authorization)を送付します。補償確約(R/U：Reimbursement Undertaking)の発行を補償銀行に依頼することもあります(*2)。補償銀行が輸出者に信用状を直接通知する場合(補償銀行＝通知銀行)には、信用状発行銀行は信用状も補償銀行に送付します。

（＊2）　補償確約の発行は、買取銀行が指定されているリストリクト信用状（Restricted L/C）の場合に限られます。これは買取銀行を指定しないオープン信用状（Open L/C）では、補償確約を送付する相手銀行が特定できないからです。

② 　補償授権書を受け取った補償銀行は、その真正性や内容の確認を行います。発行銀行から補償確約の送付依頼があった場合には買取銀行に補償確約も送付します。
③ 　輸出者から荷為替手形を買い取った買取銀行は、代わり金の入金指示などを記載した補償請求（R/C：Reimbursement Claim）を補償銀行に送付します。送付は一覧払手形のときは即時に行われ、期限付手形のときは発行銀行からの引受通知を受けてから行われます(＊3)。

　　　（＊3）　補償期日があらかじめ定められている場合、補償期日の10営業日よりも前に補償請求を補償銀行に呈示しても、補償請求は処理されないことがあるため、注意が必要です。

④ 　補償請求を受領した補償銀行は、補償授権書と補償請求との間に矛盾などがないかチェックし、問題がなければ、補償請求のとおりに補償を実行（図表Ⅳ－108では信用状発行銀行の決済口座から出金し、買取銀行の決済口座に入金）します。補償の実行は、一覧払手形のときには即時に行われ、期限付手形のときには手形期日に行われます。
⑤⑤′ 　補償銀行は補償を実行し、買取銀行へ支払通知（Payment Advice）を、信用状発行銀行へ出金通知（Debit Advice）を送付します。

　また、リンバースには、ドキュメンタリー・リンバース方式とクリーン・リンバース方式があります。詳細は、「第Ⅳ章第2節1　輸入信用状」を参照してください。

(3)　統一規則

　国や地域により法律や商慣習などが異なるため、国際商業会議所（ICC：International Chamber of Commerce）によって国際的に統一された規則が定められています。信用状取引に関する銀行間の補償に関しては「荷為替信用状に基づく銀行間補償に関する統一規則」（The Uniform Rules for Bank-to-Bank Reimbursements under Documentary Credits - ICC Publication No. 725)、通称、銀行間補償規則（URR725）が制定されており、各国の銀行が発行す

る信用状に基づいて振り出された手形が銀行間で補償される場合には、通常、この規則にしたがって補償されます。

(4) リンバースの種類

リンバースの種類には、以下のようなものがあります。

① TTリンバース

電信（TT：Teletransmission）により補償請求（R/C）を送ることから、TTリンバース（Teletransmission Reimbursement）と呼ばれます。具体的には買取銀行が補償銀行に補償請求をSWIFT電文で送ることで、資金請求を行います。輸入者は、TTリンバースを許容するか否か(*4)を選択し、信用状に記載します。

> (*4) TTリンバースを許容する場合にはTTリンバース許容文言が、許容しない場合にはTTリンバース禁止文言が信用状に記載されます。前述の銀行間補償規則では、記載が特にない場合は、TTリンバースが許容されると解釈されます。

TTリンバースを許容する場合、手形の買取と同時に補償請求が補償銀行に送付され、決済までの日数が短くなるため、輸出者の金利負担が軽減されるというメリットがあります。反面、船積書類が信用状発行銀行により、チェックされる前に輸出者に代金が支払われてしまうため(*5)、輸入者にはデメリットです。

> (*5) ドキュメントチェックにより、ディスクレ（瑕疵：Discrepancy）が見つかった場合には、買取銀行に資金の返還やその間の利息や電信料などを請求することができるものの、輸入者に有利な条件ではありません。

② 郵送によるリンバース

TTリンバースが許容されない場合、手形の買取と同時に行われる補償請求は郵送で行われます。このため、決済までに一定の日数が掛かり、輸出者にとっては相応の金利負担が発生するというデメリットがあります。反面、船積書類にディスクレが見つかった場合でも、補償銀行宛に資金支払を止めるように指示するなどの時間的な余裕が発生するため、輸入者にはメリットです。

代わり金の入金指示などを記載した補償請求のほかに、補償手形（Reimbursement Draft）の送付が必要な場合もあります。

TTリンバースと郵送によるリンバースを比較すると、図表Ⅳ-109のとおりです。

図表Ⅳ-109　TTリンバースと郵送リンバースの比較

リンバースの種類	輸出者	輸入者
TTリンバース	金利負担が軽減されるメリット	発行銀行のチェック前に資金を輸出者に支払ってしまうデメリット
郵送によるリンバース	相応の金利負担が発生するデメリット	発行銀行のチェック後に資金を輸出者に支払うメリット

システム面

(1) 取引遷移など

　信用状、補償授権書などがSWIFT電文により送られる場合、フロント・システムがSWIFT電文を受信して、処理します。信用状発行銀行や買取銀行への問い合わせ、出金通知、入金通知などもフロント・システムから発信されます。ここでは業務フローとシステムフローを合わせて記述し（図表Ⅳ-110参照）、取引遷移などは省略します。信用状発行銀行と買取銀行の間の資金決済（資金振替）は、「第Ⅳ章第10節4　預け預かり」を参照してください。

図表Ⅳ-110 業務フローとシステムフロー

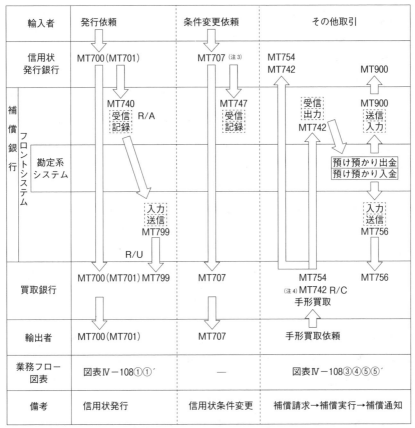

（注1） SWIFTメッセージの内容は以下のとおりです。紙ベースの信用状、補償授権書なども上図に準じます。
　　　MT700、MT701：Issue of a Documentary Credit
　　　MT707：Amendment to a Documentary Credit
　　　MT740：Authorisation to Reimburse　　MT799：Free Format Message
　　　MT742：Reimbursement Claim　　MT900：Confirmation of Debit
　　　MT747：Amendment to an Authorisation to Reimburse
　　　MT754：Advice of Reimbursement or Payment
　　　MT756：Advice of Payment/Acceptance/Negotiation
　　　MT910：Confirmation of Credit
（注2） リンバース方式での補償銀行へのメッセージは、「第Ⅳ章第2節1　輸入信用状」も参照してください。
（注3） 輸出者の同意が必要な条件変更の場合、輸出者の同意を得てから、MT747を発信します。
（注4） 期限付手形の場合、発行銀行からの引受通知を受けてから、MT742を発信します。

10　輸入ハネ

> 業　務　面

(1)　概　　　要

　信用状の有無に関係なく、輸入者は一定期間内（*1）に輸入した商品を販売し、代金を受領することで輸入手形（輸入資金）を決済します。しかし、輸入貨物が原材料などで、それらをもとに商品を製造・販売する場合、期日までに商品代金を受領できないことがあります。こうした場合には、以下に述べる輸入金融によって、輸入者に資金が貸付されます（図表Ⅳ－111参照）。

　　（*1）　一覧払手形では、自己資金で輸入代金を決済する場合を除き、輸入ユーザンス（本邦ユーザンスなど）の供与を受け、その資金で輸入手形を決済している場合はユーザンス期日までの期間を指します。期限付手形では、自己資金で輸入代金を決済する場合は手形期日までの期間を指します。なお、手形期日までに輸入商品の代金を回収できない場合には、後述する、輸入物資引取資金貸付（ハネ返り）で対応します。

　上記のほか、石油、天然ガスの輸入などについては、日本政策金融公庫などによる制度金融を利用できる場合もありますが、ここでは割愛します。

(2)　局面ごとの輸入金融

　輸入金融には、前記の直ハネ、ハネ返りのほか、本邦ユーザンス、外銀ユーザンスなどがあります。これらは、船積書類到着（一覧払手形の場合、輸入代金決済）、ユーザンス期日などの各局面に応じて行われます。その内容は図表Ⅳ－112のとおりです。

> システム面

　通常の貸付取引である手形貸付などで実行（*2）されるため、それらを参照してください。

　　（*2）　資金使途が輸入ハネなどとされる以外は、通常の貸付取引と大差ありません。

図表Ⅳ-111 輸入金融の種類と内容

種類	内容
輸入決済関係準商業手形	・輸入者が一覧払手形で輸入した後に、取引銀行宛に振り出した約束手形により、輸入手形を決済する円資金の貸付を受けます。 ・輸入手形の決済から商品代金の回収までの貸付で、期間は基本的に4カ月以内とされます。 ・類似のものに輸入運賃関係準商業手形があり、これは運賃保険料を決済する資金を貸し付けるものです。
輸入決済手形（直ハネ）	・輸入者が一覧払手形で輸入した後に、輸入ユーザンス（本邦ユーザンス）の供与を受けず、取引銀行宛に振り出した約束手形により、輸入手形を決済する円資金の貸付を受けます。 ・為替相場の動向（先行きが円高基調）や内外の金利差の動向（外貨建金利＞円建金利で、先行きが金利差の拡大基調）により、外貨建ユーザンスよりも円資金での貸付が有利な見通しの場合に使用されます。
輸入物資引取資金貸付（ハネ返り）	・輸入した貨物が原材料などの場合、期限付手形の手形期日までに代金を受領できないことがあるため、代金回収までの円資金を貸し付けます。 ・商品購入先が振り出した約束手形により、代金が支払われる場合、約束手形を割り引くことで円資金を貸し付けます。これを「ハネ商手」と呼びます。 ・無手形取引のように商品購入先が約束手形を振り出さない場合、輸入者が取引銀行宛に振り出した約束手形により、円資金を貸し付けます。これを「ハネ単名」と呼びます。

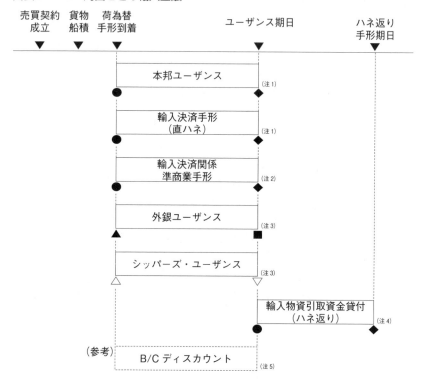

図表Ⅳ-112 局面ごとの輸入金融

(注1) 通常、一覧払手形のための金融で、ユーザンス期日に、(注3)のような基準日はありません。
(注2) 通常、4カ月以内とされます。
(注3) 期限付手形のための金融で、通常、ユーザンス期日と手形期日は一致します。
(注4) ハネ返り手形期日に、(注3)のような基準日はありません。
(注5) 輸出地側での金融(手形買取による輸出者への資金貸付)ですが、参考までに挙げます。

第3節 送　金

1　仕向送金（電信送金）

業　務　面

⑴　海外での決済制度／システムの概要など

　日本国内の送金（内国為替）は全銀システムと日銀ネットにより行われており、通常、即日送金されます。これに対して、日本と海外の間の送金にはSWIFT(*1)というシステムがあり、世界の大半の金融機関をカバーしています。しかし、このSWIFTシステムは銀行などの金融機関同士の支払の指示や資金決済の指示などについて、通信するだけです。

> (*1)　国際銀行間通信協会（Society for Worldwide Interbank Financial Telecommunication）。1973年にベルギーで設立された共同組合形式の団体で、金融機関同士(*2)をつなぐ専用の通信システムを管理・運営しています。SWIFTには世界の200の国・地域の11,000以上（2016年12月末、SWIFT HPより）の金融機関が参加しています。送金だけではなく、資金決済、信用状、保証、証券、デリバティブなどの取引などもカバーしています。近年では一般事業法人向けの通信サービスも提供しています。
>
> (*2)　海外の金融機関とだけではなく国内の金融機関との間でも使用されています。

　資金決済を担う日銀ネットに該当する全世界共通のシステムがないため(*3)、銀行間の資金決済は国際的な主要銀行の間を経由して、資金決済をしています。このため、日本と海外の間の送金が完了するまでには、数日掛かるのが一般的です。

> (*3)　外国為替の決済リスク、つまり異なる2つの通貨の決済時刻の差によるリスク（いわゆるヘルシュタット・リスク(*4)）を回避するために、2つの通貨を同時に決済（PVP：Payment Versus Payment）する決済専門銀行であるCLS銀行（CLS：Continuous Linked Settlement）が世界の主要銀行20行により、2002年に設立されました。現在、日本円、ドル、ユーロ、英ポンド、スイスフランなど、主要18通貨を決済対象としており、世界の外国為替取引の90％以上

をカバーしています。

(*4) 1974年、旧西ドイツにあったヘルシュタット銀行が、ドイツマルク（当時）を受け取り、対価のドルを支払わないまま破綻したため、決済時刻の差（欧州と米国の時差）による決済リスクが注目されるようになりました。このことから、時差による決済リスクをヘルシュタット・リスクともいうことがあります。

　また送金だけでなく、輸出・輸入といった外国為替にかかわる取引を海外や国内の銀行などと直接行うには、コルレス契約(*5)が必須です。コルレス契約がない銀行の間では直接取引できないため、コルレス契約のある銀行を経由して取引する必要があり、これも取引が完了するまでに時間が掛かる要因です。

(*5) コルレス契約（Correspondent Arrangement、Correspondent Agreement）は銀行同士が個別に結ぶ為替業務（信用状、送金為替、代金取立など）に関する契約です。詳細は、「第Ⅳ章第10節3　コルレス」を参照してください。

　日本からの電信送金で海外の受取人が資金を受け取るまでの日数は地域、銀行間のコルレス契約の有無、国情、時差などにより、最短で1日〜2日、国・地域によっては1週間以上掛かると考えるのが無難です。また、受取人の口座が解約されているなどの理由で口座に入金できない場合、送金資金を組み戻すことで、一旦、資金を日本に戻すこともあります。この場合は内国為替と同様に別途、組戻手数料がかかります。

(2) 概　　要

　外国為替の送金には、仕向送金（おもに日本から海外への送金）と被仕向送金（おもに海外から日本への送金）があります。両者ともに電信送金、郵便送金、送金小切手の3種類に分かれます（図表Ⅳ-113参照）。

　電信送金は、前述のとおり、もっとも速く確実な送金方法です。仕向銀行と被仕向銀行（支払銀行）がデポ・コルレス契約を締結していれば、どちらか一方の銀行に相手銀行の決済口座があるため、決済銀行を介する必要がなく、送金が完了するまでの日数も少なくて済みます。

　仕向銀行と被仕向銀行の間に直接コルレス契約がない場合、仕向銀行は自行のコルレス銀行を通して、被仕向銀行に送金します。このような仕向銀行と被仕向銀行の間に入る銀行を経由銀行、中継銀行などといい、各銀行から手数料を別途請求されることや送金金額から手数料を差し引かれることがあ

図表Ⅳ-113　仕向送金と被仕向送金

分類		内容	説明
仕向送金	電信送金（T/T：Telegraphic Transfer）	支払や資金決済の指図など、銀行間のやり取りを通信（SWIFTシステム）により行う送金方法です。一番速く、確実であるため、送金手数料はこれ以外の送金方法よりも高く設定されています。	本項で説明します。
	郵便送金（M/T：Mail Transfer）(注)	支払や資金決済の指図など、銀行間のやり取りを文書の郵送により行う送金方法です。郵便事情に左右されるため、急ぎでない送金に使用されます。送金手数料は電信送金よりも安く設定されています。文書による事務処理の煩雑さから、昨今では大半の銀行で取扱を中止しています。	「第Ⅳ章第3節2 仕向送金（郵便送金）」で説明します。
	送金小切手（D/D：Demand Draft）(注)	送金のための小切手を銀行が作成し、顧客に渡して、顧客が小切手を郵送します。送金手数料が一番安い方法です。郵送中に紛失する可能性もあるため、急ぎでなく、おもに小額の送金に使用されます。	「第Ⅳ章第3節3 仕向送金（送金小切手）」で説明します。
被仕向送金	電信送金（T/T：Telegraphic Transfer）	仕向送金（電信送金）に同じです。	「第Ⅳ章第3節5 被仕向送金（電信送金）」で説明します。
	郵便送金（M/T：Mail Transfer）(注)	仕向送金（郵便送金）に同じです。	「第Ⅳ章第3節6 被仕向送金（郵便送金）」で説明します。
	送金小切手（D/D：Demand Draft）(注)	仕向送金（送金小切手）に同じです。	「第Ⅳ章第3節7 被仕向送金（送金小切手）」で説明します。

(注)　郵便送金（郵便付替）は、普通送金（Ordinary Transfer）、送金小切手は、国際送金為替（Money Order）などともいわれます。

ります。この手数料をコルレスチャージ（Correspondent Charge）、スルーチャージ（Through Charge）などといいます。

　受取人が電信送金または郵便送金により、送金資金を受け取る方法には、口座入金（Advise and Credit）、通知払（Advise and Pay）、請求払（Pay on Application、Pay on Demand）の3つの方法がありますが、受取人側にもおもな違いがあるため、「第Ⅳ章第3節5　被仕向送金（電信送金）」で記述します。

(3)　業務フロー

　送金依頼人が仕向銀行（資金を送る側の銀行）に受取人への送金を依頼し、被仕向銀行（支払銀行、資金を最終的に受け取り、受取人に支払う銀行）へ支払指図を送ると同時に決済銀行に資金決済を依頼します。決済銀行は依頼どおりに資金決済を行い、被仕向銀行に通知します。通知を受けた被仕向銀行は受取人に資金を支払います。

　以下では、仕向銀行と被仕向銀行はノン・デポ・コルレス契約（「第Ⅳ章第10節3　コルレス」を参照）、送金資金の受取方法は口座入金とします（図表Ⅳ－114参照）。なお、決済銀行を日銀に置き換えれば、日本国内の電信振込に近い取引です。

① 　送金依頼人は受取人口座の銀行、支店、口座番号や送金依頼人自身と受取人の氏名、住所、電話番号などを送金依頼書に記入し、電信送金を依頼します。外貨の送金金額を円貨で支払う場合、送金日の公示相場である電信売相場（TTS：Telegraphic Transfer Selling）で換算し、送金手数料などと合わせて、預金などで仕向銀行に支払います。

② 　仕向銀行は送金依頼を受け付け、送金依頼書の控えを送金依頼人に渡します。

③ 　送金依頼人は、受取人に送金をした旨、通知します。

④ 　仕向銀行は被仕向銀行宛に、銀行間の資金決済完了後に受取人の口座に送金資金を入金するよう、支払指図をSWIFTで送ります。

⑤ 　同時に仕向銀行は、決済銀行に宛て仕向銀行が決済銀行に預けている決済口座から被仕向銀行の決済口座に送金金額を振り替えるよう、SWIFTで依頼します。

図表Ⅳ-114　仕向送金（電信送金）の業務フロー

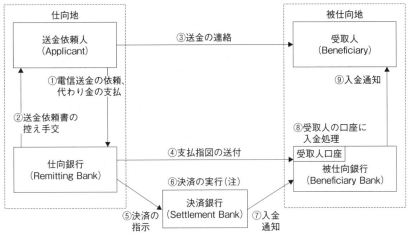

(注)　ここでは、決済銀行に仕向銀行と被仕向銀行の双方の決済口座があり、仕向銀行の決済口座から出金し、被仕向銀行の決済口座に入金することで、銀行間の決済を行います。

⑥　仕向銀行から資金決済依頼を受けた決済銀行は、送金金額を仕向銀行の決済口座から出金し、被仕向銀行の決済口座に入金することで、決済を行います。

⑦　決済銀行は被仕向銀行の決済口座に送金金額を入金した旨、SWIFTで通知します。

⑧　前記④と⑦を受けて、被仕向銀行は受取人の口座に送金金額を入金します。

⑨　被仕向銀行は送金依頼人から送金金額の入金があった旨、受取人に通知します。

(4)　**手数料負担**

　仕向銀行である自行の手数料、被仕向銀行や経由銀行などの手数料といった送金にかかわる手数料の負担は、送金依頼人が負担する場合、受取人が負担する場合、両者が負担する場合の3つに分かれます（図表Ⅳ-115参照）。

(5)　**先日付送金**

　電信送金取引を翌営業日以降に行うものの、支払指図はその前に発信する

figure IV-115　手数料の負担

仕向銀行手数料(注1)	他行手数料(注1)	手数料負担方法	内　　容
送金依頼人負担	送金依頼人負担	送金依頼人負担	被仕向銀行などの他行から手数料を請求された場合、送金依頼人から徴求します。一見客(注2)の送金では、他行から手数料を後日請求されても、徴求が困難なケースも想定されるため、極力回避すべき負担方法です。
送金依頼人負担	受取人負担	送金依頼人・受取人負担	送金依頼人は仕向銀行手数料を支払い、受取人は送金金額から仕向銀行手数料以外の手数料を差引されることで支払います。
受取人負担	受取人負担	受取人負担	受取人は送金金額から仕向銀行手数料を含むすべての手数料を差引されることで支払います。

（注1）　仕向銀行＝自行、他行＝自行以外の中継銀行、被仕向銀行などです。
（注2）　自行と取引がなく、今後も継続した取引が見込めない可能性が高い顧客をいいます。

場合などを先日付送金といい、図表IV-116に示すような種類があります。先日付送金では、送金資金を事前に顧客から預かっておくか否かが重要です。

　送金依頼人が外貨を支払って、同じ通貨で送金する場合や、送金依頼人が為替予約を使用して円貨を外貨に換算し、その外貨を送金する場合は、送金金額は確定しているので、確定した送金金額を受領すれば問題ありません。しかし、円貨を公示相場で外貨に換算して送金する場合には、送金依頼人から受領する円貨額が送金当日まで確定しないため、余裕を持った資金を確保しておく必要があります（送金後、残額がある場合には精算します）。

(6)　送金経路の種類

　送金の経路は、送金する通貨、受取人の所在国・地域、仕向銀行と被仕向銀行のコルレス契約の有無などによって異なり、これらの事情により送金依頼をしてから受取人が送金資金を受け取るまでの日数も左右します。送金の

図表Ⅳ-116　先日付送金の種類

種　類	内　容	与　信
支払指図発信予約	支払指図の発信を事前に予約（登録）するものの、発信は送金取引日当日に行います。	対象外
送金資金受領	送金資金を事前に受領し、別段預金などに預かっておいて、支払指図は先日付で発信します。送金取引当日に別段預金などに預かっている資金を見合いに送金取引を行います。	対象外
送金資金未受領	送金資金を事前に受領せず、支払指図は先日付で発信します。送金取引当日に送金資金を見合いに送金取引を行います。	対象（信用力が高い顧客に限られます）

経路にはさまざまな種類がありますが、おもにSWIFTを介して行われるため、システムフローと合わせて、システム面で記述します。

(7) その他

① **Equivalent送金**

　一定の円貨額を何月何日の公示相場で外貨に換算して送金金額を計算する（*6）という送金依頼人と受取人の契約に基づいて送金する場合があります。これを、Equivalent送金といい、この場合は送金当日まで外貨の送金金額が確定しません。

　　（*6）　たとえば、100万円を7月21日の公示相場でドルに換算するという契約の場合、当日の電信売相場（TTS）が100円だとすると、1万ドルを送金します（手数料は別途）。

② **取引番号の先行採番**

　電信送金の取引を行う数日前に仕向送金（電信送金）を管理する取引番号（Our Reference Number、Our Ref. No.）（*7）だけを採番する場合があります。これは保険会社などの送金依頼人が海外の取引先などに通知するために仕向銀行に採番を依頼するものです。

　　（*7）　詳細については「第Ⅳ章第1節1　輸出信用状」を参照してください。

> システム面

(1) 取引遷移

一般的な取引遷移は図表Ⅳ－117のとおりです。

図表Ⅳ－117　仕向送金（電信送金）の取引遷移

図表Ⅳ－118　仕向送金（電信送金）の取引

取引名	概　要	おもな経路など
取組予定登録	・翌営業日以降の先日付で取組を入力します。この取引では取組は行われず、取組の予定が登録されているだけで、取組は送金予定日に行われます。 ・仕向送金（電信送金）を管理する取引番号（後述するOur Reference Number、Our Ref. No.、以下同じ）を採番します。 ・送金予定日、送金依頼人である顧客の管理番号、送金理由コード、相手国、手数料負担方法、各種手数料などを入力します。 ・送金金額を事前に受領しない場合、送金金額を引き落とす預金口座などを入力します。事前に受領している場合、受領した資金を一時保管している預金口座などを入力します。 ・送金金額を事前に受領しない与信取引の場合には、送金金額を与信残高に加算します。ここでは円貨ベースで与信管理するものとします（以下同じ）。	営業店端末

本部入力	・電信送金2次入力、電信送金追加入力などとも呼ばれます。 ・取引を特定する取引番号（Our Ref. No.）、送金依頼人名称、受取人名称・住所、受取人口座番号などを入力します。 ・対外決済方法（銀行間の決済口座による決済、外為円決済による決済など）、決済口座の決定などを行い、入力します。	本部端末
予定登録済取組	・取引番号（Our Ref. No.）を入力し、先日付で入力済の取引を特定し、送金予定日に電信送金を取組します。 ・円貨を支払って外貨で送金する場合は、公示相場である電信売相場（TTS：Telegraphic Transfer Selling）を適用します。 ・事前に送金金額を預かっている場合は、それを見合いに、送金金額を預かっていない場合には、送金依頼人の預金口座から引落します。 ・送金金額を事前に受領しない与信取引の場合には、送金金額を与信残高から減算します。	営業店端末、センター自動処理
取組	・先日付ではなく、当日に電信送金を取組する場合に使用します。 ・仕向送金（電信送金）を管理する取引番号（Our Ref. No.）を採番します。 ・送金依頼人である顧客の管理番号、送金理由コード、相手国、手数料負担方法、各種手数料などを入力します。 ・円貨を支払って外貨で送金する場合は、公示相場である電信売相場（TTS：Telegraphic Transfer Selling）を適用します。 ・送金金額などは預金口座から引落などします。	営業店端末
対外決済	・取引を特定する取引番号（Our Ref. No.）を入力し、決定済の対外決済方法によって、他行と対外決済（資金支払）を行います。	本部端末
変更	・取引を特定する取引番号（Our Ref. No.）を入力し、送金理由コード、送金依頼人名称、受取人名称、受取人口座番号などを変更します。	営業店端末、本部端末

⑵　取引種類

　仕向送金（電信送金）には、図表Ⅳ－118に示す取引があります。

　翌営業日以降に電信送金を取組する場合、取組予定登録を入力し、本部入力により決済情報などを付加します。その後、送金予定日に予定登録済取組を行って、電信送金を取組し、銀行間決済が終了した場合に対外決済を入力します。

　当日に電信送金を取組する場合、取組取引を入力し、本部入力により決済情報などを付加します。銀行間決済が終了した場合に対外決済を入力します。

　変更取引はその取引にかかわる項目を変更する場合などに使用します。

　また、業務フローとシステムフローを合わせて記述すると、図表Ⅳ－119のとおりです。

　送金経路の種類をいくつか図表Ⅳ－120－1、Ⅳ－120－2に例示します。

⑶　取引ファイル

　仕向送金（電信送金、郵便送金、送金小切手）の取引情報を管理する貿易外取引ファイル(*8)の論理的な構成について記述します（図表Ⅳ－121参照）。

　　(*8)　貿易外ファイルは、仕向送金、被仕向送金、外貨現金、旅行小切手などの取引を管理します。貿易（輸出入）取引ではないという意味で貿易外という言葉を使っています。

　①　基本レコード

　取組予定登録または取組時に追加され、取引のたびに更新されます。キーは取引種類（電信送金、郵便送金、送金小切手）、連続番号、店番(*9)です。送金の基本的な項目を保持します。具体的には店番、CIF番号、通貨／送金金額、送金日、送金予定日、送金理由コード、相手国などがあります。

　　(*9)　Our Reference Number、Our Ref. No.といわれます。詳細については「第Ⅳ章第1節1　輸出信用状」を参照してください。

　②　取引レコード

　取引ごとに1件追加されます。キーは、取引日、取引通番です。入力された項目や一部項目の取引前後の情報を保持します。具体的には取引金額、対外決済方法、対外決済口座、対顧適用相場、対顧決済口座（預金口座）など

図表Ⅳ-119　業務フローとシステムの関係

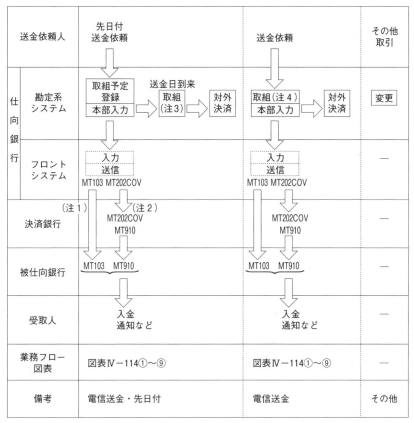

（注1）　SWIFTメッセージの内容は以下のとおりです。
　　　　MT103：Single Customer Credit Transfer　　MT910：Confirmation of Credit
　　　　MT202COV：General Financial Institution Transfer（注5）
（注2）　先日付で発信します。
（注3）　先日付分の予定登録済取組です。
（注4）　当日の取組です。
（注5）　MT202COVとMT202は、いずれもMT103のカバーメッセージですが、MT202COVは、送金依頼人と最終的な受取人がマネー・ローンダリング対策として、MT202に付加されたものです。
　　　　MT205（国内金融機関の間のカバーメッセージ）とMT205COVについても同様です。

図表Ⅳ-120-1　送金経路の種類

[MT103のみのケース]

①

```
送金依頼人                 受取人
  X社                      Y社
 Tokyo                  New York
  │                        ↑
送金依頼                  口座入金
  ↓                        │
  A銀行      MT103       B銀行(注2)
 Tokyo    ────────→    New York
仕向銀行                  被仕向銀行
```

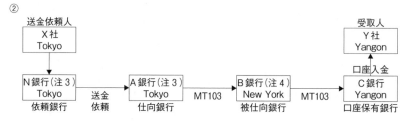

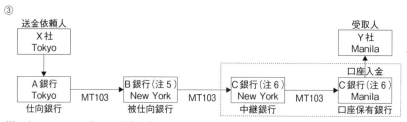

（注1）　MT103：単一の顧客送金
（注2）　A銀行の決済口座を出金。
（注3）　N銀行とA銀行は日銀ネットで決済。
（注4）　A銀行の決済口座を出金し、C銀行の決済口座に入金。
（注5）　A銀行の決済口座を出金し、C銀行の決済口座に入金。
（注6）　C銀行内は海外本支店決済。

図表Ⅳ－120－2　送金経路の種類

[MT103＋MT202COV または MT205COV のケース]

④
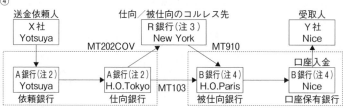

⑤

⑥
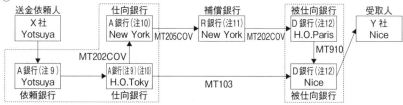

(注1)　MT103：単一の顧客送金
　　　　MT202COV：国外金融機関の間の資金移動
　　　　MT205COV：国内金融機関の間の資金移動（Financial Institution Transfer Execution）
　　　　MT910：入金通知
(注2)　A銀行内は国内本支店決済。
(注3)　A銀行の決済口座を出金し、C銀行の決済口座に入金。
(注4)　B銀行内は海外本支店決済。
(注5)　A銀行内は国内本支店決済。
(注6)　R銀行にあるA銀行の決済口座を出金。
　　　　S銀行にあるR銀行の決済口座を出金し、S銀行にあるB銀行の決済口座に入金するように、S銀行に依頼。
(注7)　R銀行の決済口座を出金し、B銀行の決済口座に入金。
(注8)　B銀行内は海外本支店決済。
(注9)　A銀行内は国内本支店決済。
(注10)　A銀行内は海外本支店決済。
(注11)　R銀行にあるA銀行の決済口座を出金。
(注12)　D銀行にあるR銀行の決済口座を出金するように、D銀行に依頼。

図表Ⅳ-121　貿易外取引ファイルの構成

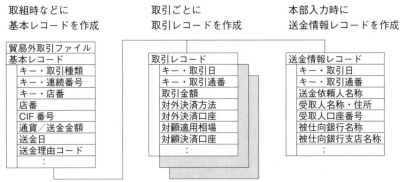

(注)　各レコードのレイアウトは、貿易外共通としますが、上記では、関係する項目をおもに記述しています。

があります。一部項目は取引後の最新情報を基本レコードでも管理します。

③　送金情報レコード

本部入力時にレコードが追加され、変更取引などで更新されます。キーは、取引日、取引通番です。おもに送金依頼書に記入された文字情報などを保持します。具体的には送金依頼人名称、受取人名称・住所、受取人口座番号、被仕向銀行名称、被仕向銀行支店名称などがあります。これらの文字情報は、SWIFT電文の作成に使用されます。

最後に各レコードの追加更新要領について、図表Ⅳ-122に記述します。

図表Ⅳ-122　各レコードの追加更新要領

取　引	基本レコード	取引レコード	送金情報レコード
取組予定登録	1件追加	1件追加	−
予定登録済取組	1件更新	1件追加	−
取組	1件追加	1件追加	−
本部入力	1件更新	1件追加	1件追加
対外決済	1件更新	1件追加	−
変更	1件更新(注)	1件更新(注)	1件更新(注)

(注)　変更する項目により、更新するレコードは異なります。

2　仕向送金（郵便送金）

業務面

　郵便送金（M/T：Mail Transfer）は、郵便付替、普通送金（Ordinary Transfer）などともいわれ、支払や資金決済の指図など、銀行間のやり取りを文書の郵送により行う送金方法です。文書をSWIFT電文に置き換えれば、電信送金と大きな差異はありません。仕向送金の概要については、「第Ⅳ章第3節1　仕向送金（電信送金）」を参照してください。

　郵便事情に左右され、文書の盗難・紛失、誤配送などにより送金が大幅に遅延するなど、リスクが高いため、急ぎでない送金などに使用されます。このため、送金手数料は電信送金よりも安く設定されています。文書による事務処理の煩雑さなどから、昨今では大半の銀行で取扱を中止しています。したがって、詳細についての記述は省略します。

　なお、取扱をしている銀行でも、郵便送金として受付するものの、実際には文書の郵送は行わず、送金依頼日から一定期間を置いた後、電信送金として処理しています。

システム面

　通常、仕向送金（電信送金）と大きな差異はありません。「第Ⅳ章第3節1　仕向送金（電信送金）」を参照してください。

3　仕向送金（送金小切手）

業務面

(1) 概　　要

　送金小切手（D/D：Demand Draft）は、国際送金為替（Money Order）などともいわれ、電信送金や郵便送金などに比べて手数料が安いものの、郵送

中の紛失・盗難などのリスクがあるため、おもに小額の決済(*1)に使用されます。仕向送金の概要については、「第Ⅳ章第3節1　仕向送金（電信送金）」を参照してください。

> (*1) 昨今ではクレジットカード決済などが主流ですが、外国書籍の購入代金や小額の経費の支払などにおもに使用されています。日本国内でも内国為替の普通送金で送金小切手を使用しますが、送金依頼人は地方公共団体に限定されています。

(2) **業務フロー**

送金依頼人が仕向銀行（資金を送る側の銀行）に送金小切手の発行を依頼し、仕向銀行は送金小切手を発行します。送金依頼人は受領した送金小切手を受取人宛に郵送します。仕向銀行は送金小切手を発行後、被仕向銀行（資金を最終的に受け取り、受取人に支払う銀行）へ取組案内を送ると同時に決済銀行に資金決済を依頼します。決済銀行は依頼どおりに資金決済を行い、被仕向銀行に通知します。取組案内を受け、資金受領を確認した被仕向銀行は送金小切手を呈示した受取人に資金を支払います（図表Ⅳ-123参照）。

図表Ⅳ-123　仕向送金（送金小切手）の業務フロー

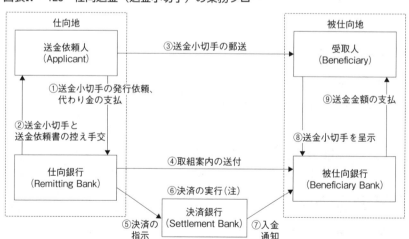

（注）ここでは、決済銀行に仕向銀行と被仕向銀行の双方の決済口座があり、仕向銀行の決済口座から出金し、被仕向銀行の決済口座に入金することで、銀行間の決済を行います。

① 送金依頼人は、送金依頼人自身と受取人の氏名、住所、電話番号などを送金依頼書に記入し、送金小切手（＊2）の発行を依頼します。外貨の送金金額を円貨で支払う場合、送金日の公示相場である電信売相場（TTS：Telegraphic Transfer Selling）で換算し、送金手数料などと合わせて、預金などで仕向銀行に支払います。

（＊2） 通常、仕向銀行の海外支店、または仕向銀行とコルレス契約（＊3）のある銀行を支払場所とします。ドルなどの比較的需要の高い送金小切手の場合、日本の銀行は自行が制定した送金小切手用紙ではなく、ドルであれば、米国の主要銀行（シティバンク、JPモルガン・チェースなど）が制定した送金小切手用紙を使用しています。

（＊3） コルレス契約（Correspondent Arrangement、Correspondent Agreement）は銀行同士が個別に結ぶ為替業務（信用状、送金為替、代金取立など）に関する契約です。詳細は、「第Ⅳ章第10節3　コルレス」を参照してください。

② 仕向銀行は送金依頼を受け付け、送金依頼書の控えと送金小切手を送金依頼人に手交します。
③ 送金依頼人は送金小切手を受取人宛に郵送します。
④ 仕向銀行は被仕向銀行宛に、SWIFTで取組案内（Drawing Advice）を送付します。
⑤ 仕向銀行は、決済銀行に宛て仕向銀行が決済銀行に預けている決済口座から被仕向銀行の決済口座に送金金額を振り替えるよう、SWIFTで依頼します。
⑥ 仕向銀行から資金決済依頼を受けた決済銀行は、送金金額を仕向銀行の決済口座から出金し、被仕向銀行の決済口座に入金することで、決済を行います。
⑦ 決済銀行は被仕向銀行の決済口座に送金金額を入金した旨、SWIFTで通知します。
⑧ 送金依頼人から送金小切手を受領した受取人は、送金小切手と受取人本人であることを確認できる書類を被仕向銀行に呈示し、支払を求めます。
⑨ 被仕向銀行は、送金小切手が真正、かつ受取人が本人であることを確認してから、送金小切手の額面金額を支払います。

(3) **支払停止、再発行など**

前述のとおり、送金小切手には紛失や盗難などのリスクがあります。紛失

や盗難があった場合、送金依頼人からの依頼により、送金小切手の支払停止や再発行を行います。

① **支払停止**

紛失、盗難などにより、支払停止とする場合は、被仕向銀行や決済銀行に、SWIFTで支払停止の指図を行います。これにともなう電信料、その他手数料は送金依頼人から徴求します。なお、国内ならびに被仕向地（支払地）で除権決定(*4)を受けない限り、善意の第三者には対抗できません（支払を拒絶できません）。

(*4) 紛失などした送金小切手を無効とする裁判所の決定をいいます。

② **支払停止解除**

紛失した送金小切手の発見などにより、支払停止を解除する場合は、被仕向銀行や決済銀行に、SWIFTで支払停止解除の指図を行います。これにともなう電信料、その他手数料は送金依頼人から徴求します。

③ **再 発 行**

支払停止とした送金小切手の再発行や払戻を行う場合は、当該送金小切手を無効とする書類（除権決定など）、または念書（万が一、二重払いが起きた場合には、銀行の損失を送金依頼人が負担する旨を記載）を徴求します。再発行の場合には、新規に送金小切手を発行するのと同様に手数料を送金依頼人から徴求します。

④ **長期未払**

送金小切手が発行された後、長期間呈示されなかった場合、10年が経過した段階で雑益処理を行います。ただし、真正な小切手が正当な受取人から呈示されたときには、雑損処理を行って、受取人に支払います。

システム面

(1) **取引遷移**

一般的な取引遷移は図表Ⅳ-124のとおりです。

(2) **取引種類**

仕向送金（送金小切手）には、図表Ⅳ-125に示す取引があります。

送金小切手を取組する場合、取組取引を入力し、追加入力取引により決済

図表Ⅳ-124　仕向送金（送金小切手）の取引遷移

図表Ⅳ-125　仕向送金（送金小切手）の取引

取引名	概　　要	おもな経路など
取組	・仕向送金（送金小切手）を管理する取引番号（後述するOur Reference Number、Our Ref. No.、以下同じ）を採番します。 ・送金依頼人である顧客の管理番号、送金理由コード、相手国、各種手数料などを入力します。 ・円貨を支払って外貨の送金小切手を発行する場合は、公示相場である電信売相場（TTS：Telegraphic Transfer Selling）を適用します。 ・送金金額などは預金口座から引落などします。	営業店端末
追加入力	・送金小切手2次入力などとも呼ばれます。 ・取引を特定する取引番号（Our Ref. No.）、送金依頼人名称、受取人名称・住所などを入力します。 ・対外決済方法（銀行間の決済口座による決済、外為円決済による決済など）、決済口座の決定などを行い、入力します。	営業店端末
対外決済	・取引を特定する取引番号（Our Ref. No.）を入力し、決定済の対外決済方法によって、他行と対外決済（資金支払）を行います。	本部端末
変更	・取引を特定する取引番号（Our Ref. No.）を入力し、送金理由コード、受取人名称・住所などを変更します。	営業店端末、本部端末

情報などを付加します。銀行間決済が終了した場合に対外決済取引を入力します。

　変更取引はその取引にかかわる項目を変更する場合などに使用します。

　また、業務フローとシステムフローを合わせて記述すると、図表Ⅳ-126

のとおりです。

図表Ⅳ－126　業務フローとシステムの関係

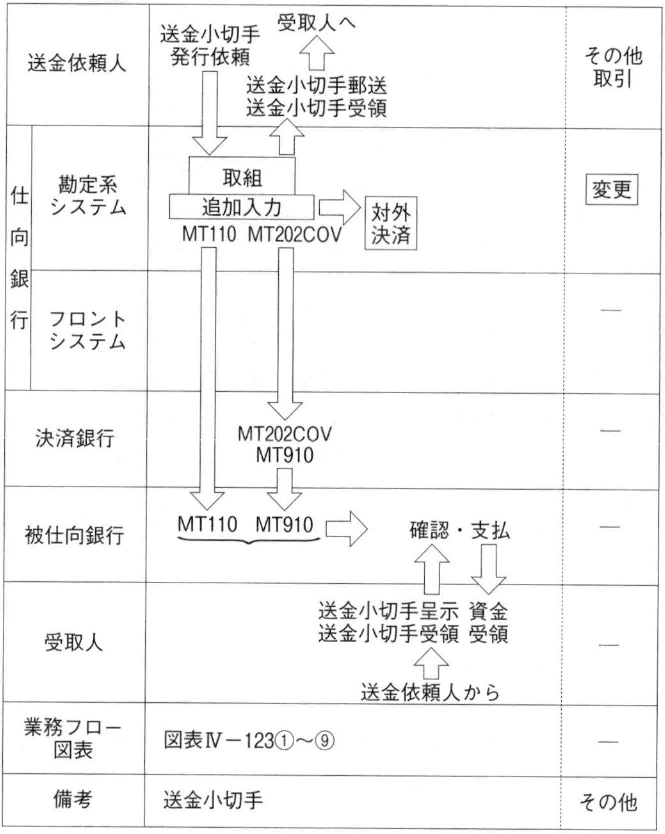

			その他取引
送金依頼人	送金小切手発行依頼 → 受取人へ ↑ 送金小切手郵送 送金小切手受領		
仕向銀行	勘定系システム	取組 追加入力 MT110 MT202COV → 対外決済	変更
	フロントシステム		―
決済銀行		MT202COV MT910	―
被仕向銀行		MT110 MT910 → 確認・支払	―
受取人		送金小切手呈示　資金 送金小切手受領　受領 ↑ 送金依頼人から	
業務フロー図表	図表Ⅳ－123①～⑨		―
備考	送金小切手		その他

（注1）　SWIFTメッセージの内容は以下のとおりです。
　　　　　MT110：Advice of Cheque(s)
　　　　　MT202COV：General Financial Institution Transfer（注2）
　　　　　MT910：Confirmation of Credit
（注2）　MT202COVとMT202の違いですが、MT202COVは、送金依頼人と最終的な受取人がマネー・ローンダリング対策として、MT202に付加されたものです。

(3) 取引ファイル

　仕向送金（電信送金、郵便送金、送金小切手）の取引情報を管理する貿易外

取引ファイル(*5)の論理的な構成について記述します(図表Ⅳ-127参照)。

(*5) 貿易外ファイルは、仕向送金、被仕向送金、外貨現金(Cash)、旅行小切手(T/C：Traveler's Check)などの取引を管理します。貿易(輸出入)取引ではないという意味で貿易外という言葉を使っています。

図表Ⅳ-127 貿易外取引ファイルの構成

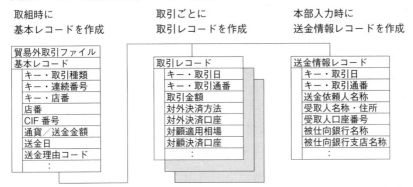

(注) 各レコードのレイアウトは、貿易外共通としますが、上記では、関係する項目をおもに記述しています。

① 基本レコード

取組時に追加され、取引のたびに更新されます。キーは取引種類、連続番号、店番(*6)です。送金の基本的な項目を保持します。具体的には店番、CIF番号、通貨／送金金額、送金日、送金理由コード、相手国などがあります。

(*6) Our Reference Number、Our Ref. No.といわれます。詳細については「第Ⅳ章第1節1　輸出信用状」を参照してください。

② 取引レコード

取引ごとに1件追加されます。キーは、取引日、取引通番です。入力された項目や一部項目の取引前後の情報を保持します。具体的には取引金額、対外決済方法、対外決済口座、対顧適用相場、対顧決済口座(預金口座)などがあります。一部項目は取引後の最新情報を基本レコードでも管理します。

③ 送金情報レコード

本部入力時にレコードが追加され、変更取引などで更新されます。キー

は、取引日、取引通番です。おもに送金依頼書に記入された文字情報などを保持します。具体的には送金依頼人名称、受取人名称・住所などがあります。これらの文字情報は、送金小切手の作成に使用されます。

最後に各レコードの追加更新要領について、図表Ⅳ-128に記述します。

図表Ⅳ-128 各レコードの追加更新要領

取　引	基本レコード	取引レコード	送金情報レコード
取組	1件追加	1件追加	—
追加入力	1件更新	1件追加	1件追加
対外決済	1件更新	1件追加	—
変更	1件更新(注)	1件更新(注)	1件更新(注)

(注)　変更する項目により、更新するレコードは異なります。

4　仕向送金（マイナー通貨の送金）

業務面

(1) 概　要

　海外向け送金の多くは、日本円、ドル、ユーロなど自行が決済口座を保有している通貨で依頼され、同じ通貨で決済されます（送金通貨＝決済通貨）。これに対して、決済口座を保有していない通貨(*1)を送金する場合、決済口座を保有している通貨で被仕向銀行と決済を行います（送金通貨≠決済通貨）。後者は、ドローバック（Draw Back）送金と暫定送金の2つに大別され、送金通貨と決済通貨との換算相場の決定方法や決済方法によって、図表Ⅳ-129の4つの送金方式に細別されます。

　　(*1)　おもに新興国、途上国などのマイナー通貨が該当します。

　いずれの場合も、以下の制約があることに注意が必要です。
① 被仕向銀行にこれらの方式による取引が可能であることを事前に確認のうえ、送金を行う必要があります。

図表Ⅳ−129　送金通貨と決済通貨が異なる場合の送金方式

送金方式	概　要
ドローバック送金 （個別相場決定方式）	・まず、被仕向銀行との間で換算相場を個別に決定します。 ・合意された相場をもとに対顧適用相場を決定し、送金依頼人から代わり金を受領します。 ・送金依頼人から依頼された送金金額で支払指図を発信し、合意された相場から求めた決済金額で銀行間決済を行います。
ドローバック送金 （相場自行決定方式）	・自行で換算相場を個別に決定します。 ・決定した相場をもとに対顧適用相場を決定し、送金依頼人から代わり金を受領します。 ・送金依頼人から依頼された送金金額で支払指図を発信しますが、被仕向銀行から提示された換算相場から求めた決済金額で銀行間決済を行います。 ・自行で決定した相場と被仕向銀行から提示された相場の違いから生じた過不足は送金依頼人との間で精算しません。
ドローバック送金 （相場照会方式）	・送金依頼人から依頼された送金金額で支払指図を発信します。 ・支払指図の中で被仕向銀行に換算相場を照会し、回答された相場から求めた決済金額で銀行間決済を行います。 ・回答された相場をもとに対顧適用相場を決定し、送金依頼人から代わり金を受領します。
暫定送金	・送金金額をカバーできるように余裕を持った代わり金を送金依頼人から受領します。 ・送金依頼人から依頼された送金金額で支払指図を発信します。 ・支払指図の中で被仕向銀行に換算相場を照会し、回答された相場から求めた決済金額で銀行間決済を行います。 ・回答された相場をもとに対顧適用相場を決定します。 ・最初に送金依頼人から受領した代わり金と、対顧適用相場から求めた金額との間に生じた過不足は送金依頼人と事後に精算します。

② 送金を取り組んでから、受取人の口座へ入金されるまで数営業日掛かる場合があります。
③ 送金取組後は原則、送金の取消はできません。取消できる場合でも手数料など追加のコストが発生します。場合によっては、被仕向地の現地規制などによって取消ができないこともあります。
④ 被仕向地の現地規制などにより、当局の許認可や書類の提出が必要な場合があります。

(2) **各方式の比較**

4つの送金方式について、詳細を比較すると、図表Ⅳ-130のとおりです。各方式の具体的な業務フローを以下に示します。

(3) **業務フロー（ドローバック送金（個別相場決定方式））**

まず、被仕向銀行との間で換算相場を決定し、その後に送金依頼人から代わり金を受領して、支払指図を発信する方式です（図表Ⅳ-131参照）。以下では、仕向銀行と被仕向銀行はノン・デポ・コルレス契約（「第Ⅳ章第10節3 コルレス」を参照）、送金方法は口座入金とし、送金通貨はマイナー通貨、決済通貨はドルとします。

① 送金依頼人は、受取人口座の銀行、支店、口座番号や送金依頼人自身と受取人の氏名、住所、電話番号などを送金依頼書に記入し、電信送金を依頼します。
② 仕向銀行と被仕向銀行の間で送金通貨と決済通貨の換算相場を決定します。
③ 仕向銀行は、仕向銀行と被仕向銀行の間で決定した換算相場をもとに対顧適用相場を決定し、送金依頼人に提示します。
④ 仕向銀行は、提示した対顧適用相場で代わり金を算出し、送金手数料などと合わせて、預金口座から引落などして、送金依頼書の控えを渡します。
⑤ 送金依頼人は、受取人に送金をした旨、通知します。
⑥ 仕向銀行は、被仕向銀行宛に、銀行間の資金決済完了後に受取人の口座に送金金額を入金するよう、支払指図をSWIFT（MT103：Single Customer Credit Transfer）で送ります。

図表Ⅳ-130　送金方式の比較

	ドローバック送金（個別相場決定方式）	ドローバック送金（相場自行決定方式）	ドローバック送金（相場照会方式）	暫定送金
換算相場	・送金前に仕向銀行と被仕向銀行の間で決定（値決め）します。	・支払指図で被仕向銀行に換算相場を問い合わせ、被仕向銀行からの回答により換算相場が確定します。	・支払指図で被仕向銀行に換算相場を問い合わせ、被仕向銀行からの回答により換算相場が確定します。	・支払指図で被仕向銀行に換算相場を問い合わせ、被仕向銀行からの回答により換算相場が確定します。
対顧適用相場	・上記換算相場をもとに算出し、送金取組前に送金依頼人に提示します。	・被仕向銀行に問い合わせることなく、自行で決定し、代わり金引落時に送金依頼人に通知します。	・上記換算相場をもとに算出し、代わり金引落時に送金依頼人に通知します。	・上記換算相場をもとに算出し、代わり金引落時に送金依頼人に通知します。
代わり金引落	・対顧適用相場提示後に引き落します。	・自行で決定した対顧適用相場の通知と同時に引き落します。	・対顧適用相場の通知と同時に引き落します。	・送金依頼人の送金依頼と同時に余裕をもった代わり金を引き落します。
銀行のリスクなど	・特にありません。	・自行の対顧適用相場と被仕向銀行の換算相場に差があっても、送金依頼人と精算は行わないため、不足が出た場合には仕向銀行が負担します。	・特にありません。	・代わり金を引落する前に被仕向銀行に支払指図を発信するため、資金の立替が発生します。
送金依頼人のリスクなど	・特にありません(注)。	・仕向銀行の提示した対顧適用相場を拒否できません。	・仕向銀行の提示した対顧適用相場を拒否できません。	・仕向銀行の提示した対顧適用相場を拒否できません。

（注）　仕向銀行が送金依頼人に対顧適用相場を提示した後に送金手続を行うため、送金依頼人は対顧適用相場を拒否することが可能です。

図表Ⅳ-131　ドローバック送金（個別相場決定方式）

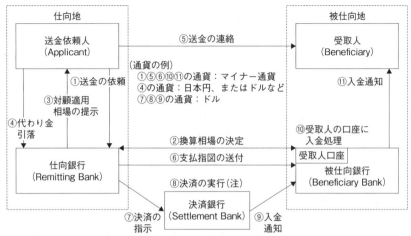

（注）　ここでは、決済銀行に仕向銀行と被仕向銀行の双方の決済口座があり、仕向銀行の決済口座から出金し、被仕向銀行の決済口座に入金することで、銀行間の決済を行います。

⑦　仕向銀行は、決済銀行に宛て仕向銀行が決済銀行に預けている決済口座から被仕向銀行の決済口座に決済金額を振り替えるよう、SWIFT（MT202COV：General Financial Institution Transfer）で依頼します。

⑧　仕向銀行から資金決済依頼を受けた決済銀行は、決済金額を仕向銀行の決済口座から出金し、被仕向銀行の決済口座に入金することで、決済を行います。

⑨　決済銀行は、被仕向銀行の決済口座に決済金額を入金した旨、SWIFT（MT910：Confirmation of Credit）で通知します。

⑩　被仕向銀行は、前記⑥と⑨を受け、決済金額を換算して、受取人の口座に送金金額を入金します。

⑪　被仕向銀行は、送金依頼人から送金金額の入金があった旨、受取人に通知します。

(4)　**業務フロー（ドローバック送金（相場自行決定方式））**

換算相場は自行で決定し、送金依頼人から代わり金を受領します。その後、支払指図を発信して、被仕向銀行から回答された換算相場で銀行間決済

する方式です（図表Ⅳ－132参照）。自行で決定した相場と被仕向銀行から提示された相場の違いから生じた過不足は送金依頼人との間で精算しません。以下では、仕向銀行と被仕向銀行はノン・デポ・コルレス契約（「第Ⅳ章第10節3　コルレス」を参照）、送金方法は口座入金とし、送金通貨はマイナー通貨、決済通貨はドルとします。

図表Ⅳ－132　ドローバック送金（相場自行決定方式）

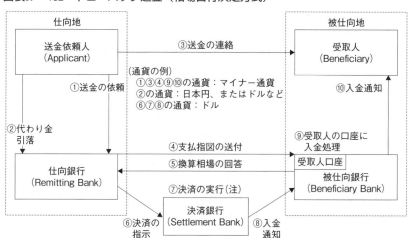

（注）　ここでは、決済銀行に仕向銀行と被仕向銀行の双方の決済口座があり、仕向銀行の決済口座から出金し、被仕向銀行の決済口座に入金することで、銀行間の決済を行います。

① 　送金依頼人は、受取人口座の銀行、支店、口座番号や送金依頼人自身と受取人の氏名、住所、電話番号などを送金依頼書に記入し、電信送金を依頼します。
② 　仕向銀行は、自行で決定した対顧適用相場で代わり金を算出し、送金手数料などと合わせて、預金口座から引落などして、送金依頼書の控えを渡します。
③ 　送金依頼人は、受取人に送金をした旨、通知します。
④ 　仕向銀行は、被仕向銀行宛に、銀行間の資金決済完了後に受取人の口座に送金金額を入金するよう、支払指図をSWIFT（MT103：Single Custom-

er Credit Transfer）で送ります。このとき、送金通貨と決済通貨の換算相場の回答を被仕向銀行に求めます。
⑤　被仕向銀行は、SWIFT（MT199：Free Format Message）で換算相場を仕向銀行に回答します。
⑥　仕向銀行は、決済銀行に宛て仕向銀行が決済銀行に預けている決済口座から被仕向銀行の決済口座に仕向銀行が回答した換算相場から求めた決済金額を振り替えるよう、SWIFT（MT202COV：General Financial Institution Transfer）で依頼します。
⑦　仕向銀行から資金決済依頼を受けた決済銀行は、決済金額を仕向銀行の決済口座から出金し、被仕向銀行の決済口座に入金することで、決済を行います。
⑧　決済銀行は、被仕向銀行の決済口座に決済金額を入金した旨、SWIFT（MT910：Confirmation of Credit）で通知します。
⑨　被仕向銀行は、前記④と⑧を受け、決済金額を換算して、受取人の口座に送金金額を入金します。
⑩　被仕向銀行は、送金依頼人から送金金額の入金があった旨、受取人に通知します。

(5)　業務フロー（ドローバック送金（相場照会方式））
　まず、被仕向銀行に支払指図を発信し、被仕向銀行から換算相場などの回答を受けて、その後に送金依頼人から代わり金を受領する方式です（図表Ⅳ-133参照）。以下では、仕向銀行と被仕向銀行はノン・デポ・コルレス契約（「第Ⅳ章第10節3　コルレス」を参照）、送金方法は口座入金とし、送金通貨はマイナー通貨、決済通貨はドルとします。
①　送金依頼人は、受取人口座の銀行、支店、口座番号や送金依頼人自身と受取人の氏名、住所、電話番号などを送金依頼書に記入し、電信送金を依頼します。
②　仕向銀行は、被仕向銀行宛に、銀行間の資金決済完了後に受取人の口座に送金金額を入金するよう、支払指図をSWIFT（MT103：Single Customer Credit Transfer）で送ります。このとき、送金通貨と決済通貨の換算相場の回答を被仕向銀行に求めます。

図表Ⅳ-133　ドローバック送金（相場照会方式）

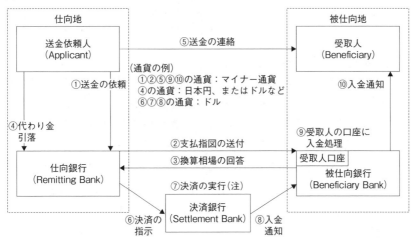

（注）　ここでは、決済銀行に仕向銀行と被仕向銀行の双方の決済口座があり、仕向銀行の決済口座から出金し、被仕向銀行の決済口座に入金することで、銀行間の決済を行います。

③　被仕向銀行は、SWIFT（MT199：Free Format Message）で換算相場を仕向銀行に回答します。

④　仕向銀行は、被仕向銀行から換算相場をもとに対顧適用相場を決定、代わり金を算出し、送金手数料などと合わせて、預金口座から引落などして、送金依頼書の控えを渡します。

⑤　送金依頼人は、受取人に送金をした旨、通知します。

⑥　仕向銀行は、決済銀行に宛て仕向銀行が決済銀行に預けている決済口座から被仕向銀行の決済口座に決済金額を振り替えるよう、SWIFT（MT202COV：General Financial Institution Transfer）で依頼します。

⑦　仕向銀行から資金決済依頼を受けた決済銀行は、決済金額を仕向銀行の決済口座から出金し、被仕向銀行の決済口座に入金することで、決済を行います。

⑧　決済銀行は、被仕向銀行の決済口座に決済金額を入金した旨、SWIFT（MT910：Confirmation of Credit）で通知します。

⑨　被仕向銀行は、前記②と⑧を受け、決済金額を換算して、受取人の口座

に送金金額を入金します。
⑩ 被仕向銀行は、送金依頼人から送金金額の入金があった旨、受取人に通知します。

(6) **業務フロー（暫定送金）**

ドローバック送金の取扱がない通貨の場合に使用されます。送金金額をカバーできるように余裕を持った代わり金を送金依頼人から受領し、被仕向銀行に支払指図を発信して、被仕向銀行から換算相場などの回答を受けます。最初に送金依頼人から受領した代わり金と、対顧適用相場から求めた金額との間に生じた過不足は送金依頼人との間で事後に精算します（図表Ⅳ-134参照）。以下では、仕向銀行と被仕向銀行はノン・デポ・コルレス契約（「第Ⅳ章第10節3　コルレス」を参照）、送金方法は口座入金とし、送金通貨はマイナー通貨、決済通貨はドルとします。

① 送金依頼人は、受取人口座の銀行、支店、口座番号や送金依頼人自身と受取人の氏名、住所、電話番号などを送金依頼書に記入し、電信送金を依頼します。

図表Ⅳ-134　暫定送金

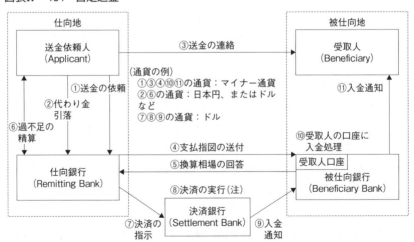

（注）ここでは、決済銀行に仕向銀行と被仕向銀行の双方の決済口座があり、仕向銀行の決済口座から出金し、被仕向銀行の決済口座に入金することで、銀行間の決済を行います。

② 仕向銀行は、送金金額をカバーするのに十分な代わり金を送金手数料などと合わせて、預金口座から引落などして、送金依頼書の控えを渡します。
③ 送金依頼人は、受取人に送金をした旨、通知します。
④ 仕向銀行は、被仕向銀行宛に、銀行間の資金決済完了後に受取人の口座に送金金額を入金するよう、支払指図をSWIFT（MT103：Single Customer Credit Transfer）で送ります。このとき、送金通貨と決済通貨の換算相場の回答を被仕向銀行に求めます。
⑤ 被仕向銀行は、SWIFT（MT199：Free Format Message）で換算相場を仕向銀行に回答します。
⑥ 仕向銀行は、前記②で送金依頼人から受領した代わり金と、被仕向銀行から回答された換算相場をもとに対顧適用相場から求め、対顧適用相場により算出した金額との間に過不足が生じた場合、送金依頼人との間で事後に差額を精算します。
⑦ 仕向銀行は、決済銀行に宛て仕向銀行が決済銀行に預けている決済口座から被仕向銀行の決済口座に決済金額を振り替えるよう、SWIFT（MT202COV：General Financial Institution Transfer）で依頼します。
⑧ 仕向銀行から資金決済依頼を受けた決済銀行は、決済金額を仕向銀行の決済口座から出金し、被仕向銀行の決済口座に入金することで、決済を行います。
⑨ 決済銀行は、被仕向銀行の決済口座に決済金額を入金した旨、SWIFT（MT910：Confirmation of Credit）で通知します。
⑩ 被仕向銀行は、前記④と⑨を受け、決済金額を換算して、受取人の口座に送金金額を入金します。
⑪ 被仕向銀行は、送金依頼人から送金金額の入金があった旨、受取人に通知します。

システム面

相場の決定プロセスや代わり金の引落タイミング、差額の精算など細かい差異はありますが、基本的に仕向送金（電信送金）と同じです。「第Ⅳ章第

3節1　仕向送金（電信送金）」を参照してください。

5　被仕向送金（電信送金）

業務面

(1) 海外での決済制度／システムの概要など

「第Ⅳ章第3節1　仕向送金（電信送金）」を参照してください。

(2) 概　　要

　外国為替の送金には、被仕向送金（おもに海外から日本への送金）と仕向送金（おもに日本から海外への送金）があります。両者ともに電信送金、郵便送金、送金小切手の3種類に分かれます。このうち、電信送金は最も速く確実な送金方法です。被仕向送金の概要などについては、「第Ⅳ章第3節1　仕向送金（電信送金）」に集約して記述しているため、そちらを参照してください。

(3) 業務フロー

　送金依頼人が仕向銀行（資金を送る側の銀行）に受取人への送金を依頼し、被仕向銀行（支払銀行、資金を最終的に受け取り、受取人に支払う銀行）へ支払指図を送ると同時に決済銀行に資金決済を依頼します。決済銀行は依頼どおりに資金決済を行い、被仕向銀行に通知します。通知を受けた被仕向銀行は受取人に資金を支払います。受取人が電信送金により、送金資金を受け取る方法には、口座入金（Advise and Credit）、通知払（Advise and Pay）、請求払（Pay on Application、Pay on Demand）の3つの方法があります。

　以下では、仕向銀行と被仕向銀行はノン・デポ・コルレス契約（「第Ⅳ章第10節3　コルレス」を参照）とします（図表Ⅳ－135参照）。

　以下は、仕向送金（電信送金）の業務フローの内容を一部省略して記述しています。

① 　送金依頼人は受取人口座の銀行、支店、口座番号などを送金依頼書に記入し、電信送金を依頼します。
② 　仕向銀行は送金依頼を受け付け、送金依頼書の控えを送金依頼人に渡し

図表Ⅳ－135　被仕向送金（電信送金）の業務フロー

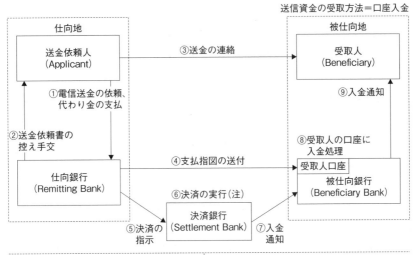

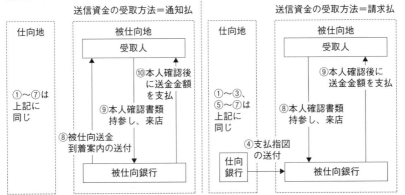

（注）　ここでは、決済銀行に仕向銀行と被仕向銀行の双方の決済口座があり、仕向銀行の決済口座から出金し、被仕向銀行の決済口座に入金することで、銀行間の決済を行います。

ます。
③　送金依頼人は、受取人に送金をした旨、通知します。
④　仕向銀行は被仕向銀行宛に、銀行間の資金決済完了後に受取人の口座に送金資金を入金するよう、支払指図をSWIFTで送ります。
⑤　同時に仕向銀行は、決済銀行に宛て仕向銀行が決済銀行に預けている決

済口座から被仕向銀行の決済口座に送金金額を振り替えるよう、SWIFTで依頼します。

⑥ 仕向銀行から資金決済依頼を受けた決済銀行は、送金金額を仕向銀行の決済口座から出金し、被仕向銀行の決済口座に入金することで、決済を行います。

⑦ 決済銀行は被仕向銀行の決済口座に送金金額を入金した旨、SWIFTで通知します。

以降は被仕向送金（電信送金）固有の業務フローです。送金資金の受取方法ごとに記述します。

以下の⑧⑨は、送金資金の受取方法が口座入金（Advise and Credit）の場合です。受取人が被仕向銀行に口座を持っている場合に、資金を受け取る方法です。

⑧ 前記④と⑦を受けて、被仕向銀行は仕向銀行から指定された受取人の口座を特定します。送金金額が外貨で受取人口座が円の預金口座の場合、入金日の公示相場である電信買相場（TTB：Telegraphic Transfer Buying）で換算し、口座に入金します。

⑨ 被仕向銀行は送金依頼人から送金金額の入金があった旨、受取人に通知します。

以下の⑧～⑩は、送金資金の受取方法が通知払の場合の業務フローです。通知払（Advise and Pay）は、受取人が被仕向銀行に口座を持っていなくても、資金を受け取ることができる方法です。

⑧ 支払指図を受け取った被仕向銀行は受取人に送金到着案内を送付します。

⑨ 受取人は送金到着案内と受取人本人であることを確認できる書類を被仕向銀行に呈示します。

⑩ 被仕向銀行は呈示された書類により受取人の住所、氏名が一致していることなどを確認し、受取人に資金を支払います。

以下の④～⑨は、送金資金の受取方法が請求払の場合の業務フローです。請求払（Pay on Application、Pay on Demand）は、被仕向銀行に口座がなく、住所が定まっていない場合でも、資金を受け取ることができるので、おもに

海外旅行者などへの送金に利用される方法です。
④　仕向銀行は被仕向銀行宛に、銀行間の資金決済完了後に受取人の口座に送金資金を入金するよう、支払指図をSWIFTで送ります。この支払指図には、本人確認のための情報（パスポート番号など）も記載されています。
⑤〜⑦　前述⑤〜⑦に同じです。
⑧　受取人は受取人本人であることを確認できる書類（パスポートなど）を被仕向銀行に呈示します。
⑨　被仕向銀行は呈示された書類により受取人本人であること（パスポート番号などの一致）を確認し、受取人に資金を支払います。

(4)　手数料負担

「第Ⅳ章第3節1　仕向送金（電信送金）」を参照してください。

(5)　送金経路の種類

「第Ⅳ章第3節1　仕向送金（電信送金）」を参照してください。

システム面

(1)　取引遷移

一般的な取引遷移は図表Ⅳ-136のとおりです。電信送金、郵便送金、送金小切手のいずれでも以下の各取引を使用します。

図表Ⅳ-136　被仕向送金（電信送金）の取引遷移

(2)　取引種類

被仕向送金には、図表Ⅳ-137に示す取引があります。

接受取引は被仕向送金の電文が到着した場合に入力します。検証取引は被仕向送金の内容をチェック確認後に入力することで、当該取引について営業店で支払をすることが可能とされます。対顧支払取引では、送金された資金を受取人に支払します。変更取引はその取引にかかわる項目を変更する場合などに使用します。

図表Ⅳ-137　被仕向送金（電信送金）の取引

取引名	概　要	おもな経路など
接受	・到着（Arrival）ともいいます。 ・送金種類（電信送金、郵便送金、送金小切手）を入力することで、送金種類別に被仕向送金を管理する取引番号（後述するOur Reference Number、Our Ref. No.、以下同じ）を採番します。 ・送金取組日、受取人名称・住所(注)、送金資金の受取方法、仕向銀行名称、送金依頼人名称、手数料負担方法などを入力します。	本部端末
検証	・取引を特定する取引番号（Our Ref. No.）、通貨、送金金額などを入力します。 ・接受で入力した情報とSWIFTで通知された情報の一致をチェック・確認後に当取引を入力します。 ・当取引の入力により、営業店で受取人へ送金資金を支払うことが可能とされます。	本部端末
対顧支払	・取引を特定する取引番号（Our Ref. No.）、受取人である顧客の管理番号、送金理由コード、各種手数料などを入力します。 ・円貨を支払って外貨で送金する場合は、公示相場である電信買相場（TTB：Telegraphic Transfer Buying）を適用します。 ・送金資金の受取方法にしたがって、預金口座への入金などを行います。	営業店端末
変更	・取引を特定する取引番号（Our Ref. No.）を入力し、送金理由コード、送金依頼人名称、受取人名称、受取人口座番号などを変更します。	営業店端末、本部端末

（注）　受取人が被仕向銀行に預金口座を持っている場合には、受取人名称ではなく、名寄せを行い、受取人を特定して、該当する受取人のCIF番号（取引先番号）を入力します。

また、業務フローとシステムフローを合わせて記述すると、図表Ⅳ－138のとおりです。

　送金経路の種類については、「第Ⅳ章第3節1　仕向送金（電信送金）」を参照してください。

図表Ⅳ－138　業務フローとシステムの関係

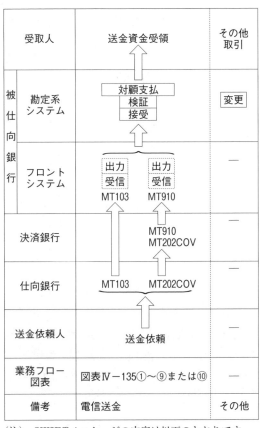

（注）　SWIFTメッセージの内容は以下のとおりです。
　　　MT103：Single Customer Credit Transfer
　　　MT202COV：General Financial Institution Transfer
　　　MT910：Confirmation of Credit

(3) 取引ファイル

　被仕向送金（電信送金、郵便送金、送金小切手）の取引情報を管理する貿易外取引ファイル(*1)の論理的な構成について記述します（図表Ⅳ-139参照）。

(*1) 貿易外ファイルは、仕向送金、被仕向送金、外貨現金、旅行小切手などの取引を管理します。貿易（輸出入）取引ではないという意味で貿易外という言葉を使っています。

図表Ⅳ-139　貿易外取引ファイルの構成

（注）各レコードのレイアウトは、貿易外共通としますが、上記では、関係する項目をおもに記述しています。

① 基本レコード

　接受時に追加され、取引のたびに更新されます。キーは取引種類（電信送金、郵便送金、送金小切手）、連続番号、店番(*2)です。送金の基本的な項目を保持します。具体的には店番、CIF番号、通貨／送金金額、送金日（仕向地の送金番号）、送金理由コード、相手国などがあります。

(*2) Our Reference Number、Our Ref. No.といわれます。詳細については「第Ⅳ章第1節1　輸出信用状」を参照してください。

② 取引レコード

　取引ごとに1件追加されます。キーは、取引日、取引通番です。入力された項目や一部項目の取引前後の情報を保持します。具体的には取引金額、対外決済方法、対外決済口座、対顧適用相場、対顧決済口座（預金口座）など

があります。一部項目は取引後の最新情報を基本レコードでも管理します。

③ 送金情報レコード

接受時にレコードが追加され、変更取引などで更新されます。キーは、取引日、取引通番です。おもに送金依頼書に記入された文字情報などを保持します。具体的には送金依頼人名称、受取人名称・住所、受取人口座番号などがあります。これらの文字情報は、SWIFT電文などから入力されます。

最後に各レコードの追加更新要領について、図表Ⅳ-140に記述します。

図表Ⅳ-140　各レコードの追加更新要領

取引	基本レコード	取引レコード	送金情報レコード
接受	1件追加	1件追加	1件追加
検証	1件更新	1件追加	―
対顧支払	1件更新	1件追加	―
変更	1件更新(注)	1件更新(注)	1件更新(注)

（注）変更する項目により、更新するレコードは異なります。

6　被仕向送金（郵便送金）

業務面

郵便送金（M/T：Mail Transfer）は、郵便付替、普通送金（Ordinary Transfer）などともいわれ、支払や資金決済の指図など、銀行間のやり取りを文書の郵送により行う送金方法です。被仕向送金の概要などについては、「第Ⅳ章第3節1　仕向送金（電信送金）」を参照してください。

システム面

「第Ⅳ章第3節1　仕向送金（電信送金）」を参照してください。

7　被仕向送金（送金小切手）

業　務　面

(1)　概　　要

　送金小切手（D/D：Demand Draft）は、国際送金為替（Money Order）などともいわれ、電信送金や郵便送金などに比べて手数料が安いことから、多くは小額の決済(*1)に使用されますが、郵送中の紛失・盗難などのリスクがあります。被仕向送金の概要などについては、「第Ⅳ章第3節1　仕向送金（電信送金）」を参照してください。

> （*1）　昨今はクレジットカード決済などが主流ですが、外国書籍の購入代金や小額の経費の支払などにおもに使用されています。日本国内でも内国為替の普通送金で送金小切手を使用しますが、送金依頼人は地方公共団体に限定されています。

(2)　業務フロー

　送金依頼人が仕向銀行（資金を送る側の銀行）に送金小切手の発行を依頼し、仕向銀行は送金小切手を発行します。送金依頼人は受領した送金小切手を受取人宛に郵送します。仕向銀行は送金小切手を発行後、被仕向銀行（資金を最終的に受け取り、受取人に支払う銀行）へ取組案内を送ると同時に決済銀行に資金決済を依頼します。決済銀行は依頼どおりに資金決済を行い、被仕向銀行に通知します。取組案内を受け、資金受領を確認した被仕向銀行は送金小切手を呈示した受取人に資金を支払います（図表Ⅳ-141参照）。

　以下は、仕向送金（送金小切手）の業務フローの内容を一部省略して記述しています。

① 　送金依頼人は、送金依頼人自身と受取人の氏名、住所、電話番号などを送金依頼書に記入し、送金小切手の発行を依頼します。
② 　仕向銀行は送金依頼を受け付け、送金依頼書の控えと送金小切手を送金依頼人に手交します。
③ 　送金依頼人は送金小切手を受取人宛に郵送します。
④ 　仕向銀行は被仕向銀行宛に、SWIFTで取組案内（Drawing Advice）を

図表Ⅳ-141 被仕向送金（送金小切手）の業務フロー

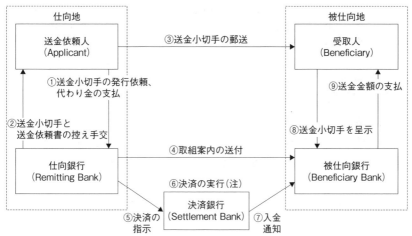

（注）ここでは、決済銀行に仕向銀行と被仕向銀行の双方の決済口座があり、仕向銀行の決済口座から出金し、被仕向銀行の決済口座に入金することで、銀行間の決済を行います。

送付します。

⑤ 仕向銀行は、決済銀行に宛て仕向銀行が決済銀行に預けている決済口座から被仕向銀行の決済口座に送金金額を振り替えるよう、SWIFTで依頼します。

⑥ 仕向銀行から資金決済依頼を受けた決済銀行は、送金金額を仕向銀行の決済口座から出金し、被仕向銀行の決済口座に入金することで、決済を行います。

⑦ 決済銀行は被仕向銀行の決済口座に送金金額を入金した旨、SWIFTで通知します。

⑧ 送金依頼人から送金小切手を受領した受取人は、送金小切手と受取人本人であることを確認できる書類を被仕向銀行に呈示し、支払を求めます。

⑨ 被仕向銀行は、送金小切手が真正、かつ有効期間内(*2)であり、受取人が本人であることを確認してから、送金小切手の額面金額を支払います。送金金額が外貨で受取人が円で受取を希望する場合、支払日の公示相場である電信買相場（TTB：Telegraphic Transfer Buying）で換算し、口座に入

金します。

(*2) 振出日(発行日)から6カ月以上経過した送金小切手は、真正なものであっても支払を拒絶されることがあるため、仕向銀行に照会し、仕向銀行の了解を得た場合に限って支払います。

システム面

(1) **取引遷移など**

取引遷移、取引種類、取引ファイルとも被仕向送金(電信送金)と大きな差異はありません。「第Ⅳ章第3節5　被仕向送金(電信送金)」を参照してください。また、業務フローとシステムフローを合わせた図表のみ、図表Ⅳ-142に示します。

図表Ⅳ-142 業務フローとシステムの関係

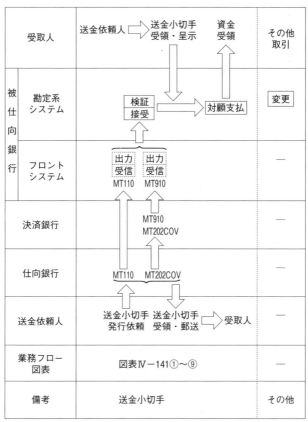

(注) SWIFTメッセージの内容は以下のとおりです。
　　　MT110：Advice of Cheque(s)
　　　MT202：General Financial Institution Transfer
　　　MT910：Confirmation of Credit

第4節　両　　替

1　旅行小切手

業務面

(1) 概　　要

　外貨現金には紛失や盗難のリスクがともないます。こうしたリスクを回避するために使用されるのが、旅行小切手（T/C：Traveler's Check）です。一定の要件(*1)を満たせば、第三者の手に渡っても悪用されず、再発行も可能であることから、海外への渡航時に頻繁に利用(*2)されていました。

> (*1)　銀行の窓口などでの購入時に旅行小切手の各券面に2か所ある署名欄のうち、指定された一方の署名欄（オリジナルサイン）に署名する必要があります。これを怠ると悪用を防ぐことができず、補償もされません。旅行小切手を使用する際には、もう一方の署名欄（カウンターサイン）に署名し、2つの署名が一致していることによって、正当な所有者であることを確認します。
> (*2)　現地の銀行、空港やホテルの両替所などで、通常、手数料なしに旅行小切手の額面金額を同額の外貨現金に交換することができます。

　しかし、使用金額を即時に口座から引落するデビットカードや、クレジットカード会社などのプリペイドカードが登場し普及してきたことから、旅行小切手の日本国内での販売は2014年3月末をもって終了しています。ただし、販売済の旅行小切手の買取は一部の銀行で引き続き行われているため、以下では旅行小切手の買取についてのみ記述します。

(2) 業務フロー

　顧客は旅行小切手買取銀行（以下、買取銀行）に、旅行小切手の買取を依頼します。買取銀行は旅行小切手の買取を行い、代わり金を顧客に支払います。買取銀行は買い取った旅行小切手を旅行小切手発行銀行（以下、発行銀行）に送付し、立て替えた資金を請求し、発行銀行から資金を受領します

(図表Ⅳ-143参照)。

図表Ⅳ-143　旅行小切手買取の業務フロー

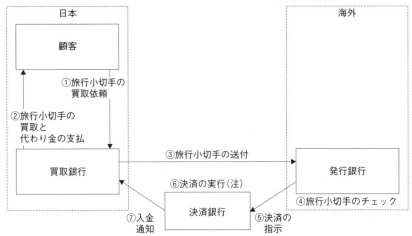

(注)　ここでは、決済銀行に買取銀行と発行銀行の双方の決済口座があり、発行銀行の決済口座から出金し、買取銀行の決済口座に入金することで、銀行間の決済を行います。

① 顧客は買取銀行に、旅行小切手の買取を依頼します。
② 買取銀行は買取可能かチェック(*3)のうえ、可能であれば、買取を行い、代わり金を顧客に支払います。旅行小切手が外貨建で顧客が円での受取を希望する場合、買取日の公示相場であるL/C付一覧払手形買相場（At Sight Buying）が適用されます(*4)。

(*3)　海外の金融機関が発行した旅行小切手(*5)の場合、券面に記載されている邦銀では買取を終了している場合があります。
(*4)　メール期間の立替利息を相場に織り込んだ相場です。「第Ⅳ章第1節2　L/C付輸出手形買取」「第Ⅳ章第1節6　クリーン手形・小切手買取」なども参照してください。L/C付輸出手形買取などと同じ相場が使われるのは、国際的に主要な銀行、金融機関が発行し、支払を保証しているためです。邦銀が発行した旅行小切手の場合、外貨建は海外に郵送するメール期間がないため、電信買相場（TTB：Telegraphic Transfer Buying）が適用され、円建は額面どおりの金額が支払われます（円建の旅行小切手は通常の小切手と同様に手形交換所経由で資金化されます）。
(*5)　シティバンク、American Express、VISA、MASTER、Thomas Cookなど

が外貨建の旅行小切手を販売・買取していました。また、一部の邦銀では外貨建だけではなく、円建の旅行小切手を販売・買取していました。

③ 買取銀行は買い取った旅行小切手を一定の期間、単位などでまとめて、発行銀行に送付し、旅行小切手を買い取ることで立て替えた金額を請求します。

④ 送付された旅行小切手を受領した発行銀行は、偽造・変造などをチェックし、問題がないことを確認します。

⑤ 発行銀行は、決済銀行に宛て発行銀行が決済銀行に預けている決済口座から買取銀行の決済口座に立替金額を振り替えるよう、SWIFTで依頼します。

⑥ 発行銀行から資金決済依頼を受けた決済銀行は、立替金額を発行銀行の決済口座から出金し、買取銀行の決済口座に入金することで、決済を行います。

⑦ 決済銀行は買取銀行の決済口座に立替金額を入金した旨、SWIFTで通知します。

システム面

(1) 取引遷移

一般的な取引遷移は図表Ⅳ-144のとおりです。

図表Ⅳ-144 旅行小切手買取の取引遷移

(注) 変更取引はありません。

(2) 取引種類

旅行小切手には、図表Ⅳ-145に示す取引があります。

(3) 取引ファイル

旅行小切手の取引情報を管理する貿易外取引ファイル(*6)の論理的な構成

図表Ⅳ-145　旅行小切手買取の取引

取引名	概　要	おもな経路など
買取	・旅行小切手・買取を管理する取引番号（後述するOur Reference Number、Our Ref. No.、以下同じ）を採番します。 ・外貨の旅行小切手を買い取って、円貨を支払う場合の対顧適用相場は公示相場であるL/C付一覧払手形買相場（At Sight Buying）が適用されます。 ・発行銀行などを入力します。 ・小切手の買取の一種ですが、旅行小切手に関しては与信取引として取り扱いません。	営業店端末
本部受付	・営業店から本部に送付された買取済の旅行小切手を受付します。 ・取引を特定する取引番号（Our Ref. No.）、旅行小切手・買取の取引番号、通貨、買取金額などを入力します。	本部端末
一括取立	・営業店から本部に送付された買取済の小切手を発行銀行に送付し、立替資金を請求（取立）します。 ・旅行小切手・一括取立を管理する取引番号（Our Ref. No.）を採番します。 ・決済口座、資金受領予定日などを入力します。	本部端末
一括決済	・発行銀行から立替資金を受領した場合に入力します。 ・通常は、一括取立時に入力された資金受領予定日にセンター自動処理で決済されます。 ・取引を特定する取引番号（Our Ref. No.）、旅行小切手・一括取立の取引番号、通貨、買取金額などを入力します。	本部端末、センター自動処理

について記述します（図表Ⅳ-146参照）。

　　（*6）　貿易外ファイルは、仕向送金、被仕向送金、外貨現金、旅行小切手などの取引を管理します。貿易（輸出入）取引ではないという意味で貿易外という言葉を使っています。

図表Ⅳ-146　貿易外取引ファイルの構成

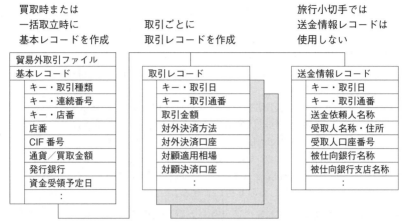

（注）各レコードのレイアウトは、貿易外共通としますが、上記では、関係する項目をおもに記述しています。

① **基本レコード**

買取時または一括取立時に追加され、取引のたびに更新されます。キーは取引種類、連続番号、店番(*7)です。旅行小切手の基本的な項目を保持します。具体的には店番、CIF番号、通貨／買取金額、発行銀行、資金受領予定日などがあります。

（*7）Our Reference Number、Our Ref. No.といわれます。詳細については、「第Ⅳ章第1節1　輸出信用状」を参照してください。

② **取引レコード**

取引ごとに1件追加されます。キーは、取引日、取引通番です。入力された項目や一部項目の取引前後の情報を保持します。具体的には取引金額、対外決済方法、対外決済口座、対顧適用相場、対顧決済口座（預金口座）などがあります。一部項目は取引後の最新情報を基本レコードでも管理します。

③ **送金情報レコード**

旅行小切手では使用しません。

最後に各レコードの追加更新要領について、図表Ⅳ-147に記述します。

図表Ⅳ-147　各レコードの追加更新要領

取　引	基本レコード	取引レコード	送金情報レコード
買取	1件追加	1件追加	―
本部受付	1件更新	1件追加	―
一括取立	1件追加	1件追加	―
一括決済	1件更新	1件追加	―

2　外国通貨

業務面

(1) 概　要

　昨今では、海外のATMで現地通貨建の現金が引き出せるプリペイドカード(*1)や使用金額を即座に預金口座から引き落とすデビットカード(*2)などが普及(*3)しつつあり、外国通貨（または外貨現金、Cash）の重要性は相対的に低下しています。しかし、外国通貨は、状況や国・地域などによっては、依然として主要な決済手段であるため、主要国をはじめとした国・地域の外国通貨が取り扱われています。

　(*1)　クレジットカード会社が発行しています。プリペイドカードに事前にチャージしておく必要があります。日本円をチャージしておき、使用時に外貨へ自動的に換算されて外国通貨を引き出すことができます。
　(*2)　クレジットカード会社と提携して、銀行が発行しています。使用時に即座に外貨預金口座から引き落とされるもの、使用時に自動的に円貨に換算されて預金口座から引き落とされるものなどがあります。
　(*3)　これらの普及により、日本国内での旅行小切手の販売は2014年3月末をもって終了しています。

(2) 業務フロー（売却と現受）

　外国通貨を顧客に売却する場合、売却依頼を受けた銀行は顧客から円貨などを対価として受け取り、外国通貨を売却します（図表Ⅳ-148参照）。

　外国通貨の不足などで外国通貨を現受（調達）する場合、当該通貨の通貨

発行国にある銀行から外国通貨を現受します(図表Ⅳ-148参照)。

図表Ⅳ-148 外国通貨(売却と現受)の業務フロー

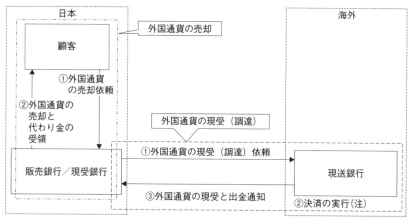

(注) ここでは、現送銀行に現受銀行の決済口座があり、現送銀行が現受銀行の決済口座から出金することで、銀行間の決済を行います。

以下は外国通貨を顧客に売却する場合の業務フローです。
① 顧客は販売銀行に、外国通貨の売却を依頼します。
② 販売銀行は、外国通貨の売却を行い、代わり金を顧客から受領します。顧客が円での支払を希望する場合、売却日の公示相場である外国通貨売相場(Cash Selling)が適用されます。

以下は外国通貨を当該通貨の通貨発行国にある銀行から現受する場合の業務フローです。
① 現受銀行は、現送銀行に外国通貨の現受を依頼します。
② 現受依頼を受けた現送銀行は、自行にある現受銀行の決済口座から出金し、銀行間決済を行います。
③ 現送銀行は、現受銀行に外国通貨を現送し、出金通知を送付します。現受銀行は外国通貨を現受します。

(3) **業務フロー(買取と現送)**

外国通貨を顧客から買取する場合、買取依頼を受けた銀行は外国通貨を買取し、顧客に対価として円貨などを支払います(図表Ⅳ-149参照)。

外国通貨の余剰などで外国通貨を現送する場合、当該通貨の通貨発行国にある銀行へ外国通貨を現送します（図表Ⅳ－149参照）。

図表Ⅳ－149　外国通貨（買取と現送）の業務フロー

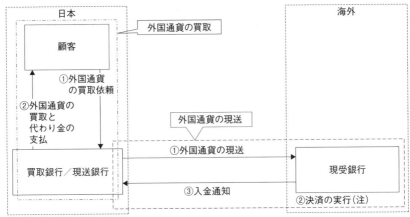

（注）　ここでは、現受銀行に現送銀行の決済口座があり、現受銀行が現送銀行の決済口座に入金することで、銀行間の決済を行います。

　以下は外国通貨を顧客から買取する場合の業務フローです。
① 　顧客は買取銀行に、外国通貨の買取を依頼します。
② 　買取銀行は、外国通貨の買取を行い、代わり金を顧客に支払います。顧客が円での受領を希望する場合、買取日の公示相場である外国通貨買相場（Cash Buying）が適用されます。
　以下は外国通貨を当該通貨の通貨発行国にある銀行に現送する場合の業務フローです。
① 　現送銀行は、現受銀行に外国通貨の現送を依頼し、現送します。
② 　現送を受けた現受銀行は、自行にある現送銀行の決済口座に入金し、銀行間決済を行います。
③ 　現受銀行は、現送銀行に入金通知を送付します。

(4)　**取扱通貨**

　大半の銀行でドル、カナダドル、ユーロ、英ポンド、スイスフラン、豪ドル、ニュージーランドドルといった欧米の主要通貨を取り扱っています。人

民元、香港ドル、シンガポールドル、タイバーツ、台湾ドルといったアジアの主要通貨の取扱は銀行によって大きく異なります。

(5) 取扱場所による取扱

本支店だけではなく、外貨両替コーナーなどで取扱されていますが、取扱通貨や営業時間などに差異があります。取扱場所による取扱の差異は図表Ⅳ－150のとおりです。

図表Ⅳ－150　取扱場所による取扱の差異

取扱場所	取扱時間	取扱通貨	備　考
本店営業部	・平日の相場公示後(注1)(注2)～15時です。	・取扱通貨のすべてを取り扱います。空港内の店舗のみ取り扱う通貨がある銀行もあります。	
支店	同上	・支店によっては取扱通貨の一部のみ取扱している場合もあります。	・支店によっては外国通貨だけではなく、外貨の両替や外国為替業務を全く行っていない場合もあります。 ・ドル以外の外国通貨は在庫がないことが一般的です(注3)。
外貨両替専門店	・平日、土日祝日の8：30(注2)～19時など、場所や銀行によります。	・取扱通貨のすべてを取り扱います。ただし、空港内の店舗のみ取り扱う通貨がある銀行もあります。	・主要な繁華街・ターミナル駅などにありますが、銀行や場所により営業時間に差があります。 ・空港内の店舗はさらに営業時間が拡大されていることがあります。

(注1)　ドルは10時過ぎ、ドル以外は11時過ぎから取り扱います。
(注2)　当日の相場が公示されるまでの間は、前日の最終公示相場を適用するなどします。
(注3)　ドル以外の外国通貨を取り寄せることも可能ですが、本店などから取り寄せるため、1日～3日程度掛かります。

(6) 取扱単位

　売買ともに硬貨は取り扱いません。買取は、紙幣のみ1基本通貨単位から取扱します。売却は任意の紙幣の組み合わせ（バラ）と所定の紙幣の組み合わせ（パック）の2種類を用意しています。外貨自動両替機や一部の銀行では、パックのみ取り扱っています。

(7) 有り高管理

　外国通貨は、通帳・証書、手形・小切手などと同様に重要物（現物）であるため、店ごとに各通貨の外国通貨をいくら保有しているか管理されています。これを有り高（在り高）管理といいます。

(8) 偽札対策

　顧客に売却する外国通貨は、基本的に海外の銀行から調達しているため、偽札である可能性は、まずありませんが、顧客から買取する外国通貨は相対的に偽札のリスクが高いのが一般的です。このため、買取時には、外国通貨の見本写真と照合し、簡易型の偽札鑑定機を使用することなどでリスクの低減を図っています。

システム面

(1) 取引遷移

　一般的な取引遷移は図表Ⅳ-151のとおりです。

(2) 取引種類

　外国通貨には、図表Ⅳ-152に示す取引があります。

(3) 各種ファイル

　① 取引ファイル

　外国通貨の取引情報を管理する貿易外取引ファイル(*4)の論理的な構成について記述します（図表Ⅳ-153参照）。

　　(*4) 貿易外ファイルは、仕向送金、被仕向送金、外国通貨、旅行小切手などの取引を管理します。貿易（輸出入）取引ではないという意味で貿易外という言葉を使っています。

　(i) 基本レコード

　売却、買取、行内現送、対外現送、対外現受時に追加され、取引のたびに

図表Ⅳ-151　外国通貨の取引遷移

（注）　変更取引はありません。

図表Ⅳ-152　外国通貨の取引

取引名	概　　要	おもな経路など
売却	・外国通貨・売却を管理する取引番号（後述するOur Reference Number、Our Ref. No.、以下同じ）を採番します。 ・外国通貨を売却し、円貨を受領する場合の対顧適用相場は公示相場である外国通貨売相場（Cash Selling）が適用されます。 ・売却金額を当該通貨の有り高から減算します。	営業店端末
買取	・外国通貨・買取を管理する取引番号（Our Ref. No.）を採番します。 ・外国通貨を買取し、円貨を支払う場合の対顧適用相場は公示相場である外国通貨買相場（Cash Buying）が適用されます。 ・買取金額を当該通貨の有り高に加算します。	営業店端末
行内現送	・外国通貨・行内現送を管理する取引番号（Our Ref. No.）を採番します。 ・現送通貨、現送金額、現受店などを入力します。 ・現送金額を当該通貨の有り高から減算します。 ・通常は、本支店間の現送現受に使用されますが、支店間でも使用する場合があります。	本部端末、営業店端末

行内現受	・行内現送された外国通貨が到着した場合に、取引を特定する取引番号（Our Ref. No.）、現受通貨、現受金額などを入力します。 ・現受金額を当該通貨の有り高に加算します。 ・通常は、本支店間の現送現受に使用されますが、支店間でも使用する場合があります。	営業店端末、本部端末
対外現送	・余剰の外国通貨を海外の銀行に送付する場合に、外国通貨・対外現送を管理する取引番号（Our Ref. No.）を採番します。 ・現送通貨、現送金額、現送先銀行などを入力します。 ・現送金額を当該通貨の有り高から減算します。	本部端末
対外現送決済	・対外現送した取引が現送先銀行により、決済された場合に使用します。 ・取引を特定する取引番号（Our Ref. No.）、現送通貨、現送金額、対外手数料などを入力し、対外決済を行います。	本部端末
対外現受	・現受を依頼した外国通貨が現受先銀行から到着した場合に、外国通貨・対外現受を管理する取引番号（Our Ref. No.）を採番します。 ・現受通貨、現受金額、対外手数料などを入力し、対外決済を行います。 ・現受金額を当該通貨の有り高に加算します。	本部端末

更新されます。キーは取引種類、連続番号、店番(*5)です。外国通貨の基本的な項目を保持します。具体的には店番、CIF番号、通貨／売買・送受金額（売却金額、買取金額、現送金額、現受金額）、現送店、現受店、現送先銀行、現受先銀行などがあります。

(*5) Our Reference Number、Our Ref. No.といわれます。詳細については「第Ⅳ章第1節1　輸出信用状」を参照してください。

(ii) 取引レコード

取引ごとに1件追加されます。キーは、取引日、取引通番です。入力された項目や一部項目の取引前後の情報を保持します。具体的には取引金額、対

図表Ⅳ-153　貿易外取引ファイルの構成

売却、買取、行内現送、対外現送、対外現受時に基本レコードを作成

取引ごとに取引レコードを作成

外国通貨では送金情報レコードは使用しない

（注）各レコードのレイアウトは、貿易外共通としますが、上記では、関係する項目をおもに記述しています。

外決済方法、対外決済口座、対顧適用相場、対顧決済口座（預金口座）などがあります。一部項目は取引後の最新情報を基本レコードでも管理します。

(iii) 送金情報レコード

外国通貨では使用しません。

最後に各レコードの追加更新要領について、図表Ⅳ-154に記述します。

図表Ⅳ-154　各レコードの追加更新要領

取引	基本レコード	取引レコード	送金情報レコード
売却	1件追加	1件追加	―
買取	1件追加	1件追加	―
行内現送	1件追加	1件追加	―
行内現受	1件更新	1件追加	―
対外現送	1件追加	1件追加	―
対外現送決済	1件更新	1件追加	―
対外現受	1件追加	1件追加	―

② 外国通貨有り高ファイル

外国通貨の有り高を店別、通貨別に管理する外国通貨有り高ファイルの論理的な構成について記述します（図表Ⅳ-155参照）。

図表Ⅳ-155　外国通貨有り高ファイルの構成

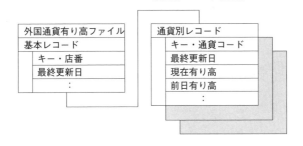

(i) 基本レコード

店の新設時に追加され、外国通貨有り高の異動がある取引のたびに更新されます。キーは店番です。外国通貨有り高の基本的な項目を保持します。具体的には最終更新日などがあります。

(ii) 通貨別レコード

当該店で取扱のない通貨の外国通貨を初めて取扱するときに通貨別レコードが追加され、外国通貨有り高の異動がある取引のたびに更新されます。キーは通貨コードです。通貨別の情報を保持します。具体的には最終更新日、現在有り高、前日有り高などがあります。

最後に各レコードの追加更新要領について、図表Ⅳ-156に記述します。

図表Ⅳ-156 各レコードの追加更新要領

取　引	基本レコード	通貨別レコード
売却	1件更新	1件更新
買取	1件更新	1件追加または更新
行内現送	1件更新	1件更新
行内現受	1件更新	1件追加または更新
対外現送(注)	1件更新	1件更新
対外現送決済	―	―
対外現受(注)	1件更新	1件追加または更新

(注)　本部のレコードのみが更新対象です。

第 5 節　外貨預金

1　外貨普通預金

業務面

(1) 概　要

　外貨当座預金などと同じ流動性預金の1つです。円の普通預金と同様に預入期間に定めがなく、一部制約があるものの、随時入出金ができ、預入している残高に応じて利息が計算され、年2回利息が入金（元加、付利、利息決算）されます。ただし、口座引落などの決済サービス(*1)は、ほとんど提供されていません。外貨定期預金などに比べ、利率は低いものの流動性に制約が少なく機動的に入出金できるため、為替差益を目的に口座開設されることもあります。また、同じ通貨での外国為替取引での入出金、外貨定期預金の元本や利息の受取など、ほかの外貨預金の受け皿に使われることも多い商品です。

　　(*1)　外貨金額で決済するクレジットカードの代金引落などが一部の銀行で提供されている程度です。

　口座の通貨が円ではなく外貨であるため、外貨固有の特徴があります。ここでは特徴的な項目について記述します。

(2) 取扱通貨

　ドル、ユーロが代表的ですが、ほかに英ポンド、スイスフラン、豪ドル、ニュージーランドドルなどが取扱されていることが多いようです。このほか、外為法上の非居住者(*2)にのみ認められている非居住者円も用意されています。取扱通貨に非居住者円が含まれるため、外貨／非居住者円預金という場合もありますが、本書では基本的に外貨預金と略称します。

　　(*2)　外為法によります。一例を挙げれば、日本を出国し、外国に2年以上滞在し

ている人です。

(3) 利　　　率

　適用される利率も通貨によって異なります。通貨発行国の政策金利の変更などにより、利率は変動します。

(4) 適用相場（窓口）

　窓口で出金（外貨→円貨）、または入金（円貨→外貨）する場合には、外貨から円貨に換算するための公示相場が必要です。当日の公示相場はドルが10時過ぎ、ドル以外が11時過ぎに公示されますが、公示後でないと取引はできません。銀行によっては、当日の公示相場が公示されるまでは前日の最終公示相場を暫定的に適用し、取引を可能にしているところもあります。外貨現金での入出金、外貨振替は公示相場が不要であるため、公示前でも取引可能ですが、リフティング・チャージ（外貨取扱手数料）が別途必要(＊3)です。これは外貨現金を口座に入出金する場合も同様です。

　　　(＊3)　外貨と円貨の換算は、入金が電信売相場（TTS：Telegraphic Transfer Selling）、出金が電信買相場（TTB：Telegraphic Transfer Buying）で行われ、仲値（TTM：Telegraphic Transfer Middle Rate）との差であるTT幅が銀行の収益とされますが、口座の通貨と同じ外貨現金や外貨振替の場合、換算相場は必要なく、TT幅を顧客から徴求できないため、外貨取扱手数料を徴求することで銀行の収益を確保しています。

(5) 適用相場（窓口以外）

　テレフォン・バンキング（以下、テレバン）、インターネット・バンキング（以下、インバン）では、銀行休業日や早朝深夜などを除いて、リアルタイムに準じる相場を使って取引入力ができることが多いようです。

(6) 外貨現金の取扱

　多額のドル現金やドル以外の通貨の外貨現金を外貨普通預金から出金する場合、あらかじめ銀行に連絡しておかないと、外貨現金の在庫がないことがあります。これは円現金に比べ、格段に需要の少ない外貨現金（特にドル以外の現金）を銀行は極力保有しないためです。

　なお、円と違って、外貨現金の入出金は、ATMでは行うことはできず、補助通貨単位(＊4)での現金による入出金は、窓口、ATMなどを問わず、行うことができません（銀行では外貨の硬貨は取り扱いません）。

(＊4) 円の場合、補助通貨単位はありませんが、たとえばドルの場合、補助通貨単位はセントで、通常は紙幣ではなく硬貨でのみ取引される単位を指します（ただし、ドルの場合、1ドル硬貨も存在します）。

以降は、円の預金と共通する項目について記述します。

(7) 流動性

窓口やATMなどによって、取引できる時間帯、カードや通帳など手続に必要なもの（図表Ⅳ-157参照）も異なり、上記のような制約もあるため、円の普通預金ほどではありませんが、随時入出金が可能です。

図表Ⅳ-157　入出金取引などで必要とされるもの

場所など	出金（現金）	入金（現金）	振込・振替
窓口	通帳と届出印鑑（注1）と払戻請求書	通帳と入金票	振替：出金と入金に同じ 振込：仕向送金依頼書、出金に同じ
ATM			振替：一部可能（注2） 振込：不可
テレバン、インバン			お客様番号とパスワードなど

(注1) サインの届出も可能です。
(注2) 円の普通預金のキャッシュ・カードを使って、外貨普通預金、外貨定期預金などとの振替が可能な銀行もあります。

(8) 預入期間

円の普通預金同様、預入期間は決まっていません。通常は解約するまで預入が続きます（＊5）。

(＊5) 最後の異動から10年経過すると睡眠預金とされ、預入が終了しますが、預金者本人であることが証明されれば、10年以上経過していても銀行は払戻に応じます。「第Ⅰ章第4節2　預金共通・睡眠口座」も参照してください。

(9) 取引単位

円を対価とする場合、1円以上で取引が可能です。口座の新規開設と解約では、0円でも取引を可能としている銀行が多いようです。外貨現金の場合は基本通貨単位以上、外貨振替の場合は補助通貨単位での取引が可能です。

⑽　利息（利息決算）

　円の普通預金同様、毎年2月／8月中旬前後の週末に直近6カ月の残高から利息を計算し、口座に入金（元金に利息を加算）します。これを利息決算、利息元加、付利などといいます。利息の加算はこのほか、口座を解約したときにも行われます。利息計算の考え方は、口座の通貨が外貨であっても、基本的に変わりがありませんので、「第Ⅰ章第1節2　普通預金の利息計算方法」を参照してください。なお、円の普通預金と異なり、総合口座は用意されていません。

⑾　利息（利息計算）

　円の普通預金同様、利息積数をもとに半年分の利息を計算します。利息計算の際の年日数は、通貨によって、1年を360日と365日とする場合があります。具体的には、ドル＝360日、ユーロ＝360日、ポンド＝365日などとされています。

⑿　利息（付利単位）

　円の普通預金同様、付利単位未満は利息計算の対象外とするものです。付利単位が基本通貨単位であれば、基本通貨単位未満は切り捨てて、利息計算を行います。

⒀　利息（最低付利残高）

　円の普通預金同様、最低付利残高未満の期間は利息計算の対象外とするものです。最低付利残高が基本通貨単位以上であれば、残高が基本通貨単位未満の期間の利息は計算しません。

⒁　利息（税金）

　円の普通預金同様、預金利息に対し、2013年1月1日から2037年12月31日までの25年間、復興特別所得税として、所得税率2.1％が追加的に課税されています。この結果、国税率が15.315％に変更されています。また2016年1月1日からの法人利子割廃止にともない、法人の預金利子税（地方税）は従来の5％から0％に変更されています。

　利息は外貨で計算され、口座に入金されますが、預金利子税は円で国税当局に納付されます。預金利子税の円貨への換算には、電信買相場（TTB：Telegraphic Transfer Buying）が使用されます。

⑮ 対　象　者

　円の普通預金同様、公的証明書などにより本人確認ができれば、個人法人（＊6）問わず、口座を開設することができます。ただし、同一名義の口座数が制限されるのは、円の普通預金などと同様です。

　　　（＊6）　1998年に外国為替及び外国貿易法が抜本的に改正され、個人法人問わず、外為（対外）取引が自由化されたことにより、個人も自由に外貨預金を保有できるようになりました。

⑯ 通　　帳

　外貨普通預金のみの通帳（個人法人とも）と外貨普通預金と外貨定期預金をセットにした通帳（個人法人とも）の2種類が通常ありますが、後者の場合でも総合口座としては取り扱われず、外貨普通預金の当座貸越は認められません。通帳は発行せず、入出金取引の明細は外貨普通預金取引照合表（ステートメント）によって通知される口座も以前からあります。こうした口座はステートメント口、照合表口、リーフ口などと呼ばれます。昨今ではネット専業銀行やインバンの普及にともなって、通帳が発行されず、入出金取引の明細をWEB上で確認する外貨普通預金も増えてきています。

⑰ 預金保険など

　投資性の高い預金であり、円預金のように広く一般に浸透しているわけでも、経済活動や国民生活に絶対的に必要不可欠な商品でもないことから、外貨預金はすべて預金保険の対象外（万が一、外貨預金を預入している銀行が破綻した場合、元利金が一部または全額減額される可能性があります）とされています。したがって、金額の上限なく全額が保護される決済性普通預金も外貨普通預金には用意されていません。

⑱ 特定預金等

　外貨預金は通貨がドル、ユーロなどの外貨であるため、外国為替相場の変動による為替リスクがあり、元本割れする可能性がある商品です。このため、金融商品取引法と同等の販売・勧誘ルールが適用される特定預金等（銀行法施行規則第14条の11の4）に指定されています。

> システム面

　外貨普通預金は外貨定期預金とならんで、どの銀行でももっとも口座数が多い預金ですが、円の普通預金に比べると、口座数は格段に少なく、処理効率なども円の普通預金ほどには意識されません。銀行によっては、円の預金システムに外貨預金も組み込んで、円の預金と同等のサービスを提供できるようにしている銀行もありますが、ごく少数です。大半の銀行は円の預金システムとは別の外国為替システムの中に外貨預金を組み込んでいて、中にはパッケージを導入している場合もあるため、円の普通預金と細かい点（付利単位、最低付利残高、利息決算日など）が異なることもあるようです。

　取引遷移、取引種類、取引ファイルのいずれも、円の普通預金とほぼ同じですが、違いもあるため、以下に記述します。

(1) 取引遷移

　一般的な取引遷移は図表Ⅳ-158のとおりです。

図表Ⅳ-158　外貨普通預金の取引遷移

```
①新規口座開設 ─┬─ ⑤口座解約      ⑥変更
                ├─ ②入金
                ├─ ③出金
                │                   ⑦金利登録 ─ ⑧金利承認
                │                   （本部のみ）（本部のみ）
                └─ ④利息決算
                   （注1）           ⑨金利照会
```

（注1）　センター自動処理のみ。
（注2）　外貨普通預金金利は、金利ファイルに登録され、各取引により参照されます。

(2) 取引種類

　外貨普通預金には、図表Ⅳ-159に示す取引があります。
　新規口座開設で取引が始まり、入金／出金取引が行われて、預金者からの

図表Ⅳ-159　外貨普通預金の取引

取引名	概　要	おもな経路など
新規口座開設	・口座を新規に開設し、必要に応じて通帳を発行します。 ・金額ゼロでの新規口座開設も可能とします。 ・円を換算して外貨で入金する場合、公示相場である電信売相場（TTS：Telegraphic Transfer Selling）が適用されます。	営業店端末（テレバン、インバンで受付あり）
入金	・口座に外貨現金などを入金、または振替などにより入金します。 ・円を換算して外貨で入金する場合、公示相場である電信売相場（TTS：Telegraphic Transfer Selling）が適用されます。	営業店端末（システム内連動含む）、ATM、テレバン、インバン
出金	・口座から外貨現金などを出金、または振替などにより出金します。 ・外貨を出金して円に換算する場合、公示相場である電信買相場（TTB：Telegraphic Transfer Buying）が適用されます。	同上
利息決算	・毎年2月／8月の利息決算日に利息を計算し、利息を入金します。 ・通常、土日に利息決算が行われるため、公示相場は前営業日の最終公示相場を使用します。 ・円で納付する預金利子税の換算には、公示相場である電信買相場（TTB：Telegraphic Transfer Buying）が適用されます。	センター自動処理
口座解約	・解約日までの利息を計算し、利息を入金したうえで口座を解約します。 ・睡眠預金と判定され、雑益編入による解約の場合は利息を計算せず、利息の入金も行わずに解約します。「第Ⅰ章第4節2　預金共通・睡眠口座」も参照してください。 ・元利金ゼロでの口座解約も可能とします。 ・外貨の元利金を出金して円に換算する場合、公示相場である電信買相場（TTB：Telegraphic Transfer Buying）が適用されます。	営業店端末

	・円で納付する預金利子税の換算には、公示相場である電信買相場（TTB：Telegraphic Transfer Buying）が適用されます。	
変更	・口座の基本的な項目（通帳発行区分）や状態（通帳や印鑑の紛失など）を変更します。 ・具体的には通帳発行口座をステートメント方式に切り替えるなどがあります。	営業店端末（一部、テレバン、インバンもあり）
金利登録	・適用開始日以降の外貨普通預金金利を変更する場合に金利を登録します。	本部端末
金利承認	・登録された金利を再鑑後、承認し、適用開始日以降、適用します。	本部端末
金利照会	・現在適用されている金利や過去の金利の履歴などを照会します。	営業店端末、テレバン、インバン、本部端末

　申し出などにより変更取引を行って、毎年2月／8月に利息決算が行われます。最終的に口座が不要となった場合には、おもに預金者の依頼により口座を解約します。

　金利の変動により、外貨普通預金金利を変更する場合には翌日以降の金利を登録し、登録内容に問題がない場合は金利承認を行います。この承認により翌日以降に新しい金利が適用されます。預金者などからの問い合わせに対しては金利を照会し、回答します。

(3)　取引ファイル

　外貨普通預金の口座情報を管理する外貨普通預金ファイルの論理的な構成について記述します（図表Ⅳ-160参照）。

　①　基本レコード

　新規口座開設時にレコードが追加され、取引のたびに更新されます。キーは店番、科目コード、通貨コード、口座番号です。口座の基本的な項目を保持します。具体的には店番、CIF番号、当日残高、前日残高、口座開設日、最終更新日、課税区分、通帳発行区分などがあります。口座番号とCIF番号を一致させる銀行もありますが、複数口座がある場合などは一致させることができないため、店番とCIF番号を基本レコードに持つことでCIFファイル

図表Ⅳ-160　外貨普通預金ファイルの構成

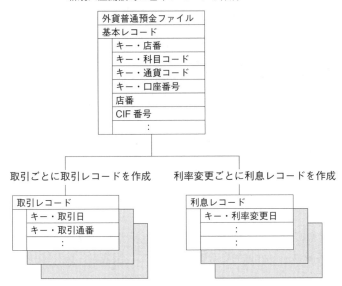

と紐付けします。最新の利息積数は基本レコードに保有し、利率変更前の過去の利息積数は利息レコードに持ちます。

② 取引レコード

勘定の異動をともなう取引ごとに1件追加されます。キーは、取引日、取引通番です。入力された項目や一部項目の取引前後の情報を保持します。具体的には取引日、起算日、取引金額、入払区分、記帳区分、摘要などがあります。一部項目は取引後の最新情報を基本レコードでも管理します。

③ 利息レコード

勘定の異動をともなう取引の際に取引日の属する利息決算期間内に外貨普通預金の利率変更がある場合(*7)、その変更後、初めての取引で利率変更があった数だけ追加されます（図表Ⅳ-161参照）。キーは、利率変更日です。同じ利率が適用されている期間内の利息積数、利率、利息計算開始日、利息計算終了日などを保持します。

（*7）　外貨普通預金の利率変更があるか否かは、利率が登録されている外貨普通預

図表Ⅳ-161　利率変更がある場合の利息レコードの追加要領

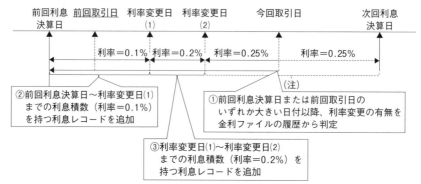

（注）　利率変更日(2)〜次回利息決算日までの全期間の利率は確定していないため、利息レコードは作成しません。このまま利率変更がない場合、利率レコードは次回利息決算日に作成されます。

金金利ファイルの登録履歴を参照することで判定します。

最後に各レコードの追加更新要領について、図表Ⅳ-162に記述します。

図表Ⅳ-162　各レコードの追加更新要領

取引	基本レコード	取引レコード	利息レコード
新規口座開設	1件追加	1件追加	—
入金	1件更新	1件追加	利率変更ありのとき、1件〜複数件追加
出金	1件更新	1件追加	利率変更ありのとき、1件〜複数件追加
利息決算	1件更新	1件追加 (注1)	利率変更ありのとき、1件〜複数件追加 利率変更なしのとき、1件追加(注2)
口座解約	1件更新	2件追加 (注3)	利率変更ありのとき、1件〜複数件追加
変更	1件更新	—	—

（注1）　利息を入金するため、取引レコード1件を追加します。
（注2）　直近の半期分の利息について、利息レコードを1件追加します。
（注3）　利息分の取引レコードは利息の金額に関係なく1件追加します。元金分の取引レコードも元金の金額に関係なく1件追加します。

2 外貨当座預金

> 業務面

(1) 概　要

　外貨普通預金などと同じ流動性預金の1つです。円の当座預金と同様に無利息で預入期間に定めがなく、一部制約があるものの、随時入出金ができます。外貨普通預金と同様に口座引落などの決済サービスは、ほとんど提供されておらず、円の当座預金のように小切手や手形を振出することも制度的にできません。一部の銀行では、当座貸越を可能としています。当座貸越がない場合、有利息の外貨普通預金に比べ、預金者にとって特段のメリットがなく、業務上の都合や伝統的な理由により法人が利用しているに過ぎず、口座数も非常に少ないのが実状です。

　口座の通貨が円ではなく外貨であるため、外貨固有の特徴があります。ここでは特徴的な項目について記述します。

(2) 取扱通貨

　外貨普通預金に準じます。

(3) 利　率

　円の当座預金同様に無利息であるため、利率は存在しません。

(4) 適用相場（窓口）

　「第Ⅳ章第5節1　外貨普通預金」を参照してください。

(5) 適用相場（窓口以外）

　「第Ⅳ章第5節1　外貨普通預金」を参照してください。

(6) 外貨現金の取扱

　「第Ⅳ章第5節1　外貨普通預金」を参照してください。

　以降は、円の預金と共通する項目について記述します。

(7) 流 動 性

　相場などといった制約もあるため、円の当座預金ほどではありませんが、随時入出金が可能です（図表Ⅳ-163参照）。

図表Ⅳ-163　入出金取引などで必要とされるもの

場所など	出金（現金）	入金（現金）	振込・振替
窓口	届出印鑑(注1)と払戻請求書(注2)	入金票	振替：出金と入金に同じ 振込：仕向送金依頼書、出金に同じ
ATM			振替：不可　振込：不可
テレフォン・バンキング（以下、テレバン）、インターネット・バンキング（以下、インバン）			お客様番号とパスワードなど

（注1）　サインの届出も可能です。
（注2）　小切手はないため、払戻請求書で出金します。

(8)　**預入期間**

　「第Ⅳ章第5節1　外貨普通預金」を参照してください。

(9)　**取引単位**

　「第Ⅳ章第5節1　外貨普通預金」を参照してください。

(10)　**利　　息**

　無利息です。当座貸越が可能な銀行の場合、当座貸越契約があり、実際に当座貸越が発生した場合には貸越利息を徴求します。貸越利率は、ロンドン銀行間取引金利（LIBOR：London Inter-Bank Offered Rate）にスプレッドを加えた変動金利で、スプレッドは預金者の信用力、取引振りなどによって決められます。貸越利息計算の考え方は、「第Ⅳ章第6節4　外貨当座貸越」を参照してください。また、口座の通貨が外貨であっても、基本的に変わりがありませんので、「第Ⅰ章第1節4　当座預金」「第Ⅱ章第1節4　当座貸越」「第Ⅱ章第1節5　当座貸越の利息計算方法」「第Ⅰ章第3節2　総合口座の貸越利息計算方法」も参照してください。

(11)　**対　象　者**

　円の当座預金に準じます。

⑿ 通　　帳

　通帳は発行されません。入出金取引の明細はステートメント（外貨当座預金取引照合表）によって通知されます。通知サイクルは日次、週次、旬次、月次などがあります。インバンの普及にともなって、入出金取引の明細をWEB上で確認できることが多いようです。また、円の当座預金と異なり、入金帳は発行されません。

⒀ 手形小切手

　円の当座預金と異なり、小切手や手形を振り出すことはできません。円の当座預金の場合、小切手や手形を振出することができるか否かは預金者の信用力などに依存しますが、外貨当座預金の場合、外貨での決済ニーズがなく、外貨の小切手や手形を決済する制度が国内にないため、預金者の信用力などに関係なく、小切手や手形を振り出すことはできません。

⒁ 預金保険など

　「第Ⅳ章第5節1　外貨普通預金」を参照してください。

⒂ 特定預金等

　「第Ⅳ章第5節1　外貨普通預金」を参照してください。

システム面

　取引遷移、取引種類、取引ファイルのいずれも、外貨普通預金とほぼ同じですが、違いもあるため、以下に記述します。

(1) 取引遷移

　一般的な取引遷移は図表Ⅳ-164のとおりです。

(2) 取引種類

　外貨当座預金には、図表Ⅳ-165に示す取引があります。

　新規口座開設で取引が始まり、入金／出金取引が行われて、預金者からの申し出などにより変更取引を行います。当座貸越契約がある口座で実際に当座貸越が発生した場合には貸越利息を計算し、口座から出金します。最終的に口座が不要となった場合には預金者の依頼により口座を解約します。

　金利の変動により、外貨当座預金貸越金利を変更する場合には翌日以降の金利を登録し、登録内容に問題がない場合は金利承認を行います。この承認

図表Ⅳ－164　外貨当座預金の取引遷移

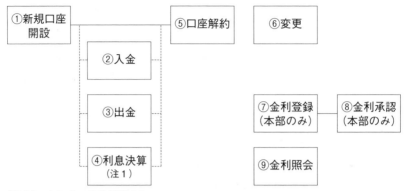

(注1)　センター自動処理のみ。
(注2)　外貨当座預金貸越金利は、金利ファイルに登録され、各取引により参照されます。

図表Ⅳ－165　外貨当座預金の取引

取引名	概　要	おもな経路など
新規口座開設	・口座を新規に開設します。 ・金額ゼロでの新規口座開設も可能とします。 ・キャッシュ・カード、入金帳、小切手帳、手形帳のいずれもありません。 ・円を換算して外貨で入金する場合、公示相場である電信売相場（TTS：Telegraphic Transfer Selling）が適用されます。	営業店端末
入金	・口座に外貨現金を入金、または振替、振込により入金します。 ・円を換算して外貨で入金する場合、公示相場である電信売相場（TTS：Telegraphic Transfer Selling）が適用されます。	営業店端末（システム内連動含む）、テレバン、インバン
出金	・口座から外貨現金を出金、または振替、振込により出金します。 ・外貨を出金して円に換算する場合、公示相場である電信買相場（TTB：Telegraphic Transfer Buying）が適用されます。	同上

利息決算	・外貨当座預金は無利息の預金ですが、当座貸越が発生した場合には、毎年2月／8月の利息決算日に貸越利息を計算し、出金します。 ・貸越利息は外貨で出金されるため、換算に公示相場は不要ですが、貸越利息の起票に必要な場合には、利息決算が通常、土日に行われるため、前営業日の最終公示相場の仲値（TTM：Telegraphic Transfer Middle Rate）を使用します。	センター自動処理
口座解約	・口座を解約します。 ・金額ゼロでの口座解約も可能とします。 ・当座貸越がある場合は、貸越利息を預金者から徴求します。 ・外貨を出金して円に換算する場合、公示相場である電信買相場（TTB：Telegraphic Transfer Buying）が適用されます。	営業店端末
変更	・口座の基本的な項目（ステートメントの通知サイクルなど）や状態（印鑑の紛失など）を変更します。 ・具体的にはステートメントの通知サイクルを月次から週次に切り替える、印鑑の紛失を登録するなどがあります。	営業店端末（一部、テレバン、インバンもあり）
金利登録	・適用開始日以降の外貨当座預金貸越金利を変更する場合に金利を登録します。	本部端末
金利承認	・登録された金利を再鑑後、承認し、適用開始日以降、適用します。	本部端末
金利照会	・現在適用されている金利や過去の金利の履歴などを照会します。	営業店端末、本部端末

により翌日以降に新しい金利が適用されます。預金者などからの問い合わせに対しては金利を照会し、回答します。

(3) 取引ファイル

　外貨当座預金の口座情報を管理する外貨当座預金ファイルの論理的な構成について記述します（図表Ⅳ-166参照）。

図表Ⅳ-166　外貨当座預金ファイルの構成

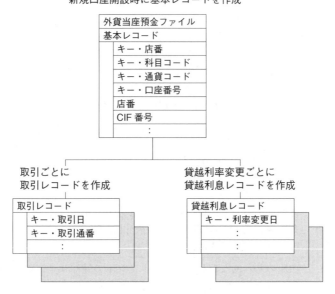

① **基本レコード**

口座開設時にレコードが追加され、取引のたびに更新されます。キーは店番、科目コード、通貨コード、口座番号です。口座の基本的な項目を保持します。具体的には店番、CIF番号、当日残高、前日残高、口座開設日、最終更新日、ステートメント通知サイクルなどがあります。店番とCIF番号を基本レコードに持つことで外貨当座預金ファイルとCIFファイルを紐付けします。最新の貸越利息積数は基本レコードに保有し、利率変更前の過去の貸越利息積数は利息レコードに持ちます。

② **取引レコード**

勘定の異動をともなう取引ごとに1件追加されます。キーは、取引日、取引通番です。入力された項目や一部項目の取引前後の情報を保持します。具体的には取引日、起算日、取引金額、入払区分、摘要などがあります。一部項目は取引後の最新情報を基本レコードでも管理します。

③ 貸越利息レコード

勘定の異動をともなう取引の際に取引日の属する利息決算期間内に外貨当座預金の貸越利率変更がある場合(*1)、その変更後、初めての取引で貸越利率変更があった数だけ追加されます(*2)。キーは、利率変更日です。同じ利率が適用されている期間内の貸越利息積数、貸越利率、利息計算開始日、利息計算終了日などを保持します。

(*1) 外貨当座預金の貸越利率変更があるか否かは利率が登録されている外貨当座預金貸越金利ファイルの登録履歴を参照することで判定します。
(*2) 貸越利率変更がある場合の貸越利息レコードの追加要領は、外貨普通預金利息レコードと同じですので、そちらを参照してください。貸越利息計算の考え方は、「第Ⅳ章第6節4 外貨当座貸越」を参照してください。また、口座の通貨が外貨であっても、基本的に変わりがありませんので、「第Ⅰ章第1節4 当座預金」「第Ⅱ章第1節4 当座貸越」「第Ⅱ章第1節5 当座貸越の利息計算方法」「第Ⅰ章第3節2 総合口座の貸越利息計算方法」も参照してください。

最後に各レコードの追加更新要領について、図表Ⅳ-167に記述します。

図表Ⅳ-167 各レコードの追加更新要領

取引	基本レコード	取引レコード	貸越利息レコード
新規口座開設	1件追加	1件追加	—
入金	1件更新	1件追加	利率変更ありのとき、1件～複数件追加
出金	1件更新	1件追加	利率変更ありのとき、1件～複数件追加
利息決算	1件更新	1件追加(注1)	利率変更ありのとき、1件～複数件追加 利率変更なしのとき、1件追加(注2)
口座解約	1件更新	2件追加(注3)	利率変更ありのとき、1件～複数件追加
変更	1件更新	—	—

(注1) 貸越利息を出金するため、取引レコード1件を追加します。
(注2) 直近の半期分の貸越利息について、貸越利息レコードを1件追加します。
(注3) 貸越利息分の取引レコードは貸越利息の金額に関係なく1件追加します。元金分の取引レコードも元金の金額に関係なく1件追加します。

3　外貨別段預金

業務面

(1) 概　要

　外貨普通預金などと同じ流動性預金の1つですが、基本的に銀行内部の外貨預金です。利息が付く（有利息）口座と利息が付かない（無利息）口座があること以外、外貨普通預金に準じています。外貨普通預金とのおもな差異は以下のとおりです。

(2) 取扱通貨

　「第Ⅳ章第5節1　外貨普通預金」を参照してください。

(3) 利　率

　無利息の外貨別段預金と有利息の外貨別段預金の2種類があります。有利息の外貨別段預金は必要がないため、用意していない銀行もあります。有利息の場合、通常、適用されるのは外貨普通預金利率です。

(4) 適用相場（窓口）

　通常、口座と同じ通貨の金額を入出金する（円との換算の必要がない）ため、公示相場は必要ありません。円を換算し外貨で入出金する場合の公示相場は、外貨普通預金に準じます。

(5) 適用相場（窓口以外）

　ATM、テレフォン・バンキング（以下、テレバン）、インターネット・バンキング（以下、インバン）などでは取扱しないため、リアルタイムに準じる相場などは不要です。

(6) 外貨現金の取扱

　「第Ⅳ章第5節1　外貨普通預金」を参照してください。

　以降は、円の預金と共通する項目について記述します。

(7) 流動性

　相場などといった制約もあるため、円の別段預金ほどではありませんが、随時入出金が可能です。

(8) 用　　途

基本的に以下のような銀行内部の用途に限られます。
① 鑑定のために外貨紙幣を顧客から預かる場合
② 被仕向送金で該当口座がないなどの理由で受取人の口座に入金できない外貨資金を一時的にプールしておく場合

(9) 対 象 者

基本的に預金者は銀行自身です。

(10) 通　　帳

通帳は発行されません。

(11) 預金保険など

「第Ⅳ章第5節1　外貨普通預金」を参照してください。

(12) 特定預金等

「第Ⅳ章第5節1　外貨普通預金」を参照してください。

システム面

外貨別段預金は外貨普通預金に比べて口座数もトランザクションも非常に少ない商品ですが、外貨普通預金に準じています。外貨普通預金との差異は以下のとおりです。

(1) 取引など

取引遷移（図表Ⅳ-168参照）、取引種類、取引ファイルなども外貨普通預金に準じていますが、外貨普通預金などとの取り違えを防ぐために専用の取引画面を用意しています。

(2) 流 動 性

口座開設取引に利息を付けるか否かの区分を設け、入力必須とする必要があります。この区分は外貨別段預金の基本レコードに保有し、後続の処理で使用します。

必要に応じて入出金取引などで振替先の口座の科目に別段預金を指定できないようにチェックします。入出金取引などで振替先の口座の科目に別段預金を指定できないようにチェックする必要があります。口座引落などで外貨別段預金を指定できないようにチェックするのは口座振替システム側のた

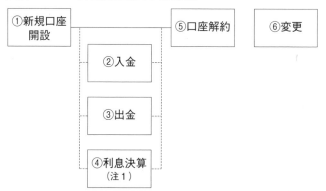

図表Ⅳ-168　外貨別段預金の取引遷移

（注1）　有利息の口座について、センター自動処理のみ。
（注2）　金利は外貨普通預金金利を参照します。

め、特段の対応は不要です。

(3) 利率・利息など

　有利息の口座の場合、外貨普通預金と同様に外貨普通預金利率を適用し、利息積数、利息、預金利子税などを計算します。無利息口座の場合、利息計算も税金計算も行いません。

4　外貨積立預金

業務面

(1) 概　　要

　外貨普通預金などと同じ流動性預金の1つで、預入期間に定めがなく、一部制約があるものの、随時入出金ができ、預入している残高に応じて利息が計算され、年2回または毎月、利息が入金（元加、付利、利息決算）されます。ただし、口座引落などの決済サービスは基本的に提供されていません。円の貯蓄預金の外貨版ともいえ、外貨貯蓄預金と呼んでいる銀行もあります。

　あらかじめ指定された日付に円の普通預金などから出金し、外貨に換算

（購入）して、外貨積立預金に外貨を積み立てていく預金です。外貨の積立をドル・コスト平均法(*1)によって行うため、長期的な資産形成に向いているとされます。一定の残高を超えると優遇金利を適用する場合や金額階層に応じた優遇金利を適用する銀行もあります。比較的新しい商品であるため、銀行によっては提供されていないこともあります。

> (*1) 外貨に限らず、価格が変動する金融商品などを一定金額で定期的に購入し続ける方法です。リスクを抑え、安定した収益を上げることで長期的な資産形成を行うのに有効な手法の1つとされます。

以下では外貨普通預金との相違点を中心に記述します。

(2) **取扱通貨**

「第Ⅳ章第5節1　外貨普通預金」に準じます。

(3) **利　　率**

通貨ごとの外貨普通預金利率が適用されます。銀行によっては、円の貯蓄預金のように一定の金額の幅（金額階層）を複数設け、その幅ごとに適用する利率（金額階層別利率）を設定している場合や、ある一定の金額を定め残高がその金額以上か否かで利率（金額別利率）を分けている場合もあります。利率設定の考え方は「第Ⅰ章第1節5　貯蓄預金」を参照してください。

(4) **適用相場（窓口）**

「第Ⅳ章第5節1　外貨普通預金」を参照してください。

(5) **適用相場（自動積立）**

円を外貨に換算し入金する場合には、公示相場である電信売相場（TTS：Telegraphic Transfer Selling）が使用されますが、あらかじめ指定された日付に円を外貨に換算し、自動的に積み立てる場合、銀行や通貨にもよりますが、優遇された相場(*2)が使用されることが多いようです。

> (*2) 電信幅（TT幅）はドルの場合、通常、1円とされますが、50銭程度優遇されます。

(6) **適用相場（窓口以外、自動積立以外）**

テレフォン・バンキング（以下、テレバン）、インターネット・バンキング（以下、インバン）では、銀行休業日や早朝深夜などを除いて、リアルタイムに準じる相場を使って取引入力ができることが多いようです。

(7) **外貨現金の取扱**

外貨普通預金に準じます。外貨積立預金から外貨現金を出金する場合にかかるリフティング・チャージ（外貨取扱手数料）を優遇する銀行もあるようです。

(8) **自動積立条件**

あらかじめ指定された条件にしたがい、円の普通預金または当座預金から一定金額を出金し、外貨に換算（購入）して、自動的に外貨を積み立てます。その条件は、図表Ⅳ-169のとおりです。

図表Ⅳ-169　自動積立条件

自動積立項目	積立日の種類	内容
積立日付	①毎日	・銀行休業日を除き、毎日積立します。
	②毎週	・毎週指定された曜日に積立します。 ・当該積立日が銀行営業日の場合、翌営業日に積立します。 ・翌営業日が翌週の指定された曜日と一致する場合には、積立は当該積立日に2回分行われます。
	③毎月	・毎月指定された日付に積立します。 ・当該積立日が銀行営業日の場合、翌営業日に積立します。 ・指定された積立日が当該月にない場合、当該月の銀行最終営業日に積立します（積立日が29日、当該月が閏年以外の2月で、28日が銀行営業日の場合には、28日に積立します）。
	④毎月（増額あり）	・積立日の種類が毎月の場合、毎月の積立日のうち、年2回、積立金額を増額することが可能です。
積立金額	―	・外貨では積立金額を指定せず、円で積立金額を指定（たとえば、3,000円、10,000円など）します。 ・これは外貨で指定すると、相場の変動によって、毎回の円での積立金額が一定でなくなるからです。

(9) 取引金額

　自動積立の場合は、円貨額を指定します。円貨額と公示相場である電信売相場（TTS：Telegraphic Transfer Selling）から外貨額を逆算します。

(10) 取引単位

　銀行によります。円貨ベースで最低預入額を500円相当額以上、取引単位1円単位といった例があります。

(11) 利息（利息決算）

　外貨普通預金同様に毎年2月／8月中旬前後の週末に利息決算を行う銀行と、毎月中旬などに利息決算を行う銀行があります。解約の場合も利息決算を行い、利息を支払います。

(12) 利息、税金

　外貨普通預金に準じます。

(13) 流動性

　外貨普通預金に準じます。入金は前述の自動積立のほか、窓口やテレバン、インバンなどから随時可能です。

(14) 対象者

　おもに個人向け商品とされますが、法人でも取引可能な銀行もあります。

(15) 通帳

　通帳は発行されず、入出金取引の明細は外貨積立預金取引照合表（ステートメント）によって一律、通知されることが多いようです。

(16) 預金保険など

　「第Ⅳ章第5節1　外貨普通預金」を参照してください。

(17) 特定預金等

　「第Ⅳ章第5節1　外貨普通預金」を参照してください。

システム面

　取引遷移、取引種類、取引ファイルのいずれも、外貨普通預金とほぼ同じですが、違いもあるため、以下に記述します。

(1) 取引遷移

　一般的な取引遷移は図表Ⅳ－170のとおりです。

図表Ⅳ-170　外貨積立預金の取引遷移

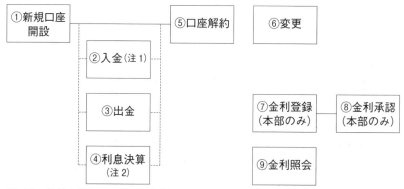

(注1)　営業店端末、センター自動処理など。
(注2)　センター自動処理のみ。
(注3)　外貨積立預金金利は、金利ファイルに登録され、各取引により参照されます。

(2) 取引種類

外貨積立預金には、図表Ⅳ-171に示す取引があります。

新規口座開設で取引が始まり、入金／出金取引が行われて、預金者からの

図表Ⅳ-171　外貨積立預金の取引

取引名	概　要	おもな経路など
新規口座開設	・口座を新規に開設します。 ・自動積立条件（積立日付、積立金額）、円の引落口座（普通預金または当座預金の店番、科目、口座番号）などを入力します。 ・円を換算して外貨で入金する場合、公示相場である電信売相場（TTS：Telegraphic Transfer Selling）が適用されます。	営業店端末
入金	・指定された積立日付に、積立金額（円貨額）と公示相場である電信売相場（TTS：Telegraphic Transfer Selling）から外貨額を逆算し、センター自動処理で入金します。 ・センター自動処理以外のとき、外貨現金を入金、または振替などにより入金します。	営業店端末（システム内連動含む）、センター自動処理、テレバン、インバン

	・円を換算して外貨で入金する場合、公示相場である電信売相場（TTS：Telegraphic Transfer Selling）が適用されます。	
出金	・外貨現金を出金、または振替などにより出金します。 ・外貨を出金して円に換算する場合、公示相場である電信買相場（TTB：Telegraphic Transfer Buying）が適用されます。	営業店端末、テレバン、インバン
利息決算	・毎年2月／8月または毎月の利息決算日に利息を計算し、利息を入金します。 ・通常、土日に利息決算が行われるため、公示相場は前営業日の最終公示相場を使用します。 ・円で納付する預金利子税の換算には、公示相場である電信買相場（TTB：Telegraphic Transfer Buying）が適用されます。	センター自動処理
口座解約	・解約日までの利息を計算し、利息を入金したうえで口座を解約します。 ・元利金ゼロでの口座解約も可能とします。 ・外貨の元利金を出金して円に換算する場合、公示相場である電信買相場（TTB：Telegraphic Transfer Buying）が適用されます。 ・円で納付する預金利子税の換算には、公示相場である電信買相場（TTB：Telegraphic Transfer Buying）が適用されます。	営業店端末
変更	・口座の基本的な項目（自動積立条件、引落口座など）や状態（印鑑の紛失など）を変更します。 ・具体的には自動積立条件、引落口座の内容を変更するなどがあります。	営業店端末（一部、テレバン、インバンもあり）
金利登録	・適用開始日以降の外貨積立預金金利を変更する場合に金利を登録します。	本部端末
金利承認	・登録された金利を再鑑後、承認し、適用開始日以降、適用します。	本部端末
金利照会	・現在適用されている金利や過去の金利の履歴などを照会します。	営業店端末、テレバン、インバン、本部端末

申し出などにより変更取引を行って、毎年2月／8月または毎月、利息決算が行われます。最終的に口座が不要となった場合には、預金者の依頼により口座を解約します。

金利の変動により、外貨積立預金金利を変更する場合には翌日以降の金利を登録し、登録内容に問題がない場合は金利承認を行います。この承認により翌日以降に新しい金利が適用されます。預金者などからの問い合わせに対しては金利を照会し、回答します。

(3) 取引ファイル

外貨積立預金の口座情報を管理する外貨積立預金ファイルの論理的な構成について記述します（図表Ⅳ-172参照）。

図表Ⅳ-172　外貨積立預金ファイルの構成

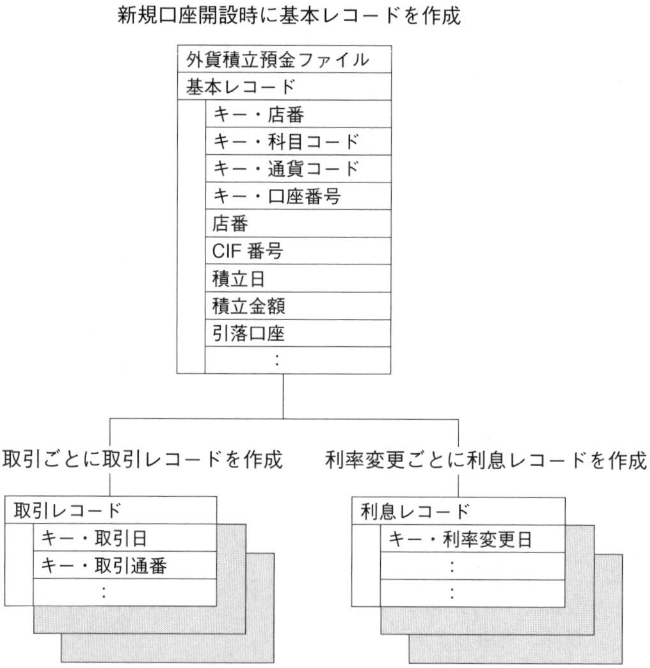

新規口座開設時に基本レコードを作成

```
外貨積立預金ファイル
基本レコード
  キー・店番
  キー・科目コード
  キー・通貨コード
  キー・口座番号
  店番
  CIF番号
  積立日
  積立金額
  引落口座
  ：
```

取引ごとに取引レコードを作成　　利率変更ごとに利息レコードを作成

```
取引レコード              利息レコード
  キー・取引日              キー・利率変更日
  キー・取引通番             ：
  ：                      ：
```

① 基本レコード

新規口座開設時にレコードが追加され、取引のたびに更新されます。キー

は店番、科目コード、通貨コード、口座番号です。口座の基本的な項目を保持します。具体的には店番、CIF番号、当日残高、前日残高、口座開設日、最終更新日、ステートメント通知サイクル、課税区分、積立日、積立金額、増額月、増額金額、引落口座などがあります。店番とCIF番号を基本レコードに持つことで外貨積立預金ファイルとCIFファイルを紐付けします。最新の利息積数は基本レコードに保有し、利率変更前の過去の利息積数は利息レコードに持ちます。

② 取引レコード

勘定の異動をともなう取引ごとに1件追加されます。キーは、取引日、取引通番です。入力された項目や一部項目の取引前後の情報を保持します。具体的には取引日、起算日、取引金額、入払区分、摘要などがあります。一部項目は取引後の最新情報を基本レコードでも管理します。

③ 利息レコード

勘定の異動をともなう取引の際に取引日の属する利息決算期間内に外貨普通預金の利率変更がある場合(*3)、その変更後、初めての取引で利率変更が

図表Ⅳ-173 各レコードの追加更新要領

取引	基本レコード	取引レコード	利息レコード
新規口座開設	1件追加	1件追加	―
入金	1件更新	1件追加	利率変更ありのとき、1件~複数件追加
出金	1件更新	1件追加	利率変更ありのとき、1件~複数件追加
利息決算	1件更新	1件追加 (注1)	利率変更ありのとき、1件~複数件追加 利率変更なしのとき、1件追加(注2)
口座解約	1件更新	2件追加 (注3)	利率変更ありのとき、1件~複数件追加
変更	1件更新	―	―

(注1) 利息を入金するため、取引レコード1件を追加します。
(注2) 直近の半期分の利息について、利息レコードを1件追加します。
(注3) 利息分の取引レコードは利息の金額に関係なく1件追加します。元金分の取引レコードも元金の金額に関係なく1件追加します。

あった数だけ追加されます（「第Ⅳ章第5節1　外貨普通預金」を参照してください）。キーは、利率変更日です。同じ利率が適用されている期間内の利息積数、利率、利息計算開始日、利息計算終了日などを保持します。

(*3)　外貨積立預金の利率変更があるか否かは利率が登録されている外貨積立預金金利ファイルの登録履歴を参照することで判定します。

最後に各レコードの追加更新要領について、図表Ⅳ-173に記述します。

5　外貨定期預金（一般型）

業務面

(1) 概　要

外貨定期預金は銀行の外貨建の資金運用商品のうち、もっとも一般的な商品で、外貨通知預金などと同じ固定性預金の1つです。預入期間はあらかじめ定められており、通常、満期日に利息が計算されます。為替差損のリスクがあるものの、外貨普通預金などと比べて、利率が高いため、資金運用に適しています。

外貨定期預金には、いくつかのバリエーションがありますが（図表Ⅳ-174参照）、ここでは以前からある外貨定期預金（一般型）について、円の定期預金との相違点を中心に記述します。

(2) 取扱通貨

ドル、ユーロが代表的ですが、ほかに英ポンド、スイスフラン、豪ドル、ニュージーランドドルなどが取扱されていることが多いようです。このほか、外為法上の非居住者(*1)にのみ認められている非居住者円も用意されています。取扱通貨に非居住者円が含まれるため、外貨／非居住者円預金という場合もありますが、本書では基本的に外貨預金と略称します。

(*1)　一例を挙げれば、日本を出国し、外国に2年以上滞在している人です。

(3) 利　率

通貨ごとの外貨定期預金利率が適用されます。銀行によっては、外貨積立預金のように、ある一定の金額を定め残高がその金額以上か否かで利率（金

図表Ⅳ-174　外貨定期預金のバリエーション

種　類	内　容	説明箇所
外貨定期預金（一般型）	以前からある外貨定期預金で、預入ごとに証書を発行します。自動継続の特約がないため、満期日以降に書換を行う必要がある外貨定期預金です。	本項で説明します。
外貨定期預金（自動継続型）	おもに個人向けの商品で、通帳を発行し、預入した明細を管理します。基本的に自動継続の特約が付くため、満期日に自動で継続預入され、書換の手間がない外貨定期預金です。	「第Ⅳ章第5節6　外貨定期預金（自動継続型）」で説明します。
為替特約付外貨定期預金	満期日に円貨換算をする特約を付け、満期日の為替差益を放棄する代わりに、円高が一定範囲内であれば、外貨ベースの高利率をそのまま円貨でも享受できるという外貨定期預金です。仕組預金の一種です。	「第Ⅳ章第5節7　為替特約付外貨定期預金」で説明します。
為替特約付円定期預金	満期日に外貨換算をする特約を付け、円高が一定範囲内であれば、高利率をそのまま円貨で享受できるという日本円の定期預金です。仕組預金の一種です。	「第Ⅳ章第5節8　為替特約付円定期預金」で説明します。

額別利率）を分けている場合もあります。一般に同じ通貨では、外貨普通預金利率≦外貨通知預金利率≦外貨定期預金利率とされます。通貨母国の政策金利の変更などにより、利率は変動します。

(4)　**適用相場（窓口）**

　窓口で新規預入（円貨→外貨）、または中間利払か解約（外貨→円貨）する場合には、外貨から円貨に換算するための公示相場が必要です。当日の公示相場はドルが10時過ぎ、ドル以外が11時過ぎに公示されますが、公示後でないと取引はできません。銀行によっては、当日の公示相場が公示されるまでは前日の最終公示相場を暫定的に適用し、取引を可能にしているところもあります。外貨現金での新規預入、外貨普通預金からの外貨振替での新規預入などでは公示相場が不要であるため、公示前でも取引可能ですが、リフティ

ング・チャージ（外貨取扱手数料）(*2)を別途徴求されます。これは外貨現金で新規預入、解約などする場合も同様です。

> (*2) 外貨と円貨の換算は、新規預入が電信売相場（TTS：Telegraphic Transfer Selling）、中間利払と解約が電信買相場（TTB：Telegraphic Transfer Buying）で行われ、仲値（TTM：Telegraphic Transfer Middle Rate）との差であるTT幅が銀行の収益とされますが、口座の通貨と同じ外貨現金や外貨振替の場合、換算相場は必要なく、TT幅を顧客から徴求できないため、外貨取扱手数料を徴求することで銀行の収益を確保しています。

(5) **適用相場（窓口以外）**

　テレフォン・バンキング（以下、テレバン）、インターネット・バンキング（以下、インバン）では、銀行休業日や早朝深夜などを除いて、リアルタイムに準じる相場を使って取引入力ができることが多いようです。

(6) **外貨現金の取扱**

　多額のドル現金やドル以外の通貨の外貨現金を外貨普通預金から出金する場合、あらかじめ銀行に連絡しておかないと、外貨現金の在庫がないことがあります。これは円現金に比べ、格段に需要の少ない外貨現金（特にドル以外の現金）を銀行は極力保有しないためです。

　なお、円と違って、外貨現金の入出金は、ATMでは行うことはできませんし、補助通貨単位(*3)での現金による入出金は、窓口、ATMなどを問わず、行うことができません（銀行では外貨の硬貨は取り扱いません）。

> (*3) 円の場合、補助通貨単位はありませんが、たとえばドルの場合、補助通貨単位はセントで、通常は紙幣ではなく硬貨でのみ取引される単位を指します（ただし、ドルの場合、1ドル硬貨も存在します）。

　以降は、円の預金と共通する項目について記述します。

(7) **流　動　性**

　預入後、満期日までは原則として払い戻せませんが、預金者の突発的な資金ニーズや円安時の為替差益を確定させるための解約もあるため、実際には満期日以前であっても払い戻す（中途解約、期日前解約）ことができます。ただし、利率は預入時の外貨定期預金利率（約定利率）ではなく、中途解約利率、または解約日当日の同一通貨の外貨普通預金利率が適用されます。これは、満期日まで預け入れるという預金者と銀行の間で交わされた契約を預

金者が守らなかったことに対する一種のペナルティです。

　円安局面では、高い外貨定期預金利率を放棄し低い外貨普通預金利率の適用を受けるものの、満期日以前に解約し円転（外貨を円貨に換算）することで、顧客は為替差益を実現できます。

　窓口やテレバン、インバンなどによって、取引できる時間帯、手続に必要なもの（図表Ⅳ-175参照）も異なりますが、預入も解約も実質的に自由に行うことができます（中途解約などの場合、上述のペナルティはあります）。

図表Ⅳ-175　新規預入・解約取引で必要とされるもの

場所など	新規預入	解約
窓口	新規申込書兼入金票、印鑑(注)	証書、届出印鑑(注)、払戻請求書
ATM		
テレバン、インバン	お客様番号とパスワード（普通預金などから振替）	お客様番号とパスワード（解約代わり金は普通預金などに入金）

(注)　サインの届出が可能な場合もあります。

(8)　預入期間

　多くの銀行では、1カ月、2カ月、3カ月、6カ月、1年の期間を取り扱っていますが、中には2年、3年、5年という中長期の外貨定期預金を取り扱っている銀行も一部にあります。2年以上の外貨定期預金の場合、円の定期預金と同様に中間利払があります。

(9)　取引単位

　1基本通貨単位以上、1補助通貨単位が基本ですが、外貨ベースまたは円貨ベースで一定金額以上での取引を求めている銀行もあります。

(10)　利息（利息計算）

　年利建利率で、1年を360日または365日とする日割り計算を行い、単利の利息を求めます。具体的な計算式は以下のとおりです。

　　税引前利息＝金額×外貨定期預金利率（％）÷100×預入日数（片端(*4)）
　　　　　　　÷360または365(*5)

　　（*4）　預入日＝5/1、満期日（解約日）＝6/1の場合、預入日または満期日（解約日）

を数えずに預入日数を31日とする方法です。
（*5） 通貨によります。具体的には、ドル＝360日、ユーロ＝360日、ポンド＝365日などとされています。

なお、利息計算に使用される外貨定期預金利率は、預入期間に応じて変わります（図表Ⅳ－176参照）。

図表Ⅳ－176　預入期間と適用利率の関係

①外貨普通預金利率、または預入日から中途解約日までの期間に応じた一定割合（10％～90％）を預入時の外貨定期預金利率に乗じた利率（中途解約利率）を使用します。
②預入日から満期日まで、預入時の外貨定期預金利率を使用します。
③預入日から満期日まで、預入時の外貨定期預金利率を使用します。
④満期日以降は外貨普通預金利率を使用します。

(11)　中間利払

　中間利払は預入期間が2年以上かつ単利型の場合に行われますが、1年ごとに預入時の約定利率の70％（小数点以下4位切捨）を中間利払利率として計算し、支払います。残りの30％分の利息は満期日以降に一括して支払われるため、満期日以降から見れば、1年ごとに単利で100％の利息が支払われたのと変わりありません。

(12)　利息（付利単位）

　1補助通貨単位です。

(13)　利息（税金）

　預金利息に対し、2013年1月1日から2037年12月31日までの25年間、復興特別所得税として、所得税率2.1％が追加的に課税されています。この結果、国税率が15.315％に変更されています。また2016年1月1日からの法人利子割廃止にともない、法人の預金利子税（地方税）は従来の5％から0％に変更されています。

⑭　対象者

個人法人の両方を対象とします。

⑮　通帳証書

預入明細ごとに証書を発行します。預金明細と証書の関係は図表Ⅳ-177のとおりです。

図表Ⅳ-177　預金明細と証書の関係

⑯　預金保険など

「第Ⅳ章第5節1　外貨普通預金」を参照してください。

⑰　特定預金等

「第Ⅳ章第5節1　外貨普通預金」を参照してください。

システム面

取引遷移、取引種類、取引ファイルのいずれも、円の定期預金とほぼ同じですが、違いもあるため、以下に記述します。

(1)　取引遷移

一般的な取引遷移は図表Ⅳ-178のとおりです。

(2)　取引種類

外貨定期預金（一般型）には、図表Ⅳ-179に示す取引があります。

新規預入取引は預金者が初めて外貨定期預金を預入する際に外貨定期預金口座を新たに作成する場合と、すでに外貨定期預金口座を保有していて、新

図表Ⅳ-178　外貨定期預金（一般型）の取引遷移

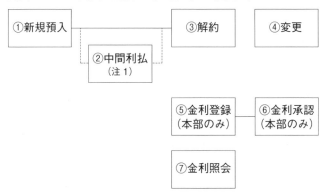

(注1)　預入期間＝2年以上の場合。
(注2)　外貨定期預金金利は、金利ファイルに登録され、各取引により参照されます。

たに外貨定期預金を預入する場合に使用します。外貨定期預金の明細が複数あるとき、明細の中には同一預入日、同一預入期間、同一預入金額のものがある場合もあります。

　解約取引は中途解約（期日前解約）、期後解約（期日後解約）、満期日解約（期日解約）で使用します。

　中間利払取引は預入期間が2年以上の外貨定期預金で1年ごとに直近1年分の利息を計算し、利息だけをあらかじめ指定されている普通預金口座などに入金します。

　変更取引はその口座全体にかかわる項目（印鑑・証書の紛失・盗難など）を

図表Ⅳ-179　外貨定期預金（一般型）の取引

取引名	概　要	おもな経路など
新規預入	・外貨定期預金の口座を新規に開設し、証書を発行します。 ・口座が開設済の場合には外貨定期預金の明細を作成し、証書を発行します。外貨定期預金が複数の場合は各外貨定期預金の明細を分別管理します。	営業店端末、テレバン、インバン

	・円を換算して外貨で入金する場合、公示相場である電信売相場（TTS：Telegraphic Transfer Selling）が適用されます。	
中間利払	・預入期間が2年以上の外貨定期預金について1年ごとに中間払利息を単利で計算して利息支払を行います。 ・外貨の元利金を円に換算する場合、公示相場である電信買相場（TTB：Telegraphic Transfer Buying）が適用されます。 ・円で納付する預金利子税の換算には、公示相場である電信買相場（TTB：Telegraphic Transfer Buying）が適用されます。	営業店端末、センター自動処理
解約	・満期日に解約する場合、預入時の外貨定期預金利率を使用し、満期日までの利息を単利で計算します。中間利払利息の残分がある場合、解約利息と併せて利息支払を行います。 ・満期日以前に解約（中途解約、期日前解約）する場合、実際の預入期間に応じた中途解約利率または外貨普通預金利率を使用し、解約日までの利息を単利で計算します。 ・満期日以降に解約（期後解約、期日後解約）する場合、預入時の外貨定期預金利率を使用し、満期日までの利息を単利で計算し、満期日以降、解約日までは、外貨普通預金利率を使用し、解約日までの利息を単利で計算します。 ・外貨の元利金の円換算と預金利子税の円換算に使用する相場は、中間利払に同じです。	営業店端末、テレバン、インバン
変更	・外貨定期預金口座の基本的な項目（印鑑・証書の紛失など）を登録します。	営業店端末（一部、テレバン、インバンもあり）
金利登録	・外貨定期預金の金利を登録します。	本部端末
金利承認	・登録された金利を再鑑後、承認し、適用開始日以降、適用します。	本部端末
金利照会	・現在適用されている金利や過去の金利の履歴などを照会します。	営業店端末、テレバン、インバン、本部端末

変更する場合などに使用します。

　金利の変動により、外貨定期預金金利を変更する場合には翌日以降の金利を登録し、登録内容に問題がない場合は金利承認を行います。この承認により翌日以降に新しい金利が適用されます。預金者などからの問い合わせにより金利を照会します。

(3)　取引ファイル

　外貨定期預金（一般型）の口座情報を管理する外貨定期預金ファイルの論理的な構成について記述します（図表Ⅳ-180参照）。

　①　基本レコード

　新規預入かつ外貨定期預金口座がない場合にレコードが追加され、取引のたびに更新されます。キーは店番、科目コード、通貨コード、口座番号です。口座の基本的な項目を保持します。具体的には店番、CIF番号、明細レコードを管理する明細番号カウンタ、印鑑紛失、証書紛失、口座開設日、最終更新日などの項目があり、店番とCIF番号も基本レコードに持つことでCIFファイルと紐付けします。

　②　明細レコード

　新規預入ごとに1件追加されます。キーは明細番号で複数の明細がある場合、明細を特定するためのユニークな番号で口座単位に自動採番されます。入力された項目や一部項目の取引前後の情報を保持します。具体的には外貨定期預金種類（一般型、自動継続型など）、預入日、満期日、預入金額、取引レコードを管理する取引番号カウンタ、約定利率、期後利息金額、期後利率などがあります。一部項目は取引後の最新情報を基本レコードでも管理します。

　③　取引レコード

　新規預入、解約の各取引で1件追加されます。キーは取引番号で明細単位に自動採番されます。入力された項目や一部項目の取引前後の情報を保持します。具体的には明細番号、取引日、取引種類（新規預入、解約）、取引金額、対顧適用相場、預金口座番号、振替コード、外貨取扱手数料などがあります。一部項目は取引後の最新情報を基本レコードでも管理します。

図表Ⅳ-180 外貨定期預金ファイルの構成

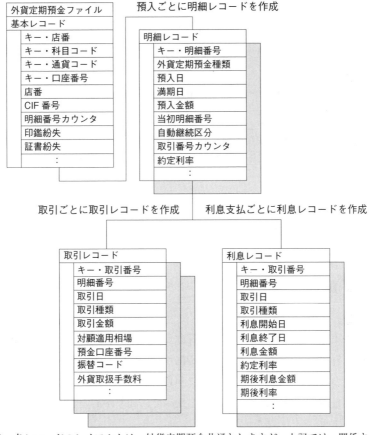

(注) 各レコードのレイアウトは、外貨定期預金共通としますが、上記では、関係する項目をおもに記述しています。

④ 利息レコード

中間利払、解約の各取引で1件追加されます。キーは取引レコード同様に取引番号です。1つの明細について元金と利息の支払が同時にある場合、取引レコードと利息レコードの取引番号は同一番号です。特定の利息の支払についての詳細な情報を保有します。具体的には明細番号、取引日、取引種類（中間利払、解約）、利息開始日、利息終了日、利息金額、約定利率、期後利

息金額、期後利率などがあります。

最後に各レコードの追加更新要領について、図表Ⅳ-181に記述します。

図表Ⅳ-181　各レコードの追加更新要領

取引	基本レコード	明細レコード	取引レコード	利息レコード
新規預入	1件追加	1件追加	1件追加	—
中間利払	1件更新	1件更新	1件追加	1件追加
解約	1件更新	1件更新	1件追加	1件追加
変更	1件更新(注)	1件更新(注)	1件更新(注)	—

(注)　変更する項目により、更新するレコードは異なります。

6　外貨定期預金（自動継続型）

業務面

(1)　概　　要

外貨定期預金は銀行の外貨建の資金運用商品のうち、もっとも一般的な商品で、外貨通知預金などと同じ固定性預金の1つです。預入期間はあらかじめ定められており、通常、満期日に利息が計算されます。為替差損のリスクがあるものの、外貨普通預金などと比べて、利率が高いため、資金運用に適しています。

外貨定期預金には、いくつかのバリエーション（「第Ⅳ章第5節5　外貨定期預金（一般型）」を参照）がありますが、ここでは外貨定期預金（自動継続型）について、外貨定期預金（一般型）との相違点を中心に記述します。外貨定期預金（自動継続型）は、スーパー外貨定期預金とも呼ばれ、外貨定期預金（一般型）と異なり、通帳が発行されます。

(2)　取扱通貨

外貨定期預金（一般型）と同様です。

(3) 利　　率

　外貨定期預金（一般型）と同様です。

(4) 適用相場（窓口）

　外貨定期預金（一般型）と同様です。

(5) 適用相場（窓口以外）

　外貨定期預金（一般型）と同様です。

(6) 外貨現金の取扱

　外貨定期預金（一般型）と同様です。

(7) 流 動 性

　基本的に外貨定期預金（一般型）と同様ですが、円のスーパー定期預金の外貨版といった位置づけの預金でもあるため、一部の銀行ではATMでの新規預入などといった個人を意識したサービスも提供されています。

　窓口やテレフォン・バンキング（以下、テレバン）、インターネット・バンキング（以下、インバン）などによって、取引できる時間帯、手続に必要なもの（図表Ⅳ-182参照）も異なりますが、預入も解約も実質的に自由に行うことができます（中途解約の場合、中途解約利率などの適用といったペナルティはあります）。

図表Ⅳ-182　新規預入・解約取引で必要とされるもの

場所など	新規預入	解　約
窓口	新規申込書兼入金票、印鑑	通帳、届出印鑑、払戻請求書
ATM	普通預金のキャッシュ・カード（普通預金から振替）(注)	普通預金のキャッシュ・カード（普通預金に振替）(注)
テレバン、インバン	お客様番号とパスワード（普通預金などから振替）	お客様番号とパスワード（解約代わり金は普通預金などに入金）

(注)　一部の銀行では取引が可能です。

(8) 預入期間

　一般的に1カ月、2カ月、3カ月、6カ月、1年の期間を取り扱っています。中には2年、3年、5年という中長期の外貨定期預金を取り扱っている銀行も一部にあります。2年以上の預入期間については、「第Ⅳ章第5節5

外貨定期預金(一般型)」を参照してください。

(9) 取引単位

外貨定期預金(一般型)と同様です。

(10) 利息(利息計算)

外貨定期預金(一般型)と同様です。

(11) 中間利払

外貨定期預金(一般型)と同様です。

(12) 利息(付利単位)

外貨定期預金(一般型)と同様です。

(13) 利息(税金)

外貨定期預金(一般型)と同様です。

(14) 対象者

外貨定期預金(一般型)と同様です。

(15) 通帳証書

預入明細ごとに証書を発行します。預金明細と証書の関係は図表Ⅳ-183のとおりです。

図表Ⅳ-183　預金明細と証書の関係

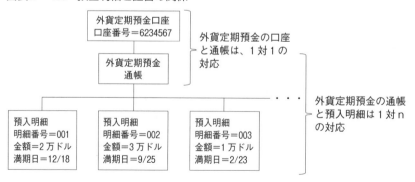

外貨定期預金専用の通帳、または外貨普通預金通帳と外貨定期預金通帳が組み合わされた複合通帳(*1)のいずれかが使用されます。昨今ではインバンで預入した定期預金は通帳・証書の発行が省略されることもあります。

(＊1) 円の普通預金と円の定期預金がセットになった総合口座通帳に近いものですが、外貨預金の場合、外貨定期預金を担保にした外貨普通預金の総合口座貸越を行うことはできません。

⑯ 自動継続

外貨定期預金（一般型）では、預入を継続する場合でも満期日に解約・再預入（書換）を行う手間がありますが、外貨定期預金（自動継続型）では自動継続の特約を付けることで満期日のたびに解約・再預入（書換）を行う必要がなくなります。

自動継続の取扱には、自動継続と自動解約の2種類があります。自動継続は、満期日に解約・再預入（書換）することで預入を継続します。自動解約は、満期日に解約のみ行い、元利金を外貨普通預金などに入金し、外貨定期預金の再預入は行いません。

自動継続時の元利金の取扱には、元利継続と元金継続の2種類があります。元利継続は満期日に元金と利息をまとめて新元金として再預入するもので、元金継続は元金を新元金として再預入し、利息はあらかじめ指定された外貨普通預金などに入金します。

⑰ 外貨普通預金

自動解約時の元利金や元金継続時の利息は同じ通貨の外貨普通預金口座に入金されます。このため、外貨定期預金（自動継続型）の新規預入時には、一般的に外貨普通預金の口座が開設済であることを前提にします。

⑱ 預金保険など

「第Ⅳ章第5節1　外貨普通預金」を参照してください。

⑲ 特定預金等

「第Ⅳ章第5節1　外貨普通預金」を参照してください。

システム面

取引遷移、取引種類、取引ファイルのいずれも、外貨定期預金（一般型）と類似している部分もありますが、違いもあるため、以下に記述します。

(1) 取引遷移

一般的な取引遷移は図表Ⅳ-184のとおりです。

図表Ⅳ-184　外貨定期預金（自動継続型）の取引遷移

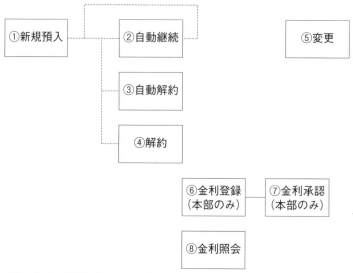

（注）　外貨定期預金金利は、金利ファイルに登録され、各取引により参照されます。

(2) 取引種類

外貨定期預金（自動継続型）には、図表Ⅳ-185に示す取引があります。

新規預入取引には預金者が初めて外貨定期預金を預入する際に外貨定期預金口座を新たに作成する場合と、すでに外貨定期預金口座を保有していて、新たに外貨定期預金を預入する場合に使用します。外貨定期預金の明細が複数ある場合、明細の中には同一預入日、同一預入期間、同一預入金額のものもありえます。

自動継続は満期日に元利金または元金を再預入する場合に使用し、自動解約は満期日に解約し元利金を外貨普通預金口座などに入金する場合に使用します。

解約取引は自動継続でも自動解約でもない中途解約、期後解約で使用します。

変更取引はその口座全体にかかわる項目（印鑑・通帳の紛失・盗難など）を変更する場合などに使用するほか、満期日の取扱や自動継続の元金と利息の

図表Ⅳ-185　外貨定期預金（自動継続型）の取引

取引名	概　要	おもな経路など
新規預入	・外貨定期預金口座を新規に開設し、通帳を発行します。 ・口座が開設済の場合には外貨定期預金明細を作成します。 ・満期日の取扱（自動継続、自動解約、非継続）自動継続の元金と利息の取扱（元利継続、元金継続）などを入力します。 ・円を換算して外貨で入金する場合、公示相場である電信売相場（TTS：Telegraphic Transfer Selling）が適用されます。	営業店端末（自動継続時のシステム内連動含む）、センター自動処理（自動継続時）、テレバン、インバン
自動継続	・満期日の取扱に自動継続が指定されている外貨定期預金明細に使用します。 ・元利継続は元金と利息を合算したものを新元金として再預入します。 ・元金継続は元金を新元金として再預入し、利息はあらかじめ指定されている外貨普通預金などに入金します。 ・預金利子税を除き、元利金とも円に換算せず、外貨のまま処理するため、公示相場は必要ありません（注）。 ・円で納付する預金利子税の換算には、公示相場である電信買相場（TTB：Telegraphic Transfer Buying）が適用されます。	営業店端末、センター自動処理
自動解約	・満期日の取扱に自動解約が指定されている外貨定期預金明細に使用します。 ・元利金ともにあらかじめ指定されている外貨普通預金などに入金します。 ・上記以外は、自動継続に同じです。	営業店端末、センター自動処理
解約	・満期日以外に外貨定期預金明細を解約する場合に使用します。 ・満期日以前に解約（中途解約、期日前解約）する場合、実際の預入期間に応じた中途解約利率または外貨普通預金利率を使用し、解約日まで	営業店端末、テレバン、インバン

	の利息を単利で計算します。 ・満期日以降に解約（期後解約、期日後解約）する場合、預入時の外貨定期預金利率を使用し、満期日までの利息を単利または複利で計算し、満期日以降、解約日までは、外貨普通預金利率を使用し、解約日までの利息を単利で計算します。 ・外貨の元利金を円に換算する場合、公示相場である電信買相場（TTB：Telegraphic Transfer Buying）が適用されます。 ・預金利子税の換算については、自動継続に同じです。	
変更	・外貨定期預金口座の基本的な項目（印鑑・証書の紛失など）を登録します。 ・満期日の取扱（自動継続、自動解約、非継続）、自動継続の元金と利息の取扱（元利継続、元金継続）などを変更します。 ・中途解約の場合に満期日の取扱を自動継続または自動解約から非継続に変更してから、解約する際にも使用されます。	営業店端末（一部、テレバン、インバンもあり）
金利登録	外貨定期預金の金利を登録します。	本部端末
金利承認	登録された金利を再鑑後、承認し、適用開始日以降、適用します。	本部端末
金利照会	現在適用されている金利や過去の金利の履歴などを照会します。	営業店端末、テレバン、インバン、本部端末

（注）　正確には顧客とのやり取りにおいて、公示相場は不要という意味です。単一通貨会計を採用している場合、外貨利息の起票に仲値（TTM：Telegraphic Transfer Middle Rate）が使われることがあるため、公示相場は、システムの会計処理に必要です。

取扱などの変更に使用します。

　金利の変動により、外貨定期預金金利を変更する場合には翌日以降の金利を登録し、登録内容に問題がない場合は金利承認を行います。この承認により翌日以降に新しい金利が適用されます。預金者などからの問い合わせにより金利を照会します。

(3) 取引ファイル

　外貨定期預金（自動継続型）の口座情報を管理する外貨定期預金ファイルの論理的な構成について記述します（図表Ⅳ－186参照）。

図表Ⅳ－186　外貨定期預金ファイルの構成

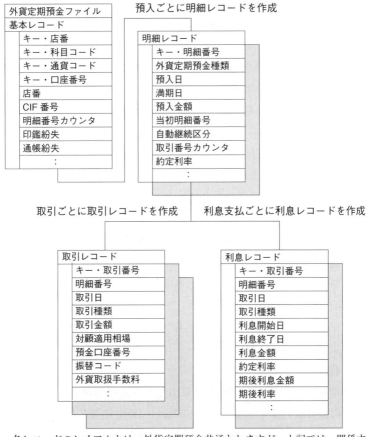

（注）　各レコードのレイアウトは、外貨定期預金共通としますが、上記では、関係する項目をおもに記述しています。

① 基本レコード

　新規預入かつ外貨定期預金口座がない場合にレコードが追加され、取引の

第5節　外貨預金　525

たびに更新されます。キーは店番、科目コード、通貨コード、口座番号です。口座の基本的な項目を保持します。具体的には店番、CIF番号、明細レコードを管理する明細番号カウンタ、印鑑紛失、通帳紛失、通帳発行区分、口座開設日、最終更新日などの項目があり、店番とCIF番号も基本レコードに持つことでCIFファイルと紐付けします。

② 明細レコード

新規預入ごとに1件追加されます。キーは明細番号で複数の明細がある場合、明細を特定するためのユニークな番号が口座単位に自動採番されます（システム的には自動継続の再預入分の明細も明細番号を新たに採番しますが、預入当初の明細番号を当初明細番号として次の明細に引き継いで通帳などに印字することで預金者の利便性を向上させています）。特定の明細についての取引の詳細な情報を保持します。具体的には外貨定期預金種類（一般型、自動継続型など）、預入日、満期日、預入金額、当初明細番号、自動継続区分（自動継続、自動解約、非継続）、取引レコードを管理する取引番号カウンタ、約定利率などがあります。

③ 取引レコード

新規預入、自動継続、自動解約、解約の各取引で1件追加されます。キーは取引番号で明細単位に自動採番されます。入力された項目や一部項目の取引前後の情報を保持します。具体的には明細番号、取引日、取引金額、取引種類（新規預入、自動継続、自動解約、解約）、対顧適用相場、預金口座番号、振替コード、外貨取扱手数料などがあります。一部項目は取引後の最新情報を基本レコードでも管理します。

④ 利息レコード

自動継続、自動解約、解約の各取引で1件追加されます。キーは取引レコード同様に取引番号です。1つの明細について元金と利息の支払が同時にある場合、取引レコードと利息レコードの取引番号は同一番号です。特定の利息支払についての詳細な情報を保有します。具体的には明細番号、取引日、取引種類（中間利払、解約）、利息開始日、利息終了日、利息金額、約定利率、期後利息金額、期後利率などがあります。

最後に各レコードの追加更新要領について、図表Ⅳ-187に記述します。

図表Ⅳ-187　各レコードの追加更新要領

取引	基本レコード	明細レコード	取引レコード	利息レコード
新規預入	1件追加	1件追加	1件追加（預入分）	―
自動継続	1件更新	1件更新	2件追加（解約分、預入分）	1件追加（解約分）
自動解約	1件更新	1件更新	1件追加（解約分）	1件追加（解約分）
解約	1件更新	1件更新	1件追加（解約分）	1件追加（解約分）
変更	1件更新(注)	1件更新(注)	1件更新(注)	―

(注)　変更する項目により、更新するレコードは異なります。

7　為替特約付外貨定期預金

業務面

(1) 概　要

　外貨定期預金は銀行の外貨建の資金運用商品のうち、もっとも一般的な商品で、外貨通知預金などと同じ固定性預金の1つです。預入期間はあらかじめ定められており、通常、満期日に利息が計算されます。為替差損のリスクがあるものの、外貨普通預金などと比べて、利率が高いため、資金運用に適しています。外貨定期預金のうち、為替特約付外貨定期預金は、満期日に円貨換算をする特約(*1)を付け、満期日の為替差益を放棄する代わりに、円高が一定範囲内であれば、外貨ベースの高利率をそのまま円貨でも享受できるという預金です。

　　(*1)　通貨オプションのコールオプション（預金者の外貨コールオプション・円プットオプションの売り、銀行の買い）です。詳細は、「第Ⅴ章第2節3　通貨オプション」を参照してください。

　外貨定期預金には、いくつかのバリエーション（「第Ⅳ章第5節5　外貨定期預金（一般型）」を参照）がありますが、ここでは為替特約付外貨定期預金

について、外貨定期預金(一般型)との相違点を中心に記述します。

(2) 取扱通貨

ドル、ユーロが代表的です。銀行によっては、英ポンド、豪ドル、ニュージーランドドルなどが取扱されています。

(3) 利率

通常の外貨定期預金よりも高い利率が適用されます。為替特約付外貨定期預金では、満期日の相場が預入日の相場より円安であっても、円貨に換算される相場は預入時の相場が適用されます。つまり、満期日の円安のメリットを預入時点で放棄する見返りに、通常の外貨定期預金よりも高い利率が適用されます。

為替特約付外貨定期預金には、募集型と個別型の2種類があります。募集型は比較的小口の金額で預入できますが、個別型は大口の金額でないと預入できないため、募集型の利率＜個別型の利率であるのが一般的です。

(4) 適用相場 (窓口)

窓口からの申込で、円貨から外貨に換算して、新規預入するのが一般的です(＊2)。通常、円貨から外貨に換算する場合、電信売相場 (TTS: Telegraphic Transfer Selling) が適用されますが、為替特約付外貨定期預金では、預入日当日の公示相場仲値 (TTM: Telegraphic Transfer Middle Rate) が適用されます(＊3)(＊4)。外貨で預入する場合は、外貨定期貯金(一般型)などと同様に、リフティング・チャージ(外貨取扱手数料)を徴求されます。

> (＊2) テレフォン・バンキング(以下、テレバン)やインターネット・バンキング(以下、インバン)では、為替特約付外貨定期預金そのものを取り扱っていない場合や、円貨または外貨での新規預入ができない場合もあります。
>
> (＊3) 公示相場が適用されるのは、ドルが10時過ぎから15時、ドル以外が11時過ぎから15時の時間帯です。
>
> (＊4) 銀行の収益であるTT幅がない分、預金者に有利な相場で預入することができます。

(5) 適用相場 (窓口以外)

テレバン、インバンで為替特約付外貨定期預金の預入を可能としている場合、公示相場が適用される時間帯(窓口に同じです)以外は、円貨からの預入は不可とされます。

(6) 外貨現金の取扱

外貨普通預金に準じます。

(7) 流　動　性

満期日まで解約できません。ただし、やむをえない事情であると銀行が判断した場合には中途解約もできますが、その場合は当初の高い利率ではなく、中途解約日当日の外貨普通預金利率が適用され、さらに違約金（損害金）(*5)が請求されます。このため、外貨ベースで元本割れする可能性が高く、加えて中途解約日の相場が預入日の相場よりも円高であれば、円貨ベースで元本割れの幅がさらに拡大します。

> (*5)　デリバティブ（通貨オプション）を内包している預金のため、中途解約によるデリバティブ取引の再構築コスト（同一条件の取引を市場で再度行う場合のコスト）や、外貨資金の再調達コスト（中途解約により流出した外貨預金の再調達コスト）などが違約金として請求されます。違約金は市場の動向により変動しますが、元本の最大数％が違約金とされます。なお、デリバティブを内包しない預金では通常、違約金が請求されることはありません。

窓口やテレバン、インバンなどによって、取引できる時間帯、手続に必要なもの（図表Ⅳ－188参照）も異なります。

図表Ⅳ－188　新規預入・解約取引で必要とされるもの

場所など	新規預入	解　約
窓口	新規申込書兼入金票、印鑑	満期日解約のとき、センター自動処理（判定結果により、円の普通預金または外貨普通預金などへ振替）されるため、解約手続不要。
		中途解約のとき証書、届出印鑑、払戻請求書。
ATM		
テレバン、インバン	お客様番号とパスワード（円の普通預金または外貨普通預金などから振替）	満期日解約のとき、センター自動処理（判定結果により、円の普通預金または外貨普通預金などへ振替）されるため、解約手続不要。 中途解約は窓口のみの取扱。

(8) 預入期間

　個別型では、1カ月、2カ月、3カ月、6カ月、1年の期間を取り扱います。募集型の場合、個別型の取扱期間のうち、1種類～数種類の預入期間を取り扱いますが、通貨や募集時期(＊6)によって都度、異なります。

　　（＊6）　通常、募集期間は1週間程度です。募集期間の最終日の2営業日後が預入日とされます。

(9) 取引単位

　通常、円貨ベースまたは外貨ベースで預入の最低金額が定められています。募集型の場合、比較的小口の金額（円貨ベースで50万円相当額以上、外貨ベースで1万ドル以上かつ補助通貨単位など）での預入が可能です。個別型の場合、比較的大口の金額（円貨ベースで1億円相当額以上、外貨ベースで10万ドル以上かつ補助通貨単位など）での預入が必要とされます。

(10) 利息（利息計算）

　外貨定期預金（一般型）と同様です。

(11) 中間利払

　中間利払はありません。

(12) 利息（付利単位）

　1補助通貨単位です。

(13) 利息（税金）

　外貨定期預金（一般型）と同様です。

(14) 対象者

　外貨定期預金（一般型）と同様です。

(15) 通帳証書

　預入明細ごとに証書を発行します。証書発行を省略し、預入後に取引報告書を送付することで代替している銀行もあります。

(16) 振替特約

　満期日に円貨に換算される場合と外貨のままの場合に分かれる、あるいは預入条件が前回と異なるなど、単純に継続することが難しいため、自動継続はできません。代わりに円貨に換算される場合には預入時に指定した円の普通預金などに入金する、または外貨のままの場合には預入時に指定した外貨

普通預金などに入金する自動解約の特約が付きます。

⒄ **募集型と個別型**

募集型と個別型の2種類があります。募集型は、比較的小口の金額で預入できますが、通常1週間程度の募集期間が決まっている場合には、募集期間内にしか預入できません。また、一定金額以上の応募がない場合や市場状況によっては、募集が中止されることもあります。個別型は、募集期間がなく、随時預入できますが、一般に広く告知されていない場合もあり、一定以上の大口の金額でないと預入できません。市場状況によっては預入できないのは募集型と同様です。

⒅ **商品種類**

募集型には、リスク別に商品種類がいくつか用意されています。詳細は図表Ⅳ-189のとおりです。なお、個別型は個別に預入条件を決めて預入するため、商品種類はありません。

図表Ⅳ-189　商品種類

商品種類	外貨利率	円高許容幅	内容
利率重視	高い	狭い	円高傾向時には、円貨ベースで元本割れするリスクがもっとも高い種類です。リスクは高いものの、高い利率での利息を受け取ることができます。
バランス重視	中程度	中程度	利率重視と元本重視の中間です。中程度のリスクで中程度の利息を受け取ることができます。
元本重視	低い	広い	円高傾向でも、円貨ベースで元本割れするリスクがもっとも低い種類です。リスクは低いものの、低い利率での利息しか受け取ることができません。

⒆ **預金保険など**

「第Ⅳ章第5節1　外貨普通預金」を参照してください。

⒇ **特定預金等**

「第Ⅳ章第5節1　外貨普通預金」を参照してください。

(21) **具 体 例**

　満期日に円貨・外貨のいずれで支払われるかは、判定相場（＝預入時相場－n円(*7)）が満期日の2営業日前の15時の公示相場仲値（TTM）より円安か否かという特約で決まります。

> (*7)　$n \geq 0$。nの値は、市場での為替相場や金利の動向により異なります。また、同一日の預入であっても、nが小さいほど（円高許容の幅が狭い）利率が高く、nが大きいほど（円高許容の幅が広い）利率は低く設定されます（利率の高低と円高を許容する範囲の広狭は反比例の関係にあります）。具体的にいうと、以下のとおりです。
> ・判定相場＜満期日の2営業日前の15時の公示相場仲値（TTM）のとき、元本と利息を預入時の相場で円貨換算し、顧客に支払います（円貨償還）。
> 　→預入時の相場＝解約時の相場のため、為替相場の変動リスクは全くなく、外貨ベースの高利率を円貨でも受け取ることができます。
> ・判定相場≧満期日の2営業日前の15時の公示相場仲値（TTM）のとき、元本と利息を外貨のまま、顧客に支払います（外貨償還）。
> 　→外貨ベースでは高利率ですが、為替相場が預入時よりも円高傾向のため、円貨ベースで元本割れを起こしている可能性が高い状況です。

　より具体的な例は図表Ⅳ-190のとおりです。預入額＝1万ドル、期間＝1年、年利率＝3％、預入時相場＝95.00円、判定相場＝90.00円とします。なお、計算を単純にするため、税金は考慮していません。

　多くの銀行で為替特約付外貨定期預金と同等の商品を取り扱っていますが、名称は銀行によって異なります。用語も銀行によって、預入時相場は作成時相場、受渡相場などといわれ、判定相場は予約相場、特約判定相場などと呼ばれます。

システム面

　取引遷移、取引種類、取引ファイルのいずれも、ほかの外貨定期預金と類似している部分もありますが、為替特約付外貨定期預金固有の部分もあるため、以下に記述します。

(1) **取引遷移**

　一般的な取引遷移は図表Ⅳ-191のとおりです。

(2) **取引種類**

　為替特約付外貨定期預金には、図表Ⅳ-192に示す取引があります。

図表Ⅳ-190　為替特約付外貨定期預金の具体例

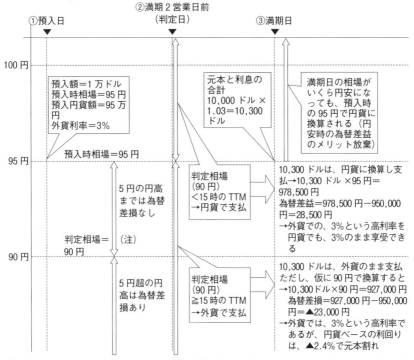

（注）円高の許容幅（預入時相場と判定相場の差）が大きいほど、利率は低く、円高の許容幅が小さいほど、利率は高く設定されます。

図表Ⅳ-191　為替特約付外貨定期預金の取引遷移

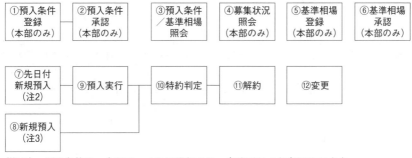

（注1）　預入条件は、金利ファイルに登録され、各取引により参照されます。
（注2）　募集型。
（注3）　個別型。

図表Ⅳ-192　為替特約付外貨定期預金の取引

取引名	概　要	おもな経路など
預入条件登録	・募集型の預入条件を登録します。 ・具体的には、預入予定日、満期日、利率、判定相場、預入時相場などを商品種類ごとに入力します。	本部端末
預入条件承認	・登録された預入条件を再鑑後、承認し、募集期間に適用します。	本部端末
預入条件／基準相場照会	・登録、承認されている預入条件を照会します。 ・登録、承認されている基準相場（満期日の2営業日前の15時の公示相場仲値（TTM））を照会します。	営業店端末、本部端末
募集状況照会	・集計された募集型の預入予定金額を照会します。 ・募集状況の把握に使用します。	本部端末
基準相場登録	・満期日の2営業日前に判定基準である基準相場（満期日の2営業日前の15時の公示相場仲値（TTM））を登録します。	本部端末
基準相場承認	・登録された基準相場（満期日の2営業日前の15時の公示相場仲値（TTM））を再鑑後、承認し、特約判定に使用します。	本部端末
先日付新規預入	・募集型に使用し、先日付の預入日に先立って入力します。 ・入力された商品種類から登録済の預入条件を自動決定し、預入明細を作成します。この時点では預入されません。 ・預入する資金を出金する預金口座（円または外貨の普通預金口座など）を入力します。	営業店端末
預入実行	・先日付で登録された募集型の預入明細を預入日に預入します。 ・円貨から預入する場合、預入日当日の公示相場仲値（TTM）を使用して、外貨に換算します。 ・あらかじめ指定された預金口座から自動出金し、新規預入します。	営業店端末、センター自動処理
新規預入	・個別型に使用し、預入明細を作成します。	営業店端末

	・預入日、満期日、利率、判定相場、預入時相場などを個別に入力します。 ・円貨から預入する場合、預入日当日の公示相場仲値（TTM）を使用して、外貨に換算します。	
特約判定	・募集型、個別型とも、基準相場（満期日の2営業日前の15時の公示相場仲値（TTM））と各預金明細に持つ判定相場を比較し、満期日に円貨で支払うか（円貨償還）、外貨で支払うか（外貨償還）を自動決定します。 ・円貨で支払う場合、満期日を実行日、締結相場を預入時相場、締結金額を外貨税引後元利合計とする為替予約の締結取引を行い、明細を作成します。	センター自動処理
解約	・前述の特約判定にしたがって、解約します。 ・円貨で支払う場合、特約判定で締結した為替予約を実行して、締結相場（預入時相場）で円貨に換算し、あらかじめ指定された円の普通預金などに自動入金します。 ・外貨で支払う場合、あらかじめ指定された外貨の普通預金などに自動入金します。 ・中途解約の場合でも使用します。中途解約の場合、違約金（損害金）を徴求します。 ・円で納付する預金利子税の換算には、公示相場である電信買相場（TTB：Telegraphic Transfer Buying）が適用されます。	営業店端末、センター自動処理
変更	・外貨定期預金口座の基本的な項目（印鑑・証書の紛失など）を登録します。	営業店端末

　預入条件登録は、募集型の預入条件を登録します。預入条件承認は登録された預入条件をチェックし、登録内容に問題がなければ承認します。預入条件／基準相場照会は預金者などからの問い合わせにより、募集型の預入条件を照会します。募集状況照会は本部が募集状況を把握するために使用されます（預入予定金額が募集目標金額に満たない場合、預入が中止されることもあります）。

　先日付新規預入取引は、募集型の募集期間中に先日付で預入取引を行い、

預入明細を作成します。商品種類から預入条件が自動決定されます。預入は先日付での入力時ではなく、預入日に行われます。預入実行は、募集型の募集期間中に先日付で入力された預金明細を通常はセンター自動処理で実行し、預入します。新規預入は、個別型の取引入力に使用されます。預入条件を個別に入力し、預入明細を作成して預入します。

特約判定に先立って、基準相場登録で基準相場（満期日の2営業日前の15時の公示相場仲値（TTM））を登録します。基準相場承認は登録された基準相場をチェックし、登録内容に問題がなければ承認します。預入条件／基準相場照会では基準相場を照会します。

特約判定は、基準相場（満期日の2営業日前の15時の公示相場仲値（TTM））と各預金明細の判定相場を比較し、円貨で支払うか否かを決定し、円貨で支払う場合には為替予約を締結します。通常はセンター自動処理で実行します。

解約は、特約判定の結果にしたがって、円貨または外貨に預金口座に解約代わり金（元利金）を入金します。円貨で支払う場合は特約判定で作成した為替予約を実行して、円貨に換算します。通常はセンター自動処理で実行します。

変更は、定期預金口座の基本的な項目（印鑑・証書の紛失など）を登録・変更します。

(3) 取引ファイル

為替特約付外貨定期預金の口座情報を管理する外貨定期預金ファイルの論理的な構成について記述します（図表Ⅳ－193参照）。

① 基本レコード

先日付新規預入または新規預入の各取引で、かつ外貨定期預金口座がない場合にレコードが1件追加され、取引のたびに更新されます。キーは店番、科目コード、通貨コード、口座番号です。口座の基本的な項目を保持します。具体的には店番、CIF番号、明細レコードを管理する明細番号カウンタ、印鑑紛失、証書紛失、口座開設日、最終更新日などの項目があり、店番とCIF番号も基本レコードに持つことでCIFファイルと紐付けします。

図表Ⅳ-193 外貨定期預金ファイルの構成

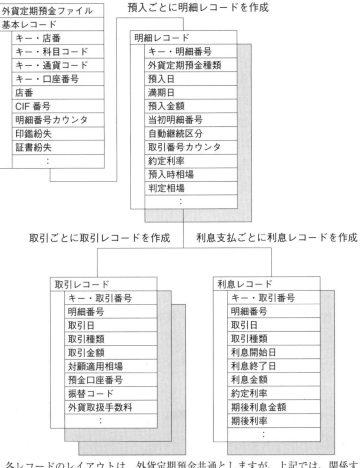

(注) 各レコードのレイアウトは、外貨定期預金共通としますが、上記では、関係する項目をおもに記述しています。

② 明細レコード

先日付新規預入または新規預入の各取引で1件追加されます。キーは明細番号で複数の明細がある場合、明細を特定するためのユニークな番号が口座単位に自動採番されます。入力された項目や一部項目の取引前後の情報を保

第5節 外貨預金 537

持します。具体的には外貨定期預金種類(一般型、自動継続型など)、預入日、満期日、預入金額、取引レコードを管理する取引番号カウンタ、約定利率、預入時相場、判定相場などがあります。一部項目は取引後の最新情報を基本レコードでも管理します。

③ 取引レコード

先日付新規預入、預入実行、新規預入、特約判定、解約の各取引で1件追加されます。キーは取引番号で明細単位に自動採番されます。入力された項目や一部項目の取引前後の情報を保持します。明細番号、取引日、取引種類(先日付新規預入、預入実行、新規預入、特約判定、解約)、取引金額、対顧適用相場、預金口座番号、振替コード、外貨取扱手数料などがあります。一部項目は取引後の最新情報を基本レコードでも管理します。

④ 利息レコード

解約取引で1件追加されます。キーは取引レコード同様に取引番号です。1つの明細について元金と利息の支払が同時にある場合、取引レコードと利息レコードの取引番号は同一番号です。特定の利息支払についての詳細な情報を保有します。具体的には明細番号、取引日、取引種類(解約)、利息開始日、利息終了日、利息金額、約定利率、期後利息金額、期後利率などがあります。

最後に各レコードの追加更新要領について、図表Ⅳ-194に記述します。

図表Ⅳ-194　各レコードの追加更新要領

取引	基本レコード	明細レコード	取引レコード	利息レコード
先日付新規預入	1件追加	1件追加	1件追加	—
預入実行	1件更新	1件更新	1件追加	—
新規預入	1件追加	1件追加	1件追加	—
特約判定	1件更新	1件更新	1件追加	—
解約	1件更新	1件更新	1件追加	1件追加
変更	1件更新(注)	1件更新(注)	1件更新(注)	—

(注)　変更する項目により、更新するレコードは異なります。

8　為替特約付円定期預金

> 業　務　面

(1)　概　　要

　円定期預金は銀行が取り扱う資金運用商品のうち、もっとも一般的な商品です。預入期間はあらかじめ定められており、通常、満期日に利息が計算されます。このうち、為替特約付円定期預金は、満期日に外貨換算をする特約（*1）を付け、円高が一定範囲内であれば、高利率をそのまま円貨で享受できるという預金です。

　（*1）　通貨オプションのプットオプション（預金者の外貨プットオプション・円コールオプションの売り、銀行の買い）です。詳細は「第Ⅴ章2節3　通貨オプション」を参照してください。

　為替特約付円定期預金は、外貨定期預金ではありませんが、為替特約付外貨定期預金と枠組みが類似していること、条件によっては外貨で償還（支払）されることなどから、外貨定期預金の分類の中で記述します。

(2)　通　　貨

　預入時の通貨は、円のみですが、満期日に円高が一定範囲を超えた場合に換算される通貨は、ドル、ユーロが一般的です。銀行によっては、英ポンド、豪ドル、ニュージーランドドルなどもあります。

(3)　利　　率

　通常の円定期預金よりも高い利率が適用されます。為替特約付円定期預金は外貨預金ではない（*2）ため、為替差益はありませんが、円貨ベースでの高利率である見返りに、あらかじめ定められた以上に円高が進行した場合には外貨に換算されて満期日を迎えます。ただし、利息については外貨に換算されるか否かに関係なく、円貨のまま、償還（支払）されます。

　（*2）　為替特約付外貨定期預金と枠組みが類似していること、条件によっては満期日に外貨で償還（支払）されることなどから、ここでは外貨預金の一部としています。

為替特約付円定期預金には、募集型と個別型の２種類があります。募集型は比較的小口の金額で預入できますが、個別型は大口の金額でないと預入できないため、募集型の利率＜個別型の利率であるのが一般的です。

(4) **適用相場（窓口）**、(5) **適用相場（窓口以外）**

預入は窓口などから円貨で行われ、外貨へ換算されるか否かを決定する相場（判定相場）と外貨へ換算する相場（換算相場）（＊3）が決まっているだけで、預入・解約時に直接、公示相場が必要とされることはありません。

> （＊3） 判定相場と換算相場は一致します。預入時の公示相場仲値（TTM：Telegraphic Transfer Middle Rate）よりも円高に設定されます。

(6) **外貨現金の取扱**

満期日に外貨償還された場合、外貨資金はあらかじめ指定した外貨普通預金などに振替されます。その外貨資金を外貨現金で出金する場合の取扱は外貨普通預金に準じます。

(7) **流 動 性**

満期日まで解約できません。ただし、やむをえない事情であると銀行が判断した場合には中途解約もできますが、その場合は当初の高い利率ではなく、中途解約日当日の円普通預金利率が適用され、さらに違約金（損害金）（＊4）が請求されます。このため、元本割れする可能性が高く、加えて中途解約日の相場が預入日の相場よりも円高であれば、外貨ベース、円貨ベースともに元本割れの幅がさらに拡大します。

> （＊4） デリバティブ（通貨オプション）を内包している預金のため、中途解約によるデリバティブ取引の再構築コスト（同一条件の取引を市場で再度行う場合のコスト）や、円貨資金の再調達コスト（中途解約により流出した円預金の再調達コスト）などが違約金として請求されます。違約金は市場の動向により変動しますが、元本の最大数％が違約金とされます。なお、デリバティブを内包しない預金では通常、違約金が請求されることはありません。

窓口やテレフォン・バンキング（以下、テレバン）、インターネット・バンキング（以下、インバン）などによって、取引できる時間帯、手続に必要なもの（図表Ⅳ－195参照）も異なります。

(8) **預入期間**

個別型では、１カ月、２カ月、３カ月、６カ月、１年の期間を取り扱いま

図表Ⅳ－195　新規預入・解約取引で必要とされるもの

場所など	新規預入	解約
窓口	新規申込書兼入金票、印鑑	満期日解約のとき、センター自動処理（判定結果により、円普通預金または外貨普通預金などへ振替）されるため、解約手続不要。
		中途解約のとき証書、届出印鑑、払戻請求書。
ATM		
テレバン、インバン	お客様番号とパスワード（円の普通預金または外貨普通預金などから振替）	満期日解約のとき、センター自動処理（判定結果により、円普通預金または外貨普通預金などへ振替）されるため、解約手続不要。 中途解約は窓口のみの取扱。

す。募集型の場合、個別型の取扱期間のうち、1種類～数種類の預入期間を取り扱いますが、通貨や募集時期(*5)によって都度、異なります。

　　（*5）　通常、募集期間は1週間程度です。募集期間の最終日の2営業日後が預入日とされます。

(9)　**取引単位**

　通常、円貨ベースまたは外貨ベースで預入の最低金額が定められています。募集型の場合、比較的小口の金額（100万円以上など）での預入が可能です。個別型の場合、比較的大口の金額（1,000万円以上など）での預入が必要とされます。

(10)　**利息（利息計算）**

　円定期預金と同様です。外貨に換算される場合でも、利息は円で計算され、円で指定された円普通預金などに入金されます。

(11)　**中間利払**

　中間利払はありません。

(12)　**利息（付利単位）**

　1円単位です。

⒀ 利息（税金）

円定期預金と同様です。

⒁ 対象者

円定期預金と同様です。

⒂ 通帳証書

預入明細ごとに証書を発行します。証書発行を省略し、預入後に取引報告書を送付することで代替している銀行もあります。

⒃ 振替特約

満期日に円貨のままの場合と外貨に換算される場合に分かれる、あるいは預入条件が前回と異なるなど、単純に継続することが難しいため、自動継続はできません。代わりに円貨のままの場合には預入時に指定した円普通預金などに入金する、または外貨に換算される場合には預入時に指定した外貨普通預金などに入金する自動解約の特約が付きます。

⒄ 募集型と個別型

募集型と個別型の２種類があります。募集型は、比較的小口の金額で預入できますが、通常１週間程度の募集期間が決まっている場合には、募集期間内にしか預入できません。また、一定金額以上の応募がない場合や市場状況によっては、募集が中止されることもあります。個別型は、募集期間がなく、随時預入できますが、一般に広く告知されていない場合もあり、一定以上の大口の金額でないと預入できません。市場状況によっては預入できないのは募集型と同様です。

⒅ 商品種類

募集型には、リスク別に商品種類がいくつか用意されています。詳細は図表Ⅳ－196のとおりです。なお、個別型は個別に預入条件を決めて預入するため、商品種類はありません。

⒆ 預金保険など

満期日に元本が外貨に換算され、外貨預金に入金されるまでは、預金保険の対象とされます。外貨預金に入金された後は、預金保険の対象外とされます。

図表Ⅳ-196　商品種類

商品種類	円利率	円高許容幅	内容
利率重視	高い	狭い	円高傾向時には、外貨に換算されるリスクがもっとも高く、したがって円貨ベースで元本割れするリスクがもっとも高い種類です。リスクは高いものの、高い利率での利息を受け取ることができます。
バランス重視	中程度	中程度	利率重視と元本重視の中間です。中程度のリスクで中程度の利息を受け取ることができます。
元本重視	低い	広い	円高傾向でも、外貨に換算されるリスクがもっとも低く、したがって円貨ベースで元本割れするリスクがもっとも低い種類です。リスクは低いものの、低い利率での利息しか受け取ることができません。

⒇　特定預金等

「第Ⅳ章第5節1　外貨普通預金」を参照してください。

(21)　具体例

　満期日に円貨・外貨のいずれで支払われるかは、判定相場（＝預入時相場－n円（*6））が満期日の2営業日前の15時の公示相場仲値（TTM）より円安か否かという特約で決まります。

> (*6)　$n \geq 0$。nの値は、市場での為替相場や金利の動向により異なります。また、同一日の預入であっても、nが小さいほど（円高許容の幅が狭い）利率が高く、nが大きいほど（円高許容の幅が広い）利率は低く設定されます（利率の高低と円高を許容する範囲の広狭は反比例の関係にあります）。具体的にいうと、以下のとおりです。
> ・判定相場＜満期日の2営業日前の15時の公示相場仲値（TTM）のとき、元本と利息を円貨のまま、顧客に支払います（円貨償還）。
>   →利息だけではなく、元本も円貨で償還されるため、高利率をそのまま享受することができます。
> ・判定相場≧満期日の2営業日前の15時の公示相場仲値（TTM）のとき、円貨利息のみ円貨で顧客に支払い、円貨元本は判定相場で外貨に換算し、顧客に支払います（外貨償還）。
>   →円貨利息は高利率で受け取れますが、元本は外貨で償還されます。円高傾向の場合、元本を円貨に換算すると、円貨ベースで元本割れを起こしてい

る可能性が高い状況です。

より具体的な例は図表Ⅳ-197のとおりです。預入額＝100万円、期間＝1年、年利率＝1％、預入時相場＝105.00円、判定相場＝100.00円とします。なお、計算を単純にするため、税金は考慮していません。

図表Ⅳ-197　為替特約付円定期預金の具体例

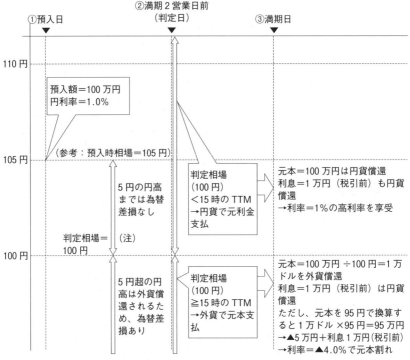

（注）　円高の許容幅（預入時相場と判定相場の差）が大きいほど、利率は低く、円高の許容幅が小さいほど、利率は高く設定されます。

多くの銀行で為替特約付円定期預金と同等の商品を取り扱っていますが、名称は銀行によって異なります。用語も銀行によって、判定相場は特約判定相場、受渡相場などと呼ばれます。

> システム面

取引遷移、取引種類、取引ファイルのいずれも、為替特約付外貨定期預金と類似している部分もありますが、為替特約付円定期預金固有の部分もあるため、以下に記述します。

(1) 取引遷移

一般的な取引遷移は図表Ⅳ-198のとおりです。

図表Ⅳ-198　為替特約付円定期預金の取引遷移

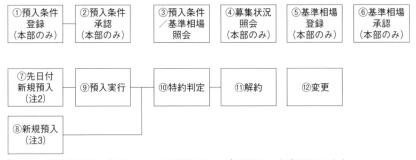

（注1）　預入条件は、金利ファイルに登録され、各取引により参照されます。
（注2）　募集型。
（注3）　個別型。

(2) 取引種類

為替特約付円定期預金には、図表Ⅳ-199に示す取引があります。

預入条件登録は、募集型の預入条件を登録します。預入条件承認は登録された預入条件をチェックし、登録内容に問題がなければ承認します。預入条件／基準相場照会は預金者などからの問い合わせにより、募集型の預入条件を照会します。募集状況照会は本部が募集状況を把握するために使用されます（預入予定金額が募集目標金額に満たない場合、預入が中止されることもあります）。

先日付新規預入取引は、募集型の募集期間中に先日付で預入取引を行い、預入明細を作成します。商品種類から預入条件が自動決定されます。預入は先日付での入力時ではなく、預入日に行われます。預入実行は、募集型の募

図表Ⅳ-199　為替特約付円定期預金の取引

取引名	概　要	おもな経路など
預入条件登録	・募集型の預入条件を登録します。 ・具体的には、預入予定日、満期日、利率、判定相場などを商品種類ごとに入力します。	本部端末
預入条件承認	・登録された預入条件を再鑑後、承認し、募集期間に適用します。	本部端末
預入条件／基準相場照会	・登録、承認されている預入条件を照会します。 ・登録、承認されている基準相場（満期日の2営業日前の15時の公示相場仲値（TTM））を照会します。	営業店端末、本部端末
募集状況照会	・集計された募集型の預入予定金額を照会します。 ・募集状況の把握に使用します。	本部端末
基準相場登録	・満期日の2営業日前に判定基準である基準相場（満期日の2営業日前の15時の公示相場仲値（TTM））を登録します。	本部端末
基準相場承認	・登録された基準相場（満期日の2営業日前の15時の公示相場仲値（TTM））を再鑑後、承認し、特約判定に使用します。	本部端末
先日付新規預入	・募集型に使用し、先日付の預入日に先立って入力します。 ・入力された商品種類から登録済の預入条件を自動決定し、預入明細を作成します。この時点では預入されません。 ・預入する資金を出金する預金口座（円または外貨の普通預金口座など）を入力します。	営業店端末
預入実行	・先日付で登録された募集型の預入明細を預入日に預入します。 ・あらかじめ指定された預金口座から自動出金し、新規預入します。	営業店端末、センター自動処理
新規預入	・個別型に使用し、預入明細を作成します。 ・預入日、満期日、利率、判定相場などを個別に入力します。	営業店端末

特約判定	・募集型、個別型とも、基準相場（満期日の2営業日前の15時の公示相場仲値（TTM））と各預金明細に持つ判定相場を比較し、満期日に円貨で支払うか（円貨償還）、外貨で支払うか（外貨償還）を自動決定します。 ・外貨で支払う場合、満期日を実行日、締結相場を判定相場、締結金額を円貨元本とする為替予約の締結取引を行い、明細を作成します。	センター自動処理
解約	・前述の特約判定にしたがって、解約します。 ・円貨で支払う場合、元利金ともに、あらかじめ指定された円普通預金などに自動入金します。 ・外貨で支払う場合、特約判定で締結した為替予約を実行して、締結相場（判定相場）で元本を外貨に換算し、あらかじめ指定された外貨普通預金などに自動入金します。 ・中途解約の場合でも使用します。中途解約の場合、違約金（損害金）を徴求します。	営業店端末、センター自動処理
変更	・定期預金口座の基本的な項目（印鑑・証書の紛失など）を登録します。	営業店端末

集期間中に先日付で入力された預金明細を通常はセンター自動処理で実行し、預入します。新規預入は、個別型の取引入力に使用されます。預入条件を個別に入力し、預入明細を作成して預入します。

　特約判定に先立って、基準相場登録で基準相場（満期日の2営業日前の15時の公示相場仲値（TTM））を登録します。基準相場承認は登録された基準相場をチェックし、登録内容に問題がなければ承認します。預入条件／基準相場照会では基準相場を照会します。

　特約判定は、基準相場（満期日の2営業日前の15時の公示相場仲値（TTM））と各預金明細の判定相場を比較し、円貨で支払うか否かを決定し、外貨で支払う場合には為替予約を締結します。通常はセンター自動処理で実行します。

　解約は、特約判定の結果にしたがって、円貨または外貨に預金口座に解約代わり金（元利金）を入金します。外貨で支払う場合は特約判定で作成した

為替予約を実行して、外貨に換算します。通常はセンター自動処理で実行します。

変更は、定期預金口座の基本的な項目（印鑑・証書の紛失など）を登録・変更します。

(3) 取引ファイル

為替特約付円定期預金の口座情報を管理する円定期預金ファイルの論理的な構成について記述します（図表Ⅳ-200参照）。

① 基本レコード

先日付新規預入または新規預入の各取引で、かつ円定期預金口座がない場合にレコードが1件追加され、取引のたびに更新されます。キーは店番、科目コード、口座番号です。口座の基本的な項目を保持します。具体的には店番、CIF番号、明細レコードを管理する明細番号カウンタ、印鑑紛失、通帳紛失、通帳発行区分、口座開設日、最終更新日などの項目があり、店番とCIF番号も基本レコードに持つことでCIFファイルと紐付けします。

② 明細レコード

先日付新規預入または新規預入の各取引で1件追加されます。キーは明細番号で複数の明細がある場合、明細を特定するためのユニークな番号が口座単位に自動採番されます。特定の明細についての取引の詳細な情報を保持します。具体的には定期預金種類（スーパー定期、スーパー定期300、大口定期預金、為替特約付円定期預金、満期特約付定期預金など）、預入日、満期日、預入金額、取引レコードを管理する取引番号カウンタ、約定利率、判定相場などがあります。

③ 取引レコード

先日付新規預入、預入実行、新規預入、特約判定、解約の各取引で1件追加されます。キーは取引番号で明細単位に自動採番されます。入力された項目や一部項目の取引前後の情報を保持します。具体的には明細番号、取引日、取引金額、取引外貨額、取引種類（先日付新規預入、預入実行、新規預入、特約判定、解約）、対顧適用相場、預金口座番号、振替コードなどがあります。一部項目は取引後の最新情報を基本レコードでも管理します。

図表Ⅳ-200 為替特約付円定期預金ファイルの構成

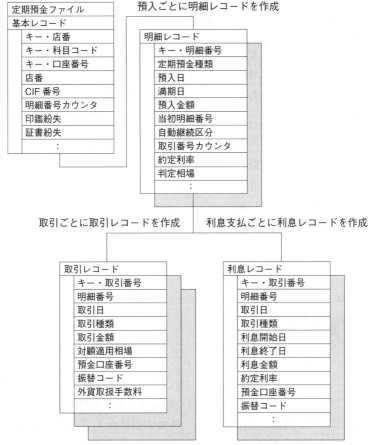

(注) 各レコードのレイアウトは、定期預金共通としますが、上記では、関係する項目をおもに記述しています。

④ 利息レコード

　解約ごとに1件追加されます。キーは取引レコード同様に取引番号です。元金と利息の取引番号は同一番号です。特定の利息支払についての詳細な情報を保有します。具体的には明細番号、取引日、取引種類（解約）、利息開始日、利息終了日、利息金額、約定利率、預金口座番号、振替コードなどが

第5節　外貨預金　549

あります。

最後に各レコードの追加更新要領について、図表Ⅳ-201に記述します。

図表Ⅳ-201　各レコードの追加更新要領

取　引	基本レコード	明細レコード	取引レコード	利息レコード
先日付新規預入	1件追加	1件追加	1件追加	－
預入実行	1件更新	1件更新	1件追加	－
新規預入	1件追加	1件追加	1件追加	－
特約判定	1件更新	1件更新	1件追加	－
解約	1件更新	1件更新	1件追加	1件追加
変更	1件更新(注)	1件更新(注)	1件更新(注)	－

(注)　変更する項目により、更新するレコードは異なります。

9　外貨通知預金

業務面

(1)　概　要

預入後7日間の据置期間があり、解約の2日前までにその旨を通知することなどから、外貨定期預金などと同じ固定性預金に分類されます。反面、預入期間に定めがなく、据置期間後、解約の2日前までにその旨を通知すれば、いつでも解約できることから、流動性預金に分類されることもあります。外貨定期預金の預入期間よりも短期での外貨資金の運用と為替差益を求めて預入されます。実際には外貨資金の運用は外貨定期預金などで行われるのが主流で、外貨通知預金を取り扱っている銀行はあまり多くありません。

以下では外貨定期預金との相違点を中心に記述します。

(2)　取扱通貨

外貨定期預金（一般型）に準じます。

(3) **利　率**

　通貨ごとの外貨通知預金利率が適用されます。銀行によっては、外貨積立預金のように一定の金額の幅（金額階層）を複数設け、その幅ごとに適用する利率（金額階層別利率）を設定している場合や、ある一定の金額を定め残高がその金額以上か否かで利率（金額別利率）を分けている場合もあります。一般に同じ通貨の中では、外貨普通預金利率≦外貨通知預金利率≦外貨定期預金利率とされます。

(4) **適用相場（窓口）**

　「第Ⅳ章第5節5　外貨定期預金（一般型）」を参照してください。

(5) **適用相場（窓口以外）**

　「第Ⅳ章第5節5　外貨定期預金（一般型）」を参照してください。テレフォン・バンキング（以下、テレバン）、インターネット・バンキング（以下、インバン）では取り扱っていない銀行もあります。

(6) **外貨現金の取扱**

　「第Ⅳ章第5節5　外貨定期預金（一般型）」を参照してください。

(7) **流　動　性**

　窓口やテレバン、インバンなどによって、取引できる時間帯、手続に必要なもの（図表Ⅳ-202参照）も異なり、据置期間といった制約もあるため、外貨普通預金ほどではありませんが、随時入出金が可能です。

図表Ⅳ-202　新規預入・解約取引で必要とされるもの

場所など	新規預入	解　約
窓口	新規申込書兼入金票、印鑑(注1)、通帳(注2)	通帳・証書(注2)、届出印鑑(注1)、払戻請求書
ATM		
テレバン、インバン	お客様番号とパスワード（普通預金などから振替）	お客様番号とパスワード（解約代わり金は普通預金などに入金）

(注1)　サインの届出が可能な場合もあります。
(注2)　外貨通知預金通帳を発行している通帳口口座の場合です。証書発行の場合は、預入明細ごとに証書を作成するため、証書は必要ありません。

(8) 預入期間

特に定めはありません。ただし、預入後、7日間の据置期間があり、その期間中は原則として解約できません。据置期間経過後は解約の2日前に解約する旨を銀行に通知する必要があります。

(9) 取引単位

銀行によります。外貨ベースでは最低預入額1,000基本通貨単位以上、取引単位1補助通貨単位、または円貨ベースでは最低預入額が50万円相当額以上、取引単位1円単位といった例があります。

(10) 利息（利息計算）

年利建利率で、1年を360日または365日とする日割り計算を行い、利息を求めます。具体的な計算式は以下のとおりです。

$$税引前利息 = 金額 \times 預入日数（片端(*1)）\times 外貨通知預金利率（\%）\div 100 \div 360\ または\ 365^{(*2)}$$

(*1) 預入日=4/1、解約日=4/30の場合、預入日または解約日を数えずに預入日数を29日とする方法です。

(*2) 通貨によります。具体的には、ドル=360日、ユーロ=360日、ポンド=365日などとされています。

(11) 利息（付利単位）

1補助通貨単位です。

(12) 利息（税金）

「第Ⅳ章第5節1　外貨普通預金」を参照してください。

(13) 対象者

個人に限定している銀行もあれば、個人法人の両方を対象としている銀行もあります。

(14) 通帳証書

外貨定期預金同様に、預入明細ごとに証書を発行する証書口と預入明細をすべて通帳に記帳する通帳口の2種類があります。銀行によっては、いずれか一方のみとしているところもあります。

(15) 預金保険など

「第Ⅳ章第5節1　外貨普通預金」を参照してください。

⑯ 特定預金等

「第Ⅳ章第5節1　外貨普通預金」を参照してください。

システム面

外貨定期預金（一般型）と類似している部分もありますが、よりシンプルです。詳細を以下に記述します。

(1) 取引など

一般的な取引遷移は図表Ⅳ-203のとおりです。

図表Ⅳ-203　外貨通知預金の取引遷移

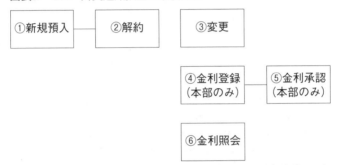

（注）　外貨通知預金金利は、金利ファイルに登録され、各取引により参照されます。

(2) 取引種類

外貨通知預金には、図表Ⅳ-204に示す取引があります。

新規預入取引には預金者が初めて外貨通知預金を預入する際に外貨通知預金口座を新たに作成する場合と、すでに外貨通知預金口座を保有していて新たに外貨通知預金を預入する場合に使用します。外貨通知預金の明細が複数ある場合、明細の中には同一預入日、同一預入期間、同一預入金額のものもありえます。

解約取引は据置期間中または据置期間経過後の解約で使用します。据置期間中は外貨普通預金金利が、据置期間経過後は外貨通知預金金利が適用されます。

変更取引はその口座全体にかかわる項目（印鑑・通帳の紛失・盗難など）を

図表Ⅳ－204　外貨通知預金の取引

取引名	概　要	おもな経路など
新規預入	・外貨通知預金口座を新規に開設し、通帳または証書を発行します。 ・口座が開設済の場合には外貨通知預金明細を作成し、外貨通知預金が複数の場合は各外貨通知預金明細を分別管理します。 ・円を換算して外貨で入金する場合、公示相場である電信売相場（TTS：Telegraphic Transfer Selling）が適用されます。	営業店端末、テレバン、インバン
解約	・据置期間経過後または経過前に解約します。 ・据置期間経過後の解約の場合、預入時の外貨通知預金利率を、据置期間内の解約の場合、解約日の外貨普通預金利率を使用し、解約日までの利息を計算します。 ・外貨の元利金を出金して円に換算する場合、公示相場である電信買相場（TTB：Telegraphic Transfer Buying）が適用されます。 ・円で納付する預金利子税の換算には、公示相場である電信買相場（TTB：Telegraphic Transfer Buying）が適用されます。	営業店端末
変更	・外貨通知預金口座の基本的な項目（印鑑・通帳の紛失など）を登録します。	営業店端末（一部、テレバン、インバンもあり）
金利登録	・適用開始日以降の外貨通知預金金利を変更する場合に金利を登録します。	本部端末
金利承認	・登録された金利を再鑑後、承認し、適用開始日以降、適用します。	本部端末
金利照会	・現在適用されている金利や過去の金利の履歴などを照会します。	営業店端末、テレバン、インバン、本部端末

変更する場合に使用します。

　金利の変動により、外貨通知預金金利を変更する場合には翌日以降の金利を登録し、登録内容に問題がない場合は金利承認を行います。この承認により翌日以降に新しい金利が適用されます。預金者などからの問い合わせにより金利を照会します。

(3) 取引ファイル

　外貨通知預金の口座情報を管理する外貨通知預金ファイルの論理的な構成について記述します（図表Ⅳ-205参照）。

図表Ⅳ-205　外貨通知預金ファイルの構成

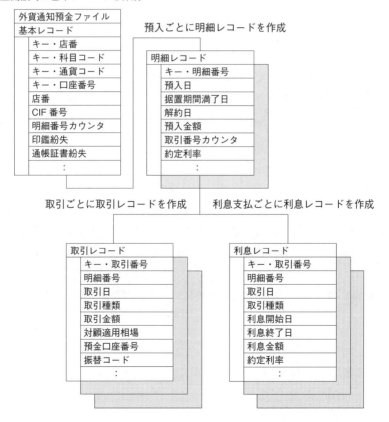

① 基本レコード

口座開設時にレコードが追加され、取引のたびに更新されます。キーは店番、科目コード、通貨コード、口座番号です。口座の基本的な項目を保持します。具体的には店番、CIF番号、明細レコードを管理する明細番号カウンタ、印鑑紛失、通帳証書紛失、口座開設日、最終更新日などの項目があり、店番とCIF番号も基本レコードに持つことでCIFファイルと紐付けします。

② 明細レコード

新規預入ごとに1件追加されます。キーは明細番号で複数の明細がある場合、明細を特定するためのユニークな番号が口座単位に自動採番されます。特定の明細についての取引の詳細な情報を保持します。具体的には預入日、据置期間満了日、解約日、預入金額、取引レコードを管理する取引番号カウンタ、約定利率などがあります。

③ 取引レコード

新規預入、解約の各取引で1件追加されます。キーは取引番号で明細単位に自動採番されます。入力された項目や一部項目の取引前後の情報を保持します。具体的には取引日、取引種類（新規預入、解約）、取引金額、対顧適用相場、預金口座番号、振替コードなどがあります。一部項目は取引後の最新情報を基本レコードでも管理します。

④ 利息レコード

解約取引で1件追加されます。キーは取引レコード同様に取引番号です。取引レコードと利息レコードの取引番号は同一番号です。解約時の利息の支払についての詳細な情報を保有します。具体的には明細番号、取引日、取引種類（解約）、利息開始日、利息終了日、利息金額、約定利率などがあります。

最後に各レコードの追加更新要領について、図表Ⅳ-206に記述します。

図表Ⅳ-206　各レコードの追加更新要領

取　引	基本レコード	明細レコード	取引レコード	利息レコード
新規預入	1件追加	1件追加	1件追加	―
解約	1件更新	1件更新	1件追加	1件追加
変更	1件更新(注)	1件更新(注)	1件更新(注)	―

(注)　変更する項目により、更新するレコードは異なります。

第 6 節　外貨貸付

1　外貨手形貸付

業務面

(1) 概　　要

　円の手形貸付とほぼ同じですが、最大の相違点は、外貨預金などと同様に相場（為替）変動リスクがあることです。1998年の外為自由化以降、外貨預金が個人にとっても比較的身近になったのに比べて、個人には外貨を借りるニーズはほとんどないため、外貨貸付は実質的に法人向けの商品とされます。

　銀行を受取人、外貨の貸付金額を手形金額とした約束手形を、銀行が顧客から借用証として差入を受けることで貸付を行うものです。外貨専用の約束手形（Promissory Note）が用意されていますが、手形要件は円の手形貸付に準じ、金銭消費貸借契約であるのも同じです。

(2) 取扱通貨

　ドル、ユーロが代表的です。ほかの主要国通貨の取扱もありますが、比率から見れば、ほとんど利用されていないのが実状です。このほか、外為法上の非居住者（*1）にのみ認められている非居住者円もあります。取扱通貨に非居住者円が含まれるため、外貨／非居住者円貸付という場合もありますが、本書では基本的に外貨貸付と略称します。

　　（*1）　一例を挙げれば、日本企業の海外現地法人などが該当します。

(3) 貸付期間

　通常1年以内です。1年を超える貸付は外貨証書貸付によります。

(4) 資金使途

　貸付期間は1年以内のため、短期の資金需要に限定されますが、円の貸付

と異なり使途は限定されません。具体的な使途としては、商品の仕入資金や決算時の納税資金、給与や賞与資金などが挙げられます。

(5) 貸付金額

　上下限とも明確な線引きはできませんが、法人向け貸付であることから、下限は円貨ベースで数百万円相当程度、上限は貸付条件、過去の貸出実績、顧客の信用状態などによります。

(6) 貸付利率

　変動金利の場合、外貨はロンドン銀行間取引金利（LIBOR：London Interbank Offered Rate）など、円貨は東京銀行間取引金利（TIBOR：Tokyo Interbank Offered Rate）などを基準金利とし、これにスプレッド（鞘）を加えたものを適用します。スプレッドは、貸付条件、顧客の信用状態、市場動向などによって変わります。また、金利動向により金利を見直すこともあります。一般に貸付の期間が長いほど、利率は高くなる傾向があります。

　固定金利の場合、ロンドン銀行間取引金利、東京銀行間取引金利、または自行の調達レートなどをもとに、スプレッド（鞘）を加味したものを適用します。

(7) 貸付利息

　年利建利率で、1年を360日または365日とする日割り計算を行い、利息を求めます。具体的な計算式は以下のとおりです。

　　貸付利息＝貸付金額×外貨手形貸付利率（％）÷100×貸付日数（両端(*2)）÷360または365(*3)

- (*2) 貸付実行日＝5/1、最終返済期日＝6/1の場合、貸付実行日、最終返済期日とも数えて、貸付日数を32日とする方法です。
- (*3) 通貨によります。具体的には、ドル＝360日、ユーロ＝360日、ポンド＝365日などとされています。

(8) 利息受入

　通常、外貨の場合は後取、非居住者円は前取です。後取の場合、実行時には利息受入はなく、一部返済以降、全額返済までの期間に利息受入があります。前取の場合、実行時と一部返済の期間中に利息受入があり、全額返済では利息受入はありません。

(9) 適用相場

　貸付実行（外貨→円貨）、または利息受入、一部返済、全額返済（円貨→外貨）する場合には、外貨と円貨を換算するための公示相場が必要(*4)です。当日の公示相場はドルが10時過ぎ、ドル以外が11時過ぎに公示されますが、公示後でないと取引はできません。外貨の貸付金額を外貨普通預金などに入金する、外貨普通預金を出金し外貨手形貸付を返済する場合などでは公示相場が不要であるため、公示前でも取引可能です（利息受入がある場合は不可の場合もあります）。

　　(*4)　外貨と円貨の換算は、貸付実行が電信買相場（TTB：Telegraphic Transfer Buying）、利息受入、一部返済、全額返済が電信売相場（TTS：Telegraphic Transfer Selling）で行われます。

　なお、外貨預金と異なり、テレフォン・バンキング（以下、テレバン）、インターネット・バンキング（以下、インバン）などから取引を行うことは通常できないため、適用相場は公示相場に限られます。

(10) 貸付方法

　一括貸付のほか、限度貸付や極度貸付もあります。「第Ⅱ章第3節3　貸付方法」なども参照してください。

(11) 返済方法

　通常、一括返済です。返済期日前の繰上返済（期日前返済）は、通常できません。繰上返済を行う場合、違約金（損害金）の支払などを求めるのは、円の貸付と同様です。「第Ⅱ章第3節4　返済方法」なども参照してください。

(12) 担保・保証

　貸付条件、顧客の信用状態などにより、預金・債券・土地などの担保や、代表者・連帯保証人・保証会社の保証を求めることがあります。一般に担保や保証の裏付けがある貸付の方が、無担保・無保証の貸付より貸付条件は顧客にとっても有利とされます。これは万が一の場合、担保や保証がある方が貸付金の回収が容易なためです。

(13) おどり利息

　「第Ⅱ章第1節2　手形貸付」を参照してください。

(14) 手形書換

「第Ⅱ章第1節2　手形貸付」を参照してください。

システム面

取引遷移、取引種類、取引ファイルのいずれも、円の手形貸付と類似点も多いですが、以下に記述します。

(1) 取引遷移

一般的な取引遷移は図表Ⅳ-207のとおりです。

図表Ⅳ-207　外貨手形貸付の取引遷移

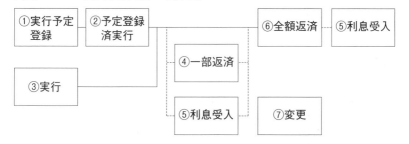

(2) 取引種類

外貨手形貸付には、図表Ⅳ-208に示す取引があります。

翌営業日以降に外貨手形貸付を実行する場合、実行予定登録取引を入力し、その後、実行予定日に予定登録済実行取引を行って、外貨手形貸付を実行します。当日に外貨手形貸付を実行する場合、実行取引を使用します。一部返済取引は一部返済日などに元本の一部のみ返済する場合や元本の一部を返済し、同時に利息も受入する場合に使用し、利息受入取引は利息受入日に利息のみを受入する場合に使用します。全額返済取引は最終返済日などに貸付金額を全額返済する場合に使用します。変更取引はその取引にかかわる項目を変更する場合などに使用します。

(3) 取引ファイル

外貨手形貸付の取引情報を管理する外貨貸付ファイルの論理的な構成について記述します（図表Ⅳ-209参照）。

図表Ⅳ-208　外貨手形貸付の取引

取引名	概　要	おもな経路など
実行予定登録	・翌営業日以降の先日付で実行を入力します。この取引では実行は行われず、実行の予定が登録されているだけで、実行は実行予定日に行われます。 ・外貨手形貸付を管理する取引番号（後述するOur Reference Number、Our Ref. No.、以下同じ）を採番します。 ・実行予定日、通貨／実行金額（貸付金額）、担保区分、使途区分、金利区分（固定金利、変動金利）、利率、スプレッド、最終返済日、返済スケジュール（元本返済日、元本返済サイクル、利息受入日、利息受入サイクルなど）などを入力します。	営業店端末
予定登録済実行	・取引番号（Our Ref. No.）を入力し、先日付で入力済の取引を特定し、実行予定日に外貨手形貸付を実行します。 ・利息前取の場合、元本から利息を差し引く（実収）か、利息は別途受入（未収）とします。 ・外貨を円貨に換算する場合は、公示相場である電信売相場（TTB：Telegraphic Transfer Buying）を適用します。 ・貸付金額を外貨手形貸付の与信残高に加算します。ここでは円貨ベースで与信管理するものとします（以下同じ）。	営業店端末
実行	・先日付ではなく、当日に外貨手形貸付を実行する場合に使用します。 ・外貨手形貸付を管理する取引番号（Our Ref. No.）を採番します。 ・実行予定日、通貨／実行金額、担保区分、使途区分、金利区分（固定金利、変動金利）、利率、スプレッド、最終返済日、返済スケジュール（元本返済日、元本返済サイクル、利息受入日、利息受入サイクルなど）などを入力します。 ・利息前取の場合、元本から利息を差し引く（実収）か、利息は別途受入（未収）とします。 ・外貨を円貨に換算する場合は、公示相場である電信買相場（TTB：Telegraphic Transfer Buying）を適	営業店端末

	・用します。 ・貸付金額を外貨手形貸付の与信残高に加算します。	
一部返済	・通常、一部返済日に貸付金額を一部返済する場合に使用します。延滞の場合にも使用します。 ・元本のみ一部返済し、利息は別途受入（未収）とする場合や元本を一部返済し、同時に利息も受入（実収）とする場合などがあります。 ・取引を特定する取引番号（Our Ref. No.）、通貨／一部返済金額、延滞時利率（一部返済日に延滞したときのみ）などを入力します。 ・元本、利息ともに円貨を外貨に換算する場合は、公示相場である電信売相場（TTS：Telegraphic Transfer Selling）を適用します。 ・一部返済金額を外貨手形貸付の与信残高から減算します。	営業店端末、センター自動処理
利息受入	・通常、利息受入日に利息のみを受け入れる場合や一部返済などで利息別途受入（未収）に使用します。延滞利息の場合にも使用します。 ・取引を特定する取引番号（Our Ref. No.）などを入力します。 ・円貨を外貨に換算する場合は、公示相場である電信売相場（TTS：Telegraphic Transfer Selling）を適用します。	営業店端末、センター自動処理
全額返済	・通常、最終返済日に貸付金額を全額返済（一部返済ありの場合、残額をすべて返済する場合も含む）する場合に使用します。延滞の場合にも使用します。 ・元本のみ全額返済し、利息は別途受入（未収）する場合や元本を全額返済し、同時に利息も受入（実収）とする場合などがあります。 ・取引を特定する取引番号（Our Ref. No.）、通貨／返済金額、延滞時利率（最終返済日に延滞したときのみ）などを入力します。 ・元本、利息ともに円貨を外貨に換算する場合は、公示相場である電信売相場（TTS：Telegraphic Transfer Selling）を適用します。 ・返済金額を外貨手形貸付の与信残高から減算します。	営業店端末、センター自動処理
変更	・取引を特定する取引番号（Our Ref. No.）を入力し、使途区分、担保区分、返済スケジュール、変動金利の場合の次回利率などを登録、変更します。	営業店端末

図表Ⅳ-209　外貨貸付ファイルの構成

（注）　各レコードのレイアウトは、外貨貸付共通としますが、上記では、関係する項目をおもに記述しています。

① 基本レコード

　実行予定登録、実行時にレコードが追加され、取引のたびに更新されます。キーは取引種類（外貨手形貸付、外貨証書貸付、外貨債務保証）、連続番号、店番(*5)です。外貨手形貸付の基本的な項目を保持します。具体的には店番、CIF番号、通貨／実行金額、約定利率、実行日、実行予定日、最終返済日、スプレッド、担保区分、使途区分、金利区分、最終更新日などがあります。

　(*5)　Our Reference Number、Our Ref. No.といわれます。詳細については「第Ⅳ章第1節1　輸出信用状」を参照してください。

② 取引レコード

　取引ごとに1件追加されます。キーは、取引日、取引通番です。入力された項目や一部項目の取引前後の情報を保持します。具体的には取引日、取引種類（実行、一部返済、利息受入、全額返済など）、取引金額、対顧適用相場、預金口座番号、振替コード、利息種類（約定利息、延滞利息など）、利息金額などがあります。一部項目は取引後の最新情報を基本レコードでも管理しま

す。

③ 利息レコード

予定登録済実行（利息前取）、実行（利息前取）、一部返済（利息受入あり）、利息受入、全額返済（利息受入あり）の各取引で1件追加されます。キーは取引レコード同様に取引日、取引通番です。1取引で元本と利息が同時にある場合、取引レコードと利息レコードの取引通番は同一番号です。特定の利息の受入についての詳細な情報を保有します。具体的には取引日、取引種類（実行、一部返済、利息受入など）、利息開始日、利息終了日、利息金額、約定利率、延滞利息金額、延滞利率などがあります。

④ 返済予定レコード

実行予定登録、実行時にレコードが追加され、変更取引で更新されます。キーは、ダミー・キーです。入力された返済スケジュールの情報を保持します。具体的には、元本返済日、元本金額、元本返済サイクル、利息受入日、利息金額、利息受入サイクルなどがあります。

最後に各レコードの追加更新要領について、図表Ⅳ-210に記述します。

2　外貨証書貸付

業　務　面

(1) 概　要

日本円の証書貸付とほぼ同じですが、外貨手形貸付と同様に最大の相違点は、外貨預金などと同様に相場（為替）変動リスクがあることです。外貨貸付が実質的に法人向けの商品であることも同様です。

銀行を受取人、外貨の貸付金額を証書金額とした金銭消費貸借証書を、銀行が顧客から借用証として差入を受けることで貸付を行うものです。外貨専用の金銭消費貸借証書が用意されていますが、要件は日本円の証書貸付に準じ、金銭消費貸借契約であるのも同じです。外貨証書貸付は外貨手形貸付と大きな違いはないため、以下では相違点を中心に記述します。

図表Ⅳ-210　各レコードの追加更新要領

取　引	基本レコード	取引レコード	利息レコード	返済予定レコード
実行予定登録	1件追加	1件追加	—	1件追加
予定登録済実行	1件更新	1件追加	前取時 ・利息同時受入＝1件追加 ・利息別途受入＝1件追加(注1) 後取時 ・追加更新なし	—
実行	1件追加	1件追加	予定登録済実行に同じ	1件追加
一部返済	1件更新	1件追加	前取時または後取時 ・利息同時受入＝1件追加 ・利息別途受入＝1件追加(注1)	—
利息受入	1件更新	1件追加	前取時または後取時 ・未収の利息受入＝1件更新 ・利息の実収＝1件追加	—
全額返済	1件更新	1件追加	前取時 ・追加更新なし 後取時 ・利息同時受入＝1件追加 ・利息別途受入＝1件追加(注1)	—
変更	1件更新 (注2)	1件更新 (注2)	1件更新(注2)	1件更新 (注2)

(注1)　当該取引で1件追加し、後続の利息受入で未収の利息を実収することで、1件更新します。
(注2)　変更する項目により、更新するレコードは異なります。

(2) **取扱通貨**

「第Ⅳ章第6節1　外貨手形貸付」を参照してください。

(3) **貸付期間**

通常1年超です。1年以内の貸付は外貨手形貸付によります。

(4) **資金使途**

貸付期間は1年超のため、中長期の資金需要に限定されますが、日本円の

貸付と異なり使途は限定されません。具体的な使途としては、設備投資資金、長期運転資金などが挙げられます。

(5) **貸付金額**

「第Ⅳ章第6節1　外貨手形貸付」を参照してください。

(6) **貸付利率**

「第Ⅳ章第6節1　外貨手形貸付」を参照してください。

(7) **貸付利息**

「第Ⅳ章第6節1　外貨手形貸付」を参照してください。

(8) **利息受入**

「第Ⅳ章第6節1　外貨手形貸付」を参照してください。

(9) **適用相場**

「第Ⅳ章第6節1　外貨手形貸付」を参照してください。

(10) **貸付方法**

外貨証書貸付1契約ごとに借用証として金銭消費貸借証書を差し入れる貸付形態であるため、一括貸付に限られます（通常、限度貸付、極度貸付はありません）。「第Ⅱ章第1節3　証書貸付」なども参照してください。

(11) **返済方法**

一括返済、分割返済（元利均等返済、元金均等返済）があります。ただし、貸付期間が1年超の長期貸付であり、返済期日に一括返済とすると銀行にとり、リスクが高いため、分割返済（おもに元金均等返済）とし、元金の一部と利息を部分的に返済するのが一般的です。繰上返済については、外貨手形貸付と同じです。「第Ⅱ章第1節3　証書貸付」なども参照してください。

(12) **担保・保証**

貸付期間が1年超の貸付であり、貸倒リスクが相対的に高いため、預金・債券・土地などの担保や代表者・連帯保証人・保証会社の保証などを求めるのが一般的です。

(13) **おどり利息**

「第Ⅱ章第1節3　証書貸付」を参照してください。

(14) **書　　換**

「第Ⅱ章第1節3　証書貸付」を参照してください。

⒂ その他
　① マルチカレンシー条項

　マルチカレンシー条項は、中長期の外貨貸付である外貨証書貸付に付加できる条項です。顧客が事前に銀行に連絡することで、金利更改時に貸付されている通貨を異なる通貨に変更することができます。この条項は変動金利に限って適用されます。これは異なる通貨の間では通常、金利も異なるのが当然であり、通貨の変更にともなう貸付利率の変動を考慮したものです。

システム面

　取引遷移、取引種類、取引ファイルのいずれも、基本的に外貨手形貸付と同じです。「第Ⅳ章第6節1　外貨手形貸付」を参照してください。

3　外貨債務保証

業務面

⑴　概　　要

　外貨債務保証とは、外国企業、外国政府などの第三者に対し、現在または将来に顧客が支払うべき債務を銀行が保証するものです。外貨保証、外貨支払承諾などとも呼ばれます。資金の貸付を行わないこと、顧客の債務不履行時には保証した銀行が債務を履行（代位弁済）することなどは、円の債務保証に準じます。

⑵　保証の種類

　外貨債務保証には、以下のような種類があります。
　① 関税納付保証

　輸入者の取引銀行が関税納付の保証をすることで、関税納付前に輸入者の輸入貨物の引取を可能にします。
　② 入札保証

　落札後の契約締結を輸出者の取引銀行が保証することで、輸出者が海外政府などの入札を行うことを可能にします。

③　現地借入保証

海外の現地銀行に借入債務の支払保証をすることで、顧客の海外支店などが現地の銀行から借り入れることを可能にします。

④　前受金返還保証

プラント輸出など長期にわたる取引では、輸出者は輸出代金の一部または全額を前受金として輸入者から受け取ります。輸出者の契約違反などで、前受金の返還を求められた場合には確実に返還されるよう、輸出者の取引銀行が保証するものです。

(3)　取扱通貨

ドル、ユーロが代表的ですが、新興国、途上国などの通貨での保証も行われています。

(4)　保証期間

保証の種類により、数カ月以上、数年程度ですが、プラント輸出やインフラ整備などの場合、さらに長期のこともあります。

(5)　保証金額

上下限とも明確な線引きはできませんが、法人向けの保証であることから、下限は円貨ベースで数百万円相当程度、上限は保証条件、過去の貸出実績、顧客の信用状態、保証内容などによります。

(6)　保証料率

通貨、国情、保証の種類・期間や顧客の財務・信用状況によります。一般に保証の期間が長いほど、料率は高くなる傾向があります。

(7)　保　証　料

外貨手形貸付などと同様に、年利建の料率で、1年を360日または365日とする日割り計算を行い、保証料を求めます。具体的な計算式は以下のとおりです。

保証料＝貸付金額×外貨債務保証料率（％）÷100×保証日数（両端 (＊1)(＊2)）÷360または365 (＊2)(＊3)

(＊1)　保証実行日＝5/1、保証期日＝6/1の場合、保証実行日、保証期日とも数えて、保証日数を32日とする方法です。

(＊2)　保証内容によっては、月割りとすることもあります。保証実行日＝5/1、保証期日＝6/1の場合、保証月数を2カ月とし、年の月数を12カ月として保証料を計

算します。

(*3) 年日数は通貨によります。具体的には、ドル＝360日、ユーロ＝360日、ポンド＝365日などとされています。

(8) 保証料受入

通常、前取ですが、後取の場合もあります。

(9) 適用相場

外貨手形貸付のように資金を貸付しないため、元本の返済はありませんが、外貨の保証料を換算するための公示相場である電信売相場（TTS：Telegraphic Transfer Selling）が必要です。当日の公示相場はドルが10時過ぎ、ドル以外が11時過ぎに公示されますが、公示後でないと取引はできません。外貨の保証料を外貨普通預金などから出金する場合などでは公示相場が不要であるため、公示前でも取引可能です。外貨預金と異なり、リフティング・チャージ（外貨取扱手数料）は徴求しません。

(10) 貸付方法

資金を貸付しないため、貸付方法もありません。

(11) 返済方法

資金を貸付しないため、返済方法もありません。保証料については、一定のサイクルで徴求します。

(12) 担保・保証

保証条件、顧客の信用状態などによりますが、通常、預金・債券・土地などの担保を求めます。

システム面

銀行によっては、円の貸付システムに外貨債務保証も組み込んで、円の債務保証と同等の機能、サービスを提供できるようにしている銀行もありますが、ごく少数です。大半の銀行は円の貸付システムとは別の外国為替システムの中に外貨債務保証を組み込んでいて、中にはパッケージを導入している場合もあるため、保証料の計算方法など、円の債務保証と細かい点が異なることもあるようです。

取引遷移、取引種類、取引ファイルのいずれも、円の債務保証と類似点も

多いですが、以下に記述します。

(1) 取引遷移

一般的な取引遷移は図表Ⅳ-211のとおりです。

図表Ⅳ-211　外貨債務保証の取引遷移

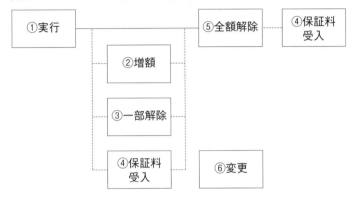

(2) 取引種類

外貨債務保証には、図表Ⅳ-212に示す取引があります。

外貨債務保証を実行する場合、実行取引を使用し、保証金額を増額する場合、増額取引を使用します。一部解除取引は一部解除日に元本の一部のみ解除する場合に使用し、保証料受入取引は保証料受入日などに保証料を受入する場合に使用します。全額解除取引は保証期日などに保証金額を全額解除する場合に使用します。変更取引はその取引にかかわる項目を変更する場合などに使用します。

(3) 取引ファイル

外貨債務保証の取引情報を管理する外貨貸付ファイルの論理的な構成について記述します（図表Ⅳ-213参照）。

① 基本レコード

実行時にレコードが追加され、取引のたびに更新されます。キーは取引種類（外貨手形貸付、外貨証書貸付、外貨債務保証）、連続番号、店番(*4)です。外貨債務保証の基本的な項目を保持します。具体的には店番、CIF番号、通貨／保証金額、保証料率、実行日、保証期日、担保区分、使途区分、最終更

図表Ⅳ-212　外貨債務保証の取引

取引名	概　要	おもな経路など
実行（注）	・外貨債務保証を管理する取引番号（後述するOur Reference Number、Our Ref. No.、以下同じ）を採番します。 ・保証料は別途受入とします。 ・保証実行日、通貨／保証金額、担保区分、保証区分、保証料率、保証期日などを入力します。 ・一定サイクルで保証金額を解除する場合には、解除スケジュール（元本解除日、元本解除サイクル、保証料受入日、保証料受入サイクルなど）を入力します。 ・保証金額を外貨債務保証の与信残高に加算します。ここでは円貨ベースで与信管理するものとします（以下同じ）。	営業店端末
増額	・保証金額を増額する場合に使用します。 ・保証料は別途受入とします。 ・取引を特定する取引番号（Our Ref. No.）、通貨／増額金額などを入力します。 ・増額金額を外貨債務保証の与信残高に加算します。	営業店端末
一部解除	・保証金額の一部を減額する場合に使用します。 ・保証料は別途受入とします。 ・取引を特定する取引番号（Our Ref. No.）、通貨／一部解除金額などを入力します。 ・一部解除金額を外貨債務保証の与信残高から減算します。	営業店端末
保証料受入	・通常、保証料受入日に保証料を受け入れる場合に使用します。 ・取引を特定する取引番号（Our Ref. No.）などを入力します。 ・外貨の保証料を円貨に換算する場合は、公示相場である電信売相場（TTS：Telegraphic Transfer Selling）を適用します。	営業店端末
全額解除	・通常、保証期日に保証金額を全額解除（一部解除ありの場合、残額をすべて解除する場合も含む）する	営業店端末

	場合に使用します。 ・保証料は別途受入とします。 ・取引を特定する取引番号（Our Ref. No.）、通貨／解除金額などを入力します。 ・解除金額を外貨債務保証の与信残高から減算します。	
変更	・取引を特定する取引番号（Our Ref. No.）を入力し、使途区分、担保区分、保証スケジュールなどを変更します。	営業店端末

（注）外貨手形貸付、外貨証書貸付と異なり、先日付で実行予定を登録する取引は用意していません。これは外貨手形貸付、外貨証書貸付の取引数に比べて、外貨債務保証の取引数が少なく、先日付の取引を用意するほどではないからです。

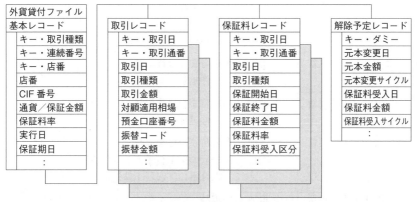

図表Ⅳ-213　外貨貸付ファイルの構成

（注）各レコードのレイアウトは、外貨貸付共通としますが、上記では、関係する項目をおもに記述しています。

新日などがあります。

（＊4）Our Reference Number、Our Ref. No.といわれます。詳細については「第Ⅳ章第1節1　輸出信用状」を参照してください。

② **取引レコード**

取引ごとに1件追加されます。キーは、取引日、取引通番です。入力され

た項目や一部項目の取引前後の情報を保持します。具体的には取引日、取引種類（実行、増額、一部解除、保証料受入、全額解除など）、取引金額、対顧適用相場、預金口座番号、振替コード、振替金額、保証料種類（約定保証料など）などがあります。一部項目は取引後の最新情報を基本レコードでも管理します。

③ 保証料レコード

実行、増額、一部解除、保証料受入、全額解除の各取引で1件追加されます。キーは取引レコード同様に取引日、取引通番です。1取引で元本と保証料が同時にある場合、取引レコードと保証料レコードの取引通番は同一番号

図表Ⅳ-214　各レコードの追加更新要領

取引	基本レコード	取引レコード	保証料レコード	解除予定レコード
実行	1件追加	1件追加	前取時 ・1件追加 後取時 ・追加更新なし	1件追加
増額	1件更新	1件追加	前取時または後取時 ・1件追加(注1)	―
一部解除	1件更新	1件追加	前取時または後取時 ・1件追加(注1)	―
保証料受入	1件更新	1件追加	前取時または後取時 ・未収の保証料受入＝1件更新 ・保証料の実収＝1件追加	―
全額解除	1件更新	1件追加	前取時 ・追加更新なし 後取時 ・1件追加	―
変更	1件更新(注2)	1件更新(注2)	1件更新(注2)	1件更新(注2)

（注1） 当該取引で1件追加し、後続の保証料受入で未収の保証料を実収することで、1件更新します。
（注2） 変更する項目により、更新するレコードは異なります。

です。特定の保証料の受入についての詳細な情報を保有します。具体的には取引日、取引種類（実行、一部解除、保証料受入など）、保証料開始日、保証料終了日、保証料金額、保証料率、保証料受入区分（未収、実収済）などがあります。

④ 解除予定レコード

実行時にレコードが追加され、変更取引で更新されます。キーは、ダミー・キーです。入力された解除スケジュールの情報を保持します。具体的には、元本解除日、元本解除金額、元本解除サイクル（一括、毎月、隔月など）、保証料受入日、保証料金額、保証料受入サイクル（一括、毎月、隔月など）などがあります。

最後に各レコードの追加更新要領について、図表Ⅳ-214に記述します。

4　外貨当座貸越

業務面

(1) 概　要

外貨当座貸越とは、円の当座貸越と同様にあらかじめ定めた金額まで、外貨当座預金の残高不足分を顧客に貸付するものです。顧客と銀行が外貨当座貸越約定書を交わし、約定書に定めた一定金額までの外貨当座預金の残高不足を銀行が立て替える契約を締結します。外貨手形貸付などと異なり、貸付実行日を決めて貸付を行うわけではなく、顧客の払戻請求など(*1)により、外貨当座預金の残高が不足した場合に貸付が自動的に行われます。円の当座貸越とは異なり、総合口座の当座貸越、カードローン、貸越専用の特別当座貸越などはありません。

（*1）円の当座預金と異なり、外貨の小切手や手形は振り出すことができません。出金は専用の払戻請求書、入金は専用の入金票によります。

(2) 取扱通貨

ドル、ユーロが代表的です。ほかの主要国通貨の取扱もありますが、比率から見れば、ほとんど利用されていないのが実状です。このほか、外為法上

の非居住者(*2)にのみ認められている非居住者円もあります。取扱通貨に非居住者円が含まれるため、外貨／非居住者円貸付という場合もありますが、本書では基本的に外貨当座貸越と略称します。

　　(*2)　一例を挙げれば、日本企業の海外現地法人などが該当します。

(3)　**貸付期間**

　通常、１年程度ですが、顧客の信用状態や業績などに変化がなければ、そのまま更新されます。顧客の財務状況などによっては更新が認められない、あるいは外貨当座貸越限度額が減額されることもあります。

(4)　**資金使途**

　通常、短期の運転資金などに使われます。

(5)　**貸付金額**

　外貨当座貸越限度額があらかじめ設定され、その範囲内であれば、外貨当座預金の残高不足分を銀行が貸付（立替）します。手形小切手を振り出すことはできないため、「過振」（かぶり）もありません。

(6)　**貸付利率**

　変動金利です。外貨はロンドン銀行間取引金利（LIBOR：London Interbank Offered Rate）など、円貨は東京銀行間取引金利（TIBOR：Tokyo Interbank Offered Rate）などを基準金利とし、これにスプレッド（鞘）を加えたものを適用します。スプレッドは、貸付条件、顧客の信用状態、市場動向などによって変わります。また、金利動向により金利を見直すこともあります。

(7)　**貸越利息（貸付利息）**

　外貨手形貸付のように期間や金額があらかじめ確定しているわけではないため、円の当座貸越の貸越利息積数と同じ考え方で算出します。貸付利率は前記の利率が使用されます。貸越利息の計算と受入は、毎年２月／８月の外貨普通預金の利息決算日と同じタイミング、あるいは毎月半ばの特定日などに行う銀行が多いようです。貸越利息計算の考え方は円の当座貸越などと通貨が異なる点を除けば、大きな差異はないため、「第Ⅱ章第１節５　当座貸越の利息計算方法」「第Ⅰ章第３節２　総合口座の貸越利息計算方法」を参照してください。

(8) 利息受入

後取です。

(9) 適用相場

貸越（外貨→円貨）、または利息決算（貸越利息受入）、返済（円貨→外貨）する場合には、外貨と円貨を換算するための公示相場が必要(*3)です。当日の公示相場はドルが10時過ぎ、ドル以外が11時過ぎに公示されますが、公示後でないと取引はできません。外貨金額を外貨普通預金などと振替する場合などでは公示相場が不要であるため、公示前でも取引可能です（利息受入がある場合は不可の場合もあります）。

（*3）外貨と円貨の換算は、貸越（出金）が電信買相場（TTB：Telegraphic Transfer Buying）、利息受入、返済（入金）が電信売相場（TTS：Telegraphic Transfer Selling）で行われます。

(10) 貸付方法

あらかじめ設定された外貨当座貸越限度額まで貸付が行われるので、極度貸付の一種といえます。外貨当座貸越限度額は、顧客の信用状態や取引振りなどにより変わります。

(11) 返済方法

円の当座貸越と同様、随時返済により、貸越金額の一部または全額を返済します。総合口座当座貸越と同様、当座預金に入金することで返済されます。

(12) 担保・保証

多くの場合、預金や保証などの担保を求められます。

システム面

(1) 取引遷移

一般的な取引遷移は図表Ⅳ–215のとおりです。外貨当座貸越は外貨当座預金の残高が不足する場合に、自動的に行われるため、外貨当座預金の取引遷移の中で記述します。「第Ⅳ章第5節2　外貨当座預金」も参照してください。

図表Ⅳ-215　外貨当座貸越の取引遷移

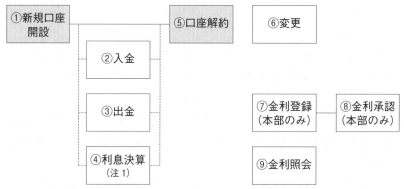

（注1）　センター自動処理のみ。
（注2）　外貨当座貸越金利は、金利ファイルに登録され、各取引により参照されます。

(2)　取引種類

外貨当座預金を含む外貨当座貸越には、図表Ⅳ-216に示す取引があります。

新規口座開設で取引が始まります。預金者からの外貨当座貸越の申込により、審査のうえ、問題なければ、変更取引を行い、外貨当座貸越枠を設定します。外貨当座貸越が発生している場合、入金取引で貸越金額の一部または全額が返済されます。出金取引が行われて、出金後の残高がマイナスになる場合、外貨当座貸越が発生します。外貨当座貸越が発生した場合には利息決算取引で貸越利息を計算し、口座から出金します。最終的に口座が不要となった場合には預金者の依頼により口座を解約します。

金利の変動により、外貨当座貸越金利を変更する場合には翌日以降の金利を登録し、登録内容に問題がない場合は金利承認を行います。この承認により翌日以降に新しい金利が適用されます。預金者などからの問い合わせに対しては金利を照会し、回答します。

(3)　取引ファイル

外貨当座貸越の取引情報を管理するのは、外貨貸付ファイルではなく、外貨当座預金ファイルです。外貨当座預金の口座情報を管理する外貨当座預金ファイルの論理的な構成について記述します（図表Ⅳ-217参照）。

図表Ⅳ-216 外貨当座貸越の取引

取引名	概　要	おもな経路など
新規口座開設	・「第Ⅳ章第5節2　外貨当座預金」を参照してください。	営業店端末
入金（返済）	・外貨当座貸越が発生している場合、口座に外国通貨などを入金、または振替などにより入金することで貸越金額の一部または全額を返済します。 ・入金金額のうち、返済に充当される金額を外貨当座貸越の与信残高から減算します。ここでは円貨ベースで与信管理するものとします（以下同じ）。	営業店端末（システム内連動含む）、センター自動処理、テレバン（注）（システム内連動）、インバン（注）（システム内連動）
出金（貸越）	・出金取引後の残高がマイナスになる場合、外貨当座貸越により自動的に不足する資金を貸付します。 ・出金金額のうち、貸付される貸越金額を外貨当座貸越の与信残高に加算します。	同上
利息決算	・利息決算期間内に外貨当座貸越が発生した場合に、毎年2月／8月などに貸越利息を計算し、出金します。 ・出金金額のうち、貸付される貸越金額を外貨当座貸越の与信残高に加算します。	センター自動処理
口座解約	・「第Ⅳ章第5節2　外貨当座預金」を参照してください。	営業店端末
変更	・口座の基本的な項目（ステートメントの通知サイクルや暗証番号など）や状態（印鑑の紛失など）を変更します。 ・外貨当座貸越可否、外貨当座貸越限度額、承認期限などを入力し、外貨当座貸越枠を設定します（営業店端末のみ）。	営業店端末（一部、テレバン（注）、インバン（注）もあり）
金利登録	・適用開始日以降の外貨当座貸越金利を変更する場合に金利を登録します。	本部端末
金利承認	・登録された金利を再鑑後、承認し、適用開始日以降、適用します。	本部端末
金利照会	・現在適用されている金利や過去の金利の履歴などを照会します。	営業店端末、本部端末

（注）　テレバン＝テレフォン・バンキング、インバン＝インターネット・バンキング。

図表Ⅳ-217　外貨当座預金ファイルの構成

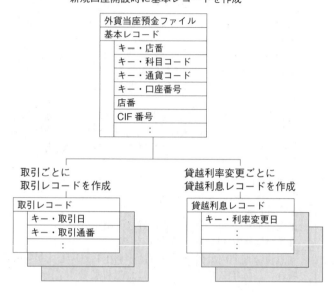

① **基本レコード**

　口座開設時にレコードが追加され、取引のたびに更新されます。キーは店番、科目コード、通貨コード、口座番号です。口座の基本的な属性項目を保持します。具体的には当日残高、前日残高、口座開設日、最終更新日、ステートメント通知サイクルなどがあります。

② **取引レコード**

　取引ごとに1件追加されます。キーは、取引日、取引通番です。取引の詳細な情報を保持します。具体的には取引日、起算日、取引金額、入払区分、摘要などがあります。

③ **貸越利息レコード**

　残高の増減をともなう取引の際に取引日の属する利息決算期間内に外貨当座貸越利率変更がある場合(＊4)、その変更後、初めての取引で外貨当座貸越利率変更があった数だけ追加されます(＊5)。キーは、利率変更日です。同じ利率が適用されている期間内の貸越利息積数、貸越利率、利息計算開始日、

図表Ⅳ-218　各レコードの追加更新要領

取引	基本レコード	取引レコード	貸越利息レコード
口座開設	1件追加	1件追加	—
入金	1件更新	1件追加	利率変更ありのとき、1件～複数件追加
出金	1件更新	1件追加	利率変更ありのとき、1件～複数件追加
利息決算	1件更新	1件追加(注1)	利率変更ありのとき、1件～複数件追加 利率変更なしのとき、1件追加(注2)
口座解約	1件更新	2件追加(注3)	利率変更ありのとき、1件～複数件追加
変更	1件更新	—	—

(注1)　貸越利息を出金するため、取引レコード1件を追加します。
(注2)　直近の半期分の貸越利息について、貸越利息レコードを1件追加します。
(注3)　貸越利息分の取引レコードは貸越利息の金額に関係なく1件追加します。元金分の取引レコードも元金の金額に関係なく1件追加します。

利息計算終了日などを保持します。

(＊4)　外貨当座貸越利率変更があるか否かは利率が登録されている金利ファイルの登録履歴を参照することで判定します。
(＊5)　外貨当座貸越利率変更がある場合の貸越利息レコードの追加要領は、「第Ⅳ章第5節1　外貨普通預金」を参照してください。また、貸越利息計算の考え方は、円の当座貸越でも基本的に変わりがありませんので、「第Ⅱ章第1節5　当座貸越の利息計算方法」を参照してください。

最後に各レコードの追加更新要領について、図表Ⅳ-218に記述します。

5　外貨コミットメントライン

業務面

貸付通貨が外貨であること以外は、コミットメントラインと変わりがありません。「第Ⅱ章第1節11　コミットメントライン」を参照してください。1つの外貨に固定されたコミットメントラインよりも、円のほかにドル、ユーロといった複数通貨でのコミットメントライン、マルチカレンシー条項

付のコミットメントラインの方が主流のようです。

システム面

「第Ⅳ章第6節4　外貨当座貸越」「第Ⅱ章第1節11　コミットメントライン」などを参照してください。

第 7 節　為替予約

1　為替予約（対顧アウトライト）

業務面

(1) 概　要

　先物為替予約（以下、為替予約）とは、将来の一時点または一定の期間内において、一定の相場で外貨と円貨、または外貨と外貨を売買（受渡）する契約を取引の相手と締結する取引です。

　為替予約は、取引の相手が顧客である対顧客向け（以下、対顧）と取引の相手が銀行などの金融機関である対市場向け（対市または対銀、以下、対銀）に大別されますが（図表Ⅳ-219参照）、ここでは為替予約（対顧アウトライト）について説明します。

　為替予約は、為替予約、あるいは単に予約といわれることもあります。輸出手形買取、輸入手形決済、送金、両替、外貨預金、外貨貸付などといった取引で取り扱われる外貨を、小口の場合は小口取引用の先物相場で、大口の場合は市場の実勢相場に銀行の鞘を加えた相場（締結相場）で売買する契約です。通常、売買は契約締結日の翌々営業日以降に行います。

　なお、直物為替予約（以下、直物予約）もあり、外貨の売買契約の締結、ならびに売買そのものを当日中に行います。小口の場合は前述の公示相場が、大口の場合は市場の実勢相場に銀行の鞘を加味した個別の相場が適用されます。

(2) 売買の別

　直物・先物を問わず、外貨の売買の別は外国為替の業務内容によって決まります。たとえば輸出であれば、輸出代金を外貨で得た顧客が円貨を必要とする場合、外貨を売って、円貨を買うことから（銀行：外貨の買い・円貨の売

図表Ⅳ-219　為替予約の種類

種類	受渡時期	内容	説明箇所
対顧	翌々営業日以降（先物（注1））	個人や法人などの顧客向けで受渡が翌々営業日以降のものです。銀行によっては、金額で大口と小口に分けている(注2)場合もあります。売りまたは買いの一方のみの取引です。	本項で説明します。
		上記に同じですが、売りと買い、または買いと売りの2つの取引を組み合わせたものです。	「第Ⅳ章第7節2 為替予約（対顧スワップ）」で説明します。
対銀	翌々営業日（Spot）(注3)、または翌々営業日以降（Forward）	銀行などの金融機関の間で取引が行われ、受渡が翌々営業日（Spot）、または翌々営業日以降（Forward）のものです。売りまたは買いの一方のみの取引です。	「第Ⅳ章第7節3 為替予約（対銀アウトライト）」で説明します。
		上記に同じですが、売りと買い、または買いと売りの2つの取引を組み合わせたものです。	「第Ⅳ章第7節4 為替予約（対銀スワップ）」で説明します。

(注1)　受渡が当日のものを直物といいます。対顧の直物相場は公示相場（公表相場）などといわれます。10万ドル相当額未満を小口とし、公示相場の適用対象とします。10万ドル相当額以上は市場の実勢相場に銀行の鞘を加味した個別の相場が適用されます。
(注2)　銀行にもよりますが、50万ドル相当額未満が小口、50万ドル相当額以上が大口とされます。
(注3)　対顧の直物に相当します。

り）、銀行の買いの為替予約（買予約）とされます。

　逆に輸入であれば、輸入代金を外貨で支払う顧客に外貨の手持ちがない場合、円貨を売って、外貨を買う（銀行：外貨の売り・円貨の買い）ことから銀行の売りの為替予約（売予約）とされます（なお、輸出で売予約、輸入で買予約が締結されることはありません）。

　外貨預金の預入（外貨の売り・円貨の買い）、外貨預金の解約（外貨の買い・円貨の売り）、外貨貸付の実行（外貨の買い・円貨の売り）、外貨貸付の返済

（外貨の売り・円貨の買い）などでも同様で、取引によって売買の別が決まっています。このため、貿易取引では買予約を輸出予約、売予約を輸入予約という場合もあります。

(3) **売買通貨**

銀行と顧客が売買する通貨の組み合わせには、2つの種類があります（図表Ⅳ-220参照）。

図表Ⅳ-220　売買通貨の種類

種類	内容
対円	売り、または買いの一方の通貨が日本円で、もう一方が外貨の取引です。円買い外貨売り、円売り外貨買いが該当します。
クロス	売り、または買いの一方の通貨が外貨で、もう一方も外貨の取引です。ただし、売通貨と買通貨は異なる通貨です。外貨買い外貨売りが該当します。

対円では、日本円・ドルの組み合わせが代表的で、ほかには日本円・ユーロ、日本円・ポンドなどさまざまな組み合わせがあります。またクロスには、ユーロ・ドル、ドル・スイスフランなど、対円と同様にさまざまな組み合わせがありますが、対円取引に比べれば取引量はわずかです。特に、売買される通貨の両方が日本円でもドルでもない為替予約（たとえばスイスフラン・ポンドの組み合わせなど）はさらに少ないのが実状です。

(4) **売買金額**

対顧アウトライトは金額を一括して使用することも、分割して使用することも可能です。ただし、後述する受渡種類ごとに決められている期間内に売買されなくてはなりません。

(5) **締結相場**

締結相場は、外貨を売買する際の相場です。市場の実勢先物相場に銀行の鞘を加減して、個別に決定されます。小口（たとえば、50万ドル相当額未満）の為替予約に限り、先物相場を個別に決定せずに、事前に登録されている先物相場（直物での公示相場に相当）を締結相場として取引を締結する銀行もあ

ります。

　締結相場は、直物の公示相場（「第Ⅳ章第10節５　公示相場登録」を参照）のTT相場（TTS：Telegraphic Transfer Selling、またはTTB：Telegraphic Transfer Buying）に相当する相場で、通常、輸出入で使用される金利織込相場の金利幅などは含まれません。

　前述のとおり、締結相場は市場の実勢先物相場をもとに決定されます。その先物相場は、実勢直物相場をもとに通常、将来に向かって、プレミアムまたはディスカウントのいずれかの傾向を示します。以下では円とドルを例に説明します。

　① プレミアム

　円安ドル高傾向（直物相場＜先物相場）の傾向です。円・ディスカウント／ドル・プレミアムあるいは単に、プレミアム（P.とも略記）といいます。先物相場を求める計算式は以下のとおりです。

　　　先物相場＝直物相場＋直先スプレッド（直物相場と先物相場の差）

　② ディスカウント

　円高ドル安傾向（直物相場＞先物相場）の傾向です。円・プレミアム／ドル・ディスカウントあるいは単に、ディスカウント（D.とも略記）といいます。先物相場を求める計算式は以下のとおりです。

　　　先物相場＝直物相場－直先スプレッド

　先物相場表などでは、先物相場は直先スプレッドと売買（売：Bid、買：Ask、Offer、Offered）の別で表されます（図表Ⅳ－221参照）。

(6) 受渡種類

　対顧アウトライトは、一定の外貨額を一定の相場で売買しますが、売買を行う時点（期間）により、4つの種類があります（図表Ⅳ－222参照）。

　受渡種類についての取引例は以下のとおりです。なお、順月渡し、一定期間渡し(*1)のように売買日が2日以上の場合は、その期間中で銀行にもっとも有利（顧客にはもっとも不利）な相場が適用されます。

　　(*1) 順月渡し、一定期間渡しを総称して、通し予約という場合もあります。

　① 順月渡し（暦月渡し）

　たとえば、2017/04/03（月）〜2017/04/28（金）の期間内に、5万ドルを

図表Ⅳ-221　先物相場表の例

[ディスカウントの場合]			[プレミアムの場合]		
通貨：USD	BID	ASK	通貨：USD	BID	ASK
実勢直物相場	101.85	102.00	実勢直物相場	101.88	102.02
O/N	-0.32	-0.30	O/N	0.23	0.25
T/N	-0.45	-0.41	T/N	0.35	0.38
S/N	-0.55	-0.50	S/N	0.48	0.55
1M	-0.68	-0.59	1M	0.60	0.72
3M	-0.89	-0.72	3M	0.85	1.00
6M	-1.23	-1.02	6M	1.15	1.38
⋮	⋮	⋮	⋮	⋮	⋮

(注)　O/N（Over Night）：翌営業日に受渡
　　　T/N（Tomorrow Next）：翌々営業日に受渡
　　　S/N（Spot Next）：3営業日目に受渡

図表Ⅳ-222　受渡種類

種　類	内　容
順月渡し（暦月渡し）	特定の月の月初営業日～同一月の月末営業日の間に売買します。
一定期間渡し（特定期間渡し）	特定の営業日～その翌営業日以降の特定の営業日の間に売買します。
確定日渡し	特定の1営業日に売買します。
当日渡し	当日に売買します(注)。直物予約ともいわれます。

(注)　通常、為替予約の受渡時期は翌々営業日からのため、為替予約には含まれませんが、直物相場を予約するという点から、為替予約に含まれるものとして、ここでは記述しています。

締結相場1ドル＝101.50円で銀行が売る（顧客が買う）契約を2017/01/05（木）に締結します。当月中に当月分の順月渡しを締結する場合、締結日の2営業日後～月末営業日が受渡の期間、つまり、2017/04/03（月）に2017年4月の順月渡しの契約を締結する場合、受渡の期間は2017/04/05（水）～2017/04/28（金）です。

② 一定期間渡し（特定期間渡し）

たとえば、2017/02/08（水）～2017/03/13（月）の期間内に、10万ドルを締結相場1ドル＝102.05円で銀行が買う（顧客が売る）契約を2017/01/05（木）に締結します。

③ 確定日渡し

たとえば、2017/05/10（水）に、3万ユーロを締結相場1ユーロ＝113.77円で銀行が買う（顧客が売る）契約を、2017/02/01（水）に締結します。

④ 当日渡し

たとえば、2017/05/10（水）に、1万ポンドを締結相場1ユーロ＝135.08円で銀行が売る（顧客が買う）契約を、2017/05/10（水）に締結します。

(7) 日付など

銀行と顧客が為替予約の契約を締結した日付を締結日・約定日などといい、実際に売買する日（または期間）を受渡日（受渡期間）などといいます。また、受渡期間の初日を受渡始期、最終日を受渡終期などともいいます。なお、日付はいずれも銀行営業日です。

(8) 為替変動リスクの回避策

たとえば、対顧アウトライト①の買予約を締結した場合、これを受けて、対銀アウトライト②で同額をSpotで売り、さらに市場で同額の対銀スワップ（対銀アウトライト②と同日のSpotで買い、対顧アウトライト①と同日のForwardで売り）を行うことで、SpotとForwardの売買金額を同額にして、為替リスクを回避します（図表Ⅳ－223参照）。

図表Ⅳ－223　為替変動リスクの回避策の例

対顧／対銀	直物／Spot	先物／Forward
対顧	－	対顧アウトライト①：受渡日が3カ月後の10万ドルの買予約を締結
対銀（対市）	対銀アウトライト②：10万ドルを売り 対銀スワップ③－1：10万ドルを買い	－ 対銀スワップ③－2：受渡日が3カ月後の10万ドルの売予約を締結

⑼　キャンセル

　前述のとおり、銀行が顧客と為替予約の契約を締結すると、為替変動リスクの回避策をとります。仮に顧客からのキャンセル（解約）の申し出に応じてしまうと、SpotとForwardの売買金額が同額でなくなり、銀行が為替リスクにさらされます。このため、銀行がやむをえないと判断した場合に限って、キャンセル対象取引と反対取引を顧客と行い、発生する差損などの損失をすべて顧客負担とし、事務手数料として取消手数料なども徴求して、キャンセルに応じます。

　キャンセル対象取引が買予約の場合、反対取引である売予約を顧客と行い、キャンセル対象取引が売予約の場合、反対取引である買予約を顧客と行います。反対取引の相場は、キャンセルが受渡期間中であれば、直物相場を適用し、受渡期間前であれば、その時点の先物相場を適用します。この反対取引によって差益が生じた場合でも投機防止の観点から、顧客には通常、差益を支払いません。

⑽　期日変更

　銀行と顧客の間で、為替予約の契約が締結された後に売買する期日または期間を変更（当初の期日または期間を前倒し、または後倒し）する期日変更の場合、期日または期間（以下、期日）を変更せずに当該為替予約は当初期日に実行するものとし、別途新しい期日で為替予約を締結するのが原則です。

　これ以外に、期日変更を行うには以下の2つの方式があります。この場合の期日変更を、ヒストリカル・レート・ロールオーバー（HRR：Historical Rate(s) Rollover）といいます。期日変更は基本的に為替リスクを将来に先送りすることになりかねないため、輸出入貨物の船積遅延など、やむをえないと銀行が判断した場合を除いて、行うべきではないとされます。

①　コスト別途受払方式

　当初の為替予約の締結相場は変更せず、期日のみを変更します。直先スプレッド(*2)と円資金コスト(*3)を顧客から別途徴求します。

②　コスト相場織込方式

　当初の為替予約の締結相場に直先スプレッド(*2)と円資金コスト(*3)を織り込んだ締結相場と変更後の期日に為替予約を変更します。

(＊2) この場合の直先スプレッドは、直物相場と変更後期日の先物相場（いずれも変更日時点での相場）の差です。

(＊3) 前述の為替変動リスクの回避策で外貨の見合いで投入した円の資金コストなどです。

⑾ 与　　信

　為替予約は、一時点（または一定範囲の期間）での外貨の売買契約であり、かりに顧客の都合などにより売買契約が履行されないと銀行が損害を被る恐れがあります。このため、通常の為替予約は顧客に対する与信取引とされます。ただし、外貨定期預金の預入・解約、外貨手形貸付の実行・返済など、特定日に売買することが確実な為替予約は、与信取引とはされません。

⑿ 使　　途

　輸出、輸入、仕向送金、被仕向送金、外貨預金、外貨貸付などが対顧アウトライトの使途です。

⒀ コントラクト・スリップ

　銀行と顧客の間で為替予約の契約が締結された場合、その契約内容を記載した文書を銀行が2通作成し、銀行と顧客が署名したうえで1通ずつを両者が保管します。この文書をコントラクト・スリップ（Contract Slip）、あるいは単にスリップといいます。売買の別を間違えないように、青色のスリップが売予約、赤色のスリップが買予約とされています。なお、ほかの商品や取引（スワップ付の外貨定期預金など）にともない締結される為替予約の場合、スリップの作成・署名が省略されることもあります。

　スリップの裏面には、為替予約を使用する都度、使用した金額を記入し、現在の未使用残高を把握できるように記入欄が設けられています。

システム面

(1) 取引遷移

　一般的な取引遷移は図表Ⅳ-224のとおりです。

(2) 取引種類

　対顧アウトライトには、図表Ⅳ-225に示す取引があります。

　為替予約を顧客と締結する場合に締結取引を入力し、実行取引で受渡時期に為替予約を使用します。取引の一部を期日変更またはキャンセルする場合

図表Ⅳ-224　対顧アウトライトの取引遷移

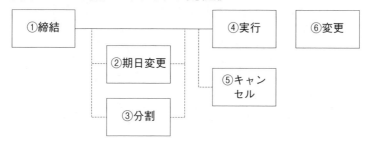

図表Ⅳ-225　対顧アウトライトの取引

取引名	概　要	おもな経路など
締結	・売買通貨に応じて為替予約・対顧（円買い外貨売り）、為替予約・対顧（円売り外貨買い）、為替予約・対顧（外貨買い外貨売り）を管理する取引番号（後述するOur Reference Number、Our Ref. No.、以下同じ）を採番します。 ・売通貨、売金額、買通貨、買金額、受渡種類（順月渡し、一定期間渡し、確定日渡し、当日渡し）、受渡年月（年月日）、締結相場、実勢相場、予約使途区分、顧客の管理番号などを入力します。 ・締結金額を為替予約の与信残高に加算します。ここでは円貨ベースで与信管理するものとします（以下同じ）。 ・取引量は、ドルが一番多いため、ドルと円の為替予約の締結に特化した取引を用意している銀行が多いようです。 ・小口の取引は、締結相場を自動決定するようにしている銀行もあります。	営業店端末、本部端末
期日変更	・締結済の為替予約の受渡時期を変更（当初の受渡時期を前倒し、または後倒し）する場合に使用します。 ・締結金額の一部のみ期日変更する場合は、後述の分割を行い、その後に期日変更します。	営業店端末、本部端末

	・取引を特定する取引番号（Our Ref. No.）、変更後の受渡時期、期日変更後の締結相場とその計算根拠（直先スプレッドなど）などを入力します。 ・期日変更前後の締結相場により生じる差額を為替予約の与信残高に加減算します。 ・期日変更により発生した差損や手数料は顧客から別途徴求します。	
分割	・締結済の為替予約を分割し、新しい為替予約を作成する場合に使用します。 ・取引を特定する取引番号（Our Ref. No.）、分割金額などを入力します。 ・分割後の取引を期日変更することで、分割前の取引の一部の期日変更を行うことができます。	営業店端末、本部端末
実行	・締結済の為替予約を受渡時期に実行することで、締結相場による換算を行います。 ・通常は、輸出手形買取、輸入手形決済、仕向送金取組、被仕向送金対顧支払、外貨普通預金入出金などの対顧決済取引（注1）から連動されて、円貨と外貨の換算に使用されます。 ・取引を特定する取引番号（Our Ref. No.）、実行金額などを入力します。 ・実行金額を為替予約の与信残高から減算します。	営業店端末（システム内連動含む）、本部端末
キャンセル	・バランスキャンセルともいわれます。 ・締結済の為替予約をキャンセルする場合に使用します。 ・取引を特定する取引番号（Our Ref. No.）、キャンセル金額、キャンセルにともなうコストの計算根拠（直先スプレッドなど）などを入力します。 ・分割後の取引をキャンセルすることで、分割前の取引の一部のキャンセルを行うことができます。 ・キャンセル金額を為替予約の与信残高から減算します。 ・キャンセルにより発生した差損や手数料は顧客から別途徴求します。	営業店端末、本部端末
変更	・取引を特定する取引番号（Our Ref. No.）を入力し、顧客の管理番号などを変更します。	営業店端末、本部端末

（注1） 個々の対顧決済取引で複数の為替予約を取り扱う場合の上限値を仮に7本とすると、8本以上の場合（注2）にはシステムは対応できなくなります（図表Ⅳ-226参照）。これに対して上限値を十分に大きくすると、万が一、上限値に近い為替予約を扱う場合に、当該トランザクションの処理が重たくなり、レスポンスを悪化させることやシステム的な上限値近くに（レコードの更新数、トランザクションあたりの連動回数など）達することも想定できます。そこで、この例では仕向送金・電信送金取組取引と為替予約実行取引を別々に処理する（図表Ⅳ-227参照）ことで、前述の問題を解消するようにしている銀行もあります。後者の場合、仕向送金・電信送金取組取引のみ取引を成立させ、為替予約実行取引は使用する為替予約の数分行わなければならないため、それらをもらさないように仕向送金・電信送金取組取引の取引番号（Our Ref. No.）通貨コード、金額などを店別に別途管理する必要があります。

（注2） 前述のとおり、締結済の為替予約をキャンセルまたは期日変更することが業務的に難しいこと、輸入入代金受払のための為替予約は受渡期間中に全額を使い切ることができずに残額が出やすいこと、商社などは為替予約を大量に銀行と締結することなどから、1つの取引で数十本の予約を使用するように銀行へ指示があることは珍しくありません。

図表Ⅳ-226　個別の実行取引画面なしの場合
（取り扱う為替予約の数に上限を設ける場合）

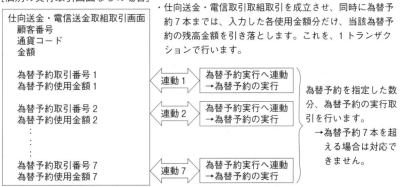

には、分割取引を使用し、1つの取引を2つに分割します。期日変更取引は受渡時期を変更する場合に使用し、キャンセル取引で取引を使用しない状態にして取引を終了します。変更取引はその取引にかかわる項目を変更する場合などに使用します。

(3) 取引ファイル

対顧アウトライトの取引情報を管理する為替予約取引ファイルの論理的な

図表Ⅳ-227　個別の実行取引画面ありの場合
　　　　　　　（取り扱う為替予約の数に上限を設けない場合）

[個別の実行取引画面ありの場合]

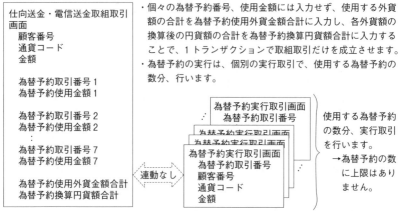

（注1）　為替予約使用外貨金額合計と為替予約換算円貨額合計を入力した場合、1トランザクションで取組取引のみ成立させるため、為替予約の実行取引がもれないように、取組取引の取引番号（Our Ref. No.）と通貨コード、金額などを店別に別途管理する必要があります。

（注2）　対顧決済画面で使用する為替予約は、日本円と外貨を売買するもののみを対象とし、外貨と外貨を売買するものは、使用できないものとします。

構成について記述します（図表Ⅳ-228参照）。

①　基本レコード

締結、分割（分割後の取引）時に追加され、取引のたびに更新されます。キーは取引種類、連続番号、店番(*4)です。為替予約の基本的な項目を保持します。具体的には店番、CIF番号、締結日、締結相場、売通貨、売金額、買通貨、買金額、受渡種類（順月渡し、一定期間渡し、確定日渡し、当日渡し）、受渡始期、受渡終期、実勢相場、予約使途区分、顧客の管理番号などがあります。

　　(*4)　Our Reference Number、Our Ref. No.といわれます。詳細については「第Ⅳ章第1節1　輸出信用状」を参照してください。取引種類は、売予約（外貨の売り、円貨の買い）、買予約（外貨の買い、円貨の売り）、クロス予約（外貨の買い、外貨の売り）の3種類程度に分類されているのが一般的です。

②　取引レコード

取引ごとに1件追加されます。キーは、取引日、取引通番です。入力され

た項目や一部項目の取引前後の情報を保持します。具体的には取引金額、変更前受渡始期、変更前受渡終期、変更後受渡始期、変更後受渡終期、直先スプレッド、期日変更差額、キャンセル差額などがあります。一部項目は取引後の最新情報を基本レコードでも管理します。

図表Ⅳ-228　為替予約取引ファイルの構成

（注）　各レコードのレイアウトは、為替予約共通としますが、上記では、関係する項目をおもに記述しています。

図表Ⅳ-229　各レコードの追加更新要領

取　引	基本レコード	取引レコード
締結	1件追加	1件追加
期日変更	1件更新	1件追加
分割	1件更新（分割前の取引） 1件追加（分割後の取引）	1件追加（分割前の取引） 1件追加（分割後の取引）
実行	1件更新	1件追加
キャンセル	1件更新	1件追加
変更	1件更新(注)	1件更新(注)

（注）　変更する項目により、更新するレコードは異なります。

最後に各レコードの追加更新要領について、図表Ⅳ-229に記述します。

2 為替予約（対顧スワップ）

業務面

(1) 概　要

　先物為替予約（以下、為替予約）とは、将来の一時点または一定の期間内において、一定の相場で外貨と円貨、または外貨と外貨を売買（受渡）する契約を取引の相手である顧客と締結する取引です。

　為替予約のバリエーションは、「第Ⅳ章第7節1　為替予約（対顧アウトライト）」を参照してください。ここでは対顧アウトライトの取引を2つ組み合わせた為替予約（対顧スワップ）について説明します。

　前述のとおり、対顧スワップは対顧アウトライトの取引を2つ組み合わせたものであるため、個々の取引は対顧アウトライトと基本的に同じです。詳細は「第Ⅳ章第7節1　為替予約（対顧アウトライト）」を参照してください。以下では、対顧スワップ固有の部分を中心に記述します。

　対顧スワップの1本目の取引は将来の一時点において、顧客と一定の相場で外貨と円貨、または外貨と外貨を売買（受渡）するものです。2本目の取引は、1本目の取引よりも後の一時点において、1本目の取引と売買する通貨を逆（1本目の取引の売通貨＝2本目の取引の買通貨、1本目の取引の買通貨＝2本目の取引の売通貨）にしたものです。たとえば、1本目は、2017/08/01（火）に10万ドルを締結相場1ドル＝100.23円で買う予約（買予約：銀行の買い、顧客の売り）を締結し、同時に2本目を2017/09/01（金）に10万ドルを締結相場1ドル＝100.15円で売る予約（売予約：銀行の売り、顧客の買い）として締結した場合に、2つの取引を総称して、対顧スワップといいます。

(2) 売買の別

　「第Ⅳ章第7節1　為替予約（対顧アウトライト）」を参照してください。

(3) 売買通貨

前述のとおり、直側の売通貨は先側の買通貨と等しく、直側の買通貨は先側の売通貨と等しいのが対顧スワップ取引です。「第Ⅳ章第7節1　為替予約（対顧アウトライト）」も参照してください。

(4) 売買金額

先側の金額は、直側の金額よりも大きいのが一般的です。後述のとおり、受渡種類は確定日渡しのみであるため、金額を分割して使用することは実質的にありません。

(5) 締結相場

「第Ⅳ章第7節1　為替予約（対顧アウトライト）」を参照してください。

(6) 受渡種類

外貨を売買する受渡時期（受渡日）は、1本目の取引より、2本目の取引を後ろにします。1本目の取引を直（直側）、2本目の取引を先（先側）といいます。受渡時期も順月渡しや一定期間渡しのように一定の期間ではなく、特定の1営業日に限定される確定日渡しです。

(7) 日付など

「第Ⅳ章第7節1　為替予約（対顧アウトライト）」を参照してください。

(8) キャンセル

「第Ⅳ章第7節1　為替予約（対顧アウトライト）」を参照してください。

(9) 期日変更

「第Ⅳ章第7節1　為替予約（対顧アウトライト）」を参照してください。

(10) 与　信

対顧アウトライトは、顧客が売買契約を履行しないリスクなどから与信取引とされます。これに対して、外貨定期預金の預入と解約、外貨手形貸付の実行と返済と組み合わされ、特定日に使用される対顧スワップ（後述する使途が外貨預金または外貨貸付）は、与信取引とはされません（非与信予約）。それ以外の対顧スワップは与信取引とされます。

(11) 使　途

直側と先側の2つの取引があり、直側の売買通貨が先側では逆転することから、外貨定期預金（預入と解約）などの外貨預金、外貨手形貸付（の実行

と返済）などの外貨貸付が対顧スワップの使途です。具体的な例は、後述の「⒀　資金関連スワップ」で説明します。

⑿　コントラクト・スリップ

「第Ⅳ章第7節1　為替予約（対顧アウトライト）」を参照してください。

⒀　資金関連スワップ

　資金関連スワップは、外貨預金取引・外貨貸付取引を動機とした対顧スワップ取引のことです。外貨預金や外貨貸付という外貨資金を運用・調達する取引と、外貨と円貨とを売買する対顧スワップ取引を組み合わせることで、外貨の運用・調達取引を実質的に円貨の運用・調達取引にする取引です。

①　外貨定期預金

具体例を図表Ⅳ-230に示します。

②　外貨手形貸付

具体例を図表Ⅳ-231に示します。

　通常、資金関連スワップ以外の取引では外貨と円貨の売買から生じる損益は為替損益とされますが、資金関連スワップ取引では外貨の運用または調達取引に、直先の為替予約である対顧スワップを組み合わせることで実質的に円貨の運用・調達取引となるため、取引から発生する損益は円貨での資金損益として会計上認識され、期間概念のあるものとして、決算補正の対象とされます。

システム面

⑴　取引遷移

　一般的な取引遷移は図表Ⅳ-232に示すとおり、対顧アウトライトと同じです。

⑵　取引種類

　対顧スワップには、図表Ⅳ-233に示す取引があります。対顧アウトライトと同じ取引については、「第Ⅳ章第7節1　為替予約（対顧アウトライト）」を参照してください。

　外貨定期預金の預入と解約、外貨手形貸付の実行と返済で使用する為替予

図表Ⅳ-230　資金関連スワップ（外貨定期預金）

```
[取引条件]
 外貨定期預金        対顧スワップ（直側）         対顧スワップ（先側）
  元金：10,000ドル     受渡日：外貨定期預金の        受渡日：外貨定期預金の
  預入期間：1年              預入日                 満期日
  年利率：1％         売通貨：ドル             買通貨：ドル
                    売金額：10,000ドル         買金額：10,079.69ドル
                    買通貨：日本円                 （＝元金＋税引後利息）
                    締結相場：100.00円         売通貨：日本円
                                           締結相場：99.35円
```

[外貨定期預金預入時]

　預入時円貨額＝元金×締結相場（直側）＝10,000ドル×100.00円＝1,000,000円

[外貨定期預金満期時]

　税引前利息＝元金×年利率÷100×預入日数÷年日数
　　　　　　＝10,000ドル×1％÷100×360÷360＝100.00ドル

　税金（国税）＝利息×国税率＝100.00ドル×15.315％÷100＝15.31ドル
　税金（地方税）＝利息×地方税率＝100.00ドル×5％÷100＝5.00ドル

　税引後利息＝税引前利息－税金（国税）－税金（地方税）
　　　　　　＝10,000ドル－15.31ドル－5.00ドル＝79.69ドル

　満期時円貨額＝（元金＋税引後利息）×締結相場（先側）
　　　　　　　＝（10,000ドル＋79.69ドル）×99.35円＝1,001,417円

[円貨での利率]

　円貨での利率＝（満期時円貨額－預入時円貨額）÷預入時円貨額×100
　　　　　　　＝（1,001,417円－1,000,000円）÷1,000,000円×100＝0.1417％

約を顧客と締結する場合に締結取引を入力します。変更取引はその取引にかかわる項目の変更、資金関連スワップの登録などに使用します。

(3) 取引ファイル

　対顧スワップの取引情報を管理する為替予約取引ファイルの論理的な構成について記述します（図表Ⅳ-234参照）。

図表Ⅳ－231　資金関連スワップ（外貨手形貸付）

```
［取引条件］
 外貨手形貸付        対顧スワップ（直側）         対顧スワップ（先側）
  元金：10,000ドル    受渡日：外貨手形貸付の        受渡日：外貨手形貸付の
  貸付期間：1年              実行日                       最終返済日
  年利率：2％         買通貨：ドル                 売通貨：ドル
                     買金額：10,000ドル           売金額：10,200ドル
                     売通貨：日本円               買通貨：日本円
                     締結相場：100.00円           締結相場：99.35円
```

［外貨手形貸付実行時］

　実行時円貨額＝元金×締結相場（直側）＝10,000ドル×100.00円＝1,000,000円

［外貨手形貸付返済時］

　利息＝元金×年利率÷100×貸付日数÷年日数
　　　＝10,000ドル×2％÷100×360÷360＝200.00ドル

　返済時円貨額＝（元金＋利息）×締結相場（先側）
　　　　　　　＝（10,000ドル＋200.00ドル）×99.35円＝1,013,370円

［円貨での利率］

　円貨での利率＝（返済時円貨額－実行時円貨額）÷実行時円貨額×100
　　　　　　　＝（1,013,370円－1,000,000円）÷1,000,000円×100＝1.337％

図表Ⅳ－232　対顧スワップの取引遷移

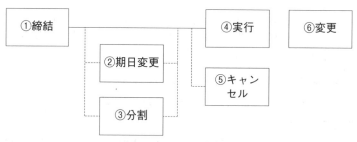

図表Ⅳ-233 対顧スワップの取引

取引名	概　要	おもな経路など
締結	・対顧スワップでは、対顧アウトライトの締結を2回行い、直側と先側の2つの取引を締結します。 ・1つの取引を締結する機能は、対顧アウトライトとほぼ同じであるため、直側は対顧アウトライトの機能を使い、先側は直側から対顧アウトライトの機能に連動することで実現します。 ・売買通貨に応じて為替予約・対顧（円買い外貨売り）、為替予約・対顧（円売り外貨買い）、為替予約・対顧（外貨買い外貨売り）を管理する取引番号（後述するOur Reference Number、Our Ref. No.、以下同じ）を直側と先側でそれぞれ採番します。 ・直側の取引に先側の取引番号（Our Ref. No.）を、先側の取引に直側の取引番号（Our Ref. No.）を保持します。 ・直側の項目（売通貨、売金額、買通貨、買金額、受渡日、締結相場、実勢相場、顧客の管理番号など）、先側の項目（買金額、売金額、受渡年月日、締結相場、実勢相場、顧客の管理番号など）、直側先側共通の項目（予約使途区分）を入力します。 ・使途が外貨預金または外貨貸付の場合は、与信残高の更新は行いません。 ・使途が外貨預金または外貨貸付以外の場合は、与信残高の更新を行います。ここでは円貨ベースで与信管理するものとします（以下同じ）。 ・締結以外の取引では、取引を1つずつ行います。	営業店端末（システム内連動含む）、本部端末（システム内連動含む）
期日変更	「第Ⅳ章第7節1　為替予約（対顧アウトライト）」を参照してください。	同上
分割	同上	同上
実行	同上	同上

キャンセル	同上	同上
変更	・取引を特定する取引番号（Our Ref. No.）を入力し、顧客の管理番号などを変更します。 ・外貨預金または外貨貸付の取引番号（Our Ref. No.）、直側の為替予約の取引番号（Our Ref. No.）、先側の為替予約の取引番号（Our Ref. No.）の3つを入力し、各取引に自身以外の取引番号を保持することにより、資金関連スワップの取引であることを各取引に登録します。 ・資金関連スワップとして登録されている各取引を資金関連スワップでない取引に変更します（各取引の自身以外の取引番号をクリアします）。	

図表Ⅳ-234　為替予約取引ファイルの構成

締結時に基本レコードを作成　　　取引ごとに取引レコードを作成

（注）各レコードのレイアウトは、為替予約共通としますが、上記では、関係する項目をおもに記述しています。

① **基本レコード**

締結時に追加され、取引のたびに更新されます。キーは取引種類、連続番号、店番(*1)です。為替予約の基本的な項目を保持します。具体的には店番、CIF番号、締結日、締結相場、売通貨、売金額、買通貨、買金額、受渡種類(確定日渡し)、受渡始期、受渡終期、実勢相場、予約使途区分、顧客の管理番号などがあります。

(*1) Our Reference Number、Our Ref. No.といわれます。詳細については「第Ⅳ章第1節1 輸出信用状」を参照してください。取引種類は、売予約(外貨の売り、円貨の買い)、買予約(外貨の買い、円貨の売り)、クロス予約(外貨の買い、外貨の売り)の3種類程度に分類されているのが一般的です。

② **取引レコード**

取引ごとに1件追加されます。キーは、取引日、取引通番です。入力された項目や一部項目の取引前後の情報を保持します。具体的には取引金額、変更前受渡始期、変更前受渡終期、変更後受渡始期、変更後受渡終期、直先スプレッド、期日変更差額、キャンセル差額などがあります。一部項目は取引後の最新情報を基本レコードでも管理します。

最後に各レコードの追加更新要領について、図表Ⅳ-235に記述します。

図表Ⅳ-235 各レコードの追加更新要領

取 引	基本レコード	取引レコード
締結	1件追加(直側) 1件追加(先側)	1件追加(直側) 1件追加(先側)
期日変更(注1)	1件更新	1件追加
分割(注1)	1件更新(分割前の取引) 1件追加(分割後の取引)	1件追加(分割前の取引) 1件追加(分割後の取引)
実行(注1)	1件更新	1件追加
キャンセル(注1)	1件更新	1件追加
変更(注1)	1件更新(注2)	1件更新(注2)

(注1) 直側、先側とも1つずつ取引を行います。
(注2) 変更する項目により、更新するレコードは異なります。

3 為替予約（対銀アウトライト）

業務面

(1) 概　要

　先物為替予約（以下、為替予約）とは、将来の一時点において、一定の相場で外貨と円貨、または外貨と外貨を売買（受渡）する契約を取引の相手である銀行などの金融機関と締結する取引です。

　為替予約のバリエーションは、「第Ⅳ章第7節1　為替予約（対顧アウトライト）」を参照してください。ここでは為替予約（対銀アウトライト）について説明します。

(2) 売買の別

　「第Ⅳ章第7節1　為替予約（対顧アウトライト）」を参照してください。

(3) 売買通貨

　「第Ⅳ章第7節1　為替予約（対顧アウトライト）」を参照してください。

(4) 売買金額

　売買金額は通常、100万通貨単位（ドルならば100万ドル）です。後述のとおり、受渡種類は確定日渡しのみであり、金額を分割して使用することはありません。

(5) 締結相場

　締結相場は、外貨を売買する際の相場です。市場の実勢相場に銀行の鞘を加味して、個別に決定されます。

(6) 受渡種類

　特定の1営業日で売買（受渡）する確定日渡しのみです。売買は翌々営業日以降、数カ月から1年以内が一般的ですが、10年超の取引も想定されています。一般に現在に近いほど取引相手が多く、売買契約が成立しやすくなります。未来になるほど取引相手は少なくなり、金額やタイミングが折り合わずに売買契約が成立しにくくなります。

(7) 日付など

「第Ⅳ章第7節1　為替予約（対顧アウトライト）」を参照してください。

(8) 期日変更とキャンセル

期日変更やキャンセルを行うことはありません。

(9) 与　　信

対顧の場合、顧客ごとに円貨で与信残高や与信枠を管理しますが、対銀の場合、銀行ごとにドルベースで与信残高や与信枠を管理します。

(10) 使　　途

外貨資金を円貨資金に転換し（外貨の売り・円貨の買い）円貨で運用する円転換取引、または円貨資金を外貨資金に転換し（外貨の買い・円貨の売り）外貨で運用する円投入取引などが対銀アウトライトの使途です。

(11) コンファメーション・スリップ

銀行間で為替予約の契約が締結された場合、その契約内容を記載したコンファメーション・スリップ（Confirmation Slip）を作成し、確認していましたが、昨今では文書ではなく、SWIFTで取引内容の確認が行われています。

システム面

(1) 取引遷移

一般的な取引遷移は図表Ⅳ－236のとおりです。

(2) 取引種類

対銀アウトライトには、図表Ⅳ－237に示す取引があります。

為替予約を銀行などと締結する場合に締結取引を入力し、実行取引で受渡日に為替予約を実行します。対顧の期日変更、キャンセル、分割といった取引はありません。変更取引はその取引にかかわる項目を変更する場合などで使用します。

(3) 取引ファイル

対銀アウトライトの取引情報を管理する為替予約取引ファイルの論理的な構成について記述します（図表Ⅳ－238参照）。

図表Ⅳ-236　対銀アウトライトの取引遷移

①締結 ― ②実行　　③変更

図表Ⅳ-237　対銀アウトライトの取引

取引名	概要	おもな経路など
締結	・売買通貨に応じて為替予約・対銀（円買い外貨売り）、為替予約・対銀（円売り外貨買い）、為替予約・対銀（外貨買い外貨売り）を管理する取引番号（後述するOur Reference Number、Our Ref. No.、以下同じ）を採番します。 ・売通貨、売金額、買通貨、買金額、受渡日、締結相場、実勢相場、売通貨の決済口座、買通貨の決済口座、取引相手である銀行などの管理番号などを入力します。 ・締結金額を為替予約の与信残高に加算します(注)。 ・取引量は、ドル円が一番多いため、ドルと円の為替予約の締結に特化した取引を用意している銀行が多いようです。	本部端末、フロントシステムなど他システム入力
実行	・締結済の為替予約を受渡日に実行することで、外貨と円貨、または外貨と外貨の売買を行います。 ・取引を特定する取引番号（Our Ref. No.）、実行金額などを入力します。 ・実行金額を為替予約の与信残高から減算します(注)。	本部端末、センター自動処理
変更	・取引を特定する取引番号（Our Ref. No.）を入力し、取引相手である銀行などの管理番号、決済口座などを変更します。	本部端末

（注）　対顧客の与信管理と異なり、対銀行の与信管理は勘定系システムなどのバックシステムでは行われず、フロントシステム側で行われているのが一般的ですが、ここでは管理するものとして記述しています。またドルベースで与信管理するものとします。

図表Ⅳ-238 為替予約取引ファイルの構成

締結時に
基本レコードを作成

取引ごとに
取引レコードを作成

（注）各レコードのレイアウトは、為替予約共通としますが、上記では、関係する項目をおもに記述しています。

① 基本レコード

締結時に追加され、取引のたびに更新されます。キーは取引種類、連続番号、店番(*1)です。為替予約の基本的な項目を保持します。具体的には店番、CIF番号、締結日、締結相場、売通貨、売金額、買通貨、買金額、受渡日、実勢相場、予約使途区分、取引相手である銀行などの管理番号である先方管理番号などがあります。

（*1）Our Reference Number、Our Ref. No.といわれます。詳細については「第Ⅳ章第1節1　輸出信用状」を参照してください。取引種類は、売予約（外貨の売り、円貨の買い）、買予約（外貨の買い、円貨の売り）、クロス予約（外貨の買い、外貨の売り）の3種類程度に分類されているのが一般的です。この分類は対顧と同じであるため、対顧と対銀でコード値を別にします。

② 取引レコード

取引ごとに1件追加されます。キーは、取引日、取引通番です。入力された項目や一部項目の取引前後の情報を保持します。具体的には締結日、受渡日、売通貨決済口座、買通貨決済口座、先方管理番号、売通貨、売金額、買通貨、買金額などがあります。一部項目は取引後の最新情報を基本レコードでも管理します。

最後に各レコードの追加更新要領について、図表Ⅳ-239に記述します。

図表Ⅳ-239　各レコードの追加更新要領

取　引	基本レコード	取引レコード
締結	1件追加	1件追加
実行	1件更新	1件追加
変更	1件更新(注)	1件更新(注)

(注)　変更する項目により、更新するレコードは異なります。

4　為替予約（対銀スワップ）

業務面

(1) 概　要

　先物為替予約（以下、為替予約）とは、将来の一時点において、一定の相場で外貨と円貨、または外貨と外貨を売買（受渡）する契約を取引の相手である銀行などの金融機関と締結する取引です。

　為替予約のバリエーションは、「第Ⅳ章第7節1　為替予約（対顧アウトライト）」を参照してください。ここでは為替予約（対銀アウトライト）の取引を2つ組み合わせた為替予約（対銀スワップ）について説明します。

　前述のとおり、対銀スワップは対銀アウトライトの取引を2つ組み合わせたものであるため、個々の取引は対銀アウトライトと基本的に同じです。詳細は「第Ⅳ章第7節3　為替予約（対銀アウトライト）」を参照してください。また。スワップという観点では対顧スワップとも類似していますので、詳細は「第Ⅳ章第7節2　為替予約（対顧スワップ）」を参照してください。以下では、対銀スワップの固有の部分を中心に記述します。

　対銀スワップの1本目の取引は将来の一時点において、顧客と一定の相場で外貨と円貨、または外貨と外貨を売買（受渡）するものです。2本目の取引は、1本目の取引よりも後の一時点において、1本目の取引と売買する通

貨を逆（1本目の取引の売通貨＝2本目の取引の買通貨、1本目の取引の買通貨＝2本目の取引の売通貨）にしたものです。たとえば、1本目は、2017/08/01（火）に500万ドルを締結相場1ドル＝101.02円で買う予約（買予約：銀行の買い、顧客の売り）を締結し、同時に2本目を2017/09/01（金）に10万ドルを締結相場1ドル＝100.88円で売る予約（売予約：銀行の売り、顧客の買い）として締結した場合に、2つの取引を総称して、対銀スワップといいます。

(2) **売買の別**

「第Ⅳ章第7節1　為替予約（対顧アウトライト）」を参照してください。

(3) **売買通貨**

「第Ⅳ章第7節2　為替予約（対顧スワップ）」を参照してください。

(4) **売買金額**

「第Ⅳ章第7節2　為替予約（対顧スワップ）」を参照してください。

(5) **締結相場**

「第Ⅳ章第7節1　為替予約（対顧アウトライト）」を参照してください。

(6) **受渡種類**

「第Ⅳ章第7節2　為替予約（対顧スワップ）」を参照してください。

(7) **日付など**

「第Ⅳ章第7節3　為替予約（対銀アウトライト）」を参照してください。

(8) **期日変更とキャンセル**

「第Ⅳ章第7節3　為替予約（対銀アウトライト）」を参照してください。

(9) **与　　信**

「第Ⅳ章第7節3　為替予約（対銀アウトライト）」を参照してください。

(10) **使　　途**

「第Ⅳ章第7節3　為替予約（対銀アウトライト）」を参照してください。

(11) **コンファメーション・スリップ**

「第Ⅳ章第7節3　為替予約（対銀アウトライト）」を参照してください。

(12) **資金関連スワップ**

資金関連スワップは、外貨調達取引・外貨運用取引を動機とした対銀スワップ取引のことです。外貨コールマネーや外貨コールローンという外貨資

金を運用・調達する取引と、外貨と円貨とを売買する対銀スワップ取引を組み合わせることで、外貨の運用・調達取引を実質的に円貨の運用・調達取引にする取引です。外貨の運用・調達取引については、「第Ⅳ章第8節1　外貨資金（運用調達）」を参照してください。

① **外貨コールマネー**

具体例を図表Ⅳ-240に示します。

② **外貨コールローン**

具体例を図表Ⅳ-241に示します。

通常、資金関連スワップ以外の取引では外貨と円貨の売買から生じる損益

図表Ⅳ-240　資金関連スワップ（外貨コールマネー）

[取引条件]
外貨コールマネー　　　　対銀スワップ（直側）　　　　対銀スワップ（先側）
　元金：100万ドル　　　受渡日：外貨コールマネー　　受渡日：外貨コールマネー
　調達期間：1年　　　　　　　　の取組日　　　　　　　　　　の決済日
　年利率：1％　　　　　売通貨：ドル　　　　　　　　買通貨：ドル
　　　　　　　　　　　　売金額：100万ドル　　　　　買金額：101万ドル
　　　　　　　　　　　　買通貨：日本円　　　　　　　　（＝元金＋利息）
　　　　　　　　　　　　締結相場：100.00円　　　　売通貨：日本円
　　　　　　　　　　　　　　　　　　　　　　　　　　締結相場：99.35円

[外貨コールマネー取組時]

　取組時円貨額＝元金×締結相場（直側）＝100万ドル×100.00円＝100,000,000円

[外貨コールマネー決済時]

　利息＝元金×年利率÷100×預入日数÷年日数
　　　＝100万ドル×1％÷100×360÷360＝1万ドル

　決済時円貨額＝（元金＋利息）×締結相場（先側）
　　　　　　　＝（100万ドル＋1万ドル）×99.35円＝100,343,500円

[円貨での利率]

　円貨での利率＝（決済時円貨額－取組時円貨額）÷取組時円貨額×100
　　　　　　　＝（100,343,500円－100,000,000円）÷1,00000,000円×100＝0.3435％

は為替損益とされますが、資金関連スワップ取引では外貨の運用または調達取引に、直先の為替予約である対銀スワップを組み合わせることで実質的に円貨の運用・調達取引となるため、取引から発生する損益は円貨での資金損益として会計上認識され、期間概念のあるものとして、決算補正の対象とされます。

システム面

(1) 取引遷移

一般的な取引遷移は、対銀アウトライトと同じです（図表Ⅳ-242参照）。

(2) 取引種類

対銀スワップには、図表Ⅳ-243に示す取引があります。

外貨資金の調達の取組と決済、外貨資金の運用の取組と決済で使用する為替予約を銀行などと締結する場合に締結取引を入力します。変更取引はその取引にかかわる項目の変更、資金関連スワップの登録などに使用します。

(3) 取引ファイル

対銀スワップの取引情報を管理する為替予約取引ファイルの論理的な構成について記述します（図表Ⅳ-244参照）。

① 基本レコード

締結時に追加され、取引のたびに更新されます。キーは取引種類、連続番号、店番(*1)です。為替予約の基本的な項目を保持します。具体的には店番、CIF番号、締結日、締結相場、売通貨、売金額、買通貨、買金額、受渡日、実勢相場、予約使途区分、取引相手である銀行などの管理番号である先方管理番号などがあります。

(*1) Our Reference Number、Our Ref. No.といわれます。詳細については「第Ⅳ章第1節1　輸出信用状」を参照してください。取引種類は、売予約（外貨の売り、円貨の買い）、買予約（外貨の買い、円貨の売り）、クロス予約（外貨の買い、外貨の売り）の3種類程度に分類されているのが一般的です。この分類は対顧と同じであるため、対顧と対銀でコード値を別にします。

② 取引レコード

取引ごとに1件追加されます。キーは、取引日、取引通番です。入力された項目や一部項目の取引前後の情報を保持します。具体的には締結日、受渡

図表Ⅳ−241　資金関連スワップ（外貨コールローン）

```
［取引条件］
外貨コールローン        対銀スワップ（直側）         対銀スワップ（先側）
  元金：100万ドル          受渡日：外貨コールローン      受渡日：外貨コールローン
  運用期間：1年                  の取組日                      の決済日
  年利率：2％              買通貨：ドル                 売通貨：ドル
                          買金額：100万ドル             売金額：102万ドル
                          売通貨：日本円                       （＝元金＋利息）
                          締結相場：100.00円            買通貨：日本円
                                                       締結相場：99.35円
```

［外貨コールローン取組時］

　取組時円貨額＝元金×締結相場（直側）＝100万ドル×100.00円＝100,000,000円

［外貨コールローン決済時］

　利息＝元金×年利率÷100×預入日数÷年日数
　　　＝100万ドル×2％÷100×360÷360＝2万ドル

　決済時円貨額＝（元金＋利息）×締結相場（先側）
　　　　　　　＝（100万ドル＋2万ドル）×99.35円＝101,337,000円

［円貨での利率］

　円貨での利率＝（決済時円貨額−取組時円貨額）÷取組時円貨額×100
　　　　　　　＝（101,337,000円−100,000,000円）÷100,000,000円×100＝1.337％

図表Ⅳ−242　対銀スワップの取引遷移

図表Ⅳ-243　対銀スワップの取引

取引名	概　　要	おもな経路など
締結	・対銀スワップでは、対銀アウトライトの締結を2回行い、直側と先側の2つの取引を締結します。 ・1つの取引を締結する機能は、対銀アウトライトとほぼ同じであるため、直側は対銀アウトライトの機能を使い、先側は直側から対銀アウトライトの機能に連動することで実現します。 ・売買通貨に応じて為替予約・対銀（円買い外貨売り）、為替予約・対銀（円売り外貨買い）、為替予約・対銀（外貨買い外貨売り）を管理する取引番号（後述するOur Reference Number、Our Ref. No.、以下同じ）を直側と先側でそれぞれ採番します。 ・直側の取引に先側の取引番号（Our Ref. No.）を、先側の取引に直側の取引番号（Our Ref. No.）を保持します。 ・直側の項目（売通貨、売金額、買通貨、買金額、受渡日、締結相場、実勢相場、決済口座、取引相手である銀行などの管理番号など）、先側の項目（買金額、売金額、受渡年月日、締結相場、実勢相場、決済口座、取引相手である銀行などの管理番号など）、直側先側共通の項目（予約使途区分）を入力します。 ・直側、先側ともに締結金額を為替予約の与信残高に加算します(注)。 ・締結以外の取引では、取引を1つずつ行います。	本部端末、フロントシステムなど他システム入力
実行	・締結済の為替予約を受渡日に実行することで、締結相場による換算を行います。 ・取引を特定する取引番号（Our Ref. No.）、実行金額などを入力します。 ・実行金額を為替予約の与信残高から減算します(注)。	本部端末、センター自動処理
変更	・取引を特定する取引番号（Our Ref. No.）を入力し、取引相手である銀行などの管理番号などを変更します。	本部端末

・外貨資金・調達または外貨資金・運用の取引番号（Our Ref. No.）、直側の為替予約の取引番号（Our Ref. No.）、先側の為替予約の取引番号（Our Ref. No.）の3つを入力し、各取引に自身以外の取引番号を保持することにより、資金関連スワップの取引であることを各取引に登録します。 ・資金関連スワップとして登録されている各取引を資金関連スワップでない取引に変更します（各取引の自身以外の取引番号をクリアします）。

（注）対顧客の与信管理と異なり、対銀行の与信管理は勘定系システムなどのバックシステムでは行われず、フロントシステム側で行われているのが一般的ですが、ここでは管理するものとして記述しています。またドルベースで与信管理するものとします。

図表Ⅳ-244　為替予約取引ファイルの構成

（注）各レコードのレイアウトは、為替予約共通としますが、上記では、関係する項目をおもに記述しています。

日、売通貨決済口座、買通貨決済口座、先方管理番号、売通貨、売金額、買通貨、買金額などがあります。一部項目は取引後の最新情報を基本レコードでも管理します。

　最後に各レコードの追加更新要領について、図表Ⅳ-245に記述します。

図表Ⅳ-245　各レコードの追加更新要領

取　引	基本レコード	取引レコード
締結	1件追加（直側） 1件追加（先側）	1件追加（直側） 1件追加（先側）
実行(注1)	1件更新	1件追加
変更(注1)	1件更新(注2)	1件更新(注2)

（注1）　直側、先側とも1つずつ取引を行います。
（注2）　変更する項目により、更新するレコードは異なります。

第 8 節　資　　金

1　外貨資金（運用調達）

> 業務面

(1)　概　　要

おもに外貨資金を各市場において運用調達するのが、外貨資金（以下、資金）です。顧客から預かった資金を各市場において、ほかの銀行などに貸付し、あるいは各市場から調達した外貨資金を顧客に貸付することで利益を得ます。外国証券と同じく、資金取引の主体は顧客ではなく、銀行自身です。

(2)　取引市場

資金の運用調達のための、おもな市場には東京外国為替市場のほかに、ユーロ市場、東京ドルコール市場、東京オフショア市場（JOM：Japan Offshore Market）などがあります。

① 　東京外国為替市場

魚市場や青果市場のように特定の場所に取引所があるわけではなく、銀行などの金融機関の為替ディーラー、為替ブローカーである短資会社(*1)などの市場参加者(*2)が電話やコンピュータシステム（電子ブローキング）を使って、外国為替を売買するバーチャルな市場です。

- (*1)　銀行間の仲介を専門とする業者で、日本には現在3社ありますが、外国為替売買専門というわけではなく、コール市場(*3)での円資金の仲介なども行っています。
- (*2)　1998年の外為法改正により、一般にも開放されましたが、取引の最低単位が100万通貨単位（100万ドル、100万ユーロなど）であるため、一般からの参入は実質的にありません。
- (*3)　円資金の短期（1カ月以内とされますが、実際には1日程度であることが多く、最短は2時間）の貸借を行う市場です。

② ユーロ市場

　第二次大戦後、欧州復興資金として大量のドルが欧州に流入し、おもにロンドンで米本国の規制が及ばない独自のドル市場が形成されました。この市場のドルを米本国のドルと区別して、ユーロダラー（欧州にあるドルの意）と呼ぶようになりました。これから転じて、当該通貨発行国以外の市場にある通貨に「ユーロ」を冠するのが一般化しました。たとえば、海外の市場にある日本円は「ユーロ円」と呼ばれ、その市場は「ユーロ円市場」と呼ばれます。

③ 東京ドルコール市場

　日本国内でドルを運用調達する市場です。外国為替市場と同様、特定の場所に取引所があるわけではなく、銀行（ディーラー）や資金・為替ブローカーである短資会社といった市場参加者が、電話やコンピュータシステムを使ってドル資金を貸借するバーチャルな市場です。なお、東京ドルコール市場に参加できるのは居住者のみのため、現在では非居住者も参加できる東京オフショア市場に取引の中心が移っています。

④ 東京オフショア市場

　海外の金融機関などの非居住者も参加できる市場で、国内市場からは分離されています。ドル資金・円資金の運用調達が中心で、ドルコール市場と同様にバーチャルな市場です。この東京オフショア市場には、以下のような特徴があります。

（ⅰ）金利規制がなく、税制面で優遇（運用利息に対する源泉税が免除）され、日銀準備預金制度(＊4)の適用がありません。

　　（＊4）　銀行などの金融機関が顧客から受け入れている預金などについて、日本銀行が定める準備率以上の金額を日本銀行に預けることを義務づけている制度です。

（ⅱ）国内の金融機関が参加する場合、財務大臣の承認を得て特別国際金融取引勘定を設け、国内の資金取引とは、分離・区分経理することが求められます（内外分離型）。

（ⅲ）海外から資金を調達し、海外で資金を運用する「外－外取引」が原則。国内で適用される規制などがないことから、東京オフショア市場もユーロ市場の一種であり、取引される日本円はユーロ円として扱われます。東京

オフショア市場の金利は、ユーロ円TIBOR（Tokyo Interbank Offered Rate：タイボー）といわれます。なお、国内市場(*5)の金利は日本円TIBORといわれます。

(*5) オフショアとの対比で、オンショア（Onshore）市場ともいわれます。

上記の市場において、銀行などの金融機関が通常はごく短期のドルなどの外貨またはユーロ円の運用調達を行うのが、資金取引です。

(3) 運用調達の種類

資金の運用調達には、図表Ⅳ-246に示す種類のものがあります。

図表Ⅳ-246　運用調達の種類

運用／調達	種　類	内　容
調達	ユーロ取入	ユーロ市場から、ドルなどの外貨資金やユーロ円資金を調達します。
	コールマネー	東京ドルコール市場から、ドル資金を調達します。
	リファイナンス借入	リファイナンス手形を振り出し、在日他行に差し入れることで外貨資金を調達します。
	クリーンローン借入	約束手形を振り出し、在日他行に差し入れることで外貨資金を調達します。
運用	ユーロ放出	ユーロ市場で、ドルなどの外貨資金やユーロ円資金を運用します。
	コールローン	東京ドルコール市場で、ドル資金を運用します。
	リファイナンス貸付	在日他行が振り出したリファイナンス手形の差入と引き換えに外貨資金を貸付します。

リファイナンス借入・貸付とは、輸出入手形を引当にしたリファイナンス手形を振り出し、資金を市場から調達する取引です。クリーンローン借入はリファイナンス借入と異なり、輸出入手形を引当とせず、約束手形を振り出して資金を市場から調達する取引です。なお、輸出入手形を引当にしないことから、クリーンローンといいます。

(4) 運用調達の期間

資金の運用調達のおもな期間は、図表Ⅳ-247のとおりです。

図表Ⅳ-247　運用調達の期間

期　　間		内　　容
当日物	当日営業日に資金取引を約定（契約）	取組、決済
オーバーナイト（O/N：Overnight）	^	取組し、翌営業日に決済
トムネ（T/N：Tomorrow Next）	^	翌営業日に取組、翌々営業日に決済
スポネ（S/N：Spot Next）	^	翌々営業日に取組、3営業日目に決済
ターム（Term）物	取組と決済の時期は自由に設定できる	
1 week	当日営業日に資金取引を約定（契約）	取組は当日営業日以降で取組から1週間で決済
1 month ～ 11 month	^	取組は当日営業日以降で取組から1カ月～11カ月で決済
1 year	^	取組は当日営業日以降で取組から1年で決済

　ここでいう約定とは、銀行間で取引の契約を締結することをいい、約定をDeal（Dealing）、約定日をDeal Date（Dealing Date）と呼びます。当日物以外の取引では約定当日は約定のみで、資金のやり取りは翌営業日以降に行われます。

　約定後、実際に資金のやり取りを始めることを取組といい、取組をValue、取組日をValue Dateといいます。その後、期日に貸借していた資金を決済（返済、回収）することで、資金取引が完了します。資金取引は調達であれば取組取引でほかの金融機関から資金を借入し、決済取引で資金を返済します。運用であれば、取組取引でほかの金融機関へ資金を貸付し、決済取引で資金を回収します。

　取引期間の分類は、為替予約の売買（受渡）のタイミングと、ほぼ一致します。

(5) 与　　信

　対顧の場合、顧客ごとに円貨で与信残高や与信枠を管理しますが、対銀の場合、為替予約などと同様、銀行ごとにドルで与信残高や与信枠を管理します。

(6) コンファメーション

　銀行などの間で資金の貸借契約が締結された場合、その契約内容を記載したコンファメーション（Confirmation）を作成し、確認していましたが、昨今では文書ではなく、SWIFTで取引内容の確認が行われています。

(7) **資金関連スワップ**

　資金関連スワップは、外貨調達取引・外貨運用取引を動機とした対銀スワップ取引のことです。外貨コールマネーや外貨コールローンという外貨資金を運用・調達する取引と、外貨と円貨とを売買する対銀スワップ取引を組み合わせることで、外貨の運用・調達取引を実質的に円貨の運用・調達取引にする取引です。外貨と円貨の売買を行う取引や実例については、「第Ⅳ章第7節4　為替予約（対銀スワップ）」を参照してください。

(8) 決　　済

　資金取引には、何種類かの決済パターンがあり、決済日に全額決済し、取引を終了する以外に、全額決済後に金額を同額、または増額、または減額し

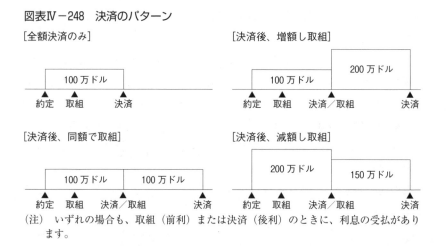

図表Ⅳ-248　決済のパターン

（注）いずれの場合も、取組（前利）または決済（後利）のときに、利息の受払があります。

て新しい取引を取組し、取引を継続する場合もあります（図表Ⅳ－248参照）。

> システム面

(1) **取引遷移**

一般的な取引遷移は図表Ⅳ－249のとおりです。

(2) **取引種類**

資金には、図表Ⅳ－250に示す取引があります。

翌営業日以降に資金取引を取組する場合、約定取引を入力し、その後、取組予定日に約定済取組取引を行って、資金取引を取組します。当日に資金取引を取組する場合、取組取引を使用します。決済取引は決済日に決済（運用の場合は回収、調達の場合は返済）する場合に使用します。変更取引はその取引にかかわる項目を変更する場合などに使用します。

(3) **取引ファイル**

資金の取引情報を管理する資金取引ファイルの論理的な構成について記述します（図表Ⅳ－251参照）。

① **基本レコード**

約定、取組時に追加され、取引のたびに更新されます。キーは取引種類、連続番号、店番(*6)です。外貨資金の基本的な項目を保持します。具体的には店番、CIF番号、通貨／取組金額、約定利率、取組日、取組予定日、スプレッド、取組時決済口座、決済時決済口座、決済日、取引相手である銀行などの管理番号である先方管理番号、片端両端区分、年日数区分、利息区分（前利、後利）などがあります。

(*6) Our Reference Number、Our Ref. No.といわれます。詳細については「第Ⅳ

図表Ⅳ－249　資金の取引遷移

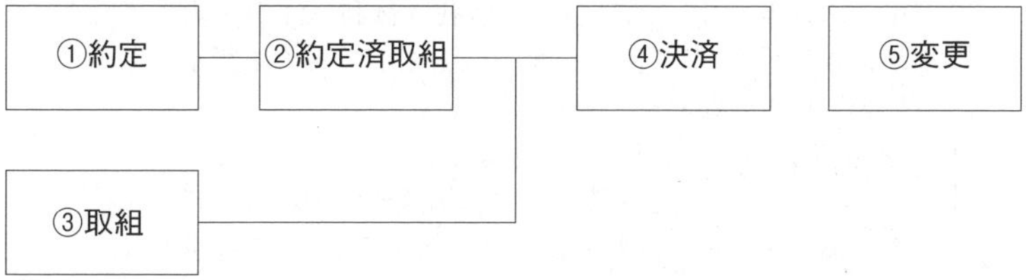

①約定 ― ②約定済取組 ― ④決済　　⑤変更

③取組

章第1節1　輸出信用状」を参照してください。取引種類は、運用と調達の2種類程度に分類されているのが一般的です。

図表Ⅳ-250　資金の取引

取引名	概要	おもな経路など
約定	・翌営業日以降の先日付で取組を入力します。この取引では取組は行われず、取組の予定が登録されているだけで、取組は取組予定日に行われます。 ・運用調達種類（ユーロ取入、コールマネー、ユーロ放出、コールローンなど）、取組予定日、通貨／取組金額、決済日、金利区分（固定金利、変動金利など）、約定利率、スプレッド、利息項目（前利／後利、片端・両端、年日数など）、決済口座、取引相手である銀行などの管理番号などを入力します。 ・運用取引の場合、資金・運用を管理する取引番号（Our Reference Number、Our Ref. No.、以下同じ）を採番します。調達取引の場合、資金・調達を管理する取引番号（Our Ref. No.）を採番します。	本部端末、フロントシステムなど他システム入力
約定済取組	・取引番号（Our Ref. No.）を入力し、先日付で入力済の取引を特定し、取組予定日に取引を取組します。 ・前利の受払がある場合、利息の受払を行います。 ・運用取引の場合、取組金額を資金（運用）の与信残高に加算します(注)。	本部端末、センター自動処理
取組	・先日付ではなく、当日に取引を取組する場合に使用します。 ・運用調達種類（ユーロ取入、コールマネー、ユーロ放出、コールローンなど）、通貨／取組金額、決済日、金利区分（固定金利、変動金利など）、約定利率、スプレッド、利息項目（前利／後利、片端・両端、年日数など）、決済口座、取引相手である銀行などの管理番号などを入力します。 ・運用取引の場合、資金・運用を管理する取引番号（Our Ref. No.）を採番します。調達取引の場合、資金・調達を管理する取引番号（Our Ref. No.）を採番	本部端末、フロントシステムなど他システム入力

	します。 ・前利の受払がある場合、利息の受払を行います。 ・運用取引の場合、取組金額を資金（運用）の与信残高に加算します(注)。	
決済	・返済日に決済（運用の場合は回収、調達の場合は返済）します。 ・取引を特定する取引番号（Our Ref. No.）、通貨／決済金額、決済種類（同額決済、減額決済、増額決済、全額決済）などを入力します。 ・後利の受払がある場合、利息の受払を行います。 ・運用取引の場合、回収金額を資金（運用）の与信残高から減算します(注)。	本部端末、センター自動処理
変更	・取引を特定する取引番号（Our Ref. No.）を入力し、取引相手である銀行などの管理番号、決済口座などを変更します。	本部端末

(注) 対顧客の与信管理と異なり、対銀行の与信管理は勘定系システムなどのバックシステムでは行われず、フロントシステム側で行われているのが一般的ですが、ここでは管理するものとして記述しています。またドルベースで与信管理するものとします。

図表Ⅳ－251　資金取引ファイルの構成

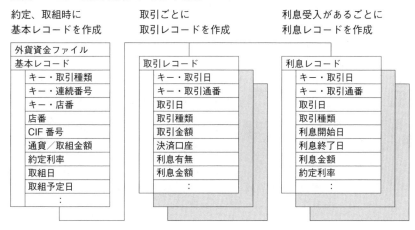

② 取引レコード

取引ごとに1件追加されます。キーは、取引日、取引通番です。入力された項目や一部項目の取引前後の情報を保持します。具体的には取引日、取引種類（約定、約定済取組、取組、決済）、取引金額、決済口座、利息有無、利息金額、利息区分（前利、後利）などがあります。一部項目は取引後の最新情報を基本レコードでも管理します。

③ 利息レコード

約定済取組（前利）、取組（前利）、決済（後利）の各取引で1件追加されます。キーは取引レコード同様に取引日、取引通番です。1取引で元本と利息が同時にある場合、取引レコードと利息レコードの取引番号は同一番号です。特定の利息の受払についての詳細情報を保有します。具体的には取引日、取引種類（約定、約定済取組、取組、決済）、利息開始日、利息終了日、利息金額、約定利率などがあります。

最後に各レコードの追加更新要領について、図表Ⅳ-252に記述します。

図表Ⅳ-252　各レコードの追加更新要領

取引	基本レコード	取引レコード	利息レコード
約定	1件追加	1件追加	―
約定済取組	1件更新	1件追加	前利のときのみ、1件追加
取組	1件追加	1件追加	前利のときのみ、1件追加
決済	1件更新	1件追加	後利のときのみ、1件追加
変更	1件更新(注)	1件更新(注)	1件更新(注)

(注)　変更する項目により、更新するレコードは異なります。

2 外国証券

> 業　務　面

(1) 概　　要

　外貨資金の運用は、ユーロ市場やオフショア市場で行われると同時に、外国証券の売買を通しても行われます。外国証券には、国債や社債といった債券のほか、コマーシャル・ペーパー（CP：Commercial Paper）、譲渡性預金（NCD：Negotiable Certificate of Deposit）、株式などがあり、これらを市場などで売買する、あるいは満期まで保有することにより、外貨資金を運用し、利益を得ます。外貨資金の運用などと同じく、外国証券取引の主体は顧客ではなく、銀行自身です。

(2) 運用対象

　運用対象の外国証券には、図表Ⅳ－253に示す種類のものがあります。外国証券には国債や株式といった伝統的な証券のほかに、デリバティブを内包した債券など多岐にわたるバリエーションがありますが、ここでは基本的な証券について記述します。

(3) 株　　式

　外国籍の企業が発行している株式です。額面や配当金が外貨であることなどを除けば、国内の株式と大きな差異はありません。配当金と株価の値上がりによるキャピタルゲインを期待して、保有されます。株式は剰余金の配当支払や残余財産の分配といった株主の権利の内容により、普通株（式）、優先株（式）などに分類されますが、ここでは一律に株式として記述します。

(4) コマーシャル・ペーパー

　外国籍の企業が発行する無担保の約束手形です。1年以内の短期の資金調達に使われます。通常は発行から満期まで、1カ月～3カ月程度であることが大半です。

図表Ⅳ-253　おもな外国証券の種類

外国証券の種類	分　類	説　明
債券	国際機関債	国際復興開発銀行（世界銀行）、米州開発銀行、欧州復興開発銀行、欧州投資銀行、アジア開発銀行などの国際機関が発行する債券です。
	国債	外国政府が発行する債券です。
	地方債	外国の地方公共団体が発行する債券です。
	特殊債	外国の公社公団などが発行する債券です。
	社債	外国の企業が発行する債券です。
株式	―	外国の企業が発行する株式です。
コマーシャル・ペーパー（CP）	―	外国の企業が発行する無担保の約束手形です。短期の資金調達に使われます。
譲渡性預金（NCD）	―	外国の銀行が発行し、預金者以外の第三者に譲渡可能な無記名の定期預金証書です。「第Ⅰ章第2節7　譲渡性預金」を参照してください。

(5) **債　券**

① **利付債と割引債**

　一般に債券には、利付債と割引債の2種類があります。世界最大の発行残高と売買高があり、世界各国の外貨準備や外貨運用などに広く利用されている米国国債（米国財務省証券）の場合、発行から償還日までが1年以内の短期国債は割引債、1年超の中長期債は利付債として発行されています。

(i)　利 付 債

　一定期間（通常、半年）ごとに発行者が利金（または利札、利息）を支払う債券です。債券の券面に各回の利払のための利札（クーポン）が付いています。償還日に額面価格で償還されます。一般に固定金利の確定利付債と変動金利の変動利付債があります。基本的に利払の単位で複利計算されます。たとえば、利払が半年の場合は半年複利で利金が計算されます。

(ii)　割 引 債

　利金の支払がない代わりに、発行時に額面価格よりも低い金額で発行さ

れ、償還時に額面価格で償還されます。額面価格と発行時価格の差額（償還差益）が利息に相当します。利札（クーポン）が付いていないため、ゼロクーポン債ともいわれます。1年超の場合、利金は複利計算されます。

② 新発債と既発債

債券には、新発債と既発債があります。

(i) 新　発　債

新規に発行される債券です。発行時に決められた価格で募集、発行されます。割引債は額面未満で売りだされます。利付債は市場の実勢金利や投資家の応募状況により、額面金額前後またはちょうどで発行されます。

(ii) 既　発　債

債券市場で流通している発行済の債券です。流通市場での需要（買い）と供給（売り）により価格が決まります。後述するように売買価格は市場の実勢金利に反比例します。

③ **利金と経過利子**

前述のとおり、利付債には一定サイクルでの利金の支払があり、利金の支払は支払時点での所有者に全額支払われます。利金の支払サイクルの途中に流通市場で利付債を売却した場合でも、これは同じです。このため、売買時に購入者が売却者にその保有期間に応じた利金の一部（経過利子）を支払います。具体的に例示すると、図表Ⅳ-254のとおりです。

額面＝100万ドル、利率＝1.5％、利金＝100万ドル×1.5％＝15,000ドル、期間＝1年の利付債を、A銀行が3カ月間保有し、その後、B銀行に売却した場合、A銀行はB銀行から元本代金のほかに3,750ドルの利金（経過利子）を得ます。B銀行がA銀行から購入した後、償還日まで保有した場合には、15,000ドルの利金を受け取ります。この結果、B銀行は実質的に11,250ドル（＝15,000ドル－3,750ドル）の利金を得ます。この考え方は、譲渡性預金と基本的に変わりありません。

④ **金利と債券価格**

新発債の価格は、利付債では額面価格で割引債では額面未満で発行されます。既発債は流通市場の需給により価格が決まりますが、市場金利に反比例します。その理由を以下に説明します。

図表Ⅳ-254 利金と経過利子

額面＝100万ドル、利率＝1.5％、期間＝1年

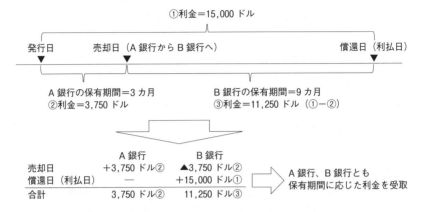

(i) 金利が上昇・債券価格は下落のケース

1年後に1万ドルの利息がついて、償還される債券があり、金利1％から2％へ上昇したとします。この状況では、債券を保有していても、利息は1万ドルしか受け取れませんが、上昇後の金利で運用すれば、利息を2万ドル受け取ることができます（図表Ⅳ-255参照）。

図表Ⅳ-255 金利の上昇と債券価格の下落例

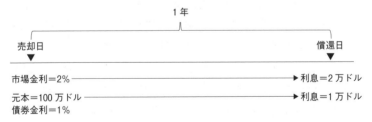

上記債券を保有していて、何らかの事情で債券を売却しようとする場合、債券の価格が100万ドルのままでは、売却できません。100万ドルを運用して、1年後に2万ドルを受け取れるのに1万ドルしか受け取れない債券を敢えて買うことは通常しないからです。買い手がいないため、債券価格を下げます(*1)が、どこまで下げるかを示すと以下のとおりです。

(*1)　債券の金利は大半が固定金利であり、事後に変更できないので、債券価格の下落（変動）により調整されます。

　債券を購入し、償還時に元利金101万ドルを得たときに、その利回りが２％になるように債券価格（p）が下がります。償還時の元利101万ドルと債券価格（p）との差額を、債券価格（p）で割ったもの（利回り）が、２％になればよいのです。実際に計算してみると、以下のとおりです。

　　$0.02（2％）=(1,010,000 - p) ÷ p$

　　$0.02 × p = (1,010,000 - p) ÷ p × p$

　　$0.02 × p = 1,010,000 - p$

　　$0.02 × p + p = 1,010,000 - p + p$

　　$0.02 × p + p = 1,010,000$

　　$(0.02 + 1) × p = 1,010,000$

　　$1.02 × p = 1,010,000$

　　$p = 1,010,000 ÷ 1.02$

　　$p = 990,196.07843…… ≒ 990,196.07$（セント未満切捨）

　したがって、理論的な債券価格は、990,196.07ドルと求められます（額面＞債券価格：アンダーパー）。この価格で購入して、償還時に101万ドルを得た場合に、利回りが２％になるか検算すると以下のとおり、利回りの点で上昇後の金利とほぼ一致します。

　　$(1,010,000 - 990,196.07) ÷ 990,196.07 = 0.020000008685……$

　なお、この債券価格は計算上のもので、時々刻々変化する金利の動向（上昇・下落）や経済状況、市場参加者の思惑など、さまざまな要因に左右されますので、現実の売買価格と完全に一致するわけではありません。

(ⅱ)　金利が低下・債券価格は上昇のケース

　１年後に２万ドルの利息が付いて、償還される債券があり、金利２％から１％へ低下したとします。この状況では、債券を保有していれば、利息を２万ドル受け取れます。これに対して、低下後の金利で運用すれば、利息は１万ドルしか受け取ることができません（図表Ⅳ－256参照）。

　上記債券を保有していて、何らかの事情で債券を売却しようとする場合、債券の価格が100万ドルのままでは、売却しません。市場で運用しても、１

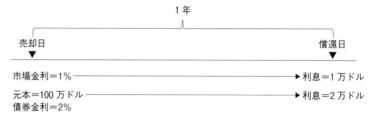

図表Ⅳ-256　金利の低下と債券価格の上昇例

年後に1万ドルしか受け取れない状況であれば、2万ドルを受け取れる債券は価格が100万ドルを超えても売れるはずです。そこで債券価格を上げます（*2）が、どこまで上げるかを示すと以下のとおりです。

　　（*2）　債券の金利は大半が固定金利であり、事後に変更できないので、債券価格の上昇（変動）により調整されます。

　債券を購入し、償還時に元利金102万ドルを得たときに、その利回りが1％になるように債券価格（p）が上がります。償還時の元利102万ドルと債券価格（p）との差額を、債券価格（p）で割ったもの（利回り）が、1％になればよいのです。実際に計算してみると、以下のとおりです。

　　$0.01(1\%)=(1{,}020{,}000-p)\div p$

　　$0.01\times p=(1{,}020{,}000-p)\div p\times p$

　　$0.01\times p=1{,}020{,}000-p$

　　$0.01\times p+p=1{,}020{,}000-p+p$

　　$0.01\times p+p=1{,}020{,}000$

　　$(0.01+1)\times p=1{,}020{,}000$

　　$1.01\times p=1{,}020{,}000$

　　$p=1{,}020{,}000\div 1.01$

　　$p=1{,}009{,}900.990099\cdots\cdots\fallingdotseq 1{,}009{,}900.99$（セント未満切捨）

　したがって、理論的な債券価格は、1,009,900.99ドルと求められます（額面＜債券価格：オーバーパー）。この価格で購入して、償還時に102万ドルを得た場合に、利回りが1％になるか検算すると以下のとおり、利回りの点で低下後の金利とほぼ一致します。

　　$(1{,}020{,}000-1{,}009{,}900.99)\div 1{,}009{,}900.99=0.0100000000990\cdots\cdots$

この債券価格が計算上のものであることは、前記のケースと同じです。なお、額面＜債券価格であるため、これだけでは購入者にとっては損失しか発生せず、こうした債券の購入は非合理的に思われますが、別途受け取る配当金が損失を上回るなど、別途利益が想定される前提で購入が行われます。

(6) 取引相手など

① 発 行 体

有価証券を発行している国や企業などを一律に、発行体といいます。

② カストディアン（Custodian）

有価証券を保有する銀行などに代わって、有価証券の管理を行う銀行などの金融機関です。具体的には、有価証券の保管のほか、資金決済、利金、配当金の受領、元金の受領などを行います。保管先などともいいます。

(7) 保有目的

証券は保有目的によって分類し、区分経理する必要があります。同じ種類の証券でも、売買目的の場合、保有証券を時価評価する際に発生する評価損益を決算に反映しますが、満期まで保有する証券の場合には、時価評価は行わないなどの違いがあります。こうした違いがある保有目的には図表Ⅳ-257に示す4種類があります。

図表Ⅳ-257　保有目的の種類

保有目的	説　明
満期保有目的	満期まで保有することを目的とする有価証券です。期末に時価評価を行いません。
売買目的	時価の変動によって、利益を得ることを目的として保有する有価証券です。期末に時価評価を行います。
子会社及び関連会社株式	子会社または関連会社の株式です。子会社または関連会社への影響力の行使を目的として保有する株式です。期末に時価評価を行いません。
その他有価証券	当面は保有するものの、長期的には売却を行うことが想定される有価証券、または業務提携などといった目的で保有する有価証券です。期末に時価評価を行います。

保有目的は有価証券取得時に決定され、以降の保有目的の変更は原則認められません。これは、取得後に保有目的を自由に変更可能とすると、保有目的の変更によって時価評価の有無も変更することができ、極端にいえば、決算数値の操作もできてしまうからです。

(8) 評　　価

前述のとおり、証券は保有目的によって、評価方法が異なります。評価方法には、時価評価法と償却原価法の2つがあります。

① **時価評価法**

保有目的が売買目的またはその他有価証券の場合、期末の時価で評価するのが時価評価です。時価評価法の例は図表Ⅳ－258のとおりです。

図表Ⅳ－258　時価評価の例

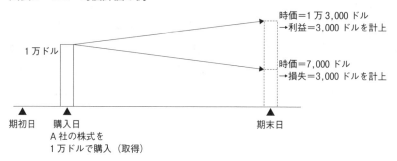

1万ドルで購入した株式が期末日に1万3,000ドルに値上がりしていれば、期末時価から購入価格を引いた金額を利益として計上します。逆に、1万ドルで購入した株式が期末日に7,000ドルに値下がりしていれば、期末時価から購入価格を引いた金額（ただし、絶対値）を損失として計上します。

② **償却原価法**

保有目的が満期保有目的の場合で、債券の償還金額（額面）と購入価格（取得価格）との差額を期間按分し、損益として計上します。償還金額と購入価格の大小によって、計上方法が異なります。

(i) アモチゼーション（Amortization）

前述の金利と債券価格での、金利が低下・債券価格は上昇のケースなどの

ように、償還金額＜購入価格（額面＜債券価格：オーバーパー）の場合に、アモチゼーション（またはアモチと略称）を行います（図表Ⅳ－259参照）。

図表Ⅳ－259　アモチゼーションの例
２年後の期末日に償還される額面１万ドルの債券を期初日に、１万2,000ドルで購入

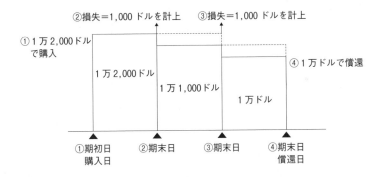

　購入した債券は当初、購入価格（簿価：帳簿上の価格）が１万2,000ドルですが、②期末日に償却原価法により、1,000ドルの損失を計上し、結果、当該債券の簿価は１万1,000ドルに減少します。翌期の③期末日にも、同様に1,000ドルの損失を計上し、結果、当該債券の簿価は１万ドルに減少します。当該債券の償還日（④期末日）に償還された資金を受け取ることで債券が現金化されます。ここで仮に償却原価法による損失計上がなかったとすると、償還日（④期末日）に購入価格と償還金額の差額である、2,000ドルが損失として計上され、決算数値が歪んだ不正確なものとなってしまうため、アモチゼーションが行われます。

(ii)　アキュムレーション（Accumulation）

　前述の金利と債券価格での、金利が上昇・債券価格は下落のケースなどのように、償還金額＞購入価格（額面＞債券価格：アンダーパー）の場合に、アキュムレーション（またはアキュムと略称）を行います（図表Ⅳ－260参照）。

　購入した債券は当初、購入価格（簿価：帳簿上の価格）が8,000ドルですが、②期末日に償却原価法により、1,000ドルの利益を計上し、結果、当該債券の簿価は9,000ドルに増加します。翌期の③期末日にも、同様に1,000ドルの利益を計上し、結果、当該債券の簿価は１万ドルに増加します。当該債

図表Ⅳ-260　アキュムレーションの例

2年後の期末日に償還される額面1万ドルの債券を期初日に、8,000ドルで購入

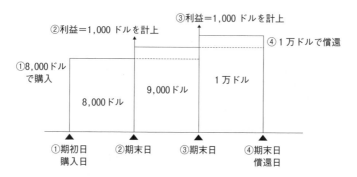

券の償還日（④期末日）に償還された資金を受け取ることで債券が現金化されます。ここで仮に償却原価法による利益計上がなかったとすると、償還日（④期末日）に購入価格と償還金額の差額である、2,000ドルが利益として計上され、決算数値が歪んだ不正確なものとなってしまうため、アキュムレーションが行われます。

システム面

(1) **取引遷移**

　一般的な取引遷移は図表Ⅳ-261のとおりです。

(2) **取引種類**

　外国証券には、図表Ⅳ-262に示す取引があります。

　外国証券マスタ登録で購入する債券や株式などの外国証券についての基本的な情報を登録します。この情報は必要に応じて、外国証券マスタ変更により変更します。

　購入約定で登録済の外国証券を購入します。その後(*3)、購入決済により、購入代金を売却者に支払います。売却約定で保有する外国証券を売却します。その後(*3)、売却決済により、売却代金を購入者から受け取ります。

　　(*3)　売買取引が成立（約定）してから、実際に証券の授受が行われ売買代金が受渡（決済）されるまで、数日（2～3日、証券の種類によります）掛かります。

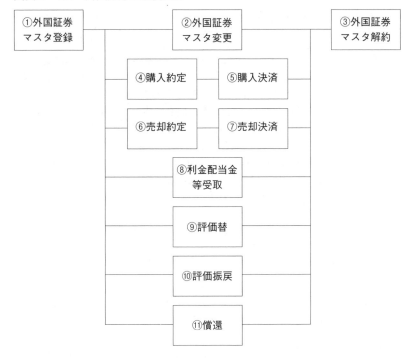

図表Ⅳ-261　外国証券の取引遷移

　　　世界的に見て、約定から決済までの日数は短縮される傾向にあります。

　利金配当金受取で株式の配当金や利付債の利金を受け取ります。評価替で中間決算または本決算時に証券を評価し、損益を計上します。中間決算後に評価振戻で評価損益を反対起票します。償還で償還された債券などの償還資金を受け取ります。

(3)　各種ファイル

　①　外国証券マスタ

　外国証券の取引情報を管理する外国証券マスタの論理的な構成について記述します（図表Ⅳ-263参照）。

(ⅰ)　基本レコード

　証券登録時に追加され、証券変更または購入約定などの取引のたびに更新されます。キーは証券コード（*4）です。外国証券の基本的な項目を保持しま

図表Ⅳ－262　外国証券の取引

取引名	概　要	おもな経路など
外国証券マスタ登録	・債券や株式などの証券について、個々の基本情報を登録します。 ・通貨、発行体番号、発行体種類（政府、地方公共団体、公社公団、企業など）、証券名称、証券種類（債券、株式など）、保有目的（満期保有目的、売買目的など）、上場区分（上場、非上場）、上場市場、発行日、償還日などの共通項目を入力します。 ・債券の場合は、債券種類（利付債、割引債）、金利区分（変動、固定）、利率、利金サイクル（1カ月、3カ月、6カ月など）、端数処理（切上、切捨など）、日数計算（360/360、実日数/実日数など）などの債券固有の項目も入力します。 ・後述する証券コードを採番します。 ・入力された情報を外国証券マスタに登録します。	本部端末、フロントシステムなど他システム入力
外国証券マスタ変更	・証券の基本情報である共通項目を変更します。 ・債券の場合、債券固有の項目を変更します。	本部端末、フロントシステムなど他システム入力
外国証券マスタ解約	・証券がすべて売却されたか、償還された場合で、今後購入しない場合に当該証券を解約（廃止）します。 ・当該証券の残高がゼロであることが前提です。	本部端末、フロントシステムなど他システム入力
購入約定	・証券を購入する取引が成立した場合に入力します。 ・証券コード、決済日、通貨、購入価格、購入額面、購入先、カストディアン番号、決済口座（預け預かり）、支払経過利子（利付債の場合で売却者への支払分）などを入力します。 ・証券取引を管理する取引番号（後述するOur Reference Number、Our Ref. No.、以下同じ）を採番します。	本部端末、フロントシステムなど他システム入力
購入決済	・購入した証券を売却者から実際に受渡されて、購入約定で購入した証券の資金決済（資金支払）を	本部端末、センター自動処

	行う場合に入力します。 ・取引番号（Our Ref. No.）を入力し、入力済の購入約定取引を特定します。 ・証券取引を管理する取引番号（Our Ref. No.）を採番します。 ・証券コード、通貨、購入価格なども入力します。	理
売却約定	・証券を売却する取引が成立した場合に入力します。 ・証券コード、決済日、通貨、売却価格、売却額面、売却先、カストディアン番号、決済口座（預け預かり）、受取経過利子（利付債の場合で購入者からの受取分）などを入力します。 ・証券取引を管理する取引番号（Our Ref. No.）を採番します。	本部端末、フロントシステムなど他システム入力
売却決済	・売却した証券を購入者に実際に受渡し、売却約定で購入した証券の資金決済（資金受取）を行う場合に入力します。 ・取引番号（Our Ref. No.）を入力し、入力済の売却約定取引を特定します。 ・証券取引を管理する取引番号（Our Ref. No.）を採番します。 ・証券コード、通貨、売却価格なども入力します。	本部端末、センター自動処理
利金配当金受取	・債券の利金や株式の配当金を受け取る場合に入力します。 ・証券コード、償還日、通貨、利金配当金金額、決済口座（預け預かり）、次回利率（変動金利の場合）などを入力します。 ・証券取引を管理する取引番号（Our Ref. No.）を採番します。	本部端末、センター自動処理
評価替	・中間決算または本決算時に、保有する証券のうち、株式や売買目的の債券を時価評価する、または満期保有目的の債券について、購入価格と償還金額の差額の当該決算期部分を期間按分、計上（アキュムレーション、アモチゼーション）する場合に入力します。 ・証券コード、通貨、評価金額などを入力します。	本部端末、センター自動処理

	・証券取引を管理する取引番号（Our Ref. No.）を採番します。	
評価振戻	・中間決算時に、評価替を行った証券について、評価替を相殺する場合に入力します。 ・証券取引を管理する取引番号（Our Ref. No.）を採番します。	本部端末、センター自動処理
償還	・債券などが償還され、償還される資金を受領する場合に入力します。 ・証券コード、償還日、通貨、償還価格、償還額面、カストディアン番号、決済口座（預け預かり）などを入力します。 ・証券取引を管理する取引番号（Our Ref. No.）を採番します。	本部端末、センター自動処理

図表Ⅳ-263　外国証券マスタの構成

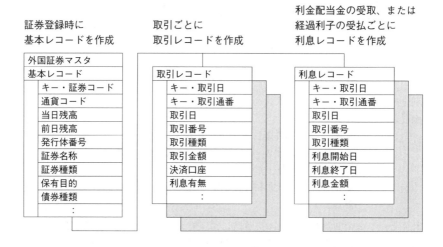

す。具体的には通貨コード、当日残高、前日残高、発行体番号（CIFと外国為替業務に登録済のCIF番号）、証券名称、証券略称、証券種類（債券、株式など）、保有目的（満期保有目的、売買目的など）、上場区分（上場、非上場）、上場市場、発行日、償還日、発行体種類（政府、地方公共団体、公社公団、企業など）などの共通項目があります。債券の場合は、債券種類（利付債、割引

債)、金利区分（変動、固定)、利率、利金サイクル（1カ月、3カ月、6カ月、1年など)、端数処理（切上、切捨など)、日数計算（360/360、実日数/実日数など）などの債券固有の項目もあります。

  （*4） 7桁程度の数字（7桁目はチェック・デジット）で1からの連番とされます。行内で当該証券を特定・管理するための番号です。

(ii) 取引レコード

　取引ごとに1件追加されます。キーは、取引日、取引通番(*5)です。入力された項目や一部項目の取引前後の情報を保持します。具体的には取引日、取引番号、取引種類（購入約定、購入決済、売却約定、売却決済、利金配当金受取、評価替、償還など)、取引金額、決済口座、利息有無、利息金額などがあります。一部項目は取引後の最新情報を基本レコードでも管理します。

  （*5） Our Reference Number、Our Ref. No.といわれます。詳細については「第Ⅳ章第1節1 輸出信用状」を参照してください。

(iii) 利息レコード

　利金、配当金の受取がある、または経過利子の受払がある購入約定、売却約定、利金配当金受取、償還の各取引で1件追加されます。キーは取引レコード同様に取引日、取引通番です。1取引で元本と経過利子が同時にある場合、取引レコードと利息レコードの取引番号は同一番号です。特定の利息の受払についての詳細な情報を保有します。具体的には取引日、取引番号、取引種類（購入約定、購入決済、売却約定、売却決済、利金配当金受取、評価替、償還など)、利息開始日、利息終了日、利息金額、約定利率などがあります。

　最後に各レコードの追加更新要領について、図表Ⅳ-264に記述します。

② 外国為替業務ファイル

　外国証券の残高情報を個別に管理する外国為替業務ファイルの論理的な構成について記述します（図表Ⅳ-265参照)。

　外国証券の残高情報は、発行体別またはカストディアン別に残高などを管理する必要があります。発行体もカストディアンもCIF登録により、CIF番号が採番され、同番号で外国為替業務の顧客登録が行われていることを前提とします。外国証券の残高情報を管理する証券残高レコードは、基本レコードの直下に置かれます。

図表Ⅳ-264　各レコードの追加更新要領

取　引	基本レコード	取引レコード	利息レコード
外国証券マスタ登録	1件追加	―	―
外国証券マスタ変更	1件更新	―	―
外国証券マスタ解約	1件更新	―	―
購入約定	1件更新	1件追加	1件追加
購入決済	1件更新	1件追加	1件更新
売却約定	1件更新	1件追加	1件追加
売却決済	1件更新	1件追加	1件更新
利金配当金受取	1件更新	1件追加	1件追加
評価替	1件更新	1件追加	―
評価振戻	1件更新	1件追加	―
償還	1件更新	1件追加	1件追加

図表Ⅳ-265　外国為替業務ファイルの構成

[発行体分]

外国為替業務ファイル
基本レコード

証券残高レコード
- キー・証券コード
- 当日残高
- 前日残高
- 当日簿価
- 前日簿価
- ：

初回購入約定時に
証券残高レコードを作成

[カストディアン分]

外国為替業務ファイル
基本レコード

証券残高レコード
- キー・証券コード
- 当日残高
- 前日残高
- 当日簿価
- 前日簿価
- ：

初回購入約定時に
証券残高レコードを作成

(i) 証券残高レコード

　証券の初回の購入約定時に追加され、購入約定、売却約定などの証券残高に増減がある取引のたびに更新されます。キーは証券コードです。具体的には当日残高、前日残高、当日簿価、前日簿価、最終更新日などがあります。当日簿価、前日簿価はカストディアン分のレコードでは管理しません。

　最後に各レコードの追加更新要領について、図表IV-266に記述します。

図表IV-266　各レコードの追加更新要領

取　引	証券残高レコード （発行体分）	証券残高レコード （カストディアン別）
外国証券マスタ登録	―	―
外国証券マスタ変更	―	―
外国証券マスタ解約	―	―
購入約定	初回の購入約定時 ・1件追加 上記以外 ・1件更新	初回の購入約定時 ・1件追加 上記以外 ・1件更新
購入決済	―	―
売却約定	1件更新	1件更新
売却決済	―	―
利金配当金受取	―	―
評価替	―	―
評価振戻	―	―
償還	1件更新	1件更新

第9節 利息手数料

1 利息手数料対顧受払

業務面

(1) 概　要

対顧の利息手数料は、輸出入、送金、外貨貸付、外貨預金などの各取引で取引と同時に発生するものが大半です。しかし、海外の銀行などから事後に単独で請求される手数料、個々の取引では入力できない海外企業についての信用調査料、電信料、郵便料などといったものも存在します。こうした利息手数料を単独で顧客と受払するのが利息手数料対顧受払です。ここで取扱される利息手数料の種類は、図表Ⅳ-267のとおりです。

(2) 利息と手数料

外国為替業務に限らず、業務から発生する利益と損失には、利息（保証料を含む）と手数料があります。利息はその計算根拠としての利息開始日と利息終了日があるもの、いわゆる期間概念のあるものを指します。これに対して、手数料には期間概念はなく、利息のような計算根拠もありません。

(3) 受取と支払

手数料の受払方法には、発生と同時に受払をする「即時受払」と、クレジットカード払のように発生した日ではなく後日に一括受払をする「後取」「後払」の2種類があります。

これに対して利息の受払方法には、利息計算の始期（外貨手形貸付の実行日など）に利息を計算し、受け取る「前取」と、利息計算の終期（外貨手形貸付の最終返済日など）に利息を計算し、受け取る「後取」があります。また、利息計算の始期に利息を計算し、支払う「前払」と、利息計算の終期（外貨定期預金の満期日など）に利息を計算し、支払う「後払」もあります。

図表Ⅳ-267　顧客と受払する利息手数料の種類

利息手数料	発生タイミング (注1)	利息手数料の例	説　明
手数料	取引から発生し受取	取立手数料、引受手数料、送金手数料、電信料、外貨取扱手数料、円為替手数料など	「第Ⅳ章第9節3　未収未払利息手数料登録受払」で説明します。
	単独で別途受取	電信料、郵便料、信用調査料など	同上
	単独で即時受取	同上	本項で説明します。
	取引から発生し支払	通常、該当なし	―
	単独で即時または別途支払	通常、該当なし	―
利息	取引から発生し受取	ユーザンス利息、外貨手形貸付利息、外貨証書貸付利息など	「第Ⅳ章第9節3　未収未払利息手数料登録受払」で説明します。
	単独で別途受取	延滞利息（孫利）(注2)など	同上
	単独で即時受取	同上	本項で説明します。
	取引から発生し支払	外貨普通預金利息、外貨定期預金利息、外貨通知預金利息など	「第Ⅳ章第9節3　未収未払利息手数料登録受払」で説明します。
	単独で即時支払	外貨手形貸付または外貨証書貸付の戻し利息(注3)など	本項で説明します。
	単独で別途支払	通常、該当なし	―

(注1)　取引から発生した利息手数料は取引と同時に受払されるか、一旦未収未払とされ、後日受払されるかのいずれかの扱いとされます。単独で発生した利息手数料を未収未払とする場合は、「第Ⅳ章第9節3　未収未払利息手数料登録受払」を参照してください。利息手数料を単独で受払するか否かは、発生タイミングや取引の遷移、画面項目の有無などにも左右されます。

(注2)　孫利息ともいいます。本来、銀行が期日に受け取るべき貸付利息などについて、顧客の支払が遅れたことで、貸付利息を元本として計算される利息を指します。元本（親）から生じた貸付利息（子）から、さらに生じた延滞利息（孫）という関係から、このように呼ばれます。

(注3)　通常、期日前返済の場合に発生する戻し利息を実際に顧客に支払うかどうかは、銀行の判断によります。

(4) 取引との関係

前述のとおり、輸出入、送金、外貨貸付、外貨預金などの各取引で取引と同時に発生する利息手数料が大半です。ただし、個々の取引では入力できない利息手数料もあるため、利息手数料対顧受払取引が用意されています。

(5) 損益の計上先

財務会計上、各利息手数料をどの部署の損益とするかの計上先は、通常、損益科目ごとに決められています。海外の銀行などとのやり取りにかかわる電信料、郵便料などは本部の損益とされ、外貨貸付利息や外貨普通預金利息は営業店の損益とされます。

システム面

(1) 取引遷移

一般的な取引遷移は図表Ⅳ-268のとおりです。

(2) 取引種類

利息手数料対顧受払には、図表Ⅳ-269に示す取引があります。

(3) 取引ファイル

利息手数料受払の取引情報を管理する利息手数料取引ファイルの論理的な構成について記述します（図表Ⅳ-270参照）。

① 基本レコード

受取、支払時に追加されます。キーは取引種類、連続番号、店番(*1)です。利息手数料の基本的な項目を保持します。具体的には店番、CIF番号、受取支払金額（円貨額）、受取支払日、通貨／外貨額などがあります。

図表Ⅳ-268　利息手数料対顧受払の取引遷移

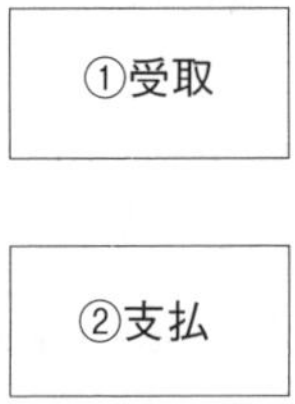

```
①受取
```

```
②支払
```

（注）　変更取引はありません。

図表Ⅳ－269　利息手数料対顧受払の取引

取引名	概　要	おもな経路など
受取	・利息手数料を顧客から受け取る場合に使用します。 ・CIF番号、科目コード(注1)、通貨／受取金額、利息手数料を生じた元の取引の取引番号（後述するOur Reference Number、Our Ref. No.、以下同じ）(注2)などを入力します。 ・受け取る利息手数料が利息の場合、利息開始日、利息終了日も入力します。 ・利息手数料対顧受取を管理する取引番号（Our Ref. No.）を採番します。 ・外貨の利息手数料を顧客から円貨で受け取る場合は、公示相場である電信売相場（TTS：Telegraphic Transfer Selling）を適用します。	本部端末、営業店端末
支払	・利息手数料を顧客に支払う場合に使用します。 ・CIF番号、科目コード(注1)、通貨／支払金額、利息手数料を生じた元の取引の取引番号（Our Ref. No.）(注2)などを入力します。 ・支払う利息手数料が利息の場合、利息開始日、利息終了日も入力します。 ・利息手数料対顧支払を管理する取引番号（Our Ref. No.）を採番します。 ・外貨の利息手数料を顧客に円貨で支払う場合は、公示相場である電信買相場（TTB：Telegraphic Transfer Buying）を適用します。	本部端末、営業店端末

(注1)　利息または損失を表わす科目のコードです。通常、5桁から8桁のコードで表わされ、先頭1文字を、1＝資産、2＝負債、3＝損失、4＝利益などとして、科目のグルーピングをしていることが一般的です。

(注2)　元の取引がある場合、元の取引と業務的な紐付けをするために入力します。ただし、元の取引が取引終了から一定期間経過したなどの理由により、システムから削除されている場合もあるため、元の取引のレコードがあるかどうかのチェックは行いません。

図表Ⅳ-270　利息手数料取引ファイルの構成

受取、支払時に　　　　　　受取、支払時に
基本レコードを作成　　　　取引レコードを作成

（*1）　Our Reference Number、Our Ref. No.といわれます。詳細については「第Ⅳ章第1節1　輸出信用状」を参照してください。取引種類は、ここでは対顧受取と対顧支払の2種類に分類します。

② 取引レコード

取引ごとに1件追加されます。キーは、取引日、取引通番です。入力された項目や一部項目の取引前後の情報を保持します。具体的には取引日、取引種類（受取、支払）、取引金額、科目コード、受払区分（受取、支払）、対顧決済口座、振替コード、通貨／外貨額などがあります。一部項目は取引後の最新情報を基本レコードでも管理します。

最後に各レコードの追加更新要領について、図表Ⅳ-271に記述します。

図表Ⅳ-271　各レコードの追加更新要領

取　引	基本レコード	取引レコード
受取	1件追加	1件追加
支払	1件追加	1件追加

2 利息手数料対銀受払

業務面

(1) 概　要

　対顧の利息手数料は、輸出入、送金などの各取引で取引と同時に発生するものが大半です。これに対して、対銀の利息手数料の場合、単独で利息手数料対銀受払により受払するのが一般的です。ここで取扱される利息手数料の種類は、図表Ⅳ-272のとおりです。

図表Ⅳ-272　銀行などと受払する利息手数料の種類

利息手数料	発生タイミング(注)	利息手数料の例	説　明
手数料	取引から発生し受取	該当なし	―
	単独で即時受取	通知手数料（輸出）、当方電信料など	本項で説明します。
	取引から発生し支払	該当なし	―
	単独で即時支払	再割手数料（輸出）、補償銀行手数料（輸入）など	本項で説明します。
利息	取引から発生し受取	該当なし	―
	単独で即時受取	遅延利息（輸出）など	本項で説明します。
	取引から発生し支払	該当なし	―
	単独で即時支払	再割利息（輸出）、遅延利息（輸入）など	本項で説明します。

(注)　通常、取引から発生した対銀の利息手数料は取引と同時に受払せず、単独で受払します。単独で受払する場合も対顧のように別途受払（未収未払）とせずに、即時受払するのが一般的です。

(2) 利息と手数料

　「第Ⅳ章第9節1　利息手数料対顧受払」を参照してください。

(3) 受取と支払

　銀行などの金融機関から請求された利息手数料のうち、顧客が支払うものは基本的に顧客から徴求(*1)後に支払い、自行が負担するものは通常、即時(*2)に支払います。銀行などの金融機関から支払われた利息手数料は通常、自行が受け取ります。

- (*1) 即時に顧客から受取するか、一旦未収とし、別途受取とします。
- (*2) 顧客と異なり、銀行などの金融機関と受払する場合には、別途受払とすることなく、即時に受払します。取引によっては、支払われる金額から利息手数料が差し引かれて、すでに支払済の場合もあります。

(4) 取引との関係

　前述のとおり、輸出入、送金などの各取引で発生する利息手数料もありますが、個々の取引（タイミング）では入力できない利息手数料も多くあるため、利息手数料対銀受払取引が用意されています。

(5) 損益の計上先

　財務会計上、各利息手数料をどの部署の損益とするかの計上先は、通常、損益科目ごとに決められています。海外の銀行などとのやり取りにかかわる電信料、郵便料などは本部の損益とされ、ユーザンス利息や遅延利息は基本的に営業店の損益とされます。

システム面

(1) 取引遷移

　一般的な取引遷移は図表Ⅳ-273のとおりです。

図表Ⅳ-273　利息手数料対銀受払の取引遷移

①受取

②支払

（注）　変更取引はありません。

(2) 取引種類

利息手数料対銀受払には、図表Ⅳ－274のような取引があります。

図表Ⅳ－274　利息手数料対銀受払の取引

取引名	概　　要	おもな経路など
受取	・利息手数料を他行から受け取る場合に使用します。 ・CIF番号、科目コード(注1)、通貨／受取金額、利息手数料を生じた元の取引の取引番号（後述するOur Reference Number、Our Ref. No.、以下同じ）(注2)などを入力します。 ・利息手数料対銀受取を管理する取引番号（Our Ref. No.）を採番します。	本部端末
支払	・利息手数料を他行に支払う場合に使用します。 ・CIF番号、科目コード(注1)、通貨／支払金額、利息手数料を生じた元の取引の取引番号（Our Ref. No.）(注2)などを入力します。 ・利息手数料対銀支払を管理する取引番号（Our Ref. No.）を採番します。	本部端末

（注1）　利息または損失を表わす科目のコードです。通常、5桁から8桁のコードで表わされ、先頭1文字を、1＝資産、2＝負債、3＝損失、4＝利益などとして、科目のグルーピングをしていることが一般的です。
（注2）　元の取引がある場合、元の取引と業務的な紐付けをするために入力します。ただし、元の取引が取引終了から一定期間経過したなどの理由により、システムから削除されている場合もあるため、元の取引のレコードがあるかどうかのチェックは行いません。

(3) 取引ファイル

利息手数料受払の取引情報を管理する利息手数料取引ファイルの論理的な構成について記述します（図表Ⅳ－275参照）。

① 基本レコード

受取、支払時に追加されます。キーは取引種類、連続番号、店番(*3)です。利息手数料の基本的な項目を保持します。具体的には店番、CIF番号、通貨／受取支払金額、受取支払日などがあります。

（*3）　Our Reference Number、Our Ref. No.といわれます。詳細については「第Ⅳ

図表Ⅳ-275 利息手数料取引ファイルの構成

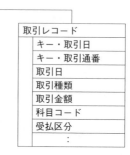

章第1節1 輸出信用状」を参照してください。取引種類は、ここでは対銀受取と対銀支払の2種類に分類します。

② 取引レコード

取引ごとに1件追加されます。キーは、取引日、取引通番です。入力された項目や一部項目の取引前後の情報を保持します。具体的には取引日、取引種類(受取、支払)、取引金額、科目コード、受払区分(受取、支払)、対外決済口座、通貨／外貨額などがあります。一部項目は取引後の最新情報を基本レコードでも管理します。

最後に各レコードの追加更新要領について、図表Ⅳ-276に記述します。

図表Ⅳ-276 各レコードの追加更新要領

取　引	基本レコード	取引レコード
受取	1件追加	1件追加
支払	1件追加	1件追加

3　未収未払利息手数料登録受払

業務面

(1) 概　要

　対顧の利息手数料は、輸出入、送金などの各取引で取引と同時に発生するものが大半ですが、これとは別に単独で発生する利息手数料もあります。いずれも即時受払される場合と、別途受払とされる場合の2つに分かれます。このうち、取引から発生し別途受払とされた利息手数料を後日受払する、あるいは単独で発生した利息手数料を別途受払として登録し後日受払するのが、未収未払利息手数料登録受払です。なお、対銀の利息手数料は通常、別途受払として後日受払することはしないため、対象外とします。ここで取扱される利息手数料の種類は、図表Ⅳ-277のとおりです。

(2) 利息と手数料

　「第Ⅳ章第9節1　利息手数料対顧受払」を参照してください。

(3) 受取と支払

　「第Ⅳ章第9節1　利息手数料対顧受払」を参照してください。

(4) 発生タイミングと受払タイミング

　利息手数料の発生タイミングと受払タイミング別に説明します。

①　取引から発生し、取引と同時に受払

　取引から利息手数料が発生し、取引と同時に利息手数料が受払される場合、利息手数料の受払と受払金額の関係は、図表Ⅳ-278のとおりです。

　元本と利息手数料の通貨と受払金額の関係については、図表Ⅳ-279のとおりです。

②　取引から発生し、取引とは別に後で受払

　取引から利息手数料が発生し、取引とは別に後で利息手数料が受払される場合、利息手数料の受払と受払金額の関係は、図表Ⅳ-280のとおりです。また、元本と利息手数料の通貨と受払金額の種類については、前記の図表Ⅳ-279に準じます。

図表Ⅳ-277　顧客と受払する利息手数料の種類

利息手数料	発生タイミング(注1)	受払タイミング	利息手数料の例	説明
手数料	取引から発生	取引と同時に受払	取立手数料、送金手数料、電信料、外貨取扱手数料、円為替手数料など	本項で説明します。
		取引とは別に後で受払	同上	同上
	単独で発生	取引と同時に受払	電信料、郵便料、信用調査料など	「第Ⅳ章第9節1 利息手数料対顧受払」で説明します(注3)。
		取引とは別に後で受払	同上	本項で説明します。
利息（保証料）	取引から発生	取引と同時に受払	ユーザンス利息、外貨手形貸付利息、外貨証書貸付利息、外貨普通預金利息など	同上
		取引とは別に後で受払	同上（外貨普通預金利息除く）、信用状発行手数料	同上
	単独で発生	取引と同時に受払	延滞利息（孫利）(注2)など	「第Ⅳ章第9節1 利息手数料対顧受払」で説明します(注3)。
		取引とは別に後で受払	同上	本項で説明します。

(注1) 利息手数料を単独で受払するか否かは、発生タイミングや取引の遷移、画面項目の有無などにも左右されます。

(注2) 孫利息ともいいます。本来、銀行が期日に受け取るべき貸付利息などについて、顧客の支払が遅れたことで、貸付利息を元本として計算される利息を指します。貸付元本（親）から生じた貸付利息（子）を元本として、さらに生じた延滞利息（孫）という関係から、このように呼ばれます。

(注3) 対銀の利息手数料は、単独で受払するものとします。「第Ⅳ章第9節2　利息手数料対銀受払」を参照してください。

図表Ⅳ－278　利息手数料の受払と受払金額の関係

元本(注)	利息手数料	受払金額	取引例
受取	受取	・元本と利息手数料を受取	・外貨貸付の返済による元本と外貨貸付利息を受取
受取	支払	・元本を受取し、利息手数料を支払	・該当なし
支払	受取	・元本を支払し、利息手数料を受取	・被仕向送金の対顧支払による元本を支払し、外貨取扱手数料を受取
支払	支払	・元本と利息手数料を支払	・外貨定期預金の解約による元本と外貨定期預金利息を支払

(注)　たとえば、外貨普通預金の入出金金額や外貨手形貸付の実行金額、回収金額などといった取引で取扱される主たる金額のことを指します。

③　単独で発生し、取引と同時に受払

単独で利息手数料が発生し、同時に利息手数料が受払される場合、利息手数料の受払は、図表Ⅳ－281のとおりです。「第Ⅳ章第9節1　利息手数料対顧受払」も参照してください。

④　単独で発生し、取引とは別に後で受払

単独で利息手数料が発生し、取引とは別に後で利息手数料が受払される場合、利息手数料の受払は、図表Ⅳ－282のとおりです。また、元本と利息手数料の通貨と受払金額の種類については、前記の図表Ⅳ－279に準じます。

(5)　損益の計上先

「第Ⅳ章第9節1　利息手数料対顧受払」を参照してください。

システム面

(1)　取引遷移

一般的な取引遷移は図表Ⅳ－283のとおりです。

(2)　取引種類

未収未払利息手数料登録受払には、図表Ⅳ－284に示す取引があります。

図表Ⅳ-279　利息手数料の通貨と受払金額の種類

元本(注)	利息手数料	元本通貨	利息手数料通貨	受払金額
受取と受取または支払と支払		外貨	外貨	①元本＋利息手数料（ただし、元本通貨＝利息手数料通貨） ②元本は外貨のまま、利息手数料は円貨換算額 ③元本の円貨換算額、利息手数料は外貨のまま ④元本の円貨換算額＋利息手数料の円貨換算額
		外貨	円貨	①元本は外貨のまま、利息手数料は円貨のまま ②元本の円貨換算額＋利息手数料
		円貨	外貨	①元本は円貨のまま、利息手数料は外貨のまま ②元本＋利息手数料の円貨換算額
		円貨	円貨	①元本＋利息手数料
受取と支払または支払と受取		外貨	外貨	①元本－利息手数料（ただし、元本通貨＝利息手数料通貨） ②元本は外貨のまま、利息手数料は円貨換算額 ③元本の円貨換算額、利息手数料は外貨のまま ④元本の円貨換算額－利息手数料の円貨換算額
		外貨	円貨	①元本は外貨のまま、利息手数料は円貨のまま ②元本の円貨換算額－利息手数料
		円貨	外貨	①元本は円貨のまま、利息手数料は外貨のまま ②元本－利息手数料の円貨換算額
		円貨	円貨	①元本－利息手数料

(注)　たとえば、外貨普通預金の入出金金額や外貨手形貸付の実行金額、回収金額などといった取引で取扱される主たる金額のことを指します。

図表Ⅳ-280 利息手数料の受払と受払金額の関係

元本(注)	利息手数料	受払金額	取引例
受取	受取	・受取元本を受取し、利息手数料を登録 ・登録済の利息手数料を後日受取	・外貨貸付の返済による元本を受取し、外貨貸付利息を未収登録 ・登録済の外貨貸付利息を後日受取
受取	支払	・受取元本を受取し、利息手数料を登録 ・登録済の利息手数料を後日支払	・外貨貸付の返済による元本を受取し、外貨貸付利息の戻し利息を未払登録 ・登録済の外貨貸付利息の戻し利息を後日支払
支払	受取	・支払元本を支払し、利息手数料を登録 ・登録済の利息手数料を後日受取	・被仕向送金の対顧支払による元本を支払し、外貨取扱手数料を未収登録 ・登録済の外貨取扱手数料を後日受取
支払	支払	・支払元本を支払し、利息手数料を登録 ・登録済の利息手数料を後日支払	・該当なし

(注) たとえば、外貨普通預金の入出金金額や外貨手形貸付の実行金額、回収金額などといった取引で取扱される主たる金額のことを指します。

図表Ⅳ-281 利息手数料の受払

元本(注)	利息手数料	受払金額	取引例
なし	受取	・利息手数料を受取	・電信料、郵便料、信用調査料などを受取
なし	支払	・利息手数料を支払	・該当なし

(注) たとえば、外貨普通預金の入出金金額や外貨手形貸付の実行金額、回収金額などといった取引で取扱される主たる金額のことを指します。

図表Ⅳ-282　利息手数料の受払

元本(注1)	利息手数料	受払金額	取引例
なし	受取	・利息手数料を登録 ・登録済の利息手数料を後日受取	・電信料、郵便料、信用調査料などを登録 ・登録済の電信料、郵便料、信用調査料などを後日受取
なし	支払	・利息手数料を登録 ・登録済の利息手数料を後日支払	・期日変更手数料またはキャンセル手数料(注2)を登録 ・登録済の期日変更手数料またはキャンセル手数料(注2)を後日支払

(注1)　たとえば、外貨普通預金の入出金金額や外貨手形貸付の実行金額、回収金額などといった取引で取扱される主たる金額のことを指します。

(注2)　為替予約・対顧アウトライトの期日変更またはキャンセル取引で市場実勢により手数料を超える差益が発生した場合には、差益を手数料として、顧客に支払うことがあります。

図表Ⅳ-283　未収未払利息手数料登録
受払の取引遷移

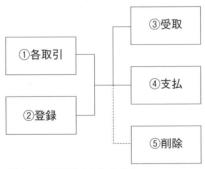

(注)　変更取引はありません。

図表Ⅳ-284　未収未払利息手数料登録受払の取引

取引名	概　　要	おもな経路など
各取引	・輸出入、送金、外貨預金、外貨貸付などの各取引で発生した利息手数料を未収、または未払の利息手数料として、登録します。	営業店端末、本部端末
登録	・顧客と受払する利息手数料を未収または未払の利息手数料として、登録します。 ・登録した利息手数料は、受取または支払取引で受払を行います。 ・CIF番号、科目コード(注1)、受取金額または支払金額（いずれも円貨額）、利息手数料を生じた元の取引の取引番号（Our Reference Number、Our Ref. No.、以下同じ）(注2)などを入力します。 ・未収未払の利息手数料を管理する未収未払番号(注3)を採番します。 ・受払する利息手数料が利息の場合、利息開始日、利息終了日も入力します。	営業店端末、本部端末
受取	・輸出入、送金、外貨預金、外貨貸付などの各取引で発生し、別途受取とされた利息手数料、または登録取引で登録された利息手数料を受け取る場合に使用します。 ・CIF番号、未収未払番号(注3)、受取金額（円貨額）などを入力します。	営業店端末、本部端末
支払	・外貨貸付などの各取引で発生し、別途支払とされた利息手数料、または登録取引で登録された利息手数料を支払う場合に使用します。 ・CIF番号、未収未払番号(注3)、支払金額（円貨額）などを入力します。	営業店端末、本部端末
削除	・二重登録など何らかの事情により、登録取引で登録された未収または未払の利息手数料を削除します。 ・CIF番号、未収未払番号(注3)、受取金額または支払金額（いずれも円貨額）などを入力します。	営業店端末、本部端末

（注1）　利息または損失を表わす科目のコードです。通常、5桁から8桁のコードで表わされ、先頭1文字を、1＝資産、2＝負債、3＝損失、4＝利益などとして、科目のグルーピングをしていることが一般的です。

(注2) 元の取引がある場合、元の取引と業務的な紐付けをするために入力します。ただし、元の取引が取引終了から一定期間経過したなどの理由により、システムから削除されている場合もあるため、元の取引のレコードがあるかどうかのチェックは行いません。
(注3) 未収未払の利息手数料を管理する番号で、顧客ごとに採番される5桁程度の数字(注4)で、1からの連番とされます。
(注4) CIFファイルの基本レコード、または各業務ファイルの基本レコードに未収未払番号の採番カウンタを保持するものとします。

(3) 取引ファイル

未収未払利息手数料の取引情報を管理する未収未払ファイルの論理的な構成について記述します（図表Ⅳ-285参照）。

① 基本レコード

顧客ごとにその顧客で最初に未収未払の利息手数料が発生した場合に追加されます。キーは店番、CIF番号です。

② 未収未払レコード

各取引で未収未払の利息手数料が発生するごとに、または未収未払の利息手数料を登録するごとに1件追加されます。キーは、未収未払番号です。発生した未収未払の個々の利息手数料についての詳細な情報を保持します。具体的には、受取支払金額、受払区分（受取、支払）、複数の手数料項目（手数料科目コード、手数料金額、手数料通貨、手数料外貨額、手数料換算相場）などがあります。利息についても手数料と同様に、複数の利息項目（利息科目コード、利息金額、利息通貨、利息外貨額、利息換算相場）などの項目を保持し、さらに利息開始日、利息終了日、利息日数、利率、年日数区分（360日、365日）、片端両端区分など利息固有の項目も複数保持します。

最後に各レコードの追加更新要領について、図表Ⅳ-286に記述します。

図表Ⅳ-285 未収未払ファイルの構成

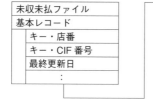

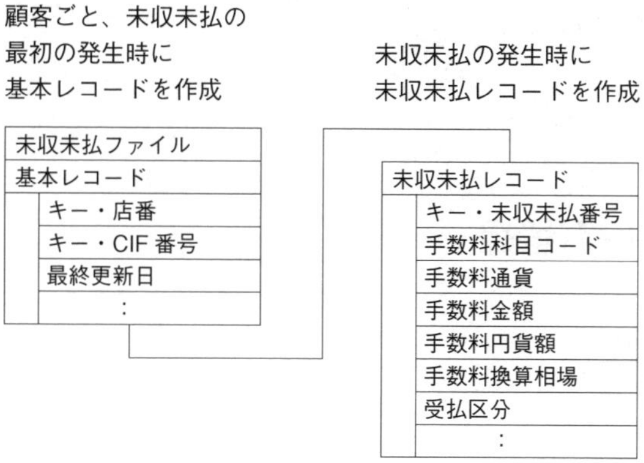

顧客ごと、未収未払の最初の発生時に基本レコードを作成

未収未払の発生時に未収未払レコードを作成

図表Ⅳ-286 各レコードの追加更新要領

取　引	基本レコード	未収未払レコード
各取引	1件追加(注1)または更新	1件追加
登録	1件追加(注1)または更新	1件追加
受取	1件更新	1件更新
支払	1件更新	1件更新
削除	1件更新	1件論理削除(注2)

(注1) 当該顧客で最初に未収未払の利息手数料が発生した場合に1件追加し、それ以外は1件更新します。

(注2) 未収未払レコードを削除した日付を論理削除日という項目にセットし、論理削除日に有意な値がある未収未払レコードを、3カ月後など一定期間経過後に物理削除します。

第10節 その他

1 顧客登録

業務面

(1) 概要

銀行の基本的な業務のうち、一部の顧客だけが行う貸付業務や外国為替業務などの場合、取引を開始する前に各業務への登録が必要です。おもな各業務への登録の要否は図表Ⅳ-287のとおりです。外国為替業務の場合、取引を開始する前に外国為替業務の顧客としての登録が基本的に必要です。

図表Ⅳ-287 各業務への登録要否

業務	要否	説明
預金	要	CIFへの登録があれば、取引が可能です。普通預金の口座開設などでCIFも開設されるため、別途業務への登録は通常、不要です。
貸付	要	貸付業務への登録が必要です。
内国為替	否	業務への登録がない一見客(注)でも取引が可能です。
外国為替	要	外国為替業務への登録が必要です。ただし、仕向送金、被仕向送金、旅行小切手、外国通貨などの一部の取引は、業務への登録がない一見客(注)でも取引が可能です。

(注) 自行と取引がなく、今後も継続した取引が見込めない可能性が高い顧客を指します。一見客については、登録の手間や再利用の可能性の低さなどから、CIFへの登録を行いません。

システム面

　CIFファイルそのものではありませんが、CIFファイルへ顧客が登録されていることを前提とし、外国為替業務の大半の取引の取引可否を制御するものに業務ファイル（業務マスタ）があります。ここでは外国為替業務の顧客登録の取引遷移、取引種類、ファイル構成などについて、記述します。

(1) 取引遷移

　一般的な取引遷移は図表Ⅳ-288のとおりです。

図表Ⅳ-288　顧客登録の取引遷移

```
┌──────┐           ┌──────┐
│①開設 │───────────│③解約 │
└──────┘           └──────┘
     │    ┌──────┐    │
     └────│②変更 │────┘
          └──────┘
```

(2) 取引種類

　顧客登録には、図表Ⅳ-289のような取引があります。

　開設取引は、外国為替業務固有の顧客情報を入力し、外国為替業務ファイルに登録します。変更取引では業務固有の顧客情報の変更を行います。解約取引は顧客の外国為替業務のすべての取引を終了（外貨貸付であれば回収、外貨預金であれば解約）した後で最後に業務を解約するものです。システム的には外国為替業務のすべての取引が終了していないと解約できないようにチェックを行っています。解約された顧客は外国為替業務から論理的に削除され、一定期間経過後に物理削除されます。

(3) 外国為替業務ファイル

　顧客の業務基本情報を管理する外国為替業務ファイルの論理的な構成について記述します（図表Ⅳ-290参照）。

① 基本レコード

　開設取引で追加されます。キーは店番、CIF番号です。顧客の外国為替業務に関する基本情報を保持します。具体的な項目は、英字名称（氏名）、英字住所、本社所在国、本社所在都市、居住非居住者区分(*1)、ステータス

図表Ⅳ-289　顧客登録の取引

取引名	概　要	おもな経路など
開設	・顧客の外国為替業務に関する基本情報を入力し、顧客を外国為替業務に新規登録します。英字氏名（名称）、英字住所、本社所在国、本社所在都市、居住区分などを入力します。 ・入力された顧客を外国為替業務ファイルに登録します。 ・CIFファイルの業務INDEXレコードの外国為替業務の業務有無を有に更新します。	営業店端末、本部端末
変更	・顧客の外国為替業務に関する基本情報を変更します。	営業店端末、本部端末
解約	・顧客との外国為替業務のすべての取引を終了した後に業務を解約（閉鎖）します。 ・後述する外国為替業務ファイルの基本レコードのステータスを解約済にします。 ・CIFファイルの業務INDEXレコードの外国為替業務の業務有無を無に更新します。	営業店端末、本部端末

（活動中、解約済、移管済）などがあります。この基本レコードがないと、外国為替業務の大半の取引を行うことはできません（外国為替業務の両替取引など一部取引を除きます）。

　　（*1）　外為法によります。非居住者とは、一例を挙げれば、日本を出国し、外国に２年以上滞在している人です。

② 振替口座レコード

おもに法人で取引時に入出金で使用する預金口座が顧客から業務ごとに指定されている場合に追加します。キーは連続番号（1からの連番）とします。預金口座を特定するための店番、科目（当座、普通）、通貨コード、口座番号といった項目を保持します。

③ 取引INDEXレコード

取引開始時（外貨手形貸付の実行取引、外貨定期預金の新規預入取引など）

図表Ⅳ-290　外国為替業務ファイルの構成
外国為替業務開設時に基本レコードを作成

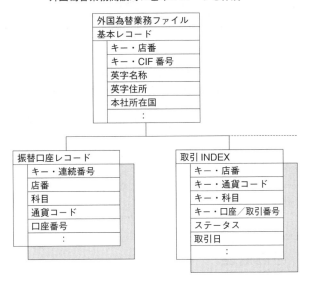

に、1件追加されます（ステータス=「取引中」）。取引終了時（外貨手形貸付の回収取引、外貨定期預金の口座解約）に、当該レコードを更新します（ステータス=「取引終了」）。キーは連続番号（1からの連番）とし、データとして取引を特定する店番、科目、通貨コード、口座／取引番号、ステータス（活動中、解約済、移管済）、取引日、取引金額などを保持します。この取引INDEXレコードにより、当該顧客の取引すべての状況が管理され、取引INDEXがすべて取引終了でなければ、CIFの解約はエラーとするチェックに使用します。

　最後に各レコードの追加更新要領について、図表Ⅳ-291に記述します。

図表Ⅳ-291　各レコードの追加更新要領

取　引	外国為替業務ファイルの各レコード		
	基　本	振替口座	取引INDEX
開設	1件追加	―	―(注3)
変更	1件更新(注1)	1件更新(注2)	―(注3)
解約	1件更新	―(注4)	―(注3)

(注1)　変更の場合、基本レコードに管理する項目の更新がなくても基本レコードの最終更新日を更新します。
(注2)　各レコードで管理する項目の更新があったときのみ更新します。
(注3)　顧客登録の取引では追加しません。外貨貸付の実行や外貨預金の口座開設などの取引で追加します。
(注4)　解約の場合、基本レコードのステータスを「解約済」に更新し、それ以外のレコードは更新しません。

2　与信管理

業　務　面

(1)　概　　要

　顧客におもに外貨を貸付する外国為替業務の貸付は、円の貸付業務（以下、円の貸付）における各種商品とほぼ類似しています。円の貸付同様、顧客単位に貸付種類別、稟議種類別に与信残高（貸付残高）などの与信情報を管理しているのも、円の貸付と同様です。以下では、外国為替業務における貸付の概要について述べ、その後、与信管理について記述します。

(2)　貸付種類

　以下に外国為替業務における貸付の種類を示します（図表Ⅳ-292参照）。

① **L/C付輸出手形買取、L/Cなし輸出手形買取、クリーン手形・小切手買取など**

　顧客が輸出商品の代金などの支払を請求するために振り出した輸出手形には、L/C付（信用状付）とL/Cなし（信用状なし）の2種類があり、手形期日まで現金化できないものがあります。これをすぐに現金化するのが、輸出手

図表Ⅳ−292　外国為替業務での貸付の種類

資金移動の有無	外国為替業務の貸付種類	円の貸付業務の貸付種類	
資金移動をともなう貸付	①L/C付輸出手形買取、L/Cなし輸出手形買取、クリーン手形・小切手買取など	手形割引	
	②外貨手形貸付、③輸入ユーザンス	貸付金	手形貸付
	④外貨証書貸付		証書貸付
	⑤外貨当座貸越、外貨コミットメントライン		当座貸越
	⑥為替予約	―	
資金移動をともなわない貸付	⑦輸入信用状（輸入L/C）、外貨債務保証など	債務保証	

形の買取です。円の手形割引が対価である商品そのものと分離されているのに対して、輸出手形は商品と一体とされています。

割引料（輸出手形の場合、相場に織り込まれていることが大半です）の徴求、不渡り時の買戻義務などは、円の手形割引と同じです。なお、輸出に直接関係しない手形・小切手をクリーン手形・小切手といい、これらも買取の対象です。

②　外貨手形貸付

顧客から借用書として約束手形の差入を受けることにより、外貨の貸付を行います。1年以内の短期資金の貸付に用いられます。なお、円の手形貸付と違い、資金の使途は限定されません。外貨証書貸付と合わせて、インパクトローンといわれることもあります。

③　輸入ユーザンス

顧客から借用書として約束手形の差入を受けることにより、輸入した商品代金支払のための外貨資金を貸し付けます。輸入者の取引銀行（邦銀）や海外の主要銀行などが貸付を行います。

④　外貨証書貸付

　顧客から証書（金銭消費貸借契約証書）の差入を受けることにより、外貨資金の貸付を行います。1年超の長期資金の貸付に用いられます。外貨手形貸付と同様、資金の使途は限定されません。

⑤　外貨当座貸越

　外貨当座預金の残高がマイナスになっても、あらかじめ定められた当座貸越限度額以内であれば、外貨当座預金からの出金を可能とするものです。外貨当座預金の当座貸越のほか、外貨のコミットメントラインを用意している銀行もあります。

⑥　為替予約

　一時点（または一定範囲の期間）での外貨の売買契約であり、かりに顧客の都合などにより売買契約が履行されないと銀行が損害を被る恐れがあります。このため、通常の為替予約は顧客に対する与信取引とされます。ただし、外貨定期預金の預入・解約、外貨手形貸付の実行・返済など、特定日に売買することが確実な為替予約は、与信取引とはされません。

⑦　輸入信用状（L/C）、外貨債務保証など

　輸入信用状は、輸出者に対して商品代金の支払を銀行が保証するものです。外貨債務保証は、第三者に対して顧客に債務履行能力があることを銀行が保証するものです。資金を貸し付けることはなく、銀行は顧客から保証料を徴求するだけですが、万が一、顧客が債務不履行に陥った場合には、代わりに銀行が債務を履行する義務が生じます。輸入信用状（L/C）、外貨債務保証などのほかに、荷物引取保証（L/G）、丙号T/Rなどもあります。

(3)　稟議種類

　貸付を実行するにあたっては、事前に当該貸付についての稟議の決裁を受ける必要があります。決裁を受ける稟議種類は図表Ⅳ-293のとおりです。この稟議種類は貸付残高などの与信情報を管理するための項目でもあります。

(4)　与信情報の管理

　外国為替業務の貸付も円の貸付同様、顧客単位に貸付種類別、稟議種類別に与信残高（貸付残高）などの与信情報を管理しています（図表Ⅳ-294参

図表Ⅳ-293　稟議種類

貸付金額	稟議種類	決裁部店	貸付方法
一定金額超	個別稟議	本部審査部門	一括貸付、限度貸付
	極度稟議	同上	極度貸付
一定金額以下	店内稟議(注)	支店長	一括貸付、限度貸付、極度貸付

(注)　本部の審査部門ではなく、貸付を実行する支店の支店長の決裁で貸付を実行できるものです。店長稟議、裁量内稟議、裁量内などと呼ばれます。貸付種類、貸付を実行する顧客などに応じて決裁できる上限金額が決まっています。この支店長が決裁できる上限金額は営業店の規模、格などによって大小があります。たとえば、住宅地などの小規模店舗の上限金額は小さく、中心地などにある大規模店舗の上限金額は大きく設定されています。上限金額を超えた場合には、本部審査部門の決裁が必要です。

図表Ⅳ-294　与信情報の管理例

貸付種類(注1)	稟議種類(注2)	与信残高(注3)
L/C付輸出手形買取	個別稟議	個別稟議残高
	極度稟議	極度稟議残高
	店内稟議	店内稟議残高
L/Cなし輸出手形買取	個別稟議	個別稟議残高
	極度稟議	極度稟議残高
	店内稟議	店内稟議残高
クリーン手形・小切手買取	個別稟議	個別稟議残高
	極度稟議	極度稟議残高
	店内稟議	店内稟議残高
輸入合計(注4)	個別稟議	個別稟議残高（輸入L/C、荷物引取保証（L/G）、航空貨物貸渡（丙号T/R）、引受手形、本邦ユーザンス、輸入ハネの各残高）
	極度稟議	極度稟議残高（輸入L/C、荷物引取保証（L/G）、航空貨物貸渡（丙号T/R）、引受手形、本邦ユーザンス、輸入ハネの各残高）
	店内稟議	店内稟議残高（輸入L/C、荷物引取保証（L/G）、航空貨物貸渡（丙号T/R）、引受手形、本邦ユーザンス、輸入ハネの各残高）

スタンド・バイ・クレジット	個別稟議	個別稟議残高
	極度稟議	極度稟議残高
	店内稟議	店内稟議残高
外貨手形貸付	個別稟議	個別稟議残高
	極度稟議	極度稟議残高
	店内稟議	店内稟議残高
外貨証書貸付	個別稟議	個別稟議残高
	店内稟議	店内稟議残高
外貨債務保証	個別稟議	個別稟議残高
	店内稟議	店内稟議残高
外貨当座貸越	極度稟議	極度稟議残高
外貨コミットメントライン	極度稟議	極度稟議残高
為替予約	個別稟議	個別稟議残高
	極度稟議	極度稟議残高
	店内稟議	店内稟議残高

(注1) 輸出入にかかわる円の貸付である輸出前貸、輸入ハネの与信情報は、貸付業務で管理されます。
(注2) 外貨証書貸付や外貨債務保証には極度稟議がないなど、貸付種類によっては、極度稟議がない銀行もあります。名称も極度貸付は極度内、極度扱いなど、個別稟議は、個別内、個別扱いなどと銀行によって違いがありますが、基本的な考えはほぼ同じです。
(注3) 括弧内の残高は内数として残高管理する残高です。
(注4) 輸入は取引局面により、貸付の形態が変わるため、輸入全体で与信管理を行うことが一般的です。これは、たとえば、L/C付（信用状付）では、輸入L/C、荷物引取保証（L/G）、航空貨物貸渡（丙号T/R）、引受手形、本邦ユーザンス、輸入ハネなどと遷移し、L/Cなし（信用状なし）では、引受手形、本邦ユーザンス、輸入ハネなどと遷移することが常態であるためです。

照)。外国為替業務では、さまざまな通貨を取り扱いますが、異なる通貨の残高を単純に合計などしても、与信残高は管理できません。そこで通常、取引の通貨に関係なく、取引金額を円に換算、円ベース与信残高に加減算して与信管理を行います。円以外で与信管理する場合には、日銀から毎月公表される報告省令レートなどにより、取引金額(与信金額)をドルに換算、ドルベースの与信残高に加減算して与信管理を行います。

システム面

与信管理には、極度貸付の極度枠を登録する極度登録、与信残高などの管理が必要な与信取引のたびに与信金額(貸付金額)を加減算する残高更新、貸付種類別・稟議種類別の残高を照会する残高照会などといった機能があります。

(1) 取引遷移

一般的な取引遷移は図表Ⅳ-295のとおりです。

図表Ⅳ-295　与信管理の取引遷移

①各取引	②極度登録	③与信残高照会	④与信予定照会

(2) 取引種類

与信管理には、図表Ⅳ-296に示す取引があります。

(3) 外国為替業務ファイル

顧客の与信残高などの与信管理情報は、外国為替業務ファイルの配下にあるレコードで管理されます。外国為替業務ファイルの論理的な構成について記述します(図表Ⅳ-298参照)。

① 基本レコード

外国為替業務の顧客登録の開設取引で追加されます。詳細は「第Ⅳ章第10節1　顧客登録」を参照してください。

図表Ⅳ-296　与信管理の取引

取引名	概　　要	おもな経路など
各取引	・各与信取引で入力される稟議種類（個別稟議、極度稟議、店内稟議）によって、稟議種類ごとに分別管理される与信残高を更新します（図表Ⅳ-300参照）。詳細は後述します。 ・稟議種類に極度稟議を入力した取引で、与信残高が増加する場合には、取引に応じた極度種類の極度が登録されているか、増加後の金額が極度額を超過しないか、極度の有効期限は期限内かなどのチェックを行い、与信残高を加算します。 ・稟議種類に極度稟議を入力した取引で、残高が減少する場合には、極度貸付の与信残高を減算します。 ・稟議種類に極度稟議以外を入力した取引では、与信残高が増減する場合には、当該与信残高を加減算します。 ・各取引の遷移は、図表Ⅳ-300の各取引の取引遷移を参照してください。	営業店端末、本部端末
極度登録	・極度種類（L/C付輸出手形買取、L/Cなし輸出手形買取、クリーン手形・小切手買取、輸入合計、スタンド・バイ・クレジット、外貨手形貸付、為替予約、外貨当座貸越、外貨コミットメントラインなど）別に、貸付の上限金額である極度額、極度の有効期限などを顧客単位に登録します。 ・極度が不要になった顧客については、極度を削除します。	営業店端末
与信残高照会	・顧客単位に、貸付種類、稟議種類ごとに管理されている現在の与信残高を登録されている極度情報とともに表示します。 ・参考情報として、貸付業務で管理する輸出前貸、輸入ハネも表示します。	営業店端末、本部端末
与信予定照会	・未来日付を指定し、取引ごとに管理されている指定日付時点での与信予定残高を、登録されている極度情報などとともに表示します(注)。	営業店端末、本部端末

(注)　与信予定照会の例は図表Ⅳ-297のとおりです。

図表Ⅳ-297　与信予定照会の例

```
                  本日
                  4/24 5/1    6/1    7/1    8/1
                    ▼   ▼     ▼     ▼     ▼
①外貨手形貸付
  貸付金額=1万ドル
  実行日=5/1（先日付）     ┌─①外貨手形貸付──────────┐
  期日=8/1

②外貨手形貸付
  貸付金額=2万ドル    ┌─②外貨手形貸付─────────────────────┐
  実行日=3/1
  期日=10/1

③外貨手形貸付
  貸付金額=5万ドル    ┌─③外貨手形貸付──┐
  実行日=3/1
  期日=7/1
```

・4/24に、4/30を指定して、与信予定照会を行うと、
　与信予定残高＝②2万ドル＋③5万ドル＝7万ドル
・4/24に、5/2を指定して、与信予定照会を行うと、
　与信予定残高＝①1万ドル＋②2万ドル＋③5万ドル＝8万ドル
・4/24に、7/2を指定して、与信予定照会を行うと、
　与信予定残高＝①1万ドル＋②2万ドル＝3万ドル
・4/24に、8/2を指定して、与信予定照会を行うと、
　与信予定残高＝②2万ドル＝2万ドル

② 与信管理レコード

　各与信管理レコードとも、与信管理レコードが存在しない場合に同レコードを追加します。キーは業務（輸出、輸入、外貨貸付、為替予約、外貨当座貸越など）とします。極度種類（L/C付輸出手形買取、L/Cなし輸出手形買取、クリーン手形・小切手買取、輸入合計、スタンド・バイ・クレジット、外貨手形貸付、外貨証書貸付、外貨債務保証、為替予約、外貨当座貸越、外貨コミットメントラインなど）別の極度額、有効期限、稟議種類別の残高である個別稟議残高、極度稟議残高、店内稟議残高などの項目を保持します。

　最後に各レコードの追加更新要領について、図表Ⅳ-299に記述します。

(4) 取引ごとの与信残高の更新

　各与信取引で入力される稟議種類（個別稟議、極度稟議、店内稟議）にしたがって、稟議種類ごとに分別管理されている与信残高を増減します。詳細は図表Ⅳ-300のとおりです。

図表Ⅳ-298　外国為替業務ファイルの構成

外国為替業務開設時に基本レコードを作成

各与信管理レコードとも、与信管理レコードが存在しない場合に同レコードを作成

与信管理（輸出）レコード	与信管理（輸入）レコード	与信管理（貸付）レコード	与信管理（為替）レコード	与信管理（貸越）レコード
キー・業務	キー・業務	キー・業務	キー・業務	キー・業務
L/C付輸出手形買取	輸入合計極度額	外貨手形貸付	為替予約極度額	外貨当座貸越
極度額	輸入合計有効期限	極度額	為替予約有効期限	極度額
有効期限	輸入信用状	有効期限	為替予約・売	有効期限
限度稟議残高	限度稟議残高	限度稟議残高	限度稟議残高	限度稟議残高
極度稟議残高	極度稟議残高	極度稟議残高	極度稟議残高	外貨コミットメントライン
店内稟議残高	店内稟議残高	店内稟議残高	店内稟議残高	極度額
L/C付輸出手形買取	本邦ユーザンス	外貨証書貸付	為替予約・買	有効期限
極度額	限度稟議残高	限度稟議残高	限度稟議残高	極度稟議残高
:	:	:	:	:

（注）　外貨当座貸越、外貨コミットメントラインは、それぞれ1顧客1契約の想定です。

図表Ⅳ-299　各レコードの追加更新要領

取引	外国為替業務ファイルの各レコード	
	基本	与信管理
各取引	1件更新	1件追加、または1件更新(注)
極度登録	1件更新	1件追加、または1件更新(注)

（注）　与信管理レコードは存在しない場合に追加し、存在する場合には更新します。

図表Ⅳ-300　取引ごとの与信残高の更新

業務	業務内分類	取引種類	増減（与信内容）
輸出	L/C付輸出手形買取、L/Cなし輸出手形買取、クリーン手形・小切手買取	一覧払手形買取、期限付手形買取	増加（買入外国為替）
		買戻	減少（買入外国為替）
		対外決済、再割決済	減少（買入外国為替）
	フォーフェイティング	買取	増加（その他買入金銭債権）
		対外決済、再割決済	減少（その他買入金銭債権）
	インボイス・ディスカウント	買取	増加(注1)
		買戻(注2)	減少(注1)
		対外決済	減少(注1)
輸入	輸入信用状	発行、条件変更（増額）	増加（信用状）
		条件変更（減額）、残高引落、キャンセル	減少（信用状）
	荷物引取保証（L/G）、丙号T/R	実行	増加（L/G、丙号T/R）
		解除	減少（L/G、丙号T/R）
	L/C付輸入手形（一覧払決済、本邦ユーザンス）	一覧払決済	減少（信用状）
		本邦ユーザンス取組、本邦ユーザンス（異種通貨）取組	減少（信用状） 増加（本邦ユーザンス）
		本邦ユーザンス決済	減少（本邦ユーザンス）
	L/C付輸入手形（外銀ユーザンス）	書類到着	減少（信用状）、増加（外銀引受）
		決済	減少（外銀引受）
		本邦ユーザンス取組、本邦ユーザンス（異種通貨）取組	減少（外銀引受） 増加（本邦ユーザンス）
		本邦ユーザンス決済	減少（本邦ユーザンス）

	L/Cなし輸入手形	本邦ユーザンス取組、本邦ユーザンス（異種通貨）取組	増加（本邦ユーザンス）
		本邦ユーザンス決済	減少（本邦ユーザンス）
	運賃保険料ユーザンス	実行	増加（運賃保険料ユーザンス）
		対顧決済	減少（運賃保険料ユーザンス）
	スタンド・バイ・クレジット	発行、条件変更（増額）	増加（スタンド・バイ・クレジット）
		条件変更（減額）、残高引落、キャンセル	減少（スタンド・バイ・クレジット）
外貨貸付	外貨手形貸付	予定登録済実行、実行	増加（外貨手形貸付）
		一部返済、全額返済	減少（外貨手形貸付）
	外貨証書貸付	予定登録済実行、実行	増加（外貨証書貸付）
		一部返済、全額返済	減少（外貨証書貸付）
	外貨当座貸越、外貨コミットメントライン	貸越（出金）	増加（外貨当座貸越など）
		返済（入金）	減少（外貨当座貸越など）
外貨保証	外貨債務保証	実行、増額	増加（外貨債務保証）
		一部解除、全額解除	減少（外貨債務保証）
為替予約	為替予約（対顧アウトライト、対顧スワップ）	締結	増加（為替予約・買または売）
		分割	（注3）
		実行、キャンセル	減少（為替予約・買または売）

（注1） 与信内容は、買戻請求権ありのとき、買入外国為替、買戻請求権なしのとき、その他買入金銭債権です。
（注2） 買戻請求権なしの買取の場合、買戻はありません。
（注3） 為替予約・買いまたは売りが、同額で増減するため、与信残高は変わりません。

3　コルレス

業務面

(1) 概　要

　輸出、輸入、送金といった外国為替にかかわる取引を海外や国内の銀行などの金融機関（以下、銀行）などと直接行うには、コルレス契約（Correspondent Arrangement /Correspondent Agreement）（*1）が必須です。コルレス契約がない銀行の間では直接取引できないため、コルレス契約のある銀行を経由して取引する必要があり、これは外国為替取引が完了するまでに時間が掛かる要因の1つです。

　　（*1）　1973年に全銀システム（第一次）が稼働するまでは、日本国内の送金でも銀行同士が個別にコルレス契約を締結して個別に送金していました。

　コルレス契約は、為替取引契約書または取決書（Agency Agreement）などと呼ばれる契約書を交わすことで締結され、具体的には取引店、取引通貨、取引の種類（信用状、送金、手形取立など）、補償（決済）方法、補償（決済）口座、与信の種類（信用状の確認、手形引受、決済口座の貸越など）といった項目が定められます。

(2) 契約形態

　コルレス契約は銀行同士が個別に結ぶ為替業務に関する契約です。銀行同士でどのような外国為替取引を行うかによって、信用状、送金為替、代金取立などの契約を締結します。契約の有無、内容、決済口座の有無などにより、以下の①ノン・コルレス、②ノン・デポ・コルレス、③デポ・コルレスの3つに分かれます。

　　① 　ノン・コルレス（Non-Correspondent）

　自行とコルレス契約を締結していない銀行を指します。直接の取引はできません（図表Ⅳ－301参照）。

　　② 　ノン・デポ・コルレス（Non-Depository Correspondent）

　自行とコルレス契約は締結していますが、銀行同士の資金決済をコルレス

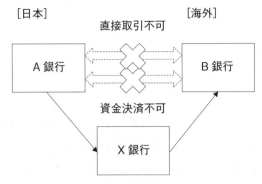

図表Ⅳ-301　ノン・コルレスのケース

自行とコルレス契約のあるＸ銀行経由で取引、資金決済

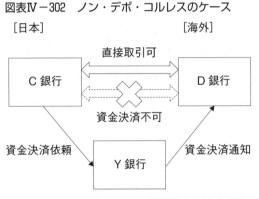

図表Ⅳ-302　ノン・デポ・コルレスのケース

自行とコルレス契約のあるＹ銀行経由で資金決済

契約のある銀行に委託しています（図表Ⅳ-302参照）。なお、デポとは、Depositの略で、銀行が相手銀行に資金を預けた預け（預け金）（＊2）を指しています。

③　デポ・コルレス（Depository Correspondent）

コルレス契約を締結し、お互いに相手銀行に決済資金を預け合い、その資金を増減することで資金決済を行います（図表Ⅳ-303参照）。相手銀行に預けた資金を、外国他店預け、相手銀行から預かった資金を、外国他店預かりといいます（＊2）。日本の銀行であれば、相手銀行から日本円を預かり、相手

銀行の本国の通貨（米国の銀行ならば、ドル）を預けるのが一般的です。

> （＊2） 銀行同士で決済資金を預ける、または預かる場合、「預金」という言葉は使いません。また、預け金という呼称は、資金を預けている銀行からのもので、資金を預かっている銀行から見れば、預かり金です。こうした呼称については、「第Ⅳ章第10節4　預け預かり」を参照してください。

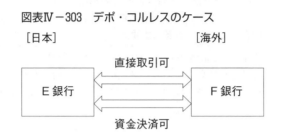

図表Ⅳ-303　デポ・コルレスのケース

(3) その他

① コルレス便覧

銀行にもよりますが、コルレス契約を締結している銀行は多数に及び、類似する名称を持った銀行などもあるため、各行とも自行とコルレス契約を締結している銀行の一覧を作成しています。これをコルレス便覧と呼びます。たとえば、顧客が記入した仕向送金依頼書の被仕向銀行の名称の確認や、コルレス契約の有無、内容を確認するために使用されます。

② RMA契約

コルレス契約は通常、契約書によってなされますが、SWIFTのRMA（Relationship Management Application）機能（契約）により、信用状の通知、送金の支払指図などといったメッセージを交換している場合もコルレス契約を締結しているのと同等に扱われます。これはRMA機能を使うということは、相互に取引を行う必要があり、メッセージを交換することについて合意しているということだからです。

③ 取引の確認

輸出入や送金といった取引を指示するドキュメント類が真正かどうかの確認方法は、その媒体によって異なります（図表Ⅳ-304参照）。

図表Ⅳ-304　ドキュメント類の確認方法

媒体(注)	確認方法	例
ドキュメント（紙）	・コルレス契約時に、役席者などの署名（署名鑑（List of Authorized Signature））を交換しておき、取引の都度、ドキュメントの署名と署名鑑の署名を照合することで確認します。	送金小切手、補償手形、支払指図などがあります。
SWIFT	・RMA（受信者からメッセージ交換の許可を得ていない限り、メッセージを送信できない）機能によります。	SWIFTメッセージ全般（MT999：Free Format Messageを除きます）。

（注）　かつては、テレックス（TELEX）という通信手段もありましたが、現在では使用されていません。

システム面

(1) 取引遷移

一般的な取引遷移は図表Ⅳ-305のとおりです。

図表Ⅳ-305　コルレスの取引遷移

(2) 取引種類

コルレスには、図表Ⅳ-306に示す取引があります。

図表Ⅳ-306　コルレスの取引

取引名	概　要	おもな経路など
銀行登録	・コルレス契約を締結している銀行の基本的な情報を登録します。 ・コルレス契約を締結していない銀行についても、取引相手として使用する頻度が一定以上の場合に、当該銀行の基本的な情報（銀行名称など）を登録します(注1)。 ・銀行名称、銀行略称、コルレス契約の有無、コルレス契約締結日、所在国、与信極度額など（確認信用状、決済口座の当座貸越など）を入力します。	本部端末
支店登録	・銀行登録を行った銀行について、本部本店(注2)や支店などの基本的な情報を登録します。 ・支店名称、支店略称、コルレス契約の有無、コルレス契約締結日、所在国、SWIFTアドレス(注3)などを入力します。	本部端末
銀行変更	・銀行登録で登録した銀行について、基本情報を変更します。	本部端末
支店変更	・支店登録で登録した支店について、基本情報を変更します。	本部端末
支店解約	・登録済の銀行を解約（閉鎖）します。銀行を解約した場合、支店もすべて解約されます(注4)。	本部端末
銀行解約	・登録済の支店を解約（閉鎖）します。後述するコルレスファイルの銀行レコードのステータスを解約済にします。	本部端末

(注1) 使用する頻度が低い銀行については、その他の銀行として一定の範囲内（国・地域など）で1つ登録しておきます。
(注2) 日本でいう、外国為替部、外国事務センター、国際部、国際業務部といった外国為替業務を対外的に行う本部本店に所属する部署（店番は同一）を登録します。銀行によっては、たとえば輸出入は本部で取り扱うものの、送金は、本部とは店番の異なる特定の支店に集中して取り扱うこともあり、その場合にはそれぞれを別々に登録します。
(注3) SWIFTコード、BIC（Bank Identifier Code）コードともいい、8桁または11桁のコードで銀行と支店を識別します。
(注4) 実際には、後述の基本レコードのステータスが解約済であれば、その基本レコードの配下にある支店も解約済と判断するようなロジックを用意します。

(3) 取引ファイル

おもに、コルレス銀行の情報を管理するコルレスファイルの論理的な構成について記述します（図表Ⅳ－307参照）。

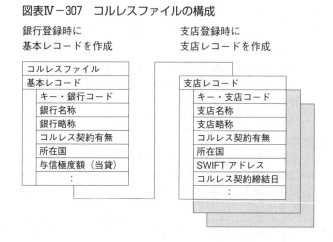

図表Ⅳ－307　コルレスファイルの構成

① 基本レコード（銀行レコード）

銀行登録時に追加されます。キーは銀行コード(*3)です。銀行の基本的な項目を保持します。具体的には銀行名称、銀行略称、コルレス契約有無、所在国、与信極度額（当座貸越合計）、与信極度額（確認信用状）、与信極度額（為替予約）、与信極度額（資金運用）、コルレス契約締結日、ステータス（活動中、解約済）、取引停止有無などがあります。

(*3) CIF番号とは異なります。CIF番号のように登録順に採番される番号体系では、国や地域ごとの管理ができないため、各5桁程度の銀行コードと支店コードを連結した番号体系とします。各5桁の先頭3桁は国コード(*4)とし、その後の2桁は連番とし、国や地域ごとの管理を可能とします。

(*4) 国コードに先頭1桁は、大陸などの広域の範囲を表わし、たとえば、1＝アジア、2＝北米、3＝中南米、4＝欧州というように、分類します。

② 支店レコード

支店登録時に追加されます。キーは支店コード(*3)です。支店の基本的な項目を保持します。具体的には支店名称、支店略称、コルレス契約有無、所在国、SWIFTアドレス、コルレス契約締結日、ステータス（活動中、解約

済)、取引停止有無などがあります。

最後に各レコードの追加更新要領について、図表Ⅳ-308に記述します。

図表Ⅳ-308　各レコードの追加更新要領

取　引	基本（銀行）レコード	支店レコード
銀行登録	1件追加	―
支店登録	1件更新	1件追加
銀行変更	1件更新	―
支店変更	1件更新	1件更新
支店解約	1件更新	1件更新
銀行解約	1件更新	―(注1)

(注1)　解約の場合、基本レコードのステータスを「解約済」に更新し、支店レコードは更新しません（注2）。
(注2)　実際には、後述の基本レコードのステータスが解約済であれば、その基本レコードの配下にある支店も解約済と判断するようなロジックを用意します。

4　預け預かり

業務面

(1)　概　要

　輸出、輸入、送金といった顧客取引にともなう資金決済や、資金運用・調達、為替予約・対銀といった銀行自身の資金決済は、銀行が銀行に預けている決済口座によって行われます(*1)。この決済口座は顧客が銀行に預けている預金口座に近いものですが、顧客から預かっている預金と区別するために預け（預け金）、預かり（預かり金）などと呼ばれます。この呼称は他行に資金を預けている立場か、他行から資金を預かっている立場かにより異なりますが、同じ決済口座を指しています。

　　(*1)　この場合の銀行間の関係は、デポ・コルレス（Depository Correspondent）です。「第Ⅳ章第10節3　コルレス」も参照してください。

(2) 決済口座

　1つの国の中であれば、中央銀行やそれに類する機関が銀行間の資金決済を担いますが、国際的な資金決済については、中央銀行に相当する機関がありません。1999年に世界の主要銀行20行により設立され、2002年から稼働を開始したCLS銀行（CLS：Continuous Linked Settlement）が現在、世界の外国為替取引の90％以上をカバーしていますが、決済対象はドル、ユーロなどの主要18通貨に限られるため、依然として銀行同士が決済口座を持ち合う必要があります。

① 預　け

　預けは、自行が他行に預けている決済口座を指し、外国他店預け、当方勘定、Due from Foreign Banks、Nostro Accountとも呼ばれます（以下、外国他店預け）。通常、預けている資金に利息は付かないため、決済に必要な最低限の資金に若干の余裕を持たせた残高を預けているのが一般的です。時差や急な資金決済により、残高が一時的に不足する場合に備え、資金を預けている他行から日中O/D枠(*2)や当座貸越の極度枠の供与を受ける場合もあります。当座貸越の場合、利息を徴求されるため、極力、効率的な資金繰りを行う必要があります。また、外国他店預け、または海外本支店預けは、後述する外国他店預かりや海外本支店預かりと異なり、自行の債権（資産）です。

　　(*2) 日中O/D（Over Draft）枠とは、当日中の当座貸越を認める当座貸越枠のことです。資金を預けている銀行の審査により供与されます。

　外国他店預けのような決済口座は銀行間だけではなく、本店と海外支店との間にもあり、外国他店預けと区別して、海外本支店預け、I/O Ours Accountなどと呼ばれます。外国他店預けとは異なり、当座貸越が発生しても、貸越利息や返済資金を他行に支払うわけではありません。

　外国他店預けの例を挙げると、図表Ⅳ-309のとおりです。海外の銀行を自行の海外支店と読み替えれば、決済口座は海外本支店預けです。決済口座の通貨は、外国他店預けを預けている国の通貨（米国であればドル、英国であればポンド）であることが一般的です。

図表Ⅳ-309　外国他店預けの例

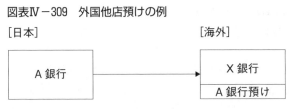

A銀行は、X銀行に決済口座を開設し、資金を預け、銀行間の決済に使用

② 預かり

　預かりは、他行から自行が預かっている決済口座を指し、外国他店預かり、先方勘定、Due to Foreign Banks、Vostro Accountとも呼ばれます（以下、外国他店預かり）。預かっている資金に利息は付けません。預けと同様に、資金を預けている他行は、決済に必要な最低限の資金に若干の余裕を持たせた残高を預けているのが一般的です。時差や急な資金決済により、残高が一時的に不足する場合に備え、資金を預けている他行から日中O/D枠（＊2）や当座貸越の極度枠の供与を求められる場合もあり、その場合には審査を行ったうえで供与します。当座貸越が発生した場合には、利息を徴求します。また、外国他店預かり、または海外本支店預かりは、前述した外国他店預けや海外本支店預けと異なり、自行の債務（負債）です。

　外国他店預かりのような決済口座は銀行間だけではなく、本店と海外支店との間にもあり、外国他店預かりと区別して、海外本支店預かり、I/O Theirs Accountなどと呼ばれます。外国他店預かりとは異なり、当座貸越が発生しても、貸越利息や返済資金を他行から受け取るわけではありません。

　外国他店預かりの例を挙げると、図表Ⅳ-310のとおりです。海外の銀行を自行の海外支店と読み替えれば、決済口座は海外本支店預かりです。決済口座の通貨は、外国他店預かりを預かっている国の通貨（日本であれば、円）であることが一般的です。

図表Ⅳ-310　外国他店預かりの例

A銀行は、X銀行の決済口座の開設を受け、
資金を預かって、銀行間の決済に使用

システム面

(1) 取引遷移

　外国他店預け、海外本支店預け、外国他店預かり、海外本支店預かりは、預け預かり、またはデポ（以下、預け預かり）として、まとめて取り扱われます。預け預かりの一般的な取引遷移は基本的に当座預金などと同じで、図表Ⅳ-311のとおりです。

図表Ⅳ-311　預け預かりの取引遷移

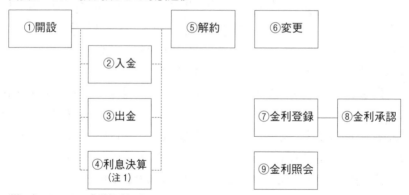

（注1）　センター自動処理のみ。
（注2）　貸越金利は、金利ファイルに登録され、各取引により参照されます。

(2) 取引種類

　預け預かりには、図表Ⅳ-312に示す取引があります。

図表Ⅳ-312　預け預かりの取引

取引名	概　要	おもな経路など
開設	・預け預かりのいずれかを新規に開設します。 ・預けの場合、銀行コード(注)、預け預かり区分（預け）、通貨コード、口座名称、口座開設日などを入力します。 ・預かりの場合、銀行コード(注)、預け預かり区分（預かり）、通貨、口座名称、口座開設日、当座貸越極度額、当座貸越極度期限などを入力します。 ・預け預かり口座番号(注)を採番します。 ・金額はゼロで開設します。	本部端末
入金	・振替により、預け預かりに入金します。 ・預け預かり口座番号、預け預かり区分、通貨コード、入金金額、関連する取引がある場合にはその取引番号（Our Reference Number、Our Ref. No.、以下同じ）、預かりで預けている銀行からの指示による場合の当該銀行の取引番号（Their Ref. No.）などを入力します。 ・預け預かりの入出金を管理する取引番号（Our Ref. No.）を採番します。 ・輸出、輸入、送金、資金、為替予約・対銀などの取引にともなう銀行間の資金決済の場合、システム内連動で入金されます。 ・預けは自行の債権（資産）であるため、入金は残高を減少させ、預かりは自行の債務（負債）であるため、入金は残高を増加させます。	本部端末（システム内連動含む）、営業店端末（システム内連動含む）、センター自動処理
出金	・振替により、預け預かりから出金します。 ・預け預かり口座番号、預け預かり区分、通貨コード、出金金額、関連する取引がある場合にはその取引番号（Our Ref. No.）、預かりを預けている銀行の取引番号（Their Ref. No.）などを入力します。 ・預け預かりの入出金を管理する取引番号（Our Ref. No.）を採番します。 ・輸出、輸入、送金、外貨資金、為替予約・対銀	本部端末（システム内連動含む）、営業店端末（システム内連動含む）、センター自動処理

	などの取引にともなう銀行間の資金決済の場合、システム内連動で出金されます。 ・預けは自行の債権（資産）であるため、出金は残高を増加させ、預かりは自行の債務（負債）であるため、出金は残高を減少させます。	
利息決算	・預かりで、当座貸越が発生している場合には、毎月末などに貸越利息を計算し、出金します。 ・預けで当座貸越が発生した場合には、貸越期間、貸越利率、貸越利息金額などについて、通常は預け先の情報を正とするため、自行のシステムでの利息計算は参考情報として扱い、貸越利息の入金は行わず、帳票などに出力のみ行います。貸越利息の入金は別途、預け先からの情報をもとに行います。	センター自動処理
解約	・預け預かりのいずれかを解約します。 ・預け預かり口座番号、預け預かり区分、通貨コードなどを入力します。 ・預かりで、当座貸越が発生している場合は、利息決算と同様の処理を行い、貸越利息を受払した後に解約します。	本部端末
変更	・預け預かり口座番号、預け預かり区分、通貨コードなどを入力します。 ・預け預かりの口座名称、口座開設日、預かりの場合、当座貸越極度額、当座貸越極度期限などを変更します。 ・預け預かりの取引停止、預かりの場合、貸越停止、出金停止などを登録または解除します。	本部端末
金利登録	適用開始日以降の貸越金利を変更する場合に金利を登録します。	本部端末
金利承認	登録された金利を再鑑後、承認し、適用開始日以降、適用します。	本部端末
金利照会	現在適用されている金利や過去の金利の履歴などを照会します。	本部端末

（注）預け預かり口座番号は、銀行コード（「第Ⅳ章第10節 3　コルレス」を参照）に 1 桁程度の連続番号を加えたものとします。1 つの銀行で 1 つの通貨に 2 つ以上の口座を持つことは通常ないため、連続番号は 1 桁程度で十分です。

(3) 取引ファイル

預け預かりの情報を管理する預け預かりファイルの論理的な構成について記述します（図表Ⅳ－313参照）。

図表Ⅳ－313　預け預かりファイルの構成

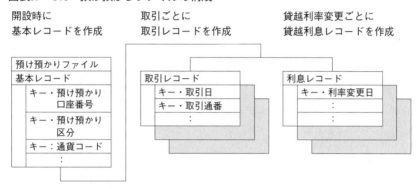

① **基本レコード**

預け預かり開設時に追加されます。キーは預け預かり口座番号（銀行コード＋連続番号）、預け預かり区分、通貨コードです。預け預かりの基本的な項目を保持します。具体的には当日残高、前日残高、口座開設日、最終更新日、当座貸越極度額、当座貸越極度期限、口座略称などがあります。

② **取引レコード**

取引ごとに1件追加されます。キーは、取引日、取引通番です。取引の詳細な情報を保持します。具体的には取引日、起算日、取引金額、入払区分、取引番号（Our Ref. No.）、預かり保有銀行の取引番号（Their Ref. No.）などがあります。

③ **貸越利息レコード**

残高の増減をともなう取引の際に取引日の属する利息計算期間内に貸越利率変更がある場合(*3)、その変更後、初めての取引で貸越利率変更があった数だけ追加されます(*4)。キーは、利率変更日です。具体的には同じ利率が適用されている期間内の貸越利息積数、貸越利率、利息計算開始日、利息計算終了日などを保持します。

(*3) 預かりの貸越利率変更があるか否かは利率が登録されている金利ファイルの登録履歴を参照することで判定します。
(*4) 貸越利率変更がある場合の貸越利息レコードの追加要領は、「第Ⅳ章第5節1 外貨普通預金」を参照してください。また、貸越利息計算の考え方は通貨は円ですが、「第Ⅱ章第1節5　当座貸越の利息計算方法」などを参照してください。

各レコードの追加更新要領について、図表Ⅳ-314に記述します。

図表Ⅳ-314　各レコードの追加更新要領

取引	基本レコード	取引レコード	貸越利息レコード(注1)
開設	1件追加	1件追加(注2)	—
入金	1件更新	1件追加	利率変更ありのとき、1件～複数件追加
出金	1件更新	1件追加	利率変更ありのとき、1件～複数件追加
利息決算	1件更新	1件追加(注3)（預かり、かつ貸越あり）	利率変更ありのとき、1件～複数件追加 利率変更なしのとき、1件追加(注4)
解約	1件更新	1件追加（預け、または預かりかつ貸越なし） 2件追加(注5)（預かりかつ貸越あり）	利率変更ありのとき、1件～複数件追加
変更	1件更新	—	—

(注1)　預け預かり共通で、貸越があるとき、貸越利息レコードを追加します。
(注2)　金額ゼロで取引レコードを1件追加します。
(注3)　預かり、かつ貸越利息ありの場合のみ、貸越利息を出金するため、取引レコード1件を追加します。
(注4)　直近の貸越利息について、貸越利息レコードを1件追加します。
(注5)　預かりの場合のみ、貸越利息分の取引レコードは貸越利息の金額に関係なく1件追加します。元金分の取引レコードも元金の金額に関係なく1件追加します。

(4) その他

① 預けとリコンサイル

預けは自行の資金を他行に預け、他行との資金決済に使用します。他行に資金を預けているため、実体は他行にあり、資金の入出金や残高の管理は預け先の他行が行います。一方、資金を他行に預けている自行でも、自行のシステム内で預けの入出金取引を行って、決済管理や残高管理を行います。

自行が他行に預けている預けは、資金を預かっている他行から見れば、預かりです。この場合の預けと預かりは同じものなので、両者の残高や入出金取引は基本的に一致していなければなりません。このため、資金を預かっている他行は、資金を預けている自行に残高や入出金取引の明細を一定のサイクル（日次、月次など取引量に応じて選択）で通知します。この通知は、SWIFT（MT950：Statement Message）などによって行われます。預けを預けている他行から、通知を受取った自行は自行のシステム内で管理している預けの残高や入出金取引と突合し、不一致がないか確認します。これをリコンサイル（Reconcile）といいます。このリコンサイルには、パッケージが使われていることが多いようです。

リコンサイルのイメージは図表Ⅳ-315のとおりです。入出金の突合は、単に金額だけではなく、日付や自行の取引番号（Our Ref. No.）なども使って行われます。図表Ⅳ-315に突合の例を示します。

図表Ⅳ-315　リコンサイルのイメージ

自行が管理する他行にある預け

日付	出金	入金	残高	
2018/03/05	−	−	10,000.00	①
2018/03/05	−	1,000.00	11,000.00	②
2018/03/05	123.45	−	10,876.55	③
2018/03/05	5,000.00	−	5,876.55	④
2018/03/05	−	20,000.00	25,876.55	⑤
2018/03/05	−	2,200.00	28,076.55	⑥
2018/03/05	−	−	28,076.55	⑦

他行が管理する自行の預かり（実体）

	日付	出金	入金	残高
①	2018/03/05	−	−	10,000.00
⑤	2018/03/05	−	20,000.00	30,000.00
⑥	2018/03/05	−	2,200.00	32,200.00
②	2018/03/05	−	1,000.00	33,200.00
④	2018/03/05	2,000.00	−	31,200.00
④	2018/03/05	3,000.00	−	28,200.00
⑦	2018/03/05	−	−	28,200.00

（注）　対比をわかりやすくするために、預けの入出金と残高の増減の関係は預かりと同じにしています。

以下の丸数字は、図表Ⅳ-315のものです。
(i) 自行の①(Opening Balance) と他行の①(Opening Balance)
　　一致するので、問題なし。
(ii) 自行の②と他行の②
　　一致するので問題なし。
(iii) 自行の③
　　他行側にないため、前後の営業日に同額の取引がないか、複数の取引に分かれていないかなど、自行内で調査して、原因が見当たらなければ、他行に問い合わせします。
(iv) 自行の④と他行の④
　　単純に合計金額が一致しているからだけではなく、上記に記述していないものの、自行の取引番号（Our Ref. No.）で一致を確認します。
(v) 自行の⑤と他行の⑤
　　一致するので、問題なし。
(vi) 自行の⑥と他行の⑥
　　一致するので、問題なし。
(vii) 自行の⑦(Closing Balance) と、他行の⑦(Closing Balance)
　　自行の③が他行側に見当たらないため、一致しません。自行の③の取引が誤入力である、取引日が間違っていないかなど調査し、原因不明の場合は他行に問い合わせを行います。

5　公示相場登録

業務面

(1) 概　　要

　外国為替市場は、銀行などの金融機関同士の取引が行われる銀行間市場と、銀行と個人や法人などの顧客との取引が行われる対顧客市場に分かれます。
　これらの市場で成り立つ相場は、対顧相場の場合、外貨の受渡を当日すぐ

に行う直物相場と、翌々営業日以降に行う先物相場に分かれます。対銀相場の場合、翌々営業日に受渡するSPOTと翌々営業日より後に受渡するFORWARDに分かれます。

　対顧客の場合、銀行にもよりますが、直物相場は10万ドル相当額未満が小口、それ以上が大口とされ、先物相場は50万ドル相当額未満が小口、50万ドル相当額以上が大口とされます。対銀行の場合、通常100万通貨単位（100万ドル、100万ユーロなど）が最低の取引単位です。

　以上をまとめると、外国為替市場で成立する相場は、図表Ⅳ-316のとおりです。

　銀行の店頭やホームページで外国為替相場などの名称で掲載されているのは、上記の対顧客、直物、小口の相場です。この相場を公示相場、公表相場（以降、公示相場）などといい、最も一般的な相場であり、さまざまな外国為替取引で使用されることが多いため、以下に詳述します。

(2)　相場の公示

　毎営業日、ドルは10時過ぎ、ドル以外の他通貨（アザ・カレ：Other Currency）は11時過ぎに公示されます。

　相場が一定以上に変動（銀行間のドルSPOT相場が公示相場仲値（TTM）と1円以上乖離）した場合には、10万ドル相当額以上の大口取引については、公示相場は使用せず、直近の銀行間のドルのSPOT相場をもとに、対顧相場を個別に決定し適用します。これを市場連動制といいます。

　また、相場が乱高下（銀行間のドルSPOT相場が公示相場仲値（TTM）と2円以上乖離）した場合には、公示相場（第一公示相場）を一旦使用不可とし、直近の銀行間のドルのSPOT相場をもとに、再度相場を決定し公示します（第二公示相場）。ごくまれに第三公示相場以降がある場合もあります。

　テレフォン・バンキング（以下、テレバン）、インターネット・バンキング（以下、インバン）などでは銀行休業日や早朝深夜などを除いて、リアルタイムに準じる相場を使って取引入力ができることが多いようですが、ここではおもに窓口などで公示相場を使用する取引に適用される公示相場について記述します。

図表Ⅳ-316 外国為替相場の種類

市　場	受渡時期	金額	内　容	説　明
対顧客	直物（当日）	小口	個人や法人などの顧客向け（対顧客）で当日すぐに受渡される（直物）、一定金額未満に適用される相場で一般に公表されます。公示相場、公表相場などと呼ばれます。	本項で説明します。
		大口	個人や法人などの顧客向け（対顧客）で当日すぐに受渡される（直物）、一定金額以上に適用される相場で一般に公表されていないため、個別に銀行に問い合わせる必要があります。個別相場などと呼ばれます。	当日受渡の大口の取引で使用されます。
	先物（翌々営業日以降）	小口	個人や法人などの顧客向け（対顧客）で受渡が翌々営業日以降（先物）の一定金額未満に適用される相場です。銀行によっては企業向けのインバンなどで公表されていることもあります。	為替予約（対顧アウトライト、対顧スワップ）で使用されます。
		大口	個人や法人などの顧客向け（対顧客）で受渡が翌々営業日以降（先物）の一定金額以上に適用される相場です。一般に公表されていないため、個別に銀行に問い合わせる必要があります。	
対銀行	SPOT		銀行などの金融機関同士で取引が行われ（対銀行）、受渡が翌々営業日（直物）の相場です。個別に決められます。	為替予約（対銀アウトライト、対銀スワップ）で使用されます。
	FORWARD		銀行などの金融機関同士で取引が行われ（対銀行）、受渡が翌々営業日より後（先物）の相場です。個別に決められます。	

(3) 相場の体系

異なる通貨間の交換比率にはさまざまな種類があり、その適用対象もそれぞれ異なります。そこで最も一般的な相場である公示相場の相場体系について、ドルを例にして以下に説明します。なお、昨今では古くからある銀行でも輸出入取引の取扱をやめている場合があり、外貨預金などしか取り扱わないネット専業銀行などもあるため、かつてはどこの銀行でもほぼ同じであった相場体系も多様化していますが、ここではすべて網羅して説明します（図表Ⅳ－317参照）。

相場の間の値幅は伝統的なもので、取引チャネル（インバンでの取引、窓口での取引など）、キャンペーンの有無、銀行などにより違うことがあります。また、通貨によっても異なります。なお、大半の通貨では1基本通貨単位（1ドル、1ユーロなど）の相場ですが、一部の通貨（新台湾ドル、ベトナム・ドン、インドネシア・ルピー、韓国ウォンなど）では100基本通貨単位（100ルピーなど）の相場です。

上記の各相場について説明します。以下の丸数字は図表Ⅳ－317のものです。

① **外国通貨売相場（Cash Selling）**

③電信売相場（TTS）に銀行の収益とコスト（*1）を加えた相場です。

(*1) コストには、相場変動のリスク、外貨現金特有の偽札のリスク、外貨現金の調達コスト（通常、当該通貨を発行している国の銀行から調達します）などが含まれます。このコストをCash幅といい、ドルの場合、通常2円とされています。

② **一覧払輸入手形決済相場（Acceptance Rate）**

③電信売相場に金利幅（*2）を加えた相場です。金利幅は、前週の電信売相場（TTS）の平均値×（米国プライムレート（*3）＋上乗せ金利（*4））×メール期間（*5）÷365、で算出します。なお、この相場に限らず、相場に金利の要素である金利幅が含まれた相場を金利込相場、金利織込相場といいます。

(*2) メール金利、立替金利などといいます（メール金利のメールとは、海外の銀行と郵便などでやり取りすることに由来します）。メール期間中、銀行が資金の立替を行うため、立替金利ともいわれます。

(*3) 米国最優遇貸出金利（U.S. Prime Rate）です。

図表Ⅳ-317　公示相場の種類と体系

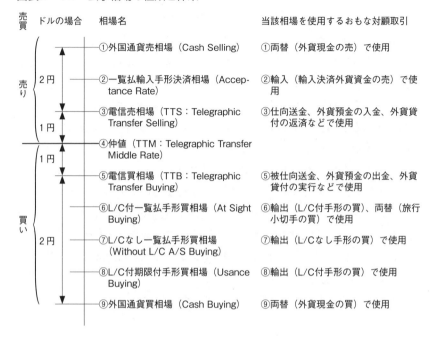

(*4)　銀行のマージン（収益）であり、通常、1％程度です。
(*5)　メール日数ともいい、ドルでは12日とされています（メールの意味は、上記メール金利と同じです）。

　たとえば、前週の電信売相場（TTS）の平均値＝91.99円、米国プライムレート＝3.25％のとき、91.99円×(0.0325＋0.01)×12÷365＝0.1285→金利幅＝0.13円(*6)です。当日の電信売相場（TTS）が、1ドル＝91.00円であれば、一覧払輸入手形決済相場（Acceptance Rate）は、91.13円です。

(*6)　小数点以下第三位四捨五入で計算しています。

③　電信売相場（TTS：Telegraphic Transfer Selling）
　④仲値（TTM）に銀行の収益とコスト(*7)を加えた相場です。

(*7)　コストには、相場変動のリスク、ブローカレッジあるいは電子ブローキング使用料などが含まれます。このコストと銀行の収益をまとめて、TT幅（また

は電信幅）といい、ドルの場合、通常、1円とされています。

④　**仲値（TTM：Telegraphic Transfer Middle Rate）**
　　毎営業日10時前の銀行間市場のSPOT相場の中心的な相場を参考に、仲値（TTM）が決定されます。この仲値（TTM）をもとに公示相場の各種相場が決定されます。公示相場の基準です。

⑤　**電信買相場（TTB：Telegraphic Transfer Buying）**
　　④仲値（TTM）から銀行の収益とコスト(*7)を引いた相場です。

⑥　**L/C付一覧払手形買相場（At Sight Buying、A/S Buying）**
　　⑤電信買相場（TTB）から②で求めた金利幅を引いた相場です。銀行によっては、DDB（Demand Draft Buying）ということもあります。

⑦　**L/Cなし一覧払手形買相場（Without L/C At Sight Buying、D/P D/A Buying）**
　　⑥L/C付一覧払手形買相場（At Sight Buying）から、さらにリスク料(*8)を引いた相場です。

(*8)　L/Cなし輸出買取取引であることによるリスク料です。ドルの場合、30銭とされています。

⑧　**L/C付期限付手形買相場（Usance Buying）**
　　⑤電信買相場からユーザンス金利幅を引いた相場です（②一覧払輸入手形決済相場と同様、金利織込相場の1つです）。ユーザンス金利幅は当日の電信買相場（TTB）×(B/Aレート(*9)＋米銀再割引料(*10)＋上乗せ金利(*4))×手形取立期間(*11)÷365、で算出します。

(*9)　4カ月物（120days）の銀行引受手形割引率（B/A Rate：Banker's Acceptance Rate）です。
(*10)　期限（ユーザンス）付手形は、米国の銀行に買取（再割引）を依頼するのが一般的で、その際に、米国の銀行に支払う割引料（金利）です。通常、1.5％とされています。
(*11)　メール期間(*5)＋メール期間後から手形期日までの日数（手形期間）で、通常、30日、60日、90日、120日、150日、180日の6種類があります。

　　たとえば、当日の電信買相場（TTB）が、1ドル＝89.00円、B/Aレート＝0.34％、手形取立期間＝12＋30日のとき、89.00円×(0.0034＋0.015＋0.01)×(12＋30)÷365＝0.2908→金利幅＝0.29円(*12)です。

当日の⑤電信買相場（TTB）が、1ドル＝89.00円であれば、L/C付期限付手形買相場（Usance Buying）は、88.71円です。

(＊12)　小数点以下第三位四捨五入で計算しています。

⑨　外国通貨買相場（Cash Buying）

⑤電信買相場（TTB）から銀行の収益とコスト（①外国通貨売相場のCash幅に同じ）を引いた相場です。

以上はドルの例ですが、ユーロの場合、TT幅＝1円50銭、Cash幅＝2円50銭としているのが一般的です。ただし、ユーロは2002年1月に現金が登場した新しい通貨であるため、銀行により異なることもあります。

(4)　公示前の相場

公示相場が公示されるまでは、窓口などで行われる外貨建の取引は、基本的に取引できません(＊13)。当日の公示相場が公示されるまでの間、ドルに限って、暫定的な公示相場を公示する、あるいは前営業日の最終の公示相場(＊14)を使用するなどして、一部の取引（外貨預金、仕向送金などの取引）を取引可能としている銀行もあります。

(＊13)　日本円（非居住者円、ユーロ円を含む）は公示相場の公示有無に関係なく取引が可能です。対顧客相場を個別に値決めした場合も、個別に決定した相場を使用して取引することが可能な場合もあります。

(＊14)　土曜日が窓口営業する銀行営業日だったときにも、外国為替市場は土曜日が休場であったため、銀行間の相場が立たず、前営業日である金曜日の最終の公示相場を使用して、取引を行っていました。

システム面

(1)　取引遷移

一般的な取引遷移は、図表Ⅳ-318のとおりです。

(2)　取引種類

公示相場登録には、図表Ⅳ-319に示す取引があります。

(3)　取引ファイル

おもに、公示相場の情報を管理する相場金利ファイルの論理的な構成について記述します（図表Ⅳ-320参照）。

図表Ⅳ-318　公示相場登録の取引遷移

```
①相場登録     →  ②相場承認  →  ③相場閉鎖
(本部のみ)       (本部のみ)     (本部のみ)

④相場変更
(本部のみ)

⑤相場照会
```

図表Ⅳ-319　公示相場登録の取引

取引名	概要	おもな経路など
相場登録	・通貨ごとに、公示相場の基準である仲値（TTM）を入力・登録します。ドルは10時過ぎ、他通貨は11時過ぎに登録します。 ・登録内容を変更する場合は、再入力します。 ・金利幅の計算に必要な前述のB/Aレートも相場とともに登録する、ドルと他通貨を分け他通貨は1取引で複数通貨の相場を同時に登録する、フロントシステムからの連動を受けて公示相場を登録するなどの対応を行っている銀行もあります。	本部端末、他システムからの連動
相場承認	・登録された公示相場を再鑑後、承認し、即時に適用します。 ・10時過ぎのドルの承認および11時過ぎの他通貨の承認を行います。 ・第二公示相場以降の公示相場の承認も行います。 ・承認後に登録内容を変更することはできません。 ・変更する場合は、相場閉鎖を行います。 ・相場承認をトリガーにして、公示相場が必要なセンター自動処理を起動する、確定した公示相場を他システム（テレバン、インバン、他の金融機関など）に送信するなどの対応を行っている銀行もあります。	本部端末

相場閉鎖	・相場の乱高下により、銀行間のドルSPOT相場が公示相場の仲値（TTM）と2円以上乖離し、公示相場の再公示が必要とされる場合に、使用可能である公示相場を使用不可とします。	本部端末
相場変更	・通貨ごとに、報告省令レートなどの省令レート(注1)を入力し、登録・変更します。 ・通貨ごとに、適用相場以降のメール幅などの金利幅、TT幅(注2)などを入力し、登録・変更します。	本部端末
相場照会	・公示相場のステータス（公示前、公示済、閉鎖中など）、適用されている各種公示相場を照会します。 ・日付を指定し、過去の公示相場（当日最終の公示相場）を照会します。 ・他システムからの照会連動を受けて、相場承認されている公示相場を連携するように対応を行っている銀行もあります。	営業店端末、本部端末、テレバン、インバンなど

（注1）　報告省令レート、基準外国為替相場、裁定外国為替相場などの対当局宛報告書の作成に使用する相場です。たとえば、報告省令レートはドル以外の通貨をドルに換算するためのレートで、対外支払手段等の売買に関する報告書などの作成に使用するため、毎月月末までに翌月適用分を登録します。

（注2）　テレバン、インバン、キャンペーン適用時の場合などを除き、窓口向けの公示相場のTT幅は基本的に変わりませんが、随時変更は可能です。

図表Ⅳ-320　相場金利ファイルの構成

公示相場登録時に基本レコードを作成

① 基本レコード

公示相場登録時に追加されます。キーは種別（公示相場、外貨普通預金金利など）、通貨コード、適用日です。通貨の基本的な項目や公示相場の各種相場などを保持します。具体的には、ステータス（使用可能、使用不可など）、外国通貨売相場（Cash Selling）、一覧払輸入手形決済相場（Acceptance Rate）、電信売相場（TTS：Telegraphic Transfer Selling）、仲値（TTM：Telegraphic Transfer Middle Rate）、電信買相場（TTB：Telegraphic Transfer Buying）、L/C付一覧払手形買相場（At Sight Buying）、L/Cなし一覧払手形買相場（Without L/C A/S Buying、D/P D/A Buying）、L/C付期限付手形買相場（Usance Buying）、外国通貨買相場（Cash Buying）といった公示相場のほかに、報告省令レート、メール日数などがあります。

最後に各レコードの追加更新要領について、図表Ⅳ-321に記述します。

図表Ⅳ-321　各レコードの追加更新要領

取　引	基本レコード
相場登録	1件追加（登録時） 1件更新（変更時）
相場承認	1件更新
相場閉鎖	1件更新
相場変更	1件更新

(4) データの保持

公示相場は毎営業日1回(*15)登録・公示されますが、相場が乱高下した場合には1日のうちに複数の公示相場が公示されることもあります。これらの公示相場の履歴をすべて保持しているか、過去の公示相場をどれだけの期間(*16)保持しているか、過去の公示相場を起算取引でも自動決定(*17)するかどうかなどは、銀行によって違いがあります。

(*15) 前述のとおり、ドルとドル以外の通貨は別のタイミングで登録・公示されます。
(*16) 一般的に約半年から1年分程度は保持しています。
(*17) 「第Ⅳ章第11節4　相場自動決定」を参照してください。

6　金利登録

業務面

(1) 概　要

　金利（利率）には、相場に加味されるもの、対顧金利のもとになる金利、対顧に適用される外貨預金金利などがあります（図表Ⅳ-322参照）。これらの金利は輸出入、外貨貸付、外貨預金などの取引で使用されます。

図表Ⅳ-322　おもな金利の種類

通貨	金利の種類	説　明
外貨	米国プライムレート（U.S. Prime Rate）	輸出の立替金利などに使用されます。
	銀行引受手形割引率（B/A Rate）(注1)	輸出、輸入のユーザンス金利などに使用されます。
	ロンドン銀行間取引金利（LIBOR）(注2)	外貨貸付、外貨預金などの約定金利を計算する際のベース金利などに使用されます。
	各種外貨預金金利	外貨普通預金、外貨定期預金などの約定金利などに使用されます。
円貨	短期プライムレート	輸出、輸入の立替金利などに使用されます。
	東京銀行間取引金利（TIBOR）(注3)	非居住者円貸付、非居住者円預金などの約定金利を計算する際のベース金利などに使用されます。
	各種非居住者円預金金利	非居住者円普通預金、非居住者円定期預金などの約定金利などに使用されます。

（注1）　B/Aは、銀行引受（Bank Acceptance）の略です。
（注2）　LIBOR（ライボー）は、ロンドン銀行間取引金利（London Interbank Offered Rate）の略です。
（注3）　TIBOR（タイボー）は、東京銀行間取引金利（Tokyo Interbank Offered Rate）の略です。

① 米国プライムレート

　米国プライムレート（U.S. Prime Rate）は、米国の一流企業向け最優遇貸

出短期金利です。連邦準備制度理事会（FRB）が決定する誘導目標金利（Federal Fund Target Rate）に、3％を加えたものです。輸出の立替金利などに使用されます。

② **銀行引受手形割引率**

銀行引受手形割引率（B/A Rate）は、銀行が支払を確約した為替手形の割引率です。銀行の支払保証が付いているため、信用力が高く、欧米では盛んに取引されていました(*1)。3カ月と4カ月の2種類があります。輸出、輸入のユーザンス金利などに使用されます。「第Ⅳ章第2節5　L/C付輸入手形（外銀ユーザンス）」も参照してください。

(*1) 日本でも円建B/A（円建の銀行引受手形）市場が創設されたことがありましたが、普及せず消滅した経緯があります。

③ **ロンドン銀行間取引金利**

ロンドン銀行間取引金利（LIBOR）は、外貨資金についての代表的な金利の指標です。外貨貸付、外貨預金などの約定金利（特に変動金利）を計算する際のベース金利などに使用されます。通貨別に、Overnight、1 Week、1 Month、2 Month、3 Month、6 Month、12Monthの7種類があります。

従来は英国銀行協会（BBA）が指標の集計・公表などの業務を行っていましたが、大規模な不正操作が2012年に発覚したため、2014年初めからNYSEユーロネクストの子会社が運営しています。

④ **各種外貨預金金利**

LIBORなどを参考に外貨普通預金、外貨積立預金、外貨定期預金（一般型、自動継続型）、外貨通知預金、為替特約付外貨定期預金(*2)、為替特約付円定期預金(*2)といった預金の金利に使用されます。

(*2) 金利だけではなく、預入予定日や判定相場といった預入条件を登録します。詳細は、「第Ⅳ章第5節7　為替特約付外貨定期預金」「第Ⅳ章第5節8　為替特約付円定期預金」を参照してください。

⑤ **短期プライムレート**

短期プライムレートは、日本の一流企業向け最優遇貸出短期金利です。長期プライムレートとともに各銀行が個別に決めています。円建の輸出、輸入の立替金利などに使用されます。

⑥ **東京銀行間取引金利**

東京銀行間取引金利（TIBOR）は、円資金についての代表的な金利の指標です。日本円TIBOR（無担保コール市場のリファレンスレート）、ユーロ円TIBOR（東京オフショア市場のリファレンスレート）の2種類があり、円貸付、円預金などの約定金利（特に変動金利）を計算する際のベース金利などに使用されます。いずれも、1Week、1Month、2Month、3Month、6Month、12Monthの6種類があります。

従来は一般社団法人全国銀行協会が指標の集計・公表などの業務を行っていましたが、2014年4月から一般社団法人全銀協TIBOR運営機関が運営しています。

⑦ **各種外貨預金金利**

ユーロ円TIBORなどを参考に非居住者円普通預金、非居住者円定期預金、非居住者円通知預金といった預金の金利に使用されます。

(2) **金利の適用**

公示相場のように日中に使用不可とされた後に再登録されて、即時適用されることはなく、翌営業日以降に適用されます。

システム面

前述のように金利には、さまざまな種類がありますが、金利登録の仕組み部分は、ほぼ同様ですので、以下では共通のものとして記述します。

(1) **取引遷移**

一般的な取引遷移は、図表Ⅳ-323のとおりです。

図表Ⅳ-323　金利登録の取引遷移

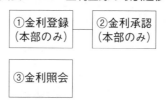

(2) 取引種類

金利登録には、図表Ⅳ-324に示す取引があります。

図表Ⅳ-324　金利登録の取引

取引名	概　要	おもな経路など
金利登録	・外貨建金利の場合、通貨ごとに金利、翌営業日以降の適用開始日を入力し、登録します。 ・円建金利の場合、金利、翌営業日以降の適用開始日を入力し、登録します。 ・登録内容を変更する場合は、再入力します。 ・各種金利を、フロントシステムや情報ベンダー(注)から取り込んで、センター自動処理などにより入力・登録するように対応を行っている銀行もあります。	本部端末、センター自動処理
金利承認	・登録された金利を再鑑後、承認し、適用開始日以降、適用します。 ・承認後に登録内容を変更することはできません。 ・変更する場合は、承認を解除します。	本部端末
金利照会	・現在適用されている金利や過去の金利の履歴などを照会します。 ・日付を指定し、過去の金利を照会します。 ・外貨預金金利などは、テレフォン・バンキング（以下、テレバン）、インターネット・バンキング（以下、インバン）など他システムからの照会連動を受けて、承認されている金利を連携するように対応を行っている銀行もあります。	営業店端末、本部端末、テレバン、インバンなど

(注)　代表的な情報ベンダーには、トムソン・ロイター、ブルームバーグなどがあります。

(3) 取引ファイル

おもに、金利の情報を管理する相場金利ファイルの論理的な構成について記述します（図表Ⅳ-325参照）。

① **基本レコード**

金利の登録時に追加されます。キーは種別（LIBOR、TIBOR、外貨普通預

図表Ⅳ-325　相場金利ファイルの構成

金利登録時に基本レコードを作成

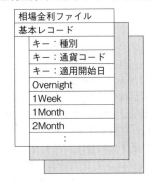

金金利など)、通貨コード、適用開始日です。具体的には期間別の金利の数値などを保持します。

最後に各レコードの追加更新要領について、図表Ⅳ-326に記述します。

図表Ⅳ-326　各レコードの追加更新要領

取　引	基本レコード
金利登録	1件追加（登録時） 1件更新（変更時）
金利承認	1件更新

7　優遇登録

■ 業務面

(1) 概　要

　銀行が顧客から徴求する手数料、金利（利率）、相場には、一定の基準があり、通常の顧客からは、この基準にしたがって利息手数料などを徴求します。しかし、取引金額や取引量の多い一流企業や有力取引先などについて

は、一律に基準を適用せず、顧客に有利な基準を適用し、利息手数料などを優遇して徴求することがあります。

　昨今では個人の顧客についても預入資産の合計額や給与振込、年金受取、財形預金や定期預金などの有無、住宅ローンなどの借入といった取引振りなどにより、ATM時間外手数料や振込手数料の優遇、円預金や外貨預金の上乗せ金利適用などの優遇を適用し、個人客を囲い込みしているのが一般的です。

　ただ、個人の顧客向けの優遇は比較的新しく、法人向けよりもさらに銀行によってかなりの差があるため、ここでは、法人向けの優遇について記述します。

(2) 種　　類

　前述のとおり、顧客別の優遇対象には、手数料、金利、相場の3つがあります。以下に各種優遇の詳細を記述します。なお、ここで記しているのは、あくまで例示であり、優遇の考え方、対象、体系、種類、方法などは銀行によって大きく異なる場合があることに注意が必要です。

　① 手 数 料

　各取引で発生し、徴求する手数料のうち、優遇対象とするものは、図表Ⅳ-327のとおりです。

　② 金　　利

　各取引で発生し、徴求する利息の計算根拠である金利について、図表Ⅳ-328に示す要領で優遇します。

　③ 相　　場

　各対顧決済取引で使用する直物相場（公示相場または個別相場）について、図表Ⅳ-329に示す要領で優遇します。公示相場、個別相場については、「第Ⅳ章第10節5　公示相場登録」を参照してください。一部手数料の計算過程で使用する電信売相場（TTS：Telegraphic Transfer Selling）については、優遇対象外とします。

図表Ⅳ-327　優遇対象の手数料と内容

業務	内訳	手数料	優遇内容(注1)
輸出	信用状	輸出信用状通知手数料	基準である手数料金額から優遇分を引いた金額を適用します。
	荷為替手形	L/C付買取手数料 L/Cなし買取手数料 L/C付取立手数料 L/Cなし取立手数料	基準である手数料料率から優遇分を引いた料率を適用します(注2)。
	クリーン手形・小切手	クリーン買取手数料 クリーン取立手数料	基準である手数料金額から優遇分を引いた金額を適用します。
	フォーフェイティング	買取手数料	基準である手数料料率から優遇分を引いた料率を適用します(注2)。
	インボイス・ディスカウント	買取手数料	同上
輸入	信用状／スタンド・バイ・クレジット	信用状発行手数料 スタンド・バイ・クレジット発行手数料	同上
	荷為替手形	L/C付取扱手数料	同上
		L/Cなし取扱手数料	同上
	荷物引取保証、丙号T/R	保証料	同上
仕向送金	電信送金、郵便送金、送金小切手	仕向送金手数料（海外送金） 仕向送金手数料（国内送金）	基準である手数料金額から優遇分を引いた金額を適用します。
被仕向送金	電信送金、郵便送金、送金小切手	被仕向送金取扱手数料	同上
共通または業務別	業務別のとき、上記参照	外貨取扱手数料(注3)	基準である手数料料率から優遇分を引いた料率を適用します(注2)。
共通または業務別	業務別のとき、上記参照	円為替手数料(注4)	同上

| 共通または業務別 | 業務別のとき、上記参照 | 電信料 郵便料 | 基準である手数料金額から優遇分を引いた金額を適用します。 |

（注1） 優遇後の手数料≧ゼロ円です。また、顧客から徴求する手数料の通貨はすべて日本円です。
（注2） 料率については、「第Ⅳ章第11節2　手数料自動決定」を参照してください。
（注3） リフティング・チャージともいわれます。外貨と円貨の換算は、電信売相場（TTS：Telegraphic Transfer Selling）または電信買相場（TTB：Telegraphic Transfer Buying）で行われ、仲値（TTM：Telegraphic Transfer Middle Rate）との差であるTT幅が銀行の収益とされますが、取引の通貨と同じ外貨現金や外貨振替の場合、換算相場は必要なく、TT幅を顧客から徴求できないため、外貨取扱手数料を徴求することで銀行の収益を確保しています。
（注4） 取引の通貨が円貨の場合も、換算相場は必要なく、TT幅に相当する収益が得られないため、円為替手数料を徴求することで銀行の収益を確保しています。

図表Ⅳ－328　優遇対象の金利と優遇内容

業務	内訳	通貨	金利	優遇内容(注)
輸出	荷為替手形	通貨ごと	外貨建L/C付再割立替金利 外貨建L/C付ユーザンス金利 外貨建L/Cなしユーザンス金利 円建L/C付立替金利 円建L/Cなし立替金利	基準金利から優遇分を引いた金利を適用します。
輸入	信用状／スタンド・バイ・クレジット	同上	信用状発行料率 スタンド・バイ・クレジット発行料率	同上
	荷為替手形	同上	外貨建L/C付ユーザンス金利 外貨建L/Cなしユーザンス金利 円建L/C付立替金利 円建L/Cなし立替金利 円建L/C付ユーザンス金利 円建L/Cなしユーザンス金利	同上
	荷物引取保証、丙号T/R	同上	外貨建L/G料率 円建L/G料率 外貨建T/R料率 円建T/R料率	同上

（注）　優遇後の金利＞ゼロ％です。

図表Ⅳ-329　優遇対象の相場と優遇内容

業　務	通　貨	相　場	優遇内容(注)
輸出	通貨ごとに、必要に応じて金額階層別	L/C付一覧払手形買相場（At Sight Buying） L/Cなし一覧払手形買相場（Without L/C A/S Buying） L/C付期限付手形買相場（Usance Buying） 電信買相場（TTB：Telegraphic Transfer Buying）	基準相場（公示相場または個別相場）に優遇幅を加えた相場を適用します。
輸入	同上	一覧払輸入手形決済相場（Acceptance Rate）、 電信売相場（TTS：Telegraphic Transfer Selling）	基準相場（公示相場または個別相場）から優遇幅を引いた相場を適用します。
仕向送金	同上	電信売相場（TTS：Telegraphic Transfer Selling）	同上
被仕向送金	同上	電信買相場（TTB：Telegraphic Transfer Buying）	基準相場（公示相場または個別相場）に優遇幅を加えた相場を適用します。
旅行小切手	同上	L/C付一覧払手形買相場（At Sight Buying）	同上
外国通貨	同上	外国通貨売相場（Cash Selling） 外国通貨買相場（Cash Buying）	売りの場合、基準相場（公示相場または個別相場）から優遇幅を引いた相場を適用します。 買いの場合、基準相場（公示相場または個別相場）に優遇幅を加えた相場を適用します。

(注)　売りのとき、優遇後の相場≧仲値、買いのとき、優遇後の相場≦仲値です。

システム面

(1) 取引遷移

一般的な取引遷移は、図表Ⅳ-330のとおりです。

図表Ⅳ-330　優遇登録の取引遷移

①手数料 優遇登録	②金利 優遇登録	③相場 優遇登録	④手数料金利 相場優遇照会

(2) 取引種類

優遇登録には、図表Ⅳ-331に示す取引があります。

(3) 取引ファイル

優遇情報を管理する外国業務ファイルの論理的な構成について記述します（図表Ⅳ-332参照）。優遇情報は顧客別、種類別に管理されます。

① **基本レコード**

CIFに登録済であることを前提にして、外国為替の業務登録時に基本レコードが作成されています。この基本レコードが作成されていないと、両替などの一部の取引を除き、外国為替業務の取引ができません。優遇の登録も外国為替の業務登録が前提です。キーは店番とCIF番号です。外国為替業務ファイルについては、「第Ⅳ章第10節1　顧客登録」を参照してください。

② **手数料優遇レコード**

手数料優遇の登録時に追加されます。キーは優遇種類（手数料）、通貨コード（ダミー）です。手数料優遇の基本的な項目を保持します。具体的には輸出信用状通知手数料、L/C付買取手数料、L/C付取立手数料、L/Cなし取立手数料、クリーン買取手数料、信用状発行手数料、スタンド・バイ・クレジット発行手数料などの優遇幅があります。

③ **金利優遇レコード**

金利優遇の登録時に追加されます。キーは優遇種類（金利）、通貨コードです。金利優遇の基本的な項目を保持します。具体的には外貨建L/C付ユー

図表Ⅳ-331　優遇登録の取引

取引名	概　　要	おもな経路など
手数料優遇登録	・顧客別、かつ前述の業務、内訳別に優遇する手数料について、基準から引く金額または料率（優遇幅）を入力し、登録します。 ・登録内容を変更する場合は、再入力します。 ・登録されている優遇幅は、手数料自動決定で使用されます。「第Ⅳ章第11節2　手数料自動決定」を参照してください。 ・優遇を止める場合には、削除します。	営業店端末、本部端末
金利優遇登録	・顧客別、かつ前述の業務、内訳、通貨別に優遇する金利について、基準から引く金利（優遇幅）を入力し、登録します。 ・登録内容を変更する場合は、再入力します。 ・登録されている優遇幅は、金利自動決定で使用されます。「第Ⅳ章第11節3　金利自動決定」を参照してください。 ・優遇を止める場合には、削除します。	営業店端末、本部端末
相場優遇登録	・顧客別、かつ前述の業務、通貨別に優遇する相場について、基準から加減算（売りは減算、買いは加算）する相場（優遇幅）を入力し、登録します。 ・金額階層別に優遇幅を入力し、登録することも可能です(注)。 ・登録内容を変更する場合は、再入力します。 ・登録されている優遇幅は、相場自動決定で使用されます。「第Ⅳ章第11節4　相場自動決定」を参照してください。 ・優遇を止める場合には、削除します。	営業店端末、本部端末
手数料金利相場優遇照会	・登録されている手数料、金利、相場の各優遇内容を照会します。	営業店端末、本部端末

（注）　金額階層が3つであれば、たとえば1万ドル未満＝10銭優遇、1万ドル以上10万ドル未満＝20銭優遇、10万ドル以上＝30銭優遇のように登録します。

図表Ⅳ-332　外国業務ファイルの構成

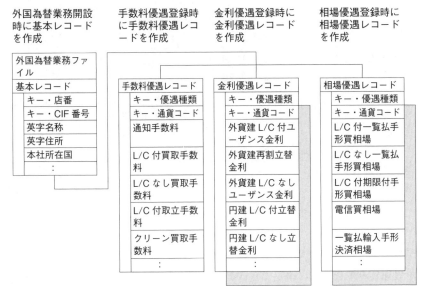

ザンス金利、外貨建L/C付再割立替金利、外貨建L/Cなしユーザンス金利、円建L/C付立替金利、円建L/Cなし替金利、外貨建L/C付ユーザンス金利、外貨建L/Cなしユーザンス金利、円建L/C付ユーザンス金利、円建L/Cなしユーザンス金利などの優遇幅があります。

④　**相場優遇レコード**

　相場優遇の登録時に追加されます。キーは優遇種類（相場）、通貨コードです。相場優遇の基本的な項目を保持します。具体的にはL/C付一覧払手形買相場（At Sight Buying）、L/Cなし一覧払手形買相場（Without L/C A/S Buying）、L/C付期限付手形買相場（Usance Buying）、電信買相場（TTB：Telegraphic Transfer Buying）、一覧払輸入手形決済相場（Acceptance Rate）、電信売相場（TTS：Telegraphic Transfer Selling）などの優遇幅があります。

　各レコードの追加更新要領について、図表Ⅳ-333に記述します。

(4)　**そ の 他**

　優遇は、コンピュータシステムが登場するよりも前から積み重ねられてきた経緯などもあり、その内容をすべてそのまま、システム化するのが難しい

図表Ⅳ-333　各レコードの追加更新要領

取引	基本レコード	手数料優遇レコード	金利優遇レコード	相場優遇レコード
手数料優遇登録	1件更新	1件追加(登録時) 1件更新(変更時、削除時)	―	―
金利優遇登録	1件更新	―	1件追加(登録時) 1件更新(変更時、削除時)	―
相場優遇登録	1件更新	―	―	1件追加(登録時) 1件更新(変更時、削除時)

部分です。システムで優遇を登録し、手数料、金利、相場などといった項目を優遇込みで自動的に決定できるようにするためには、複雑な優遇条件を簡易化するなど顧客との折衝や行内の調整が必要な場合もあります。こうしたさまざまな要因のため、優遇を完全にシステム化している銀行は少なく、システム化しても部分的である場合や、使用されていない場合もあります。

8　持　高

■業務面

(1)　概　要

　GDP成長率、経常収支、金融財政政策といったマクロ面、二国間の金利差、国際情勢、おもな市場参加者の相場観や思惑など、さまざまな要因で為替相場は変動します。この為替変動リスクを回避するため、銀行は外貨資産負債をいくら保有しているかを通貨別に外国為替持高で管理しています。外国為替持高は、単に持高、ポジション（Position）ともいわれ（以下、持高）、通貨別に管理されます。

(2) 詳　細

　外国為替持高の詳細は、図表Ⅳ-334のとおりです。左側は外貨資産（債権）、右側は外貨負債（債務）とし、内訳として個々の資産と負債を計上します。

　資産、負債ともに直物持高（Actual Position）と先物持高（Forward Position）から成り、2つの合計を総合持高（Overall Position）といいます。直物

図表Ⅳ-334　外国為替持高の詳細

通貨別	外貨資産（外貨債権）		外貨負債（外貨債務）	
総合持高	直物持高	外貨現金	直物持高	―
		預け金		外貨預金
		外国他店預け		外国他店預かり
		外国他店貸		外国他店借
		コールローン		コールマネー
		有価証券		―
		外貨手形貸付		―
		外貨証書貸付		―
		買入外国為替		売渡外国為替
		取立外国為替		未払外国為替
		海外本支店預け		海外本支店預かり
		海外本支店貸		海外本支店借
		外貨仮払金		外貨仮受金
		その他外貨資産		その他外貨負債
		①直物資産合計		④直物負債合計
	先物持高	為替予約買・対顧	先物持高	為替予約売・対顧
		為替予約買・対銀		為替予約売・対銀
		為替予約買・対海外支店		為替予約売・対海外支店
		②為替予約買合計高		⑤為替予約売合計
		③直先総合持高資産合計		⑥直先総合持高負債合計

持高は、①直物資産合計と④直物負債合計から成り、①と④の差額をNet Actual Balanceといいます。先物持高は、②為替予約買合計と⑤為替予約売合計から成り、②と⑤の差額をNet Forward Balanceといいます。また、直物・先物（直先）の累計である総合持高は、①直物資産合計と②為替予約買合計である③直先総合持高資産合計と、④直物負債合計と⑤為替予約売合計である⑥直先総合持高負債合計から成り、③と⑥の差額をNet Balanceといいます。

(3) 持高と為替リスク

① 持高の状態

(i) 買　　持

外貨資産（為替予約買）＞外貨負債（為替予約売）のとき、買持（Over-bought Position、またはLong）といい、円高で為替差損、円安で為替差益が発生します。

(ii) 売　　持

外貨資産（為替予約買）＜外貨負債（為替予約売）のとき、売持（Over-sold Position、またはShort）といい、円高で為替差益、円安で為替差損が発生します。

(iii) スクエア

外貨資産（為替予約買）＝外貨負債（為替予約売）のとき、スクエア（Square Position、またはSquare）といい、円高円安のいずれでも為替損益は発生せず、為替の変動リスクはありません。

② 為替リスクの回避策

銀行と顧客が取引により外貨の売買を行い、銀行自身も外貨の売買を行った結果、何もすることなしに、持高がスクエアであることはなく、買持か売持のいずれかに傾いているのが常態です。

そこで相場の変動リスクを回避するために、買持であれば外貨資産（為替予約買）を減らすか外貨負債（為替予約売）を増やし、売持であれば外貨資産（為替予約買）を増やすか外貨負債（為替予約売）を減らすことで、持高をスクエアの状態にすることができます（図表Ⅳ－335参照）。

ただし、相場動向や金利動向によっては、持高をスクエアにするための外

図表Ⅳ-335　買持と売持のリスク回避策

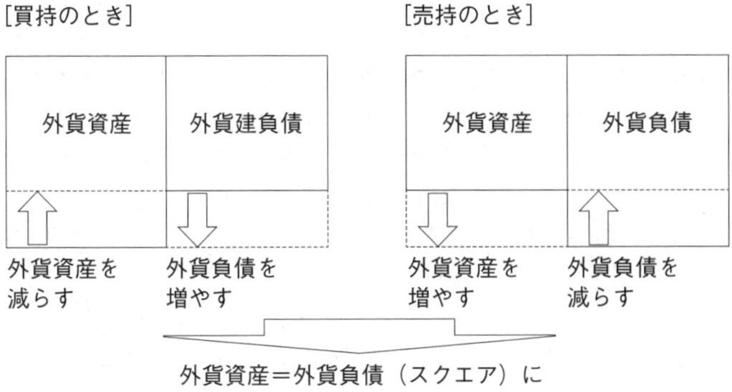

[買持のとき]

| 外貨資産 | 外貨建負債 |

外貨資産を減らす　　外貨負債を増やす

[売持のとき]

| 外貨資産 | 外貨負債 |

外貨資産を増やす　　外貨負債を減らす

外貨資産＝外貨負債（スクエア）に

貨の調達・運用が難しい場合もあり、スクエアかそれに近い状態にできないこともあります。

そこで持高の限度（Overnight Position）を設け、一定金額以内であれば、持高が買持、または売持に傾いていてもこれを許容しています。この限度は、銀行や通貨によって異なります。

システム面

(1) 取引遷移

一般的な取引遷移は、図表Ⅳ-336のとおりです。

図表Ⅳ-336　持高の取引遷移

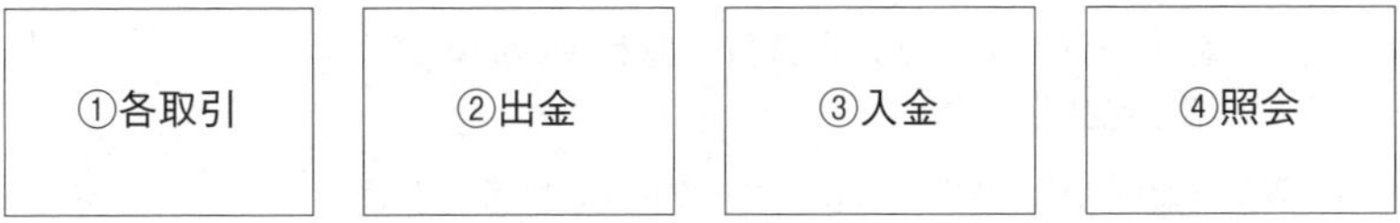

| ①各取引 | ②出金 | ③入金 | ④照会 |

(2) 取引種類

持高には、図表Ⅳ-337に示す取引があります。

(3) 取引ファイル

持高の情報を管理する持高ファイルの論理的な構成について記述します

図表Ⅳ-337　持高の取引

取引名	概　要	おもな経路など
各取引	・輸出入、送金、外貨預金、外貨貸付などの各取引で通貨ごとに管理されている外貨資産／為替予約買、または外貨負債／為替予約売を入出金し、それらの残高を更新します。 ・取引ごとの持高の更新については図表Ⅳ-344-1、図表Ⅳ-344-2を参照してください。	営業店端末、本部端末、センター自動処理、システム内連動、他システムからの連動、テレフォン・バンキング、インターネット・バンキング
出金	・通貨ごとに管理されている外貨資産／為替予約買、または外貨負債／為替予約売を出金し、残高を増減させます。 ・通貨、科目コード(注1)、出金金額などを入力します。 ・出金により外貨資産／為替予約買は増加し、外貨負債／為替予約売は減少します。	本部端末
入金	・通貨ごとに管理されている外貨資産／為替予約買、または外貨負債／為替予約売を入金し、残高を増減させます。 ・通貨、科目コード(注1)、入金金額などを入力します。 ・入金により外貨資産／為替予約買は減少し、外貨負債／為替予約売は増加します。	本部端末
照会	・店別、通貨別の外貨資産／為替予約買、または外貨負債／為替予約売の詳細を照会します。 ・全店合計（ドル換算後(注2)）の外貨資産／為替予約買、または外貨負債／為替予約売の詳細を照会します。	営業店端末、本部端末

（注1）　資産または負債を表わす科目のコードです。通常、5桁から8桁のコードで表わされ、先頭1文字を、1＝資産、2＝負債、3＝損失、4＝利益などとして、科目のグループ分けをしていることが一般的です。
（注2）　日銀から毎月公表される報告省令レート、または実勢の対ドルレートを用いて、ドルに換算します。

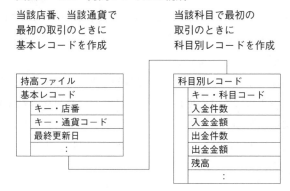

図表Ⅳ-338　持高ファイルの構成

(図表Ⅳ-338参照)。

① **基本レコード**

当該店番の当該通貨で最初の取引が行われたときに基本レコードを作成します。キーは店番と通貨コードです。

② **科目別レコード**

当該科目で最初の取引が行われたときに科目別レコードが追加され、以降の取引では取引ごとに更新されます。キーは科目コードです。持高の店別、通貨別、科目別の基本的な項目を保持します。具体的には入金件数、入金金額、出金件数、出金金額、残高、最終更新日(*1)などがあります。

(*1)　入金件数から残高までの各項目は、当該レコードが当日最初(*2)に更新される直前に、ゼロクリアされてから、更新されます。
(*2)　最終更新日<当日のとき、当日最初の更新と判断します。

最後に各レコードの追加更新要領について、図表Ⅳ-339に記述します。

図表Ⅳ-339　各レコードの追加更新要領

取引	基本レコード	取引レコード
各取引	1件更新（初回取引時に1件追加）	1件更新（初回取引時に1件追加）
出金	1件更新（初回取引時に1件追加）	1件更新（初回取引時に1件追加）
入金	1件更新（初回取引時に1件追加）	1件更新（初回取引時に1件追加）

(4) 持高と取引の例示

取引の結果、持高がどう変動するか、以下に代表的な例を挙げます。なお日本円は持高に含まれませんが、参考までに日本円についても記述しています。

① 輸出取引

輸出手形を銀行が買い取り、顧客の円預金口座に入金すると円負債の預金と外貨資産の買入外国為替が増加します。その後、輸出代金が輸入者から支払われ、海外の銀行から資金を受領すると、外貨資産の買入外国為替が減少し、外貨資産の外国他店預けが増加します。これらを図表化すると、図表Ⅳ-340のとおりです。

図表Ⅳ-340　持高と輸出取引

取　引	外貨資産	外貨負債	(参考：円建資産)	(参考：円建負債)
輸出手形買取	（＋）買入外国為替	―	―	（＋）円預金
輸出手形対外決済	（－）買入外国為替 （＋）外国他店預け	―	―	―

② 輸入取引

海外から輸入代金の支払請求を受け、顧客に外貨資金を貸し付けることで海外の銀行に資金を支払うと、外貨資産である取立外国為替が増加し、外貨資産の外国他店預けが減少します。その後、顧客の外貨預金口座から外貨の貸付金の返済を受けると、外貨資産である取立外国為替が減少し、同時に外貨負債の外貨預金も減少します。これらを図表化すると、図表Ⅳ-341のと

図表Ⅳ-341　持高と輸入取引

取　引	外貨資産	外貨負債	(参考：円建資産)	(参考：円建負債)
本邦ユーザンス取組	（＋）取立外国為替 （－）外国他店預け	―	―	―
本邦ユーザンス決済	（－）取立外国為替	（－）外貨預金	―	―

おりです。

③ 仕向送金

顧客から海外向け送金を受け付け、顧客の外貨預金口座から出金すると外貨負債の外貨預金が減少し、外貨負債である売渡外国為替が増加します。その後、海外の銀行に送金依頼をし、送金金額を相手（決済）銀行に支払うと、外貨負債の売渡外国為替が減少し、同時に外貨資産の外国他店預けも減少します。これらを図表化すると、図表Ⅳ－342のとおりです。

図表Ⅳ－342　持高と仕向送金取引

取　引	外貨資産	外貨負債	(参考：円建資産)	(参考：円建負債)
電信送金取組	－	（－）外貨預金 （＋）売渡外国為替	－	－
電信送金決済	（－）外国他店預け	（－）売渡外国為替	－	－

④ 被仕向送金

海外の銀行から顧客に支払うべき資金を受け取ると、外貨資産の外国他店預けが増加し、同時に顧客に支払うべき外貨負債の未払外国為替も増加します。その後、顧客に海外からの送金を顧客の円預金口座に入金することで支払うと、円負債の預金が増加し、外貨負債の未払外国為替が減少します。これらを図表化すると、図表Ⅳ－343のとおりです。

図表Ⅳ－343　持高と被仕向送金取引

取　引	外貨資産	外貨負債	(参考：円建資産)	(参考：円建負債)
接受	（＋）外国他店預け	（＋）未払外国為替	－	－
対顧支払	－	（－）未払外国為替	－	（＋）円預金

(5) 取引ごとの持高の更新

取引ごとの持高の更新は図表Ⅳ-344-1、Ⅳ-344-2のとおりです。以下では日本円（非居円、ユーロ円含む）、代わり金を振替する先としての外貨預金（外貨当座預金、外貨普通預金など）の記述は省略します。

図表Ⅳ-344-1　取引ごとの持高の更新

業務	業務内分類	取引種類	外貨資産（外貨債権）	外貨負債（外貨債務）
輸出	L/C付輸出手形買取、L/Cなし輸出手形買取、クリーン手形・小切手買取	一覧払手形買取、期限付手形買取	増加：買入外国為替	―
		買戻	減少：買入外国為替	―
		対外決済、再割決済	減少：買入外国為替	―
			増加：（注1）	―
	L/C付輸出手形取立、L/Cなし輸出手形取立、クリーン手形・小切手取立	対外決済	増加：（注1）	増加：未払外国為替
		対顧決済	―	減少：未払外国為替
	フォーフェイティング	買取	増加：その他買入金銭債権	―
		対外決済、再割決済	減少：その他買入金銭債権	―
			増加：（注1）	―
	インボイス・ディスカウント	買取	増加：（注2）	―
		買戻（注3）	減少：買入外国為替	―
		対外決済、再割決済	減少：（注2）	―
			増加：（注1）	―
輸入	L/C付輸入手形（一覧払決済、本邦ユーザンス）	一覧払決済	減少：（注1）	―
		本邦ユーザンス取組、本邦ユーザンス（異種通貨）取組	減少：（注1） 増加：取立外国為替	―
		本邦ユーザンス決済	減少：取立外国為替	―
	L/C付輸入手形（外銀ユーザンス）	決済	減少：（注1）	―
		本邦ユーザンス取組、	減少：（注1）	―

		本邦ユーザンス（異種通貨）取組	増加：取立外国為替	
		本邦ユーザンス決済	減少：取立外国為替	—
	L/Cなし輸入手形	対外決済	減少：（注1）	—
		本邦ユーザンス取組、本邦ユーザンス（異種通貨）取組	減少：（注1） 増加：取立外国為替	
		本邦ユーザンス決済	減少：取立外国為替	—
	運賃保険料ユーザンス	実行	増加：取立外国為替	
		対顧決済	減少：取立外国為替	—
送金	仕向送金（電信送金）	予定登録済取組、取組	—	増加：売渡外国為替
		対外決済	減少：（注1）	減少：売渡外国為替
	仕向送金（郵便送金、送金小切手）	取組	—	増加：売渡外国為替
		対外決済	減少：（注1）	減少：売渡外国為替
	被仕向送金（電信送金、郵便送金、送金小切手）	接受	増加：（注1）	増加：未払外国為替
		対顧支払	—	減少：未払外国為替
両替	旅行小切手	買取	増加：買入外国為替	—
		対外決済	減少：買入外国為替	—
			増加：（注1）	—
	外国通貨	売却、行内現送、対外現送(注4)	減少：外国通貨	—
		買取、行内現受(注4)	増加：外国通貨	—
		対外現送決済	増加：（注1）	—
		対外現受	減少：（注1）	—
			増加：外国通貨	—

（注1） ここでは、外貨資産である外国他店預け、海外本支店預けのいずれかで決済するものとします。
　　　　外貨負債である外国他店預かり、海外本支店預かりなどで決済する場合は、外貨負債が減少します。
（注2） 買戻請求権ありのとき、買入外国為替、買戻請求権なしのとき、その他買入金銭債権（その他外貨資産に分類されます）です。
（注3） 買戻請求権なしの買取の場合、買戻はありません。
（注4） 行内現送、行内現受では、店別の持高が増減するだけで、銀行全体の持高には変化はありません。

図表Ⅳ－344－2　取引ごとの持高の更新

業務	業務内分類	取引種類	外貨資産（為替予約買）	外貨負債（為替予約売）
外貨預金	外貨普通預金、外貨当座預金、外貨別段預金、外貨積立預金	新規口座開設、入金	―	（＋）外貨普通預金など
		出金、口座解約	―	（－）外貨普通預金など
	外貨定期預金（一般型）、外貨通知預金	新規預入	―	（＋）外貨定期預金など
		解約	―	（－）外貨定期預金など
	外貨定期預金（自動継続型）	新規預入	―	（＋）外貨定期預金
		自動継続	―	（注1）
		自動解約、解約	―	（－）外貨定期預金
	為替特約付外貨定期預金	預入実行、新規預入	―	（＋）外貨定期預金
		解約	―	（－）外貨定期預金
外貨貸付	外貨手形貸付、外貨証書貸付	予定登録済実行、実行	（＋）外貨手形貸付など	―
		一部返済、全額返済	（－）外貨手形貸付など	―
	外貨当座貸越、外貨コミットメントライン	貸越	（＋）その他外貨資産など	―
		返済	（－）その他外貨資産など	―
為替予約	為替予約（対顧アウトライト、対顧スワップ）	締結	（＋）為替予約対顧買（注2）	（＋）為替予約対顧売（注3）
		分割	（注4）	（注4）
		実行、キャンセル	（－）為替予約対顧買（注2）	（－）為替予約対顧売（注3）
	為替予約（対銀アウトライト、対銀スワップ）	締結	（＋）為替予約対銀買（注2）	（＋）為替予約対銀売（注3）
		実行、キャンセル	（－）為替予約対銀買（注2）	（－）為替予約対銀売（注3）
資金	資金（運用）	約定済取組、取組	（＋）その他外貨資産など	―
		決済	（－）その他外貨資産など	―
	資金（調達）	約定済取組、取組	―	（＋）その他外貨負債など
		決済	―	（－）その他外貨負債など

（注1）　元金継続のとき、外貨定期預金が同額で増減し、元利継続のとき、外貨定期預金が減少分より増加分は利息分だけ大きくなります。
（注2）　買予約のときです。
（注3）　売予約のときです。
（注4）　為替予約・買いまたは売りが、同額で増減するため、持高は変わりません。

9 汎用起票

業務面

(1) 概　　要

　輸出入、仕向送金、被仕向送金、外貨預金、外貨貸付などの各業務の取引は、取引や口座の詳細な情報を取り扱い、同時に科目の起票も行います。起票される科目は各業務の取引と紐付けされており、取引入力完了時に自動的に起票されます。これに対して、後述する一部の科目は各業務の取引で起票されることはありませんが、業務上、科目の起票は必要であるため、汎用的に科目を起票することに特化した取引が用意されていることがあります。これを汎用起票などといいます。

(2) 対象科目

　銀行などによって差異がありますが、汎用起票の取引で起票対象とするおもな科目を例示すると、図表Ⅳ-345のとおりです。資産または負債科目を

図表Ⅳ-345　汎用起票のおもな科目

対象科目	資産／負債	備　考
未収金	資産	通貨オプション、外国証券などの取引で使用します。
仮払金	資産	外国証券の経過利子、海外支店の経費などの起票に使用します。
出資金	資産	SWIFT加盟や海外ファンドへの出資金の起票に使用します。
差入証拠金	資産	先物取引にともない他の金融機関などに差し入れる証拠金の起票に使用します。
未払金	負債	通貨オプション、外国証券などの取引で使用します。
仮受金	負債	被仕向送金で受取人が特定できない場合に受領資金の起票に使用します。
受入証拠金	負債	先物取引にともない他の金融機関などから受け入れる証拠金の起票に使用します。

対象とし、利益または損失科目は、「第Ⅳ章第9節1　利息手数料対顧受払」または「第Ⅳ章第9節2　利息手数料対銀受払」を参照してください。

(3) **対象通貨**

外国為替業務で取り扱う通貨は外貨と非居住者円が中心ですが、円（居住者円）も対象とされます。

(4) **管　　理**

起票する金額だけではなく、現在残高、入出金（貸借）の別なども管理します。随時、入出金を行うため、預金口座のように口座型の管理を行います。

(5) **用　　途**

前述のとおり、おもに各業務の取引で起票されない科目を起票する場合や、取引を入力することなく科目の残高を補正するために使用されます。

システム面

(1) **取引遷移**

一般的な取引遷移は、図表Ⅳ-346のとおりです。

図表Ⅳ-346　汎用起票の取引遷移

(2) **取引種類**

汎用起票には、図表Ⅳ-347に示す取引があります。

(3) **取引ファイル**

汎用起票の情報を管理する汎用取引ファイルの論理的な構成について記述します（図表Ⅳ-348参照）。

図表Ⅳ-347　汎用起票の取引

取引名	概　要	おもな経路など
開設	・汎用起票取引で起票する科目コード(注1)、通貨コードなどを入力し、当該科目を管理する口座を新規に開設します。	営業店端末、本部端末
入金	・振替などを見合いに当該科目に入金（貸方起票）します。 ・科目が資産科目の場合、当該科目の残高は減少します。通常、残高をマイナスにすることはできません。 ・科目が負債科目の場合、当該科目の残高は増加します。	営業店端末、本部端末、センター自動処理(注2)
出金	・振替などを見合いに当該科目から出金（借方起票）します。 ・科目が資産科目の場合、当該科目の残高は増加します。 ・科目が負債科目の場合、当該科目の残高は減少します。通常、残高をマイナスにすることはできません。	営業店端末、本部端末、センター自動処理(注2)
閉鎖	・当該口座の科目が資産科目の場合、振替などを見合いに残高全額を入金（貸方起票）し、残高をゼロにします。 ・当該口座の科目が負債科目の場合、振替などを見合いに残高全額を出金（借方起票）し、残高をゼロにします。 ・口座を閉鎖します。	営業店端末、本部端末

（注1）　資産または負債を表わす科目のコードです。通常、5桁から8桁のコードで表わされ、先頭1文字を、1＝資産、2＝負債、3＝損失、4＝利益などとして、科目のグループ分けをしていることが一般的です。
（注2）　デリバティブや市場取引を取り扱うフロントシステムなどから、取引にともなう科目の起票を行うデータを受け取って、汎用起票取引で当該科目を起票などする場合は、センター自動処理で入出金します。

図表Ⅳ-348　汎用取引ファイルの構成

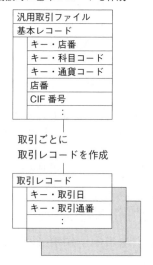

① **基本レコード**

　口座開設時にレコードが追加され、取引のたびに更新されます。キーは店番、科目コード、通貨コードです。口座の基本的な属性項目を保持します。具体的には当日残高、前日残高、口座開設日、最終更新日などがあります。

② **取引レコード**

　勘定の異動をともなう取引ごとに1件追加されます。キーは、取引日、取引通番です。入力された項目や一部項目の取引前後の情報を保持します。具体的には取引日、起算日、取引金額、入払区分、摘要などがあります。一部項目は取引後の最新情報を基本レコードでも管理します。

　最後に各レコードの追加更新要領について、図表Ⅳ-349に記述します。

図表Ⅳ-349　各レコードの追加更新要領

取　引	基本レコード	取引レコード
開設	1件追加	1件追加
入金	1件更新	1件追加
出金	1件更新	1件追加
閉鎖	1件更新	1件追加

第11節 共通機能

1 本部入力・事務集中

業務面

(1) 概　要

　外国為替及び外国貿易法(改正前は外国為替及び外国貿易管理法、以下、外為法)が1998年4月に改正されるまでは、対外取引(外国為替取引)の一方の当事者は、大蔵大臣(当時)の認可を受けた外国為替公認銀行(為銀)に制限されていました(*1)。この制限のもと、銀行の営業店(支店)は、外為取引を一通り行うことができる外為取扱店、外貨両替取引のみ行うことができる外為両替店、外為取引を行うことができない非外為取扱店の3つに分かれていました。

　　(*1)　対外取引(外国為替取引)は、平時においては原則自由とされていましたが、非常時には当局が効果的かつ適切に規制を発動できるように、外国為替公認銀行に集中、限定しておく制度が採用されていました。これを為銀(ためぎん)主義といいます。

　1998年4月に外為法が改正され、企業や個人などが自由に外為取引を行うことが可能とされた(いわゆる外為自由化)後も、外為取引が全支店に拡大することなく、外為自由化以前に近い体制がとられています。これは、外為業務に対する顧客ニーズが預金業務や貸付業務に比べて低いこと、その取扱には固有の専門知識や経験が求められること、それらを備えた要員が不足していることなどが原因として考えられます。

　以下では、まず外為自由化以前の営業店体制について述べ、これを継承、変形した営業店体制についても記述します。

(2) 外為自由化前の営業店体制

　外為取扱店、外為両替店、非外為取扱店から構成される外為自由化前の営

業店体制は図表Ⅳ-350のとおりです。

① 本　部

　本部が所管する業務は多岐にわたるため、担当する部門も複数に分かれています。これらの部門には、輸出入、送金、旅行小切手、外国通貨などの銀行間・行内取引を行う外国為替部門（外為事務センター）、銀行間市場で外貨資金を運用・調達する資金部門、直物為替、先物為替などを銀行間市場で売買する為替部門、銀行間の決済口座（預け預かり）の取引管理を行う決済部門、銀行間の契約や与信管理を行う業務管理部門などがあります。

　各営業店からは取扱が可能な取引に応じて、顧客から受領した手形・小切手、書類、旅行小切手、外国通貨などがそれぞれ行内便で送られてきます。各営業店には取扱が可能な取引に応じて、海外から到着した手形・小切手、書類、通知書など、本部で作成された計算書、請求書など、さらに旅行小切手、外国通貨などを行内便で送付します。

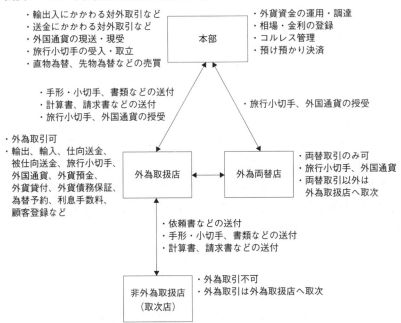

図表Ⅳ-350　外為自由化前の営業店体制

② **外為取扱店**

単に取扱店ともいわれます。輸出入、送金、両替、外貨預金、外貨貸付、外貨債務保証、為替予約など、営業店で可能な外為取引すべてを顧客と行うことができます(*2)。後述の非外為取扱店、外為両替店経由で顧客と外為取引も行います。

> (*2) 本部は、おもに銀行間取引などの対外取引を行い、対顧取引は一部を除き取引できません。外為取扱店は、おもに対顧取引を行い、対外取引は一部を除き取引できません。

顧客から受領した手形・小切手、書類、旅行小切手、外国通貨などを行内便で本部（外国事務センターなどの外国為替部門）に送付します。海外から到着した手形・小切手、書類、通知書など、本部で作成された計算書、請求書などは行内便で送付されます。

③ **外為両替店**

単に両替店ともいわれます。外国通貨の売買と旅行小切手の売買（現在は買取のみ）のみ可能です。それら以外の外為取引が必要な顧客については、後述の非外為取扱店と同様、外為取扱店に取引を取り次ぎます。

顧客から買い取った旅行小切手、外国通貨などを行内便で本部（外国事務センターなどの外国為替部門）に送付します。本部に請求した販売用の旅行小切手（現在はありません）、外国通貨は行内便で本部から送付されます。

④ **非外為取扱店**

非外為店、非取扱店ともいわれます。公示相場の照会など、ごく一部の外為取引以外は行うことができません。外為取引が必要な顧客については、外為取扱店に取引を取り次ぎます(*3)。

顧客から受領した依頼書、書類、手形・小切手などを外為取扱店に送付します。外為取扱店で作成された請求書や計算書などは行内便で送付されます。

> (*3) 非外為取扱店は、このことから取次店とも呼ばれ、当該顧客を取次先などといいます。

(3) **外為自由化後の営業店体制**

外為自由化による一番大きな変化は、為替差益や外貨預金の高金利などに

より、個人の外貨預金口座数が飛躍的に伸びたことです。制度的にも前述の外為取扱店、外為両替店、非外為取扱店という営業店の分類は必須とされなくなりました。しかし、前述のとおり、外為業務のニーズの度合いや要員の不足などもあって、全店で外為業務全般を取り扱うことは行われず、外為自由化以前の体制を概ね継承しつつ、一部は変更されました。この変更は外為法に制限されたものではないため、銀行によって一定の差異が生じています（図表Ⅳ-351参照）。営業店の分類のついての呼称も外為自由化以前のものか、それに近いものが使用されている場合もありますが、その業務範囲にも一定の差異があることに注意が必要です。

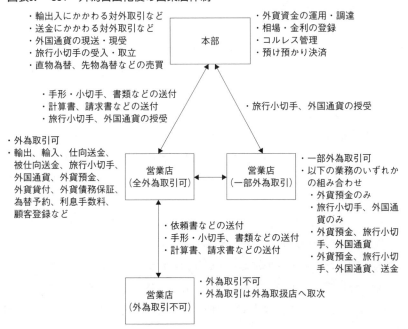

図表Ⅳ-351 外為自由化後の営業店体制

① 本　部

本部が所管する業務は、基本的に外為自由化以前と変わりありません。ただし、営業店との役割分担が変わった部分については、本部の担当する範囲が広がっています。

② 営業店（全外為取引可）

　外為業務の取扱店などともいわれますが、取引ができる範囲は外為自由化以前の外為取扱店と基本的に変わりなく、営業店で可能なすべての外為取引を行うことができます。銀行によっては、外為事務を集中するため、営業店の顧客を本部の外国為替部門の取次先として登録し（営業店＝取次店）、実質的に外国為替部門の顧客として取引しているところもあります。

　顧客から受領した手形・小切手、書類、旅行小切手、外国通貨などを行内便で本部（外国事務センターなどの外国為替部門）に送付します。海外から到着した手形・小切手、書類、通知書など、本部で作成された計算書、請求書などは行内便で送付されます。

③ 営業店（一部外為取引）

　営業店の規模や立地、配置要員などによって、いくつかのバリエーションがあります。本部などとのやり取り、取引の入力などは、システムが大きくかかわるため、システム面で後述します。顧客とのやり取りは、いずれの場合も営業店で行います。

(i) 外貨預金取引のみ

　外貨預金のみ取扱します。昨今では、テレフォン・バンキング、インターネット・バンキングで口座開設をはじめとした取引から可能(*4)であり、銀行によってはATMで外貨預金の入出金取引などが可能(*4)であるため、窓口の利用は多くありません。

　　（*4）円貨と外貨を換算する相場は、窓口に比べて優遇されています。

(ii) 旅行小切手（買取のみ）取引、外国通貨取引のみ

　旅行小切手は需要の減少により、売却は廃止されているため、過去に顧客に売却した旅行小切手の買取のみ行い、外国通貨は売買とも行っています。

　繁華街やターミナル、空港などに開設されている両替コーナーもこの分類に該当します。

(iii) 外貨預金取引、旅行小切手（買取のみ）取引、外国通貨取引

　前述の(i)、(ii)のとおりです。

(iv) 外貨預金取引、旅行小切手（買取のみ）取引、外国通貨取引、送金取引

　前述の(i)、(ii)に加えて、仕向送金取引と被仕向送金取引が可能です。な

お、自店で取引できない取引（輸出入の取引など）を顧客が必要とする場合には、営業店で可能なすべての外為取引を行うことができる営業店に取引を取り次ぎます。

④ 営業店（外為取引不可）

公示相場の照会など、ごく一部の外為取引以外は行えないこと、外為取引が必要な顧客については、外為取扱店に取引を取り次ぐことなど、基本的に外為自由化以前と変わりありません。顧客や外為取扱店との書類などのやり取りも同じです。

システム面

数多い外為取引のうち、部門または営業店がどの取引を入力できるか否か、あるいは顧客と相対する営業店以外の部店（本部など）がどのように営業店とやり取りするか、システム面を中心に以下に記述します。

(1) 取引遷移

後述する各取引を参照してください。

(2) 取引種類

後述する各取引を参照してください。

(3) 取引ファイル

後述する各取引を参照してください。

(4) 取引管理と店管理

取引管理は、各取引について、本部、営業店で取引可能か否かを管理します。店番別に本部、営業店（全外為取引可）、営業店（一部外為取引）、営業店（外為取引不可）といった情報を管理する店管理と組み合わせて、店別に取引入力の可否を管理します。

① 取引管理

各取引は、おもに本部のみ可能、営業店のみ可能、本部営業店とも可能などに分類されます。どの取引がどの部門、営業店で取引可能か否かは、取引管理テーブルで管理します。取引管理テーブルの論理的な構成について図表Ⅳ-352に記述します。当ファイルは外為取引のすべての取引で参照されるため、処理効率を考慮して、他業務の取引を管理する取引管理テーブルと同

図表Ⅳ-352　取引管理テーブルの構成

様にメモリーに常駐しています。

(i) 基本レコード

　取引の新設時に追加されます。キーは取引種類コード(*5)です。各取引の基本的な項目を保持します。具体的には本部取引可否、取扱店取引可否、一部取扱店取引可否、オフショア店取引可否、本部他店取引可否、取扱店他店取引可否などがあります。各項目の詳細については、図表Ⅳ-353のとおりです。

> (*5)　業務別に取引を区分するコードです。たとえば、2桁程度の業務コード（預金、貸付、内国為替、外国為替、債券など）と5桁～6桁程度の業務内の取引種類コード（外為業務では、外貨普通預金新規口座開設、同入金、同出金、同口座解約など）とから構成されます。

② 店管理

　店管理は店管理テーブルで管理され、全業務共通で使用されます。店別に外為取引の取引可否を管理します。店管理テーブルの論理的な構成について図表Ⅳ-354に記述します。当ファイルは預金、貸付などの全業務の取引で参照されるため、処理効率を考慮して、メモリーに常駐しています。

(i) 基本レコード

　店の新設時に追加されます。キーは店番です。各店の基本的な項目を保持

図表Ⅳ-353　取引管理テーブルの各項目

項目名	内　容
①本部取引可否	・本部で当該取引種類が取引可能か否かを示す項目です。 ・本部で外為取引を行う部門は複数（輸出入送金取引などは外国為替部門、外貨資金取引は外貨資金部門、為替予約取引は為替部門など）ありますが、本部の各部門が担当する業務は明確であるため、細かな取引管理は行わないものとします。
②取扱店取引可否	・営業店（全外為取引可）で当該取引種類が取引可能か否かを示す項目です。
③一部取扱店取引可否	・営業店（一部外為取引）で当該取引種類が取引可能か否かを示す項目です。
④オフショア店取引可否	・オフショア店(注)で当該取引種類が取引可能か否かを示す項目です。
⑤本部他店取引可否	・外国為替部門などの本部で他店の当該取引種類が取引可能か否かを示す項目です。たとえば、可の場合には、営業店の顧客と為替予約の締結取引を本部で入力することが可能です。
⑥取扱店他店取引可否	・営業店で他店の当該取引種類が取引可能か否かを示す項目です。たとえば、可の場合には、ある営業店の外貨普通預金の入出金取引を他の営業店で入力することが可能です。

（注）　東京オフショア市場での取引は国内取引（オンショア）とは分離・区分経理することが求められます。このため東京オフショア市場を、1つの支店（オフショア店）として取り扱います。

します。具体的には店名、店住所、店代表番号、開店日、外為業務識別、外為業務識別詳細などがあります。外為業務にかかわる各項目（外為業務識別、外為業務識別詳細）の詳細については、図表Ⅳ-355、Ⅳ-356のとおりです。

　以上の取引管理テーブルと店管理テーブルを組み合わせ、店別の取引可否を例示すると、図表Ⅳ-357のとおりです。

図表Ⅳ-354 店管理テーブルの構成

図表Ⅳ-355 外為業務識別の値と内容

値	内　容
本部	・本部であることを示します。
オフショア店	・オフショア店であることを示します。
営業店（全外為取引可）	・営業店で可能なすべての外為取引ができる営業店であることを示します。
営業店（一部外為取引）	・営業店で可能な一部の外為取引ができる営業店であることを示します。
営業店（外為取引不可）	・基本的に外為取引ができない営業店であることを示します。
非該当	・外為業務に無関係な部店であることを示します。

図表Ⅳ-356 外為業務識別詳細の値と内容

値	内　容
外貨預金	・外貨預金取引の取扱可否を示します。
両替	・両替取引の取扱可否を示します。
送金	・送金取引の取扱可否を示します。

図表Ⅳ－357　店別の取引可否の例示

[取引管理テーブル]

取引種類コード		本部①	取扱②	一部③	オフ④	本他⑤	取他⑥
L/C付輸出手形買取	一覧払手形買取	否	可	否	否	否	否
	本部入力	可	否	否	否	否	否
:	:	:	:	:	:	:	:
仕向送金（電信送金）	取組	否	可	否	否	否	否
	本部入力	可	否	否	否	否	否
:	:	:	:	:	:	:	:
外国通貨	買取	否	可	可	否	否	否
外貨普通預金	新規口座開設	否	可	可	否	否	否
	入金	否	可	可	否	否	否
資金（運用調達）	取組	可	否	否	可	否	否
:	:	:	:	:	:	:	:

[店管理テーブル]

店番	店名	外為業務識別	外為業務識別詳細		
			外貨預金	両替	送金
001	本店営業部	営業店（全外為取引）	なし	なし	なし
002	大手町支店	営業店（全外為取引）	なし	なし	なし
:	:	:	:	:	:
150	箱崎支店	営業店（一部外為取引）	可	可	否
151	新川支店	営業店（外為取引不可）	なし	なし	なし
:	:	:	:	:	:
780	審査第一部	非該当	なし	なし	なし
:	:	:	:	:	:
853	外国為替部	本部	なし	なし	なし
863	資金為替部	本部	なし	なし	なし
895	オフショア店	オフショア店	なし	なし	なし
:	:	:	:	:	:

店名	入力可能な取引
本店営業部	L/C付輸出手形買取一覧払手形買取、外貨普通預金新規口座開設、外貨普通預金入金、外国通貨買取、仕向送金（電信送金取組）
大手町支店	
箱崎支店	外貨普通預金新規口座開設、外貨普通預金入金、外国通貨買取
新川支店	なし（公示相場照会など一部例外取引は除く）
審査第一部	なし
外国為替部	L/C付輸出手形買取本部入力、仕向送金（電信送金）本部入力、資金（運用調達）取組(注2)
資金為替部	L/C付輸出手形買取本部入力、仕向送金（電信送金）本部入力、資金（運用調達）取組(注2)
オフショア店	資金（運用調達）取組

(注1)　図表内の丸数字は図表Ⅳ－352の項目名の丸数字を表わします。
(注2)　本部で外為取引を行う部門は複数ありますが、本部の各部門が担当する業務は明確であるため、細かな取引管理は行わないものとします。

⑸　本支店の取引分担

　前述のとおり、外為業務はすべての営業店で行われているわけではなく、一部の営業店に限定され、取引も限定されている営業店もあり、加えて、本部が営業店の業務を一部行っている場合もあります。このため、本支店間、支店間で取引入力などは、複数の方式によって行われています。ここでは、それらの方式について記述します。なお、以下の方式のすべてが１つの銀行で並行して行われているわけではなく、複数の銀行で行われている方式を列挙しています。

　① 　代行取引方式

　本部または営業店にある端末の店番を、取引入力を行う顧客が登録されている別の営業店の端末の店番に論理的に変更したうえで、取引を入力します。これを代行取引（代行入力取引）などといいます。物理的には本部または営業店にある端末の店番（代行店）を論理的に別の営業店の端末の店番（被代行店）にすることで、自店の端末で自店の顧客について取引を入力するのと変わりがなくなり、前述の他店での取引を許容しない（本部他店取引可否または取扱店他店取引可否）取引でも、本部または営業店からの取引入力が可能とされます。このために端末の店番（取引入力店番）を本部または営業店から、別の営業店などの他店に変更する取引（*6）が用意されています（図表Ⅳ－358参照）。

　　　（*6）　代行設定取引などといわれます。店番を変更することは、通常は特定の部店に限られ、一般的な事務要領ではないため、異例取引として、役席者の承認が必要とされます。異例取引については、「第Ⅵ章第4節　異例取引管理」を参照してください。なお、各取引の取引種類の説明で営業店端末、本部端末とあるのは、代行取引の場合には被代行店がそれぞれ営業店、本部である端末を指しています。

　② 　他店取引方式

　本部または営業店で、他店の顧客について行う際にCIF番号だけではなく、その顧客が登録されている他店の店番を手入力して、取引を行います。この方式では他店の取引を許容する本部他店取引可否または取扱店他店取引可否を可にする必要があります。同時に取引画面に他店の店番を入力する項目が必要です。外貨普通預金や外貨当座預金などでよくとられる方法です。

図表Ⅳ-358　代行入力取引の概要

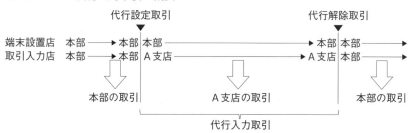

他店取引は僚店取引、ネット取引などとも呼ばれます。

③　取次方式

　外為自由化以前、非外為取扱店で外為取引を行う顧客は、取次先として外為取扱店でCIF登録と外為業務の顧客登録の両方が行われ、外為取引を入力されていました。このとき、外為業務の顧客登録において非外為取扱店の顧客を紐付け登録する機能（取次先登録などといわれます）が設けられました。

　外為自由化後、上記の機能を利用して、営業店（外為取引不可）の顧客について、取次先として本部または営業店（全外為取引可）でCIF登録と外為業務の両方を行い、外為取引を入力するようにしています（図表Ⅳ-359参照）。

(6)　現物などの送付

　以上では、取引入力を本支店間でどのように分担するかを記述しましたが、以降では、取引にともなって必然的に発生するさまざまなドキュメント類を本支店の間で、どのように送付しているかを記します。

①　現物、原本

　海外などへ送付する手形・小切手、船積書類、現物である外国通貨、海外などから受領した信用状などは、最終的には原本を本支店間の行内便で送付するしかありません。

②　FAX

　顧客の記入した依頼書を顧客と相対する営業店からFAXで取引を入力する本部などに送付します。送付された依頼書のコピーをもとに、取引を入力します。取引完了後、計算書などをFAXで営業店に送付し、店頭の顧客と

図表Ⅳ-359　取次登録と外為取引

[外為自由化前]

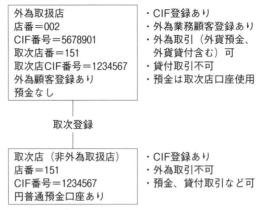

[外為自由化後]

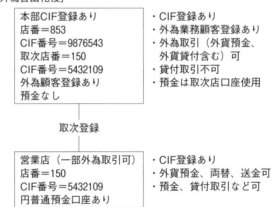

現金の受払または預金の入出金などを行います。FAX番号の入力相違による情報の外部流失（行内内線番号を使用しても、誤った送付先の場合、処理が放置、遅延する可能性があります）などが懸念される送付方法です。

③　電子メール

依頼書のイメージを電子メールに添付し、やり取りをする以外は、FAXによる場合と大差ありません。情報流失の懸念、宛先相違による処理放置、遅延の問題もFAXと変わりありません。

④　イメージの共有

　顧客の記入した依頼書を端末に付属するスキャナーで読み取り、顧客と相対する営業店と取引を入力する本部などとイメージを共有します。営業店が依頼書を端末のスキャナーで読み取ると、イメージが取引を入力する本部の端末に表示され、それをもとに取引を入力します。取引完了後、計算書などをFAXで営業店に送付し、店頭の顧客と現金の受払または預金の入出金などを行います。専用端末と専用回線を使用するため、情報流失の懸念は基本的にありません。

　銀行によっては、仕向送金などに限定されるものの、営業店のロビー内やATMコーナーに設置されたテレビ窓口で顧客の記入した依頼書による取引入力、取引結果の交付、顧客の本人確認、原資（通帳など）をイメージによって確認しているところもあります。

2　手数料自動決定

業務面

(1) 概　要

　手数料には、輸出入、送金、外貨預金などの取引から発生するものと、単独で発生するものがあります。いずれの場合も基準である手数料金額（定額）または手数料料率（定率）が決まっています（図表Ⅳ－360参照）。個人と法人の手数料体系を分けている銀行も多くありますが、個人向けの手数料は種類が限られるため、法人向けの手数料について、説明します。また、ここでは円貨で発生し、円貨で徴求する手数料に限定します。手数料の種類や手数料についての定額と定率の別については、銀行により異なる場合があります。

(2) 計算方法

　手数料計算には、定額と定率の2つの方法があります。いずれの場合も手数料の優遇登録（「第Ⅳ章第10節7　優遇登録」を参照）がされている場合には登録されている優遇分を減算し、手数料を決定します。

図表Ⅳ-360　手数料の概要

業務	内訳	手数料	定額／定率
輸出	信用状	輸出信用状通知手数料	定額
	荷為替手形	L/C付買取手数料 L/Cなし買取手数料 L/C付取立手数料 L/Cなし取立手数料	定率
	クリーン手形・小切手	クリーン買取手数料 クリーン取立手数料	定額
	フォーフェイティング	買取手数料	定率
	インボイス・ディスカウント	買取手数料	定率
輸入	信用状	信用状発行手数料	定率
	スタンド・バイ・クレジット	スタンド・バイ・クレジット発行手数料	定率
	荷為替手形	L/C付取扱手数料	定額
		L/Cなし取扱手数料	定額
	荷物引取保証、丙号T/R	保証料	定額
仕向送金	電信送金、郵便送金、送金小切手	仕向送金手数料（海外送金） 仕向送金手数料（国内送金）	定額
被仕向送金	電信送金、郵便送金、送金小切手	被仕向送金取扱手数料	定額
共通または業務別	業務別のとき、上記参照	外貨取扱手数料(注1)	定率
共通または業務別	業務別のとき、上記参照	円為替手数料(注2)	定率
共通または業務別	業務別のとき、上記参照	電信料 郵便料	定額

（注1）　リフティング・チャージともいわれます。外貨と円貨の換算は、電信売相場（TTS：Telegraphic Transfer Selling）または電信買相場（TTB：Telegraphic Transfer Buying）で行われ、仲値（TTM：Telegraphic Transfer Middle Rate）との差であるTT幅が銀行の収益とされますが、取引の通貨と同じ外貨現金や外貨振替の場合、換算相場は必要なく、TT幅を顧客から徴求できないため、外貨取扱手数料を徴求することで銀行の収益を確保しています。
（注2）　取引の通貨が円貨の場合も、換算相場は必要なく、TT幅に相当する収益が得られないため、円為替手数料を徴求することで銀行の収益を確保しています。

① 定　　額

　定額とは基準である手数料金額が決まっているものです。たとえば、海外への送金手数料＝4,000円、郵便料＝1,500円（郵便料は宛先の地域により異なります）というように、一律の金額が設定されています。外貨建で換算円貨額が一定金額未満の場合に適用される小額手数料のように、一定の条件を満たした場合にのみ適用される手数料もあります。

② 定　　率

　定率とは基本的に基準である料率で手数料を計算しますが、計算根拠とする取引金額が一定以下の場合には十分な利益を確保できないため、別途定めた最低手数料＞料率から求めた手数料の場合には、最低手数料を適用します。手数料を求める料率には、＠方式と％方式があります。

　＠方式は、外貨額に1基本通貨単位あたりの料率（たとえば、20銭）を乗じて手数料を求め、％方式は外貨額に一定割合（たとえば、1/10％）を乗じて手数料を求めます（％は慣習として分数で表記します）。いずれの場合も、別途定めた最低手数料＞料率から求めた手数料の場合には、最低手数料を適用します。手数料によっては、最高手数料が設定されているものもあります。それぞれの計算例は、以下のとおりです（数値は取引などによって異なります）。

(i) ＠方式の手数料計算例

　取引金額＝1万ドル、料率＝＠20銭、最低手数料＝1,500円のとき、1万ドル×20銭＝2,000円が外貨取扱手数料です。この条件で仮に最低手数料＝2,500円の場合には、料率から求めた手数料＜最低手数料であるため、最低手数料の2,500円が外貨取扱手数料です。

(ii) ％方式の手数料計算例

　取引金額＝1万ドル、料率＝1/10％、最低手数料＝1,000円、電信売相場（TTS：Telegraphic Transfer Selling）＝101.00円のとき、1万ドル×1/10％×101.00円＝1,010円が外貨取扱手数料です。この条件で仮に最低手数料＝1,500円の場合には、料率から求めた手数料＜最低手数料であるため、最低手数料の1,500円が外貨取扱手数料です。

(3) 消費税

海外信用調査手数料などを除き、外国為替業務で発生する手数料には消費税はかかりません。これは国税庁の「消費税法基本通達」第6章第5節（非課税とされる外国為替業務に係る役務の提供の範囲）によります。

システム面

自動決定対象の手数料項目に入力がなければ、基準である手数料金額または手数料料率に、手数料の優遇が登録されている場合には優遇分を減算し、手数料金額を自動的に計算する機能が手数料自動決定です。当該手数料項目に入力があれば、それを優先して自動決定を行わず、入力値を手数料とします。

(1) 取引遷移

手数料自動決定は、無条件または条件付で手数料を顧客から徴求する対顧決済取引など(*1)に共通する機能です。取引の遷移は、後述する各取引の取引遷移を参照してください。

　　(*1) 対顧決済取引以外でも、手数料が発生し自動決定されることがあります。発生した手数料は対顧決済取引で徴求されるか、未収手数料として別途徴求されます。

(2) 取引種類

手数料自動決定が使用される、おもな取引は、図表Ⅳ-361のとおりです。

(3) 取引ファイル

手数料についての項目は、各取引を管理する取引ファイルの取引レコードに保持される手数料項目にセットされます。取引ファイルの論理的な構成と取引レコードの追加更新要領は各取引を参照してください。図表Ⅳ-362では取引レコードの手数料項目を中心に記述しています。

図表Ⅳ-361　手数料自動決定の対象取引

業務	業務内分類	取引種類	手数料	定額／定率
輸出	輸出信用状	接受	通知手数料	定額
		条件変更	通知手数料	定額
	L/C付輸出手形買取	一覧払手形買取	L/C付買取手数料定率（注1）	定率（注1）
		期限付手形買取		
		買戻	（注1）	（注1）
	L/C付輸出手形取立	対顧決済	L/C付取立手数料	定率
	L/Cなし輸出手形買取	一覧払手形買取	L/Cなし買取手数料（注1）	定率（注1）
		期限付手形買取		
		買戻	（注1）	（注1）
	L/Cなし輸出手形取立	対顧決済	L/Cなし取立手数料	定率
	クリーン手形・小切手買取	買取	クリーン買取手数料（注1）	定額（注1）
		買戻	（注1）	（注1）
	クリーン手形・小切手取立	対顧決済	クリーン取立手数料	定額
	フォーフェイティング	買取（注2）	買取手数料（注1）	定率（注1）
	インボイス・ディスカウント	買取	買取手数料（注1）	定率（注1）
		買戻（注3）	（注1）	（注1）
輸入	輸入信用状	発行	信用状発行手数料（注4）	定率（注5）（注4）
	L/C付輸入手形（一覧払決済、本邦ユーザンス）	書類到着	L/C付取扱手数料 電信料	定率 定額
		一覧払決済	（注6）	（注6）
		本邦ユーザンス決済		
	L/C付輸入手形（外銀ユーザンス）	書類到着	L/C付取扱手数料 電信料	定率 定額
		決済	（注6）	（注6）
		本邦ユーザンス決済		
	L/Cなし輸入手形	書類到着	L/Cなし取扱手数料 電信料	定率 定額
		対顧決済	（注6）	（注6）

第11節　共通機能

		本邦ユーザンス決済		
	運賃保険料ユーザンス	対顧決済	(注6)	(注6)
	荷物引取保証、丙号T/R	実行	保証料	定率
送金	仕向送金(電信送金)	予定登録済取組、取組	仕向送金手数料(注7)	定額
	仕向送金(郵便送金、送金小切手)	取組	(注8) (注6)	定額 (注6)
	被仕向送金(電信送金、郵便送金、送金小切手)	対顧支払	被仕向送金取扱手数料 (注8)	定額 (注8)
両替	旅行小切手	買取	外貨取扱手数料	定率
	外国通貨	売却	外貨取扱手数料	定率
		買取	外貨取扱手数料	定率

(注1) 電信料(定額)、郵便料(定額)、外貨取扱手数料(定率)、円為替手数料(定率)。
(注2) 買戻請求権なしでの買取であるため、買戻はありません。
(注3) 買戻請求権なしの買取の場合、買戻はありません。
(注4) 電信料(定額)、郵便料(定額)。
(注5) 3カ月単位の手数料とする銀行もあります。
(注6) 外貨取扱手数料(定率)、円為替手数料(定率)。
(注7) 海外送金、国内送金(在日他行、国内本支店間、同一店内など)の別があります。
(注8) 電信送金のとき、電信料(定額)、郵便送金のとき、郵便料(定額)、送金小切手のとき、該当なし。

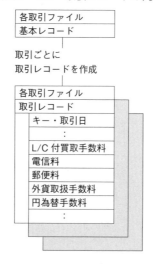

図表Ⅳ-362　取引レコードの内容

3 金利自動決定

業 務 面

(1) 概　　要

　外国為替取引では、外貨をおもに取引するため、通貨別の金利（利率）が必要です。必要とされるおもな基準金利は図表Ⅳ－363のとおりです。これらの基準金利に銀行の収益を考慮して、輸出入のユーザンス金利、外貨預金金利、外貨貸付金利など取引で使用される対顧金利が計算されます。

(2) 計算方法

① 貸付金利

　輸出入のユーザンスや外貨貸付（非居住者円貸付も含みます）などの貸付金利は、基本的に通貨別の基準金利に自行の定める利鞘（スプレッド）を加算して、対顧金利を決定し、適用します（図表Ⅳ－364参照）。当該通貨の金利の優遇登録（「第Ⅳ章第10節7　優遇登録」を参照）がされている場合には登録されている優遇分を利鞘（スプレッド）から減算し、対顧金利を決定し、適用します。

　基準金利（ベースレート）は通常、資金を市場から調達（借入）する際の調達金利（前述のLIBORなど）ですが、行内マリーや店内マリー（*1）の場合には、外貨預金金利です。

　　　（*1）　自行や自店に預入されている外貨定期預金などを外貨貸付の原資とするものです。通貨、金額、利率などの制約があります。

　利鞘（スプレッド）は銀行の収益に相当しますが、資金調達のためのコストや金利変動のリスクも含んでいるため、純粋な利益ではありません。金利優遇は通常、このスプレッドの範囲内で行います。

　固定金利の場合、適用された対顧金利は変更されませんが、変動金利の場合は、市場での基準金利の変動に応じて一定のタイミングごとに見直され、更新されます。

図表Ⅳ-363　おもな金利の種類

通貨	おもな基準金利	取引で使用される金利
外貨	米国プライムレート（U.S. Prime Rate）	外貨建L/C付輸出手形再割立替金利
	銀行引受手形割引率（B/A Rate）(注1)	外貨建L/C付輸出手形ユーザンス金利 外貨建L/Cなし輸出手形ユーザンス金利 外貨建L/C付輸入手形ユーザンス金利 外貨建L/Cなし輸入手形ユーザンス金利 外貨建運賃保険料ユーザンス
	ロンドン銀行間取引金利（LIBOR）(注2)	外貨手形貸付金利 外貨証書貸付金利 外貨預金金利
円貨	短期プライムレート	円建L/C付輸出手形立替金利 円建L/Cなし輸出手形立替金利 円建L/C付輸入手形立替金利 円建L/Cなし輸入手形立替金利 円建L/C付ユーザンス金利 円建L/Cなしユーザンス金利 円建運賃保険料ユーザンス
	東京銀行間取引金利（TIBOR）(注3)	非居住者円手形貸付金利 非居住者円証書貸付金利 非居住者円預金金利

（注1）B/Aは、銀行引受（Bank Acceptance）の略です。
（注2）LIBOR（ライボー）は、ロンドン銀行間取引金利（London Interbank Offered Rate）の略です。
（注3）TIBOR（タイボー）は、東京銀行間取引金利（Tokyo Interbank Offered Rate）の略です。

② **預金金利**

　外貨預金（非居住者円預金も含みます）の預金金利は、基本的に通貨別の基準金利から自行の定める利鞘（スプレッド）を減算して、対顧金利を決定し、適用します（図表Ⅳ-365参照）。当該通貨の金利を優遇する場合には対顧金利に優遇分を加算し、対顧金利を決定し、適用します。

　基準金利（ベースレート）は通常、資金を市場で運用（貸付）する際の運

図表Ⅳ-364　対顧金利（貸付金利）の内訳

対顧金利＝基準金利（ベースレート）＋利鞘（スプレッド）

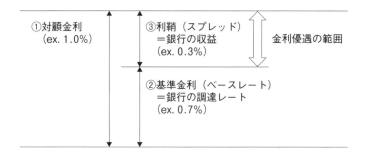

図表Ⅳ-365　対顧金利（預金金利）の内訳

対顧金利＝基準金利（ベースレート）－利鞘（スプレッド）

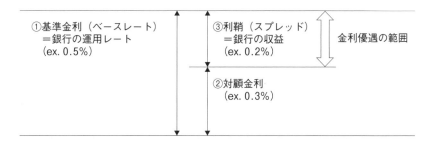

用金利（前述のLIBOR、東京ドル・コール市場レートなど）ですが、行内マリーや店内マリーの場合には、外貨貸付金利です。

　利鞘（スプレッド）は銀行の収益に相当しますが、資金運用のためのコストや金利変動のリスクも含んでいるため、純粋な利益ではありません。金利優遇は通常、このスプレッドの範囲内で行います。個人向けには、一定の条件（テレフォン・バンキングまたはインターネット・バンキングから新規預入した場合やクレジットカードの契約の有無などの取引振り）を満たした場合などに、預金金利を一時的または恒常的に優遇している銀行も多くあります。

　固定金利の場合、適用された対顧金利は変更されませんが、変動金利の場合は、市場での基準金利の変動に応じて一定のタイミングごとに見直され、

更新されます。

システム面

　自動決定対象の対顧金利項目に入力がなければ、通貨別の基準金利に、当該通貨の金利優遇が登録されている場合には優遇分を加減算し、対顧金利を自動的に計算する機能が金利自動決定です。当該対顧金利項目に入力があれば、それを優先して自動決定を行わず、入力値を対顧金利とします。

(1) 取引遷移

　金利自動決定は、対顧決済取引など（*2）に共通する機能です。取引の遷移は、後述する各取引の取引遷移を参照してください。

> （*2） 外貨定期預金は新規預入取引、外貨貸付は実行取引、輸出では手形買取取引などが該当します。輸入の場合は対顧決済取引以外の書類到着、本邦ユーザンス取組などがあります。

(2) 取引種類

　金利自動決定が使用される、おもな取引は、図表Ⅳ-366のとおりです。

(3) 取引ファイル

　金利についての項目は、各取引を管理する取引ファイルの取引レコードに保持される金利項目にセットされます。取引ファイルの論理的な構成と取引レコードの追加更新要領は各取引を参照してください。図表Ⅳ-367では取引レコードの金利項目を中心に記述しています。

図表Ⅳ-366　金利自動決定の対象取引

業務	業務内分類	取引種類	対顧金利
輸出	L/C付輸出手形買取	一覧払手形買取	立替金利(注1)
		期限付手形買取	立替金利(注1) ユーザンス金利(注2)
	L/Cなし輸出手形買取	一覧払手形買取	立替金利(注1)
		期限付手形買取	立替金利(注1) ユーザンス金利(注2)
	クリーン手形・小切手買取	買取	立替金利(注1)
	フォーフェイティング	買取	金利
	インボイス・ディスカウント	買取	金利
輸入	L/C付輸入手形（一覧払決済、本邦ユーザンス）	書類到着、借記通知到着	立替金利(注3)
		本邦ユーザンス取組	本邦ユーザンス金利
	L/C付輸入手形（外銀ユーザンス）	書類到着、引受	(注4)
		本邦ユーザンス取組	本邦ユーザンス金利
	L/Cなし輸入手形	書類到着	(注5)
		本邦ユーザンス取組	本邦ユーザンス金利
	運賃保険料ユーザンス	取組	本邦ユーザンス金利
外貨預金	外貨普通預金(注6)(注7)	(注8)	外貨普通預金金利(注8)
	外貨積立預金	(注8)	外貨積立預金金利(注8)
	外貨定期預金（一般型）(注7)	新規預入	外貨定期預金金利
	外貨定期預金（自動継続型）	新規預入、自動継続	スーパー外貨定期預金金利
	外貨通知預金(注7)	新規預入	外貨通知預金金利
	為替特約付外貨定期預金	先日付新規預入、新規預入	為替特約付外貨定期預金金利
	為替特約付円定期預金(注9)	先日付新規預入、新規預入	為替特約付円定期預金金利
外貨貸付	外貨手形貸付(注10)	実行予定登録、実行	外貨手形貸付金利
	外貨証書貸付(注10)	実行予定登録、実行	外貨証書貸付金利

(注1)　メール期間の金利です。
(注2)　ユーザンス期間の金利です。
(注3)　リンバース方式などで、輸出地との代金決済が輸入者との決済に先行した場合の資金立替利息です。
(注4)　外銀ユーザンス金利は、外銀から指定されるため、自動決定しません。
(注5)　先方利息の金利は、先方（輸出地の買取銀行など）から指定されるため、自動決定しません。
(注6)　有利息の外貨別段預金も含みます。
(注7)　非居住者円もあります。それぞれ非居住者円の金利が適用されます。
(注8)　新規口座開設、入金、出金、利息決算、口座解約など、残高の異動がある取引で金利を自動決定します。
(注9)　円定期預金ですが、ここで記述します。
(注10)　非居住者円もあります。それぞれ非居住者円の金利が適用されます。

図表Ⅳ-367　取引レコードの内容

4　相場自動決定

業務面

(1) 概　要

　顧客との外貨建の取引で外貨と円貨を換算するには、直物、先物予約の2つの対顧相場を使用することができます。このうち、直物は公示相場と個別相場に分かれます。また、円建または外貨建の取引で換算せずに円貨は円貨のまま、外貨は外貨のまま、取引することもあります。以上をまとめると、対顧相場は図表Ⅳ-368のとおりです。

システム面

　直物または為替予約の対顧相場を使用する場合、相場金利ファイルに保持している各種公示相場に、当該通貨の優遇幅がある場合には優遇幅を加減算し、為替予約を使用する場合には為替予約取引ファイルに保持する締結相場を取得して、対顧相場などを自動的に適用する機能が相場自動決定です。対

図表Ⅳ-368　対顧相場の種類

対顧相場の種類	内　容
直物（公示相場）	・当日に受渡される公示相場を対顧相場として使用します。 ・一定金額（銀行にもよりますが、通常10万ドル）未満の金額に適用します。 ・相場の優遇登録（「第Ⅳ章第10節7　優遇登録」を参照）がある場合には、登録されている優遇幅を加減算（売りは減算、買いは加算）し、適用する相場を決定します。 ・「第Ⅳ章第10節5　公示相場登録」を参照してください。
直物（個別相場）	・当日に受渡される個別相場を対顧相場として使用します。 ・一定金額（銀行にもよりますが、通常10万ドル）以上の金額に適用します。 ・相場の優遇登録（「第Ⅳ章第10節7　優遇登録」を参照）がある場合には、登録されている優遇幅を加減算（売りは減算、買いは加算）し、適用する相場を決定します。 ・「第Ⅳ章第10節5　公示相場登録」を参照してください。
先物（為替予約）	・翌々営業日以降（先物）に受渡されることを予約した為替予約の締結相場(注)を対顧相場として使用します。 ・「第Ⅳ章第7節1　為替予約（対顧アウトライト）」「第Ⅳ章第7節2　為替予約（対顧スワップ）」を参照してください。
外貨受払	・同通貨（外貨建）、外貨建ともいいます。 ・外貨建の取引を外貨建のまま、取引します。対顧相場はありません。
円貨受払	・同通貨（円建）、円貨建ともいいます。 ・円建の取引を円建のまま、取引します。対顧相場はありません。

（注）　優遇する場合、為替予約の締結時に個別に優遇を考慮した相場を締結相場とするため、相場の優遇登録があっても相場自動決定では優遇を考慮しません。ただし、輸出入ユーザンスの金利織込相場の金利幅とその優遇幅は、さらに締結相場に加減算します（後述）。

顧相場などに入力がない場合、相場を自動決定し、入力がある場合には、それを優先し自動決定を行わず、入力値を対顧相場などとします（相場と関連項目は多数あるため、詳細は後述します）。

(1) **取引遷移**

相場自動決定は、対顧決済取引で相場を使用する取引に共通する機能です。取引の遷移は、後述する各取引の取引遷移を参照してください。

(2) **取引種類**

① **取引と相場**

相場自動決定が使用される、おもな取引と相場は、図表Ⅳ-369-1、Ⅳ-369-2のとおりです。

② **入力項目と自動決定される相場**

対顧決済取引では、直物、先物、外貨受払といった相場項目を取引画面それぞれに用意しています。取引画面で入力される項目とその相場自動決定の有無について、金額などの関連する相場項目も含めて説明すると、図表Ⅳ-370のとおりです。

(3) **取引ファイル**

相場についての項目は、各取引を管理する取引ファイルの取引レコードに保持される相場関連項目にセットされます。取引ファイルの論理的な構成と取引レコードの追加更新要領は各取引を参照してください。図表Ⅳ-371では取引レコードの相場項目を中心に記述しています。

図表Ⅳ-369-1　相場自動決定の対象取引と相場

業務	業務内分類	取引種類	公示相場(注1)	為替予約(注2)	外貨受払(注3)
輸出	L/C付輸出手形買取	一覧払手形買取	⑥L/C付一覧払手形買相場または⑤電信買相場(注4)	買予約	あり
		期限付手形買取	⑧L/C付期限付手形買相場または⑤電信買相場(注4)	買予約	あり
		買戻	③電信売相場	売予約	あり
	L/C付輸出手形取立	対顧決済	⑤電信買相場	買予約	あり
	L/Cなし輸出手形買取	一覧払手形買取	⑦L/Cなし一覧払手形買相場	買予約	あり
		期限付手形買取			
		買戻	③電信売相場	売予約	あり
	L/Cなし輸出手形取立	対顧決済	⑤電信買相場	買予約	あり
	クリーン手形・小切手買取	買取	⑥L/C付一覧払手形買相場または⑤電信買相場(注4)	買予約	あり
		買戻	③電信売相場	売予約	あり
	クリーン手形・小切手取立	対顧決済	⑤電信買相場	買予約	あり
	フォーフェイティング	買取(注5)	⑤電信買相場	買予約	あり
	インボイス・ディスカウント	買取	⑤電信買相場	買予約	あり
		買戻(注6)	③電信売相場	売予約	あり
輸入	L/C付輸入手形（一覧払決済、本邦ユーザンス）	一覧払決済	②一覧払輸入手形決済相場または③電信売相場(注4)	売予約	あり
		本邦ユーザンス決済	③電信売相場	売予約	あり
	L/C付輸入手形（外銀ユーザンス）	決済	③電信売相場	売予約	あり
		本邦ユーザンス決済	③電信売相場	売予約	あり
	L/Cなし輸入手形	対顧決済	③電信売相場	売予約	あり
		本邦ユーザンス決済	③電信売相場	売予約	あり
	運賃保険料ユーザンス	対顧決済	③電信売相場	売予約	あり
送金	仕向送金（電信送金）	予定登録済取組、取組	③電信売相場	売予約	あり

	仕向送金（郵便送金、送金小切手）	取組		③電信売相場	売予約	あり
	被仕向送金（電信送金、郵便送金、送金小切手）	対顧支払		⑤電信買相場	買予約	あり
両替	旅行小切手	買取		⑥L/C付一覧払手形買相場	買予約	あり
	外国通貨	売却		①外国通貨売相場	売予約	あり
		買取		⑨外国通貨買相場	買予約	あり
利息など	利息手数料対顧受払	受取		③電信売相場	売予約	あり
		支払		⑤電信買相場	買予約	あり

（注1） 各相場の先頭の丸数字は、「第Ⅳ章第10節5　公示相場登録」の公示相場の種類と体系の丸数字と一致させています。対顧相場に各相場を自動決定します。
（注2） 買予約は外貨買円売、売予約は外貨売円買です。対顧相場に指定された為替予約取引の締結相場を自動決定します。
（注3） 換算がないため、自動決定される対顧相場はありません。
（注4） 金利を相場に織り込む場合は上段の相場を使用し、織り込まない場合には下段の相場を使用します。
（注5） 買戻請求権なしでの買取であるため、買戻はありません。
（注6） 買戻請求権なしの買取の場合、買戻はありません。

図表Ⅳ－369－2　相場自動決定の対象取引と相場

業務	業務内分類	取引種類	公示相場(注1)	為替予約(注2)	外貨受払(注3)
外貨預金	外貨普通預金、外貨当座預金、外貨別段預金、外貨積立預金	新規口座開設、入金	③電信売相場	売予約	あり
		出金	⑤電信買相場	買予約	あり
		利息決算	⑤電信買相場(注4)	なし(注5)	(注5)
		口座解約	⑤電信買相場	買予約	あり
	外貨定期預金（一般型）	新規預入	③電信売相場	売予約	あり
		中間利払、解約	⑤電信買相場	買予約	あり
	外貨定期預金（自動継続型）	新規預入	③電信売相場	売予約	あり
		自動継続	⑤電信買相場(注4)	なし(注5)	(注5)
		自動解約	⑤電信買相場	買予約	あり
		解約	⑤電信買相場	買予約	あり
	外貨通知預金	新規預入	③電信売相場	売予約	あり
		解約	⑤電信買相場	買予約	あり

	為替特約付外貨定期預金	預入実行、新規預入	④仲値	なし	あり
		解約	⑤電信買相場(注4)(注6)	買予約(注6)	あり(注7)
	為替特約付円定期預金	預入実行、新規預入	なし(注8)	なし(注8)	なし(注8)
		解約	なし(注9)	売予約(注9)	なし(注9)
外貨貸付	外貨手形貸付、外貨証書貸付	予定登録済実行、実行	⑤電信買相場	買予約	あり
		一部返済、利息受入、全額返済	③電信売相場	売予約	あり
外貨保証	外貨債務保証	保証料受入	③電信売相場	売予約	あり

（注１）　各相場の先頭の丸数字は、「第Ⅳ章第10節５　公示相場登録」の公示相場の種類と体系の丸数字と一致させています。対顧相場に各相場を自動決定します。

（注２）　買予約は外貨買円売、売予約は外貨売円買です。対顧相場に指定された為替予約取引の締結相場を自動決定します。

（注３）　換算がないため、自動決定される対顧相場はありません。

（注４）　税金計算のために使用する相場です。

（注５）　税金計算に公示相場が必要である以外は、外貨受払しかありません。

（注６）　円貨償還時は、為替予約の締結相場を使用します。

（注７）　外貨償還時は、外貨受払しかありません。

（注８）　預入実行、新規預入は、円から預入するため、相場は必要ありません。

（注９）　円貨償還時は、相場は必要ありません。外貨償還時は、為替予約の締結相場を使用します。

図表Ⅳ-370　入力項目と自動決定される相場

相場の種類		自動決定	説　明
直物		—	直物を使用する場合に自動決定される、または入力する項目です。(注1) ・入力しないとき、公示相場を自動決定します。 ・入力する（起算取引や公示相場を適用せず、個別相場を適用する）とき、手入力します。
	直物使用外貨額	なし	・直物を先物、外貨受払と併用する場合に、直物を使用する外貨額を入力します。 ・直物を使用しない、または直物のみ使用する場合は、入力しません。
	TTSまたはTTB	あり	・入力しないとき、対顧売相場＝TTS－TT優遇幅、対顧買相場＝TTB＋TT優遇幅を自動決定します。 ・入力するとき、TTSまたはTTBにTT優遇幅を加減算した相場を手入力します。
	TT優遇幅	あり	・入力がなく、優遇登録があるとき、登録されている優遇幅を自動決定します。 ・入力がなく、優遇登録がないとき、ゼロとします。 ・入力するとき、適用する優遇幅を手入力します。
	金利織込相場(注2)	あり	・入力しないとき、対顧売相場＝金利織込相場＋金利優遇幅、対顧買相場＝金利織込相場－金利優遇幅を自動決定します。 ・入力するとき、金利織込相場に金利優遇幅を加減算した相場を手入力します。
	金利優遇幅(注2)	あり	・TT優遇幅に同じです。
	仲値	あり	・入力しないとき、TTMを自動決定します。入力するとき、TTMを手入力します。
	直物換算円貨額	なし	・入力しないとき、外貨額に相場を乗じた結果を換算円貨額とします。 ・入力するとき、換算後の円貨額を直接入力します。換算円貨額を外貨額に相場を乗じた円貨額とは異なる円貨額とする場合に手入力します。
先物		—	先物を使用する場合に自動決定される、または入力する項目です。
	為替予約金利幅(注1)	あり	・入力しないとき、金利幅（売）＝金利幅－金利優遇幅、金利幅（買）＝金利幅＋金利優遇幅を自動決定します。 ・入力するとき、金利幅に金利優遇幅を加減算した相場を手入力します。
	為替予約取引番号1	なし	・使用する為替予約の取引番号を入力します。入力された取引番号から締結相場を自動決定します。

			さらに、金利織込がある場合、対顧売相場＝締結相場＋為替予約金利幅、対顧買相場＝締結相場－為替予約金利幅を自動決定します。
	為替予約使用外貨額1	なし	・先物を直物、外貨受払と併用する場合に、先物を使用する外貨額を入力します。 複数の為替予約取引番号を入力する場合、為替予約取引番号1で使用する外貨額を入力します。 ・先物のみ使用する、かつ為替予約取引番号1のみ使用する場合には、入力しません。
	為替予約取引番号2	なし	・為替予約取引番号を2本以上使用する場合にのみ入力します。
	為替予約使用外貨額2	なし	・為替予約取引番号を2本以上使用する場合にのみ、2本目で使用する外貨額を入力します。
	:	:	:
	為替予約取引番号7	なし	・為替予約取引番号を7本使用する場合にのみ入力します。
	為替予約使用外貨額7	なし	・為替予約取引番号を7本使用する場合にのみ、7本目で使用する外貨額を入力します。
	為替予約使用外貨額合計	なし	・為替予約取引番号を8本使用する場合に各為替予約で使用する外貨額の合計を入力します。(注3)
	為替予約換算円貨額合計	なし	・為替予約取引番号を8本使用する場合に各為替予約の締結相場と使用する各外貨額から求めた換算円貨額の合計を入力します。(注3)
外貨受払		—	外貨受払を使用する場合に自動決定される、または入力する項目です。
	外貨受払金利幅	あり	・為替予約金利幅に同じです。
	外貨受払使用外貨額	なし	・外貨受払を直物、先物と併用する場合に、外貨受払を使用する外貨額を入力します。 ・外貨受払を使用しない、または外貨受払のみ使用する場合は、入力しません。

(注1) 通常、入力なしでは当日の公示相場が自動決定されます。起算取引で過去の公示相場を自動決定するかどうかは、公示相場のデータの保持の仕方と期間によります。起算取引では元の伝票をもとにすべて手入力する銀行もあります。
(注2) 輸出入ユーザンスの取引が対象です。
(注3) 為替予約取引番号を8本以上使用する場合の為替予約側の対応については、「第Ⅳ章第7節1 為替予約（対顧アウトライト）」の実行取引を参照してください。

図表Ⅳ-371 取引レコードの内容

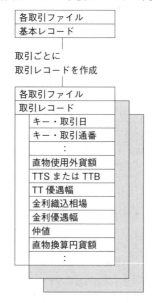

第 V 章

デリバティブ業務

第 1 節 金利デリバティブ

1 金利スワップ

■業務面

(1) 概　　要

① デリバティブの概要

　デリバティブ（Derivative：金融派生商品）は、伝統的な商品である預金、為替、債券、株式などを原資産として、それらから派生的に生まれた商品です。本書では、金利または為替相場（通貨）にかかわるデリバティブについて説明します。

　金利または通貨にかかわるデリバティブには、おもにスワップ（Swap）とオプション（Option）があります（図表Ⅴ－1参照）。

　スワップとは、取引当事者同士が将来にわたって、等価値のキャッシュフローを交換する取引です。おもなスワップには、金利スワップと通貨スワップがあり、金利スワップは同じ通貨の異なる金利（利息）を交換するもので、通貨スワップは異なる通貨の金利と元本を交換するものです。

　オプションとは、権利、選択権であり、売買対象とするものを特定日または一定期間内に売買する権利を売買する取引をオプション取引といいます。売買対象が通貨の場合には、通貨オプション（為替オプション）、金利の場合には、金利オプションと呼ばれます。金利オプションは、通常、キャップ（Cap）、フロア（Floor）、スワップション（Swaption）の3つに分類されます。

　先物先渡とは、商品を未来の特定日に一定の価格で売買するものです。売買対象が新興国通貨（エマージング通貨）の場合、ノン・デリバラブル・フォワード（NDF：Non-Deliverable Forward）といわれます。

図表Ⅴ-1　デリバティブの種類

原資産	スワップ/オプションなど	種類	説明
金利	スワップ	金利スワップ	・同じ通貨の異なる金利を交換する契約です。 ・本項で説明します。
	オプション	キャップ	・金利が上限を上回った場合に、その部分を受払する権利を売買する契約です。 ・「第Ⅴ章1節2　金利オプション（キャップ）」で説明します。
		フロア	・金利が下限を下回った場合に、その部分を受払する権利を売買する契約です。 ・「第Ⅴ章1節3　金利オプション（フロア）」で説明します。
		スワップション	・金利スワップを行う権利を売買する契約です。 ・「第Ⅴ章1節4　金利オプション（スワップション）」で説明します。
通貨	スワップ	通貨スワップ	・異なる通貨の金利と元本を交換する契約です。 ・「第Ⅴ章2節1　通貨スワップ」で説明します。
		クーポンスワップ	・異なる通貨の金利のみを交換する契約です。 ・「第Ⅴ章2節2　クーポンスワップ」で説明します。
	オプション	通貨オプション	・一定の相場で通貨を交換する権利を売買する契約です。 ・「第Ⅴ章2節3　通貨オプション」で説明します。
	先物先渡	ノン・デリバラブル・フォワード	・取引規制などがある新興国通貨について、為替予約と同等の効果をもたらす契約です。 ・「第Ⅴ章2節4　ノン・デリバラブル・フォワード（NDF）」で説明します。

デリバティブには、前述のほかに、イールドカーブスワップ、インフレーションスワップ、コーラブルスワップなどもありますが、紙幅の関係から本書では割愛します。また、商品（原油、メタル、貴金属など）にかかわるコモディティデリバティブ、信用力にかかわるクレジットデリバティブ、株価にかかわるエクイティデリバティブ、その他、天候デリバティブ、地震デリバティブなど、多種多様な取引がありますが、同様の理由で割愛します。

　② デリバティブの目的

　デリバティブは、図表Ⅴ-2に示す目的に使用されます。

図表Ⅴ-2　デリバティブの使用目的

目　的	説　明
リスクヘッジ （Risk Hedge）	金利や為替相場など、原資産の価格変動リスクを回避（ヘッジ）または軽減するために使用されます。
アービトラージ （Arbitrage）	銀行間市場の歪みや乖離を利用して、利鞘を得るために使用されます。鞘取り取引ともいわれます。
スペキュレーション （Speculation）	金利や為替相場などの変動リスクを敢えて冒して、利益を得るために使用されます。リスクテイクともいわれます。

　③ 金利スワップの概要

　金利スワップは、デリバティブのうち、もっとも一般的かつ、もっとも利用されている取引です。おもに顧客のリスクヘッジ目的、具体的には、顧客の金利変動リスクの回避を動機として、取引（契約）が行われます。また、顧客と金利スワップ取引を行う銀行も自身のリスクヘッジのために、ほかの銀行などと金利スワップ取引を行うほか、アービトラージ（裁定）、スペキュレーション（投機）などの目的でも取引を行います。

(2)　**金利変動リスク**

　金利スワップは、金利変動リスクを回避するための商品ですが、顧客にとっての金利変動リスクには、以下のようなものがあります。

　たとえば、貸付を例にすると、金利の低下局面において、固定金利で貸付を受けている顧客は、金利低下によっても、支払利息（損失）に変わりはあ

りませんが、変動金利で貸付を受けている顧客は、金利低下により支払利息（損失）が減少します。逆に金利の上昇局面においては、固定金利で貸付を受けている顧客は、支払利息（損失）に変わりはなく、金利上昇のリスクを回避することができますが、変動金利で貸付を受けている顧客は、支払利息（損失）が増加することにより、金利上昇のリスクを受けてしまいます。こうした金利動向、預金（顧客から見て債権）、貸付（顧客から見て債務）といった債権債務、変動金利か固定金利かといった金利種類との関係を整理すると、図表Ⅴ-3のとおりです。

図表Ⅴ-3　金利動向、債権債務、金利種類の関係

金利動向	債権債務	金利種類	顧客への影響
金利上昇	預金（債権）	変動金利	金利上昇により、預金金利も上昇し、受取利息（利益）が増加します。
		固定金利	金利上昇によっても、預金金利は変わらず、受取利息（利益）も変わりません。
	貸付（債務）	変動金利	金利上昇により、貸付金利も上昇し、支払利息（損失）が増加します。
		固定金利	金利上昇によっても、貸付金利は変わらず、支払利息（損失）も変わりません。
金利低下	預金（債権）	変動金利	金利低下により、預金金利も低下し、受取利息（利益）が減少します。
		固定金利	金利低下によっても、預金金利は変わらず、受取利息（利益）も変わりません。
	貸付（債務）	変動金利	金利低下により、貸付金利も低下し、支払利息（損失）が減少します。
		固定金利	金利低下によっても、貸付金利は変わらず、支払利息（損失）も変わりません。

　顧客から見れば、固定金利の貸付の場合、金利低下によって支払利息が減少しないこともリスクと考えられますが、実際の損失が発生するわけではありません。これに対して、変動金利の貸付の場合、金利上昇により支払利息が増加すれば、実際に損失も増加します。ここでの損益は実現する、または

実現しうるものについてのみ考慮しています。

(3) 特　徴

　金利スワップは、同一の通貨で異なる金利を交換（スワップ）する取引です。利息の計算根拠である元本そのものは交換せずに、元本と金利などから求めた利息のみを交換します。金利スワップの特徴は、図表Ⅴ－4のとおりです。

図表Ⅴ－4　金利スワップの特徴

項　目	説　明
交換通貨	・同一の通貨が対象です。
交換対象	・元本（注1）は交換しません。異なる種類の金利を交換します。 ・元本に相当する資金の交換がないため、元本はバランスシート（貸借対照表）に計上されません。バランスシートに計上されないことから、オフバランスともいわれます。
交換金利	・固定金利と変動金利（注2）、または変動金利と変動金利（注3）の交換を行います。前者をプレーンバニラ（Plain Vanilla）（注4）、後者をベーシススワップ（Basis Swap）ともいいます。
交換期間	・最低限、複数回の交換が行われます。一定期間内のリスクヘッジを目的とするため、通常は年単位での取引が想定されます。

（注1）　元本は交換しないため、この元本を想定元本と呼びます。これは交換する利息の計算根拠として想定される元本という意味です。
（注2）　固定金利の交換サイクル1回に対して、変動金利の交換サイクルが2回、4回などに分割される場合や変動金利の交換を都度行わずに、複数回をまとめて行う場合などもあります。
（注3）　変動金利と変動金利の交換には、以下の2種類があります。
　　　　・期間の異なる変動金利の交換の例として、円LIBOR（3M）と円LIBOR（6M）など。
　　　　・異なる変動金利の交換の例として、短期プライムレートと円TIBORなど。
（注4）　固定金利と変動金利の交換時の固定金利のことを、スワップレート（Swap Rate）または金利スワップレートと呼び、金利スワップ取引の実態を示す参考指標として、金融情報ベンダーなどから公表されています。

(4) 上場と店頭

　金利または為替相場（通貨）にかかわるデリバティブ取引には、以下の2つの種類があります。金利スワップは店頭取引に分類されます。

① 上場取引

金融商品取引所を通して行われる取引です。金利オプション（キャップ、フロー、スワップションなど）が該当します（金利オプションは店頭取引でも盛んに行われています）。取引を行うためには、取引所の定める参加要件を満たす必要があります。期間や金額などの取引条件は定型化、標準化されており、自由度が低い反面、取引の管理や決済は取引所で行われるため、取引の流動性や決済の確実性が高いとされます。取引所取引、上場デリバティブ取引などとも呼ばれます。

② 店頭取引

取引所などの市場を通さず、取引相手同士（銀行と顧客または銀行間）が相対で行うものです。金利スワップ、通貨スワップ、通貨オプション、ノン・デリバラブル・フォワード（NDF）などが該当します。相対での取引であるため、期間や金額などといった取引条件の自由度が高い(*1)反面、取引の管理や決済は個別に行われるため、取引の流動性や決済の確実性が低いとされます。店頭デリバティブ取引、OTC取引（Over the Counter取引）などとも呼ばれます。

> (*1) 自由度が高いといっても、実際には、国際スワップデリバティブ協会（ISDA：International Swap and Derivatives Association）が定めるISDAマスター契約（書）が標準的な契約として存在し、国際的に広く使われています。デリバティブ取引を取引相手と行うにあたって、最初にこれに準拠した契約を締結しておく必要があります。

(5) 取引項目

金利スワップのおもな取引項目は、図表Ⅴ-5のとおりです。

(6) 具体例

金利スワップ取引の具体例を以下に示します。

① 取引概要

銀行が顧客に変動金利で計算した利息を支払い、銀行は顧客から固定金利で計算した利息を受け取るものとします（図表Ⅴ-6参照）。

② 取引条件

取引条件は図表Ⅴ-7のとおりとします。

この取引条件から、具体的な利息の受払を行う日付などを決定（スケ

図表Ⅴ-5　金利スワップのおもな取引項目

取引項目	説明
取引約定日	・取引を約定（契約締結）した日付です。
取引開始日	・取引を開始する日付で、初回利息の計算開始日でもあります。 ・通常は取引約定日の2営業日後が取引開始日とされます。
利息受払サイクル	・交換する利息を受払するサイクルです。1カ月、3カ月、6カ月、1年などがあります。変動金利を変更するサイクルでもあります。
金利決定日	・変動金利の決定、変更を行う日付です。 ・金利を利息開始日の2営業日前に行う場合（前決め）と利息終了日の2営業日前に行う場合（後決め）があります。
利息受払日	・利息の受払（決済）を行う日付です。 ・通常、利息受取日と利息支払日は一致します。 ・利息を当該利息の利息開始日に受払する場合（前受前払）と利息終了日に受払する場合（後受後払）があります。
取引期日	・取引が終了する日付で、最終の利息終了日でもあります。
想定元本	・受払する利息の計算根拠である元本です。前述のとおり、元本は受払（交換）しません。
金利	・固定金利の場合、預金金利などのように％のかたちで表示されます。 ・変動金利の場合、LIBOR、TIBORなどの基準金利±スプレッドのかたちで％表示されます。
日数計算方法	・実日数/365、実日数/360、実日数/実日数などがあります。
営業日指定	・利息受払日が銀行休業日のとき、前営業日または翌営業日に利息受払日をシフトします。 ・翌営業日にシフトした結果、利息受払日が翌月になる場合には、該当月の最終営業日を利息受払日にシフトします。 ・営業日による調整を行わない場合もあります。

図表Ⅴ-6　金利スワップの取引概要

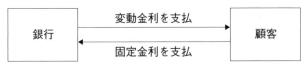

図表Ⅴ－7　金利スワップのおもな取引条件（具体例）

取引項目	内　容
取引約定日	2017年3月28日（火）
取引開始日	2017年3月30日（木）
利息受払サイクル	6カ月
金利決定日	各利息開始日（30日）の2営業日前に金利を決定、変更（前決め）
利息受払日	各利息終了日（30日）に受払（後受後払）
取引期日	2019年3月29日（金）
想定元本	1億円
金利	（銀行の受取分）固定金利1％ （銀行の支払分）変動金利＝円TIBOR（6M）＋0.1％
日数計算方法	実日数/365
営業日指定	翌営業日（月越えのとき、前月末営業日）

ジュール展開、キャッシュフロー展開などといいます）すると、図表Ⅴ－8のとおりです。なお、期間2年で利息受払サイクル6カ月のため、利息の受払は4回で、展開した項目は以下では、(1)～(4)で表現しています。

　前述の金利スワップのおもな取引条件のうち、利息計算期間などをまとめると、図表Ⅴ－9のとおりです。

③　金利変動のリスクヘッジ例

　顧客にとっては、リスクヘッジの目的は利益を得るためではなく、リスクを回避するためのものです。金利の上昇時に金利変動のリスクヘッジを行う場合を想定した具体例は図表Ⅴ－10のとおりです。

　顧客は、Y銀行から資金を借り入れます。このとき、顧客は金利が先行き低下すると予想し、変動金利で利息を支払います。しかし、その後、金利が上昇するものと予想を変更し、金利上昇時に支払利息が増加するリスクを回避するため、A銀行（自行）と金利スワップ契約（金利スワップ・対顧）を締結し、変動金利で利息を受け取ります。これにより支払利息も受取利息も変動金利となるため、金利が上昇しても、支払利息、受取利息ともに増加する

図表Ⅴ-8 金利スワップのおもな取引条件(具体例)

取引項目	内　容
取引約定日	2017年3月28日（火）
取引開始日	2017年3月30日（木）
金利決定日(1)	2017年3月28日（火）
利息受払日(1)	2017年9月29日（金） 2017年9月30日（土）が銀行休業日のため、翌営業日を求めると、2017年10月2日（月）となるが、翌月のため、該当月の最終営業日である2017年9月29日（金）を利息受払日とします。
利息計算期間(1)	利息開始日(1)＝2017年3月30日（木）〜利息終了日(1)＝2017年9月29日（金）の183日（両端終期不算入）
金利(1)	（銀行の受取分）固定金利1％ （銀行の支払分）変動金利0.9％（金利決定日(1)に決定）
利息額(1)	（銀行の受取分）円未満切捨 1億円×1％÷100×183日÷365日＝501,369円 （銀行の支払分）円未満切捨 1億円×0.9％÷100×183日÷365日＝451,232円
金利決定日(2)	2017年9月27日（水）
利息受払日(2)	2018年3月30日（金）
利息計算期間(2)	利息開始日(2)＝2017年9月29日（金）〜利息終了日(2)＝2018年3月30日（金）の182日（両端終期不算入）
金利(2)	（銀行の受取分）固定金利1％ （銀行の支払分）変動金利1.1％（金利決定日(2)に決定）
利息額(2)	（銀行の受取分）円未満切捨 1億円×1％÷100×182日÷365日＝498,630円 （銀行の支払分）円未満切捨 1億円×1.1％÷100×182日÷365日＝548,493円
金利決定日(3)	2018年3月28日（水）
利息受払日(3)	2018年9月28日（金）、日付の求め方は利息受払日(1)に同じ
利息計算期間(3)	利息開始日(3)＝2018年3月30日（金）〜利息終了日(3)＝2018年9月28日（金）の182日（両端終期不算入）

金利(3)	（銀行の受取分）固定金利1％ （銀行の支払分）変動金利0.8％（金利決定日(3)に決定）
利息額(3)	（銀行の受取分）円未満切捨 1億円×1％÷100×182日÷365日＝498,630円 （銀行の支払分）円未満切捨 1億円×0.8％÷100×182日÷365日＝398,904円
金利決定日(4)	2018年9月26日（水）
利息受払日(4)	2019年3月29日（金）、利息受払日(1)に同じ
利息計算期間(4)	利息開始日(4)＝2018年9月28日（金）～利息終了日(4)＝2019年3月29日（金）の182日（両端終期不算入）
金利(4)	（銀行の受取分）固定金利1％ （銀行の支払分）変動金利1％（金利決定日(4)に決定）
利息額(4)	（銀行の受取分）円未満切捨 1億円×1％÷100×182日÷365日＝498,630円 （銀行の支払分）円未満切捨 1億円×1％÷100×182日÷365日＝498,630円

図表Ⅴ-9　金利スワップの利息計算期間など（具体例）

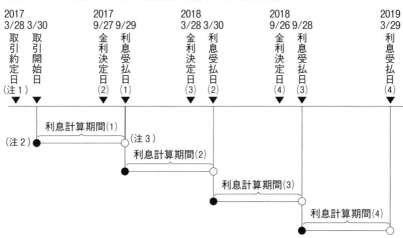

（注1）　金利決定日(1)でもあります。
（注2）　●＝当日も利息計算期間に含みます（ほかも同じ）。
（注3）　○＝当日は利息計算期間に含まず、前日までを利息計算期間とします（ほかも同じ）。

図表Ⅴ-10　金利変動のリスクヘッジ例

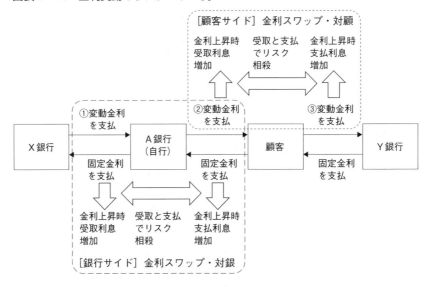

ことになり、金利変動リスクを回避できます。

　同様にA銀行も、変動金利で利息を支払うだけでは、金利上昇リスクを回避できません。そこでX銀行と別途、金利スワップ契約（金利スワップ・対銀）を締結し、固定金利の利息を支払うと同時に、変動金利で利息を受け取ります。これにより、A銀行の支払利息も受取利息も変動金利となるため、金利変動の影響を受けず、金利変動リスクを回避することができます。

(7)　その他

　① リスクヘッジ目的以外の金利スワップ

　銀行は、前述のアービトラージ、スペキュレーション目的でも金利スワップ取引を行います。金利スワップによる損益は、金利動向によって、増減するため（図表Ⅴ-11、Ⅴ-12参照）、将来の金利動向を予想して、金利スワップ取引を行い、利益を追求します。なお、以下のいずれの場合でも、金利動向以外の条件は同一とします。

図表Ⅴ-11　金利動向と損益（固定と変動）

受払金利動向	金利動向	損益の増減
固定金利受取＋変動金利支払	金利低下	・固定金利の受取利息（利益）は一定で不変である反面、変動金利の支払利息（損失）が減少するため、支払利息の減少分だけ、利益の増加要因です。
	金利上昇	・固定金利の受取利息（利益）は一定で不変である反面、変動金利の支払利息（損失）が増加するため、支払利息の増加分だけ、利益の減少要因です。
固定金利支払＋変動金利受取	金利低下	・固定金利の支払利息（損失）は一定で不変である反面、変動金利の受取利息（利益）が減少するため、受取利息の減少分だけ、利益の減少要因です。
	金利上昇	・固定金利の支払利息（損失）は一定で不変である反面、変動金利の受取利息（利益）が増加するため、受取利息の増加分だけ、利益の増加要因です。

システム面

(1) 取引遷移

　一般的な取引遷移は、図表Ⅴ-13のとおりです。対顧取引と対銀取引で取引を分けているのが一般的ですが、以下では対顧・対銀共通として記述します（差異は個別に記述します）。

(2) 取引種類

　金利スワップには、図表Ⅴ-14に示す取引があります。なお、通貨スワップ、クーポンスワップの処理（文頭に＊を表示）についても記述しています。

図表Ⅴ-12　金利動向と損益（変動と変動）

受取側金利動向	支払側金利動向	損益の増減
金利低下	金利低下	・受取側の低下幅＜支払側の低下幅のとき、受取利息（利益）の減少分＜支払利息（損失）の減少分であり、利益の増加要因です。 ・受取側の低下幅＝支払側の低下幅のとき、受取利息（利益）の減少分＝支払利息（損失）の減少分であり、変化はありません。 ・受取側の低下幅＞支払側の低下幅のとき、受取利息（利益）の減少分＞支払利息（損失）の減少分であり、利益の減少要因です。
金利低下	金利上昇	・受取側が低下し、支払側が上昇することにより、受取利息（利益）が減少し、支払利息（損失）が増加するため、利益の減少要因です。
金利上昇	金利低下	・受取側が上昇し、支払側が低下することにより、受取利息（利益）が増加し、支払利息（損失）が減少するため、利益の増加要因です。
金利上昇	金利上昇	・受取側の上昇幅＜支払側の上昇幅のとき、受取利息（利益）の増加分＜支払利息（損失）の増加分であり、利益の減少要因です。 ・受取側の上昇幅＝支払側の上昇幅のとき、受取利息（利益）の増加分＝支払利息（損失）の増加分であり、変化はありません。 ・受取側の上昇幅＞支払側の上昇幅のとき、受取利息（利益）の増加分＞支払利息（損失）の増加分であり、利益の増加要因です。

図表Ⅴ-13　金利スワップの取引遷移

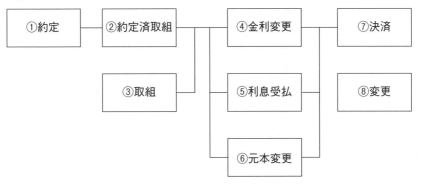

図表Ⅴ-14　金利スワップの取引

取引名	概　要	おもな経路など
約定	・翌営業日以降の先日付で取組を入力します。この取引では取組は行われず、取組の予定が登録されているだけで、取組は取組予定日に行われます。 ・取組予定日、通貨／元本金額（通貨スワップ、クーポンスワップは受払2つの通貨／元本金額があります）、取引期日、決済口座、取引相手の管理番号、支払側と受取側の金利区分（固定金利、変動金利など）、約定利率（固定金利と初回の変動金利）、スプレッド（変動金利の場合）、利息受払日（利息受払などのスケジュール）、利息開始日、利息終了日、前決め／後決め、前受前払／後受後払、片端・両端、日数計算方法などを入力します。 ・対顧取引の場合、対顧分の金利スワップ、通貨スワップ、クーポンスワップを管理する取引番号（後述するOur Reference Number、Our Ref. No.、以下同じ）を採番します。対銀取引の場合、対銀分の金利スワップ、通貨スワップ、クーポンスワップを管理する取引番号（Our Ref. No.）を採番します。	本部端末、フロントシステムなど他システム入力

約定済取組	・取引番号（Our Ref. No.）を入力し、先日付で入力済の取引を特定し、取組予定日に取引を取組します。 ・前受前払のとき、取組と同日に後述する利息受払で利息を受払します。 ・元本金額を金利スワップの与信残高（想定元本）に加算します。 ＊通貨スワップの場合、異なる通貨の元本金額を受払します。 ＊通貨スワップ、クーポンスワップの場合、異なる通貨の元本金額を通貨スワップの各与信残高（想定元本（Notional Amount））に加算します。	本部端末、センター自動処理
取組	・先日付ではなく、当日に取引を取組する場合に使用します。 ・通貨／元本金額（通貨スワップ、クーポンスワップは受払2つの通貨／元本金額があります）、取引期日、決済口座、取引相手の管理番号、支払側と受取側の金利区分（固定金利、変動金利など）、約定利率（固定金利と初回の変動金利）、スプレッド（変動金利の場合）、利息受払日（利息受払などのスケジュール）、利息開始日、利息終了日、前決め／後決め、前受前払／後受後払、片端・両端、日数計算方法などを入力します。 ・対顧取引の場合、対顧分の金利スワップ、通貨スワップ、クーポンスワップを管理する取引番号（Our Ref. No.）を採番します。対銀取引の場合、対銀分の金利スワップ、通貨スワップ、クーポンスワップを管理する取引番号（Our Ref. No.）を採番します。 ・前受前払のとき、取組と同日に後述する利息受払で利息を受払します。 ・元本金額を金利スワップの与信残高（想定元本）に加算します。 ＊通貨スワップの場合、異なる通貨の元本金額を受払します。 ＊通貨スワップ、クーポンスワップの場合、異なる通貨の元本金額を通貨スワップの各与信	本部端末、フロントシステムなど他システム入力

	残高（想定元本）に加算します。	
金利変更	・金利決定日に次回利息計算期間の変動金利を登録します。 ・取引を特定する取引番号（Our Ref. No.）、変動金利、スプレッドなどを入力します。	本部端末、センター自動処理
利息受払	・利息受払スケジュールにしたがって、利息受払日に利息を受払します。 ・取引を特定する取引番号（Our Ref. No.）、決済口座などを入力します。	本部端末、センター自動処理
元本変更	・想定元本が増減する金利スワップ契約で、利息受払などのスケジュールにしたがって、想定元本を増減させます。 ・取引を特定する取引番号（Our Ref. No.）などを入力します。 ・増額の場合、増加金額を金利スワップの与信残高（想定元本）に加算し、減額の場合、減少金額を金利スワップの与信残高（想定元本）から減算します。 ＊通貨スワップ、クーポンスワップの場合、異なる通貨の元本金額の増減金額を上記同様に通貨スワップの各与信残高（想定元本）に加減算します。	本部端末、センター自動処理
決済	・取引期日に金利スワップ契約を終了します。 ・取引を特定する取引番号（Our Ref. No.）などを入力します。 ・決済金額を金利スワップの与信残高（想定元本）から減算します。 ＊通貨スワップの場合、異なる通貨の元本金額を受払します。 ＊通貨スワップ、クーポンスワップの場合、異なる通貨の元本金額を通貨スワップの各与信残高（想定元本）から減算します。	本部端末、センター自動処理
変更	・取引を特定する取引番号（Our Ref. No.）を入力し、利息受払などのスケジュール、スプレッド、取引相手での管理番号、決済口座などを変更します。	本部端末

第1節　金利デリバティブ

(3) 取引ファイル

金利スワップの情報を管理するオフバランス取引ファイルの論理的な構成について記述します（図表Ⅴ-15参照）。

図表Ⅴ-15　オフバランス取引ファイルの構成

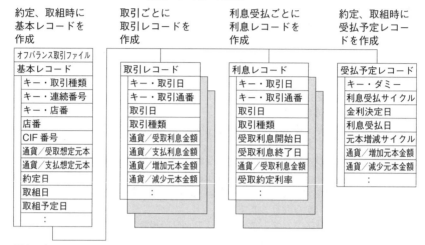

（注）　各レコードのレイアウトは、金利スワップ、通貨スワップ、クーポンスワップ共通としているため、通貨と金額をペアにしています。

① 基本レコード

約定、取組時にレコードが追加され、取引のたびに更新されます。キーは取引種類（金利スワップ・対顧、金利スワップ・対銀、通貨スワップ・対顧、通貨スワップ・対銀、クーポンスワップ・対顧、クーポンスワップ・対銀）、連続番号、店番(*2)です。金利スワップの基本的な項目を保持します。具体的には店番、CIF番号、通貨／想定元本、約定日、取組日、取組予定日、取引期日、最終更新日があり、受取分と支払分の両方について金利区分（固定金利、変動金利）、約定利率、スプレッド、前決め／後決め、前受前払／後受後払、片端・両端、日数計算方法などがあります。

(*2)　Our Reference Number、Our Ref. No.といわれます。詳細は、「第Ⅳ章第1節1　輸出信用状」を参照してください。

② 取引レコード

取引ごとに1件追加されます。キーは、取引日、取引通番です。入力された項目や一部項目の取引前後の情報を保持します。具体的には取引日、取引種類（約定、約定済取組、取組、利息受払、決済など）、通貨／受取利息金額、通貨／支払利息金額、通貨／増加元本金額、通貨／減少元本金額、利息開始日、利息終了日、約定利率、（以降、通貨スワップ固有の項目）受取元本金額、支払元本金額などがあります。一部項目は取引後の最新情報を基本レコードでも管理します。

③ 利息レコード

利息受払取引で1件追加されます。キーは取引レコード同様に取引日、取引通番です。特定の利息の受払についての詳細な情報を保有します。具体的には取引日、取引種類（利息受払）、受取利息開始日、受取利息終了日、通貨／受取利息金額、受取約定利率、支払利息開始日、支払利息終了日、通貨／支払利息金額、支払約定利率などがあります。

④ 受払予定レコード

約定、取組時にレコードが追加され、変更取引で更新されます。キーは、ダミー・キーです。入力された受払スケジュールの情報を保持します。具体

図表Ⅴ-16　各レコードの追加更新要領

取引	基本レコード	取引レコード	利息レコード	受払予定レコード
約定	1件追加	1件追加	—	1件追加
約定済取組	1件更新	1件追加	—	—
取組	1件追加	1件追加	—	1件追加
金利変更	1件更新	1件追加	—	—
利息受払	1件更新	1件追加	1件追加	—
元本変更	1件更新	1件追加	—	—
決済	1件更新	1件追加	—	—
変更	1件更新(注)	1件更新(注)	1件更新(注)	1件更新(注)

(注)　変更する項目により、更新するレコードは異なります。

的には、利息受払サイクル、金利決定日、利息受払日、元本増減サイクル、通貨／増加元本金額、通貨／減少元本金額などがあります。

最後に各レコードの追加更新要領について、図表Ⅴ-16に記述します。

2 金利オプション（キャップ）

業務面

(1) 概　要

デリバティブの概要については、「第Ⅴ章第1節1　金利スワップ」も参照してください。

オプション（Option）とは、権利、選択権のことです。売買対象とするものを特定日または一定期間内に売買する権利を売買する取引をオプション取引といいます。売買対象が金利（利息）の場合には、金利オプション、通貨の場合には、通貨オプション（為替オプション）と呼ばれます。

一般に金利オプションには、図表Ⅴ-17に示す3種類があります。本項では金利オプションのうち、キャップについて説明します。

図表Ⅴ-17　金利オプションの種類

種　類	概　要	説　明
キャップ（Cap）	基準金利が一定以上に上昇した場合に、上昇した金利部分の差額を受け取る権利を売買するものです。	本項で説明します。
フロア（Floor）	基準金利が一定以上に低下した場合に、低下した金利部分の差額を受け取る権利を売買するものです。	「第Ⅴ章第1節3　金利オプション（フロア）」で説明します。
スワップション（Swaption）	金利スワップを行うことができる権利を売買するものです。	「第Ⅴ章第1節4　金利オプション（スワップション）」で説明します。

⑵ 金利変動リスク

金利変動リスクについては、「第Ⅴ章第1節1　金利スワップ」を参照してください。

⑶ 特　　徴

金利スワップは、金利変動リスクを回避するための手段であり、一定期間内に金利を複数回交換することによって、金利変動リスクを回避します。これに対して、金利オプションは、決められた特定日または一定期間内に、一定の条件を満たした場合に金利の変動分を受け取ることで、金利変動リスクを回避するものです。

金利オプションのうち、キャップは、基準金利（LIBOR、TIBORなどの基準であることを定めた変動金利）と基準金利の上限（上限金利）を当事者間（銀行と顧客、または銀行同士）で取り決め、基準金利の値が上限金利を上回った場合に、その購入者が想定元本（後述）に基準金利の値と上限金利の差を乗じた金額を受け取ることで、金利変動リスクを回避することができる取引です（図表Ⅴ-18参照）。

金利スワップは、金利の交換を行うのが必須であるのに対して、キャップでは、基準金利があらかじめ定めた上限金利を上回るという条件を満たさないと、金利を受け取ることができません。

⑷ 上場と店頭

上場と店頭については、「第Ⅴ章第1節1　金利スワップ」を参照してください。

⑸ 権利の売買

前述のとおり、オプションとは、権利のことです。金利オプションのうち、キャップは、基準金利があらかじめ定めた上限金利を上回るという条件を満たせば、想定元本に基準金利と上限金利の差を乗じた金額（利息）を受け取る権利を売買します。権利の売買の主体である購入者と売却者のうち、購入者は条件が満たされれば、利息を受け取ることができ、売却者は条件が満たされた場合には、利息を支払わなければなりません。権利の購入者は権利の売却者に対して、権利を売買する価格であるオプション料（またはプレミアム、オプションプレミアム）を支払います。以上をまとめると、図表

図表Ⅴ-18 キャップの概要

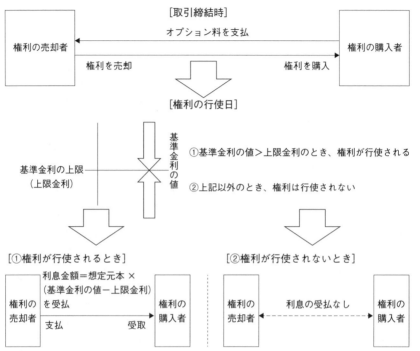

Ⅴ-19のとおりです。

(6) **取引項目**

キャップのおもな取引項目は、図表Ⅴ-20のとおりです。

(7) **具体例**

キャップの具体例を以下に示します。

① **取引概要**

顧客が銀行にオプション料を支払い、キャップを購入します(図表Ⅴ-21参照)。

② **取引条件**

取引条件は図表Ⅴ-22のとおりとします。

図表Ⅴ-19　権利の売買

権利の売買主体	内　容
権利の購入者	・キャップを買います。 ・基準金利があらかじめ定めた上限金利を上回れば、想定元本に基準金利と上限金利の差を乗じた金額（利息）を受け取ることができますが、そうでなければ、受け取ることはできません。 ・キャップの購入者はキャップの売却者に、オプション料を支払います。
権利の売却者	・キャップを売ります。 ・基準金利があらかじめ定めた上限金利を上回れば、想定元本に基準金利と上限金利の差を乗じた金額（利息）を支払わなければなりませんが、そうでなければ、支払う義務はありません。 ・キャップの売却者は、キャップの購入者からオプション料を受け取ります。

図表Ⅴ-20　キャップのおもな取引項目

取引項目	説　明
取引約定日	・取引を約定（契約締結）した日付です。
基準金利種類	・LIBOR、TIBORなどが代表的です。
行使日	・行使日に基準金利の値と上限金利を比較して、権利が行使されるか判定します。
上限金利	・基準金利の上限です。各行使日に基準金利の値が、この上限金利を上回った場合に権利が行使されます。 ・行使価格、行使レート、ストライクプライス（Strike Price）、キャップレート（Cap Rate）などともいいます。
オプション料	・権利を売買する価格です。 ・オプションプレミアム（Option Premium）、プレミアム料、プレミアム、オプション価格、キャップ料などともいいます。
想定元本	・権利を行使する際に、元本として使用される金額です。実際に受払されないことから、想定元本（Notional Amount）といわれます。

図表Ⅴ-21　キャップの取引概要

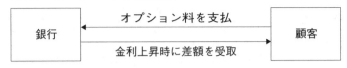

図表Ⅴ-22　キャップのおもな取引条件（具体例）

取引項目	内　容
取引約定日	2017年3月28日（火）
基準金利種類	円LIBOR（6M）
行使日	2017年9月28日（木）、2018年3月28日（水）、2018年9月28日（金）、2019年3月28日（木）の各日
上限金利	3％
オプション料	約定時に受払
想定元本	1億円

　この取引条件で、キャップの約定時に顧客が銀行にオプション料を支払い、キャップを購入します。キャップの行使日に、円LIBOR（6M）の値（4％）＞上限金利（3％）である場合には、顧客が受け取る金額は、受取金額（受取利息金額）＝1億円×（4％－3％）＝100万円です。行使日に円LIBOR（6M）の値≦上限金利（3％）である場合には、顧客の受取はありません。

③　金利変動のリスクヘッジ例

(i) 購入者側

　顧客にとっては、リスクヘッジの目的は金利の変動リスクを回避することです。金利の上昇を予想して、キャップの購入により、金利変動のリスクヘッジを行う場合の具体例を図表Ⅴ-23に示します。

　顧客は、Y銀行から資金を借り入れます。このとき、顧客は金利が先行き低下すると予想し、変動金利で利息を支払います。しかし、その後、金利が上昇するものと予想を変更し、金利上昇時に支払利息が増加するリスクを回

図表Ⅴ-23 金利変動のリスクヘッジ概要

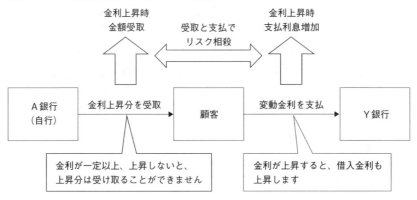

避するため、A銀行（自行）と金利オプション（キャップ・対顧）を締結します。

その後、金利が上昇しない、または上昇しても契約で定めた上限金利を超えない場合には、顧客はオプション料を払っただけで、取引は終了します（顧客は損失のみ）。しかし、行使日に金利が上限金利を超えている場合には、Y銀行から借り入れている資金の金利が上昇しても、上限金利を超えた金額（＝想定元本×（基準金利の値－上限金利））を受け取ることで、その上昇分を相殺でき、金利変動リスクを回避できます。これを図解すると、図表Ⅴ-24のとおりです。

通常の変動金利の借入の場合、変動金利（ここでは円LIBOR（6M））の上昇とともに支払利息（損失）も上限なく増加します。これに対して、変動金利の借入にキャップを合わせると、変動金利が上限金利を超えるまでは、キャップのオプション料の分だけ、損失が多いものの、変動金利が上限金利を超えると、キャップの行使により受取分が金利上昇を相殺するため、それ以上は実質的に支払利息が増加せず、金利上昇のリスクを回避することができます。

ここで、キャップの購入者である顧客の損益図(*1)を図表Ⅴ-25に示します。なお、この損益図は、コールの買い（「第Ⅴ章第2節3 通貨オプション」を参照）のものと同じです。

図表Ⅴ-24　金利変動のリスクヘッジ概要

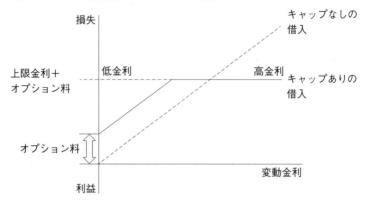

図表Ⅴ-25　キャップの購入者の損益図

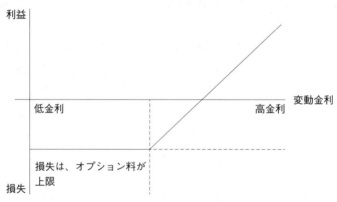

（＊1）　損益図は、ペイオフダイアグラムともいい、未来の市場価格（ここでは変動金利）の値によって、損益がどのように変化するかをグラフ化したものです（以下同じ）。

　金利が一定以下では、オプションは行使されず、受取分もないため、オプション料を支払うことで損失のみが発生します。金利が上昇して、オプションが行使されると、金利の上昇を相殺するだけの金額を受け取ることができるため、利益が増加します。

(ii) 売却者側

　これに対して、キャップの売却者である銀行は、変動金利が上限金利以内であれば、キャップの購入者である顧客からオプション料を受け取ることで、利益のみが発生します。しかし、変動金利が上限金利を超えた場合、上限金利を超えた金額（＝想定元本×（基準金利の値－上限金利））を支払わなければならず、金利の上昇とともに、支払う金額は増加します。キャップの購入者と異なり、キャップの売却者には支払う金額の上限はありません。

　キャップの売却者である銀行の損益図を図表Ⅴ-26に示します。なお、この損益図は、コールの売り（「第Ⅴ章第2節3　通貨オプション」を参照）のものと同じです。

　金利が一定以下では、オプションは行使されず、支払分もないため、オプション料を受け取ることで利益のみが発生します。金利が上昇して、オプションが行使されると、金利の上昇を相殺するだけの金額を支払わなくてはならないため、損失が増加します。

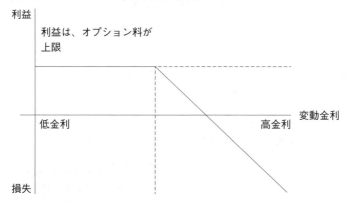

図表Ⅴ-26　キャップの売却者の損益図

(8)　複合取引（カラー）

　① カラーの概要

　キャップとフロア（「第Ⅴ章第1節3　金利オプション（フロア）」を参照）を組み合わせた複合取引を、カラー（Collar）といいます。カラーには、買い

と売りの 2 種類があり (図表Ⅴ-27参照)、いずれも、実質的に変動金利の変動を一定の範囲内に収める効果を持ちます。

図表Ⅴ-27　カラーの種類

種　類	概　要
カラーの買い	キャップの買いとフロアの売りを組み合わせたものです。
カラーの売り	キャップの売りとフロアの買いを組み合わせたものです。

　カラーは、キャップの売買とフロアの売買の組み合わせです。買側でオプション料を支払いますが、売側でオプション料を受け取るため、オプション料同士が相殺され、キャップまたはフロア単体の買いよりも、コストが掛かりません。受払するオプション料を同額にして、オプション料が発生しないようにしたカラーもあり、これをゼロコスト・カラー (Zero Cost Collar) といいます。

② **カラーの買い**

　変動金利で銀行から借入をする顧客が、カラーの買いを行う場合について、図表Ⅴ-28に示します。

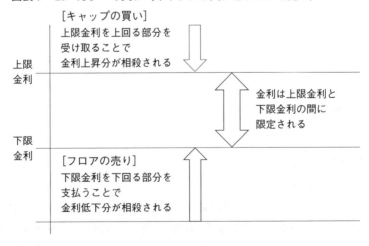

図表Ⅴ-28　カラーの買い (キャップの買いとフロアの売り)

金利が上昇すると、支払利息も増加しますが、キャップの買いにより、金利が上限金利を上回った場合には、上回った分を受け取ることができるため、支払利息の増加は上限金利までです。逆に金利が低下すると、支払利息が減少しますが、フロアの売りにより、金利が下限金利を下回った場合には、下回った分を支払わなければならないため、支払利息の減少は下限金利までです。キャップの買いとフロアの売りの組み合わせ(*2)により、金利は一定の範囲内に実質的に収められます。

> (*2) 顧客から見れば、借入の金利に上限があるのはメリットですが、下限があるのはデメリットです。このデメリットを生むのは、ここではフロアの売りですが、金利の上限を設けるキャップの買い単体としないのは、フロアの売りと組み合わせることで、オプション料を相殺するためです。オプション料の負担軽減と引き換えに下限金利を下回った場合の支払利息の減少を放棄しているということもできます。

③　カラーの売り

　変動金利で銀行に大口預金をする顧客が、カラーの売りを行う場合について、図表Ⅴ－29に示します。

図表Ⅴ－29　カラーの売り（キャップの売りとフロアの買い）

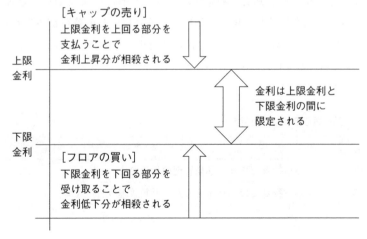

　金利が上昇すると、受取利息も増加しますが、キャップの売りにより、金利が上限金利を上回った場合には、上回った分を支払わなければならないた

め、受取利息の増加は上限金利までです。逆に金利が低下すると、受取利息が減少しますが、フロアの買いにより、金利が下限金利を下回った場合には、下回った分を受け取ることができるため、受取利息の減少は下限金利までです。キャップの売りとフロアの買いの組み合わせ(*3)により、金利は一定の範囲内に実質的に収められます。

> (*3) 顧客から見れば、預金の金利に下限があるのはメリットですが、上限があるのはデメリットです。このデメリットを生むのは、ここではキャップの売りですが、金利の上限を設けるフロアの買い単体としないのは、キャップの売りと組み合わせることで、オプション料を相殺するためです。オプション料の負担軽減と引き換えに上限金利を上回った場合の受取利息の増加を放棄しているということもできます。

(9) その他
① 与　信

オプション取引では権利の購入者には権利があり、権利の売却者には義務が生じます。銀行が購入者、顧客が売却者（当行買い・顧客売り）である場合、顧客が確実に売却者としての義務を果たさなければ、取引が成り立ちません。したがって、顧客が返済の義務を負う貸付などと同様に与信行為とされます。逆に銀行が売却者、顧客が購入者（当行売り・顧客買い）である場合、顧客が権利を行使した場合、銀行にはそれに応じる義務があるものの、権利を行使するか否かは、あくまで顧客の判断であり、与信行為とされません（想定元本などの計数管理は行います）。以上をまとめると、図表V-30のとおりです。

図表V-30　オプションの与信

売買	内容
当行買い	与信行為であり、与信管理の対象です。
当行売り	与信行為ではありませんが、計数管理は行います。

> システム面

(1) 取引遷移

　一般的な取引遷移は、図表Ⅴ-31のとおりです。対顧取引と対銀取引で取引を分けているのが一般的ですが、以下では対顧・対銀共通として記述します（差異は個別に記述します）。

図表Ⅴ-31　キャップの取引遷移

(2) 取引種類

　キャップには、図表Ⅴ-32に示す取引があります。

(3) 取引ファイル

　キャップの情報を管理するオフバランス取引ファイルの論理的な構成について記述します（図表Ⅴ-33参照）。

　① 基本レコード

　締結時にレコードが追加され、取引のたびに更新されます。キーは取引種類（キャップ・対顧・当行買、キャップ・対顧・当行売、キャップ・対銀・当行買、キャップ・対銀・当行売）、連続番号、店番(*4)です。キャップの基本的な項目を保持します。具体的には店番、CIF番号、通貨／元本金額、約定日、行使日、上限／下限金利（行使価格）、基準金利種類、オプション料、取引期日、最終更新日などがあります。

　　(*4) Our Reference Number、Our Ref. No.といわれます。詳細は、「第Ⅳ章第1節1　輸出信用状」を参照してください。

　② 取引レコード

　取引ごとに1件追加されます。キーは、取引日、取引通番です。入力され

図表Ⅴ-32 キャップの取引

取引名	概　要	おもな経路など
締結	・締結した取引を入力します。 ・通貨／元本金額、約定日、行使日、行使価格、基準金利種類（LIBOR（1M）、LIBOR（3M）、LIBOR（6M）など）、上限／下限金利、オプション料、オプション料受払区分（受取、支払）、決済口座、取引相手の管理番号などを入力します。 ・対顧取引の場合、対顧分のキャップ（売買別）を管理する取引番号（Our Reference Number、Our Ref. No.、以下同じ）を採番します。対銀取引の場合、対銀分のキャップ（売買別）を管理する取引番号（Our Ref. No.）を採番します。 ・当行買いのとき、元本金額をキャップの買与信残高（想定元本）に加算し、当行売りのとき、元本金額をキャップの売与信残高（想定元本）に加算します。	本部端末、フロントシステムなど他システム入力
行使	・取引番号（Our Ref. No.）を入力し、入力済の取引を特定して、権利を行使します。 ・通貨／金額、オプション料、オプション料受払区分（受取、支払）、決済口座、取引相手の管理番号などを入力します。 ・当行買いのとき、元本金額をキャップの買与信残高（想定元本）から減算し、当行売りのとき、元本金額をキャップの売与信残高（想定元本）から減算します。	本部端末
放棄	・取引番号（Our Ref. No.）を入力し、入力済の取引を特定して、権利を放棄します。 ・通貨／金額などを入力します。 ・当行買いのとき、元本金額をキャップの買与信残高（想定元本）から減算し、当行売りのとき、元本金額をキャップの売与信残高（想定元本）から減算します。	本部端末
変更	・取引番号（Our Ref. No.）を入力し、入力済の取引を特定して、取引相手での管理番号などを変更します。	本部端末

図表Ⅴ-33 オフバランス取引ファイルの構成

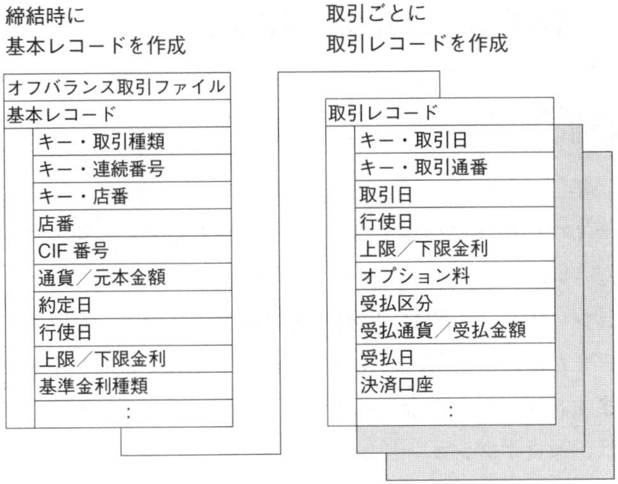

締結時に
基本レコードを作成

オフバランス取引ファイル
基本レコード
- キー・取引種類
- キー・連続番号
- キー・店番
- 店番
- CIF番号
- 通貨／元本金額
- 約定日
- 行使日
- 上限／下限金利
- 基準金利種類
- ：

取引ごとに
取引レコードを作成

取引レコード
- キー・取引日
- キー・取引通番
- 取引日
- 行使日
- 上限／下限金利
- オプション料
- 受払区分
- 受払通貨／受払金額
- 受払日
- 決済口座
- ：

（注）各レコードのレイアウトは、キャップ、フロア共通としています。

た項目や一部項目の取引前後の情報を保持します。具体的には取引日、行使日、上限／下限金利（行使価格）、オプション料、受払区分、受払通貨／受払金額、受払日、決済口座情報などがあります。一部項目は取引後の最新情報を基本レコードでも管理します。

最後に各レコードの追加更新要領について、図表Ⅴ-34に記述します。

図表Ⅴ-34 各レコードの追加更新要領

取引	基本レコード	取引レコード
締結	1件追加	1件追加
行使	1件更新	1件追加
放棄	1件更新	1件追加
変更	1件更新(注)	1件更新(注)

（注）変更する項目により、更新するレコードは異なります。

3 金利オプション（フロア）

業務面

(1) 概　要

デリバティブの概要については、「第Ⅴ章第1節1　金利スワップ」も参照してください。

オプション（Option）とは、権利、選択権のことです。売買対象とするものを特定日または一定期間内に売買する権利を売買する取引をオプション取引といいます。売買対象が金利（利息）の場合には、金利オプション、通貨の場合には、通貨オプション（為替オプション）と呼ばれます。

一般に金利オプションには、図表Ⅴ-35に示す3種類があります。本項では金利オプションのうち、フロアについて説明します。

図表Ⅴ-35　金利オプションの種類

種　類	概　要	説　明
キャップ（Cap）	基準金利が一定以上に上昇した場合に、上昇した金利部分の差額を受け取る権利を売買するものです。	「第Ⅴ章第1節2　金利オプション（キャップ）」で説明します。
フロア（Floor）	基準金利が一定以上に低下した場合に、低下した金利部分の差額を受け取る権利を売買するものです。	本項で説明します。
スワップション（Swaption）	金利スワップを行うことができる権利を売買するものです。	「第Ⅴ章1節4　金利オプション（スワップション）」で説明します。

(2) 金利変動リスク

金利変動リスクについては、「第Ⅴ章第1節1　金利スワップ」を参照してください。

⑶ 特　徴

　金利スワップは、金利変動リスクを回避するための手段であり、一定期間内に金利を複数回交換することによって、金利変動リスクを回避します。これに対して、金利オプションは、決められた特定日または一定期間内に、一定の条件を満たした場合に金利の変動分を受け取ることで、金利変動リスクを回避するものです。

　金利オプションのうち、フロアは、基準金利（LIBOR、TIBORなどの基準であることを定めた変動金利）と基準金利の下限（下限金利）を当事者間（銀行と顧客、または銀行同士）で取り決め、基準金利の値が下限金利を下回った場合に、その購入者が想定元本（後述）に基準金利の値と下限金利の差を乗じた金額を受け取ることで、金利変動リスクを回避することができる取引です（図表Ⅴ－36参照）。

　金利スワップは、金利の交換を行うのが必須であるのに対して、フロアでは、基準金利があらかじめ定めた下限金利を下回るという条件を満たさないと、金利を受け取ることができません。

⑷ 上場と店頭

　上場と店頭については、「第Ⅴ章第1節1　金利スワップ」を参照してください。

⑸ 権利の売買

　前述のとおり、オプションとは、権利のことです。金利オプションのうち、フロアは、基準金利があらかじめ定めた下限金利を下回るという条件を満たせば、想定元本に基準金利と下限金利の差を乗じた金額（利息）を受け取る権利を売買します。権利の売買の主体である購入者と売却者のうち、購入者は条件が満たされれば、利息を受け取ることができ、売却者は条件が満たされた場合には、利息を支払わなければなりません。権利の購入者は権利の売却者に対して、権利を売買する価格であるオプション料（またはプレミアム、オプションプレミアム）を支払います。以上をまとめると、図表Ⅴ－37のとおりです。

⑹ 取引項目

　フロアのおもな取引項目は、図表Ⅴ－38のとおりです。

図表Ⅴ-36　フロアの概要

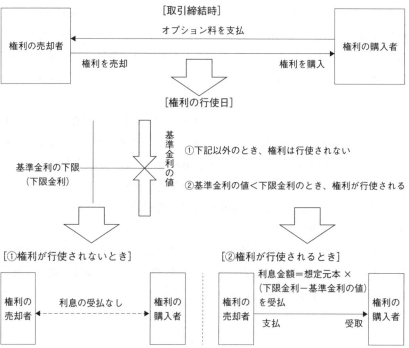

(注)　権利の行使は、基準金利と下限金利の比較により、自動的に行われるため、権利行使の連絡は不要とされます。

(7) 具体例

フロアの具体例を以下に示します。

① 取引概要

顧客が銀行にオプション料を支払い、フロアを購入します（図表Ⅴ-39参照）。

② 取引条件

取引条件は図表Ⅴ-40のとおりとします。

この取引条件で、フロアの約定時に顧客が銀行にオプション料を支払い、フロアを購入します。フロアの行使日に円LIBOR（6M）の値（2％）＜下限金利（3％）である場合には、顧客が受け取る金額は、受取金額（受取利息

図表Ⅴ-37　権利の売買

権利の売買主体	内容
権利の購入者	・フロアを買います。 ・基準金利があらかじめ定めた下限金利を下回れば、想定元本に基準金利と下限金利の差を乗じた金額（利息）を受け取ることができますが、そうでなければ、受け取ることはできません。 ・フロアの購入者はフロアの売却者に、オプション料を支払います。
権利の売却者	・フロアを売ります。 ・基準金利があらかじめ定めた下限金利を下回れば、想定元本に基準金利と下限金利の差を乗じた金額（利息）を支払わなければなりませんが、そうでなければ、支払う義務はありません。 ・フロアの売却者は、フロアの購入者からオプション料を受け取ります。

図表Ⅴ-38　フロアのおもな取引項目

取引項目	説明
取引約定日	・取引を約定（契約締結）した日付です。
基準金利種類	・LIBOR、TIBORなどが代表的です。
行使日	・行使日に基準金利の値と下限金利を比較して、権利が行使されるか判定します。
下限金利	・基準金利の下限です。各行使日に基準金利の値が、この下限金利を下回った場合に権利が行使されます。 ・行使価格、行使レート、ストライクプライス（Strike Price）、フロアレート（Floor Rate）などともいいます。
オプション料	・権利を売買する価格です。 ・オプションプレミアム（Option Premium）、プレミアム料、プレミアム、オプション価格、フロア料などともいいます。
想定元本	・権利を行使する際に、元本として使用される金額です。実際に受払されないことから、想定元本（Notional Amount）といわれます。

図表V−39 フロアの取引概要

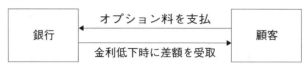

図表V−40 フロアのおもな取引条件（具体例）

取引項目	内　容
取引約定日	2017年3月28日（火）
基準金利種類	円LIBOR（6M）
行使日	2017年9月28日（木）、2018年3月28日（水）、2018年9月28日（金）、2019年3月28日（木）の各日
下限金利	3％
オプション料	約定時に受払
想定元本	1億円

金額）＝1億円×（3％−2％）＝100万円です。行使日に円LIBOR（6M）の値≧下限金利（3％）である場合には、顧客の受取はありません。

③　金利変動のリスクヘッジ例

(i)　購入者側

　顧客にとっては、リスクヘッジの目的は金利の変動リスクを回避することです。金利の上昇を予想して、フロアの購入により、金利変動のリスクヘッジを行う場合の具体例を図表V−41に示します。

　顧客は、Y銀行に預金（定期預金など）します。このとき、顧客は金利が先行き上昇すると予想し、変動金利で利息を受け取ります。しかし、その後、金利が低下するものと予想を変更し、金利低下時に受取利息が減少するリスクを回避するため、A銀行（自行）と金利オプション（フロア・対顧）を締結します。

　その後、金利が低下しない、または低下しても契約で定めた下限金利を超えない場合には、顧客はオプション料を払っただけで、取引は終了します

図表Ⅴ-41　金利変動のリスクヘッジ概要

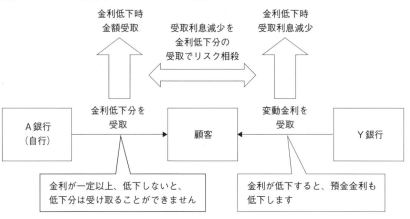

(顧客は損失のみ)。しかし、行使日に金利が下限金利を下回っている場合には、Y銀行に預金している資金の金利が低下しても、下限金利を超えた金額（＝想定元本×（下限金利－基準金利の値））を受け取ることで、その低下分を相殺でき、金利変動リスクを回避できます。これを図解すると、図表Ⅴ-42のとおりです。

図表Ⅴ-42　金利変動のヘッジ概要

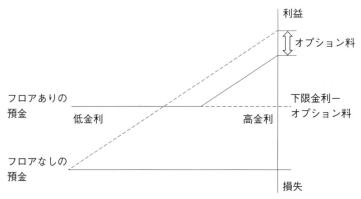

通常の変動金利の預金の場合、変動金利（ここでは円LIBOR（6M））の低

下とともに受取利息（利益）も下限なく（ただし、ゼロまで）減少します。これに対して、変動金利の預金にフロアを合わせると、変動金利が下限金利を下回るまでは、フロアのオプション料の分だけ、利益が減少するものの、変動金利が下限金利を下回ると、フロアの行使により受取分が金利低下を相殺するため、それ以上は実質的に受取利息が減少せず、金利低下のリスクを回避することができます。

ここで、フロアの購入者である顧客の損益図(*1)を図表Ⅴ－43に示します。なお、この損益図は、プットの買い（「第Ⅴ章第2節3　通貨オプション」を参照）のものと同じです。

(*1) 損益図は、ペイオフダイアグラムともいい、未来の市場価格（ここでは変動金利）の値によって、損益がどのように変化するかをグラフ化したものです（以下同じ）。

金利が一定以上では、オプションは行使されず、受取分もないため、オプション料を支払うことで損失のみが発生します。金利が低下して、オプションが行使されると、金利の低下を相殺するだけの金額を受け取ることができるため、利益が増加します。

図表Ⅴ－43　フロアの購入者の損益図

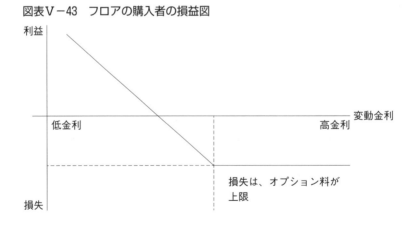

(ii) 売却者側

これに対して、フロアの売却者である銀行は、変動金利が下限金利以上であれば、フロアの購入者である顧客からオプション料を受け取ることで、利益のみが発生します。しかし、変動金利が下限金利を下回った場合、下限金利を下回った金額（＝想定元本×（下限金利－基準金利の値））を支払わなければならず、金利の低下とともに、支払う金額は増加します。フロアの購入者と異なり、フロアの売却者には支払う金額の上限はありません。

フロアの売却者である銀行の損益図を図表Ⅴ－44に示します。なお、この損益図は、プットの売り（「第Ⅴ章第2節3　通貨オプション」を参照）のものと同じです。

金利が一定以上では、オプションは行使されず、支払分もないため、オプション料を受け取ることで利益のみが発生します。金利が低下して、オプションが行使されると、金利の低下を相殺するだけの金額を支払わなくてはならないため、損失が増加します。

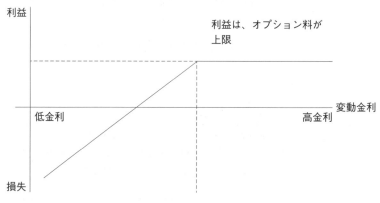

図表Ⅴ－44　フロアの売却者の損益図

(8)　複合取引（カラー）

「第Ⅴ章第1節2　金利オプション（キャップ）」を参照してください。

(9)　その他

「第Ⅴ章第1節2　金利オプション（キャップ）」を参照してください。

システム面

キャップと大きな差異はなく、取引遷移、取引種類、取引ファイルのいずれも、基本的にキャップと同じです。「第Ⅴ章第1節2　金利オプション（キャップ）」を参照してください。

4　金利オプション（スワップション）

業務面

(1) 概　要

デリバティブの概要については、「第Ⅴ章第1節1　金利スワップ」も参照してください。

スワップション（Swaption）は、金利スワップ（「第Ⅴ章第1節1　金利スワップ」を参照）とオプションを組み合わせた複合取引です。

オプション（Option）とは、権利、選択権のことであり、金利にかかわる金利オプションには、図表Ⅴ-45に示す3種類があります。本項では金利オプションのうち、金利スワップを行う権利を売買する取引の1つである、ス

図表Ⅴ-45　金利オプションの種類

種　類	概　要	説　明
キャップ（Cap）	基準金利が一定以上に上昇した場合に、上昇した金利部分の差額を受け取る権利を売買するものです。	「第Ⅴ章第1節2　金利オプション（キャップ）」で説明します。
フロア（Floor）	基準金利が一定以上に低下した場合に、低下した金利部分の差額を受け取る権利を売買するものです。	「第Ⅴ章第1節3　金利オプション（フロア）」で説明します。
スワップション（Swaption）	金利スワップを行うことができる権利を売買するものです。	本項で説明します。

ワップションについて説明します。

(2) 金利変動リスク

　金利変動リスクについては、「第Ⅴ章第1節1　金利スワップ」を参照してください。

(3) 特　　徴

　金利スワップは、金利変動リスクを回避するための手段であり、一定期間内に金利を複数回交換することによって、金利変動リスクを回避します。この金利スワップを行う権利を、オプション料を払って購入し、権利行使日にあらかじめ定められた条件で金利スワップを開始することで金利変動リスクを回避するのが、スワップションです。

　スワップションには、図表Ⅴ-46の2つの種類があります。

図表Ⅴ-46　スワップションの種類

種　類	説　明
ペイヤーズ・スワップション (Payers Swaption)	・固定金利を支払い、変動金利を受け取る金利スワップを行うオプション取引です。 ・プット・スワップションともいわれます。
レシーバーズ・スワップション (Receivers Swaption)	・固定金利を受け取り、変動金利を支払う金利スワップを行うオプション取引です。 ・コール・スワップションともいわれます。

　ペイヤーズ・スワップションの概要を示すと、図表Ⅴ-47のとおりです。
　レシーバーズ・スワップションの概要を示すと、図表Ⅴ-48のとおりです。

(4) 上場と店頭

　上場取引もありますが、店頭取引も盛んに行われています。上場と店頭については、「第Ⅴ章第1節1　金利スワップ」を参照してください。

(5) 権利の売買

　前述のとおり、オプションとは、権利のことです。スワップションは金利スワップを行う権利であり、権利の購入者は、金利動向から権利を行使することが有利であれば、権利を行使し、金利スワップ取引を行います。また、

図表Ⅴ-47　ペイヤーズ・スワップションの概要

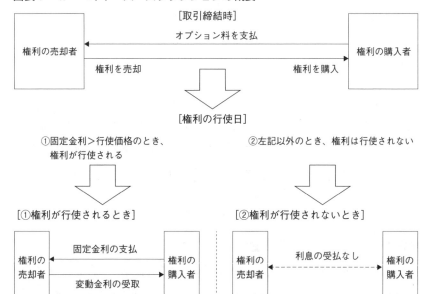

(注)　権利の行使は、固定金利と行使価格の比較により、自動的に行われるため、権利行使の連絡は不要とされます。

権利の行使が不利であると判断すれば、権利を行使せず（放棄し）、金利スワップ取引を行いません。これに対して、権利の売却者は、購入者が権利を行使した場合には、金利スワップ取引に応じなければなりません。権利の購入者は権利の売却者に対して、権利を売買する価格であるオプション料（またはプレミアム、オプションプレミアム）を支払います。以上をまとめると、図表Ⅴ-49のとおりです。

(6)　**取引項目**

スワップションのおもな取引項目は、図表Ⅴ-50のとおりです。

(7)　**スワップションの具体例**

①　**ペイヤーズ・スワップションの具体例**

ペイヤーズ・スワップションの具体例を以下に示します。

(i)　取引概要

変動金利で社債市場から資金を調達する顧客が金利上昇リスクを回避する

図表Ⅴ-48 レシーバーズ・スワップションの概要

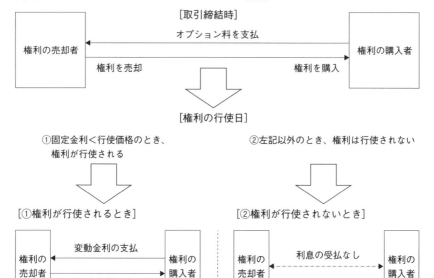

（注）権利の行使は、固定金利と行使価格の比較により、自動的に行われるため、権利行使の連絡は不要とされます。

ために銀行にオプション料を支払って、ペイヤーズ・スワップションを購入します（図表Ⅴ-51参照）。

(ii) 取引条件

取引条件は図表Ⅴ-52のとおりとします。

この取引条件で、ペイヤーズ・スワップションの約定時に顧客が銀行にオプション料を支払い、ペイヤーズ・スワップションを購入します。ペイヤーズ・スワップションの行使日に、円金利スワップレート（1Y）＞1％である場合には、顧客は権利を行使して、固定金利を支払い、変動金利を受け取る金利スワップ取引を銀行と締結します。行使日に、円金利スワップレート（1Y）≦1％である場合には、顧客は権利を行使しません。

(iii) リスクヘッジ例

顧客が金利上昇の可能性が高いと判断した場合には、金利スワップ契約を銀行と締結すれば、金利上昇リスクはヘッジできます。しかし、金利上昇と

図表Ⅴ-49　権利の売買

権利の売買主体	内　容
権利の購入者	・スワップションを買います。 ・スワップションの購入者は、金利が一定以上に上昇し、権利の行使が有利と判断した場合には、権利を行使して、金利スワップ取引を行うことができます。権利の行使が不利と判断した場合には、金利スワップ取引を行いません。 ・スワップションの購入者はスワップションの売却者に、オプション料を支払います。
権利の売却者	・スワップションを売ります。 ・スワップションの売却者は、スワップションの購入者が権利を行使した場合には、金利スワップ取引に応じる義務があります。 ・スワップションの売却者は、スワップションの購入者からオプション料を受け取ります。

図表Ⅴ-50　スワップションのおもな取引項目

取引項目	説　明
取引約定日	・取引を約定（契約締結）した日付です。
基準金利種類	・LIBOR、TIBORなどの変動金利と交換される、市場で取引される基準的な固定金利（スワップレートまたは金利スワップレート）です。 ・円金利の場合、1年、2年、3年、4年、5年、7年、10年などの種類があります（LIBOR、TIBORなど対応する変動金利によって、金利種類が多少異なります）。
行使期限種類	・アメリカンタイプ（American Type）、ヨーロピアンタイプ（European Type）、バミューダンタイプ（Bermudan Type）の3種類があります。 ・これらは権利の行使をいつ行うことができるかの種類です。 ・詳細は、「第Ⅴ章第2節3　通貨オプション」を参照してください。
行使日	・権利を行使できる特定日または一定期間を指します。
行使価格	・スワップションの権利が行使された場合に、取引が行われる金

	利スワップの固定金利側の金利です。 ・ペイヤーズ・スワップションでは、行使日に基準金利種類に対応する固定金利＞行使価格の場合に権利が行使されます。 ・レシーバーズ・スワップションでは、行使日に基準金利種類に対応する固定金利＜行使価格の場合に権利が行使されます。 ・行使価格、行使レート、ストライクプライス（Strike Price）などともいいます。
オプション料	・権利を売買する価格です。 ・オプションプレミアム（Option Premium）、プレミアム料、プレミアム、オプション価格などともいいます。
想定元本	・権利を行使する際に、元本として使用される金額です。実際に受払されないことから、想定元本（Notional Amount）といわれます。
権利行使時のスワップ取引のおもな取引項目（内容）	・権利が行使された場合に行われるスワップ取引のおもな取引項目です。 ・取引約定日、取引開始日、利息受払サイクル、金利決定日、利息受払日、取引期日、想定元本、金利などがあります。 ・詳細は、「第Ⅴ章第1節1　金利スワップ」を参照してください。

図表Ⅴ-51　ペイヤーズ・スワップションの取引概要

金利低下の両方の可能性を考慮するような場合には、金利スワップではなく、ペイヤーズ・スワップションを選択することもあります。つまり、ペイヤーズ・スワップション契約を銀行と締結し、金利が上昇すれば、権利行使により金利スワップ契約を締結し、金利が低下すれば、権利を行使せずに別途、低下後の金利で新たに金利スワップ契約を締結する方が有利と考えられ

図表Ⅴ-52　ペイヤーズ・スワップションのおもな取引条件（具体例）

取引項目	内　容
取引約定日	2017年3月27日（月）
基準金利種類	円金利スワップレート（1Y）（固定金利）
行使期限種類	ヨーロピアンタイプ
行使日	2017年3月29日（水）
行使価格	1％
オプション料	約定時に受払
想定元本	1億円
権利行使時のスワップ取引のおもな取引項目（内容）	期間3年、円LIBOR（6M）と固定金利を毎年3月29日／9月29日に交換

ます。

②　レシーバーズ・スワップションの具体例

レシーバーズ・スワップションの具体例を以下に示します。

(i) 取引概要

変動金利の債権で資金を運用する顧客が金利低下リスクを回避するために銀行にオプション料を支払って、レシーバーズ・スワップションを購入します（図表Ⅴ-53参照）。

図表Ⅴ-53　レシーバーズ・スワップションの取引概要

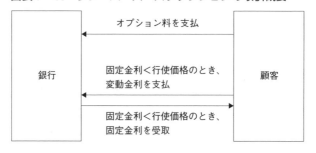

(ii) 取引条件

取引条件は図表Ⅴ-54のとおりとします。

図表Ⅴ-54　レシーバーズ・スワップションのおもな取引条件（具体例）

取引項目	内　容
取引約定日	2017年3月27日（月）
基準金利種類	円金利スワップレート（1Y）（固定金利）
行使期限種類	ヨーロピアンタイプ
行使日	2017年3月29日（水）
行使価格	1％
オプション料	約定時に受払
想定元本	1億円
権利行使時のスワップ取引のおもな取引項目（内容）	期間3年、円LIBOR（6M）と固定金利を毎年3月29日／9月29日に交換

　この取引条件で、レシーバーズ・スワップションの約定時に顧客が銀行にオプション料を支払い、レシーバーズ・スワップションを購入します。レシーバーズ・スワップションの行使日に、円金利スワップレート（1Y）＜1％である場合には、顧客は権利を行使して、固定金利を受け取り、変動金利を支払う金利スワップ取引を銀行と締結します。行使日に、円金利スワップレート（1Y）≧1％である場合には、顧客は権利を行使しません。

(iii) リスクヘッジ例

　顧客が金利低下の可能性が高いと判断した場合には、金利スワップ契約を銀行と締結すれば、金利低下リスクはヘッジできます。しかし、金利上昇と金利低下の両方の可能性を考慮するような場合には、金利スワップではなく、レシーバーズ・スワップションを選択することもあります。つまり、レシーバーズ・スワップション契約を銀行と締結し、金利が低下すれば、権利行使により金利スワップ契約を締結し、金利が上昇すれば、権利を行使せずに別途、上昇後の金利で新たに金利スワップ契約を締結する方が有利と考え

られます。

(8) その他

「第Ⅴ章第1節2　金利オプション（キャップ）」を参照してください。

システム面

　オプション部分については、基本的にキャップ、フロアと大きな差異はなく、取引遷移、取引種類、取引ファイルのいずれも、基本的にキャップ、フロアと同じです。「第Ⅴ章第1節2　金利オプション（キャップ）」「第Ⅴ章第1節3　金利オプション（フロア）」を参照してください。権利を行使し、締結された金利スワップについては、金利スワップで取引が行われます。「第Ⅴ章第1節1　金利スワップ」を参照してください。

第 2 節　通貨デリバティブ

1　通貨スワップ

業務面

(1) 概　要

　スワップ（Swap）とは、取引当事者同士が将来にわたって、等価値のキャッシュフロー（ここでは金利（利息））を交換する取引です。おもなスワップには、金利スワップと通貨スワップがあり、金利スワップは同じ通貨の異なる金利（利息）を交換するもので、通貨スワップは異なる通貨の金利同士、元本同士を交換するものです。

　通貨スワップは金利スワップと異なり、金利だけではなく、元本の交換も行います。また通貨スワップのうち、元本の交換は行わずに、金利の交換のみ行うものを、クーポンスワップといいます。

　通貨スワップは、おもに顧客のリスクヘッジ目的、具体的には、顧客の為替変動リスクの回避を動機として、取引（契約）が行われます。また、顧客と通貨スワップ取引を行う銀行も自身のリスクヘッジのために、ほかの銀行などと通貨スワップ取引を行うほか、アービトラージ（裁定）、スペキュレーション（投機）、ポジション（持高）調整、外貨資金繰りなどの目的でも取引を行います。

　以下では、金利スワップとの差異を中心に記述するため、「第Ⅴ章第1節1　金利スワップ」も参照してください。

(2) 為替変動リスク

　通貨スワップは、為替変動リスクを回避するための商品ですが、顧客にとっての為替変動リスクには、以下のようなものがあります。

　たとえば、ドル円の為替相場を例にすると、円高局面においては、輸出手

形、被仕向送金、外貨預金などといった外貨建債権の換算円貨額が減少し、結果、利益も減少することで、為替変動のリスクを受けてしまいます。逆に輸入手形、仕向送金、外貨貸付などの外貨建債務の換算円貨額が減少し、結果、損失も減少します。また円安局面においては、輸出手形、被仕向送金、外貨預金などといった外貨建債権の換算円貨額が増加し、結果、利益も増加します。同様に輸入手形、仕向送金、外貨貸付などの外貨建債務の換算円貨額が増加し、結果、損失も増加することで、為替変動のリスクを受けてしまいます。こうした為替動向と債権債務（いずれも顧客から見てのもの）との関係を整理すると、図表Ⅴ-55のとおりです。

図表Ⅴ-55　為替動向と債権債務との関係

為替動向	債権債務	顧客への影響
円高ドル安	輸出手形、外貨預金など（債権）	円高により、外貨建債権の換算円貨額が減少し、結果、利益も減少します。
	輸入手形、外貨貸付など（債務）	円高により、外貨建債務の円貨換算額が減少し、結果、損失も減少します。
円安ドル高	輸出手形、外貨預金など（債権）	円安により、外貨建債権の円貨換算額が増加し、結果、利益も増加します。
	輸入手形、外貨貸付など（債務）	円安により、外貨建債務の円貨換算額が増加し、結果、損失も増加します。

　こうした為替変動リスクを回避するために、顧客は通貨スワップを締結(*1)します。

　　(*1)　為替変動リスクの回避策には、通貨スワップのほか、為替予約や通貨オプションなどがありますが、通貨スワップ以外は、特定日または特定月など一定期間内の為替レートを1つに固定する（または固定する権利）ことなどによって、為替変動リスクを回避するものです。これに対して、通貨スワップは一定期間（たとえば、1年超）において、取引開始時と取引終了時に異なる通貨の元本を交換し、かつ異なる通貨の利息を一定のサイクルで複数回交換するものです(*2)。為替予約や通貨オプションは通貨の交換ごとに契約を締結しますが、通貨スワップは複数回の通貨の交換を1契約で行います。いずれの回避策をとるかは顧客にどのような外貨の受取、支払があるか、取引通貨の金利動向などにもよります。通貨スワップは、たとえば、定期的に外貨の受取、支払があるような顧客に向いている回避策であるといえます。

(＊2) 通貨スワップで交換する金利に変動金利が含まれる場合、金利そのものの変動リスクも考慮する必要もあります。

　顧客から見れば、円高傾向にあって、外貨建債権について回避策をとったものの、実際には円安に振れてしまって、回避策をとったがために、回避策をとらなければ円安により得られたはずの利益を実現できないこともあります。逆に円安傾向にあっても、外貨建債権について回避策をとったものの、予想どおりに円安が進んでしまい、回避策をとったがために、回避策をとらなければ円安により得られたはずの利益を実現できないこともあります。しかし、顧客にとっては、為替変動リスクを回避せずに、思わぬ為替差損を実現してしまうより、回避策をとることにより、外貨の換算円貨額を確定して、円貨での損益を確定するのが本来のかたちです。ここでは回避策を敢えてとらないことにより、実現されるかもしれない損益については、考慮していません。

(3) 特　徴

　通貨スワップは、異なる通貨の金利を交換（スワップ）する取引です。金利スワップと異なり、利息の計算根拠である元本そのものも交換します。通貨スワップの特徴は、図表Ⅴ-56のとおりです。

図表Ⅴ-56　通貨スワップの特徴

項　目	説　明
交換通貨	・異なる通貨が対象です。
交換対象	・金利を交換します。取引開始時と取引終了時に元本も交換します。取引開始時の元本交換は行われないこともあります。
交換金利	・固定金利と変動金利、または変動金利と変動金利(注)の交換を行います。
交換期間	・最低限、複数回の交換が行われます。一定期間内のリスクヘッジを目的とするため、通常は年単位での取引が想定されます。

(注)　ベーシススワップ（Basis Swap）ともいいます。

(4) 上場と店頭

　「第Ⅴ章第1節1　金利スワップ」を参照してください。

(5) 取引項目

通貨スワップのおもな取引項目は、図表Ⅴ-57のとおりです。

(6) 具体例

通貨スワップ取引の具体例を以下に示します。

① 取引概要

銀行は取引開始時に顧客にドルの元本を支払い、取引終了時にドルの元本を受け取ります。取引期間中には一定のサイクルでドルの固定金利（利息）が顧客から銀行に支払われます。これに対して、顧客は取引開始時に銀行に円の元本を支払い、取引終了時に円の元本を受け取ります。取引期間中には一定のサイクルで円の変動金利（利息）が銀行から顧客に支払われ、同サイクルでドルの固定金利が顧客から銀行に支払われます（図表Ⅴ-58参照）。

これは顧客が円で定期預金を預入し（取引開始時に円の元本を支払い）、一定のサイクルで変動金利の中間利払を受けて（一定のサイクルで変動金利を受け取り）、満期日に解約する（取引終了時に円の元本と利息を受け取る）のと変わりがありません。銀行も顧客にドルで外貨貸付を実行し（取引開始時にドルの元本を支払）、一定のサイクルで固定金利の利息支払を受けて（一定のサイクルで固定金利を受取）、返済日に返済する（取引終了時にドルの元本と利息を受け取る）のと変わりがありません。

以上をまとめると、通貨スワップは異なる通貨の預金と貸付について、取引開始と取引終了、利息受払のタイミングを合わせたものと考えることもできます。

② 取引条件

取引条件は図表Ⅴ-59のとおりとします。

この取引条件から、具体的な利息の受払を行う日付などを決定（スケジュール展開、キャッシュフロー展開などといいます）すると、図表Ⅴ-60のとおりです。なお、期間2年で利息受払サイクル6カ月のため、利息の受払は4回で、展開した項目は以下では、(1)～(4)で表現し、各利息計算期間の日数計算は円、ドルともに一律、両端終期不算入としています。

前述の通貨スワップのおもな取引条件のうち、利息計算期間などをまとめると、図表Ⅴ-61のとおりです。

図表Ⅴ-57 通貨スワップのおもな取引項目

取引項目	説　明
取引約定日	・取引を約定（契約締結）した日付です。
取引開始日	・取引を開始する日付で、初回利息の計算開始日でもあり、元本の交換がある場合、元本の交換日でもあります。 ・通常は取引約定日の2営業日後が取引開始日とされます。
利息受払サイクル	・交換する利息を受払するサイクルです。1カ月、3カ月、6カ月、1年などがあります。変動金利を変更するサイクルでもあります。
金利決定日	・変動金利の決定、変更を行う日付です。 ・金利を利息開始日の2営業日前に行う場合（前決め）と利息終了日の2営業日前に行う場合（後決め）があります。
利息受払日	・利息の受払（決済）を行う日付です。 ・通常、利息受取日と利息支払日は一致します。 ・利息を当該利息の利息開始日に受払する場合（前受前払）と利息終了日に受払する場合（後受後払）があります。
取引期日	・取引が終了する日付で、最終利息の計算終了日でもあり、元本の交換がある場合、元本の交換日でもあります。
想定元本	・受払する利息の計算根拠である元本です。金利スワップと異なり、取引開始時と取引終了時に元本も受払しますが、金利スワップにならって、想定元本（Notional Amount）といわれます。
金利	・固定金利の場合、預金金利などのように％のかたちで表示されます。 ・変動金利の場合、LIBOR、TIBORなどの基準金利±スプレッドのかたちで％表示されます。
日数計算方法	・実日数/365、実日数/360、実日数/実日数などがあります。
営業日指定	・利息受払日が銀行休業日のとき、前営業日または翌営業日に利息受払日をシフトします。 ・翌営業日にシフトした結果、利息受払日が翌月になる場合には、該当月の最終営業日を利息受払日にシフトします。 ・営業日による調整を行わない場合もあります。

図表Ⅴ-58 通貨スワップの取引概要

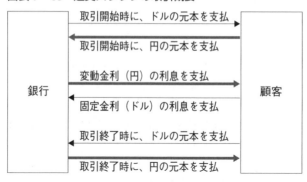

図表Ⅴ-59 通貨スワップのおもな取引条件（具体例）

取引項目	内容
取引約定日	2017年3月28日（火）
取引開始日	2017年3月30日（木）
利息受払サイクル	6カ月
金利決定日	各利息開始日（30日）の2営業日前に金利を決定、変更（前決め）
利息受払日	各利息終了日（30日）に受払（後受後払）
取引期日	2019年3月29日（金）
想定元本	（銀行の取引開始時受取分、取引終了時支払分）1億円 （銀行の取引開始時支払分、取引終了時受取分）100万ドル
金利	（銀行の受取分）ドル固定金利1％ （銀行の支払分）円変動金利＝円LIBOR（6M）＋0.1％
日数計算方法	ドル、円ともに実日数/360
営業日指定	翌営業日（月越えのとき、前月末営業日）

図表Ⅴ－60　通貨スワップのおもな取引条件（具体例）

取引項目	内　容
取引約定日	2017年3月28日（火）
取引開始日 想定元本	2017年3月30日（木） （銀行の受取分）1億円 （銀行の支払分）100万ドル
金利決定日(1)	2017年3月28日（火）
利息受払日(1)	2017年9月29日（金） 2017年9月30日（土）が銀行休業日のため、翌営業日を求めると、2017年10月2日（月）となるが、翌月のため、該当月の最終営業日である2017年9月29日（金）を利息受払日とします。
利息計算期間(1)	利息開始日(1)＝2017年3月30日（木）〜利息終了日(1)＝2017年9月29日（金）の183日（両端終期不算入）
金利(1)	（銀行の受取分）ドル固定金利1％ （銀行の支払分）円変動金利0.9％（金利決定日(1)に決定）
利息額(1)	（銀行の受取分）補助通貨（セント）未満切捨 100万ドル×1％÷100×183日÷360日＝5,083.33ドル （銀行の支払分）円未満切捨 1億円×0.9％÷100×183日÷360日＝457,500円
金利決定日(2)	2017年9月27日（水）
利息受払日(2)	2018年3月30日（金）
利息計算期間(2)	利息開始日(2)＝2017年9月29日（金）〜利息終了日(2)＝2018年3月30日（金）の182日（両端終期不算入）
金利(2)	（銀行の受取分）ドル固定金利1％ （銀行の支払分）円変動金利1.1％（金利決定日(2)に決定）
利息額(2)	（銀行の受取分）補助通貨（セント）未満切捨 100万ドル×1％÷100×182日÷360日＝5,055.55ドル （銀行の支払分）円未満切捨 1億円×1.1％÷100×182日÷360日＝556,111円
金利決定日(3)	2018年3月28日（水）
利息受払日(3)	2018年9月28日（金）、利息受払日(1)に同じ

利息計算期間(3)	利息開始日(3)＝2018年3月30日（金）～利息終了日(3)＝2018年9月28日（金）の182日（両端終期不算入）
金利(3)	（銀行の受取分）ドル固定金利1％ （銀行の支払分）円変動金利0.8％（金利決定日(3)に決定）
利息額(3)	（銀行の受取分）補助通貨（セント）未満切捨 100万ドル×1％÷100×182日÷360日＝5,055.55ドル （銀行の支払分）円未満切捨 1億円×0.8％÷100×182日÷360日＝404,444円
金利決定日(4)	2018年9月26日（水）
利息受払日(4)	2019年3月29日（金）、利息受払日(1)に同じ
利息計算期間(4)	利息開始日(4)＝2018年9月28日（金）～利息終了日(4)＝2019年3月29日（金）の182日（両端終期不算入）
金利(4)	（銀行の受取分）ドル固定金利1％ （銀行の支払分）円変動金利1％（金利決定日(4)に決定）
利息額(4)	（銀行の受取分）補助通貨（セント）未満切捨 100万ドル×1％÷100×182日÷360日＝5,055.55ドル （銀行の支払分）円未満切捨 1億円×1.0％÷100×182日÷360日＝505,555円
取引終了日 想定元本	2019年3月29日（金） （銀行の受取分）100万ドル （銀行の支払分）1億円

③ 為替変動のリスクヘッジ例

　リスクヘッジの目的は利益を得るためではなく、リスクを回避するためのものです。円高傾向時に為替変動のリスクヘッジを行う場合を想定した具体例は図表Ⅴ－62のとおりです。

　顧客は、海外の輸出先に定期的に商品を輸出し、その代金を定期的に受領しているものとします。この都度のドル建の輸出代金を毎回、円に換算すると、円高傾向にあってはドル建の金額は変わらなくても、円の換算額が減少することで利益も減少してしまいます。そこで円高という為替変動リスクの回避として、A銀行（自行）と通貨スワップ（通貨スワップ・対顧）を締結します。このことにより、顧客はドルの固定金利（ドル建の輸出代金）をA銀

図表Ⅴ-61　通貨スワップの利息計算期間など（具体例）

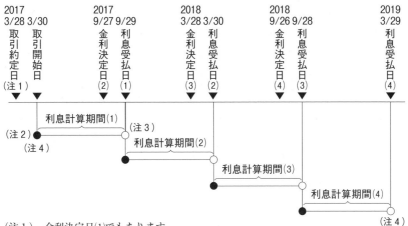

(注1)　金利決定日(1)でもあります。
(注2)　●＝当日も利息計算期間に含みます（ほかも同じ）。
(注3)　○＝当日は利息計算期間に含まず、前日までを利息計算期間とします（ほかも同じ）。
(注4)　元本の交換も行います。

図表Ⅴ-62　為替変動のリスクヘッジ例

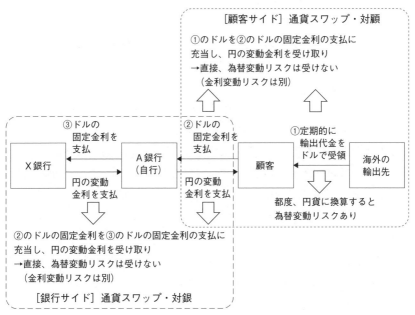

行に支払い、その対価として、円の変動金利（円の利息）を受け取ります。円の変動金利が狭いレンジの中で緩やかに変動しているような状況であれば、顧客が受領する円貨もほぼ一定に近く、これはドル建の輸出代金をほぼ一定のレートで円換算しているのと変わりがなく、この結果、実質的に為替変動リスクを回避できます。

　同様にA銀行も顧客との通貨スワップにより、顧客から受け取ったドルの固定金利が為替変動リスクに晒されると同時に、円の変動金利が上昇した場合には、顧客に支払う円の変動金利が増加するリスクにも晒されます。そこでX銀行と別途、通貨スワップ契約（通貨スワップ・対銀）を締結し、ドルの固定金利を支払い、円の変動金利を受け取ります。これにより、A銀行はドルの固定金利を顧客から受け取って、X銀行に支払い、X銀行から受け取った円の変動金利を顧客に支払います。これにより、ドルの固定金利の為替リスクを回避できるだけでなく、円の変動金利の金利変動リスクも回避できます。

(7) その他
　① リスクヘッジ目的以外の通貨スワップ

　銀行は、前述のアービトラージ、スペキュレーション目的でも通貨スワップ取引を行います。通貨スワップによる損益は為替動向と金利動向によって、増減するため、将来の為替動向と金利動向を予想して、通貨スワップ取引を行い、利益を追求します。

　為替相場は、おもに、二国間の金利の変動の影響を受けて変動しますが、その動きは一様とはいえず、為替変動による損益と金利変動による損益が相殺または合計される結果、一意に最終的な損益の増減をいえないため、金利動向と為替動向を分けて説明します。金利スワップにおいて、金利動向については説明済であるため、ここでは為替動向について記述します（図表Ⅴ-63参照）。なお、以下のいずれの場合でも、為替動向以外の条件は同一とします。

　次に為替動向に金利動向を加えた場合について、記述します（図表Ⅴ-64参照）。変動金利同士の場合については、割愛します。

図表Ⅴ-63　通貨スワップと為替動向

通貨スワップ	為替動向	損益の増減
外貨受取＋円貨支払	円高ドル安	・外貨の受取利息を円に換算した金額が減少するため、利益の減少要因です。
	円安ドル高	・外貨の受取利息を円に換算した金額が増加するため、利益の増加要因です。
外貨支払＋円貨受取	円高ドル安	・外貨の支払利息を円に換算した金額が減少するため、利益の増加要因です。
	円安ドル高	・外貨の支払利息を円に換算した金額が増加するため、利益の減少要因です。

図表Ⅴ-64　通貨スワップと為替・金利動向

通貨スワップ	為替動向	金利動向	受取利息（円ベース）	支払利息（円ベース）
固定金利受取（外貨）＋変動金利支払（円貨）	円高ドル安	金利上昇	減少	増加
		金利低下	減少	減少
	円安ドル高	金利上昇	増加	増加
		金利低下	増加	減少
固定金利支払（外貨）＋変動金利受取（円貨）	円高ドル安	金利上昇	増加	減少
		金利低下	減少	減少
	円安ドル高	金利上昇	増加	増加
		金利低下	減少	増加
固定金利支払（円貨）＋変動金利受取（外貨）	円高ドル安	金利上昇	為替部分は減少、金利部分は増加	増減なし
		金利低下	為替部分は減少、金利部分も減少	増減なし
	円安ドル高	金利上昇	為替部分は増加、金利部分も増加	増減なし
		金利低下	為替部分は増加、金利部分は減少	増減なし

固定金利受取（円貨）＋変動金利支払（外貨）	円高ドル安	金利上昇	増減なし	為替部分は減少、金利部分は増加
		金利低下	増減なし	為替部分は減少、金利部分も減少
	円安ドル高	金利上昇	増減なし	為替部分は増加、金利部分も増加
		金利低下	増減なし	為替部分は増加、金利部分は減少

システム面

取引開始時と取引終了時に元本の交換があること以外に、金利スワップと大きな差異はなく、取引遷移、取引種類、取引ファイルのいずれも、基本的に金利スワップと同じです。「第Ⅴ章第1節1　金利スワップ」を参照してください。

2　クーポンスワップ

業務面

取引開始時と取引終了時に元本の交換がないこと（図表Ⅴ-65参照）以外に、通貨スワップと大きな差異はありません。「第Ⅴ章第2節1　通貨スワップ」を参照してください。

システム面

同じ通貨の異なる金利を交換するのではなく、異なる通貨の金利を交換する違いはありますが、基本的に金利スワップと大きな差異はなく、取引遷移、取引種類、取引ファイルのいずれも、基本的に金利スワップと同じです。「第Ⅴ章第1節1　金利スワップ」を参照してください。

図表Ⅴ-65　クーポンスワップの取引例

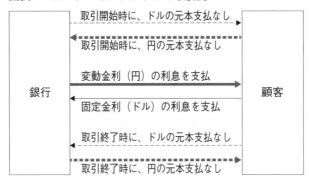

3　通貨オプション

業務面

(1) 概　　要

　デリバティブの概要については、「第Ⅴ章第1節1　金利スワップ」も参照してください。

　オプション（Option）とは、権利、選択権のことです。売買対象とするものを特定日または一定期間内に売買する権利を売買する取引をオプション取引といいます。売買対象が通貨の場合には、通貨オプション（為替オプション）、金利の場合には、金利オプションと呼ばれます。

(2) 為替変動リスク

　為替変動リスクについては、「第Ⅴ章第2節1　通貨スワップ」を参照してください。

(3) 特　　徴

　為替予約、通貨スワップ、クーポンスワップは、いずれも為替変動リスクを回避するための手段の1つであり、特定日または特定月など一定期間内の為替レートを1回固定する（為替予約）、あるいは複数回固定する（通貨スワップ、クーポンスワップ）ことによって、為替変動リスクを回避します。

これに対して、通貨オプションは、決められた特定日または一定期間内に、対価をある通貨（たとえば、円）として、別の通貨（たとえば、ドル）を決められた為替相場で買う権利または売る権利をオプション料の受払により売買することで、為替変動リスクを回避するものです。

通貨オプションが為替予約や通貨スワップなどと大きく異なるのは、為替予約や通貨スワップなどが、通貨同士の売買（交換）を行うのが必須であるのに対して、通貨オプションでは通貨を売買する権利を行使するか否かを権利の購入者が決定できることです。権利を行使するタイミングにおいて、購入した通貨オプションの取引を行うことが自身に不利であると判断した場合、権利を行使しなくても（権利を放棄しても）構いません。その代わり、権利の購入時に支払ったオプション料は戻ってきません。つまり、通貨を売買する権利を、オプション料を払って購入することで為替変動リスクを回避する選択肢を保有し、状況に応じて権利を行使する／しないを決定することができます。図表Ⅴ-66に通貨オプションとその他商品の比較を示します。

図表Ⅴ-66　通貨オプションとその他商品の比較

	通貨オプション	為替予約	通貨スワップ	クーポンスワップ
交換通貨	ある通貨と別の通貨			
交換対象	売買金額（元本）	売買金額（元本）	元本と利息	利息のみ
交換期間	特定日または特定期間内。	特定日または特定期間内。	元本は開始時と終了時。利息は特定期間内に複数回。	特定期間内に複数回。
交換要否	購入者の判断による	交換必須	交換必須	交換必須

通貨オプションと為替予約を比較すると、一定の差異はあるものの、通貨オプションは売買を行うか否かを購入者が選択できる為替予約ということもできます。

(4) 上場と店頭

上場と店頭については、「第Ⅴ章第1節1　金利スワップ」を参照してください。

(5) 権利の売買

通貨オプションは、通貨を売買する権利を売買します。これを分解すると、①通貨の売買の権利と②権利の売買に分かれます。

① **通貨の売買の権利（コールとプット）**

通貨を売買する権利は、ある通貨を売って、別の通貨を買う権利です。この買う権利を、コール（Call）またはコールオプション（Call Option）、売る権利を、プット（Put）またはプットオプション（Put Option）といいます。たとえば、ドルを売って円を買う権利は、ドルプット・円コール（またはドルプットオプション・円コールオプション）であり、ドルを買って円を売る権利は、ドルコール・円プット（またはドルコールオプション・円プットオプション）です。

② **権利の売買**

権利の購入者と売却者に分かれます。権利の購入者には権利を行使する権利があり、権利の売却者には権利を行使される義務があります。いずれか一方が顧客、もう一方が銀行の場合、通貨オプション・対顧、両方が銀行などの金融機関の場合、通貨オプション・対銀の取引として分類されます。いずれの場合にも、権利の購入者が権利の売却者に対して、権利を売買する価格であるオプション料（またはプレミアム、オプションプレミアム）を支払います。

③ **①通貨の売買の権利と②権利の売買**

前記①と②をまとめると、図表Ⅴ-67のとおりです。

なお、コールの買いをロングコール、コールの売りをショートコール、プットの買いをロングプット、プットの売りをショートプットという場合もあります。

(6) 取引項目

通貨オプションのおもな取引項目は、図表Ⅴ-68のとおりです。

図表Ⅴ-67 通貨の売買の権利と権利の売買

通貨売買の権利	権利の売買主体	内　容
コール（買う権利）	権利の購入者	・ある通貨を買う権利を買います。 ・通貨を買う権利を行使することが有利であれば、通貨を買う権利を行使し、通貨を買う権利を行使することが不利であれば、通貨を買う権利を行使せずに放棄します。 ・通貨を買う権利の購入者は通貨を買う権利の売却者に、オプション料を支払います。
	権利の売却者	・ある通貨を買う権利を売ります。 ・ある通貨を売る権利はなく、売る義務を負い、その義務を拒否することはできません。 ・通貨を買う権利の売却者は通貨を買う権利の購入者から、オプション料を受け取ります。
プット（売る権利）	権利の購入者	・ある通貨を売る権利を買います。 ・通貨を売る権利を行使することが有利であれば、通貨を売る権利を行使し、通貨を売る権利を行使することが不利であれば、通貨を売る権利を行使せずに放棄します。 ・通貨を売る権利の購入者は売る権利の売却者に、オプション料を支払います。
	権利の売却者	・ある通貨を売る権利を売ります。 ・ある通貨を買う権利はなく、買う義務を負い、その義務を拒否することはできません。 ・通貨を売る権利の売却者は通貨を売る権利の購入者から、オプション料を受け取ります。

図表Ⅴ-68　通貨オプションのおもな取引項目

取引項目	説　明
取引約定日	・取引を約定（契約締結）した日付です。
オプション種類	・コール買い（買う権利の買）、コール売り（買う権利の売）、プット買い（売る権利の買）、プット売り（売る権利の売）の4種類です。
行使期限種類	・アメリカンタイプ（American Type）、ヨーロピアンタイプ（European Type）、バミューダンタイプ（Bermudan Type）の3種類があります。 ・これらは権利の行使をいつ行うことができるかの種類です。 ・行使できるタイミングが多いほど、オプション料は高く設定されます。同一の条件でのオプション料を比較すると、ヨーロピアンタイプ＜バミューダンタイプ＜アメリカンタイプです。 ・図表Ⅴ-69を参照してください。
行使日	・権利を行使できる特定日または一定期間を指します。 ・前述の行使期限種類によって、異なります。図表Ⅴ-69を参照してください。
行使価格	・権利を行使する際に、いくらで通貨の売買を行うかの価格（＝為替予約の締結相場）です。 ・行使レート、ストライクプライス（Strike Price）などともいいます。
オプション料	・権利を売買する価格です。 ・オプションプレミアム（Option Premium）、プレミアム料、プレミアム、オプション価格などともいいます。
想定元本	・権利を行使する際に、売買する金額です。

図表Ⅴ-69　行使期限種類

(7) 具体例

円とドルの具体例を以下に示します。必要に応じて、円とドルを円と外貨または異なる2つの外貨に読み替えてください。

① 取引概要

ドルプット・円コール（ドルを売る権利・円を買う権利）とドルコール・円プット（ドルを買う権利・円を売る権利）の2つに分かれます。

(i) ドルプット・円コール（ドルを売る権利・円を買う権利）

取引概要を図表V-70に例示します。

図表V-70　ドルプット・円コール（ドルを売る権利・円を買う権利）の取引概要

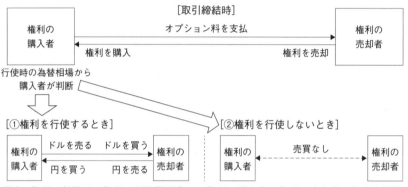

(注)　権利の行使は、権利の行使期間内に、権利の購入者が権利の売却者に権利を行使する旨を連絡することにより確定します。

(ii) ドルコール・円プット（ドルを買う権利・円を売る権利）

取引概要を図表V-71に例示します。

② 取引条件

以下のバリエーションについては、図表V-72のとおりです。

(i) ドルプット・円コール（ドルを売る権利・円を買う権利）の買い

3カ月後に期日を迎える外貨建輸出手形（外貨建輸出債権）を持つ顧客が、円高リスクを回避しつつ、円安に振れた場合には、そのメリットを享受（*1）したいと考えて、通貨オプション（ドルプット・円コール）を自身の取引銀行から購入します。取引条件は図表V-73のとおりです。通貨オプション購

図表Ⅴ-71　ドルコール・円プット（ドルを買う権利・円を売る権利）の取引概要

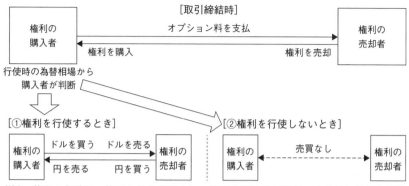

（注）　権利の行使は、権利の行使期間内に、権利の購入者が権利の売却者に権利を行使する旨を連絡することにより確定します。

図表Ⅴ-72　通貨オプションのバリエーション

オプション種類	売買	購入者(注)	売却者(注)	備考
ドルプット・円コール（ドルを売る権利・円を買う権利）	買い	顧客または銀行	銀行または顧客	プット買い、ロングプットともいいます。
	売り	顧客または銀行	銀行または顧客	プット売り、ショートプットともいいます。
ドルコール・円プット（ドルを買う権利・円を売る権利）	買い	顧客または銀行	銀行または顧客	コール買い、ロングコールともいいます。
	売り	顧客または銀行	銀行または顧客	コール売り、ショートコールともいいます。

（注）　購入者または売却者の一方が顧客の場合は対顧取引、両方が銀行の場合は対銀取引です。

入時のドル円相場は、1ドル＝100円とします。

（＊1）　円高リスクを回避するだけであれば、たとえば、為替予約を締結するだけで十分ですが、為替予約では円安に振れても、そのメリットを享受することはできません。

　輸出手形が資金化される3カ月後には、円高が進み、公示相場が1ドル＝93円である場合、公示相場で円換算するよりも、通貨オプションを行使し

図表Ⅴ-73　通貨オプションのおもな取引条件（具体例）

取引項目	内　容
取引約定日	2017年5月25日（木）
オプション種類	プット買い：ドルプット・円コール（ドルを売る権利・円を買う権利）の買い
行使期限種類	ヨーロピアンタイプ（European Type）：あらかじめ決められた行使日に権利を行使するか否かを決定します。
行使日	2017年8月25日（金）
行使価格	1ドル＝97円
オプション料	100万円
想定元本	円側：100万ドル×97円＝9,700万円 ドル側：100万ドル

た方が有利であるため、顧客は通貨オプションを行使し、1ドル＝97円で為替予約を締結・実行します。これにより、輸出代金100万ドルを9,300万円ではなく、9,700万円で円換算でき、オプション料100万円を引いても、通貨オプションを締結・行使したことにより、300万円（＝9,700万円－9,300万円－100万円（オプション料））の利益を得ることができます。

　逆に輸出手形が資金化される3カ月後に円安が進行し、公示相場が1ドル＝102円である場合、公示相場で円換算した方が有利であるため、顧客は通貨オプションを行使せず、100万円（オプション料）の損失が確定します。

　このように、通貨オプションから生じる損益は円安の場合には円安が進んでも、損失の上限がオプション料までに限定されるのに対して、円高の場合には円高が進めば進むほど、利益が増加します。こうした為替相場（以下では公示相場）と通貨オプションから生じる損益の関係を損益図[*2]として示すと、図表Ⅴ-74のとおりです。

　　（*2）　損益図は、ペイオフダイアグラムともいい、未来の市場価格（ここでは公示相場）の値によって、損益がどのように変化するかをグラフ化したものです（以下同じ）。

図表Ⅴ－74　ドルプット・円コール（買い）の損益図

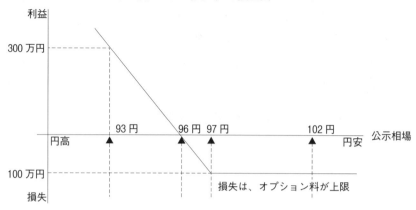

(ⅱ)　ドルプット・円コール（ドルを売る権利・円を買う権利）の売り

　3カ月後に期日を迎える外貨建輸出手形（外貨建輸出債権）を持つ顧客が、円高リスクを回避しつつ、円安に振れた場合には、そのメリットを享受したいと考えて、通貨オプション（ドルプット・円コール）を自身の取引銀行から購入します。取引条件などは、すべて前記のドルプット・円コール（ドルを売る権利・円を買う権利）の買いと同じとして、通貨オプションの売却者である取引銀行の損益について、以下に記述します。

　輸出手形が資金化される3カ月後には、円高が進み、公示相場が1ドル＝93円である場合、公示相場で円換算するよりも、通貨オプションを行使した方が有利であるため、顧客は通貨オプションを行使し、1ドル＝97円で為替予約を締結・実行します。これにより、銀行は輸出代金100万ドルを9,300万円ではなく、9,700万円で円換算して、顧客に支払わざるをえず、オプション料100万円を足しても、顧客によって通貨オプションが締結・行使されたことにより、300万円（＝9,300万円－9,700万円＋100万円（オプション料））の銀行の損失が生じます。

　逆に輸出手形が資金化される3カ月後に円安が進行し、公示相場が1ドル＝102円である場合、公示相場で円換算した方が有利であるため、顧客は通貨オプションを行使せず、100万円（オプション料）の銀行の利益が確定します。

このように、通貨オプションから生じる損益は円安の場合には円安が進んでも、利益の上限がオプション料までに限定されるのに対して、円高の場合には円高が進めば進むほど、損失が増加します。こうした為替相場（以下では公示相場）と通貨オプションから生じる損益の関係を損益図として示すと、図表Ｖ－75のとおりです。

図表Ｖ－75　ドルプット・円コール（売り）の損益図

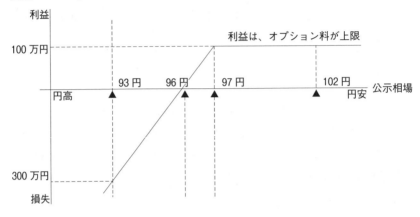

(iii)　ドルコール・円プット（ドルを買う権利・円を売る権利）の買い

　３カ月後に支払期日を迎える外貨建輸入手形（外貨建輸入債務）を持つ顧客が、円安リスクを回避しつつ、円高に振れた場合には、そのメリットを享受(*3)したいと考えて、通貨オプション（ドルコール・円プット）を自身の取引銀行から購入します。取引条件は図表Ｖ－76のとおりです。通貨オプション購入時のドル円相場は、１ドル＝100円とします。

　　（*3）　円安リスクを回避するだけであれば、たとえば、為替予約を締結するだけで十分ですが、為替予約では円高に振れても、そのメリットを享受することはできません。

　輸入手形の支払を行う３カ月後には、円安が進み、公示相場が１ドル＝107円である場合、公示相場で円換算するよりも、通貨オプションを行使した方が有利であるため、顧客は通貨オプションを行使し、１ドル＝103円で為替予約を締結・実行します。これにより、輸入代金100万ドルを１億

図表Ⅴ-76 通貨オプションのおもな取引条件（具体例）

取引項目	内　容
取引約定日	2017年5月25日（木）
オプション種類	コール買い：ドルコール・円プット（ドルを買う権利・円を売る権利）の買い
行使期限種類	ヨーロピアンタイプ（European Type）：あらかじめ決められた行使日に権利を行使するか否かを決定します。
行使日	2017年8月25日（金）
行使価格	1ドル＝103円
オプション料	100万円
想定元本	円側：100万ドル×103円＝1億0,300万円 ドル側：100万ドル

0,700万円ではなく、1億0,300万円で円換算でき、オプション料100万円を引いても、通貨オプションを締結・行使したことにより、300万円（＝1億0,700万円－1億0,300万円－100万円（オプション料））の利益を得ることができます。

　逆に輸入手形の支払を行う3カ月後に円高が進行し、公示相場が1ドル＝98円である場合、公示相場で円換算した方が有利であるため、顧客は通貨オプションを行使せず、100万円（オプション料）の損失が確定します。

　このように、通貨オプションから生じる損益は円高の場合には円高が進んでも、損失の上限がオプション料までに限定されるのに対して、円安の場合には円安が進めば進むほど、利益が増加します。こうした為替相場（以下では公示相場）と通貨オプションから生じる損益の関係を損益図として示すと、図表Ⅴ-77のとおりです。

(iv)　ドルコール・円プット（ドルを買う権利・円を売る権利）の売り

　3カ月後に支払期日を迎える外貨建輸入手形（外貨建輸入債務）を持つ顧客が、円安リスクを回避しつつ、円高に振れた場合には、そのメリットを享受したいと考えて、通貨オプション（ドルコール・円プット）を自身の取引銀行から購入します。取引条件などは、すべて前記のドルコール・円プット

図表Ⅴ-77　ドルコール・円プット（買い）の損益図

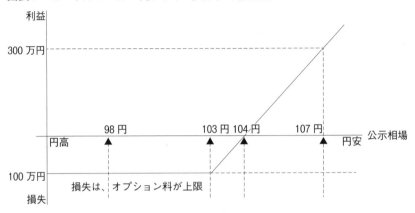

（ドルを買う権利・円を売る権利）の買いと同じとして、通貨オプションの売却者である取引銀行の損益について、以下に記述します。

　輸入手形の支払を行う3カ月後には、円安が進み、公示相場が1ドル＝107円である場合、公示相場で円換算するよりも、通貨オプションを行使した方が有利であるため、顧客は通貨オプションを行使し、1ドル＝103円で為替予約を締結・実行します。これにより、銀行は輸入代金100万ドルを1億0,700万円ではなく、1億0,300万円で円換算して、顧客に支払わざるをえず、オプション料100万円を足しても、顧客によって通貨オプションが締結・行使されたことにより、300万円（＝1億0,700万円－1億0,300万円－100万円（オプション料））の損失が生じます。

　逆に輸入手形の支払を行う3カ月後に円高が進行し、公示相場が1ドル＝98円である場合、公示相場で円換算した方が有利であるため、顧客は通貨オプションを行使せず、100万円（オプション料）の銀行の利益が確定します。

　このように、通貨オプションから生じる損益は円高の場合には円高が進んでも、利益の上限がオプション料までに限定されるのに対し、円安の場合には円安が進めば進むほど、損失が増加します。こうした為替相場（以下では公示相場）と通貨オプションから生じる損益の関係を損益図として示すと、図表Ⅴ-78のとおりです。

図表Ⅴ-78　ドルコール・円プット（売り）の損益図

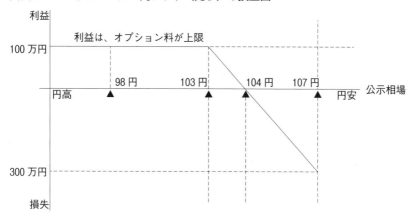

(8) その他

① エキゾチックオプション

　前述の通貨オプションは、基本的な、かつ比較的単純な商品で、バニラオプション（Vanilla Option）、プレーンバニラ（Plain Vanilla）などといいます。これに一定の条件を付加したものを、エキゾチックオプション（Exotic Option）またはエキゾチック（Exotic）などと呼び、おもに図表Ⅴ-79に示す種類のものがあります。エキゾチックには多くの種類が存在し、その内容も複雑であるため、ここでは簡単な説明に留めます。付加的な条件と売買、割合などを組み合わせることで、複雑な商品を作ることが可能である反面、内包されるリスクを正確に把握することが難しくなる点に注意が必要です。

② ゼロコストオプション

　通貨オプションを購入する場合、オプション料を売却者に支払わなければなりません。オプション料は権利を行使しない場合、損失であるため、これを回避するために考えられたのが、ゼロコストオプション（Zero Cost Option）です。この商品は通貨オプションの売りと買いを組み合わせたもので、オプションの購入にともない支払うオプション料と売却にともない受け取るオプション料を相殺し、コストであるオプション料をゼロにするものです。具体例を以下に示します。

図表Ⅴ-79　おもなエキゾチックオプション

オプションの種類	説　明
ノックアウトオプション (Knock-out Option)	・約定日から行使日までの間に、為替相場が一定の値（ノックアウトレート）に達した場合には、権利が消滅します。 ・一定の値に達しなかった場合には、権利は消滅せず、行使できます。 ・バリアオプションの一種です。 ・権利の購入者には不利な条件が付いているため、通常のオプションよりもオプション料は割安です。
ノックインオプション (Knock-in Option)	・約定日から行使日までの間に、為替相場が一定の値（ノックインレート）に達した場合に、権利が発生し、行使できます。 ・一定の値に達しなかった場合には、権利は発生せず、行使できません。 ・バリアオプションの一種であること、オプション料が割安であることは、ノックアウトオプションに同じです。
ギャップオプション (Gap Option)	・行使価格のほかに、行使価格と異なるギャップレート（権利が発生する相場）が設定されています。 ・行使日の為替相場がギャップレートを超えた場合にのみ、権利を行使できます。
ノッチオプション (Notch Option)	・行使価格のほかに、行使価格と異なるノッチレート（権利が消滅する相場）が設定されています。 ・行使日の為替相場がノッチレートを超えない場合にのみ、権利を行使できます。

　ドル建輸出債権を持つ顧客が、円高リスクを回避するために、図表Ⅴ-80のゼロコストオプション契約を契約します。ゼロコストオプション契約時のドル円相場は、1ドル＝101円とします。

　この契約の行使時の為替相場が円高（たとえば、1ドル＝90円）となった場合、顧客は行使日に購入側の権利を行使して、1ドル＝100円でドル建債権を売ります（売却側の権利は円高のため、行使されません）。これにより、1,000万円の利益（＝1億円－9,000万円）を得ることができます。

fig表Ⅴ-80　ゼロコストオプションの取引例

取引項目	購入側	売却側
オプション種類	プット買い：ドルプット・円コールの買い	コール売り：ドルコール・円プットの売り
行使日	ドル建輸出債権の受取日	同左
行使価格	1ドル＝100円	1ドル＝102円
オプション料	100万円の支払	100万円の受取
想定元本	円側：100万ドル×100円＝1億円 ドル側：100万ドル	円側：100万ドル×102円＝1億,0200万円 ドル側：100万ドル

　逆にこの契約の行使時の為替相場が円安（たとえば、1ドル＝115円）となった場合、顧客は行使日の為替相場で円換算した方が有利であるため、購入側の権利は行使しません。これに対して、銀行などの売却側の購入者は権利を行使して、1ドル＝102円でドル建債権を買います。これにより、1,300万円の損失（＝1億,0200万円－1億1,500万円）が発生します。

③　予約と差金決済

　権利を行使した場合には、行使価格を締結相場である為替予約を締結し、為替予約を実行することによって、決済する方式（Physical Settlement）と、権利を行使した際の差金（行使価格と為替相場の差額）だけを決済する方式（Cash Settlement）の2つがあります。

④　与　　信

　オプション取引では権利の購入者には権利があり、権利の売却者には義務が生じます。銀行が購入者、顧客が売却者（当行買い・顧客売り）である場合、顧客が確実に売却者としての義務を果たさなければ、取引が成り立ちません。したがって、顧客が返済の義務を負う貸付などと同様に与信行為とされます。逆に銀行が売却者、顧客が購入者（当行売り・顧客買い）である場合、顧客が権利を行使した場合、銀行にはそれに応じる義務があるものの、権利を行使するか否かは、あくまで顧客の判断であり、与信行為とされません（想定元本などの計数管理は行います）。以上をまとめると、図表Ⅴ-81の

とおりです。

図表Ⅴ-81　通貨オプションの与信

オプション種類	売買	内容
プット	当行買い	与信行為であり、与信管理の対象です。
	当行売り	与信行為ではありませんが、計数管理は行います。
コール	当行買い	与信行為であり、与信管理の対象です。
	当行売り	与信行為ではありませんが、計数管理は行います。

システム面

(1)　取引遷移

　一般的な取引遷移は、図表Ⅴ-82のとおりです。対顧取引と対銀取引で取引を分けているのが一般的ですが、以降では対顧・対銀共通として記述します（差異は個別に記述します）。

図表Ⅴ-82　通貨オプションの取引遷移

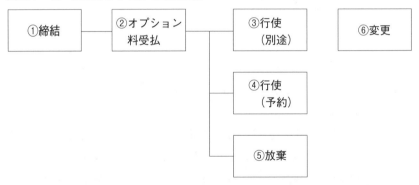

(2)　取引種類

　通貨オプションには、図表Ⅴ-83に示す取引があります。

(3)　取引ファイル

　通貨オプションの情報を管理するオフバランス取引ファイルの論理的な構

図表Ⅴ-83　通貨オプションの取引

取引名	概　要	おもな経路など
締結	・締結した取引を入力します。 ・売通貨／売金額、買通貨／買金額、約定日、オプション種類（コール買い、コール売り、プット買い、プット売り）、行使期限種類（アメリカンタイプ、ヨーロピアンタイプなど）、行使日、行使価格、オプション料、取引相手の管理番号などを入力します。 ・対顧取引の場合、対顧分の通貨オプション（売買別）を管理する取引番号（後述するOur Reference Number、Our Ref. No.、以下同じ）を採番します。対銀取引の場合、対銀分の通貨オプション（売買別）を管理する取引番号（Our Ref. No.）を採番します。 ・当行買いのとき、買金額を通貨オプションの買与信残高（想定元本）に加算し、当行売りのとき、売金額を通貨オプションの売与信残高（想定元本）に加算します。	本部端末、フロントシステムなど他システム入力
オプション料受払	・取引番号（Our Ref. No.）を入力し、入力済の取引を特定して、オプション料を受払します。 ・通貨／金額、受払区分（受取、支払）、決済口座などを入力します。	本部端末
行使（別途）	・取引番号（Our Ref. No.）を入力し、入力済の取引を特定して、権利を行使します。 ・通貨／金額などを入力します。 ・為替予約締結は別途、為替予約締結取引で行います。 ・差金決済は別途、利息手数料対顧受払取引で行います。 ・当行買いのとき、買金額を通貨オプションの買与信残高（想定元本）から減算し、当行売りのとき、売金額を通貨オプションの売与信残高（想定元本）から減算します。	本部端末

行使（予約）	・取引番号（Our Ref. No.）を入力し、入力済の取引を特定して、権利を行使します。 ・通貨／金額などを入力します。 ・為替予約締結または差金決済を各取引に連動して行います。 ・当行買いのとき、買金額を通貨オプションの買与信残高（想定元本）から減算し、当行売りのとき、売金額を通貨オプションの売与信残高（想定元本）から減算します。	本部端末
放棄	・取引番号（Our Ref. No.）を入力し、入力済の取引を特定して、権利を放棄します。 ・通貨／金額などを入力します。 ・当行買いのとき、買金額を通貨オプションの買与信残高（想定元本）から減算し、当行売りのとき、売金額を通貨オプションの売与信残高（想定元本）から減算します。	本部端末
変更	・取引番号（Our Ref. No.）を入力し、入力済の取引を特定して、取引相手の管理番号、決済口座などを変更します。	本部端末

成について記述します（図表V-84参照）。

① 基本レコード

締結時にレコードが追加され、取引のたびに更新されます。キーは取引種類（通貨オプション・対顧・当行買い、通貨オプション・対顧・当行売り、通貨オプション・対銀・当行買い、通貨オプション・対銀・当行売り）、連続番号、店番(*4)です。通貨オプションの基本的な項目を保持します。具体的には店番、CIF番号、売通貨／売想定元本、買通貨／買想定元本、約定日、オプション種類（コール買い、コール売り、プット買い、プット売り）、行使日、行使期限種類（アメリカンタイプ、ヨーロピアンタイプなど）、行使価格、オプション料、最終更新日などがあります。

(*4) Our Reference Number、Our Ref. No.といわれます。詳細は、「第Ⅳ章第1節1 輸出信用状」を参照してください。

図表Ⅴ-84　オフバランス取引ファイルの構成

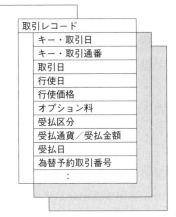

② 取引レコード

　取引ごとに1件追加されます。キーは、取引日、取引通番です。入力された項目や一部項目の取引前後の情報を保持します。具体的には取引日、行使日、行使価格、オプション料、受払区分、受払通貨／受払金額、受払日、為替予約取引番号などがあります。一部項目は取引後の最新情報を基本レコードでも管理します。

　最後に各レコードの追加更新要領について、図表Ⅴ-85に記述します。

図表Ⅴ-85　各レコードの追加更新要領

取　引	基本レコード	取引レコード
締結	1件追加	1件追加
オプション料受払	1件更新	1件追加
行使（別途）	1件更新	1件追加
行使（予約）	1件更新	1件追加
放棄	1件更新	1件追加
変更	1件更新(注)	1件更新(注)

（注）　変更する項目により、更新するレコードは異なります。

4 ノン・デリバラブル・フォワード（NDF）

業務面

(1) 概　　要

デリバティブの概要については、「第Ⅴ章第1節1　金利スワップ」も参照してください。

ノン・デリバラブル・フォワード（NDF：Non-Deliverable Forward：以下、NDF）とは、為替先物市場が未成熟、または非居住者の取引が制限されている新興国通貨（エマージング通貨）などで、非居住者が為替変動リスクを低減するために活用するデリバティブです。たとえば、銀行と顧客でNDF契約を締結する際に約定レートを定めておき、決済日の2営業日前に決定される決済レートとの差額を円またはドルで決済します。為替予約は元本の交換（受渡）を行うのに対して、NDFは元本の交換（受渡）は行わず（Non-Deliverable）、差額のみを決済する点が大きく異なります。

(2) 為替変動リスク

為替変動リスクについては、「第Ⅴ章第2節1　通貨スワップ」を参照してください。

(3) 売買の別

為替予約と変わりありません。「第Ⅳ章第7節1　為替予約（対顧アウトライト）」を参照してください。

(4) 対象通貨

前述のとおり、為替先物市場が未成熟で取引が非常に少ない、または現地の規制などが厳しく、非居住者の為替予約取引が制限されている新興国通貨、具体的には台湾ドル、中国元、韓国ウォン、インドルピー、フィリピンペソ、ブラジルレアルなどが対象とされています。

(5) 上場と店頭

店頭取引のみです。上場と店頭については、「第Ⅴ章第1節1　金利スワップ」を参照してください。

(6) 取引項目

NDFのおもな取引項目は、図表Ⅴ-86のとおりです。

図表Ⅴ-86　NDFのおもな取引項目

取引項目	説　明
取引約定日	・取引を約定(契約締結)した日付です。
レート決定日	・決済レートが決定される日付です。通貨にもよりますが、通常は決済日の2営業日前です。 ・決済レートが決定されることで、約定レートとの差額が確定します。 ・値決め日などともいわれます。
決済日	・約定レートと決済レートとの差額を決済する日付です。 ・受渡日、受払日などともいわれます。 ・約定から決済までの期間は通常、短期(1カ月～1年)に限られます。
約定レート	・約定時に定めたレートです。 ・契約レート、NDFレートなどともいわれます。 ・為替予約の締結相場に相当します。
決済レート	・決済日の2営業日前に決定されるレートです。実際に市場で取引されるスポットレートをもとに決定されます。 ・実勢レート、実勢直物レート、参照レートなどともいわれます。 ・決済レートは、インターバンク市場などの為替レートなどをもとに決定されます。
NDF通貨	・NDF対象とされる新興国の通貨です。参照通貨などともいわれます。
決済通貨	・差額を決済する通貨です。円またはドルです。
想定元本	・想定される売買金額です。為替予約のように実際に元本を交換(受渡)することはしません。

(7) 具体例

銀行の円売り・インドルピー買い(顧客の円買い・インドルピー売り)と銀行の円買い・インドルピー売り(顧客の円売り・インドルピー買い)につい

て、具体例を以下に示します。必要に応じて、円をドルに、インドルピーを他の新興国通貨に読み替えてください。

① 銀行の円売り・インドルピー買い

3カ月後に期日を迎えるインドルピー建輸出手形（輸出債権）を持つ顧客が、円高リスクを回避したいと考えて、NDF（銀行の円売り・インドルピー買い、顧客の円買い・インドルピー売り）契約を自身の取引銀行と締結します。取引概要は図表Ⅴ-87のとおりです。

図表Ⅴ-87　銀行の円売り・インドルピー買いのおもな取引条件（具体例）

取引項目	内容（円高の場合）	内容（円安の場合）
取引約定日	2017年5月25日（木）	同左
レート決定日	2017年8月23日（水）	同左
決済日	2017年8月25日（金）	同左
約定レート	1インドルピー＝1.5円	同左
決済レート	1インドルピー＝1.2円	1インドルピー＝1.7円
NDF通貨	インドルピー	同左
決済通貨	円	同左
想定元本	売側想定元本＝150万円 買側想定元本＝100万インドルピー	同左

輸出手形が資金化される3カ月後に、円高が進んだ場合、公示相場で円換算すると、NDF契約の約定レートで換算するよりも受取円貨額が減少しますが、NDFの決済により、別途、銀行から差額を受け取り、減少分を補填することによって、円高リスクを低減することができます。円安が進んだ場合は、公示相場（直物レート）で円換算すると、NDF契約の約定相場で換算するよりも受取円貨額が増加しますが、NDFの決済により、別途、銀行に差額を支払います（いずれの場合も図表Ⅴ-88参照）。

決済レートと債権を換算する公示相場が等しいとは限らないため、円高リスクを完全に回避することはできませんが、為替予約を締結したのと、ほぼ同じ効果が期待できます。

図表Ⅴ-88　銀行の円売り・インドルピー買いの取引概要

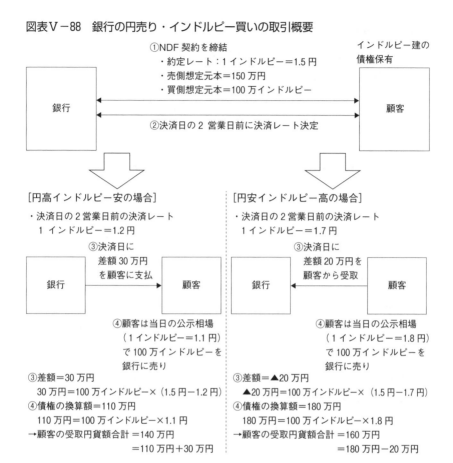

②　銀行の円買い・インドルピー売り

3カ月後に期日を迎えるインドルピー建輸入手形（輸入債務）を持つ顧客が、円安リスクを回避したいと考えて、NDF（銀行の円買い・インドルピー売り、顧客の円売り・インドルピー買い）契約を自身の取引銀行と締結します。取引概要は図表Ⅴ-89のとおりです。

輸入手形の支払を行う3カ月後に、円安が進んだ場合、公示相場で円換算すると、NDF契約の約定相場で換算するよりも支払円貨額が増加しますが、NDFの決済により、別途、銀行から差額を受け取り、増加分を相殺することによって、円安リスクを低減することができます。円高が進んだ場合は、

図表Ⅴ-89　銀行の円買い・インドルピー売りのおもな取引条件（具体例）

取引項目	内容（円高の場合）	内容（円安の場合）
取引約定日	2017年5月25日（木）	同左
レート決定日	2017年8月23日（水）	同左
決済日	2017年8月25日（金）	同左
約定レート	1インドルピー＝1.5円	同左
決済レート	1インドルピー＝1.2円	1インドルピー＝1.7円
NDF通貨	インドルピー	同左
決済通貨	円	同左
想定元本	買側想定元本＝150万円 売側想定元本＝100万インドルピー	同左

公示相場で円換算すると、NDF契約の約定レートで換算するよりも支払円貨額が減少しますが、NDFの決済により、別途、銀行に差額を支払います（いずれの場合も図表Ⅴ-90参照）。

　決済レートと債権を換算する公示相場が等しいとは限らないため、円安リスクを完全に回避することはできませんが、為替予約を締結したのと、ほぼ同じ効果が期待できます。

システム面

(1) **取引遷移**

　一般的な取引遷移は図表Ⅴ-91のとおりです。

(2) **取引種類**

　NDFには、図表Ⅴ-92に示す取引があります。

(3) **取引ファイル**

　NDFの取引情報を管理するオフバランス取引ファイルの論理的な構成について記述します（図表Ⅴ-93参照）。

① **基本レコード**

　締結時に追加され、取引のたびに更新されます。キーは取引種類、連続番

図表Ⅴ-90　銀行の円買い・インドルピー売りの取引概要

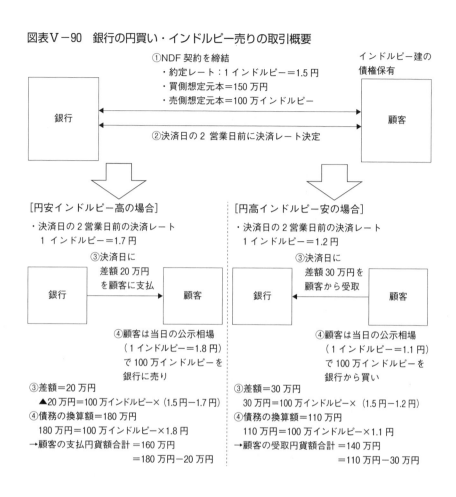

図表Ⅴ-91　NDFの取引遷移

図表Ⅴ-92　NDFの取引

取引名	概要	おもな経路など
締結	・売買する通貨に応じてNDF（円またはドル買い外貨売り）、NDF（円またはドル売り外貨買い）を管理する取引番号（後述するOur Reference Number、Our Ref. No.、以下同じ）を採番します。 ・NDF側通貨、NDF側想定元本、NDF側売買区分、決済側通貨、決済側想定元本、決済側売買区分、取引約定日、レート決定日、決済日、約定レート、決済レート、顧客の管理番号などを入力します。 ・NDF側想定元本、決済側想定元本をNDFの各与信残高に加算します。ここでは円貨ベースで与信管理するものとします（以下同じ）。	営業店端末、本部端末
レート決定	・通常は、決済日の2営業日前（通貨により異なります）にインターバンク市場の為替レートなどをもとに決定した場合に入力します。 ・取引を特定する取引番号（Our Ref. No.）、決済レートなどを入力します。	営業店端末、本部端末
決済	・約定レートと決済レートの差とNDF側想定元本から求めた差額を顧客に支払、または顧客から受け取ります。 ・取引を特定する取引番号（Our Ref. No.）などを入力します。 ・NDF側想定元本、決済側想定元本をNDFの各与信残高から減算します。	営業店端末、本部端末
変更	・取引を特定する取引番号（Our Ref. No.）を入力し、顧客の管理番号などを変更します。	営業店端末、本部端末

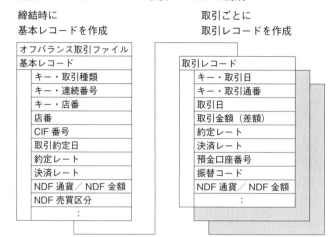

図表Ⅴ-93　オフバランス取引ファイルの構成

(注)　各レコードのレイアウトは、オフバランス共通としますが、上記では、関係する項目をおもに記述しています。

号、店番(*1)です。為替予約の基本的な項目を保持します。具体的には店番、CIF番号、取引約定日、約定レート、決済レート、NDF通貨／NDF金額、NDF売買区分、決済通貨、決済金額、決済売買区分、決済日、顧客の管理番号などがあります。

(*1)　Our Reference Number、Our Ref. No.といわれます。詳細については、「第Ⅳ章第1節1　輸出信用状」を参照してください。

② **取引レコード**

取引ごとに1件追加されます。キーは、取引日、取引通番です。入力された項目や一部項目の取引前後の情報を保持します。具体的には取引日、取引金額（差額）、約定レート、決済レート、預金口座番号、振替コード、NDF通貨／NDF金額、NDF売買区分、決済通貨、決済金額、決済売買区分などがあります。一部項目は取引後の最新情報を基本レコードでも管理します。

最後に各レコードの追加更新要領について図表Ⅴ-94に記述します。

図表Ⅴ-94　各レコードの追加更新要領

取　引	基本レコード	取引レコード
締結	1件追加	1件追加
レート決定	1件更新	1件追加
決済	1件更新	1件追加
変更	1件更新(注)	1件更新(注)

(注)　変更する項目により、更新するレコードは異なります。

第VI章

業務共通・その他業務

第 1 節　顧客管理

業務面

(1) 概　要

　銀行が取引を行う顧客は膨大な数であり、勘定系システムにおいて、顧客の基本属性全般を管理するCIF（Customer Information File）に登録、管理されています。収益管理、リスク管理などの観点からも顧客(*1)管理は必要不可欠、かつ管理の根幹であるといえます。

　　(*1)　取引先などともいいます。個人法人を問わず、個人、個人事業主（営業性個人）、株式会社などの一般法人、特殊法人、金融機関、国・地方公共団体などを指します。業務によっては、預金者、借入人、振込依頼人などといわれますが、本質的には顧客です。

　CIFには、店別に管理される店別CIFと、銀行内で共通に管理される共通CIFの２つがあります。以下では、これら２つのCIFを使用した顧客管理について、説明します。なお、勘定系システムにおけるCIF（店別CIF）については、「第Ⅰ章第１節３　CIF」を参照してください。

(2) 管理対象

　基本的に、すべての顧客が管理対象とされます。管理対象（CIFの登録要否）を店別CIFと共通CIFに分けて示すと、図表Ⅵ-１のとおりです。

　店別CIFでは基本的に個人法人とも管理対象ですが、共通CIFでは原則、その他を除く法人のみが対象とされます。なお、図表Ⅵ-１は国内勘定系を想定していますが、対象か否かは銀行の規模、国内勘定系、国際勘定系などによって異なります。

(3) 管理方法

　店別CIF、共通CIFともに管理は、おもに以下の方法で行われます。

　　① 名寄せ

　個人では氏名、住所、生年月日、性別などで、法人では法人名称、所在地、設立年月日などで名寄せを行い、すでに同一顧客と取引がないかチェッ

図表Ⅵ-1　顧客の管理対象

個人／法人	顧客分類	店別CIF	共通CIF
個人	与信先	管理対象	管理対象外
	非与信先	管理対象(注1)	管理対象外
	その他(注2)	管理対象	管理対象外
法人	与信先	管理対象	管理対象
	非与信先	管理対象(注1)	管理対象
	その他(注2)	管理対象	管理対象外

(注1)　少額の現金振込、海外からの旅行者の外貨両替など一部の取引では、管理対象でなくても（店別CIFの登録がない一見客であっても）、取引は可能ですが、大半の取引では店別CIFの登録がないと取引不可（管理対象）です。

(注2)　かつては取引があったものの、実質的な取引がなくなって一定期間が経過した顧客（不活動顧客、長期無異動顧客などといいます）、銀行からの郵便物が返却されている顧客（郵便不着顧客などといいます）などを指します。

クを行います。名寄せを行うことで、新規顧客がすでに登録済か否かを確認しますが、確認が不十分で同一顧客を別の顧客として登録(*2)すると、後述する計数の一元的な把握が妨げられます。

　　（*2）　同じ顧客を別の顧客として登録し使い分けることは通常ありません。ただし、以下のような例外もあります。
　　　　・コミットメントラインなどで、マルチボロアー契約がある場合、マルチボロアーを1つの共通CIFとして登録する場合
　　　　・フォーフェイティングを含む債権流動化案件で案件単位に共通CIFを登録する場合
　　　　・プロジェクト・ファイナンスなどのスペシャライズド・レンディング(*3)などで、元利金返済を優先する部分と劣後する部分を別々の共通CIFとして登録する場合
　　（*3）　特定資産から生じるキャッシュフローや資産価値などのみを借入資金の返済原資をとする貸付のことです。

② **番号の付与**

個人法人ともに、その名称などが全く同じであることも珍しくないため、名寄せなどにより同一の顧客を二重に登録しないようにチェックしたうえで、当該顧客に対して、CIF番号を付番します。店別CIFのCIF番号は同一店番内でユニークとされ、共通CIFは銀行内でユニークとされています。

③ 一元管理

複数の部店で顧客を管理すると、情報の偏りや正確性などの問題が生じるため、各顧客について主管店または主管部門を定めて、その責任で店別／共通CIFを一元管理します。システム的にも複数システム間の顧客データを共通CIF番号で紐付けすることにより、顧客の収益、リスク、ポートフォリオなどの各種計数を一元的に管理、把握することができます。

(4) 具体例

共通CIFと店別CIFの関係について、具体例を挙げて以下に説明します。

① 顧客が1支店とのみ取引しているケース

顧客が1支店とのみ取引しているケースです。共通CIFと店別CIFは、1対1の関係です（図表Ⅵ－2参照）。

図表Ⅵ－2　顧客が1支店とのみ取引しているケース

種類	共通CIF
共通CIF番号	5678901
名称	西新宿物産
主管店	新宿支店

種類	店別CIF
店	新宿支店
店別CIF番号	1234567
名称	西新宿物産
主管店	新宿支店
共通CIF番号	5678901

② 顧客が複数支店と取引しているケース

顧客が複数支店と取引しているケースです。共通CIFと店別CIFは、1対nの関係です（図表Ⅵ－3参照）。

③ 顧客（親会社と子会社）と取引しているケース

顧客（親会社）とその子会社と取引しているケースです（図表Ⅵ－4参照）。

図表Ⅵ－3　顧客が複数支店と取引しているケース

種類	共通CIF
共通CIF番号	1212121
名称	丸ノ内物産本社
主管店	本店営業第3部

種類	店別CIF
店	横浜支店
店別CIF番号	2100555
名称	丸ノ内物産横浜支社
主管店	本店営業第3部
共通CIF番号	1212121

種類	店別CIF
店	神戸支店
店別CIF番号	1300006
名称	丸ノ内物産神戸支社
主管店	本店営業第3部
共通CIF番号	1212121

種類	店別CIF
店	小倉支店
店別CIF番号	0005678
名称	丸ノ内物産北九州支社
主管店	本店営業第3部
共通CIF番号	1212121

図表Ⅵ－4　顧客（親会社と子会社）と取引しているケース

種類	共通CIF
共通CIF番号	2323232
名称	内幸町物産本社
主管店	本店営業第1部
親共通CIF番号	―

親子関係を表現 ◀------▶

種類	共通CIF
共通CIF番号	2525252
名称	内幸町運輸本社
主管店	品川支店
親共通CIF番号	2323232

種類	店別CIF
店	千葉支店
店別CIF番号	1001234
名称	内幸町物産千葉支社
主管店	本店営業第1部
共通CIF番号	2323232

新潟支店
岡山支店
：
：
：

種類	店別CIF
店	小樽支店
店別CIF番号	1003333
名称	内幸町運輸小樽支社
主管店	品川支店
共通CIF番号	2525252

富山支店
金沢支店
：
：
：

親会社と子会社の共通CIF番号は別の番号です。ここでは、子会社の共通CIFに親会社（上位）の共通CIF番号を持つことで親子（上下）関係を表現していますが、銀行によっては、親子（上下）関係は別に管理している場合もあります。

システム面

基本的にほぼCIFと同じですので、取引遷移、取引種類、各種ファイルについては省略します。「第Ⅰ章第1節3　CIF」を参照してください。ここでは、システム間が共通CIFで紐付けされている例を参考に挙げるに留めます（図表Ⅵ－5参照）。

図表Ⅵ－5　システム間の顧客の紐付け例

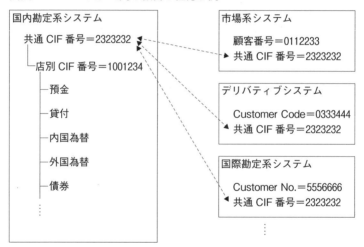

第 2 節　利息手数料管理

業務面

(1) 概　要

　銀行が顧客から徴求する利息や手数料は、個人の場合、利息手数料の発生と同時に徴求されることが一般的ですが、個人以外の場合は都度徴求するのではなく、一定期間内の利息手数料を徴求する（毎月月末締めの翌月25日引落など）のが一般的です。ここでは、銀行が顧客から徴求する利息手数料の管理方法について、説明します。

(2) 管理対象

　取引などで発生し、顧客から徴求する利息手数料(*1)のすべてを対象とするわけではありません。対象とする利息手数料は図表Ⅵ-6のとおりです。対象とされる利息手数料は徴求されるまで、未収利息または未収手数料として管理されます。

　　(*1)　顧客に支払う利息（普通預金利息、定期預金利息など）などは、顧客から徴求するものではなく、支払うタイミングも決まっているため、管理対象外です。また、顧客に支払う手数料は発生しないため、考慮していません。

(3) 管理項目

　利息手数料を顧客から徴求する際の項目を管理します。具体的には、図表Ⅵ-7のとおりです。詳細はシステム面で説明します。

システム面

　預金、貸付、内国為替、外国為替などの基本的な業務に共通する管理項目であるため、CIFで管理されるのが一般的です。ここでは、CIFで管理する前提で記述します。なお、銀行やシステム構成によっては、業務別に管理する場合も少なくありません。

図表Ⅵ-6　利息手数料の管理

個人／法人	種類	管理対象／対象外	具体例
個人	手数料	管理対象外（即時に徴求）	ATM時間外手数料、振込手数料、定額送金取扱手数料、キャッシュ・カード再発行手数料など
	利息	管理対象外（即時に徴求）	住宅ローン利息など(注2)
個人以外(注1)	手数料	管理対象	残高証明書発行手数料、小切手手形用紙交付手数料、代金取立手数料、取引証明書、コミットメントフィーなど
	利息	管理対象	割引料、手形貸付利息、証書貸付利息など(注2)

（注1）個人事業主（営業性個人）を含むか否かは、取引振りなどにもよります。
（注2）カードローン、総合口座貸越利息などは、あらかじめ定められた日に徴求するため、ここでは管理対象外としています。

図表Ⅵ-7　利息手数料徴求の管理項目

管理項目	内　容
引落口座	・顧客と利息手数料を引落する預金口座（当座預金または普通預金）について契約を締結し、指定された口座を利息手数料引落口座として指定します。 ・他店（僚店）の預金口座も指定可能です。
締切日	・一定期間内に発生した利息手数料を一括して引き落とす場合に、一定期間内の締切日（最終日）を指定します。 ・締切日が銀行休業日の場合には、通常、翌営業日としますが、翌営業日が翌月になる場合には、前営業日とされます。
引落日	・利息手数料を一括して引き落とす引落日を指定します。 ・締切日が銀行休業日の場合には、通常、翌営業日としますが、翌営業日が翌月になる場合には、前営業日とされます。
徴求区分	・利息手数料を、営業店端末／センター自動処理のいずれで引き落とすか、利息手数料の発生単位／一定期間内の利息手数料を一括して引き落とすかなどを指定します。

(1) 取引遷移

一般的な取引遷移は図表Ⅵ-8のとおりです。

図表Ⅵ-8　利息手数料管理（CIF）の取引遷移

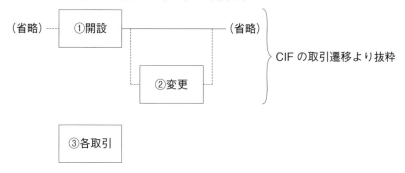

(2) 取引種類

利息手数料管理（CIF）には、図表Ⅵ-9に示す取引があります。

一部の項目について、以下に補足します。

① 締切日と引落日

締切日と引落日の入力値と実際の日付の関係は、図表Ⅵ-10のとおりです。月末営業日は、年月によって値が異なるため、99を入力するのが一般的です。締切日と引落日を1組とし、最大2組を指定可能とすることで、毎月2回まで利息手数料の引落を可能としていることが多いようです。

② 徴求区分

徴求区分には、図表Ⅵ-11に示す5種類があります。同時引落以外の利息手数料は、引落されるまでは未収利息または未収手数料として管理されます。

③ 具体例

利息手数料の引落の具体例を以下に示します。

図表Ⅵ-9　利息手数料管理（CIF）の取引

取引名	概　要	おもな経路など
開設	・顧客の基本的な属性情報を入力し、顧客を新規に登録します。 ・利息手数料についての管理項目である引落口座（店番、科目（注）、口座番号）、締切日、引落日、徴求区分を入力し、登録します。締切日、引落日、徴求区分については後述します。	営業店端末、本部端末
変更	・顧客の基本的な属性情報を変更します。 ・利息手数料についての管理項目のうち、変更が必要な項目を入力し、変更します。	営業店端末、本部端末
各取引	・利息手数料が発生する取引には、入力項目である徴求区分が用意されています。 ・徴求区分に入力があるとき、入力された値を優先して使用し、処理します。 ・徴求区分に入力がないとき、CIFに登録されている徴求区分を使用し、処理します。 ・取引によっては、一律、後述する同時引落とされる場合もあります。	営業店端末（システム内連動含む）、本部端末（システム内連動含む）、センター自動処理、テレフォン・バンキング（システム内連動含む）、インターネット・バンキング（システム内連動含む）

（注）　通常、当座預金または普通預金（決済用預金を含みます）のみ指定可能です。

図表Ⅵ-10　締切日と引落日の入力値と実際の日付の関係

	入力値＝1〜31	入力値＝99
銀行営業日	当日営業日（入力値）	月末営業日
銀行休業日	翌営業日	前営業日
非暦上日	前営業日	―

図表Ⅵ-11　徴求区分の種類

徴求区分	内　容
同時引落	・取引と同時に利息手数料を顧客から徴求します。 ・元本があり、元本を同時に顧客に支払う場合には、元本から利息手数料を引いて支払います。 ・元本があり、元本を同時に顧客から受け取る場合には、元本に利息手数料を足して受け取ります。
センター一括引落	・指定された引落日に、センター自動処理で引落口座から直前の締切日までの利息手数料の合計金額を一括して、引落口座から引き落します。
センター個別引落	・取引日のn営業日（注）後にセンター自動処理で引落口座から利息手数料の発生した取引1件ごとに利息手数料を個別に引落口座から引き落します。
営業店一括引落	・指定された引落日に、センターから送付された一括引落の利息手数料一覧に基づいて、営業店端末を打鍵し、引落口座から直前の締切日までの利息手数料の合計金額を一括して、引き落します。 ・センター一括引落をセンター自動処理ではなく、営業店端末で行います。 ・営業店の負荷が大きいため、極力避けるべきものとされます。
営業店個別引落	・利息手数料が発生した取引1件ごとに、営業店端末を打鍵し、引落口座などから利息手数料を引き落します。 ・通常は、取引と同じ日に利息手数料を徴求します。 ・営業店の負荷が大きいため、極力避けるべきものとされます。

（注）　銀行や業務によって異なることもあります。n＝3～5程度であることが多いようです。

(i) センター一括引落の例

図表Ⅵ-12　センター一括引落の例

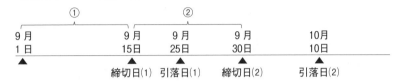

- ①の期間（9月1日～15日）に発生した利息手数料を、9月25日にセンター自動処理で一括引落
- ②の期間（9月16日～30日）に発生した利息手数料を、翌10月10日にセンター自動処理で一括引落

(ii) センター個別引落の例

図表Ⅵ-13　センター個別引落の例

徴求区分＝センター個別引落（n＝4）

9月7日	9月11日	9月30日	10月4日
▲	▲	▲	▲
利息手数料発生①	①の引落	利息手数料発生②	②の引落

- ①9月7日に発生した利息手数料を、4営業日後の9月11日にセンター自動処理で個別引落
- ②9月30日に発生した利息手数料を、4営業日後の10月4日にセンター自動処理で個別引落

(iii) 営業店一括引落の例

利息手数料の引落がセンター自動処理ではなく、営業店端末から行われる点が異なるだけで、それ以外は基本的にセンター一括引落と同じですので、図示は割愛します。

(iv) 営業店個別引落の例

図表Ⅵ-14　営業店個別引落の例

徴求区分＝営業店個別引落

```
         9月       9月       9月
         7日       9日       14日
─────────▲────────▲────────▲──────────
        利息手数料  利息手数料  利息手数料
        発生と徴求  発生と徴求  発生と徴求
         ①～③     ④        ⑤～⑩
```

・①～⑩のいずれも、通常、取引により利息手数料が発生したのと同じ日に利息手数料を徴求

(3) 各種ファイル
① **CIFファイル**

顧客の基本情報を管理するCIFファイルの論理的な構成について記述します（図表Ⅵ-15参照）。CIFファイルについては、「第Ⅰ章第1節3　CIF」も参照してください。

図表Ⅵ-15　CIFファイルの構成

CIF開設時に基本レコードを作成

(省略)

(i) 基本レコード

開設取引で追加されます。キーは店番、CIF番号(*2)です。顧客の基本的な属性項目を保持します。具体的には個人法人区分（個人、法人など）、居住区分（居住、非居住）、業種コード（農業、漁業、食品製造業、小売業、情報サービス業など多数）、生年月日（個人の場合）、設立年月日（個人以外の場合）、ステータス（活動中、解約済、移管済）、徴求区分（同時引落、センター一括引落、センター個別引落、営業店一括引落、営業店個別引落）、締切日(1)、締切日(2)、引落日(1)、引落日(2)、引落口座・店番、引落口座・科目（当座預金、普通預金）、引落口座・口座番号などがあります。

(*2) システムが自動採番する7桁の番号です。取引先番号、顧客番号、依頼人番号などとも呼ばれます。

② 未収未払ファイル

利息手数料の発生から徴求までの間、それらは未収利息、未収手数料として管理されます。その方法には、業務別取引ファイルの各取引レコードで管理する場合と、業務別取引ファイルから物理的に独立した業務別未収未払ファイル(*3)の各レコードで管理する方法があります(*4)。ここでは、後者の方法で管理する前提で説明します。なお、未収未払利息手数料については、外国為替業務の「第Ⅳ章第9節3　未収未払利息手数料登録受払」も参照してください。

(*3) 戻し利息や為替予約のキャンセルなどにともなう差益を顧客に支払う場合も稀にあるため、未払も想定しています。
(*4) 業務別取引ファイルで管理する方法には、以下のような特徴があります。
・元本の受払が終了していても、利息手数料が未収のままであれば、当該取引を取引終了にできません。
・取引と未収利息手数料が同じレコードで管理されるため、相対的にわかりやすく、処理が比較的容易です。
他方、未収未払ファイルで管理する方法には、以下のような特徴があります。
・元本の受払が終了すれば、利息手数料は未収未払ファイルで独立して管理されているため、当該取引を取引終了にできます。
・取引と未収利息手数料が異なるファイルのレコードで管理されるため、相対的にわかりにくく、処理が比較的複雑です。

以下に、未収未払利息手数料の取引情報を管理する未収未払ファイルの論理的な構成について記述します（図表Ⅵ-16参照）。

図表Ⅵ-16 未収未払ファイルの構成

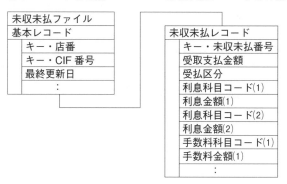

(i) 基本レコード

顧客ごとにその顧客で最初に未収未払の利息手数料が発生した場合に追加されます。キーは店番、CIF番号です。

(ii) 未収未払レコード

各取引で未収未払の利息手数料が発生するごとに、または未収未払の利息手数料を登録するごとに1件追加されます。キーは、未収未払番号です。発生した未収未払の個々の利息手数料についての詳細な情報を保持します。具体的には、受取支払金額、受払区分（受取、支払）、複数の利息項目（利息科目コード、利息金額）、複数の手数料項目（手数料科目コード、手数料金額）などがあります。さらに複数ある利息項目に対応して、利息開始日、利息終了日、利息日数、利率、片端両端区分など利息固有の項目も複数保持します。

最後に各レコードの追加更新要領について、図表Ⅵ-17に記述します。

図表Ⅵ-17　各レコードの追加更新要領

取引	CIFファイル	未収未払ファイル(注1)	
	基本レコード	基本レコード	未収未払レコード
開設	1件追加	—	—
変更	1件更新	—	—
各取引	—	1件追加または更新(注2)	1件追加

(注1)　各取引で発生する未収利息手数料は、別途、受入取引で受け取り、未払利息手数料は、別途、支払取引で支払います。詳細は、外国為替業務の「第Ⅳ章第9節3　未収未払利息手数料登録受払」を参照してください。

(注2)　当該顧客で最初に未収未払の利息手数料が発生した場合に1件追加し、それ以外は1件更新します。

第 3 節　移　管

業務面

(1) 概　要

　移管とは、銀行または顧客の都合により、取引を行う店を変更することです。取引店変更などともいわれます。図表Ⅵ-18に代表的な例を示します。

図表Ⅵ-18　移管の例

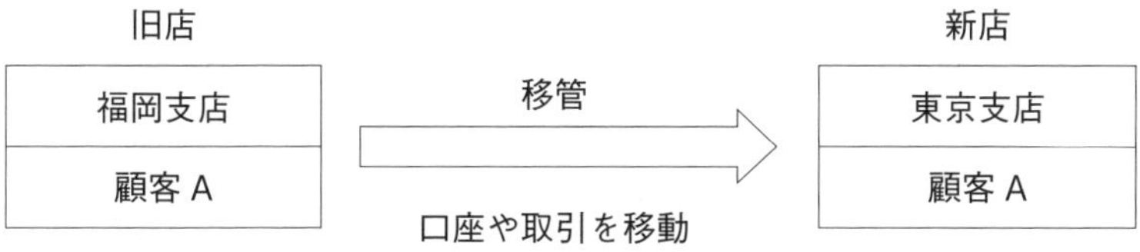

旧店		新店
福岡支店	→ 移管 →	東京支店
顧客A	口座や取引を移動	顧客A

　取引や口座を送り出す店を旧店、移管店、移管元店、取引や口座を受け入れる店を新店、被移管店、移管先店などといいます（以降は旧店、新店の呼称で統一します）。図表Ⅵ-18の例では、銀行の取引先である顧客Aが取引する店を福岡支店から東京支店に移管しているので、旧店は福岡支店、新店は東京支店です(*1)。なお、移管は同じ銀行内のみ可能で、同じグループであっても銀行が異なる場合には移管を行うことができません。

　　(*1)　旧店の顧客Aを移管して、新店の顧客Aと一体化することを、銀行によっては名寄せともいいます。

(2) 種　類

　移管には、移管先や範囲などによって、いくつかの種類があります。

　① 移管先による分類

　どこへ移管するかによって、図表Ⅵ-19に示す2種類に分かれます。

図表Ⅵ-19　移管先による種類

移管の種類	内　容	備　考
店外移管	異なる店へ移管（旧店≠新店）	一般的な移管
店内移管	同じ店の中で移管（旧店＝新店）	

　店外移管は異なる店への移管であり、個人の転居や事業所の移転などにともなって生じる一般的な移管です。店内移管は、同じ店の中での移管で、たとえば、同じ店で異なる事業所や会社への統合、合併などにより生じる移管ですが、店外移管に比べて、稀にしか起こりません。

②　移管範囲による分類

　どの範囲を移管するかによって、図表Ⅵ-20に示す2種類に分かれます。

図表Ⅵ-20　移管範囲による分類

移管の種類	内　容	備　考
一括移管（大量移管）	店の取引や口座すべてを他の店に移管	店外移管のみ
個別移管	顧客のすべての取引、口座を移管	
	顧客の一部の取引、口座を移管	

　一括移管は、店舗統廃合などの銀行の都合によって、顧客を始め、取引や口座すべてを他の店に移管するものです。

　これに対して、個別移管は、顧客の求めによるもので、顧客、取引、口座の一部またはすべてを移管します。新店側にすでに同一の顧客が存在し、その顧客と合わせて、1つの顧客に統一するか否かのバリエーションもあります。たとえば、個人の場合、普通預金口座（総合口座）で公共料金やクレジットカードなどの口座引落（口座振替）をしていることが一般的ですが、口座の移管後に口座引落があると、引落できなくなります（図表Ⅵ-21参照）。これは口座が使えなくなるという意味においては、移管が口座解約と同じだからです。

　これを回避するために、新店に普通預金口座（総合口座）を作り、口座番

図表Ⅵ-21　旧店の口座を新店に移管するケース

日付	旧店	日付	新店
4月15日	顧客Aの取引すべてを新店に移管依頼（普通預金、定期預金など） →取引、口座はすべて移管済に（残高もZEROに）		
		4月16日	顧客A＝普通預金口座を新規開設 新規開設した普通預金口座について、電力会社、ガス会社、電話会社宛へ口座振替依頼書を提出
		4月25日	給与振込
4月27日	顧客Aの普通預金口座から、電気料金が口座引落→エラー		
	顧客Aの普通預金口座から、ガス料金が口座引落→エラー		→当該口座は移管済でエラー
	顧客Aの普通預金口座から、電話料金が口座引落→エラー		

号を確定させて、口座引落を新店の口座に切り替えます。そして、すべての口座引落が新店の口座に切り替わった後に旧店の口座を新店に移管すれば、手続は煩雑ながら、口座からの引落ができなくなることが回避できます。このようなケースでは、旧店にも新店にも同じ顧客が存在した状態で移管が行われます（図表Ⅵ-22参照）。

また、外国為替取引では輸出入や送金といった取引ごとに、その取引を銀行内でユニークにする番号、OUR REF. NO.（Our Reference Number）が付番されます。これは、おもに海外などの他行が当該取引に関して、通知、問い合わせ、確認などを行う際に使用する番号ですが、この番号も移管することによって変わることがあります。この場合には移管前と移管後のOUR REF. NO.の対比表などを作成したうえで、読み替えを行う必要があります。

(3) バリエーション

ここでは、店外移管について例示しますが、旧店と新店を同じ店と読み替えれば、店内移管でも同様です。

① 店外移管・一括移管

店舗統廃合などにより、旧店の顧客、口座、取引のすべてを新店に移管し

図表Ⅵ-22　新店に口座を作成後に移管するケース

日付	旧店	日付	新店
		4月15日	顧客Aは普通預金口座②を新規開設
		4月16日	上記の普通預金口座②について、電力会社、ガス会社、電話会社宛へ口座振替依頼書を提出
4月25日	給与振込		
4月27日	顧客Aの普通預金口座①から、電気料金、ガス料金、電話料金が口座引落		
	新店側ですべての口座引落を確認してから、移管	5月25日	給与振込
		5月27日	顧客Aの普通預金口座②から、電気料金、ガス料金、電話料金が口座引落
6月3日	顧客Aは取引すべてを新店に移管依頼（普通預金①、定期預金など）→取引、口座はすべて移管済に		
		6月10日	移管された普通預金①を解約し、移管された定期預金の通帳を受領

ます（図表Ⅵ-23参照）。

②　**店外移管・個別移管(1)**

顧客依頼により、顧客のすべての取引・口座を旧店から新店に移管します。なお、新店側には移管される顧客は存在しないケースです（図表Ⅵ-24参照）。

③　**店外移管・個別移管(2)**

顧客依頼により、顧客の一部の取引・口座を旧店から新店に移管します。なお、新店側には移管される顧客は存在しないケースです（図表Ⅵ-25参照）。

④　**店外移管・個別移管(3)**

顧客依頼により、顧客のすべての取引・口座を旧店から新店に移管します。なお、新店側にも移管される顧客が存在するケースです（図表Ⅵ-26参照）。

⑤　**店外移管・個別移管(4)**

顧客依頼により、顧客の一部の取引・口座を旧店から新店に移管します。

図表Ⅵ-23　店外移管・一括移管のケース

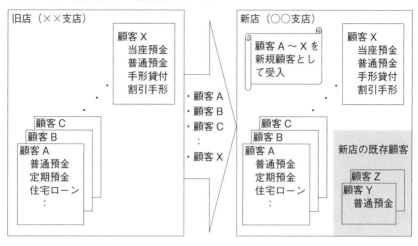

図表Ⅵ-24　店外移管・個別移管のケース(1)

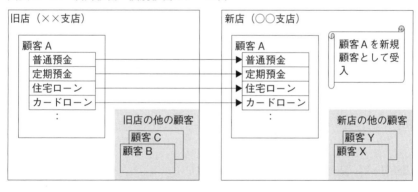

なお、新店側にも移管される顧客が存在するケースです（図表Ⅵ-27参照）。

(4) 手　　続

① 一括移管

　一括移管は、店舗統廃合などの銀行の都合によるものですので、原則、顧客から改めて徴求する書類はありません。預金口座の通帳やキャッシュ・カードは旧店のものがそのまま使用でき、預金口座の公共料金引落についても口座振替依頼書を新たに徴求することはありません。

図表Ⅵ-25　店外移管・個別移管のケース(2)

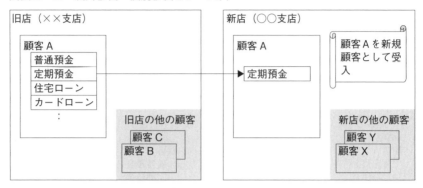

図表Ⅵ-26　店外移管・個別移管のケース(3)

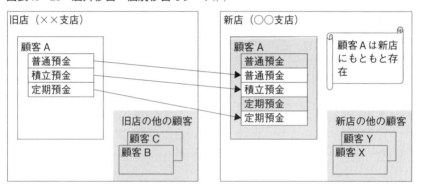

図表Ⅵ-27　店外移管・個別移管のケース(4)

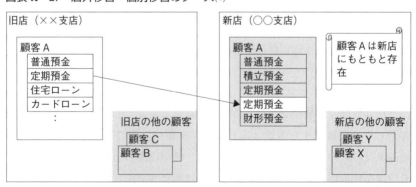

② **個別移管**

個別移管は、旧店・新店のどちらからでも申込できるのが一般的です。個別移管は、顧客都合によるものですので、どの店からどの店へ移管するか、顧客全体／一部の移管かといった情報が記載された移管依頼書を顧客から徴求します。預金口座の通帳やキャッシュ・カードは旧店のものを回収し、新店のものを交付します。キャッシュ・カードは通常、届出の住所に後日郵送します。預金口座で公共料金の引落がある場合には、新店の預金口座についての口座振替依頼書も徴求します。

> システム面

移管は勘定系システム（特に預金、貸付業務）で用意されていますが、業務によっては一部用意されていないこともあります。また、前述のバリエーションすべてがサポートされているとは限りません。サポートされていない場合には、顧客や口座、取引を1つ1つ打鍵することなどによって移管します。以下では、一般的と思われる内容を記述します。

(1) 取引の種類

移管を取り扱う取引には、図表Ⅵ-28に示す種類のものがあります。

図表Ⅵ-28　取引の種類

取引	内容	備考
即時移管	端末から顧客または口座を即時に移管します。	個別移管のみ
センター移管	端末から顧客または口座の移管登録を行い、夜間にセンター処理で移管します。	一括移管でも使用

① **即時移管**

端末から指定された顧客または口座を即時に移管します。顧客の移管の場合、当該顧客の旧店の口座、取引のすべてが新店に移管されます。口座の移管の場合、当該口座のみが旧店から新店に移管され、当該口座を保有する顧客のそれ以外の口座、取引は旧店に残ります（図表Ⅵ-29参照）。

いずれの場合もデータの不整合を防ぐために、移管処理中は移管対象であ

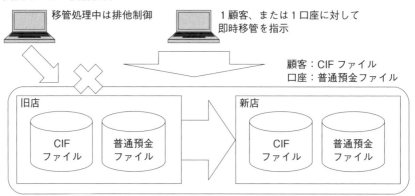

図表Ⅵ-29　個別移管

1顧客、または1口座をリアルタイムで旧店から新店に移管

る顧客や口座、取引に対しては処理できないように排他制御を行います。

　移管されるデータ量によっては、オンラインに負荷が掛かるため、即時移管を用意していない場合もあります。また一括移管では大量のデータを取り扱うため、即時移管は使用されません。具体的な処理内容については、次のセンター移管で記述します。

　② **センター移管**

　端末から指定された顧客または口座を夜間オンラインで移管します。即時の移管が必要でない場合や一括移管のように大量のデータを取り扱う場合に使用されます（図表Ⅵ-30参照）。単純化のため、ここでは移管しようとする顧客が新店に存在しないケースについて記述します。

(2)　処理の前提

　処理にあたっては、以下のような前提が考えられます。

　① **新店での準備**

　個別移管の場合、新店にも移管される顧客（CIF）を作成しておきます。この新たに作成された顧客に対して、旧店から移管が行われます。

　一括移管の場合、新店側に大量にデータの追加が発生することで、パフォーマンスが大きく悪化（メインフレームでいうCI／CA分割が発生）することがあるため、新店に旧店のCIFをすべて作成しておきます。これにより、

図表Ⅵ-30 センター移管

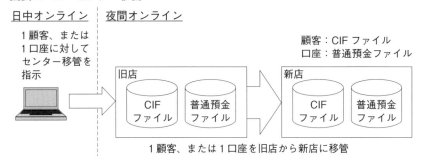

新店側ではデータの追加ではなく、更新のみが発生し、パフォーマンスの劣化を防ぐことができます。

② 処理順序など

移管は、ある時点で旧店側顧客が削除（論理抹消）され、新店側顧客の使用が開始されることから、夜間に行われるセンター処理の最後に行うようにします。センター処理の最初や途中で移管処理を行うとすると、後続のセンター処理でも移管の結果（顧客の旧店から新店への移動）を反映して、データ作成をしなければならず、処理が複雑化します（図表Ⅵ-31参照）。

移管処理と並行して他のセンター処理を実行する場合には、移管処理の影響を全く受けない処理に限定すべきです。また、移管処理の後に移管処理前のデータを処理するような流れにならないように、JOBネットを構築する必要があります（図表Ⅵ-32参照）。

(3) 処理の内容

顧客単位の移管で行われる主要な処理には以下のような処理があります。なお、ここでは図表Ⅵ-33に示すファイルを移送すると想定します。

① 顧客基本情報（CIFファイル）の移送
② 顧客業務別情報（業務ファイル）の移送
③ 預金口座（預金口座ファイル）の移送
④ 取引（取引ファイル）の移送
⑤ 勘定などの付替
⑥ 同期点の取得

図表Ⅵ-31　処理順序と移管

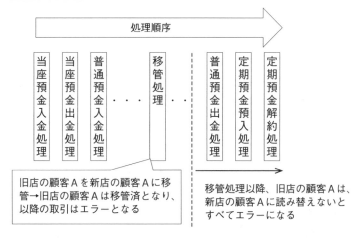

図表Ⅵ-32　JOBと移管

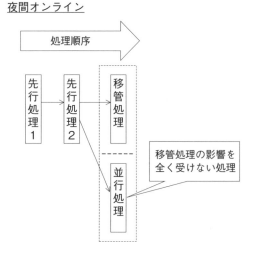

図表Ⅵ-33 移管対象ファイル

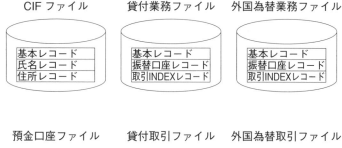

① 顧客基本情報（CIFファイル）の移送

通常、銀行が顧客と取引を開始する際には、最初に氏名、住所、生年月日（法人の場合は、法人名称、住所、設立年月日）などの顧客の基本的な情報をCIFファイルに登録します。このCIFファイルがないと、銀行取引の大半ができないため、まず、CIFファイルを旧店から新店に移送します（図表Ⅵ-34参照）。移管後、旧店の顧客（CIFファイル．基本レコード）のステータスを「移管済」(*2)に変更します。

(*2) 移管済のほかに活動中、解約済などがあり、ステータスに関係なく、旧店から新店に移送します。

図表Ⅵ-34 CIFファイルの移送

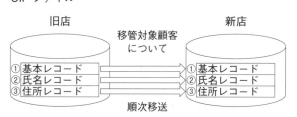

② 顧客業務別情報（業務ファイル）の移送

次に顧客の業務別の情報（業務ファイル）を移送します。住宅ローンや手形貸付などの貸付を受けている顧客はCIFファイル(*3)だけではなく、貸付の業務ファイルに登録されていますし、外貨預金や輸出入を行っている顧客は外国為替の業務ファイルに登録されています。これらの業務ファイルがないと、通常は当該業務の取引ができないため、CIFファイルの次に各業務ファイルを旧店から新店に移送します（図表Ⅵ-35参照）。移管後、旧店の顧客業務別情報（業務ファイル．基本レコード）のステータスを「移管済」(*4)に変更します。

(*3) ここでは、預金の業務ファイルはCIFファイルと一体化しているものとして扱っています。
(*4) 移管済のほかに活動中、解約済などがあり、ステータスに関係なく、旧店から新店に移送します。

図表Ⅵ-35　各業務ファイルの移送

貸付業務ファイル

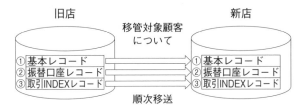

外国為替業務ファイル

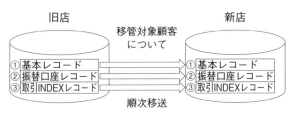

③ 預金口座（預金口座ファイル）の移送

次に預金口座（預金口座ファイル）を順次、旧店から新店に移送します（図表Ⅵ-36参照）。顧客が旧店に保有している各種預金口座（当座預金、普通

預金、定期預金、積立預金など）が対象です。口座のみの移管の場合には移管対象とされた口座について、当項番のみを行います。移管後、旧店の預金口座（預金口座ファイル．基本レコード）のステータスを「移管済」(*5)に変更します。

(*5) 移管済のほかに活動中、解約済、取消済（新規口座開設が取消された状態）などがあり、ステータスに関係なく、旧店から新店に移送します。

図表Ⅵ-36　預金口座ファイルの移送

預金口座ファイル

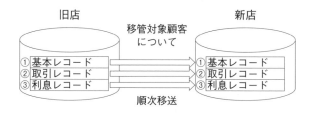

④ 取引（取引ファイル）の移送

預金口座の後は、各取引ファイルを順次、旧店から新店に移送します（図表Ⅵ-37参照）。貸付業務の取引であれば、手形貸付取引、証書貸付取引、割引手形取引などの、外国為替取引であれば、輸出手形取引、輸入手形取引、仕向送金取引などの移管対象顧客の取引が対象です。移管後、旧店の取引（取引ファイル．基本レコード）のステータスを「移管済」(*6)に変更します。

(*6) 移管済のほかに活動中、解約済、取消済（新規口座開設が取消された状態）などがあり、ステータスに関係なく、旧店から新店に移送します。

⑤ 勘定などの付替

①〜④では、各種ファイルを順次、旧店から新店に移送しました。勘定（起票）という観点では、たとえば、預金口座の旧店から新店への移管は旧店の預金口座を解約して、新店で預金口座を新規開設することと同じです（ただし、移管の場合、実際に解約するわけではないので、解約利息は起票しません）。したがって、旧店から新店への移管による勘定起票を行う必要があります。以下に移管にともなう預金口座（図表Ⅵ-38参照）、貸付取引（図表Ⅵ-39参照）、外国為替取引（図表Ⅵ-40参照）の起票を例示します。

図表Ⅵ-37 取引ファイルの移送

貸付取引ファイル

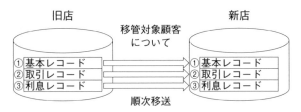

外国為替取引ファイル

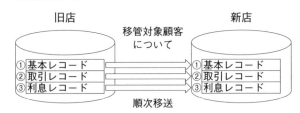

図表Ⅵ-38 預金口座ファイルの移送にともなう起票

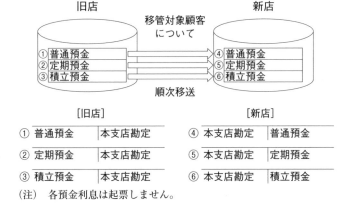

(注) 各預金利息は起票しません。

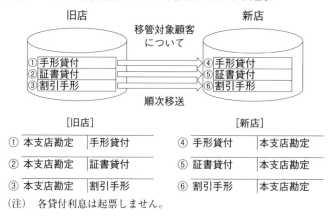

図表Ⅵ-39 貸付取引ファイルの移送にともなう起票

(注) 各貸付利息は起票しません。

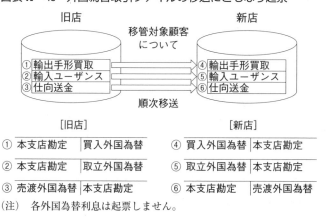

図表Ⅵ-40 外国為替取引ファイルの移送にともなう起票

(注) 各外国為替利息は起票しません。

　なお、①顧客基本情報（CIFファイル）と②顧客業務別情報（業務ファイル）については、もともと顧客などの情報を各マスタに登録するだけで、勘定起票をともなわない（金銭の入出金がない）ため、勘定の付替は必要ありません。

　外国為替の持高（ポジション）を店別に管理しているシステムでは、外国為替取引の移管にともなって、持高も旧店から新店に付け替える必要があります。付替の方法は、旧店の科目別の外貨残高をマイナスし、新店の科目別

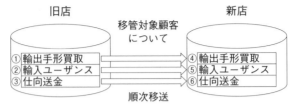

図表Ⅵ-41　外国為替取引ファイルの移送にともなう持高の付替

科目（資産／負債）	[旧店]	[新店]
買入外国為替（資産）	−10,000.00ドル	＋10,000.00ドル
取立外国為替（資産）	−50,000.00ドル	＋50,000.00ドル
売渡外国為替（負債）	−1,000.00ドル	＋1,000.00ドル

の外貨残高をプラスします（図表Ⅵ-41参照）。

　勘定、持高のほかにも、移管にともなって付け替えるべき計数などがあれば、それらも旧店から新店へ付け替えます。ここでは、一例として、預金口座の新規解約件数を挙げて説明します。

　顧客が新規に口座を開設した場合、通常の新規件数を1件プラスします。同様に解約した場合には通常の解約件数を1件プラスします。ただ、新規や解約といっても、移管にともなって口座の件数が増減する場合もありますし、定期預金などの書換（定期預金を満期日到来後に解約せず、再度、定期預金として預入するケース）により、口座の件数が増加することもあります。図表Ⅵ-42の場合、旧店の口座の件数は移管された分、減少し、新店の口座の件数は移管された分、増加します。

⑥　同期点の取得

　通常の取引では追加・更新するデータベースのレコード数が大量になることはありません。しかし、預金口座の中には、1日あたり数千件を超える取引（おもに振込・口座振替による入金）が恒常的に発生するものもあります。こうした口座を移管する、あるいは銀行とさまざまな取引を多数行っている顧客を移管するような場合、移管にともない追加・更新するレコード数が大量になることがあります。

　システムには、1トランザクション内で追加・更新できるレコード数の上

図表Ⅵ-42 預金口座ファイルの移送にともなう新規・解約件数の付替

旧店 → 移管対象顧客について 順次移送 → 新店

① 普通預金 → ④ 普通預金
② 定期預金 → ⑤ 定期預金
③ 積立預金 → ⑥ 積立預金

	[旧店]				[新店]			
	通常の		移管による		通常の		移管による	
	新規	解約	新規	解約	新規	解約	新規	解約
普通預金	0	0	0	+1	0	0	+1	0
定期預金	0	0	0	+1	0	0	+1	0
積立預金	0	0	0	+1	0	0	+1	0

（注）書換による新規・解約件数については、上表では省略します。

限値(*7)が決まっており、これを超える取引はできません（かりにできても、障害が発生した場合、障害発生前の状態に戻せなくなるなど、致命的な事態を招きかねません）。

　　(*7) レコード長が短い場合は上限値が大きく、レコード長が長い場合は上限値が小さくなります。

　そこで、1トランザクション内で追加・更新するレコード数を十分な余裕を持った値に決めておきます。その値を超えて、処理すべきレコードがある場合、どこまで処理したかの同期点を取得したうえで、そのトランザクションを終了させると同時に次のトランザクションを起動します。このとき、次のトランザクションで最初に処理すべきレコードをユニークにするキー情報（旧店の預金口座ファイル、入出金レコードのキー）を、トランザクションを管理する専用のデータベース（トランザクション管理ファイル）に書き込んでおきます。

　次のトランザクションでは、トランザクション管理ファイルから直前のトランザクションで書き込まれたキー情報を取得したうえで、キー情報に一致するレコードから追加・更新を再開します。このトランザクションでもレコードの追加・更新が終わらない場合には、追加・更新が終わるまで前述の

処理を繰り返します（図表Ⅵ-43参照）。

図表Ⅵ-43　預金口座ファイルを移送するトランザクションの流れ

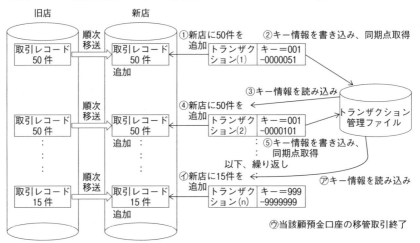

（注1）　取引レコード以外は省略します。
（注2）　取引レコードの、1トランザクションあたりの移送の上限値は、50レコードです。

第 4 節　異例取引管理

概　要

　異例取引管理とは、異例取引（通常とは異なる取引）を行う／行った場合に、一定の承認権限を付与された役席者（管理者、証印者）が承認・確認した取引を通常のものとは区別して管理することを指します。たとえば、窓口で顧客依頼により顧客口座から現金を払戻するのは通常の取引ですが、紛失届が届け出されているキャッシュ・カードが見つかり、発見届を受け当該カードの使用ができるように、システムに登録するのは異例取引であり、役席者の承認が必要です。

　通常の取引では担当者（入力者）が取引を入力し、再鑑者（照合者）はその結果が正しいかを事後にチェックするだけですが、このときの再鑑者は役席者である必要はありません。これに対して、異例取引では、そもそもその取引を行ってよいか否かを役席者が事前／事後に判断・承認しなければならない場合もあります。このため、業務的にもシステム的にも通常取引と異例取引を分けて管理する必要があります。以下では、異例取引の種類、事後管理方法、具体例について、業務面とシステム面の両面から説明します。

詳　細

(1) 種　類

　異例取引には以下のような種類があるのが、一般的です（図表Ⅵ-44参照）。

　① 役席承認

　役席承認は異例取引の中でも異例の度合がもっとも高い場合に求められるもので、担当者が取引を入力しても、その時点では取引成立とはならず、役席者の承認によって取引が成立します。以下、取引を一度エラーとするケース（図表Ⅵ-45参照）と取引を保留・承認待ちとするケース（図表Ⅵ-46参

図表Ⅵ-44　異例取引の種類

種　類	内　容
役席承認	・役席者が承認する前は、取引は成立しません。取引はエラー、または保留とされます。 ・役席者が承認することで取引が成立します。
役席確認	・担当者の入力だけで取引が成立します。 ・事後に役席者の確認が必要です。
注意確認	・担当者に注意を喚起するだけで役席者の確認も不要です。 ・取引は常に成立します。

照）を例示します。なお、異例取引の取扱がいずれとされるかは、銀行の採用する勘定系システムによって異なります。

　取引を一度エラーにするケースでは、入力した取引が役席承認に該当した場合、その取引はいったんエラーとされます。入力者は取引内容を確認し、役席者に承認を求めます。役席者はその取引内容に問題がないことを確認し、役席カード(*1)を入力することで承認します。これによって当該取引が成立します。

　　(*1)　取引を入力する担当者は、通常の取引を入力できるオペレータ・カードを使用しますが、異例取引を承認する権限は与えられていないため、異例取引を成立させることはできません。異例取引を成立させられるのは役席者権限を付与された役席カードです。

図表Ⅵ-45　取引を一度エラーにするケース

①取引入力　→　②エラー承認依頼　③取引内容確認　役席カード入力　→　④取引成立　伝票・記録票

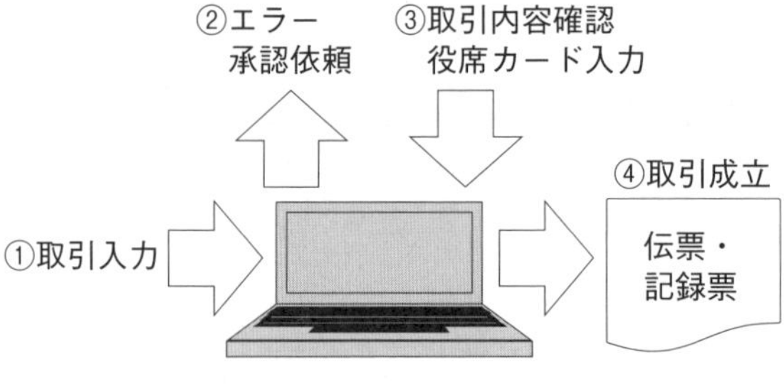

取引を保留・承認待ちとするケースでは、入力した取引が役席承認に該当した場合、その取引はいったん保留とされます（取引はエラーにされず、成立もしません）。保留された取引は自動的に役席者に通知されるので、役席者はその取引内容に問題がないことを確認し、承認（役席者IDで画面上の役席承認ボタンを押下）することによって、当該取引を成立させます。

いずれの場合でも、役席承認とされた取引であることを明示するために、伝票または記録票(*2)に赤字などで役席承認の事由が印字されます。当日に発生した異例取引を営業店または部署単位で管理する異例取引情報にも記録されます。

(*2) 取引を入力し、成立した場合、入力内容、計算結果などを印字した銀行が制定する用紙です。通常、勘定異動がある取引の結果の印字を伝票と呼び、勘定異動がない取引の結果の印字を記録票（または取引記録票など）と呼称します。

図表Ⅵ-46 取引を保留・承認待ちとするケース

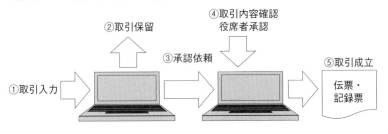

② 役席確認

役席確認は異例取引の中でも異例の度合が役席承認に次いで高いものですが、担当者が取引を入力し、その取引が役席確認に該当した場合でも取引は成立します（取引はエラーにされず、成立します）。ただし、取引成立後に役席者が取引内容を確認し、事後に取引を確認する必要があります。伝票または記録票への印字や異例取引情報への記録は、役席承認と同じです。

③ 注意確認

注意確認は異例取引の中でも異例の度合がもっとも低いものです。役席承認のようにエラーや取引保留にならず、通常取引同様に取引が成立します。また役席確認と違い、役席者の事後の確認も不要です。注意確認であること

は画面への事由の表示程度に留まり、伝票または記録票への印字や異例取引情報への記録は通常行われません。
　以上をまとめると、図表Ⅵ-47のとおりです。

図表Ⅵ-47　異例取引の内容

種　類	取引成立条件	表示内容	異例取引情報
役席承認	役席カードの入力、または役席承認ボタンの押下	伝票・記録票に赤字などで印字	記録する
役席確認	なし	同上	記録する
注意確認	なし	画面に表示	記録しない

(2)　事後管理方法

　役席承認、役席確認に該当する場合、取引内容が役席者や担当者などにより都度確認されますが、営業店または部署単位で一覧可能な異例取引情報でも事後確認を可能としています。これは取引の都度、異例取引についての情報を記録しておき、事後にそれらの情報を一覧で照会する機能によって実現されます（図表Ⅵ-48参照）。

図表Ⅵ-48　異例取引情報の格納

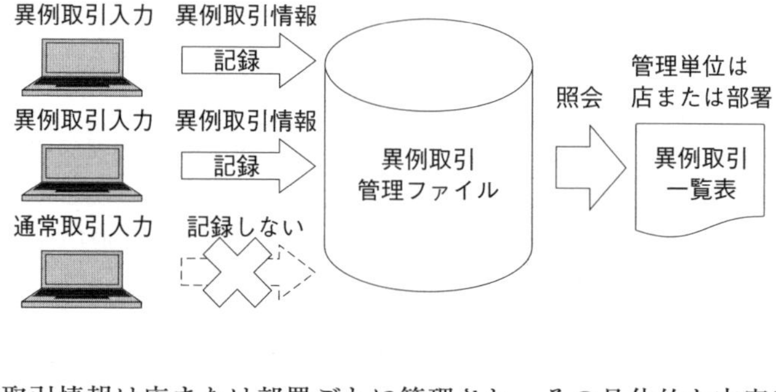

　異例取引情報は店または部署ごとに管理され、その具体的な内容は店番、顧客番号、顧客名称、異例取引の事由などです。勘定の異動がある場合には入金／出金の別、入払金額、現金／振替の別、正常取引／取消取引の別、預金口座がかかわる場合には預金科目、預金口座番号なども記録されます。

(3) 具体例

異例取引の具体例をいくつか図表Ⅵ-49に示します。なお、役席承認や役席確認といった承認・確認レベルや異例取引の種類、文言などは銀行などによって異なります。

図表Ⅵ-49 異例取引の具体例

異例取引事由	種類	事由説明
起算日取引	役席承認	指定した過去日付で取引を行う。利息も過去日付を始期として計算
後日取消		前営業日以前に行った取引を取消
期日後回収		期日後に貸付を回収
再発行		通帳・証書・カードなどを再発行
無帳（NB）取引		窓口などで通帳発行済預金口座を無通帳（NB：No Book）により取引
金利指定	役席確認	金利を自動決定せずに、個別に入力
手数料指定		手数料を自動決定せずに、個別に入力
期日前回収		期日前に貸付を回収
担保処分		貸付が回収不能となったため、担保を処分し、貸付を回収
償却		貸付が回収不能となったため、債権放棄などにより、償却
要注意先	注意確認	特に注意して取引すべき顧客
連絡不要		銀行からの連絡や案内が不要の顧客
届出不備		銀行への届出に不備がある（たとえば住所変更の届出がないため、銀行からの郵便物が返却されている）顧客
期日休日		期日指定定期預金などで指定された期日が銀行休業日
要記帳		普通預金などの通帳に未記帳データが一定数以上ある

第 5 節　マイナス金利

業務面

　2016年1月29日に日銀がマイナス金利の導入を発表し、翌月16日から政策金利に0.1％のマイナス金利の適用が始まりました。ここでは、マイナス金利の政策的な意味合いなどは割愛し、一般的なマイナス金利の影響を述べるに留め（図表Ⅵ-50参照）、おもにシステム面での対応について記述します。

図表Ⅵ-50　マイナス金利の及ぼす影響

主体	メリット	デメリット
銀行	・特段なし	・貸出金利、国債などの金利低下にともなう資金運用機会の減少 ・利益の低下
個人	・住宅ローン金利などの低下	・預金金利の低下 ・国債などの金利低下にともなう資金運用機会の減少
法人	・借入金利の低下 ・発行社債金利などの低下	・預金金利の低下 ・国債などの金利低下にともなう資金運用機会の減少 ・機関投資家などの一部大口預金の手数料新設

システム面

　マイナス金利について、どのような対応が考えられるかを記述します。ここではシステムにとって、もっとも負荷が大きい預金金利や貸付金利などの対顧金利もマイナスになった場合を想定します。なお、マイナスを許容するということは必然的にゼロも許容することになるため、ゼロとマイナスは同等に取り扱うものとします。

以下では、(1)画面、帳票、(2)ファイル項目、(3)ロジック、(4)利息計算、(5)起票の各項目について、記述します。

(1) 画面、帳票

入出力画面、帳票については、図表Ⅵ-51のとおりです。

図表Ⅵ-51　項目についての対応

項目	入出力	状況	対応
対顧金利、ベースレート、スプレッドなどの金利項目	入力画面	・ゼロ入力できない ・マイナス入力できない	・ゼロ入力を可能に ・マイナス入力を可能に
	出力画面、帳票	・ゼロの表示ができない ・マイナスが表示できない	・ゼロの表示を可能に ・マイナスの表示を可能に
利息金額などの金額項目	入力画面	・ゼロ入力できない ・マイナス入力できない	・ゼロ入力を可能に ・マイナス入力を可能に
	出力画面、帳票	・ゼロの表示ができない ・マイナスが表示できない	・ゼロの表示を可能に ・マイナスの表示を可能に

(2) ファイル項目

メインフレームで使用される言語PL/1のPIC属性のように数値項目で符合を保持できない項目が金利項目や金額項目にあれば、PACK属性に変更するなどの対応を行います。なお、オープン系には同様の属性はありません。

(3) ロジック

今までは通常、マイナス金利（とその結果、導出されるマイナスの利息金額）はありえないのが当然であったために、ゼロ、マイナスがあることを念頭に条件分岐が妥当かどうか精査する必要があります。以下に例を示します。なお、条件式中の「項目」は金利または利息金額といった項目に適宜読み替えるものとします。

① 例1

IF項目＞ゼロ

THEN

　　　　処理A……項目がプラスの処理。ゼロが処理Aで処理されなくてよい
　　　　　　か検討が必要です。
　　ELSE
　　　　処理なし……項目がゼロ、マイナスの処理。ゼロ、マイナスが処理な
　　　　　　しでよいか検討が必要です。

② **例　2**

　　IF項目＜ゼロ
　　THEN
　　　　処理なし……項目がマイナスの処理。マイナスが処理なしでよいか検
　　　　　　討が必要です。
　　ELSE
　　　　処理A……項目がプラス、ゼロの処理。ゼロがプラスと同じ処理でよ
　　　　　　いか検討が必要です。

③ **例　3**

　　IF項目≠ゼロ
　　THEN
　　　　処理A……項目がゼロ以外の処理。プラスとマイナスが同じ処理Aで
　　　　　　よいか検討が必要です。
　　ELSE
　　　　処理なし……項目がゼロの処理。ゼロが処理なしでよいか検討が必要
　　　　　　です。

④ **例　4**

　　IF項目＝ゼロ
　　THEN
　　　　処理なし……項目がゼロの処理。ゼロが処理なしでよいか検討が必要
　　　　　　です。
　　ELSE
　　　　処理A……項目がゼロ以外の処理。プラスとマイナスが同じ処理Aで
　　　　　　よいか検討が必要です。

⑤ 例　5

　　IF項目≧ゼロ

　　THEN

　　　処理A……項目がゼロ以上の処理。ゼロが処理Aでよいか検討が必要です。

　　ELSE

　　　処理なし……項目がマイナスの処理。マイナスが処理なしでよいか検討が必要です。

⑥ 例　6

　　IF項目≦ゼロ

　　THEN

　　　処理なし……項目がゼロ以下の処理。ゼロ、マイナスが処理なしでよいか検討が必要です。

　　ELSE

　　　処理A……項目がプラスの処理。

⑦ 例　7

　　項目B＝ABS（項目A）……ここで絶対値（ABS）とすることが妥当か検討が必要です。

(4) 利息計算

　金利などの利率項目にマイナス金利を許容すれば、特段の対応をしなくても利息金額もマイナスになり、この点は問題がないはずですが、マイナスの端数処理は以下のとおり2通りの考えが存在します。マイナスの端数処理については、どちらが正解というわけではなく、仕様の問題です。預金の利息日数は片端で、貸付の利息日数は両端で数えるというように銀行に有利な仕様とするか、外貨売りの対価である円貨は円未満切捨というように顧客に有利な仕様とするか、銀行、システム、業務、商品によって違いが出てくるものと考えられます。以下では外貨利息額を例に挙げて記述しています。

① 通常（プラス）の端数処理

　以下のとおりです。

利息額（小数点以下3位を端数処理）	端数処理＝切捨	端数処理＝四捨五入	端数処理＝切上
12.3456	12.34	12.35	12.35
12.3445	12.34	12.34	12.35

② **マイナスの端数処理⑴**

符号を除けば（絶対値で端数処理し、最後に符号を付ける）、上記の通常の端数処理と同じです。切捨はゼロ方向に、切上はその逆方向になります。

利息額（小数点以下3位を端数処理）	端数処理＝切捨	端数処理＝四捨五入	端数処理＝切上
▲12.3456	▲12.34	▲12.35	▲12.35
▲12.3445	▲12.34	▲12.34	▲12.35

③ **マイナスの端数処理⑵**

切上はゼロ方向に、切捨はその逆方向になるため、上記のマイナスの端数処理⑴と正反対の結果になります。

利息額（小数点以下3位を端数処理）	端数処理＝切捨	端数処理＝四捨五入	端数処理＝切上
▲12.3456	▲12.35	▲12.34	▲12.34
▲12.3445	▲12.35	▲12.35	▲12.34

⑸ **起　票**

ここでは与信業務である貸付について記述しますが、受信業務（預金）についても同様です。起票金額はプラスであることが前提ですが、マイナス金利によりマイナスの利息金額を起票することも想定されます。貸付利息（利益科目）を受け取る場合、貸方に計上されます（図表Ⅵ-52参照）。しかし、マイナス金利により利息金額もマイナスになると、貸付利息を同じく貸方に計上するのであれば、利息金額をマイナスとしなければなりません（図表

Ⅵ-53参照)。ただし、マイナスの利息金額を計上することには後述するデメリットもあることから、支払貸付利息(損失科目)といった科目を設け、それを借方に起票することも考えられます(図表Ⅵ-54参照)。

図表Ⅵ-52　手形貸付の利息起票(通常)

手形貸付の回収時の起票(利息>ゼロ)

当座預金	105	手形貸付	100
		手形貸付利息	5

図表Ⅵ-53　手形貸付の利息起票(マイナス起票)

手形貸付の回収時の起票(利息≦ゼロ)

当座預金	100	手形貸付	100
		手形貸付利息	▲5

図表Ⅵ-54　手形貸付の利息起票(反対起票)

手形貸付の回収時の起票(利息≦ゼロ)

当座預金	100	手形貸付	100
支払手形貸付利息	5	当座預金	5

　以下では、マイナス起票で対応する場合と反対起票で対応する場合のメリット、デメリットについて記述します(図表Ⅵ-55参照)。

　マイナス起票で対応する場合、科目を新設する必要がないというメリットがあります。反面、日計や経理カウンターの科目別当日残高(*1)が最初からマイナスになるため、これを許容する必要があり、同時にマイナス金利とプラス金利が混在している状況においては、同じ科目でプラスの金額とマイナスの金額が発生しても、両者がネットされてしまい、それぞれの金額がわからなくなるというデメリットがあります(図表Ⅵ-56参照)。

　(*1)　通常、オンライン開始時にゼロでスタートし、取引を行うことで当該科目別当日残高に金額がプラスされます。取消を行えばマイナスされますが、当日の一番に取消されることは考えにくく、日中に取消があっても取引の大半を占める正常取引によるプラスの残高により、残高がマイナスになることもまず考え

られません。

図表Ⅵ-55　起票方法によるメリット・デメリット

	マイナス起票	反対起票
メリット	・科目を新設する必要がない	・マイナス残高を許容する必要がない ・プラスの利息とマイナスの利息がネットされない
デメリット	・マイナス残高を許容する必要がある ・プラスの利息とマイナスの利息がネットされる ・金額ゼロの起票を許容する必要がある	・科目を新設する必要がある ・金額ゼロの起票を許容する必要がある

図表Ⅵ-56　金額がネットされない場合とネットされる場合

日計（利息＞ゼロ）

当座預金	10	手形貸付利息	10
当座預金	21	手形貸付利息	21
当座預金	15	手形貸付利息	15
当座預金	5	手形貸付利息	5

手形貸付利息合計＝　51

日計（利息≦ゼロ）

当座預金	▲7	手形貸付利息	▲7
当座預金	0	手形貸付利息	0
当座預金	▲10	手形貸付利息	▲10
当座預金	6	手形貸付利息	6

プラスの手形貸付利息合計＝　6
マイナスの手形貸付利息合計＝　▲17
手形貸付利息合計＝　▲11

　反対起票で対応する場合、科目を新設しなければならないというデメリットがあります。反面、マイナスの金額が起票されることはないため、日計や経理カウンターの科目別当日残高にマイナス残高を許容する必要はなく、科目が分別管理されるため、プラスの金額とマイナスの金額がネットされることはないというメリットがあります。

　以上では、資産である手形貸付を例に述べてきましたが、負債である預金についても同様であり、大半が重複するため詳細は省略しますが、起票につ

いては定期預金の例を図表Ⅵ-57～Ⅵ-59に挙げておきます。

図表Ⅵ-57　定期預金の利息起票（通常）

定期預金の解約時の起票（利息＞ゼロ）

定期預金	100	普通預金	105
定期預金利息	5		

図表Ⅵ-58　定期預金の利息起票（マイナス起票）

定期預金の解約時の起票（利息≦ゼロ）

定期預金	100	普通預金	95
定期預金利息	▲5		

図表Ⅵ-59　定期預金の利息起票（反対起票）

定期預金の解約時の起票（利息≦ゼロ）

定期預金	100	普通預金	100
普通預金	5	受取定期預金利息	5

　さらにマイナス起票と反対起票に共通のデメリットとしては、利息金額のゼロ起票（*2）を許容する必要があります。

　　（*2）　利息ではありませんが、普通預金の新規口座開設や解約では、元金金額ゼロの起票を許容するシステムが多いようです。

　このほか、取消時にマイナス金額を起票しているシステムでは、以下に留意する必要があります。取消対象である元の正常取引（図表Ⅵ-60参照）と同じ日に取消（当日取消）を行う場合に、貸借は変えずに起票金額をマイナス（図表Ⅵ-61参照）します（なお、正常取引を行った翌日以降に取消（後日取消）を行う場合は、起票金額はプラスのまま、貸借を逆転します（図表Ⅵ-62参照））。当日取消のとき、起票金額がマイナスなら当日取消と判断するロジックがすでにあると、マイナス金利によりマイナス利息を起票した正常取引が当日取消と誤って判定されてしまわないように対応する必要があります。

図表Ⅵ-60　正常取引の起票

普通預金の出金時の起票（正常取引）

普通預金　10,000	現金　10,000

図表Ⅵ-61　当日取消の起票

普通預金の出金時の起票（当日取消）

普通預金　▲10,000	現金　▲10,000

図表Ⅵ-62　後日取消の起票（参考）

普通預金の出金時の起票（後日取消）

現金　10,000	普通預金　10,000

　以上、勘定系システムでの対応概要を簡単にまとめましたが、情報系をはじめとするさまざまな他システム（パッケージ含む）への影響もあり、マイナス金利への完全な対応には、想定以上の工数が掛かる可能性がほぼ確実視されます。

第6節　グローバルCMS

業務面

(1) 概　要

　グローバル・キャッシュ・マネージメント・サービス（グローバルCMS、GCMS：Global Cash Management Service）とは、海外に拠点や現地法人を持つ企業、または企業グループにメガバンクなどが提供しているサービスです。このサービスにより、企業や企業グループ全体の資金を一元的に管理し、各拠点や各社で生じる資金の過不足を調整することで効率的な資金の運用調達を図ることができます。

(2) メリットとデメリット

　企業がGCMSのうち、アクチュアル・プーリング（Actual Pooling）の採用前後を比較することで、企業のメリット、デメリットを明らかにします。

　企業内、または企業グループ内で複数の口座に分散している資金を1つの親口座（統括口座、マスター・アカウント）に集約し、資金に余裕がある口座からは資金を吸収し、資金が足りなくなる口座には資金を供給します。

　ある企業グループのプーリング採用前の資金状況は図表Ⅵ-63のとおりとします。親会社とニューヨーク支店には貸越がなく、預金残高がプラスのため、預金利息を受け取ります。一方、ロンドンの現地法人は預金残高がマイナス（貸越）であるため、貸越利息を支払います。そして、グループ全体では貸越利息が預金利息よりも大きいため、利息収支がマイナスになり、銀行に利息を支払っています。

　上記企業グループでは親会社、支店、現地法人はいずれも同一の銀行に口座を保有しており、ここに親会社の口座を親口座とするアクチュアル・プーリングを採用します。これにより、支店や現地法人の預金残高がプラスの場合、支店や現地法人の口座から親会社の口座に資金を移動（振替）し、支店や現地法人の預金残高がマイナスの場合、親会社の口座から支店や現地法人

図表Ⅵ-63　プーリング採用前

	親会社（東京） ＝親口座	ニューヨーク 支店	現地法人 （ロンドン）	グループ合計
預金残高	500万ドル	100万ドル	▲300万ドル	300万ドル
年利率%	0.1%	0.1%	1.0%	―
受取利息(注)	5,000ドル	1,000ドル	▲30,000ドル	▲24,000ドル

（注）　受取利息は企業から見てのもので、1年間の利息額です。税金などは考慮していません。

の口座に資金を移動（振替）することで、資金状況は図表Ⅵ-64のように改善します。プーリング採用前は銀行に利息を支払っていたのが、プーリング採用後は銀行から利息を受け取るのみで利息収支がプラスになっています。

図表Ⅵ-64　プーリング採用後

	親会社（東京） ＝親口座	ニューヨーク 支店	現地法人 （ロンドン）	グループ合計
預金残高	300万ドル	0ドル	0ドル	300万ドル
年利率%	0.1%	―	―	―
受取利息(注)	3,000ドル	0ドル	0ドル	3,000ドル

（注）　受取利息は企業から見てのもので、1年間の利息額です。税金などは考慮していません。

　以上からGCMSを採用した場合の企業のメリットには、以下のようなものが考えられます。また、考えられる企業のデメリット、銀行のメリット、デメリットについて図表Ⅵ-65に示します。
　企業にとっては、借入残高を圧縮することにより、支払う借入利息が減るので資金の運用調達を効率化することができ、同時に銀行に資金の移動を依頼する事務を削減できます。また、海外拠点や現地法人の資金の管理を本社が一元的に行うことにより、コーポレート・ガバナンスやグループ統制を実現することもできます。
　反面、資金効率化のために、少なくともGCMSに関しては取引銀行を1つ

図表Ⅵ-65　GCMSのメリットとデメリット

	メリット	デメリット
企業	・借入残高、借入利息の減少、預金利息の増加 ・コーポレート・ガバナンス、グループ統制の実現 ・事務の削減	・GCMS契約銀行の取引独占 ・ほかの取引銀行の取引条件悪化
銀行	・企業、または企業グループの囲込み	・貸付残高、預金残高の減少 ・貸付利息の減少

に絞り込まなくてはならず、ほかの取引銀行との貸付や預金などの取引は縮小せざるをえません。その結果、取引銀行間の競争を期待できなくなるばかりか、GCMSの取引銀行以外の銀行との取引条件（金利の優遇がなくなるなど）が悪化することも考えられます。

　他方、銀行にとって、企業のGCMSの導入は、実質的に預金残高と貸付残高が相殺される結果、貸付残高と貸付利息が減少し、同時に預金残高も減少します。このため、銀行がGCMSについて消極的な時代もありましたが、企業の海外進出など、環境やニーズの変化を受けて、企業、または企業グループの囲込みに積極的な姿勢に転換しています。

　なお、アクチュアル・プーリング(*1)などのGCMSの採用にあたっては、拠点や現地法人の所在国・地域にさまざまな規制があることが実情です。規制などによって、GCMSを採用できない、あるいは採用のための許可申請や事前届出に相当な時間が掛かることも多いため、注意が必要です。

（*1）　このほかに、ノーショナル・プーリング（Notional Pooling）もあります。これは企業内、または企業グループが同一の銀行に保有する複数口座間で資金移動を行うことなく、アクチュアル・プーリングを採用した場合と同等の効果を得ることができるものです。"Notional"とは「観念的」「概念的」という意味で、口座ごとに利息を計算するのではなく、複数の口座を1つの口座とみなして、複数口座の残高合計に対して利息計算を行います。結果はアクチュアル・プーリングと同じです。

　システム的にも銀行が提供するシステムと自社の会計システムとの連動や

海外拠点システムの外部接続・連動など、さまざまな課題をクリアしなければなりません。

以下では、銀行が提供するGCMSのうち、アクチュアル・プーリング、グローバル・プーリング、マルチ・バンク・プーリングの3つを取り上げます。なお、ここでの分類や名称、サービス内容などは銀行によっては異なることがあります。

(3) アクチュアル・プーリング

① 概　　要

アクチュアル・プーリングとは、①同一地域内の同一拠点内の顧客口座の間（たとえば、シンガポール支店や香港支店などの同一拠点）、または②同一地域内の複数拠点（たとえば、ニューヨーク、ロサンゼルス、サンフランシスコの間などの複数拠点）をまたがる顧客口座の間で、事前に登録された条件にしたがって、定期的に資金移動（資金集中、資金配分、資金調整）を行うサービスです。

企業、または企業グループの中で資金を一元管理する親口座（統括口座、代表口座、マスター・アカウント）を1つ決め、親口座の下に子口座、子口座の下に孫口座を紐付け、1つのグループとすることができます（図表Ⅵ-66参照）。

② 資金移動

口座間で行う資金移動には以下の3つの種類があります。資金集中と資金配分は資金の流れが一方向ですが、両者の特徴を併せ持つ資金調整では資金の流れは条件によりますが、両方向です。

(i) 資金集中

・孫口座（下位口座）から子口座（上位口座）へ資金を集中、または子口座（下位口座）から親口座（上位口座）へ資金を集中する。

(ii) 資金配分

・親口座（上位口座）から子口座（下位口座）へ資金を配分、または子口座（上位口座）から孫口座（下位口座）へ資金を配分する。

(iii) 資金調整

(a)　条件に応じて、資金集中と資金配分のいずれかが行われます。

図表Ⅵ-66 アクチュアル・プーリングの概要

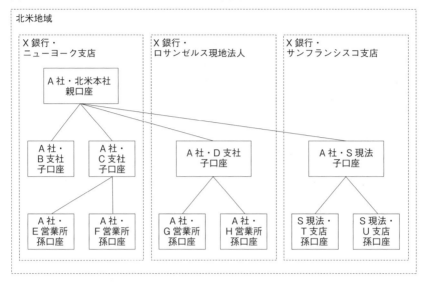

(b) 孫口座の残高に応じて、孫口座(下位口座)から子口座(上位口座)へ資金を集中、または子口座の残高に応じて、子口座(下位口座)から親口座(上位口座)へ資金を集中します。

(c) 孫口座の残高に応じて、子口座(上位口座)から孫口座(下位口座)へ資金を配分、または子口座の残高に応じて、親口座(上位口座)から子口座(下位口座)へ資金を配分します。

③ **資金移動の例**

資金集中、資金配分、資金調整の3つについて、以下に簡単な例を示します。なお、親口座と子口座を例にしていますが、子口座と孫口座などについても同様です。

(i) 資金集中

子口座にある資金全額を親口座に移動します(図表Ⅵ-67参照)。

図表Ⅵ-67　資金集中の例

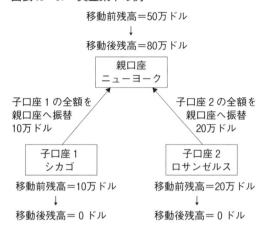

(ii)　資金配分

親口座から子口座に一定額の資金を移動します（図表Ⅵ-68参照）。

図表Ⅵ-68　資金配分の例

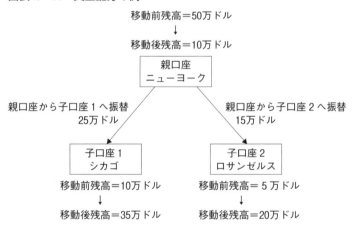

(iii)　資金調整

子口座の残高に応じて、親口座から子口座に資金を移動、または子口座の残高に応じて、子口座から親口座に資金を移動します（図表Ⅵ-69参照）。子

口座の残高に応じ、資金集中、資金配分のいずれかを行うものです。

以下の例では、子口座1の残高が10万ドル未満のため、親口座から子口座1に10万ドルを振替し、子口座1の振替後残高は11万ドルに増加します。また、子口座2の残高が10万ドル以上のため、子口座2から親口座へ50万ドルを振替し、子口座2の振替後残高は12万ドルに減少します。親口座へは10万ドルの出金と50万ドルの入金があった結果、振替後残高は40万ドル増加します。

図表Ⅵ-69 資金調整の例

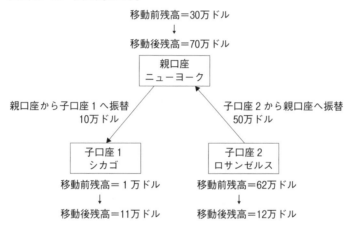

④ 管理項目

アクチュアル・プーリングの管理項目には図表Ⅵ-70に示す種類のものがあります。

(4) グローバル・プーリング

① 概　要

グローバル・プーリング（Global Pooling）とは、地域をまたがる自行内の顧客口座の間で事前に登録された条件にしたがって、定期的に資金移動（資金集中、資金配分、資金調整）を行うサービスです。親口座（統括口座、代表口座、マスター・アカウント）を1つ決めるのは同じですが、口座間の紐付けは親口座と子口座の間のみです。複数地域をまたがるグローバル・プーリン

図表Ⅵ-70　アクチュアル・プーリングの管理項目

管理項目	内　容
対象科目	流動性預金(注1)
対象通貨	原則、全通貨
資金移動区分	親口座と子口座または子口座と孫口座の間で資金集中、資金配分、資金調整のいずれを行うかを指定
資金集中条件	子口座（孫口座）ごとに資金集中時のターゲット・バランス（振替後残高）などを指定
資金配分条件	子口座（孫口座）ごとに資金配分時のターゲット・バランス（振替後残高）などを指定
資金調整条件	子口座（孫口座）ごとに資金調整時のターゲット・バランス（振替後残高）などを指定
資金移動サイクル	資金移動をどのサイクルで行うかを指定
資金移動タイミング	残高をチェックし、資金移動を行う時刻を指定
チェック基準残高	残高チェックを実質残高／名目残高のいずれで行うかを指定
休日対応	前営業日のみ（資金移動日が銀行休業日の場合、前営業日に資金移動のみ）
逆起票対応	資金移動の起票について翌営業日に逆起票を行うか指定

（注1）　当座預金、普通預金などの流動性預金を対象とします。ただし、資金配分と資金調整（注2）を行う場合の上位口座（親口座と子口座では親口座、子口座と孫口座では子口座）は、当座貸越枠（一般当座貸越枠、または日中一時貸越枠）が設定済か、設定が可能な預金でなくてはなりません。
（注2）　資金配分と資金調整を行う場合、下位口座に必要な金額を上位口座から振替します。このとき、上位口座に十分な残高がなく、かつ当座貸越ができない、または当座貸越枠が不足している口座の場合、下位口座への振替ができなくなります。

グでは通貨が円（JPY）、米ドル（USD）、ユーロ（EUR）に限定され、親－子－孫の3階層までは通常必要ありません。同一地域内のアクチュアル・プーリングと組み合わせれば、最大4つの階層までの対応が可能だからです（図表Ⅵ-71参照）。

また、アクチュアル・プーリングでは親－子－孫の3層からなる階層構造のみでしたが、グローバル・プーリングでは親－子の2層からなる階層（ツ

図表Ⅵ-71　プーリングの組み合わせ

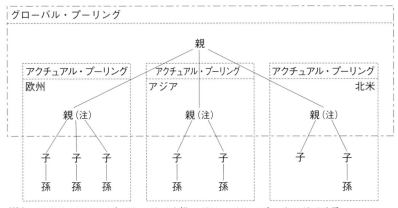

(注) アクチュアル・プーリングでは親、グローバル・プーリングでは子。

リー）型と、異なる拠点へ順番に資金移動を行う周回（トランスファー）型の2つがあります。

② 階層（ツリー）型

アクチュアル・プーリングと同様に親子の階層構造を持ち、複数の地域をまたいで資金移動（資金集中、資金配分、資金調整）を行います。親口座は1つであり、その下に各地域の子口座が紐付けられます（図表Ⅵ-72参照）。傘型ともいいます。

図表Ⅵ-72　階層（ツリー）型

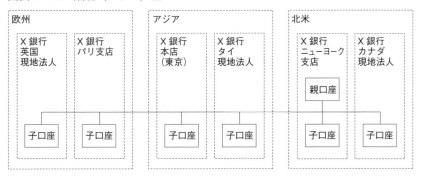

③ 周回（トランスファー）型

各地域に親子の階層構造があり、時差にともない、親口座間で順に資金移動（資金集中のみ）を行うものです（図表Ⅵ-73参照）。親口座がある地域の朝から夕方までその口座に資金を集中させ、夕方を過ぎたら、その地域から朝を迎える次の地域に資金を集中することで、効率的な資金の運用調達を図るものです。図表Ⅵ-73の例では、①東京の17時にアジア地域の子口座から親口座に資金集中し、その資金を同日8時のロンドンの親口座に移動、②ロンドンの14時に欧州地域の子口座から親口座に資金集中し、その資金を同日9時のニューヨークの親口座に移動、③ニューヨークの18時に北米地域の子口座から親口座に資金集中し、その資金を翌日8時の東京の親口座に移動しています。

図表Ⅵ-73　周回（トランスファー）型

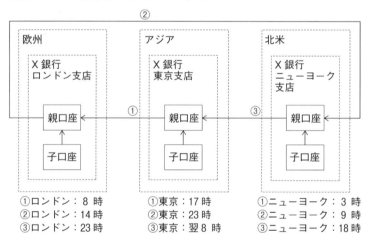

④ 資金移動

資金移動の考え方や例はアクチュアル・プーリングと同じです。

⑤ 管理項目

グローバル・プーリングの管理項目はアクチュアル・プーリングとほぼ同じですので、おもに差異がある項目について、図表Ⅵ-74に記述します。

図表Ⅵ-74　グローバル・プーリングの管理項目

管理項目	内　容
対象科目	アクチュアル・プーリングと同じ
対象通貨	円（JPY）、米ドル（USD）、ユーロ（EUR）に限定
資金移動区分	階層型：親口座と子口座の間で資金集中、資金配分、資金調整のいずれを行うか指定 周回型：親口座と子口座、または地域間の親口座の間で資金集中のみ指定可能
資金集中条件	アクチュアル・プーリングと同じ
資金配分条件	アクチュアル・プーリングと同じ
資金調整条件	アクチュアル・プーリングと同じ
資金移動サイクル	アクチュアル・プーリングと同じ
資金移動タイミング	アクチュアル・プーリングと同じ
チェック基準残高	アクチュアル・プーリングと同じ
休日対応	アクチュアル・プーリングと同じ
逆起票対応	アクチュアル・プーリングと同じ

(5)　マルチ・バンク・プーリング
　① 概　要

　マルチ・バンク・プーリング（Multi-Bank Pooling）とは、顧客との契約に基づき、都度顧客の指示を受けることなく、他行とSWIFTメッセージをやり取りすることで自行口座と他行口座の間で資金移動（資金集中、資金配分、資金調整）を行うサービスです。自行内で完結するアクチュアル・プーリングやグローバル・プーリングと異なり、顧客の手数料負担が多大になり、他行の事務処理能力などによってサービス内容が大きく左右されます。同時に事務リスクや事務管理負担の大きさから、時差が大きくない同一地域内（北米など）で、対象とする国・地域や他行の数を極力限定することで、シンプルな枠組みにすることが実務上推奨されます。

　マルチ・バンク・プーリングには、自行ネットワーク補完型と他行ネットワーク依存型の2つがあります。

② 自行ネットワーク補完型

　自行ネットワーク補完型は自行のネットワークを基本としながら、自行でカバーできない地域では他行の口座とやり取りすることで資金移動を行うサービスです（図表Ⅵ-75参照）。他行の口座でカバーする地域が限定的であるため、他行ネットワーク依存型に比べて他行への切替の懸念がなく、手数料などの収益も確保できます。顧客にとっても他行の口座を変更することなく資金を一元管理することが可能です。

図表Ⅵ-75　自行ネットワーク補完型

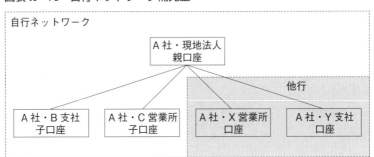

③ 他行ネットワーク依存型

　他行ネットワーク依存型は自行のネットワークがない地域で他行のネットワークを使うことによって、資金移動を行うものです（図表Ⅵ-76参照）。自行のネットワークがない地域でもサービスの提供が可能である反面、手数料などの収益が限定されます。競合他行のネットワークを利用するような場合、利便性や手数料の点から他行へサービスを切り替えられてしまうおそれもあります。

④ 契約など

　このサービスは自行内部だけではなく、SWIFTを経由し他行ともやり取りするため、他行などとの契約が必要です。ここでは、必要な契約について記述します。

　他行にある口座と資金移動を行うので、MT940、MT941、MT950などにより他行にある口座残高の把握が必要です。このため、他行にある口座の残

図表Ⅵ-76　他行ネットワーク依存型

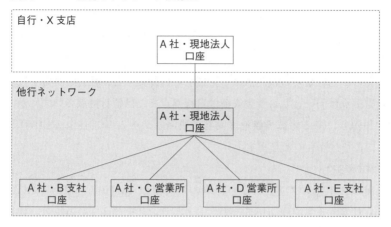

高を自行に通知するように顧客から他行に依頼してもらう必要があります。また自行と他行の間でMT101契約を締結し、自行とSWIFTとの間でSLMA（Service Level Master Agreement）契約を締結します。さらに自行と他行の拠点間でRMA（Relationship Management Application）交換が行われていること、両拠点ともにMUG（Message User Group）へ登録されていることが必要です（図表Ⅵ-77参照）。

図表Ⅵ-77　他行などとの契約例

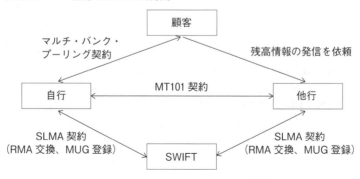

⑤ 資金移動

資金移動の考え方はアクチュアル・プーリングなどと同じですが、おもにSWIFTを使って、他行とやり取りするところが異なります。ここでは資金集中と資金配分がSWIFTによりどのように行われるかを説明します。単純化のため、他行からの残高情報を受信する自行拠点と、他行と資金を授受する自行拠点は同一とし、資金決済は自行拠点または他行拠点のいずれかの預け／預かり、あるいは当該地域固有の決済システム（CHIPS、FEDWIREなど）により行うものとします。

(i) 資金集中

一定のタイミングで他行から口座の残高情報（MT940、MT941、MT950）が送られてきます。残高がターゲット・バランスを超えている場合、他行に対して超過金額分を送金するよう指示（MT101）します。他行はこの指示に基づいて、超過金額分を送金（MT103）します（図表Ⅵ-78参照）。

図表Ⅵ-78　資金集中の例

(ii) 資金配分

一定のタイミングで他行から口座の残高情報（MT940、MT941、MT950）が送られてきます。残高がターゲット・バランス未満の場合、他行に不足金額分を送金（MT103）します（図表Ⅵ-79参照）。

図表Ⅵ-79　資金配分の例

図表Ⅵ-80 マルチ・バンク・プーリングの管理項目

管理項目	内　容
対象科目	流動性預金
対象通貨	同一地域内：全通貨 複数地域間：円（JPY）、米ドル（USD）、ユーロ（EUR）に限定
資金移動区分	自行口座と他行口座の間で資金集中、資金配分、資金調整のいずれを行うかを指定
資金集中条件	他行口座ごとに資金集中時のターゲット・バランス（振替後残高）などを指定
資金配分条件	他行口座ごとに資金配分時のターゲット・バランス（振替後残高）などを指定
資金調整条件	他行口座ごとに資金調整時のターゲット・バランス（振替後残高）などを指定
資金移動サイクル	アクチュアル・プーリング、グローバル・プーリングと同じ
残高情報受信方法	他行から残高情報が送信される方法を指定(注)
資金移動タイミング	アクチュアル・プーリング、グローバル・プーリングと同じ
チェック基準残高	実質残高のみ
休日対応	アクチュアル・プーリング、グローバル・プーリングと同じ
逆起票対応	アクチュアル・プーリング、グローバル・プーリングと同じ

（注） 他行からはMT940、MT941、MT950のいずれかで残高情報が送信されますが、その方法には以下のようなものがあります。

項　目	内　容
時間固定通知	他行との間で取り決めた日中の一定時刻に、残高情報を他行が発信
複数回通知	日中に複数回、定期的に残高情報を他行が送信
最終残高通知	1日1回、当日の最終残高を他行が送信

⑥　管理項目

マルチ・バンク・プーリングの管理項目はグローバル・プーリングなどとほぼ同じですので、おもに差異がある項目について、図表Ⅵ-80に記述します。

⑹　その他のGCMS

アクチュアル・プーリング、ノーショナル・プーリングのほか、グローバル・キャッシュ・マネージメントには、いくつかの手法があります。それらの内容をごく簡単に説明します。

①　支払代行

企業内、または企業グループの支払を１つの口座で一元的に管理するものです。大きな企業グループではグループ内の支払を代行する専門の部署または子会社を作り、対応しているところもあります。

②　ネッティング

企業内、または企業グループ内の債権債務を相殺し、相殺後の金額を債権が多い側の口座に振り込みます。同一決済日の債権債務について相殺・決済する方法と一定期間内の債権債務を相殺し一定期間後に一括して決済する方法（交互計算とも呼ばれます）があります。ただし、相手国・地域の法律や各種規制などによって、実際には十分に実現できないことも少なくないようです。

③　給与振込代行

海外拠点や現地法人などの給与の支払を親会社が一括して行うものです。海外では法律や制度などにより、現地スタッフの負担が大きいため、親会社が一括して代行するメリットが大きいとされます。

④　資金繰り管理（トレジャリー・マネージメント）

資金の運用・調達のみならず、為替や金利の動向に応じて、資金配分などの最適化を行うものです。

システム面

GCMSに関する項目を管理するGCMSシステム、国内勘定系システム、国際勘定系システム、SWIFTシステム、銀行間決済システムなどといった複

数のシステムが連携して、資金移動が行われます。システム構成、データ連携、各システムの役割分担など、銀行によって一定以上の差異があるため、システム面については記述を割愛します。

第 7 節　収益管理

> 業　務　面

(1) 概　　要

一般に会計には、財務会計と管理会計の2種類があります。

財務会計とは、株主、債権者、税務当局などの外部の利害関係者（ステークホルダー）に、企業の営利活動の結果である経営状態や財政状態を、貸借対照表（B/S）、損益計算書（P/L）をはじめとする財務諸表として作成・提供するためのものです。これに対して、管理会計とは、財務会計情報などをもとに費用や利益などの分析を行って、作成した情報を、企業内部にいる経営者に提供することで、現状把握や経営判断に役立てるものです。

財務会計は、外部に公表することが前提であり、会社法や商法、金融商品取引法などの法律に基づいて、企業会計原則などに則って作成されます。管理会計は、企業内部の資料であり、外部に公表することはないため、法律や原則といったルールは特にありません(*1)。管理会計には、原価計算、予算実績管理、収益管理など、さまざまな種類がありますが、ここでは収益管理(*2)について、記述します。

> (*1) ルールはないといっても、代表的なものに財管一致というルールはあります。これは財務会計と管理会計の数値を一致させるというものです。図表Ⅵ-81では、単純化のため、手形貸付利息と定期預金利息のみを銀行の損益として説明しています。
> (*2) 収益管理といっても、利益だけではなく、損失も含みます。損益管理ともいえます。

(2) 管理単位

① 財務会計

財務会計では、貸借対照表（B/S）、損益計算書（P/L）をはじめとする財務諸表を作成するため、銀行全体での数値が把握できれば、問題ありません。ただ、勘定の管理単位を銀行全体としてしまうと、勘定不突合時に原因

図表Ⅵ-81　財管一致の例

［銀行全体の損益］　　　　　　　　［顧客別の損益］

　　　　　　　　　　　　　　　　　　手形貸付利息＝40万円……顧客A
　　　　　　　　　　　　　　　　　　定期預金利息＝ 3万円……顧客A
① 手形貸付利息＝100万円

② 定期預金利息＝ 10万円
　　　　　　　　　　　　　　　　　　手形貸付利息＝60万円……顧客B
　　　　　　　　　　　　　　　　　　定期預金利息＝ 7万円……顧客B

　　　　　　　　　　　　　　　　　　顧客別の損益と
　　　　　　　　　　　　　　　　　　銀行全体の損益は一致します

①手形貸付利息　　　　　　　　　　②定期預金利息

　　　手形貸付利息＝ 40万円……顧客A　　　　定期預金利息＝ 3万円……顧客A
　＋）手形貸付利息＝ 60万円……顧客B　　＋）定期預金利息＝ 7万円……顧客B
　　　手形貸付利息＝100万円　　　　　　　　　定期預金利息＝10万円

の追及が困難となるため、実際には部店別に管理されています。

②　管理会計

　管理会計では、部店別、顧客別業務別など、いくつかの管理単位があります。部店別は営業店や本部各部の収益を把握するために、顧客別業務別は顧客ごとに預金、貸付などの各業務の収益を把握するために管理されます。

(i)　部店別

　財務会計では、手形貸付や証書貸付などの貸付利息は営業店の利益とされ、普通預金や定期預金の預金利息は営業店の損失とされます。しかし、管理会計では、営業店の集めた預金は本部に集約、運用されるかたちをとり、営業店が貸付を行う際には、逆に本部から資金を調達して、貸付を実行するかたちをとります。その結果、損益も細分化されます（図表Ⅵ-82参照）。

　以下では、貸付利息を例に営業店と本部の損益について、詳述します。貸付利息は、元本と金利と期間から求められますが、一般的に金利を細分化することによって、営業店と本部の損益を求めます。細分化された金利の詳細は、図表Ⅵ-83のとおりです。

　①対顧貸付金利は、銀行が顧客に資金を貸し付ける際の金利です。この金利が細分化されます。②ベースレートは、営業店が本部から資金を調達する

図表Ⅵ-82　営業店と本部の運用調達と損益

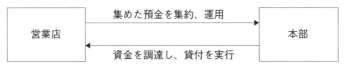

①本部に預金を貸付し、運用
②本部から貸付資金を調達

①営業店から預金を調達
②営業店に資金を貸付し、運用
③コール市場などで、資金運用

①損失＝預金利息（対顧）
①利益＝預金運用益（対本部）
②損失＝資金調達利息（対本部）
②利益＝貸付利息（対顧）

①損失＝預金調達利息（対営業店）
②利益＝運用益（対営業店）
③損失＝資金調達利息（対市場）
③利益＝資金運用利息（対市場）

図表Ⅵ-83　対顧金利の詳細

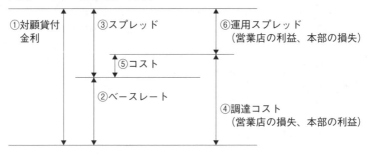

②ベースレート：営業店の調達レート
③スプレッド：銀行の利益
④調達コスト：営業店の調達レート＋本部の利益
⑤コスト：本部の利益
⑥運用スプレッド：営業店の利益
(注)　いずれの利益もコスト込みのものです。

際の調達レートであり、営業店にとっては、損失に相当します。③スプレッドは、銀行全体にとっての利益です。③スプレッドは⑤コストと⑥運用スプレッドの合計で、⑤コストは本部の利益（営業店にとっては損失）、運用スプレッドは営業店の利益（本部にとっては損失）です。④調達コストは、②ベースレートと⑤コストの合計で、営業店の調達レートと本部の利益を足したものですが、営業店の損失（本部にとっては利益）に相当します。

(ii)　顧客別業務別

　財務会計では、顧客別に利益や損失を分別管理する必要はありませんが、

顧客の現状把握や営業政策立案上、重要であり、管理会計の一部である収益管理では必須です。ただし、顧客別に管理するだけでは不十分で、預金、貸付、為替などの各業務での損益を把握する必要があります（図表Ⅵ-84参照）。平均残高については、後述します。

(3) 現在残高と平均残高

現在残高は、その時点での預金や貸付の残高であり、月末残高、期末残高なども月末時点、期末時点での残高を指します。これに対して、平均残高（以下、平残）は、一定期間内の残高を平均したものです。現在残高などは、一定時点の残高であり、前後の残高の変動を表わさないのに対して、平残は一定期間内の残高の変動を反映します。図表Ⅵ-85では、現在残高である月末残高と平残である月中平残を例に説明しています。

図表Ⅵ-85の例1では月末残高は、310万円ですが、月中平残は、10万円です。図表Ⅵ-85の例2では月末残高は、0円ですが、月中平残は、300万円です。このように、月末残高と月中残高は極端に違うことがあり、顧客などの取引状況（収益状況）を把握するには、瞬間的な月末残高は適さないため、月中平残が使用されます。

なお、平残の求め方は以下のとおりです。基本的に普通預金などの利息積数と同じですが、預金利息ではないため、日数計算は両端で行います。

平残＝（残高×残高不変の日数（両端））(*3)÷一定期間の日数（両端）

(*3) 一定期間内（月または期(*4)など）に残高が不変である期間すべてについて、計算します。この部分を預金の利息積数に対して、残高積数といいます。残高積数には、起算日ベースと取引日（取扱日）ベースの2種類(*5)があります。

(*4) 「期」には、3カ月の四半期、半年の期（半期）、1年の期の別があるため、いずれを指しているのか、その使用には注意が必要です。

(*5) 起算日ベースの残高積数は、何らかの理由で過去に遡って、取引を入力した場合に、過去に遡った起算日を始期（一定期間の範囲よりも過去の場合は、一定期間の初日を始期）として、残高積数を計算します。これに対して、取引日（取扱日）ベースの残高積数は、過去に遡って、取引を入力した場合でも、取引を入力した当日を始期として、残高積数を計算します。

図表Ⅵ-84　顧客別業務別の収益管理の項目例

店番＝001　　CIF番号＝1234567　　顧客名称＝ABC商事株式会社

		月末残高	月中平残	月中利回り	期中平残	期中利回り	利息収支
貸付	手形貸付						
	証書貸付						
	手形割引						
	債務保証						
	：						
預金	当座預金						
	普通預金						
	通知預金						
	定期預金						
	：						
外国為替	外貨手形貸付						
	外貨証書貸付						
	外貨債務保証						
	買入外国為替						
	取立外国為替						
	：						
	外貨当座預金						
	外貨普通預金						
	外貨定期預金						
	：						

図表Ⅵ-85　月末残高と月中平残

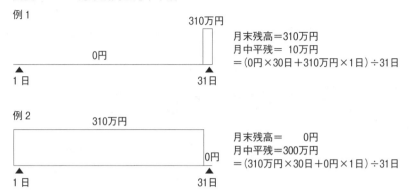

システム面

　管理会計は、おもに情報系システムで処理されますが、会計情報の元となる取引情報は、勘定系システムで入力されるため、一部は勘定系システムでも処理されます。どのシステムでどの程度を処理するかは、銀行のシステム構成により、大きく異なることがあります。したがって、ここではシステムフローの一例を示すに留めます（図表Ⅵ-86参照）。

図表Ⅵ-86　収益管理の概略フロー

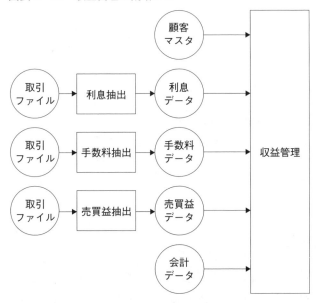

第 VII 章

最新キーワード解説

第1節　制度編

自己資本比率規制（バーゼルⅢ）

概　要

　2013年3月末から、日本でバーゼルⅢの適用が始まりました。「バーゼルⅢ」とは、2度の大改編を経たバーゼル規制のことです。

　「バーゼル規制」とは、簡単にいえば、国際的に活動する銀行に課せられる自己資本比率規制のことです。この規制は、「国際的な銀行システムの健全性の強化と、国際業務に携わる銀行間の競争上の不平等の軽減を目的として策定されました」(*1)。

　　（*1）　日本銀行WEBサイト参照（http://www.boj.or.jp/announcements/education/oshiete/pfsys/e24.htm/）。

　そしてこれを決めているのは、国際決済銀行（BIS：Bank for International Settlements）の一委員会であるバーゼル銀行監督委員会（バーゼル委員会）です。

　「BIS」は、1930年に設立された、各国の中央銀行をメンバーとする組織です。BISには、日本をはじめとする60の国・地域の中央銀行が加盟しています（2016年12月末日時点）。BISは、中央銀行間の協力促進のための場を提供しています。

　「バーゼル委員会」は、「銀行を対象とした国際金融規制を議論する場として、G10諸国の中央銀行総裁会議により設立された銀行監督当局の委員会（中略）です。現在は、中央銀行総裁・銀行監督当局長官グループを上位機関とし、日本を含む27の国・地域の銀行監督当局および中央銀行により構成されています」(*2)。

　　（*2）　（*1）と同様。

当初のバーゼル規制は、国際的な銀行システムの健全性の強化と、国際業務に携わる銀行間の競争上の不平等の軽減を目的として、1988年に合意されました（バーゼルⅠ）。その後、リスク把握が大まか過ぎたバーゼルⅠの限界に対応するため、2004年に最初の大改編が合意されました（バーゼルⅡ）。そして、米国のサブプライム問題に端を発する金融危機で露呈した市場型のリスク把握の不備を手当てするため、2010年に2度目の大改編が合意されました（バーゼルⅢ）。

　なお、バーゼル規制は、あくまでもバーゼル委員会が策定するガイドラインです。そのため、そのままでは各国の銀行に対して何ら強制力を持っていません。そこで、バーゼル規制を強制力のある規制とするために、各国・地域における法律・規則などの制定が必要になります。日本では、銀行法が日本版のバーゼル規制を規定しており、その細則は金融庁が定める「告示」(＊3)「監督指針」(＊4)「Q&A」(＊5)に規定されています。

　　（＊3）「銀行法第十四条の二の規定に基づき、銀行がその保有する資産等に照らし自己資本の充実の状況が適当であるかどうかを判断するための基準（平成18年金融庁告示第19号）」等の略称です。
　　（＊4）「主要行等向けの総合的な監督指針」等の略称です。
　　（＊5）「自己資本比率規制に関するQ&A」の略称です。

金融実務への影響

　バーゼルⅢが定める自己資本比率規制における資本賦課（リスクを吸収するために求められる資本の積上げ）の対象は、信用リスク（貸倒れのリスク）、マーケット・リスク（金利リスクや価格変動リスク）、およびオペレーショナル・リスク（事務事故や不正行為等によって損失が発生するリスク）です。会計上の総資産ではなく、これらのリスクを反映した額が、自己資本比率計算の分母となります。

　分子の自己資本も会計上の自己資本とは異なり、「普通株式等Tier 1」（普通株式、内部留保、「その他の包括利益累計額」等）、「その他Tier 1」（優先株式、優先出資証券、CoCos（Contingent Convertible bonds）等）、および「Tier 2」（劣後債、劣後ローン、一般貸倒引当金等）からなります。

　自己資本の水準は、図表Ⅶ－1のとおりです。なお、バーゼルⅡとの比較

は図表Ⅶ-2のとおりです。自己資本の水準が最低所要水準を下回った場合、その下回った程度に応じて、金融監督当局から早期に是正を求める措置が発動されることとなっています。最低所要水準を達成していたとしても、いざというときに取崩し可能な上乗せ資本である「資本バッファー」（資本保全バッファー、G-SIBsサーチャージ、D-SIBsサーチャージ、およびカウンター・シクリカル・バッファーをいいます）（*6）が一定の水準を下回った場合には、その下回った程度に応じて、社外流出制限が課せられます。

　（*6）　図表Ⅶ-1参照。

図表Ⅶ-1　バーゼルⅢ：自己資本の水準

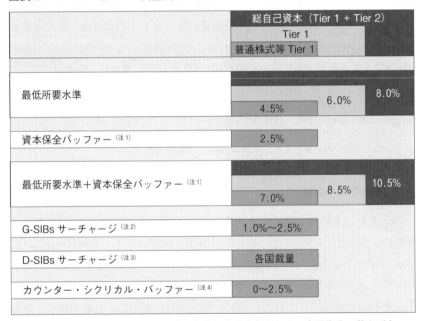

（注1）　過度な社外流出を制限し、内部留保の蓄積を促すための自己資本の積上げをいいます。
（注2）　グローバルなシステム上重要な銀行（G-SIBs）に求められる自己資本の積上げをいいます。資本保全バッファーの拡張に当たります。
（注3）　国内のシステム上重要な銀行（D-SIBs）に求められる自己資本の積上げをいいます。資本保全バッファーの拡張に当たります。
（注4）　バブル崩壊時の備えとしての自己資本の積上げをいいます。資本保全バッファーの拡張に当たります。
（出所）　金融庁資料等を参考に大和総研金融調査部制度調査課作成

図表Ⅶ-2 バーゼルⅢ：バーゼルⅡとの比較（自己資本の水準）

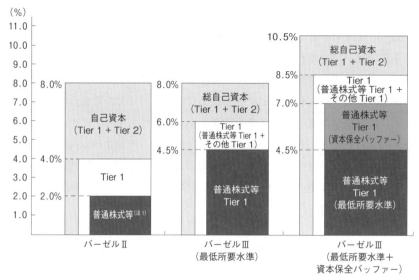

(注1) 普通株式転換権付優先株式を含みます。
(注2) カウンター・シクリカル・バッファー、G-SIBsサーチャージおよびD-SIBsサーチャージは考慮していません。
(注3) 「総自己資本」という表現は、バーゼルⅢによって導入されています。
(出所) 金融庁資料等を参考に大和総研金融調査部制度調査課作成

　バーゼル委員会の調査によると、信用リスクを反映した信用リスク・アセット額が分母の8割弱を占めています。さらにその8割弱を占めるのが、法人および個人への与信（融資、有価証券の保有）です(*7)。信用リスク・アセット額は、個々の与信額に、リスクに応じたウェイトを乗じて算出します。そのため、この与信のリスクが高まるにつれてウェイトが上昇し、信用リスク・アセット額が拡大します。すなわち自己資本比率の低下に繋がります。したがって、資本調達による分子の増加のみならず、不良債権の処理による分母の削減もまた、自己資本比率の改善に繋がります。

　(*7) バーゼル委員会WEBサイト参照（http://www.bis.org/press/p130705.htm）。

今後の展望

　本稿執筆時点（2016年12月末日）では、バーゼル規制のさらなる大改編の

議論が白熱しているところです。それは、信用リスクの計測手法を従来よりも保守的にするという議論です。

信用リスクの計測方法には、標準的手法と内部格付手法があります。標準的手法では、定められたウェイトを用います。これに対して、内部格付手法では、個々の銀行が与信先ごとのデフォルト確率、デフォルト時損失率を各国共通の関数式に入れてウェイトを算出します。バーゼル委員会の調査によると、内部格付手法の方が標準的手法よりも信用リスク・アセットの額を少なく抑えられるという結果が出ています[*8]。バーゼルⅡから内部格付手法の採用を認めていますが、個々の銀行による信用リスク計測のばらつきが、最大で22％の所要自己資本比率の差異を生じさせているという研究結果が示されています[*9]。

(*8) バーゼル委員会WEBサイト参照（http://www.bis.org/bcbs/qis/qis5results.pdf）。
(*9) (*7)と同様。

こうした現状を踏まえて、バーゼル委員会は、金融機関向け与信、大手法人向け与信、および株式保有については、内部格付手法の利用を廃止し、標準的手法の採用を義務づけるという提案をしています。また、標準的手法に基づき算出した信用リスク額の一定割合を内部格付手法採用行の信用リスク額の最小値にするという、いわゆる「資本フロア」の導入も併せて提案しています。

これらが実現した場合、もはや「バーゼルⅣ」と呼ぶべきとの指摘もあります。バーゼル委員会は、2017年にもこれらの議論の結論を出すこととしています。

金融所得課税の一体化

概要

金融所得課税の一体化とは、さまざまな金融商品の運用によって生じる利

子・配当・譲渡益・譲渡損失を通算して課税することです。政府税制調査会金融小委員会が2004年6月にまとめた「金融所得課税の一体化についての基本的考え方」では、「人口減少社会においては、貯蓄率の反転上昇による金融資産の増加を期待することは難しく、むしろ現存する金融資産を効率的に活用することこそが、経済の活力を維持するための鍵である」と指摘され、家計金融資産の預貯金への偏重を緩和し、株式や株式投資信託への資金シフトを促すため、金融所得課税の一体化が進められることになりました。そして基本的方針として、金融所得の間で課税方式の均衡化をできる限り図り、金融商品の違いによる税負担の違いを小さくしていくことや、金融所得の間で損益通算の範囲を拡大することが掲げられています。これに沿って、2009年から上場株式や公募株式投信等の配当金が、それらの譲渡損益と通算できるようになりました。また2016年からは、特定公社債（国債・地方債・公募事業債等）の利子や譲渡益の税率を上場株式等と同水準にし、上場株式等の譲渡損失および配当所得との損益通算が可能となっています。

金融実務への影響

　金融所得課税の一体化の内容によって行うべき対応は異なりますが、基本的には、①金融所得の間で課税方式の均衡化にともなう対応と、②金融所得の間で損益通算の範囲の拡大にともなう対応の2つが必要です。2016年から実施された特定公社債に関する一体化のケースを振り返ってみましょう。まず、金融所得の間で課税方式の均衡化を図るために、特定公社債について従来の源泉分離課税方式から申告分離方式へ変更されました。これにともない、金融機関はそれまで額面・利率・利払日を管理して顧客が売却する際に経過利子を計算していましたが、経過利子の計算を廃止し、新たに公社債の取得日・取得価格を管理し、譲渡計算を行うことを求められるようになりました。そして、支払調書の税務署への提出や支払通知書の顧客への送付も新たに必要になりました。

　また特定公社債にまで損益通算の範囲を拡大するため、特定公社債が特定口座の取扱の対象に加わることになりました。このため、金融機関は、投信口座・公社債口座それぞれについて、保有状況や特定口座の開設の有無を確

認する必要が生じています。このことは、公社債は勘定系システムで管理し、投資信託は別のシステムで管理していることが多い銀行などには特に大きな影響を与えたといわれています。業務を行う際に、2つのシステムの情報をそれぞれ確認しにいくか、一括して情報を照会できる仕組を構築する必要があったためです。さらに特定口座として投資家の情報を一元管理しなければならず、特定口座に関連する帳票の作成、損益通算を加味した譲渡益・利子の源泉徴収および還付の処理を行うシステム対応も行う必要が生じました。

今後の展望

今後も政府は金融所得課税の一体化を進めようとしています。2016年8月に公表された金融庁の「平成29年度税制改正要望」では、一体化の範囲をデリバティブ取引や預貯金にまで拡大することを求めています。これにより投資家は、一層のリスク軽減を図ることができ、利便性が向上します。しかし一方で、デリバティブ取引は意図的な租税回避に利用される恐れがあり、それを防ぐために一体化の対象となる取引を限定する規制が必要になります。この場合、規制によっては、金融機関の実務に大きな影響を与えますので、慎重に検討が進められるはずです。また一体化を預貯金にまで拡大する場合には、10億件を上回るといわれる預貯金口座を対象に支払調書制度を整備していく必要があり、金融機関はもとより税務署にも負担が大きくのしかかることも予想されます。特に、現在のような金利水準において、預貯金にまで一体化を拡大することに社会的なベネフィットがどれほどあるのか等の意見が上がることも予想され、簡単には進まないと思われます。

保険業法

概要

保険業法とは、①保険業を行う者、すなわち保険会社等の業務の健全かつ

適切な運営の確保、および②保険募集の公正の確保、を目的とする監督法です。

　銀行等金融機関が、保険商品の販売勧誘を行う場合（いわゆる保険商品の銀行窓販、以下、金融機関代理店）、保険募集人として、保険業法のうち②の部分、具体的には、保険業法第276条以下の部分が適用されることとなります（保険募集規制）。

　よって、保険業法は300条を超える大部な法律ですが、金融機関担当者にとってまずもって重要なのは、保険業法第276条以下ということとなります。

　特に重要なポイントは、以下のとおりです。

① 　登録制（保険業法第276条以下）
② 　所属保険会社等の賠償責任（同法第283条）
③ 　情報提供義務（同法第294条）
④ 　意向把握義務（同法第294条の2）
⑤ 　保険募集人の体制整備義務（同法第294条の3）
⑥ 　禁止行為（同法第300条）
⑦ 　準用金融商品取引法（同法第300条の2）
⑧ 　銀行窓販規制（同法第275条1項1号・2号、同法施行規則第212条、第212条の2）

金融実務への影響

(1) 　金融機関代理店における保険募集規制遵守の重要性と不祥事件届出

　金融機関を含む保険代理店において法令違反行為（保険業法違反）が生じた場合には、すべからく、保険会社に当局への不祥事件届出義務が発生します（保険業法第127条1項8号、同法施行規則第85条第1項17号・第5項第3号、同法第307条第1項第3号「この法律又はこの法律に基づく内閣総理大臣の処分に違反したとき、その他保険募集に関し著しく不適当な行為をしたと認められるとき」）。

　よって、金融機関代理店において保険業法に係る法令違反行為が生じれば、所属保険会社に連携し、所属保険会社より当局に対して、不祥事件届出が行われることとなります。

もとより、保険業法を含む法令等遵守が重要であることは論をまちませんが、金融機関代理店の実務においては、法令に違反するか否か、の厳密な判断を行わなければならない局面が生じます。

(2) 銀行窓販規制

金融機関代理店に特別に課される、いわば上乗せ規制として、銀行窓販規制があります。

おもなものは、以下の2つの規制です。

① 非公開情報保護措置

非公開金融情報（預金情報、貸付情報等）について、事前に書面等により顧客の同意を得ることなく保険募集に係る業務に利用されないことを確保するための措置を講じることを命じるもの。非公開保険情報についても、事前に顧客の同意を得ることなく、保険募集に係る業務以外の業務に利用してはならないとされます。

② 融資先募集規制

金融機関代理店が、銀行等保険募集制限先（事業性融資先等）を保険契約者または被保険者とする保険契約について、手数料等の報酬を得て、保険募集を行わないことを確保するための措置を講じることを命じるもの。

銀行窓販規制には、それ以外にも、③保険募集に関する指針、④法令等遵守責任者の設置、⑤タイミング規制、⑥特定関係者の「知りながら」規制、⑦担当者の分離措置等の規制がありますが、いずれも金融機関代理店の業務に与える影響が大きく、実務対応上極めて重要です。

今後の展望

金融機関代理店の実務に大きな影響を与えた近時の動向として、平成26年改正保険業法の施行（2016年5月29日）があります。おもな改正点として、①「意向把握義務」の導入、②「情報提供義務」の導入、③保険募集人に対する体制整備義務の導入が挙げられますが、ここでは、金融機関代理店実務に大きく影響する比較推奨規制について説明します（図表Ⅶ-3参照）。

比較推奨規制は、複数の所属保険会社の比較可能な同種の保険商品の中から、一定の保険商品を選別・提案する場合に適用される義務です。

図表Ⅶ-3　比較推奨規制の概要

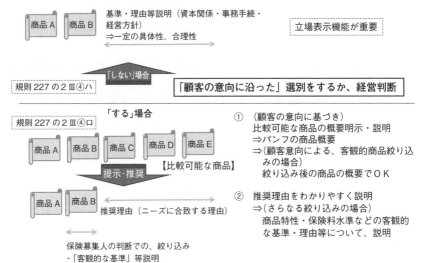

　比較推奨規制の一番重要なポイントは、保険商品の選別を「顧客の意向に沿った」かたちで行うか、それ以外の方法で行うかで、規制内容が全く異なる、という点です。

　保険商品の選別を「顧客の意向に沿った」かたちで行う場合には、
① 取扱保険商品のうち、顧客の意向に沿った比較可能な同種の保険契約の概要
② 当該提案の理由（推奨理由）
の各説明を行うことが求められます（保険業法施行規則第227条の2第3項第4号ロ）。

　一方、「顧客の意向に沿った」ではないかたちで保険商品の選別を行う場合には（すなわち、具体的な顧客の意向以外の、保険募集人側の都合等を含めた諸理由により提案商品を選別する場合には）、当該提案の理由（特定の保険会社との資本関係やその他の事務手続・経営方針上の理由等）を説明することが求められます（同号ハ）。

　このように、保険商品の選別を「顧客の意向に沿った」かたちで行うかどうかで、同号の「ロ」が適用されるか、それとも（規制内容の異なる）「ハ」

が適用されるかが決定される、という点が当該規制のまさにポイントといえます。

個人情報保護法

概要

「個人情報の保護に関する法律」(以下、個人情報保護法)は、個人情報を取り扱う事業者の遵守すべき義務などを定めている法律です。

個人情報とは、生存する個人に関する情報であって、氏名、生年月日などにより特定の個人を識別することができるもののことです。他の情報と容易に照合可能で、特定の個人を識別できるものも含まれます。つまり、金融機関が保有する個人についての情報のほぼすべてが個人情報に該当します。

そこで、金融機関は、個人情報保護法のほか、個人情報保護委員会が公表している「個人情報の保護に関する法律についてのガイドライン」、金融庁が公表している「金融分野における個人情報保護に関するガイドライン」「金融分野における個人情報保護に関するガイドラインの安全管理措置等についての実務指針」なども参照しながら、個人情報の保護のための態勢を構築しています。

また、各金融機関の業務を規律する法令(銀行法施行規則など)、金融庁による各業態向けの監督指針などでも、個人を含む顧客等に関する情報管理態勢を整備することが求められており、これらの遵守という観点からも、個人顧客の個人情報の保護が必要となります。

金融実務への影響

(1) 個人情報の取得・収集

金融機関は、個人情報の利用目的を特定し、本人との契約締結にともなって個人情報を取得する際に利用目的を明示する必要があります。また、与信事業に際して個人情報を取得する場合は、利用目的について本人の同意を得

ることが望ましいとされています。そこで金融機関は、住宅ローンの申込時などの与信をともなう取引で、金融機関が申込書類の提出を受ける際などに、顧客から個人情報の取扱に関する同意書の提出を受けることとしています。

また、要配慮個人情報を含む機微（センシティブ）情報については、取得、利用、提供が原則として禁止されていますので、新規取引の申込時に顧客が提出する本人確認書類などに記載される機微（センシティブ）情報（本籍地など）について、金融機関側でマスキングの措置を講じることがあります。

(2) **個人情報の利用・保管**

金融機関は、原則として特定した利用目的の達成に必要な範囲内で個人情報の利用を行う必要があります。

また、金融機関は、個人データ（顧客名簿や従業員名簿を構成する個人情報）の漏えい、滅失、毀損の防止などのため、安全管理措置を講じる義務があります。安全管理措置は、組織的安全管理措置、人的安全管理措置および技術的安全管理措置の3つ（クレジット取引などの経済産業分野では、物理的技術的安全管理措置を含む4つ）に分類され、その具体的内容は、図表Ⅶ-4のとおりです。金融機関は、従業者や委託先による漏えいなどが生じないように、従業者または委託先を監督することも求められています。

さらに、個人情報の漏えい事案等の事故が発生した場合には、監督当局に直ちに報告し、事実関係および再発防止策を早急に公表するなどの対応を行う必要があります。

(3) **個人情報の提供**

金融機関が個人データを外部に提供するには、あらかじめ本人の同意を得て行うことが原則となります。もっとも、システム会社への委託にともなう提供や、グループ会社間などでの共同利用としての提供など、本人の同意なく提供が可能な場合もあります。

(4) **個人情報の開示、訂正等**

金融機関は、個人情報により識別される本人から個人情報の開示を求められた場合は、個人情報保護法にしたがって本人に保有個人データの開示を行わなければなりません。また、個人情報保護法の要件を満たす場合には、訂

図表Ⅶ-4　安全管理措置の内容
　　　　　（「金融分野における個人情報保護に関するガイドライン」）

組織的安全管理措置	［基本方針・取扱規程等の整備］ ・規程等の整備 ・各管理段階における安全管理に係る取扱規程の整備 ［実施体制の整備］ ① 個人データの管理責任者等の設置 ② 就業規則等における安全管理措置の整備 ③ 個人データの安全管理に係る取扱規程に従った運用 ④ 個人データの取扱状況を確認できる手段の整備 ⑤ 個人データの取扱状況の点検および監査体制の整備と実施 ⑥ 漏えい事案等に対応する体制の整備
人的安全管理措置	① 従業者との個人データの非開示契約等の締結 ② 従業者の役割・責任等の明確化 ③ 従業者への安全管理措置の周知徹底、教育および訓練 ④ 従業者による個人データ管理手続の遵守状況の確認
技術的安全管理措置	① 個人データの利用者の識別および認証 ② 個人データの管理区分の設定およびアクセス制御 ③ 個人データへのアクセス権限の管理 ④ 個人データの漏えい・毀損等防止策 ⑤ 個人データへのアクセスの記録および分析 ⑥ 個人データを取り扱う情報システムの稼働状況の記録および分析 ⑦ 個人データを取り扱う情報システムの監視および監査

正、利用停止等に応じなければなりません。

今後の展望

　2015年に個人情報保護法の改正法が成立し、2017年5月に全面施行となります。
　改正法には、匿名加工情報の新設など、ビッグデータの利活用に繋がる改

正事項のほか、個人情報保護委員会の新設、事業者に対する第三者提供に関する記録の作成義務づけなど、個人情報の保護が確実に行われるようにするための内容が盛り込まれています。

SEの業務においても、個人情報保護法違反や個人情報の漏えい事故により個人顧客の信頼を損なうことがないように心がけましょう。

マイナンバー法

概要

2016年1月から、「行政手続における特定の個人を識別するための番号の利用等に関する法律」（以下、番号法）が施行され、金融機関を含む民間事業者が個人番号（マイナンバー）を取り扱う制度がスタートしています。マイナンバーを含む個人情報については、番号法においては特定個人情報と呼ばれます。

マイナンバーは、おもに税務分野や社会保障分野において利用されることが想定されており、これらの分野の書類にマイナンバーを記載するなどの対応が民間事業者に求められます。たとえば、民間事業者の従業員との関係では、源泉徴収票や雇用保険に関する事務などが想定されており、また、外部の取引先などとの関係では、支払調書を含む税務に関する書類を作成する事務などが想定されています。民間事業者がマイナンバーを利用する一般的な事務は個人番号関係事務と呼ばれます。

他方、マイナンバーは法令で認められる場合に限って取得できるものとされており、個人番号関係事務で利用するケース以外においては、民間事業者は、マイナンバーを取得できません。この点に関しては、マイナンバーの対象となる本人の同意があっても、マイナンバーを取得できないことにも留意が必要です。また、マイナンバーを取得する場合には、番号法に基づく本人確認措置を実施することが求められます。この本人確認措置については、マイナンバーの正確性を確認する「番号確認」と、マイナンバーの提供者が本

人であることを確認する「身元確認」が必要とされています。

マイナンバーを取得した後においては、民間事業者は、個人番号関係事務を処理する必要がある場合に限ってマイナンバーを保管することができます。そのため、民間事業者は、個人番号関係事務を処理する必要がなくなった場合には、マイナンバーの廃棄を実施することが求められます。なお、マイナンバーが記載された書類について法定の保管期間が定められている場合には、民間事業者は、その保管期間中はマイナンバーが記載された書類を保管することができます。

以上のルール以外にも、番号法において、第三者提供や委託に関するルールが定められており、マイナンバーに関する安全管理措置を講じることも求められます。

金融実務への影響

金融機関も民間事業者である以上、自らの従業員との関係でマイナンバーの取得などの対応を行うことが必要となります。また、金融機関の利用者との関係でも、支払調書の作成などの場面においてマイナンバーを取り扱うことになります。そのため、金融実務との関係においても、利用者からマイナンバーをどのように取得して利用するかを検討することが求められます。

これらの対応に関しては、マイナンバーの取得や保管などの事務を外部事業者に委託することが番号法において認められていますので、金融機関としては、マイナンバーに関する事務を外部事業者に委託することも実務対応の1つの選択肢となるでしょう（なお、この場合の委託契約には、所定の内容を盛り込むことが番号法に関するガイドラインで求められています。具体的な内容については図表Ⅶ－5参照）。

さらに、マイナンバーを取得できるケースは先述のとおり法令で認められたケースに限定されていますので、個人番号関係事務と無関係にマイナンバーを取得した場合には、金融機関は、そのマイナンバーの記載された書類の廃棄や返却等の対応を行うことも求められます。

図表Ⅶ-5　委託契約に盛り込むべき内容

・秘密保持義務
・事業所内からの特定個人情報の持出の禁止
・特定個人情報の目的外利用の禁止
・再委託における条件
・漏えい事案等が発生した場合の委託先の責任
・委託契約終了後の特定個人情報の返却または廃棄
・従業者に対する監督・教育
・契約内容の遵守状況について報告を求める規定　　等

今後の展望

　マイナンバーの取扱については、預貯金の取扱に関連して、利用者の個人番号を利用することを可能とするかたちで番号法や関連する法律が2015年に改正されています。この改正法の施行は、2018年頃が想定されています。具体的な改正の内容としては、ペイオフに関する預貯金債権額の把握にマイナンバーを利用できる事務や、預貯金者の情報をマイナンバーによって検索できる状態で管理する義務などが含まれています。
　これらの改正により、金融機関の中心的な業務である預貯金の事務についてマイナンバーを正面から取り扱う可能性が生じることから、金融機関としては、今後の改正法の施行を見据え、預貯金に関連して、どのようなかたちで利用者からマイナンバーを取得するかを検討することが求められます。
　以上のとおり、2016年1月にスタートしたマイナンバー制度においては、金融機関がマイナンバーを利用することができる個人番号関係事務の範囲は現状では支払調書の作成事務などの一定の場面に限られていますが、制度改正により、預貯金に関するマイナンバーの取扱が開始された後は、金融機関におけるマイナンバーの取扱の範囲が格段に増加するものと想定されます。

犯罪収益移転防止法

概　要

　犯罪による収益(*1)がテロや暴力団による組織的な犯罪を助長するために使用されたり、事業活動に用いられることにより健全な経済活動に重大な悪影響を与えたりすることなどから、犯罪による収益の移転(*2)を防止することは極めて重要です。そこで、犯罪収益移転防止法（以下、犯収法）は、金融機関に対して次のような義務を課しています（図表Ⅶ-6参照）。

　(*1)　殺人、詐欺、恐喝などの犯罪行為によって生じ、もしくはその犯罪行為により得た財産または報酬として得た財産です。
　(*2)　マネー・ローンダリング：資金洗浄のことです。

図表Ⅶ-6　犯収法の概要

① 預金の受入を内容とする契約の締結など特定取引(*3)を行うに際して、顧客等の取引時確認（本人特定事項等(*4)の確認）および確認記録の作成、保存

(＊3) その他マネー・ローンダリングに利用される可能性のある取引が政令で定められています。ただし、貯蓄性のない保険契約の締結など危険度の低い取引は簡素な顧客管理として特定取引から除外されます。

(＊4) 自然人については、①氏名、住居および生年月日、②取引を行う目的、③職業、法人については、①名称および本店または主たる事務所の所在地、②取引を行う目的、③事業の内容、④その事業経営を実質的に支配することが可能となる関係にある自然人（法人の実質的支配者）があるときは、その者の氏名、住居および生年月日です。

② ハイリスク取引(＊5)についてのより厳格な取引時確認(＊6)

(＊5) 取引の相手方が、①本人になりすまし、あるいは②取引時確認事項を偽っていた疑いがある場合の取引、③マネー・ローンダリング対策が不十分な国（2016年12月時点でイラン、北朝鮮）の居住者らとの取引、④外国の重要な公的地位を有する者（PEPs：Politically Exposed Persons）との取引です。

(＊6) (＊4)の確認に加え、一定の価額を超える財産移転の場合には資産および収入の状況の確認です。

③ 特定業務(＊7)に係る取引を行った場合の取引記録等の作成、保存

(＊7) 金融に関する業務その他政令で定める業務です。

④ 疑わしい取引の届出
⑤ 外国所在為替取引業者との契約締結の際の確認
⑥ 外国為替取引に係る通知
⑦ 取引時確認等を的確に行うための措置を講ずること

金融実務への影響

2014年の犯収法改正および2015年の政令、規則の改正の主要なポイントと金融実務への影響は次のとおりです。

① **国家公安委員会が作成する犯罪収益移転危険度調査書**

事業者が行う取引の種別ごとに、危険度等を記載した情報であり、金融機関としては、その内容を参考にして、危険度の高い取引にはより注意を払う(＊8)など顧客管理を適切に実施することが求められます。

(＊8) いわゆるリスクベース・アプローチといわれるものです。

② **顧客管理を行ううえで特別の注意を要する取引**

金額が基準値以下などの理由で特定取引に当たらない取引であっても、同種の取引の態様と著しく異なる態様で行われる取引などは取引時確認を要し

ます。金融機関としては、マネー・ローンダリングに悪用される疑いのある取引か否かをチェックする必要があります。

③ **法人の実質的支配者の確認方法**

法人の実質的支配者は、必ず自然人に遡って氏名、住居および生年月日の確認が求められることになりました。

④ **外国の重要な公的地位を有する者（外国PEPs）(*9) との取引**

より厳格な取引時確認を要するため、金融機関としては、その地位に該当するか否かの適切な判断を行うことが求められます。

　　(*9) 外国の元首、日本の総理大臣に相当する職などが規則で定められています。

⑤ **外国所在為替取引業者との契約締結の際の確認**

コルレス契約(*10)を実体のない外国為替銀行と締結し、マネー・ローンダリングに利用されることを防止するための確認義務です。

　　(*10) 外国所在為替取引業者との間で為替取引を継続的にまたは反復して行うことを内容とする契約のことです。

⑥ **特定事業者の体制整備等の努力義務の拡充**

当該取引時確認をした事項に係る情報を、最新の内容に保つための措置を講ずることは金融機関の義務とされますが、それ以外の使用人に対する教育訓練の実施等は努力義務とされています。

今後の展望

マネー・ローンダリングは、規制の不十分な国や地域を抜け穴として行われることになるため、グローバルスタンダードが求められます。大規模テロの多発にともない、今後ますますマネー・ローンダリング対策が強化され、取引の際に新たな措置が求められるなど金融機関の業務が影響を受けることは避けられないでしょう。

NISA

概 要

　資産形成の機会を幅広い家計に提供することや家計からの成長マネーの供給拡大を図ることを目的に、2014年1月から少額投資非課税制度が導入されました。この制度は英国のISA（Individual Savings Account）にならったため、「日本のISA」という意味を込めNISA（ニーサ）という愛称で呼ばれています。NISAは満20歳以上の日本国内居住者を対象に、上場株式と株式投資信託の売却益や配当金（分配金）を非課税とするもので、毎年120万円(*1)まで対象商品を購入することができます（図表Ⅶ-7参照）。購入すると最長5年間非課税が適用されます。NISAで保有している株式や株式投資信託はいつでも売却可能ですが、NISA口座内で買換を行うことはできず、売却金はNISA口座より自動的に引き出されてしまいます。非課税期間満了まで商品を保有した場合、その商品は満了時の時価で、特定口座や一般口座または翌年分の投資枠（非課税管理勘定といいます）へ移管されます(*2)。投資家が翌年分の投資枠に移管を希望する場合は、翌年分の投資枠の範囲までしか移管できません(*3)。制度の利用にあたって、投資家が選択できる金融機関は1社に限られています(*4)。また、この制度は時限的に実施されており、現在のところ買付が可能な期間は2023年までとされています。

　　(*1)　年間の投資上限は、2015年以前は100万円でしたが、2016年に120万円に引き上げられました。
　　(*2)　2016年8月に公表された金融庁の「平成29年度税制改正要望」では、非課税期間満了時に含み損が出ている場合には、取得価額で特定口座や一般口座に移管可能とすることが提案されています。
　　(*3)　金融庁の「平成29年度税制改正要望」では、非課税期間満了時に含み益が出ている場合には、時価が翌年分の投資枠を超えている場合であっても、一定額まで移管を可能とすることが提案されています。
　　(*4)　ただし、1年単位で金融機関を変更することができます。

図表Ⅶ-7　NISAの概要

導入目的	・資産形成の機会を幅広い家計に提供すること ・家計からの成長マネーの供給拡大を図ること
利用資格	・（その年の1月1日現在で）満20歳以上の日本国内居住者
対象商品 非課税対象	・上場株式、株式投資信託 ・非課税口座内の上場株式や株式投信から生じる配当金（分配金）および譲渡益が非課税
投資上限	・1年あたり120万円まで購入できます（手数料を含まず）。
非課税期間	・買付した年から最長5年間
商品の売却	・いつでも売却可能だが、売却金は自動的に引き出されます（NISA口座内で買換は不可）。
実施期間	・当面2023年末までの10年間買付可能
口座開設 手続き	・事前に金融機関を通じて税務署に利用の可否を確認する必要があります。
利用できる 金融機関	・利用者は毎年1つの金融機関しか利用できません（年が異なれば、別の金融機関に変更できます）。
非課税期間 満了時	・特定口座、一般口座または翌年分の投資枠（非課税管理勘定）へ時価で移管されます。 ・翌年分の非課税管理勘定への移管は、移管時の時価で翌年分の投資上限の範囲で可能です。

（出所）　野村総合研究所作成

金融実務への影響

　実際の利用状況を見てみましょう。NISAは非常に速いペースで口座数が増えました。制度スタート前から金融機関が口座開設の予約を行ったこともあり、スタート時（2014年1月1日）には、口座数はすでに474万件に達しました。そして2年3カ月後の2016年3月には1,000万件を突破しています。利用者の裾野の広がりも見え始めています。最初、利用者は60歳以上の人に集中していました。これは、当初は、金融機関は投資経験のある既存顧客の囲込みをねらってNISA口座の獲得に注力したためです。その後、金融機関が投資経験のない人々に向けて利用を促す広告を増やしていくと、60歳未満

の人からの申込も徐々に増えています。制度の導入から2年で、NISA口座開設者に占める60歳未満の割合が37％から46％にまで増加しています。また、NISAの活用の仕方を見ると、分散投資や長期投資を行っている人が多いようです。NISAによる投資額は2015年末までの2年間で6.4兆円に達していますが、このうち64％に相当する4.1兆円が幅広い有価証券に分散投資する投資信託に投資されています。そして、NISAで保有される投資信託の平均保有期間は5年超と、同時期の株式投資信託の平均保有期間（約2.5年）の2倍になっています。

　このような面から見れば、NISAは設立目的どおりに投資を通じた資産形成の機会を幅広い家計に提供しているといえそうですが、課題もあります。実は、NISAでは非稼働口座の割合が非常に高くなっています。非稼働口座とは、口座開設以来一度も買付を行っていない口座のことで、NISAでは半分くらいに達するといわれています。この理由は、特に制度開始当初に見られたことですが、金融機関がNISA口座の獲得をねらって、さまざまなキャンペーンを実施したため、当面投資するつもりのない人もNISAの口座を開設したためです。現在、多くの金融機関で非稼働口座の減少をねらって、わずかな資金でもNISAの利用が可能な積立投資を顧客に訴え掛けています。このような取組には即効性はありませんが、徐々に非稼働口座を減少させていくものと期待されます。

今後の展望

　当局もNISAに対しては非常に積極的に取り組んでいます。政府は家計金融資産に占める投資商品の割合を高めることが重要と考えており、その切り札としてNISAに期待しています。このため、毎年、さまざまな改良が試みられています。たとえば、2016年からは、それまで100万円だったNISAの年間投資上限を120万円に拡大しました。また、未成年居住者向けにジュニアNISAという制度を導入しています。さらに、現在2023年までとされる実施期間の延長や恒久化が検討されていく予定です(＊5)。NISAについては、今後も、その時々の普及状況に鑑みて、継続的な見直しが図られていくと予想されます。

(*5) たとえば、金融庁の「平成29年度税制改正要望」では、NISAの恒久化、非課税期間を5年より長期化した積立NISA制度の創設、非課税期間終了時の取扱の改良などが挙げられています。

確定拠出年金（DC）

概　要

　確定拠出年金とは拠出された掛金が個人ごとに明確に区分され、掛金とその運用収益との合計額を基に年金給付額が決まる年金のことです。わが国では2001年10月に創設された比較的新しい制度です。確定拠出年金は英語名（Defined Contribution Plan）の頭文字である「DC」と呼ばれることがあります。あるいは、米国の401kという制度を参考にしたことから「日本版401k」と呼ばれる場合もあります。確定拠出年金には企業型と個人型があり、拠出できる掛金の上限は、本人の状況に応じて異なります（図表Ⅶ-8参照）。加入者が拠出した掛金は所得控除の対象となり、その分、所得税や住民税が少なくなります。また、運用益も非課税です。さらに給付金に対しても所得税等の減免措置(*1)があるなど、確定拠出年金には大きな税制メリットが用意されています。一方で、運用している資金は原則として60歳まで引出ができないなど制約もあります。確定拠出年金が他の年金制度と大きく異なるのは、加入者が資産運用を行わなければならないことです。用意されている預貯金や投資信託などから自分で商品を選び、掛金の配分を指定する必要があります。このことは、運用が好調であれば将来受け取る年金額が増えますが、不調であれば減ることを意味しています。

(*1) 年金として受給する場合は公的年金等控除、一時金として受給する場合は退職所得控除が適用されます。

金融実務への影響

　確定拠出年金の加入者は2016年末時点で約617万人で、このうち企業型が約588万人と大半を占め、個人型はわずか約29万人に過ぎません。そして、

図表Ⅶ-8　確定拠出年金の概要

	企業型	個人型
加入対象者	・実施企業の従業員	・企業型DCに加入していない人 ・事業主掛金の上限を引き下げること等を規約で定めている企業型DCに加入している人
掛金の拠出／拠出金にかかわる税金	・事業主が拠出（規約の定めにより加入者も拠出（マッチング拠出）可能） ・事業主の拠出金は損金算入可能 ・マッチングによる拠出金は加入者の所得から控除	・加入者個人が拠出（小規模企業の場合は、事業主が追加拠出可能） ・掛金は所得控除
拠出限度額	・職場に確定給付年金がある企業の従業員：（月額）27,500円／15,500円(注1) ・職場に確定給付年金がない企業の従業員：（月額）55,000円／35,000円(注1) ・マッチング拠出については、会社の掛金との合計が拠出限度額以下で、会社の掛金以下の範囲で可能	・自営業者：（月額）68,000円（国民年金基金の限度額と枠を共有） ・職場に企業年金がない企業の従業員：（月額）23,000円 ・専業主婦：（月額）23,000円 ・職場で企業型DCにのみ加入している従業員：（月額）20,000円(注2) ・職場に確定給付年金があり、企業型DCに加入している従業員：（月額）12,000円(注2) ・公務員・私学共済加入者：（月額）12,000円
運用時の税金	・運用益は非課税	
給付時の税金	・課税を建前としますが、年金支給の場合は、公的年金等控除が一時金資金の場合は、退職所得控除が適用されます。	

(注1)　事業主掛金の上限を引き下げること等を規約で定めている場合です。
(注2)　事業主掛金の上限を引き下げること等を規約で定めている場合です。
(注3)　拠出限度額は、現在月額で設定されていますが、2018年1月から年単位になります。
(出所) 野村総合研究所作成

その個人型の加入者の大半が、当初は企業型に加入していて、退職や転職により個人型に移換した人で占められ、最初から個人型に加入した人は少ないといわれています。利用実態から見れば、「個人型」は「企業型」を利用できなくなった人の受け皿制度に近く、単独で活用されている年金制度とはいえない状況でした。

一方、企業型も特に中小企業において期待されていたほどの普及に至っていません。伝統的な企業年金の縮小（適格退職年金制度の廃止や厚生年金基金の見直し）が進む中、企業型確定拠出年金を含む企業年金の中小企業における実施割合が年々低下しています。

今までのような状況を打破し、確定拠出年金の普及拡大をねらって制度改革が進められています。この制度改革の内容は多岐にわたりますが（図表Ⅶ－9参照）、この中で特に注目されているのは、2017年から始まる個人型確定拠出年金の加入可能範囲の拡大です。それまで加入できなかった専業主婦（国民年金の第3号被保険者）や企業年金加入者、公務員等共済年金加入者も加入可能となり、20歳以上60歳未満であれば、だれでも個人型確定拠出年金に加入できるようになります(*2)。また、企業年金の実施が困難な中小企業（従業員100人以下）に対しては、従業員の個人型確定拠出年金への企業による追加拠出を可能とする「個人型確定拠出年金への小規模事業主掛金納付制度」が創設される予定で、個人型確定拠出年金の使い勝手が向上しつつあります。一方、企業型に関しても「簡易型DC制度」が創設され、中小企業の負担を軽減する措置が導入される予定です。

(*2) ただし、企業型確定拠出年金に加入している場合には、事業主掛金の上限を引き下げること等を規約で定めているケースに限り、個人型確定拠出年金も利用できます。

今後の展望

このような改革が進む中で、今まで確定拠出年金への取組に慎重だった金融機関も、その姿勢を変えようとしています。特に個人型確定拠出年金では顕著で、公務員やサラリーマンを対象に職場でのセミナーを開催したり、加入者は負担する口座管理手数料を値下げしたりする金融機関が増えていま

図表Ⅶ-9　確定拠出年金法等の一部を改正する法律（2016年6月3日公布）

改正内容	施行日
① 簡易企業型DC制度の創設 ・中小企業を対象に設立手続を大幅に緩和	公布から2年以内
② 個人型DCへの小規模事業主掛金給付制度の創設 ・中小企業を対象に個人型DCに加入する従業員の拠出に事業主が追加拠出可能に	公布から2年以内
③ DCの拠出限度額の年単位化	2018年1月
④ 個人型DCの加入可能範囲の拡大 ・主婦、公務員、企業年金加入者も個人型DCの加入が可能に	2017年1月
⑤ DCとDBのポータビリティの充実 ・企業型および個人型DCからDBへ、企業年金から中退共への資産移管が可能	公布から2年以内
⑥ 継続投資教育の努力義務化 ・企業型DCにおける継続投資教育が努力義務に	公布から2年以内
⑦ 運用方法の選定および提示 ・元本確保型商品の提示義務が廃止に	公布から2年以内
⑧ デフォルト商品（指定運用方法）に関する規定の整備 ・事業主が分散投資効果が期待できる商品をデフォルトに設定することが可能に	公布から2年以内
⑨ 運営管理機関の見直しの努力義務化 ・運営管理機関を5年ごとに評価し、必要に応じて変更することを努力義務とする	公布から2年以内
その他（商品除外規定の整備、運用商品の抑制など）	―

（出所）野村総合研究所作成

す(*3)。また、当局は金融機関に求めていた規制やルール改変を検討しています。今まで禁止されていた確定拠出年金の運営管理業務と金融商品の営業との兼務を可能にすることや、加入時の手続の簡素化等が行われれば、金融機関の取組も一層積極化し、確定拠出年金が普及に弾みがつくと期待されます。

(＊3) 金融界の主要業界団体は国民年金基金連合会とともに、個人型確定拠出年金の認知度の向上を目的として、同制度の愛称を「iDeCo（イデコ）」と定めるなど、業界を挙げて普及・推進に取り組み始めています。

コーポレートガバナンス・コード

概　要

　コーポレートガバナンス・コード（以下、本コード）は、東京証券取引所が有価証券上場規程の別添として定めたもので、2015年6月1日より施行され、日本の上場企業に対して適用が開始されました(＊1)。本コードは、金融庁と東京証券取引所が共同事務局として開催した2014年8月から2015年3月までの9回にわたる有識者会議での議論を踏まえてまとめられた原案を基礎にしています。本コードは、2014年に策定された「『責任ある機関投資家』の諸原則《日本版スチュワードシップ・コード》～投資と対話を通じて企業の持続的成長を促すために～」とともに政府の成長戦略の一環として策定されました。

　（＊1）「コーポレートガバナンス・コード　2015年6月1日　株式会社東京証券取引所」（http://www.jpx.co.jp/equities/listing/cg/tvdivq0000008jdy-att/code.pdf）

　本コードの特徴の1つは、原案に記載されているように「『攻めのガバナンス』の実現を目指すものである」ことであり、「会社におけるリスクの回避・抑制や不祥事の防止といった側面を過度に強調するのではなく、むしろ健全な企業家精神の発揮を促し、会社の持続的な成長と中長期的な企業価値の向上を図ることに主眼を置いている」点にあります。また、本コードのもう1つの特徴は、原則主義（「プリンシプルベース・アプローチ」「コンプライ・オア・エクスプレイン」）を採用している点です。「本コードに定める各原則の適用の仕方は、それぞれの会社が自ら置かれた状況に応じて工夫すべきものである」とされ、原則を遵守するか、遵守しない場合にはその理由を説明することが求められます(＊2)。

(*2) 法的拘束力は有しません。

　本コードは5つの基本原則、30の原則、38の補充原則から構成されています。対応関係は図表Ⅶ-10のとおりです。本コードはマザーズ・JASDAQ上場企業についてはその適用範囲が限定されていますが、5つの基本原則に関しては、マザーズ・JASDAQ上場企業においても、実施しない場合は実施しないことの説明が求められることになっています(*3)。基本原則は、①株主の権利・平等性の確保、②株主以外のステークホルダー、③適切な情報開示と透明性の確保、④取締役会の責務、⑤株主との対話の5つです（図表Ⅶ-11参照）。上場企業は、コーポレートガバナンス報告書に本コードへの対応内容を記載する必要があります。

(*3)　http://www.jpx.co.jp/equities/listing-on-tse/new/guide/tvdivq0000002g9b-att/tvdivq000000v3la.pdf
　　　「第436条の3　上場内国株券の発行者は、別添「コーポレートガバナンス・コード」の各原則を実施するか、実施しない場合にはその理由を第419条に規定する報告書において説明するものとする。この場合において、「実施するか、実施しない場合にはその理由を説明する」ことが必要となる各原則の範囲については、次の各号に掲げる上場会社の区分に従い、当該各号に定めるところによる。
　　　(1)　本則市場の上場会社
　　　　　基本原則・原則・補充原則
　　　(2)　マザーズ及びJASDAQの上場会社
　　　　　基本原則」

金融実務への影響

　企業が本コードに対応することによる金融実務への影響としては、特に基本原則に係るものが考えられます。たとえば、株主総会の集中時期を外しての開催、株主が総会議案の十分な検討期間を確保できるような招集通知のタイミング、政策保有株式の方針や買収防衛策に関する説明、財務情報・非財務情報の適時の開示、取締役会等の責務の開示、関連する議決権電子行使プラットフォームの活用等への対応が求められると考えられます。株主との対話に有益と考えられる情報の特定や情報共有のための方策、対話促進のための体制整備も必要になると想定されます。なお開示自体については、東京証券取引所が2015年2月に公表した「コーポレートガバナンス・コードの策定

図表Ⅶ-10　5基本原則・30原則・38補充原則

1.株主の権利・平等の確保
1-1.株主の権利の確保（補充原則①～③）
1-2.株主総会における権利行使（補充原則①～⑤）
1-3.資本政策の基本方針
1-4.いわゆる政策保有株式
1-5.いわゆる買収防衛策株主の権利の確保（補充原則①）
1-6.株主の利益を害する可能性のある資本政策
1-7.関連当事者間の取引
2.株主以外のステークホルダーとの適切な協働
2-1.中長期的な企業価値向上の基礎となる経営理念の策定
2-2.会社の行動準則の策定・実践（補充原則①）
2-3.社会・環境問題をはじめとする持続可能性をめぐる課題（補充原則①）
2-4.女性の活用を含む社内の多様性の確保
2-5.内部通報（補充原則①）
3.適切な情報開示と透明性の確保
3-1.情報開示の充実（補充原則①②）
3-2.外部会計監査人（補充原則①②）
4.取締役会等の責務
4-1.取締役会の役割・責務(1)(補充原則①～③)
4-2.取締役会の役割・責務(2)(補充原則①)
4-3.取締役会の役割・責務(3)(補充原則①②)
4-4.監査役及び監査役会の役割・責務（補充原則①）
4-5.取締役・監査役等の受託者責任
4-6.経営の監督と執行
4-7.独立社外取締役の役割・責務
4-8.独立社外取締役の有効な活用（補充原則①②）
4-9.独立社外取締役の独立性判断基準及び資質
4-10.任意の取り組みの活用（補充原則①）
4-11.取締役会・監査役会の実効性確保のための前提条件（補充原則①～③）
4-12.取締役会における審議の活性化（補充原則①）
4-13.情報入手と支援体制（補充原則①～③）
4-14.取締役・監査役のトレーニング（補充原則①②）
5.株主との対話
5-1.株主との対話に関する方針（補充原則①～③）
5-2.経営戦略や中長期の経営計画の策定・公表

図表Ⅶ-11　基本原則

1. 株主の権利・平等の確保
上場会社は、株主の権利が実質的に確保されるよう適切な対応を行うとともに、株主がその権利を適切に行使することができる環境の整備を行うべきである。 また、上場会社は、株主の実質的な平等性を確保すべきである。 少数株主や外国人株主については、株主の権利の実質的な確保、権利行使に係る環境や実質的な平等性の確保に課題や懸念が生じやすい面があることから、十分に配慮を行うべきである。
2. 株主以外のステークホルダーとの適切な協働
上場会社は、会社の持続的な成長と中長期的な企業価値の創出は、従業員、顧客、取引先、債権者、地域社会をはじめとする様々なステークホルダーによるリソースの提供や貢献の結果であることを十分に認識し、これらのステークホルダーとの適切な協働に努めるべきである。 取締役会・経営陣は、これらのステークホルダーの権利・立場や健全な事業活動倫理を尊重する企業文化・風土の醸成に向けてリーダーシップを発揮すべきである。
3. 適切な情報開示と透明性の確保
上場会社は、会社の財政状態・経営成績等の財務情報や、経営戦略・経営課題、リスクやガバナンスに係る情報等の非財務情報について、法令に基づく開示を適切に行うとともに、法令に基づく開示以外の情報提供にも主体的に取り組むべきである。 その際、取締役会は、開示・提供される情報が株主との間で建設的な対話を行う上での基盤となることも踏まえ、そうした情報（とりわけ非財務情報）が、正確で利用者にとって分かりやすく、情報として有用性の高いものとなるようにすべきである。
4. 取締役会等の責務
上場会社の取締役会は、株主に対する受託者責任・説明責任を踏まえ、会社の持続的成長と中長期的な企業価値の向上を促し、収益力・資本効率等の改善を図るべく、 (1)　企業戦略等の大きな方向性を示すこと (2)　経営陣幹部による適切なリスクテイクを支える環境整備を行うこと (3)　独立した客観的な立場から、経営陣（執行役及びいわゆる執行役員を含む）・取締役に対する実効性の高い監督を行うこと をはじめとする役割・責務を適切に果たすべきである。 こうした役割・責務は、監査役会設置会社（その役割・責務の一部は監査役及び監査役会が担うこととなる）、指名委員会等設置会社、監査等委員会設置会社など、いずれの機関設計を採用する場合にも、等しく適切に果たされるべきである。
5. 株主との対話
上場会社は、その持続的な成長と中長期的な企業価値の向上に資するため、株主総会の場以外においても、株主との間で建設的な対話を行うべきである。 経営陣幹部・取締役（社外取締役を含む）は、こうした対話を通じて株主の声に耳を傾け、その関心・懸念に正当な関心を払うとともに、自らの経営方針を株主に分かりやすい形で明確に説明しその理解を得る努力を行い、株主を含むステークホルダーの立場に関するバランスのとれた理解と、そうした理解を踏まえた適切な対応に努めるべきである。

に伴う上場制度の整備について」において、開示すべき内容（【コードにおいて特定の事項を開示すべきとする原則】）および「コンプライ・オア・エクスプレイン」における「エクスプレイン」については、コーポレートガバナンス報告書で説明することが求められています。コーポレートガバナンス報告書等での開示を求める諸原則（*4）については、各企業により開示される具体的な内容が異なる可能性がありますが、金融機関においても対応が求められると想定されます。

> （*4） 具体的には原則1-4、原則1-7、原則3-1、補充原則4-1①、原則4-8、原則4-9、補充原則4-11①、補充原則4-11②、補充原則4-11③、補充原則4-14②、原則5-1の11項目が開示の対象です（http://www.jpx.co.jp/equities/listing/cg/tvdivq0000008j85-att/tvdivq000000uvc4.pdf）。

今後の展望

　本コードが適用されて以降、企業のコーポレートガバナンスが社会からの注目を集めたこともあり、各企業は積極的に整備・運営を強化してきました。その中でたとえば、より実効ある対話のための財務情報・非財務情報の開示と、当該情報がいかに企業の「稼ぐ力」に結び付くかの説明および情報提供のための体制、情報基盤の整備が課題となりつつあります。企業と機関投資家との対話が実効あるものになるにつれ、多様化する情報開示のあり方、その開示のための情報・金融インフラの整備・強化が一層求められると考えられます（文中の意見にかかわる箇所は執筆者の私見です）。

スチュワードシップ・コード

概　　要

　2014年2月26日に、政府の成長戦略の一環として「『責任ある機関投資家』の諸原則《日本版スチュワードシップ・コード》～投資と対話を通じて企業の持続的成長を促すために～」（以下、本コード）が策定されました（*1）。本コードは2013年8月から計6回にわたり金融庁が開催した有識者会議での議

論（*2）を踏まえたもので、2010年に英国で策定されたスチュワードシップ・コードを参考にしており、機関投資家のあるべき姿を規定しています。英国のスチュワードシップ・コードと区別して、日本では日本版スチュワードシップ・コードと呼ばれています。

　（*1）　金融庁WEBサイト参照（http://www.fsa.go.jp/news/25/singi/20140227-2/04.pdf）。
　（*2）　金融庁WEBサイト参照（http://www.fsa.go.jp/singi/stewardship）。

　本コードの特徴の1つは、「スチュワードシップ責任」の概念です。「スチュワードッシップ責任」とは、機関投資家が、投資先企業やその事業環境等に関する深い理解に基づく建設的な「目的を持った対話（エンゲージメント）」などを通じて、当該企業の企業価値の向上や持続的成長を促すことにより、「顧客・受益者（最終受益者を含む。以下同じ。）の中長期的な投資リターンの拡大を図る責任を意味する」と本コードで定義されています。機関投資家が「責任ある機関投資家」として、スチュワードシップ責任を果たすにあたり有用と考えられる諸原則が本コードに定められています。日本国内に投資拠点を持ち、日本株式に投資する投資運用会社のほとんどが本コードの受入を表明しています。

　本コードのもう1つの特徴は、原則主義（「プリンシプルベース・アプローチ」「コンプライ・オア・エクスプレイン」）を採用している点です。前者の採用は、「機関投資家が各々の置かれた状況に応じて、自らのスチュワードシップ責任をその実質において適切に果たす」ことができるようにするためです。後者に関しては原則を遵守するか、遵守しない場合にはその理由を説明することが機関投資家に求められています（*3）。本コードへの対応は、機関投資家の規模や運用方針によってさまざまに異なりうることから、各機関投資家の特性に応じて「エクスプレイン」の内容は異なることが想定されています。

　（*3）　法的拘束力は有しません。

　本コードは7つの原則とその原則を補足説明した21の指針により構成されています（図表Ⅶ-12参照）（*4）。本コードの受入を表明した機関投資家は、「コードを受け入れる旨」および「コードの各原則に基づく公表項目（実施

図表Ⅶ-12　7原則・21指針

1.機関投資家は、スチュワードシップ責任を果たすための明確な方針を策定し、これを公表すべきである。	
	指針（1-1、1-2）
2.機関投資家は、スチュワードシップ責任を果たす上で管理すべき利益相反について、明確な方針を策定し、これを公表すべきである。	
	指針（2-1、2-2）
3.機関投資家は、投資先企業の持続的成長に向けてスチュワードシップ責任を適切に果たすため、当該企業の状況を的確に把握すべきである。	
	指針（3-1、3-2、3-3）
4.機関投資家は、投資先企業との建設的な「目的を持った対話」を通じて、投資先企業と認識の共有を図るとともに、問題の改善に努めるべきである。	
	指針（4-1、4-2、4-3）
5.機関投資家は、議決権の行使と行使結果の公表について明確な方針を持つとともに、議決権行使の方針については、単に形式的な判断基準にとどまるのではなく、投資先企業の持続的な成長に資するものとなるよう工夫すべきである。	
	指針（5-1、5-2、5-3、5-4）
6.機関投資家は、議決権の行使も含め、スチュワードシップ責任をどのように果たしているのかについて、原則として、顧客・受益者に対して定期的に報告を行うべきである。	
	指針（6-1、6-2、6-3、6-4）
7.機関投資家は、投資先企業の持続的成長に資するよう、投資先企業やその事業環境等に関する深い理解に基づき、当該企業との対話やスチュワードシップ活動に伴う判断を適切に行うための実力を備えるべきである。	
	指針（7-1、7-2、7-3）

しない原則がある場合には、その理由の説明を含む）を自らのWEBサイトで公表すること、当該公表項目について、毎年、見直し・更新を行うこと、当該公表を行ったWEBサイトのアドレス（URL）を金融庁に通知すること」、が求められています。

(*4) 原則7は、英国にはない日本版独自のものです。「企業と実りある対話を行うために投資家側も相当程度の見識を持つことが重要である」といった意見が有識者から出たことにより採用されました。

金融実務への影響

　機関投資家が本コードに対応することによる金融実務への影響は、機関投資家の規模や運用方針によって異なる部分があると考えられます。たとえば、アクティブ運用かパッシブ運用か、あるいは中長期的視点の運用か、短期視点の運用かにより、スチュワード責任を果たす方針は異なると考えられ、結果としてスチュワードシップ活動（「目的を持った対話」、議決権行使基準の策定や議決権行使、行使結果の報告等）の内容および開示のあり方も異なると考えられます。たとえば企業のガバナンスに着目したアクティブ運用であれば、議決権行使のために収集する情報の内容およびその判断基準はパッシブ運用とは異なることが想定されます。また、「目的を持った対話」のための情報についても同様と考えられ、金融実務においてもスチュワードシップ責任に係る方針に即した情報収集、情報基盤の整備については各機関投資家の特性・状況に合わせたものが求められます。なお、機関投資家に共通する分野に関しては、専門会社（議決権行使助言会社等）への外部委託も行われています。

今後の展望

　本コードが策定されて以降にコーポレートガバナンス・コードも策定されたことから、機関投資家側の議決権行使の方針・基準、行使結果や「目的を持った対話」の実施結果がWEBサイト上で公開されるようになりました。今後はこれらの情報開示の内容の深化が問われると考えられます。また機関投資家の内部態勢が整備されていく中で、今後は機関投資家の開示情報をもとに、上場企業による機関投資家の逆選別の動きが出てくる可能性があります。本コードは定期的な見直しの検討が期待されていますが、エンゲージメントの相手として上場企業に選ばれるための情報の特定と開示方法、「目的のある対話」を行うための態勢の整備・運営強化が一層求められると考えら

れます（文中の意見にかかわる箇所は執筆者の私見です）。

ESG

概　要

　ESGは、「Environmental（環境）」「Social（社会）」「Governance（コーポレート・ガバナンス：企業統治）」の３つの頭文字を合わせたものです。企業の中長期的な成長には、事業活動を行う際にこれら３つの分野における課題に適切に対応していくことが必要であり、それが社会全体の持続可能性の向上に寄与すると考えられています。

　2006年４月に国連が中心となって責任投資原則（PRI：Principles for Responsible Investment）というイニシアチブが発足しました。PRIは、持続可能な社会の形成に向けて解決すべき課題をESGの３つの分野に整理し、ESG課題への取組が投資パフォーマンスに影響を与える可能性があるとの前提のもと、「ESGに配慮した責任投資を行うこと」を宣言したものです。これにより、ESGという考え方が広まってきました。

金融実務への影響

　企業への投資を行う際には、企業が開示する情報を十分に吟味、分析することが必要ですが、その情報は財務情報と非財務情報に分けられます。財務情報は、企業の資産や負債、売上高、利益、キャッシュフローなどの会計的な情報で、投資家はこれらの情報を分析し、企業価値や株価などを評価しています。非財務情報は、財務情報以外のもののことです。そして、ESG情報は非財務情報の中でも企業価値に影響すると考えられる情報のことで、情報を開示した時点では非財務情報ですが、将来、財務要因として企業価値に影響を与える可能性のある情報といえます。ESG情報には次のようなものがあります。

① E：環境……地球温暖化問題、水や生物多様性、化学物質や廃棄物の管理など、おもに企業を取り巻く自然環境に関連する取組の情報
② S：社会……従業員の労務管理や安全衛生、製品やサービスの安全管理、人権、顧客、地域社会に対する責任など企業内や社会環境に関連する取組の情報
③ G：コーポレート・ガバナンス……企業経営の体制や社外取締役の独立性、コンプライアンス、汚職防止、情報開示など経営の根幹にかかわる取組の情報

そして、投資先企業を評価する際に、ESG情報を活用するのがESG投資です。また、企業との対話や議決権行使などを通じて企業のESGへの取組を促すことも、ESG投資の代表的なアプローチとなっています。

ESG投資における企業の評価には、リターンの視点とリスクの視点があります。リターンの視点では、たとえば地球温暖化問題への対応をビジネスチャンスとするなど、企業がESG課題への取組を機会として企業価値の向上に繋げることを評価するものです。また、リスクの視点では、ESG情報を分析することで将来の企業価値の棄損に繋がる可能性のあるリスクなどを評価します。そして、ESG情報をリスクやリターンの視点から評価することが、投資パフォーマンスの改善や安定性に寄与すると考えられています。さらに、投資家がESG情報を評価することは、企業にESG課題への対応を促すことになります。これが投資家や企業が社会的責任を果たすこと、そして社会の持続可能性の向上に寄与するとされています。

今後の展望

これまで、欧米では機関投資家によるESG投資が拡大しているのに対し、日本でのESG投資は限定的であるとされていました。しかし、日本のESG投資に大きく影響する動きがありました。

2014年2月に金融庁から「『責任ある機関投資家』の諸原則《日本版スチュワードシップ・コード》～投資と対話を通じて企業の持続的成長を促すために～」が公表されました。同コードは、企業の持続的成長を促し、中長期的な投資リターンの拡大を図るために機関投資家が行うべき行動原則を定

めたもので、把握すべき投資先企業の状況として、ガバナンスや、社会・環境問題に関連するリスクへの対応などが挙げられています。

また、2015年9月に公的年金（厚生年金や国民年金）の積立金を管理・運用する年金積立金管理運用独立行政法人（GPIF）がPRIに署名しました。GPIFは、「ESGの取組みに係る基本方針」において「投資先企業におけるESG（環境・社会・ガバナンス）を適切に考慮することは、この『被保険者のために中長期的な投資リターンの拡大を図る』ための基礎となる『企業価値の向上や持続的成長』に資するものと考える」としています。

このように、国としてESGへの取組が始まったこともあり、今後は日本におけるESG投資がさらに拡大することが期待されています。

フィデューシャリー・デューティー（受託者責任）

概要

わが国において、「受託者」は一般的には信託法における信託を受ける者を意味します。しかし、フィデューシャリーの概念は欧米で発達したもので、いわゆる「信託を受ける者」より幅広く、医師や弁護士等、委託者との間に情報の非対称性がある、知的、専門的業務を行う者が該当すると考えられており、したがってフィデューシャリー・デューティーについて、「受託者責任」のほかに、「信任義務」（*1）との訳語も用いられています。

(*1) 公益社団法人日本証券アナリスト協会「証券アナリスト職業行為基準実務ハンドブック」より。

フィデューシャリー・デューティー（受託者責任）は、「注意義務」「忠実義務」「自己執行義務」「分別管理義務」から構成され、特に「注意義務」および「忠実義務」が重要とされています。「注意義務」は当該職業に携わる思慮分別のある人間と同様の注意を払う義務を指し、「忠実義務」は自己の利益と委託者の利益が衝突した場合に委託者の利益を優先させなければならない義務です。

金融実務への影響

　平成27事務年度金融行政方針においては、フィデューシャリー・デューティーを「他者の信任に応えるべく一定の任務を遂行する者が負うべき幅広い様々な役割・責任の総称」と定義しています。これまで「受託者責任」が、わが国では信託銀行のほか、年金基金や資産運用会社をおもな対象として議論されてきたことに対し、その範囲が本質的には投資信託・貯蓄性保険商品等の提供に係る金融機関すべてに及ぶ旨を示したものであると解されます。さらに、平成28事務年度金融行政方針では、「フィデューシャリー・デューティーの概念は、しばしば、信託契約等に基づく受託者が負うべき義務を指すものとして用いられてきたが、近時ではより広く、他者の信任に応えるべく一定の任務を遂行する者が負うべき幅広い様々な役割・責任の総称として用いる動きが広がっており、我が国においてもこうした動きを広く定着・浸透させていくことが必要である」との認識が示されました。また、平成28事務年度金融行政方針の「具体的重点施策」では、この認識を踏まえ、「金融商品の販売、助言、商品開発、資産管理、運用等のインベストメント・チェーンに含まれる全ての金融機関等において、顧客本位の業務運営（最終的な資金提供者・受益者の利益を第一に考えた業務運営）を行うべきとのプリンシプルが共有され、実行されていく必要がある」、そのため「民間の自主的な取り組みを支援する」とし、具体的な取組事例として以下の例を挙げています。

① 運用機関……顧客本位の活動を確保するためのガバナンス強化、運用力の向上（運用人材の確保・育成）等、顧客のニーズや利益に適う商品の提供等

② 販売会社……顧客本位の販売商品の選定・提案、顧客本位の経営姿勢と整合的な業績評価、顧客本位の取組みの自主的な開示、商品のリスクの所在等の説明（資料）の改善、顧客が直接・間接に支払う手数料率（額）およびそれがいかなるサービスの対価なのかの明確化、これらを通じた顧客との間の利益相反や情報の非対称性の排除（情報提供の充実）等

　金融行政方針を踏まえ、資産運用会社における独立社外取締役の選任や、

利益相反管理・合理的な運用報酬等を要素とするフィデューシャリー・デューティー宣言の公表、販売手数料から預り資産を重視した人事評価体系への転換等の動きが業界に広まりつつあります。信託法が発達している英米においても、金融機関の行動原則としてフィデューシャリー・デューティーを広く徹底させようという動きが出ています。

　これらは、金融業界に対する国民の信頼を向上させる取組であるともいえ、諸外国と比して預金割合が高い家計金融資産を投資に振り向けることで、企業が持続的成長を果たし、その成果により高齢化が進む日本国民の資産形成を進める、という好循環の実現、ひいては日本経済全体の発展のために要請されているものであると考えられます。

第2節 技術編

FinTech

概要

「FinTech（フィンテック）」とは、Finance（金融）とTechnology（技術）をかけ合わせた造語であり、ITを活用した新しい金融サービスないしその提供企業を指す言葉です。そのサービス内容は、資産管理（PFM）やブロックチェーン、仮想通貨、ロボアドバイザー、クラウドファンディング、自動与信審査、モバイル決済、サイバーセキュリティ等多岐にわたります。

　FinTechが台頭した背景には、さまざまな事情が存在しています。もっとも直接的な影響を与えた事情として、既存金融機関への不信の高まりがあります。2007年から生じた世界金融危機において、大手金融機関が不十分なリスク管理により破綻の懸念を生じさせた結果、公的資金による支援を受ける事態となりました。また、若年層や移民の中には、クレジットヒストリーを有していないため、既存の金融サービスを十分に利用できない人がいるといった問題もありました。このような状況に対する不満が、ITを活用した金融機関の課題解決の必要性を生じさせました。一方、大手金融機関による解雇にともない、IT関連企業に金融分野の知見を有する人材が大量に流入したことも、FinTech台頭の一因となりました。

金融実務への影響

(1) 環境整備

　① 銀行法の改正

　2016年5月、FinTechの普及の促進を目的として、銀行法の改正がなされました。今般の改正は、銀行によるFinTech企業への出資を可能とするもの

です。従来、銀行が子会社を通じて本来の業務（預金受入や貸付等の業務）以外の業務に関与することで経営の健全性を損なうことのないよう、銀行が一般事業会社の議決権の５％相当分（銀行持株会社の場合は15％相当分）を超える出資を行うことは原則として禁止されていました(＊1)。そして、例外的にこれを超えた出資が許容されるのは、銀行の業務に密接に関連する企業（各種金融サービス会社、システム会社等）に限定されてきました(＊2)。しかし、近年、欧米各国の金融機関では優れた技術を有するベンチャー企業への出資を通じたオープンイノベーション（自社のみならず他社等が持つ技術やサービスを組み合わせることにより、革新的な製品開発やサービス開発に繋げるイノベーションの方法論）の取組が活発化しており、日本の金融機関においても同様の取組の必要性が認識されるに至りました。そこで、この課題の解決に向けて、今般の銀行法改正によって、①情報通信技術その他の技術を活用した当該銀行の営む銀行業の高度化に資する業務、②当該銀行の利用者の利便の向上に資する業務、③これらに資すると見込まれる業務を行う企業に対して新たに出資が可能とされました(＊3)。

(＊1)　銀行法第16条の３。
(＊2)　改正前銀行法第16条の２第１項。
(＊3)　銀行法第16条の２第１項12の３号。

②　資金決済に関する法律の改正

また、仮想通貨（ビットコイン等）の健全な普及を後押しすることを目的として、資金決済に関する法律（以下「資金決済法」といいます）の改正も行われました。この改正は、仮想通貨の定義を明確化するとともに、これを一定の規制に服させるようにするものです。このような法改正がなされた背景には、仮想通貨がマネー・ローンダリングやテロに利用されるリスクが国際的に認識される中、マネー・ローンダリングを規制するための政府間機関である金融活動作業部会（Financial Action Task Force on Money Laundering、以下、「FATF」）から、仮想通貨と法定通貨（日本円等）を交換する取引所に対して登録・免許制を課すとともにマネー・ローンダリング・テロ資金供与対策を制度的に講じることを要求するガイダンス(＊4)が公表されたという事情がありました。また、わが国では仮想通貨取引所であるマウントゴックス

社が破綻する事態が生じたことから、取引所利用者の保護を求める声も高まっていました。本改正はこれらの要請に応えたものです。

　（*4）　FATF, Guidance for a Risk-Based Approach to Virtual Currencies, 2015.

(2) FinTech関連企業への投資動向

　近年、FinTech分野への投資活動が活発化しています。2010年には全世界で約18億ドルに過ぎなかったのが、5年後の2015年には約223億ドルにまで増大しました(*5)。とりわけ、2015年に中国を中心としてアジア・太平洋地域における投資活動が著しく活発化したことが注目されます。

　（*5）　Accenture, Fintech and the evolving landscape: landing points for the industry, 2016, p.3.

(3) 金融機関における対応動向

　当初、FinTechの台頭は既存の金融機関にとって脅威と受け止められました。もっとも、近時では金融機関とFinTechの共存関係も築かれつつあります。たとえば、金融機関がFinTech関連企業への出資を行うことにより、子会社化するケースが見られます。また、ビルバオ銀行（Banco Bilbao Vizcaya Argentaria）やバンク・オブ・アメリカ（Bank of America）のように、特定事業者に対してAPIを公開し、サービス開発を進めてもらう取組を行っている金融機関も登場しています。

今後の展望

(1) FinTech関連規制の変化

　FinTechは情報通信技術を背景とした新たなサービスを提供するものであることから、既存の規制が過剰なものとなり、サービスの展開の障害となる場面が想定されます。すでに銀行法の改正をはじめ、一定の規制緩和が実現していますが、今後さらなる規制緩和が期待されます。一方、消費者保護や個人情報保護等の観点から、規制の強化が図られるべき場面もありうると考えられます。利便性の高いサービスの普及のための環境整備と利用者保護の両立を図るべく、FinTech関連規制のあり方を見直していくことが引き続き求められます。

(2) FinTech関連企業に対する投資の拡大傾向

若年層における新しい金融サービスに対するニーズの高まりやこれを受けた金融機関における積極的な投資姿勢を背景として、今後もFinTech関連企業に対する投資が拡大することが予想されます。

(3) 金融機関との共存関係の進展

今後も、金融機関におけるFinTech関連企業との協業の取組が進展することが想定されます。これにより、たとえば金融機関が保有するデータを活用した新しいサービスが提供されることが期待できます。

PFM（資産管理）

概　要

PFM（Personal Financial Management）サービスとは、個人の資産を管理するアプリケーションサービスです。

米国では、ユーザーが貯蓄目標額を設定し、進捗状況を確認するサービスとして発展してきました。

わが国では、複数の金融関連サービスの情報を一括して管理する家計簿アプリの位置づけとなっています。管理対象は、銀行、クレジットカード、証券、マイル等のポイントなど多岐にわたります。さらに、ネットショッピングでの購入履歴や電子マネーの残高などを把握するサービスを始めているPFM事業者もあります（図表Ⅶ-13参照）。

PFMを理解するうえで、「アカウントアグリゲーション」と「スクリーンスクレーピング」の2つのキーワードを理解しておく必要があります。

「アカウントアグリゲーション」は、複数の金融関連サービスの情報を一元管理するサービスです。

アカウントアグリゲーションによって、ユーザーがアプリケーションに入力したID・パスワードをもとに、アプリケーションがユーザーに代わって、金融機関から口座情報等の必要なデータを入手することができます。

図表Ⅶ-13　PFMサービスの概要

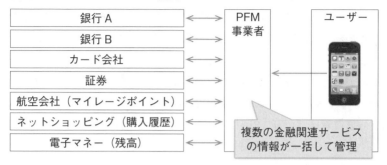

　PFM事業者は、多くの金融機関向けのアカウントアグリゲーションを用意することにより、PFM上で個人の資産を管理することができます。
　「スクリーンスクレイピング」は、アカウントアグリゲーションを実現するために、WEB画面から情報を抽出する技術です。
　PFM事業者は、スクリーンスクレイピングにより、各金融機関のログイン画面の情報を事前に抽出しておくことで、ユーザーに代わってログインをすることができます。
　ただし、金融機関がWEB画面をシステム更改するたびに、PFM事業者は、スクリーンスクレイピングの再設定が必要になる問題があります。よって、銀行のインターネット・バンキングがリニューアルすると、PFMサービスでは情報が取得できなくなります。

金融実務への影響

　WEB上で提供している金融サービスとして、金融機関は、インターネット・バンキングで口座照会や取引履歴等の照会系サービスや、資金移動等の更新系サービスを提供しています。一方、PFMで提供している金融サービスは、照会系サービスの提供に留まっています。しかしながら、PFMの利便性の良さを武器にPFM事業者が顧客接点を増やしていることに着目し、一部の金融機関はPFM事業者と提携を始めています。その際、PFM事業者は金融機関のシステムを外部から呼び出して利用しています。その仕組をAPI（Application Programming Interface）と呼びます。

APIを活用したPFMサービスは、金融機関、PFM事業者、ユーザーにとってメリットがあります。金融機関はPFMを通してPFMのユーザー向けに自金融機関の金融サービスを提供することができます。一方で、PFM事業者はインターネット・バンキング等のリニューアルがあっても、スクリーンスクレーピングの再設定が必要なくなります。他方で、ユーザーは既存のインターネット・バンキングと同様の安心感が得られます。理由は、金融機関がPFM事業者に「認証API」と呼ばれる機能を提供することで、金融機関の情報を取得するための認証をPFM事業者側で行うのではなく、銀行側で行うことができるからです（図表Ⅶ-14参照）。

図表Ⅶ-14　API連携によるアカウントアグリゲーション

［スクリーンスクレーピング技術によるアカウントアグリゲーション］

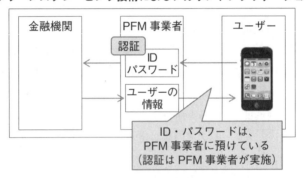

［API連携によるアカウントアグリゲーション］

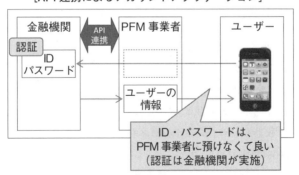

　金融機関とPFM事業者とのAPI連携の事例としては、住信SBIネット銀

行、静岡銀行、群馬銀行の取組が挙げられます。

今後の展望

現状、PFM上で金融機関のAPIを活用したサービスは、口座照会や取引履歴等の照会系サービスだけとなっていますが、今後は資金移動等の更新系サービスへの展開が考えられます。

たとえば、クレジットカードの引落日にユーザーの残高が足りなかった際、PFMからアラームが上がり、ユーザーの複数金融機関の口座間で資金移動ができるといったサービスが考えられます。

米国では、PFM内で資金移動のAPIを活用したサービスや、取引データの分析結果をマーケティングデータとして金融機関に提供するサービスが始まっています。今後、わが国でも同等のサービスが始まる日が来るかもしれません。

ブロックチェーン（仮想通貨）

概　要

「ビットコイン」に代表される「仮想通貨」や「暗号通貨」と呼ばれる新しい決済・送金の仕組は世界中で注目を集めています。それらを支える「ブロックチェーン」と呼ばれる技術は金融分野のみならずあらゆる業務に活用できる可能性があるとしてさまざまな企業が研究や実証実験を行っています。

ブロックチェーンは、「分散型台帳」や「分散型取引元帳」と呼ばれ、取引履歴を複数にまとめて（ブロック）、時系列に並べた（チェーン）ものです。

取引履歴をP2P（分散型ネットワーク）によって分散管理することで、システムダウンや不正に強いネットワークを生み出します。また各ブロックチェーンが中央に管理者を配置せずに、取引履歴の「正確さ」を証明し、相

互の取引における合意形成を生み出すために「コンセンサスアルゴリズム」と呼ばれる仕組を導入しています。

現在商用化あるいは、商用化が研究されている「ブロックチェーン」は大きく3タイプに分類することができます。ザ・ブロックチェーン、パブリックブロックチェーン、プライベートブロックチェーンの3つです。

「ザ・ブロックチェーン」は仮想通貨の代表格である「ビットコイン」の基盤となっているブロックチェーンです。「ブロックチェーン」はビットコインが生み出したものであり、ブロックチェーンの利用がもっとも成功している事例もまた「ビットコイン」であるといえます。

ビットコインのブロックチェーンにヒントを得てあらゆる用途に活用しようと開発が進んでいるのがパブリックブロックチェーン（だれでも自由に参加が可能）と、プライベートブロックチェーン（限られた参加者間で利用が可能）です。活用したい用途に合わせてブロックチェーンをカスタマイズすることで実用化できないか検討が進んでいます。

金融実務への影響

金融実務におけるブロックチェーン活用の取組は今まさに世界中で行われている状況です。すでに実用化されている「ビットコイン」は既存の金融機関、決済・送金インフラを介すことなくデジタル化された価値を移転（送金）することができます。インターネットにアクセスできれば世界中どこでもビットコインを送金、受け取ることができます。送金のコストはわずか数円です。「ビットコイン払い」を受け付けているレストランやカフェであれば支払に利用することもできます。

また、ビットコインと法定通貨（円やドル）を交換してくれるサービスもあるため、主要な通貨であれば簡単にビットコインと法定通貨の両替が可能です。「ビットコイン」の利用が拡大すればするほど、基本的には既存の法定通貨による為替、決済、送金業務は影響を受けることになります。

一方で、コスト削減等の期待から「海外送金」や「証券取引」におけるブロックチェーンの活用が期待されています。米国ではすでに証券取引所が未公開株式の取引にブロックチェーン技術を採用しています。また、ブロック

チェーンを活用した海外送金ネットワークを提供している企業も登場しており、同ネットワークを採用する金融機関も徐々に増加しています。これらの取組の多くは「プライベートブロックチェーン」を用いたものです。

さらには、ブロックチェーンの「透明性」「改ざんに強い」という特性を活かして金融実務における「KYC（Know Your Customer）」といった認証部分をブロックチェーンにて行うサービスを提供する企業も登場しています。

ビットコインをはじめとする仮想通貨やブロックチェーン技術は、誕生してまだ数年しか経過していない新しい技術です。この新しい技術に対して先進各国では多額の資金が投資され、スタートアップ企業や金融機関によって研究・開発が行われています。

今後の展望

ビットコインから始まったブロックチェーンは、分散型取引台帳を実現する手段として、今後の金融インフラのあり方に少なからず影響を与えると予想されます。

金融業務に活用が検討されているブロックチェーンにおける取組でも、各国における実証実験の結果が徐々に明らかになってきています。ブロックチェーン技術はあらゆる業務に活用が可能でコストが削減できる魔法の技術ではありません。先進的企業の取組によってそのメリット・デメリットが明らかになり始めています。たとえばブロックチェーンにおける「プライバシー」は検討課題の1つです。ビットコインは取引台帳を「だれでも閲覧可能」としたことで、取引の透明性・整合性の確保を実現しています。しかし、特定の企業間や、特定の業務においては、「見られたくない取引まで見られてしまう」というデメリットとなることがあります。

明らかになったデメリットや課題について、すでに研究を始める企業も出てきています。そしてブロックチェーンにはいまだ共通化された仕様やルールは存在しません。そうした動きも踏まえて、今後実用化に向けた動きがより活発化していくことが予想されます。

ロボアドバイザー

概　要

　ロボアドバイザーとは、AI（人工知能）を活用することで、これまで人間が考えていた資産運用時の投資先を自動的に抽出し、運用ポートフォリオのアドバイスを提供するサービスを指します。個人の年齢や年収などの簡単な質問に対する回答をもとに、個人のニーズにあったポートフォリオの提示のみを行うタイプと、ポートフォリオ提示に加えて、個人に代わって投資一任サービスを提供するタイプの2種類があります。

　ロボアドバイザーは、AIのアルゴリズムを用いて個人の投資選好を分析し、ポートフォリオを提示します。たとえば、「運用資産が1カ月で20％マイナスになった場合、売却するか追加投資をするか？」といった質問に対して、すべて売却すると回答した場合はリスク回避的と判断し債券中心のポートフォリオを提示し、追加投資をすると回答した場合はリスク選好的と判断し株式中心のポートフォリオを提示します。投資一任サービスの場合は、資産がマイナスにならないような安定運用を中心に行うか、マイナス時も積極的にリカバリーを図る投資を行うかなどの違いが生じます。

　投資の際、複数の銘柄に分散投資することは王道であり、機関投資家(*1)は、投資先を細かく分散した投資をしています。しかし、個人投資家は投資単位が少額であるため、分散投資を行うと売買コストが高くついてしまったり、細かいポートフォリオの作成やリバランス(*2)をするためには時間を要することなどから、機関投資家と同様の投資手法をとることは困難でした。ロボアドバイザーは従来人間が計算して作成していたポートフォリオをAIによって構築するため、低コストで複雑なポートフォリオを構築できる点が魅力となっています。

　　(*1)　生命保険会社や投資顧問会社などの企業体で投資を行っている大口の投資家のこと。
　　(*2)　投資を行う際に、相場の状況に応じて投資配分の比率を変更すること。

金融実務への影響

　ロボアドバイザーの普及が拡大した場合、銀行と証券会社に影響があると考えられます。

　銀行では、ロボアドバイザーを活用して預金から投資への転換を推進しています。低金利の影響から、預金のみでは収益が望めないため、少額から投資を促すことができるロボアドバイザーは有効なツールとして見られています。ロボアドバイザーの導入事例としては、みずほ銀行のロボアドバイザーサービス「SMART FOLIO」が挙げられます。SMART FORIOは2015年10月から開始したサービスで、資産運用の目的や年収についてなど計7個の質問に答えることで、インデックス投信(*3)のポートフォリオ提案を受けられます。2016年3月にはサービスを拡張し、みずほ銀行の顧客を対象に、リバランス案の作成や相場状況に合わせたアフターフォローメールを送信するサービスも提供しています。ほかにも、三菱UFJ信託銀行が2016年5月にロボアドバイザーを導入するなど、銀行におけるロボアドバイザーの活用は今後さらに加速していくでしょう。

　　(*3)　市場平均（日経平均株価）と連動するようにつくられた投資信託のこと。

　証券会社にとっては、おもに運用商品提案の面でロボアドバイザーが競合となります。ロボアドバイザーが機動的なリバランスを実現できるのに対し、証券会社の従来の運用提案は細かなリバランスはできないため、ロボアドバイザーとの差別化を迫られるでしょう。また、近年証券会社がポートフォリオ型商品として注力しているラップ口座(*4)にも影響があると考えられます。ロボアドバイザーがターゲットにしているのは若年層であるのに対し、ラップ口座は定年退職後の高齢者層をおもなターゲットとしています（図表Ⅶ-15参照）。そのため、すぐに大きな影響が出るとは考えづらいものの、高齢者層におけるスマートフォンの利用率増加や、低コスト意識の定着により、ラップ口座からロボアドバイザーへの乗換えが進む可能性があります。

　　(*4)　証券会社と投資一任契約を結び、資産運用や管理を一任するサービス。

図表Ⅶ-15　ロボアドバイザーとラップ口座の比較表

	ロボアドバイザー	ラップ口座
対象客	若年層	高齢者層
販売チャネル	インターネット	対面窓口
年間手数料	0.5%～1.0%程度	1.5%～2.5%程度
投資可能額	数万円程度から	数百万円程度から

今後の展望

　ロボアドバイザーは、現段階では若年層を中心に利用されているものの、低コストかつ手軽に投資できる点を武器に、今後利用する年齢層が拡大すると考えられます。その場合、若年層の低コスト意識はマス層から一部の富裕層まで広がる場合があるでしょう。その結果、金融機関の販売チャネルは、対面からネットへの転換がさらに進むことが想定されます。

　現在のロボアドバイザーは、10個程度の質問をもとにしたポートフォリオ提案が中心です。今後ロボアドバイザーの普及が進むことで、より多数の質問や詳細な質問をもとにしたポートフォリオ提案や運用方法をとるようになることが想定されます。その場合、システム構築の際は、より複雑なアルゴリズムを構築することが求められるでしょう。

クラウドファンディング

概　要

　クラウドファンディング（以下、CF）とは、ある目的を持った事業法人や個人が、「インターネット」等を活用した専用の仕組（プラットフォーム（以下、PF））を使用して、「不特定多数」の出資者から「小口の資金」を集めるという概念を指します。

　出資者はインターネット上に提供されるそれぞれのプロジェクトの情報の

中から、自分が共感したプロジェクトやサービスに資金を提供し、出資後はプロジェクトの実施状況の報告を受けたり、見返りとしてサービスや商品、現金配当を得たりします。

CFは資金提供者への見返りの形態により幾つかの類型があり、①対価をともなわない「寄付型」、②対価に商品・サービスなどを提供する「購入型」、③分配金などの金銭的な対価を提供する「投資型」があります。なお、「投資型」には、さらに「貸付型」「ファンド型」「株式型」という3タイプがあります。

またCFのプロジェクトにおける成立条件のパターンとしては、当該事業者(キャンペーンオーナー)の設定した資金調達目標額を下回る資金しか集まらなかった場合、資金調達者に資金が渡されずキャンセルされるタイプの「①オールオアナッシング(All or Nothing)方式」と、資金調達目標額を下回った場合でも資金が渡されるタイプの「②キープイットオール(Keep it All)方式」があります(図表Ⅶ-16参照)。

図表Ⅶ-16 クラウドファンディングの種類

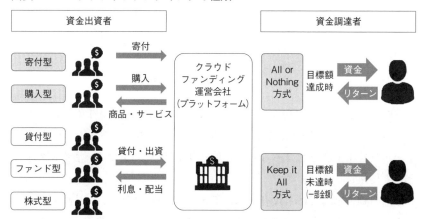

(出所) 佐々木敦也著『ザ・クラウドファンディング』(金融財政事情研究会、2016年6月)をもとに作成。

金融実務への影響

世界のCF市場の成長について、米国の民間調査会社（Massolution社）のレポート「CF The Crowdfunding Industry Report」によると、2012年（27億ドル）以降毎年市場は急速に拡大し、2015年度は世界全体で344億ドルに達するとされています（図表Ⅶ-17参照）。

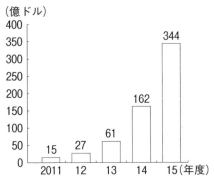

図表Ⅶ-17　世界のCF市場規模の推移（USドルベース）

（出所）「2015 CF Crowdfunding Industry Report」（Massolution社）をもとに作成。

政府の動きとしても2012年にJOBS法（The Jumpstart Our Bussiness Start-ups Act）が成立し、未公開企業が一般市民から資本金を調達する形式のCFを一定条件下で合法化することで、低迷するIPO（株式公開）活性化の手段として後押ししています。

国内の動きとしては、政府が2013年6月に閣議決定した「日本再興戦略」の中で、リスクマネー供給の強化策としてCFの利用を促進する方針が示されました。2014年5月には金融商品取引法が改正され参入要件が緩和されるなど、具体的な法制面での整備が進められています。

これらの方針を受けて関係官庁は、地方公共団体や地域金融機関が地域経済を活性化するための手段としてCFを活用する試みを進めており、「ふるさ

と投資連絡会議（2014年10月設立）」等の場では、統一的な手引書の作成や地域金融機関・自治体による事例の研究・紹介等が行われています。

地域金融機関における動きを見ると、滋賀銀行は「しがぎんふるさと投資ファンド」（2015年2月設立）により、CF手法で組成された個別ファンドに対して、「呼び水」効果を企図した個別出資を行う取組を行っており、城北信用金庫は「Makuake」（購入型）との提携により2015年4月に開設した特設ページ「NACORD（ナコード）」について、他の信用金庫とも共用する取組を進めるなど、CFを通じて地域の企業や個人の事業に対して、資金調達や広告・宣伝を支援し地域を活性化することと同時に、新たな融資先の獲得や拡大にも繋がる手段として注目を集めています。

自治体においても、和歌山市では「クラウドファンディング活用支援補助事業」（2016年7月）により、紀陽銀行、きのくに信用金庫等と協力しCFを活用するための初期費用や事業計画作成を支援するなど、地元の金融機関を巻き込んだ取組も始まっています。

一方、事業者側としても、特に中小零細で事業の実績が少なく、地域における知名度や顧客基盤も乏しい事業者にとっては、資金調達の手段としてだけではなく、事前にニーズを把握できるプレマーケティングの効果や、新規顧客の獲得／コアなファンの顕在化などの顧客接点づくりを、比較的低コストで可能とするマーケティングツールとしても、CFを活用する動きが広がりつつあります。

今後の展望

矢野経済研究所の調査によれば、2015年度の国内の市場規模（支援額ベース）は前年度比68.1％増の約363億円と急速に拡大しています。特にマイナス金利時代を反映して利回りの良い貸付型が拡大したことが、1つの要因であると指摘するとともに、2016年度には前年度比31.5％増の約478億円と、ハイペースな市場拡大の継続を予想しています。

今後も引き続き、おもにベンチャー企業へのリスクマネー供給や地方創生等の観点から、投資型を中心とするCFの利用拡大が期待されますが、一方で悪意のある事業者による不正への対策と、過剰な規制により円滑なCF事

業の運営を阻害しないための、適切な規制をどのように設計し、CFへの信頼を維持しながら取引の活性化を推進していくかが、CF市場全体の成長にとって重要な課題であり、政府や関連するプレーヤーによる対応が注目されています。

自動与信審査

概　要

　自動与信審査は、顧客の属性や財務データ等を解析し、その情報をもとにコンピュータが自動で融資限度額などの条件を決める仕組です。おもに個人向け貸出に利用されるケースが多く見られましたが、近年ではAI（人工知能）やビッグデータを活用し、中小企業向け貸出にも利用されるようになりました。自動与信審査を活用することにより、審査期間の短縮化等の効果が見込まれます。

金融実務への影響

(1)　消費者金融会社での利用

　1980年代に、消費者金融のプロミスが、国内で初めて自動与信審査システムを導入するなど、大手の消費者金融会社の個人向け貸出で自動与信審査が活用されてきました。そこでは、コンピュータによる審査結果を踏まえ、人間により最終的に判断するケースが多くを占めました。

(2)　AI（人工知能）やビッグデータを活用した与信審査

　2000年代に入り、FinTechの一形態として、AI（人工知能）およびビッグデータを活用した与信審査が行われるようになりました。これにより、個人向け貸出だけでなく、中小企業向け貸出の与信審査等にも活用されるようになりました。また、人間の関与を排除した与信審査により、審査期間の大幅な短縮を行う企業も出現しました。

　たとえば、米国のスタートアップ企業であるKabbage（カベージ）は、中

小企業向け貸出を行う際、AI（人工知能）による自動与信判定のみに任せて人間の関与を排除することで、与信審査に要する時間を平均わずか6分にまで短縮させました(*1)。また、インターネット上に存在している企業の財務データのほか、FacebookやTwitterなどSNSの情報を与信審査に活用しているのも特徴です。

 （*1）「記者の眼－FinTechの主戦場は『サブプライムローン』」（日経BP社）より
   （http://itpro.nikkeibp.co.jp/atcl/watcher/14/334361/120100433/?rt=nocnt）

また、「トランザクションレンディング」という取組も進んでいます。これは、アマゾン、楽天、ヤフー等のEC（電子商取引）モール出店者に対して、売買や資金決済、顧客評価などの取引履歴を利用して審査する融資です(*2)。リアルタイムで更新されていく取引履歴を活用することで、決算書の入手を待たずに事業実態を正確に把握することが可能となります。与信審査は自動化されており、結果が数日でわかるなど、審査期間が短いのも特徴です。

 （*2）「FinTechの未来(6)－FinTechの個別ビジネス・トランザクションレンディング」（デロイトトーマツコンサルティング合同会社）より（https://www2.deloitte.com/content/dam/Deloitte/jp/Documents/financial-services/ins/jp-ins-nikkei-fintech-006-110716.pdf）

今後の展望

今後は金融機関においても、データ分析に関して先進技術を有する企業と提携するなどし、AI（人工知能）およびビッグデータを活用した与信審査が拡大していくことが予想されます。

たとえば、静岡銀行ではAI（人工知能）技術を有する三菱総合研究所と提携し、個人向け貸出において、顧客の属性情報、入出金明細などの取引情報から、商品ニーズとリスクを数値化することで、融資可能見込額を算出する取組が行われています。融資可能見込額を顧客に事前に案内することで、顧客の利便性向上を図っています(*3)。

 （*3）静岡銀行2016年2月1日プレスリリース（http://www.shizuokabank.co.jp/pdf.php/2493/280129_NR.pdf）。

また、みずほフィナンシャルグループでも個人向け貸出において、ソフト

バンクと提携し、職歴などのビッグデータを分析することで、上限金額や貸出金利などを個別に設定する取組を検討しています(*4)。

このように、自動与信審査は、審査期間の短縮やそれによる顧客の利便性向上といった利点を活かし、利用が拡大していくことが予想されます。

(*4) 日本経済新聞2016年8月12日朝刊より。

モバイル決済

概　要

モバイル決済とは、フィーチャーフォン、スマートフォン、タブレット等のモバイル端末を用いて行われる支払処理のことです。モバイル端末があればキャッシュレスで決済が可能で、利用者にとって利便性が高い決済手段となっています。総務省の「ICTの進化がもたらす社会へのインパクトに関する調査研究」(*1)(2014年)によると、モバイル決済の利用率は、わが国では1割を超えており、今後利用したいとの回答も含めると積極的な回答では3割近くになります（図表Ⅶ-18参照）。モバイル決済は社会的にも重要な決済手段となっています。

(*1) 総務省「ICTの進化がもたらす社会へのインパクトに関する調査研究の請負」
(http://www.soumu.go.jp/johotsusintokei/linkdata/h26_08_houkoku.pdf)

金融実務への影響

モバイル決済は支払場所や利用者によって形態が異なります。大きくバーチャル環境（インターネット上での支払）、リアル環境（実店舗での支払）の決済方法に分けることができます。図表Ⅶ-19はおもなモバイル決済の形態と事例についてまとめています。サービス提供者は金融機関やクレジットカード会社のほか、新興事業者も参入しておりICT技術やFinTechの発展が見られます。

図表Ⅶ-18 モバイル決済の利用率と意向

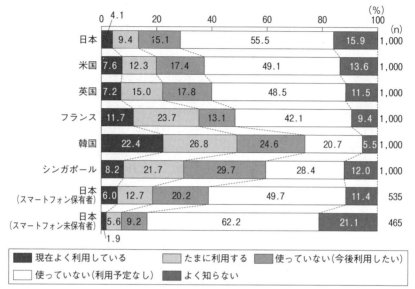

（出所） 総務省「ICTの進化がもたらす社会へのインパクトに関する調査研究」（2014年）

(1) インターネット・バンキング

インターネット・バンキングはフィーチャーフォンやスマートフォン専用の環境にログインして、指定先口座へ振込振替をすることができます。なお、インターネット・バンキングは、パソコンでも利用できるためモバイル決済固有の決済方法ではありませんが、スマートフォンの普及により、インターネットの利用がモバイル端末中心となりつつある現状を踏まえて、本項で解説しています。金融機関は安全なサービスを提供するうえで、特に以下の2点について留意する必要があります。

① **動作環境の提供**

金融機関は、フィーチャーフォンでは各携帯キャリアの機種ごと、スマートフォンでは対象のOS・ブラウザの組み合わせについてバージョンアップごとに動作影響を確認する必要があります。また、OSやソフトウエアにおいて脆弱性の問題が発生した際には、早急な対処を講じる必要があります。

図表Ⅶ-19 モバイル決済の形態

利用者	支払場所	決済サービス事業者	おもな決済手段	サービス事例
個人	バーチャル環境	金融機関	インターネット・バンキング	・全国の金融機関が提供。 ※都市銀行では独自に開発・提供しているが、その他の金融機関では共同型インターネット・バンキングの提供が主流。
		金融機関（一部） SNS企業 FinTech企業	P2P決済	・楽天銀行「Facebook送金」 ・LINE「LINE Money」 ・Venmo「Venmo」 ・TransferWise「TransferWise」（海外送金）
	リアル環境	FinTech企業 決済処理サービス事業者	O2O決済	・GMOペイメントゲートウェイ「GMOスマート支払い」
		クレジットカード 携帯キャリア ICT企業	NFC決済	・Visa「payWave」 ・Apple「Apple Pay」 ・Google「Android Pay」
事業者		ICT企業 FinTech企業	モバイル加盟店端末	・楽天「楽天スマートペイ」 ・Square「Square」

② **不正取引の防止**

　不正取引ではフィッシング詐欺による偽ログインページへの誘導やマルウエアと呼ばれるコンピュータウイルスの感染によりアカウント情報が盗まれたり、トランザクション処理を書き換えられたりします。不正取引の攻撃は高度化しているため、金融機関は常に動向を注視しながらセキュリティ強化に努め、顧客への注意喚起を図っていく必要があります(*2)。

　　(*2) 一般社団法人全国銀行協会「インターネット・バンキングにおける預金等の不正な払戻しについて」(http://www.zenginkyo.or.jp/abstract/news/detail/nid/6389/)

(2) P2P（Peer to Peer）決済

P2P決済では、相手の口座情報を知らなくてもSNS等のアカウントがわかれば個人間で簡単に送金することが可能です。日本では楽天銀行のFacebook送金やLINEが提供するLINE Pay等があります。

(3) O2O（Online to Offline）決済

O2O決済では、実店舗においてスマートフォン等を使ったバーチャルな方法で決済を行います。

2014年に家電量販店のヤマダ電機は、FinTech企業のPayPalと提携し、スマートフォンアプリを使った決済サービスを実験的に提供しました(*3)。O2O決済には顧客の決済時間を短縮するほか、店舗側から位置情報に合わせてクーポンや特典を配信するといったマーケティングにおける活用も期待されます。

(*3) PayPal「ペイパル、PayPal Hereをヤマダ電機に試験導入」（https://www.paypal.jp/uploadedFiles/wwwpaypaljp/Supporting_Content/jp/contents/corporate/release/20140401PRYAMADA.pdf）

(4) NFC（Near Field Communication）決済

非接触型ICチップを搭載したモバイル端末を実店舗の読み取りリーダーにかざして決済を行います。非接触IC通信方式は複数あり、日本では「おサイフケータイ」のように携帯端末にソニー独自規格のFeliCaチップ（ICチップ）を搭載している方式が主流です。一方、海外では、おもに国際標準規格（ISO/IEC14443）であるNFC（Type-A/B）の非接触IC通信方式を実装した端末を用いています(*4)。そのためNFC（Type-A/B）に対応したVisaの「payWave」やMasterCardの「Mastercard コンタクトレス」等は、日本では読み取り可能なリーダーが普及していないため利用できない状況です。

(*4) SONY「NFCの定義」（http://www.sony.co.jp/Products/felica/NFC/）

(5) モバイル加盟店端末

Twitter創業者が立ち上げた「Square」等のサービスでは、顧客が事業者（当該サービスの加盟店）から商品を購入し、決済手段としてクレジットカードを利用する際、事業者のスマートフォン等の端末に取り付けた専用カード

リーダーにクレジットカードを通すことで、決済できる仕組になっています。

今後の展望

(1) 訪日外国人への対応

わが国においては、「日本再興戦略改定2014」(*5)において、2020年のオリンピック・パラリンピックの開催等を踏まえキャッシュレス決済の普及による利便性・効率性向上を図る方針が盛り込まれています。当該方針では、クレジットカードを利用できるよう観光地等への決済端末の普及や海外発行クレジットカード等での現金引出が可能なATMの普及等を推進しています(*6)。2020年に向けてさらに訪日外国人が増加する中、モバイル決済の観点でも事業者へのモバイル加盟店端末の普及や訪日外国人のモバイル端末で決済ができるようインフラ整備の検討等が進む可能性があります。

(*5) 首相官邸日本経済再生本部「日本再興戦略改訂2014」(http://www.kantei.go.jp/jp/singi/keizaisaisei/pdf/honbun2JP.pdf)
(*6) 経済産業省「キャッシュレス化に向けた方策についてとりまとめました」(http://www.meti.go.jp/press/2014/12/20141226003/20141226003.html)

(2) 割賦販売法改正による影響

2016年第192回臨時国会において「割賦販売法の一部を改正する法律」が可決されました(*7)。この法改正により、クレジットカードを扱う販売業者（加盟店）には、クレジットカード端末のIC対応化が義務づけられることになり、NFC決済やモバイル加盟店端末の利用が増加することが見込まれます。

(*7) 経済産業省「割賦販売法令関係資料」(http://www.meti.go.jp/policy/economy/consumer/credit/112kappuhanbaihoukankeishiryou.html)

サイバーセキュリティ

概　要

(1) サイバーセキュリティとは

　2015年1月に施行されたサイバーセキュリティ基本法により、サイバーセキュリティとは、「情報システムなどの安全性や信頼性確保のために必要な措置が講じられ、その状態が維持管理されていること」と定義されています。

(2) サイバー犯罪の情勢

　一般社団法人JPCERTコーディネーションセンターでは、コンピュータインシデント(*1)の取りまとめを行っており、その統計を公表しています（図表Ⅶ-20参照）。一般事業法人における過去1年間の統計を見ると、もっとも報告の多いインシデントはスキャンでした。これはサーバやPC等の攻撃対象となるシステムの存在確認やシステムに不正侵入するための弱点（セキュリティホール等）探索を行うために、攻撃者によって行われるアクセスを示します。次いで、攻撃者もしくはマルウエアによってWEBサイトのコンテンツが書き換えられる（管理者が意図したものではないスクリプトの埋め込みを含む）事象が報告されています。また、金融機関をかたった巧妙な電子メールにより誘導されるサイトにおいて、利用者に認証情報やクレジットカード番号等を入力させる手口であるフィッシングサイトの報告も寄せられています。

　　(*1)　情報システムの運用におけるセキュリティ上の問題としてとらえられる事象、
　　　　コンピュータのセキュリティにかかわる事件、出来事全般のこと。

(3) 金融庁の動向

　サイバーセキュリティ基本法を受け、金融庁は2015年4月に「主要行等向けの総合的な監督指針」や「金融検査マニュアル」等を改定しています。金融システムの安定運用にとってサイバー攻撃の脅威は重要なリスクであり、サイバーセキュリティ管理態勢についてはシステムリスク管理等の一環とし

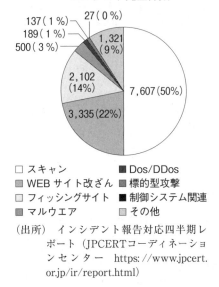

図表Ⅶ-20　2015年度カテゴリー別インシデント発生件数

(出所) インシデント報告対応四半期レポート（JPCERTコーディネーションセンター　https://www.jpcert.or.jp/ir/report.html）

て監督・検査していくことが言及されています。

　また、同年7月、金融機関や金融サービス利用者および関係機関と問題意識を共有するため「金融分野におけるサイバーセキュリティ強化に向けた取組方針について」(*2)を発表しました。取組方針では、これまでIT部門や外部委託業者に任せられていたサイバーセキュリティ対応を金融機関の経営層が責任を持って取り組むこと等が求められています。

　(*2)　「金融分野におけるサイバーセキュリティ強化に向けた取組方針」の公表について（2015年7月2日、金融庁、http://www.fsa.go.jp/news/27/20150702-1.html）

金融実務への影響

　サイバー攻撃が金融機関に与える影響は、情報や資金の不正流出と、サービス妨害によるシステム停止（障害）に分類されます。

　情報や資金の不正流出では、インターネット・バンキングをねらった不正

送金が挙げられます。2015年の被害総額は30億円を超えていたものの（図表Ⅶ−21参照）、2016年上半期は、信用金庫の被害額が前年と比較し大幅に減少する等、金融機関の対策が奏功していると考えられます。しかしながら、発生件数は2015年上半期と比較して100件以上上回る等、攻撃は増加傾向にあり、今後も予断を許さない状況です。

図表Ⅶ−21　不正送金発生件数と被害額

（億円）　　　　　　　　　　　　　　（件）
年	被害額（億円）	発生件数（件）
2013	14	1,315
14	29	1,876
15	31	1,495

（出所）　2015年度中のインターネットバンキングに係る不正送金事犯の発生状況等について（警察庁）

　攻撃者は、フィッシングサイトやマルウエア等のウイルスを利用し、利用者の認証情報を窃取し、正規の利用者になりすまして不正送金を行います。そのため利用者自身は不正送金されたことに気づきにくく、送金履歴や送金後の送金完了メールにて初めて送金されたことに気づく場合が多いといわれています。したがって、認証情報の漏えいを防ぐことが対策の1つとされており、金融機関においては事例の周知や注意喚起を利用者へ行うとともに、フィッシングサイトの検知やウイルス駆除等を行うセキュリティ対策ソフトの無償配布や、ワンタイムパスワードによる認証の多層化を行っています。しかしながら認証を多層化するほど、利用者の利便性低下を招くことになり、セキュリティ対応の高度化による利便性の確保は課題となっています。ネット専業銀行では、自動的にトークンを生成する技術を導入するなど利用者の利便性を維持するセキュリティ対策も行われています。

サービス妨害によるシステム停止（障害）では、金融機関のWEBサイトをねらったDDos攻撃が発生しています。一斉に大量の接続要求等をWEBサイトに送りつける攻撃が多く、ホームページの閲覧やインターネット・バンキングの利用に影響を及ぼします。特に、営業店を持たないネット専業金融機関にとっては、DDos攻撃が原因によるシステム停止（障害）が発生した場合、それを顧客へ周知する手段が絶たれてしまうため、広報の代替手段を検討する必要があります。加えて、システムの安定運用が求められている金融機関にとって、システム停止（障害）は金融機関の評判を落としかねない事態であり、ひいては利用者離れにも繋がりかねません。

今後の展望

サイバー攻撃の手口は巧妙化しており、執拗なサイバー攻撃を完全に「防御」することは困難になっています。したがって、「検知や対応」に重点を置いた対処が急務となっています。金融機関においては、サイバー攻撃を受けた場合に保護すべき重要情報やサービスの洗い出しにより技術的対処を施したうえで、サイバー攻撃発生時の手順をコンティンジェンシープランにまとめるとともに、教育・訓練の実施といった経営層を含めた態勢整備が求められます。また、サイバーセキュリティ関連情報の共有を充実させるため金融機関を横断したCSIRT[*3]を設置する事例[*4]も見られています。

(*3) Computer Security Incident Response Teamの略称。コンピュータセキュリティにかかるインシデントに対処するための組織（日本コンピュータセキュリティインシデント対応チーム協議会、http://www.nca.gr.jp/outline/index.html）。

(*4) 秋田銀行、青森銀行、岩手銀行の三行による「北東北三行共同CSIRT」の設置について（2015年7月31日、秋田銀行、https://www.akita-bank.co.jp/news/news_release/27073101.htm）。

デビットカードの普及と展望

概　要

　デビットカードとは、金融機関が発行する決済カードによって、金融機関口座からいちいち現金を出金しなくても口座残高の範囲内で買い物ができ、即時に口座から利用代金が自動振替される決済サービスです。

　日本には、金融機関が発行したキャッシュ・カードで買い物できる「J-Debit」と、「Visa」や「JCB」などの国際ブランドが付されたブランドデビットカードがあります（図表Ⅶ-22参照）。

図表Ⅶ-22　デビットカード　アクセプタンスマーク（使える店）

[J-Debitロゴマーク] 　　[Visaロゴマーク]　　　[JCBロゴマーク]

（出所）　日本デビットカード推進協議会WEBサイト（http://www.debitcard.gr.jp/about/logo/）

（出所）　三井住友カードWEBサイト（https://www.smbc-card.com/kamei/member/pop/logo_download.html）

（出所）　JCB WEBサイト（http://www.jcb.co.jp/logomark/jcb_logomark.html）

　「J-Debit」は、日本のほとんどの金融機関が発行するキャッシュ・カードを使って、J-Debitのアクセプタンスマークが表示された加盟店で買い物することができ、利用代金が金融機関口座から即時で自動振替される決済サービスです。カードは既存のキャッシュ・カードなので申込手続や入会審査が不要で、手数料や年会費、金利などもかかりません。多くの金融機関は消費者保護を目的として利用限度額を設けています。加盟店には、金融機関が直

接契約する「直接加盟店」と、カード会社など金融機関以外の事業会社が加盟店契約を締結する「間接加盟店」がありますが、どちらでも同じように買い物できます。買い物の際は、加盟店の端末でキャッシュ・カードを読み取り、ATM出金時と同じ暗証番号を入力することで支払が完了します。加盟店は、契約締結先から加盟店手数料を差し引いたカード利用代金を受け取ります。

「ブランドデビット」は、金融機関に「Visa」や「JCB」の国際決済ブランドマークのついたデビットカードを申し込んで発行してもらい、即時の自動振替によって買い物できる決済サービスです。クレジットカードとは異なり、入会審査がなく申込者100%に発行でき、後払いではなく口座残高の範囲内で利用の都度、即時払いします。

国内外のリアル&バーチャル（EC）の国際ブランド加盟店で買い物できるほか、海外渡航時には現地のATMで現地通貨を出金することも可能です。銀行によって提携する国際ブランドが決まっており、複数ブランドから選択できる金融機関もあります。使い方はクレジットカードと同じで、ブランド加盟店の端末でカードを読み取り、サインや暗証番号を入力することで支払えます。国内のブランドデビットはほとんどがICカードであり、ブランドデビット申込時に指定した暗証番号を入力して支払う方法が一般的です。加盟店は契約締結先から加盟店手数料を差し引いたカード利用代金を受け取ります。なお、ブランドデビットの場合は、クレジットカードの加盟店で利用するため、加盟店によっては売上データの計上が数日後になることがあり、即時で自動振替できないケースがあるため注意が必要です。

金融実務への影響

金融機関は、デビットカードを発行することで、使うかどうかわからないのに高額の金額を銀行口座から引き出される心配がないうえ、これまで見込んでいなかった加盟店手数料収入も見込むことができます。

また、自行の顧客のデビットカード利用内容を確認することで、顧客が日常どのようなものに興味を持ち、何を買っているかを知ることができるので、たとえば不動産情報を検索したり大型家具を購入したりしている消費者

に住宅ローンの金利特別優遇案内を配信するといったように、個客の消費行動に合わせてタイミングよくカードの利用促進や金融機関の金融商品購入を推進するといった取組が展開され始めています。

今後の展望

　J-Debitは、2000年にサービスを開始し、2008年に年間取扱高約8,500億円との最高値を記録して以降、年々取扱高が減少しています。2015年の取扱高は約4,285億円(＊1)で、クレジットカードの2015年年間取扱高約50兆円(＊2)に対して約100分の1、2007年に本格的な普及が始まった非接触ICカード型電子マネーの2014年年間取扱高約4兆円(＊3)に対して約10分の1と、苦戦を強いられています。

　　(＊1)　日本デビットカード推進協議会「J-Debit取引実績報告」参照（https://www.debitcard.gr.jp/about/dl/industry.pdf）。
　　(＊2)　日本クレジット産業「クレジットカードショッピング信用供与額」参照（http://www.j-credit.or.jp/information/statistics/download/toukei_02_b.pdf）。
　　(＊3)　日本銀行決済機構局「電子マネー計数（2007年9月～2014年12月）」参照（Data of Electronic Money (September 2007 - December 2014) 総務省の「平成27年版情報通信白書」https://www.boj.or.jp/statistics/outline/notice_2015/data/not150529c.pdf）。

　ブランドデビットは、2003年に東京スター銀行がMasterCardデビットを発行したのが日本で最初であり(＊4)、2006年にスルガ銀行がVisaデビットを発行して以降、りそな銀行や三菱東京UFJ銀行もVisaデビットを発行し、2014年には千葉銀行や大垣共立銀行などがJCBデビットを発行するようになりました。ブランドデビットの発行者は今後も増加する見込みで、国内のブランド加盟店のみならず海外の加盟店やATM、インターネットのEC加盟店などで、クレジットカードと同様に使える利便性を武器に、引き続き取扱高が拡大すると考えられます。

　　(＊4)　2008年にサービスを終了しています。

　2015年12月、金融庁の金融審議会「決済業務等の高度化に関するワーキング・グループ」はその報告書の中に、デビットカードで「キャッシュアウトサービス」をできるよう整備すべきとの提言を盛り込みました。キャッシュアウトとは、デビットカードで買い物する際に、加盟店に必要な現金額を告

げて買い物代金との合算額をデビットカードで支払い、現金額をレジから受け取って買い物代金を合わせた金額を金融機関口座から自動振替するサービスです。上記報告を受けて金融庁は整備する意向を示し、みずほ銀行などは報道機関の取材に対して2017年度中にキャッシュアウトサービスを開始すると回答しています。

　ただし、その実現には売上データへの現金払出金額表示や加盟店手数料取扱ルールの変更、店頭オペレーションの整備など課題が山積しています。仮に実現した場合には、ATMで高額の現金を引き出す必要がなくなり、身近な店頭で最低限必要な現金が入手できることで、安心してキャッシュレスを使う人が増えるほか、ATMのない過疎地の住民や訪日外国人にも消費しやすい環境整備が進むと期待されています。

ペイジー（Pay-easy）

概　要

　ペイジーとは「Pay-easy（ペイジー）収納サービス」のことで、金融機関のインターネット・バンキングやモバイル・バンキング、さらにはATMから、公共料金やオンラインショッピングなどの料金を支払えるサービスです。

　日本の金融機関が共同で構築・運営しているサービスで、銀行免許を保有する金融機関（約200行）の6割近くの銀行をはじめ、信用金庫や信用組合、労働金庫、農協や漁協など多くの金融機関のインターネット・バンキングや「Pay-easyマーク」（図表Ⅶ－23参照）の付いたATMで、国の各種税金や国民年金保険料、地方公共団体の自動車税などの地方税や行政手数料、民間企業の電話料金や保険料、通販代金やオンラインショッピングで利用したクレジットカードの代金など、さまざまな料金を支払うことができます。金融機関の窓口やコンビニエンスストアのレジに並ぶことなく、24時間365日いつでも支払うことができるので、夜中や休日の急な支払にも対応できて便利で

す。さらに、税金や公共料金の多くは手数料が不要です。

図表Ⅶ-23　ペイジーマーク

（出所）ペイジーWEBサイト（http://www.pay-easy.jp/index.html）

　具体的な使い方は以下のとおりです。ただし、ペイジーはコンビニエンスストアの窓口や、コンビニエンスストアに設置されたATMでは利用できないことが多いので注意が必要です。

(1)　インターネット・バンキングの場合

　事前にインターネット・バンキングの取扱を登録した金融機関のサイトにアクセスし、決済サービスや料金払込サービスの画面で「Pay-easy（ペイジー）税金・料金払込サービス」を選択。画面の案内に沿って、納付書や請求書に書かれた「収納機関番号」や「お客様番号」「確認番号」などの番号を入力。パソコンや携帯電話の画面に支払内容が表示されるので、手元の請求書内容と比較・確認のうえ「支払」ボタンを押して手続が完了。

(2)　ATMの場合

　「Pay-easyマーク」の表示などでペイジーに対応しているATMを確認。「税金・料金払込み」メニューから「ペイジー」を選択し、納付書や請求書に書かれた番号を入力のうえ、現金をATMに入金するかキャッシュ・カードを挿入して口座情報をATMで読み取ることで支払が完了。

(3)　オンラインショッピングの場合

　インターネットやモバイルのオンラインショッピングにおいては、店舗の支払方法選択画面でペイジーを選択し、必要な項目を入力することで決済が完了します。

ペイジーは、金融機関が共同で構築・運用するシステムで支払情報を登録・管理し、各種の識別番号によって金融機関と支払者を仲介するシステムということができます。

金融実務への影響

ペイジーが登場する以前は、税金や公共料金も「銀行振込」によって支払うことが可能でしたが、振込は振込先の金融機関名・支店名・口座番号などの金融機関情報をあらかじめ入手のうえ振込金額も入力する必要があり、支払者側が入力ミスをしやすい作業を行う必要がありました。また入力情報の正誤がわからず、正しい金額が支払われたのか否かが確認しにくかったのですが、「ペイジー」は相手に金融機関情報を教える必要がなく、請求書などの印刷物の番号を入力すれば支払額が自動表示されるなど、簡単な操作で支払うことができます。さらにペイジーは税金や公共料金をはじめ、多くの支払で手数料が発生しません。

また、利用者自身が日常利用するパソコンや携帯電話で24時間365日いつでもどこでも自由に支払うことができて利用者に便利に使ってもらえるので、請求者は回収率の向上が期待できます。

今後の展望

ペイジーの2015年度の利用件数と利用金額は、サービス開始以来14年連続での増加となり、利用金額は14.8兆円を記録しています。また、直近4年間で利用金額が倍増しています（図表Ⅶ-24参照）。2016年度に入っても、6月には月間利用件数が過去最高件数（約850万件、前年同月比106％）を突破するなど増加傾向は続いています。

国庫金分野での利用金額・件数が順調に拡大しているほか、ペイジーの導入を検討する地方公共団体が増加していることや、民間事業会社においても商品やサービスの利用代金の決済手段としての認知が広まり取扱企業が増えており、対応する金融機関や対応ATMも順調に増加しています。ペイジーを運営する日本マルチペイメントネットワーク推進協議会事務局は、2016年度の利用金額は17兆円に拡大すると見込んでいます。

図表Ⅶ-24　ペイジー取扱高推移

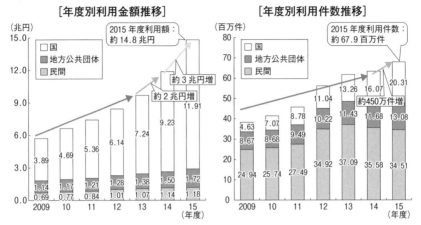

（出所）　日本マルチペイメントネットワーク推進協議会WEBサイト（file:///C:/Users/m-miyai/Downloads/20160414_newsrelease%20(1).pdf）

　さらにマイナンバー制度におけるマイナポータルとの連携やネット専業銀行におけるペイジーの取扱開始など、さらなる利便性の向上とEC市場の拡大により、ペイジーの利用シーンはますます増えることが予想されます。

SEのための金融実務キーワード事典

平成29年3月30日　第1刷発行

　　　　　　編　者　一般社団法人 金融財政事情研究会
　　　　　　編著者　室　　　勝
　　　　　　発行者　小　田　　徹
　　　　　　印刷所　株式会社 太平印刷社

〒160-8520　東京都新宿区南元町19
発 行 所　一般社団法人 金融財政事情研究会
　　　編集部　TEL 03(3355)2251　FAX 03(3357)7416
販　　売　株式会社きんざい
　　　販売受付　TEL 03(3358)2891　FAX 03(3358)0037
　　　　　URL http://www.kinzai.jp/

・本書の内容の一部あるいは全部を無断で複写・複製・転訳載すること、および磁気または光記録媒体、コンピュータネットワーク上等へ入力することは、法律で認められた場合を除き、著作者および出版社の権利の侵害となります。
・落丁・乱丁本はお取替えいたします。定価はカバーに表示してあります。

ISBN978-4-322-13046-1